Marcus Linke

Peter Winkler

LE DICO

INFORMATIQUE

S&SM

Publié par Simon & Schuster Macmillan (France)

19, rue Michel-le-Comte
75003 Paris
Tél. 01 44 54 51 10
Mise en page : Andassa
ISBN : 2-7440-0394-8
Copyright © 1998 Simon & Schuster Macmillan (France)
Tous droits réservés

Titre original : Das M&T Computerlexikon

Traduit de l'allemand par Lionel Garrec

ISBN original : 3-8272-5303-9

© 1998 par Markt&Technik Buch- und Software-Verlag GmbH,
Hans-Pinsel-Straße 9b, D-85540 Haar bei München/Germany

Tous droits réservés

Sommaire

Symboles et chiffres

.BAK

Abréviation de "backup". Extension de fichier désignant une copie de secours d'un autre fichier portant le même nom, mais une extension différente. Certains programmes créent automatiquement un fichier .BAK dès que le fichier original est modifié.

➡ *Voir backup, copie de sauvegarde, extension*

.BMP

Extension des fichiers de type *bitmap*.

➡ *Voir bitmap, extension*

.COM

Abréviation de "commercial". Nom de domaine des organisations à but lucratif, telles que les entreprises. Il s'emploie sous la forme : **http://www.xxx.com**.

➡ *Voir Internet, domaine*

.de

Abréviation de "Deutschland". Nom de domaine des organisations allemandes. Il s'emploie sous la forme : **http://www.xxx.de**.

➡ *Voir Internet, domaine*

.edu

Abréviation de l'"éducation". Nom de domaine des organisations à vocation éducative. Il s'emploie sous la forme : **http://www.xxx.edu**.

➡ *Voir Internet, domaine*

.EXE

Extension des fichiers exécutables. Sous DOS, les fichiers .EXE ne possèdent pas d'adresse fixe. Ils peuvent donc être chargés depuis n'importe quelle adresse. Les fichiers

.EXE s'opposent aux fichiers .COM, qui possèdent une adresse fixe, et ne peuvent pas excéder une taille de 64 Ko.

➠ *Voir adresse, adresse de départ, MS-DOS*

.fr

Abréviation de "France". Nom de domaine des organisations françaises. Il s'emploie sous la forme : **http://www.xxx.fr**.

➠ *Voir Internet, domaine*

.gov

Nom de domaine des organismes relevant de l'Administration américaine. Il s'emploie sous la forme : **http://www.xxx.gov**.

➠ *Voir Internet, domaine*

.INI

Abréviation d'"initialisation". Extension qui désigne un fichier créé automatiquement par un programme pour stocker les réglages effectués par l'utilisateur, des paramètres spécifiques, etc. Les informations stockées dans le fichier .INI sont ensuite prises en charge par l'ordinateur à chaque nouveau démarrage de l'application concernée.

➠ *Voir Windows*

.mil

Nom de domaine des organismes relevant de l'armée américaine. Il s'emploie sous la forme : **http://www.xxx.mil**.

➠ *Voir Internet, domaine*

.org

Nom de domaine des organisations à but non lucratif. Il s'emploie sous la forme : **http://www.xxx.org**.

➠ *Voir Internet, domaine*

.TXT

Extension désignant un fichier qui contient du texte au format ASCII.

➠ *Voir ASCII*

.uk

Nom de domaine des organisations britanniques. Il s'emploie sous la forme : **http://
www.xxx.uk**.

➠ *Voir Internet, domaine*

.WAV

Extension des fichiers audio enregistrés au format WAV.

➠ *Voir WAV*

@

Se prononce *arobase* en général et *at* dans les adresses Internet.
1. Dans les programmes exécutables, ce symbole sert de caractère générique et de caractère de contrôle.
2. Dans les adresses électroniques, il sert à séparer le nom d'utilisateur du destinataire de son domaine de destination (il s'emploie sous la forme **jdupont@fournisseurinternet.com**).

➠ *Voir caractère de contrôle, caractère générique, courrier électronique, domaine*

1-2-3

Tableur édité par Lotus. Ce logiciel marqua le premier grand succès commercial de la société. Depuis sont lancement en 1982, il a naturellement fait l'objet de multiples améliorations, au même titre que les autres logiciels du marché. Lotus 1-2-3 permet d'utiliser des feuilles de calcul pour gérer des données, pour les lier par des formules mathématiques et les intégrer à des calculs. Il intègre des fonctions permettant ensuite de présenter les données sous forme de diagrammes. Il présente en outre la particularité de permettre à plusieurs utilisateurs de travailler sur une même feuille de calcul.

➠ *Voir diagramme, Lotus, tableur*

16:9

Rapport entre la largeur et la hauteur de l'image caractérisant les films de cinéma. Ce format est aujourd'hui étendu à la vidéo et à la télévision. Sur un téléviseur standard, deux bandes noires apparaissent en haut et en bas de l'image. Les nouveaux téléviseurs 16:9 peuvent restituer parfaitement les images de ce format, sans recourir aux bandes noires.

➠ *Voir tube cathodique, Secam, PAL*

3D

➠ *Voir accélération 3D, API 3D, carte graphique 3D, fonctions 3D, noyau 3D, processeur graphique 3D, scanner 3D, standards 3D*

8 + 3

Système de nomination de fichiers de MS-DOS selon lequel le nom d'un fichier ne doit pas dépasser huit caractères, auxquels s'ajoutent les trois caractères de son extension, sous la forme AUTOEXEC.BAT. Lorsqu'un nom de fichier comprend plus de huit caractères, il est tronqué, et les caractères excédentaires sont représentés par un tilde. Les nouveaux systèmes d'exploitation qui fonctionnent en 32 bits (Windows 95, Windows NT et OS/2, par exemple) permettent d'utiliser jusqu'à deux cent cinquante-six caractères pour nommer un fichier.

80x86

➡ *Voir i80x86*

A:

Nom du premier lecteur de disquettes d'un PC.

➠ *Voir lecteur, lecteur de disquettes, PC*

A20-Gate

"Porte A20" ou "ligne d'adresse A20". Ligne d'adresse qui, sur les processeurs Intel à partir de la génération 80286, permet d'accéder aux 64 premiers kilo-octets (Ko) situés juste après le premier mégaoctet de mémoire vive. Les premiers processeurs de la famille 80x86 d'Intel ne pouvaient gérer que 1 mégaoctet (Mo) de mémoire vive sous MS-DOS. En mode réel, en effet, seules 20 lignes d'adresses (les lignes A0 à A19) du bus d'adresses peuvent être actives simultanément. Depuis l'apparition de la famille de processeurs 80286, et, avec elle, du mode protégé, il est possible d'utiliser plus de 20 lignes d'adresses (24 pour les processeurs 80286 et 32 pour les processeurs 80386 à Pentium Pro). En mode protégé, il est donc possible de gérer un adressage de respectivement 16 Mo et 4 Go. La première des lignes d'adresse supplémentaires – appelée *A20-Gate*, ou "porte A20" (ou encore "ligne d'adresse A20") – permet d'accéder aux 64 kilo-octets (65 520 octets) situés juste au-dessus de la limite de 1 Mo mentionnée précédemment. Cette zone de mémoire est appelée "mémoire supérieure". Pour qu'il soit possible d'y accéder, il faut que la ligne d'adresse A20 soit libérée, ce qui s'effectue généralement à l'aide d'un pilote de mémoire appelé "HIMEM.SYS". Le fait qu'il soit possible d'adresser la mémoire supérieure s'explique par le fait que le système mathématique utilisé en interne par le processeur permet d'accéder à la plage de mémoire située entre les octets 1 0148 576 et 1 114 096.

➠ *Voir bus d'adresses, CPU, gestionnaire de mémoire, mémoire supérieure, mémoire vive, mode protégé, mode réel, Pentium Pro, processeur*

ABIOS

Sigle, abréviation d'*Advanced BIOS*, ("BIOS amélioré"). BIOS amélioré qui équipe la carte mère des ordinateurs IBM PS/2. Les améliorations apportées à ce BIOS s'adressent principalement au système d'exploitation OS/2 d'IBM.

➠ *Voir IBM, OS/2, PS/2*

A

abscisse

➠ *Voir axe des abscisses*

AC-3-surround

Sigle, abréviation d'*Audio Coding N°3 Surround* ("surround à codage audio 3"). Type de procédé sonore reposant sur des techniques de numérisation et de compression, notamment utilisé pour les vidéodisques et le stockage vidéo sur DVD.

➠ *Voir DVD, surround, vidéodisque*

Accelerated Graphics Port

"Port graphique accéléré".

➠ *Voir AGP*

accélérateur, trice

➠ *Voir carte accélératrice, puce accélératrice*

accélération 3D

Fonction visant à améliorer la qualité des images 3D et à en accroître la vitesse d'affichage. Cette fonction est généralement prise en charge par un processeur spécial situé sur la carte graphique.

➠ *Voir imagerie 3D, processeur graphique 3D*

accès

Opération consistant à aller chercher un bloc de données sur un support de stockage ou dans la mémoire de l'ordinateur, que ce soit pour lire (accès en lecture) ou écrire (accès en écriture) des données. Certains supports de stockage (le CD-ROM, par exemple) ne sont accessibles qu'en lecture, tandis que d'autres (comme la disquette) sont accessibles à la fois en lecture en écriture. Par ailleurs, certains supports de stockage (la disquette, par exemple) offrent un mode d'accès aléatoire, tandis que d'autres (la bande) n'offrent qu'un accès séquentiel.

➠ *Voir aléatoire, séquentiel*

accès aléatoire

Type d'accès qui permet d'atteindre directement les différentes unités d'un support de stockage, soit pour lire des données, soit pour en écrire. La mémoire vive et la mémoire de masse sont des exemples de mémoire à accès aléatoire.

accès de base

Type d'accès RNIS.

➠ *Voir accès RNIS*

accès fichier

Opération visant à ouvrir un fichier pour en lire (accès en lecture) et/ou en modifier (accès en écriture) le contenu.

➠ *Voir fichier, support de stockage*

accès mémoire direct

➠ *Voir DMA*

accès réseau

Possibilité pour un utilisateur de se connecter à un réseau, à un service en ligne ou à l'Internet. Plusieurs conditions doivent être réunies pour qu'un utilisateur puisse accéder à un réseau. Il doit tout d'abord posséder un compte utilisateur auprès de chacun des prestataires dont il souhaite utiliser les services. Il doit par ailleurs être équipé d'un modem (ou d'une carte RNIS) ou d'un terminal lui permettant de se connecter directement au réseau. Il doit enfin posséder un logiciel pour initialiser l'accès au réseau et avoir reçu un nom d'utilisateur et un mot de passe pour ouvrir une session.

➠ *Voir ouverture de session*

Accès réseau à distance

Fonction de Windows 95 et de Windows NT qui permet d'accéder à un réseau distant à l'aide d'un modem ou d'une carte RNIS. L'interface de cette fonction intègre de nombreuses fonctions et est particulièrement ergonomique.

➠ *Voir modem, RNIS, transmission de données, Windows 95, Windows NT*

accès RNIS

Raccordement physique qui relie les locaux de l'abonné (qu'il s'agisse d'un particulier, d'une entreprise ou de toute autre organisation) au réseau RNIS. En matière d'accès RNIS, on opère en général trois grandes distinctions. La première grande distinction concerne le nombre de canaux disponibles pour accéder au RNIS et, par conséquent, le débit maximal de la connexion. La deuxième distinction concerne l'utilisation de la ligne, c'est-à-dire la façon dont les terminaux téléphoniques sont connectés à l'accès RNIS. Enfin, la troisième grande distinction concerne les performances que la compagnie de téléphone est en mesure d'assurer pour l'accès RNIS considéré et, par conséquent, le coût de l'abonnement. Plus particulièrement :

A

- Concernant la nature de l'accès RNIS, on distingue l'accès de base et l'accès primaire. L'accès de base permet de disposer de deux canaux B offrant chacun un taux de transfert de 64 Kbit/s et d'un canal D offrant un taux de transfert de 16 Kbit/s. Il s'adresse plus particulièrement aux particuliers et aux petites entreprises. L'accès primaire, en revanche, permet de disposer de trente canaux B offrant chacun un taux de transfert de 64 Kbit/s, et d'un canal de signalisation offrant lui aussi un taux de transfert de 64 Kbit/s. Il s'adresse aux entreprises ayant des besoins importants en matière de télécommunications.

- La deuxième distinction ne s'applique qu'à l'accès de base dans la mesure où l'accès primaire impose de recourir à un standard téléphonique. En matière d'accès de base, on distingue d'une part l'accès de base pour standard téléphonique, et d'autre part l'accès de base pour terminaux téléphoniques multiples. L'accès de base pour standard téléphonique est conçu pour connecter un standard téléphonique. C'est ensuite au standard que les appareils téléphoniques terminaux doivent être reliés. L'accès de base pour standard téléphonique offre l'avantage de permettre d'attribuer des numéros d'accès direct aux différents postes. Dans le cas de l'accès de base pour terminaux téléphoniques multiples, en revanche, les terminaux téléphoniques sont reliés directement à l'accès RNIS par l'intermédiaire d'un bus. Ce bus peut être associé à douze prises, auxquelles seuls huit terminaux téléphoniques peuvent être connectés simultanément. Ce système ne permet en outre d'utiliser que dix numéros de téléphone, les numéros supplémentaires (qui doivent faire l'objet d'une demande spéciale) étant payants.

- Concernant la troisième distinction, qui ne s'applique qu'à l'accès de base, on distingue en général trois formules suivant le taux de transfert assuré par la compagnie de téléphone : les accès *simple*, *standard* et *confort*. Ces trois types (dont les noms peuvent varier suivant la compagnie de téléphone considérée) englobent en fait toute une série de caractéristiques proposées sous forme de formules à l'abonné. Dans la pratique, ils se distinguent essentiellement par le taux de transfert de données garanti et par le coût de l'abonnement. La largeur de bande offerte peut être limitée et n'admettre qu'un numéro de téléphone, ou au contraire être plus étendue et admettre trois numéros de téléphone avec toutes les possibilités techniques qui s'ensuivent.

➠ *Voir fonctions RNIS, logiciel RNIS, standards de transmission RNIS*

accès séquentiel

Accès qui ne permet d'atteindre des données qu'en parcourant au préalable celles qui les précèdent. C'est, par exemple, sur le mode d'accès séquentiel que reposent les systèmes de stockage à bandes. Ainsi, pour lire des données situées au milieu d'une bande, il faut impérativement faire défiler la bande jusqu'à ces données. L'accès séquentiel s'oppose à l'accès aléatoire.

➠ *Voir accès aléatoire*

Access

Système de gestion de bases de données relationnelles conçu par Microsoft. Livré dès 1993 avec la suite de programmes Office, Access en est aujourd'hui à sa version 8.0, qui fonctionne parfaitement en 32 bits.

Access présente les caractéristiques suivantes :

- La base de données est traitée et représentée sous forme de tables (lorsque celles-ci sont liées, on parle de *base de données relationnelle*).
- Outre ces tables, Access permet d'utiliser des requêtes, des formulaires, des états, des macros et des modules.
- L'interface de communication ODBC permet de faire communiquer Access avec d'autres systèmes de gestion de bases de données.
- Les technologies DDE et OLE permettent d'échanger des données avec d'autres applications conçues pour Windows.
- Les assistants aident l'utilisateur à concevoir des états et des formulaires.
- Access intègre un langage de macros, Visual Basic pour Applications, qui permet de programmer des applications.
- Access permet également de travailler en SQL, langage de requêtes sur lequel il repose.

➡ *Voir base de données, base de données relationnelle, DDE, formulaire, macro, module, objet, ODBC, Office, OLE, SQL, table*

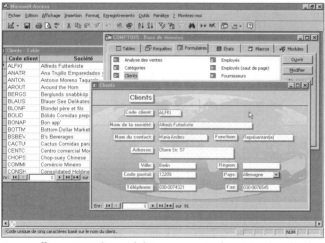

Access offre quantité de possibilités pour manipuler et visualiser les données.

account

"Compte".

➠ *Voir compte*

accu

Abréviation d'"accumulateur".

➠ *Voir batterie*

accumulateur

1. Registre du processeur qui sert essentiellement à stocker temporairement le résultat d'opérations logiques et arithmétiques.
2. Synonyme de "batterie". Pile électrique rechargeable qui stocke l'énergie électrique à l'aide d'un procédé électrochimique.

➠ *Voir batterie, processeur*

Un accumulateur pour ordinateur portable.

accusé de réception

Signal envoyé par l'ordinateur ou le périphérique récepteur lors d'un transfert de données. Le but est d'indiquer à l'ordinateur ou au périphérique émetteur qu'il a bien reçu le paquet de données transféré.

A

ACK

Abréviation d'*acknowledge* ("accusé de réception"). Caractère de contrôle spécial envoyé par un ordinateur ou un périphérique cible à un ordinateur ou un périphérique source pour indiquer qu'il a bien reçu le paquet de données qui lui a été adressé.

➠ *Voir accusé de réception, caractère de contrôle, NAK*

ACM

Sigle, abréviation d'*Association for Computing Machinery* ("Association pour les machines informatiques"). Association américaine d'informaticiens, qui récompense chaque année les travaux particulièrement méritants réalisés dans le domaine de l'informatique.

Acotec

Fabricant allemand de logiciels RNIS, qui a collaboré étroitement au développement du sous-système CAPI pour Windows 95 mais qui propose également ses propres solutions informatiques aux professionnels utilisant la technologie RNIS.

➠ *Voir CAPI, carte RNIS, RNIS, Windows 95*

acoustique

➠ *Voir coupleur acoustique*

acquisition de données de mesure

Opération qui consiste à effectuer des mesures suivant un procédé analogique à l'aide de capteurs reliés à un ordinateur puis, à l'aide d'un convertisseur analogique-numérique, à les communiquer sous forme de données numériques à l'ordinateur pour qu'il puisse les évaluer. Cette opération constitue l'une des phases de l'analyse de données techniques.

➠ *Voir analogique, capteur, convertisseur a/n, numérique*

acteur virtuel

Synonyme de *synthespian*.

➠ *Voir synthespian*

activation, touche

➠ *Voir touche d'activation*

Active Movie

Nouveau standard multimédia utilisé actuellement sous Windows 95. Outre les codecs de compression vidéo classiques, le standard Active Movie englobe la technologie de décompression QuickTime développée par Apple ainsi que le standard MPEG, qui fonctionne non seulement avec le standard DCI mais aussi avec son successeur, directorat.

➡ *Voir MPEG, multimédia, Windows 95*

ActiveX

Technologie permettant de créer une interaction entre différentes applications et notamment entre une page Web et un document créé sous une application (une table de base de données ou un une feuille de calcul de tableur, par exemple). Pour contrôler l'interaction qui doit lier plusieurs contrôles ActiveX (l'ouverture d'une table dès qu'un bouton est activé, par exemple), il faut passer par un langage de script (JavaScript ou Visual Basic Script, par exemple). La technologie ActiveX permet également d'utiliser le langage de programmation pour Internet Java. La société Microsoft fournit avec son outil de développement ActiveX Control Pad, disponible sur Internet, toute une série de contrôles ActiveX prêts à l'emploi. Il existe déjà à l'heure actuelle plus de 2 000 contrôles ActiveX de par le monde, et le créateur de pages Web doit donc rarement développer ses propres contrôles. Les contrôles ActiveX sont généralement écrits en C++, en Java ou en Visual Basic 5.0, puis incorporés aux pages Web à l'aide de balises HTML.

➡ *Voir HTML, Internet, Java, page Web, Visual Basic Script, WWW*

Ada

Langage de programmation aujourd'hui obsolète, dont le nom est dû à la comtesse de Lovelace, Ada Byron, collaboratrice de Charles Babbage, qui passe pour avoir été la première femme programmeur.

➡ *Voir Babbage, langage de programmation*

ADABAS

Système de gestion de bases de données conçu par la société allemande Software AG. Ce système fut lancé au cours des années soixante-dix pour des gros systèmes fonctionnant sous OS/2 et Unix, puis proposé sur des ordinateurs pour bases de données spécifiques au cours des années quatre-vingt. Il existe aujourd'hui des versions de ce logiciel pour les systèmes d'exploitation Windows 95 et Windows NT.

➡ *Voir OS/2, SGBD, système d'exploitation, Unix*

adaptateur

1. Synonyme de "carte d'extension". Carte permettant de connecter un périphérique (un moniteur, par exemple) à l'ordinateur ou l'ordinateur à un autre système de communication (le réseau téléphonique, entre autres). La carte graphique est souvent appelée *adaptateur graphique*, voire *carte adaptatrice graphique*. De la même manière, la carte son est souvent appelée *adaptateur son*, et la carte réseau, *adaptateur réseau*.

2. Connecteur intermédiaire permettant de relier deux câbles non équipés de connecteurs directement compatibles entre eux.

➡ *Voir carte graphique, carte réseau, carte son, modem, ordinateur*

adaptateur anticopie

Synonyme de "dongle".

➡ *Voir dongle*

adaptateur graphique

Synonyme de "carte graphique".

➡ *Voir carte graphique*

adaptateur réseau

Synonyme de "carte réseau".

➡ *Voir carte réseau*

adaptateur RNIS

Synonyme de "convertisseur a/b". Convertisseur dont la fonction est de transformer les informations analogiques des appareils analogiques en données numériques conformes au standard RNIS et inversement. C'est ce dispositif qui permet de continuer à utiliser des appareils téléphoniques analogiques sur un accès RNIS.

➡ *Voir RNIS*

adaptateur SIMM

Circuit électronique qui permet d'insérer des barrettes de mémoire SIMM à 30 broches sur une carte mère prévue pour des barrettes SIMM à 72 broches. La capacité des barrettes reste la même ; 4 barrettes de 1 Mo permettent toujours d'obtenir 4 Mo de mémoire. Cet adaptateur entraîne un accroissement de 5 à 10 s du temps d'accès à la mémoire. Il faut donc accroître les cycles d'attente (*waitstates*), qui se paramètrent depuis le BIOS et ont pour rôle de réguler les accès du CPU à la mémoire. Cet accroissement entraîne naturellement une baisse des performances de l'ordinateur. Les nouveaux modèles de *chipsets* à haute performance exigeant d'utiliser deux modules SIMM à 72 broches parfaitement identiques par banc de mémoire, il existe des modèles d'adaptateurs 30-72 broches prévus pour convertir 8 barrettes SIMM à 30 broches en deux barrettes SIMM à 72 broches. Selon le modèle d'adaptateur utilisé, la place disponible sur la carte mère pour connecter des barrettes de mémoire devient rapidement limitée. Dans la pratique, il est donc très difficile d'utiliser plusieurs adaptateurs simultanément. L'apparition des barrettes de mémoire DIMM a aussi marqué celle d'un nouveau type d'adaptateur conçu pour transformer deux barrettes SIMM à 72 broches en une barrette DIMM.

➡ *Voir DIMM, SIMM, SIMM PS/2*

ADB

Sigle, abréviation d'*Apple Desktop Bus* ("bus pour ordinateur de bureau Apple"). Connecteur normalisé qui équipe les Macintosh et les PowerMac et permettant de connecter des périphériques d'entrée tels qu'un clavier, une souris ou encore une tablette graphique.

➡ *Voir Apple, Macintosh, PowerMac, souris, tablette à numériser*

add-in

"Module complémentaire". Macro capable de doter une application telle que Word, Excel, Access, etc. de nouvelles fonctions. Certains add-in permettent par exemple à l'application d'exporter ou d'importer des données stockées sous un format étranger. Les add-in peuvent être développés par le fabricant de l'application ou par d'autres fabricants.

➡ *Voir application, exportation, importation, macro*

additionneur

Synonyme de "sommateur". Partie importante du processeur principal de l'ordinateur qui permet d'ajouter deux éléments ou davantage. Chacune des quatre opérations fondamentales peut être convertie en additions.

➡ *Voir processeur*

additionneur complet

Circuit logique qui a pour rôle d'ajouter deux nombres binaires ne comportant chacun qu'un chiffre en tenant compte du report. Le résultat obtenu est à deux chiffres. Pour créer un additionneur, il faut disposer d'un additionneur complet et d'un demi-aditionneur.

➡ *Voir additionneur, additionneur complet*

add-on

"Programme additionnel". Programme autonome conçu pour pouvoir être appelé depuis une autre application et mettre ses fonctions à la disposition de celle-ci. Certains add-on appelés "visualiseurs" ou "lecteurs" permettent par exemple de visualiser des images ou des séquences vidéo contenues dans un document.

➡ *Voir application, document, macro*

adhérence

Anomalie qui se produit lorsque les têtes de lecture-écriture du disque dur restent collées contre les plateaux. Les disques durs utilisent un lubrifiant conçu pour les protéger des heurts accidentels. Les têtes de lecture-écriture étant plaquées automatiquement le long du bord extérieur – sur la zone de parcage – des plateaux, qui sont très lisses, il peut arriver, dans des cas extrêmes, qu'elles restent collées contre les plateaux. Afin de contourner cette difficulté, les fabricants de disques durs utilisent un rayon laser pour rendre la zone de parcage des têtes légèrement rugueuse.

➠ *Voir disque dur, parcage, tête de lecture-écriture*

AdLib

Standard de cartes son aujourd'hui obsolète, élaboré par la société du même nom. Ce standard fut essentiellement appliqué aux jeux mais il fut rapidement supplanté par le standard SoundBlaster de Creative Labs, lequel, contrairement au standard AdLib, s'applique également au multimédia.

➠ *Voir Creative Labs, multimédia, SoundBlaster*

administrateur

Personne en charge de la gestion d'un réseau. C'est l'administrateur qui occupe le niveau de sécurisation le plus élevé, et il jouit par conséquent de tous les droits possibles sur le réseau. Il distribue les ressources, partage les adresses (sur un réseau TCP/IP ou en environnement intranet) et décide du niveau de sécurisation auquel chaque utilisateur doit être placé.

➠ *Voir adresse, intranet, réseau, ressource, TCP/IP*

administrateur réseau

Personne chargée de la gestion des ressources d'un réseau, de distribuer et de gérer les comptes utilisateur, de sécuriser les données et souvent aussi d'assurer l'entretien des composants (matériels et logiciels) existants et l'installation de nouveaux composants. Dans le domaine de la gestion des comptes utilisateur, c'est l'administrateur réseau qui définit les droits des différents utilisateurs en les affectant à un niveau de sécurisation donné. L'administrateur réseau lui-même jouit de tous les droits.

➠ *Voir réseau*

administrateur système

Personne qui a pour rôle de veiller au bon fonctionnement d'un parc informatique, d'en assurer la maintenance et de le surveiller. C'est aussi l'administrateur système qui crée et qui administre les comptes d'utilisateurs, qui met à jour les logiciels installés, qui assure la sécurisation des données, etc.

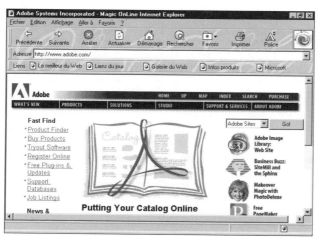

Adobe

http://www.adobe.com

Fabricant américain de logiciels spécialisés dans les outils graphiques, la PAO, la gestion de polices et la vidéo. Parmi ses produits les plus connus figurent le logiciel de retouche d'images Photoshop (dont la version 4.0 a été optimisée pour la technologie MMX), le gestionnaire de polices Adobe Type Manager (ATP), les logiciels de PAO PageMaker et FrameMaker et le logiciel de vidéo Premiere. C'est également Adobe qui a créé le standard PostScript.

➟ *Voir Adobe Type Manager, logiciel de retouche d'images, retouche d'images, MMX, PAO, PostScript*

Adobe Type Manager

"Gestionnaire de polices Adobe". Programme de gestion de polices permettant d'utiliser non seulement des polices TrueType mais aussi des polices au format Type1 (PostScript).

➟ *Voir Adobe, gestionnaire de polices, police, PostScript, TrueType*

La page d'accueil d'Adobe.

adressage

Procédé permettant d'accéder à une plage de la mémoire principale ou à un périphérique à l'aide d'une adresse. On distingue plusieurs formes d'adressage :

- **L'adressage de mémoire direct (ou adressage absolu).** L'adresse indiquée permet d'accéder directement à la valeur recherchée.
- **L'adressage de mémoire indirect.** L'adresse indiquée ne permet d'accéder qu'à une autre adresse, qui permet à son tour d'accéder à la valeur recherchée.
- **L'adressage de registres direct.** L'adresse indiquée permet d'accéder à l'adresse d'un registre contenant la valeur recherchée.
- **L'adressage de registres indirect.** L'adresse indiquée permet d'accéder à l'adresse d'un registre contenant à son tour l'adresse de la valeur recherchée.
- **L'adressage relatif.** Pour connaître l'adresse de la valeur recherchée, il faut ajouter l'adresse indiquée à celle du registre en cours.
- **L'adressage indexé.** L'adresse indiquée est celle d'un registre d'index dont il faut ajouter le contenu à l'adresse de la valeur.

➡ *Voir adresse, mémoire vive, registre*

adressage de cellules

Système qui permet d'identifier et de manipuler les différentes cellules d'un tableur. Sous la plupart des tableurs, l'adressage s'effectue en identifiant les colonnes par des lettres et les lignes par des numéros. Suivant ce système, la cellule B5 est la cinquième ligne de la colonne B.

➡ *Voir cellule, tableur*

adresse

Nombre attribué à une plage de mémoire par le processeur par l'intermédiaire d'un bus d'adresses. Les adresses permettent de distinguer les différentes plages de mémoire physiquement identiques d'un PC. Ce n'est qu'une fois qu'il a attribué des nombres aux plages de la mémoire que le processeur peut charger des données en provenance et à destination de ces plages. Les adresses occupées par des instructions de programmes – lesquelles peuvent ainsi être invoquées directement – sont également appelées "adresses de saut". Les périphériques et les autres composants matériels de l'ordinateur sont également contrôlés par l'intermédiaire d'une adresse appelée "adresse de périphérique". Contrairement aux adresses physiques, les adresses logiques ne sont pas utilisées pour stocker physiquement des données mais pour programmer des éléments qui doivent systématiquement être chargés ou traités à un endroit donné de la mémoire. Les adresses logiques sont configurées par un pilote de gestion de mémoire. Le système d'exploitation et les autres programmes utilisent des représentations symboliques pour désigner les adresses afin de faciliter la tâche à l'utilisateur. Ainsi utilisent-ils non pas des nombres mais des noms en toutes lettres, qui ont l'avantage d'être beaucoup plus explicites.

➡ *Voir adresse de périphérique, adresse de saut, adresse logique, adresse symbolique, bus d'adresses, mémoire vive, processeur, segmentation, système d'exploitation*

adresse absolue

Adresse exacte, exprimée sous forme numérique, d'un label ou d'une plage de mémoire.

➡ *Voir adresse, label, zone de mémoire*

adresse d'E/S

Synonyme de "port d'E/S". Adresse d'un registre spécifique, situé dans un périphérique qui permet à l'ordinateur et au périphérique dont il fait partie d'échanger des données. Il arrive parfois que l'installation d'un nouveau périphérique provoque un conflit d'adresse d'E/S. Cela signifie que le nouveau périphérique essaie d'utiliser une adresse déjà prise par un périphérique déjà installé. Pour éviter ce type de problème, il est primordial, avant d'installer un nouveau périphérique, de le paramétrer sur une adresse d'E/S libre. Le tableau suivant présente les adresses d'E/S standard d'un PC classique.

➡ *Voir contrôleur d'E/S, E/S, port d'E/S*

Adresses d'E/S d'un PC type

Adresse d'E/S	Fonction
000H-1FFH	Réservé
200H-20FH	Port jeu
210H-217H	Libre
220H-24FH	Réservé
250H-277H	Libre
278H-27FH	LPT2
280H-2EFH	Libre
2F8H-2FFH	COM 2
320H-32FH	Disque dur XT
330H-35FH	Libre
360H-36FH	Carte réseau
370H-377H	Libre
378H-37FH	LPT1
380H-38FH	Adaptateur SLDC
390H-39FH	Libre

Adresse d'E/S	Fonction
3A0H-3AFH	Réservé
3B0H-3BFH	MDA, EGA, VGA
3C0H-3CFH	EGA, VGA
3D0H-3DFH	CGA, EGA, VGA
3E0H-3EFH	Libre
3F0H-3F7H	Lecteur de disquettes
3F8H-3FFH	COM1

adresse de départ

Adresse physique au niveau de laquelle un programme chargé dans la mémoire vive commence.

➠ *Voir adresse, mémoire vive*

adresse de nœud

Adresse qui, au sein d'un réseau, permet d'identifier sans ambiguïté un nœud.

➠ *Voir nœud, nœud de réseau*

adresse de périphérique

Adresse qui permet au système d'exploitation de communiquer sans équivoque avec un périphérique d'entrée-sortie ou une carte d'extension donnés. Sous MS-DOS, par exemple, les deux ports de communication COM1 et COM2 sont réservés aux deux interfaces série. De la même manière, le port LPT1 (ou PRN) est réservé à l'interface parallèle.

➠ *Voir adresse, COM, port parallèle, port série*

adresse de réseau

Adresse physique à laquelle un ordinateur peut être trouvé au sein d'un réseau. Cette adresse est généralement attribuée automatiquement à l'ordinateur par sa carte réseau. Cependant, il est possible de la modifier en paramétrant des cavaliers sur cette carte ou en passant par un programme spécial. L'adresse physique d'un ordinateur permet d'identifier celui-ci au niveau de la sous-couche MAC (*Media Access Control*, ou "contrôle d'accès au support"). Au niveau des couches supérieures, en revanche, c'est une adresse symbolique (un nom, par exemple) qui est utilisée.

➠ *Voir couche de connexion, MAC, OSI*

A

adresse de saut

Adresse au niveau de laquelle un programme bifurque et continue à s'exécuter après une instruction de saut.

adresse IP

Adresse qui permet d'identifier sans équivoque un ordinateur relié à l'Internet. Le format de cette adresse est défini par le protocole IP. Il s'agit d'un nombre de 32 bits. Dans la pratique, ce nombre se présente sous la forme d'une série de quatre nombres de trois chiffres maximaux, séparés par des points, sous la forme "129.10.25". On opère généralement une distinction entre adresses IP statiques et dynamiques. Une adresse IP statique est une adresse attribuée une fois pour toutes à un ordinateur. Une adresse dynamique, en revanche, est une adresse attribuée à un ordinateur dès qu'il se connecte au réseau. Les adresses IP dynamiques sont essentiellement utilisées par les services en ligne et les fournisseurs d'accès Internet, puisque tous les abonnés ne sont pas connectés en permanence au réseau.

➠ *Voir IP*

adresse logique

Subdivision abstraite de la mémoire de l'ordinateur qui permet à celui-ci de communiquer avec les différentes parties de la mémoire. En tant qu'entités abstraites, les adresses logiques ne doivent pas impérativement correspondre à une adresse physique réelle. La conversion, ou transformation, des adresses, est prise en charge par le gestionnaire de mémoire. Cette abstraction des adresses permet d'écrire des programmes que le système d'exploitation peut ensuite placer à l'endroit de son choix dans la mémoire de l'ordinateur. Si l'ordinateur utilisait des adresses non pas logiques, mais physiques, l'ensemble du système serait moins flexible en ce qui concerne le partage de la mémoire. Le recours à un gestionnaire de mémoire permet en outre d'éviter les conflits d'adresses et ainsi de mieux contrôler les accès à la mémoire.

Les adresses logiques sont d'autant plus pratiques que, pour les programmes, l'emplacement et la forme de la mémoire qu'ils utilisent importent peu. Ainsi, il est possible de créer de la mémoire vive virtuelle sur le disque dur de l'ordinateur, c'est-à-dire de stocker sur le disque dur de l'ordinateur des données dont l'ordinateur a besoin dans sa mémoire vive. Ce procédé permet évidemment d'accroître considérablement la mémoire vive de l'ordinateur – suivant la capacité du disque dur.

➠ *Voir adresse, adresse physique, adresse symbolique, gestion de la mémoire, mémoire virtuelle, transformation d'adresses*

adresse mnémonique

Synonyme de "adresse symbolique". Nom (de variable, de matrice, de fonction personnalisée, etc.) qui, dans un programme, permet au cerveau humain de deviner facilement le rôle de l'élément auquel il se rapporte. Ainsi il pourra être judicieux d'appeler *CDPOSTAL* une variable qui sert à stocker un code postal.

➡ *Voir adresse symbolique, mnémonique*

adresse physique

Adresse réelle d'une plage de mémoire.

➡ *Voir adresse*

adresse relative

Adresse indiquée par rapport à une adresse de base. Les adresses relatives jouent un rôle important pour le chargement des programmes exécutables dont le code peut être dispersé dans la mémoire vive de l'ordinateur. Toutes les adresses contenues dans un programme exécutable sont stockées de manière relative. Lorsque ce programme est chargé, l'ordinateur les ajoute à l'adresse de départ – qui constitue l'adresse de base – pour obtenir les autres adresses et faire fonctionner le programme.

➡ *Voir adresse absolue*

adresse symbolique

Adresse codée sous forme de symboles (des chiffres et des lettres, dans la pratique) qui permet de manipuler beaucoup plus facilement les adresses absolues en programmation ou sous un système d'exploitation.

➡ *Voir programmation, système d'exploitation*

adresse virtuelle

Type d'adresse utilisée pour adresser la mémoire virtuelle.

ADSL

Sigle, abréviation d'*Asynchronous Digital Subscriber Line* ("ligne d'abonné numérique asynchrone"). Technologie de modem mise au point par la société Motorola pour transmettre des données par le biais des câbles de cuivre qui étaient utilisés par le passé. S'appuyant sur une puce conçue à cet effet (*Copper Gold*), la société Motorola est parvenue à accroître sensiblement le taux de transfert jusqu'alors possible par le biais de câbles de cuivre. En mode asynchrone (unidirectionnel), sa puce atteignait ainsi un taux de transfert de 8 Mbit/s, contre 1 Mbit/s en mode synchrone (bidirectionnel). Cette largeur de bande est suffisante pour transmettre simultanément (par le biais d'Internet, par exemple) des signaux téléphoniques, télévisés et radiodiffusés. A titre de comparaison, les modems actuels, qui utilisent le plus souvent le standard V.34plus, offrent un taux de transfert de 33,6 Kbit/s, contre 64 Kbit/s pour les cartes RNIS. Les derniers standards élaborés (le

V.56 et le X2, de Rockwell) offrent eux aussi un taux de transfert largement en deçà de celui du standard ADSL.

➡ *Voir Internet, modem, Motorola, RNIS, taux de transfert, V.34plus, V.56*

Advanced Basic Input Output System

"Système d'entrée-sortie de base avancé".

➡ *Voir ABIOS*

Advanced Interactive Executive

"Exécutif interactif avancé".

➡ *Voir AIX*

Advanced Micro Devices

"Composants micro-informatiques avancés".

➡ *Voir AMD*

Advanced Power Management

Anglais de *gestion d'énergie avancée.*

➡ *Voir APM*

Advanced Research Projects Agency NETwork

Anglais de réseau de l'Agence de projets de recherche avancés.

➡ *Voir ARPAnet*

Advanced Technology

"Technologie avancée".

➡ *Voir AT*

affichage du numéro de téléphone

Fonction qui, sur un téléphone RNIS, permet à la personne appelée de voir s'afficher le nom de la personne qui l'appelle. Pour que cela soit possible, il faut que le téléphone utilisé possède un écran. La personne qui appelle a par ailleurs la possibilité de garder son numéro secret en faisant précéder le numéro de téléphone qu'elle compose d'un préfixe donné (masquage du numéro de téléphone).

➡ *Voir masquage du numéro de téléphone*

affichage tramé

Affichage qui utilise une technique consistant à représenter les images point par point à l'aide de pixels.

AFNOR

Sigle, abréviation d'"Association française de normalisation". Organisation en charge d'élaborer les normes techniques en France.

AfterDark

Economiseur d'écran très connu. Les grille-pain volants et le chat Boris sont parmi les motifs les plus appréciés des utilisateurs.

➡ *Voir économiseur d'écran*

Agent système

Programme de la suite d'utilitaires pour Windows 95 Microsoft Plus qui permet de planifier l'exécution automatique d'un certain nombre de programmes. L'Agent système permet, par exemple, d'exécuter à échéance régulière des utilitaires tels que ScanDisk et le Défragmenteur de disque.

➡ *Voir BIOS, mot de passe*

AGP

Sigle, abréviation de *Accelerated Graphics Port* ("port graphique accéléré"). Bus à haut débit créé récemment par la société Intel pour les cartes graphiques. Ce nouveau bus vise essentiellement la technologie MMX. Pour offrir des performances supérieures à celles d'une carte graphique classique, la carte graphique doit en effet être associée à un processeur MMX et travailler en parallèle avec celui-ci pour traiter les données. Il devrait exister un bus AGP non seulement pour le Pentium II mais aussi pour les processeurs qui utilisent le support de processeur Socket 7 standard. Cirrus Logic (Laguna 3D), ATI et Prolink ont été les premiers fabricants à créer des cartes équipées de ce bus. La carte de Prolink est d'ailleurs compatible à la fois avec le bus PCI et le bus AGP.

➡ *Voir bus, carte graphique, Intel, intelligence artificielle, MMX*

Agrandissement

Mode d'affichage qui, sous les logiciels dotés d'une interface utilisateur graphique, permet de faire occuper à la fenêtre graphique la totalité de l'écran.

➡ *Voir interface utilisateur graphique*

AI

Sigle, abréviation d'*Artificial Intelligence* ("intelligence artificielle").

➠ *Voir intelligence artificielle*

aide contextuelle

Aide ciblée sur l'opération en cours d'exécution. Nombre de boîtes de dialogue contiennent un bouton intitulé "Aide" ou "?". Ce bouton fait apparaître une fenêtre d'aide qui se rapporte directement aux options proposées dans la boîte de dialogue. C'est ce type d'aide que l'on qualifie de "contextuelle".

➠ *Voir boîte de dialogue*

aide en ligne

Fonction disponible sous un grand nombre d'applications, qui permet à l'utilisateur de recevoir de l'assistance ou des informations sur une commande ou une procédure. C'est généralement la touche de fonction F1 qui permet d'activer l'aide en ligne . La fenêtre d'aide qui apparaît ensuite à l'écran permet généralement d'effectuer une recherche par mots clés. Elle inclut aussi le plus souvent une liste de rubriques d'aide et de conseils classées par thèmes, qui permet de se former progressivement à l'utilisation de certaines fonctions. La plupart des versions récentes de programmes (notamment pour Windows 95/NT) intègrent une fonction d'aide interactive. C'est alors le programme qui pose des questions à l'utilisateur pour l'aider, et il peut même le guider de manière dynamique à travers les différents menus.

➠ *Voir menu, touche de fonction*

aiguilleur d'appel

Synonyme d'"aiguilleur de fax".

➠ *Voir aiguilleur de fax*

aiguilleur de fax

Dispositif capable de déterminer si un appel entrant émane d'un fax ou d'un téléphone classique, puis d'orienter cet appel sur l'appareil adéquat. C'est un signal spécial qui lui permet de connaître la nature de l'appel.

➠ *Voir fax*

aire de conversation

Partie d'un service en ligne conçue pour permettre aux abonnés de converser. Le service WorldsAway de CompuServe est un exemple d'aire de conversation.

➠ *Voir jargon des sites de conversation et des pirates, conversation en ligne, Compu-Serve, WorldsAway*

AIX

Sigle, abréviation d'*Advanced Interactive Executive* ("exécutif interactif avancé"). Système d'exploitation reposant sur Unix lancé en 1986 par IBM sur son premier PC/RT à processeur RISC. Ce système d'exploitation est généralement utilisé sur des réseaux hétérogènes, et il en existe également une version pour les serveurs Apple.

➠ *Voir Apple, IBM, réseau hétérogène, RISC, serveur, système d'exploitation, Unix*

ajouteur complet

Circuit logique qui ajoute deux nombres binaires.

Aldus

http://www.adobe.com
Fabricant américain de logiciels, connu pour ses applications graphiques (Photostyler) et PAO (PageMaker). Depuis longtemps, Aldus a ét racheté par la société Adobe.

➠ *Voir Adobe*

aléatoire

➠ *Voir accès aléatoire, fichier aléatoire*

algèbre logique

Logique qui, pour permettre de réaliser et de décrire des circuits numériques, ne reconnaît pour les variables que les valeurs 1 et 0.

Algol

Acronyme d'*Algorithmic Language* ("langage algorithmique"). Langage créé en 1958 à l'instigation de l'université de Zurich et qui sert essentiellement à formuler des expressions scientifiques et mathématiques (algorithmes). Présenté sous sa forme finale sous le nom d'"Algol 60" en 1960, l'Algol a été l'un des premiers langages de programmation à fournir tous les éléments nécessaires à une programmation structurée (des procédures, des boucles, des récursions et des conditions). L'Algol 60 fut suivi d'une nouvelle version plus puissante appelée "Algol 68", puis d'une nouvelle version définitive, développée au cours des années soixante-dix. Les composants de l'Algol ont été repris dans de nombreux langages de programmation. Ainsi l'Ada et le Pascal ont-ils été créés à partir de l'Algol. Un formulaire spécial appelé *Backus-Naur-Form* (BNF) a été créé pour décrire la syntaxe de l'Algol.

➠ *Voir Ada, Backus-Naur Form, boucle, condition, langage de programmation, procédure, récursion, syntaxe*

A

algorithme

Solution à un problème présentée sous la forme d'une succession d'étapes reposant toutes sur un certain nombre de règles élémentaires. En informatique, l'algorithme suit l'analyse du problème. Il peut être rédigé en langage naturel sous la forme d'un organigramme, dans un langage virtuel ou encore dans un langage de programmation existant. Chaque tâche à réaliser au sein d'un programme donne lieu à un algorithme. Les algorithmes complexes offrent souvent une vitesse de traitement plus importante que les algorithmes simples.

➠ *Voir langage de programmation, organigramme*

algorithme de tri

Algorithme qui permet de trier des données selon des critères précis. Plus il y a de données à trier, plus l'algorithme doit être puissant. En effet, les ressources système et le temps nécessaires à l'opération croissent de manière plus que proportionnelle par rapport au nombre des données.

➠ *Voir algorithme, quicksort*

Algorithmic Language

"Langage algorithmique".

➠ *Voir Algol*

alias

1. Instruction qui permet d'invoquer une fonction externe ou une commande au sein d'un programme en utilisant un autre intitulé. Beaucoup de langages de programmation utilisent des alias.
2. Sur les ordinateurs Apple (depuis le système d'exploitation System 7), fichier virtuel qui renvoie à un autre fichier, un périphérique, un dossier ou tout autre élément du même type. Il suffit de double-cliquer sur le symbole virtuel pour activer l'élément correspondant (pour lancer un programme, par exemple, ou encore pour établir une connexion avec un autre ordinateur du réseau). Sous OS/2 et Windows 95/NT 4.0, on parle respectivement de *référence* et de *raccourci*.

➠ *Voir langage de programmation, programme*

aliasing

"Crénelage".

➠ *Voir crénelage*

aligné

Qualifie un paragraphe dont un seul côté est aligné le long de l'une des marges de la feuille. Du côté non aligné, le paragraphe donne l'impression d'être dentelé. Les paragraphes sont généralement alignés le long de la marge de gauche (c'est alors au niveau de la marge de droite que le paragraphe semble dentelé). Par définition, les lignes d'un paragraphe aligné sont de longueurs différentes. Les paragraphes *alignés* s'opposent aux paragraphes *justifiés*.

➠ *Voir alignement, justification, mise en forme de paragraphe*

alignement

Paramètre de mise en forme de paragraphe qui définit la façon dont les lignes doivent être disposées par rapport aux marges (accolées à la marge de gauche, centrées entre les marges, accolées à la marge de droite ou justifiées).

➠ *Voir mise en forme de paragraphe*

alimentation

Circuit électronique qui fait office d'interface entre le secteur et un appareil électrique, et qui convertit le courant électrique délivré par le secteur en courant adapté à cet appareil. Sur un ordinateur de bureau, l'alimentation est intégrée au boîtier de l'ordinateur. Elle est reliée à la carte mère et c'est aussi elle qui fournit, directement ou par l'intermédiaire de la carte mère, les autres périphériques tels que le lecteur de disquettes, le disque dur, le lecteur de CD-ROM, le lecteur de bandes, la souris, le clavier, etc. Sur les ordinateurs portables et certains périphériques tels que les modems externes et certains modèles d'imprimantes, en revanche, l'alimentation se présente sous la forme d'un boîtier externe.

Alpha

Processeur RISC conçu par la société DEC en 1993. Le processeur Alpha travaille avec des registres de 64 bits, à très grande échelle (il peut donc, par l'intermédiaire de ses deux pipelines, exécuter plusieurs instructions simultanément) et suivant le principe du superpipelining, selon lequel chaque pipeline (unité d'exécution d'instructions) est constitué de différents niveaux d'exécution. Il est donc parfaitement possible que plusieurs instructions se trouvent simultanément à différents niveaux d'exécution. Le processeur Alpha le plus rapide actuellement disponible, le 21164PC, est cadencé à 533 MHz et il est donc quasiment trois fois plus rapide qu'un Pentium Pro cadencé à 200 MHz. En matière de calcul à virgule flottante, le processeur Alpha se montre plus performant encore. Conçu pour exploiter les fonctions de la version 5.0 de Windows NT et de la nouvelle version de Microsoft Office, il prendra bientôt toute sa signification.

➠ *Voir DEC, entier, pipeline, registre, virgule flottante, RISC*

alpha

1. Abréviation d'"alphanumérique". Qualifie un champ qui ne peut contenir que des données alphanumériques.

A

2. Qualifie une version d'un programme en cours de développement dont il manque généralement encore un certain nombre d'éléments importants. La version correspondant à la phase de développement suivante est la version bêta, qui est soumise aux bêta testeurs pour qu'ils déterminent si le programme contient des bogues avant qu'il soit effectivement commercialisé.

➠ *Voir alphanumérique, bêta, bogue, champ de données*

alphanumérique

1. Qualifie un champ qui ne peut contenir que des données alphanumériques, c'est-à-dire des lettres, des chiffres et des symboles). Les champs numériques, au contraire, ne peuvent contenir que des chiffres, des signes mathématiques (+/–) et le symbole E de la fonction exponentielle.
2. Qualifie un clavier qui ne comporte que des touches alphanumériques, c'est-à-dire des lettres, des chiffres et des symboles.

➠ *Voir caractère spécial, champ de données numérique*

Alt

Abréviation d'*alternate* ("autre"). Touche matérialisée par le pictogramme [Alt] qui active une autre configuration de clavier. Certaines applications nécessitent d'appuyer simultanément sur la touche Alt et sur une autre touche, voire deux, pour activer certaines fonctions.

➠ *Voir clavier*

Alt Gr

Abréviation d'*Alternate German*. Touche matérialisée par le pictogramme [Alt Gr] qui permet d'accéder aux caractères spéciaux du clavier – arobase (@), crochets ([et]), dièse, (#), etc.

➠ *Voir caractère spécial, clavier*

ALU

Sigle, abréviation d'*Arithmetic Logic Unit* ("unité logique arithmétique"). Partie extrêmement importante du processeur qui prend en charge les opérations de calcul fondamentales ainsi que les opérations de jonction logique (l'addition, la soustraction, la négation et les opérateurs de lien logique AND et OR, par exemple).

➠ *Voir AND, opérateur booléen, OR, processeur*

AMD

http://www/amd.com

Sigle, abréviation d'*Advanced Micro Devices* ("composants micro-informatiques avancés"). Société fondée en 1969 qui est aujourd'hui le premier concurrent d'Intel, après en avoir été le partenaire. Outre des processeurs x86, la société AMD fabrique des mémoires flash et des processeurs RISC qui sont pour une grande part utilisés dans des imprimantes laser. Avec ses 286 et ses 386, la société AMD a mis fin pour la première fois au monopole d'Intel sur le marché des processeurs. En 1993, elle a connu un grand succès avec son processeur 486, qu'elle a pu créer après l'obligation faite à Intel de publier le microcode (micro-instructions) de ses processeurs. En 1996, AMD a lancé le K5, processeur de la même classe que le Pentium, qui n'a toutefois pas rencontré le succès escompté. AMD place aujourd'hui ses espoirs dans le K6, qui fait partie de la même classe que le Pentium MMX (et plus puissant à certains égards) mais qui est moins cher. Il n'est toutefois pas encore certain qu'AMD rencontre le succès escompté avec ce K6, ni même avec son successeur, un processeur de septième génération (K7). Le marché des processeurs suscite également la convoitise d'autres sociétés telles que Cyrix, avec son processeur M2.

➡ *Voir Cyrix, imprimante laser, Intel, K6, M2, mémoire flash, micro-instruction, MMX, RISC*

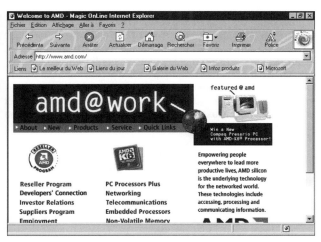

La page d'accueil du site Web d'AMD.

America Online

"L'Amérique en ligne".

➠ *Voir AOL*

American National Standards Institute

"Institut national américain de normalisation".

➠ *Voir ANSI*

American Standard Code for Information Interchange

"Code standard américain pour les échanges d'informations".

➠ *Voir ASCII*

American Telephone and Telegraph Company

"Compagnie américaine de téléphone et de télégraphe".

➠ *Voir AT&T*

Amiga

Ordinateur reposant sur un processeur Motorola 68000 créé en 1982 par la société Amiga, jusqu'alors surtout connue pour ses manettes de jeu. Au terme d'une bataille juridique avec son concurrent le plus féroce, Atari, la société Amiga connut des difficultés sévères, imputables en partie au fait que la mise sur le marché de son nouvel ordinateur domestique fut retardée. Elle fut alors rachetée par la société Commodore. Le premier modèle d'ordinateur Amiga, l'Amiga 1000, se démarqua clairement de ses concurrents par ses performances graphiques (il était capable de représenter 4 096 couleurs simultanément) et sonores (son stéréo reposant sur quatre canaux). Ces performances en firent rapidement l'ordinateur le plus apprécié des studios de traitement vidéo et de musique. Dans le domaine musical, toutefois, l'Amiga 1000 dut faire face à un rival très sérieux : l'Atari ST. L'Amiga disposait en outre d'une interface utilisateur graphique (Workbench) et de puces spécialisées (Agnus, Denise et Paula) pour la gestion des fonctions sonores et graphiques (images-objets). Avec le recul, l'Amiga peut être considéré comme le premier ordinateur multimédia. L'Amiga 1000 a été suivi d'autres modèles : l'Amiga 500, à vocation domestique et ludique, puis les Amiga 2000, 2500, 400, 600 et 1200. La société Commodore comptait sur l'Amiga pour assurer le succès du C64 mais cet ordinateur pâtit de l'expansion croissante des ordinateurs compatibles PC. Faute d'innovations techniques, la marque Commodore se trouva de plus en plus menacée sur le marché des ordinateurs et elle fut rachetée pour dix millions de dollars par la chaîne de revendeurs de PC Escom en 1995. Cette société allemande était alors prospère, mais elle fut elle-même contrainte au dépôt de bilan en 1996. Cette même année, la société Viscorp, spécialisée dans la fabrication de terminaux numériques pour réseaux câblés, racheta les brevets et les droits commerciaux touchant à l'Amiga pour quarante millions de dollars. Viscorp a prévu de continuer la production des ordinateurs sous la marque Amiga. En 1994, la société Macrosystem avait déjà lancé un clone d'Amiga appelé DraCo.

➡ *Voir Atari, Escom (2001), joystick, Motorola, AOL*

AmiPro

Traitement de texte créé par la société Samna et qui est particulièrement apprécié des débutants. Repris en 1992 par la société Lotus, filiale d'IBM, AmiPro a été renommé "Word Pro" et présenté comme le concurrent de Word pour Windows. Word Pro en est actuellement à sa version 97 et il fait partie de la suite de programmes Lotus Smartsuite.

➡ *Voir IBM, Lotus, Smartsuite, traitement de texte*

amorce

➡ *Voir chargeur d'amorce, secteur amorce, virus de secteur amorce*

analogique

Contraire de "numérique".
1. Qualifie un signal qui peut prendre n'importe quelle valeur (soit une infinité de valeurs) comprise entre des valeurs limites fixées au préalable.
2. Qualifie un connecteur qui permet d'émettre et de recevoir des signaux analogiques en provenance et à destination d'un PC. La carte graphique, la carte son et l'entrée ligne d'un modem (correspondant à la ligne téléphonique) disposent toutes trois d'un connecteur analogique.

➡ *Voir carte graphique, modem, numérique*

analogique/numérique

➡ *Voir convertisseur A/N*

analyse des caractéristiques

Opération qui, avec la reconnaissance de formes, fait partie des étapes les plus importantes de la reconnaissance optique de caractères (ROC). L'analyse des caractéristiques consiste à identifier les différents caractères étape par étape. La première étape consiste à identifier les caractères ouverts (C,E,F), puis les caractères fermés (B,D,O) et les caractères mixtes (A,P,R). La dernière étape consiste à effectuer un tri plus fin encore pour détecter les traits caractéristiques des caractères restants. Le taux de réussite des logiciels de reconnaissance optique de caractères dépend étroitement de l'efficacité de l'analyse des caractéristiques, et par conséquent de la nature des caractères à reconnaître et de leur netteté sur le docu-

A

ment numérisé. Ainsi, un *n* écrit rapidement à la main risque d'être pris pour un A ou un O, de la même manière qu'un *e* écrit trop vite risque d'être confondu avec un *c*.

➠ *Voir ROC*

analyse système

Examen minutieux d'un système informatique défectueux. L'analyse système peut, au besoin, donner lieu à la création d'un programme spécial facilitant la détection de la cause du dysfonctionement.

analyseur

Module de programme qui analyse la syntaxe d'un langage de programmation. L'analyseur est l'une des sous-parties d'un compilateur.

➠ *Voir compilateur*

AND

Opérateur logique relevant de l'algèbre booléenne. L'opérateur AND aboutit à la valeur VRAI (1) lorsque toutes les conditions sont remplies (c'est-à-dire lorsqu'elles ont toutes la valeur VRAI). L'algèbre booléenne distingue quatre autres opérateurs booléens : NOR, OR, NOT et XOR.

➠ *Voir opérateur booléen, NOR, NOT, opération, OR, XOR*

animation

Séquence d'images isolées (trames) qui donnent à l'œil humain l'impression d'un mouvement homogène. Les animations sont très utilisées dans les domaines de la conception, du multimédia, du cinéma et de la télévision mais elles servent également à créer des sites Web et des interfaces utilisateur.

➠ *Voir animation, interface utilisateur, multimédia, site Web, trame*

anneau

Topologie de réseau qui s'appuie sur un câblage circulaire pour relier les différentes stations de travail (ou *nœuds*). Dans la pratique, cette structure en anneau interne est souvent remplacée par un serveur central appelé MAU (*Multistation Access Unit*, "unité d'accès multistation"). En règle générale, les données sont envoyées d'un côté et reçues de l'autre. Une fois qu'elles ont quitté l'ordinateur émetteur, elles parcourent le réseau en anneau, de station de travail en station de travail, jusqu'à l'ordinateur récepteur. Les données sont rafraîchies en permanence tout au long de ce circuit. Le principal inconvénient de la topologie en anneau est que si l'une des stations de travail vient à défaillir, c'est tout le réseau qui devient indisponible.

➠ *Voir réseau, topologie de réseau*

Annuler

Synonyme de *undo*. Fonction proposée par la plupart des logiciels, annulant l'effet de la dernière action. La plupart des traitements de texte et des programmes de dessin permettent ainsi de rétablir un caractère ou une partie de dessin effacés. Certains logiciels offrent même une fonction Annuler qui permet de revenir jusqu'à plusieurs opérations en arrière. La fonction Annuler s'accompagne généralement d'une fonction Refaire.

ANSI

Sigle, abréviation d'*American National Standards Institute* ("Institut national américain de normalisation"). Institut de normalisation fondé en 1971 aux Etats-Unis et qui, en France, peut être comparé à l'AFNOR (Agence française de normalisation). Parmi les éléments normalisés par l'ANSI encore utilisés actuellement figurent les séquences de contrôle ANSI (ou séquences de contrôle d'échappement, appelées ainsi parce qu'elles sont activées par le caractère de contrôle ECHAP), qui étaient auparavant utilisées pour piloter les fonctions des terminaux et des gros systèmes. Sous les PC actuels (sur lesquels elles sont représentées par le fichier système ANSI.SYS sous MS-DOS), les séquences de caractères de contrôle ANSI commandent la position du curseur et l'attribut de caractère (tel que le clignotement, ou encore la couleur). En utilisant les séquences de contrôle ANSI, il est également possible d'effacer tout ou partie du contenu de l'écran.

➠ *Voir AFNOR, caractère de contrôle, code ANSI, gros système, terminal, virus ANSI*

anticipation pertinente

En anglais : *hit*. Anticipation avec laquelle un programme de mémoire cache est effectivement parvenu à deviner quelles données le CPU allait lui demander. Lorsque le programme de mémoire cache a "mal deviné", et que le CPU ne trouve donc pas dans la mémoire cache les données dont il a besoin, on parle d'"anticipation non pertinente" (ou *miss*).

➠ *Voir mémoire cache*

anticopie

➠ *Voir système anticopie*

anticrénelage

En anglais : *anti-aliasing*. Procédé qui permet d'éviter que les lignes inclinées et les angles des images subissent un effet d'escalier (crénelage), qui se manifeste par un décalage très net d'un pixel à un autre. Le procédé d'anticrénelage permet de retoucher cet effet en attribuant aux pixels voisins une couleur plus sombre que celle de la ligne ou de l'angle concerné. Les processeurs graphiques actuels sont parfaitement capables d'appliquer automatiquement ce procédé aux lignes et aux angles.

➠ *Voir crénelage*

antirappel

Système qui, sur les modems et les cartes RNIS, empêche l'utilisateur de recomposer en continu le même numéro de téléphone. Ce système a pour but d'éviter de saturer le réseau téléphonique. Tous les modems agréés sont pourvus d'un système de ce type.

antireflet

Qualifie un traitement appliqué aux écrans pour empêcher les reflets de la lumière de gêner l'œil de l'utilisateur. Ce traitement a comme objet de réduire l'intensité des reflets et constitue un critère de premier ordre dans l'évaluation de la qualité d'un moniteur. Suivant le procédé utilisé, la surface en verre de l'écran peut être soumise à un traitement mécanique ou chimique. Les traitements les plus complexes utilisent le phénomène de polarisation, qui permet d'obtenir des images plus nettes. Pour mesurer la qualité du traitement antireflet d'un écran, il suffit d'exposer celui-ci à la lumière d'une lampe de poche. Plus la lumière réfléchie est diffuse, meilleure est la qualité du traitement.

➡ *Voir écran, moniteur*

antislash

Caractère spécial (\), très utilisé dans les pays anglophones et, par conséquent, dans les langages informatiques reposant sur la langue anglaise. Sous MS-DOS, Windows et OS/2, il permet de séparer les noms de dossiers. Sous Unix, c'est le caractère spécial slash (/) qui est utilisé. L'antislash peut être obtenu à l'aide de la combinaison de touches [Alt Gr] + [8].

➡ *Voir caractère spécial, MS-DOS, OS/2, séparateur, Unix, Windows*

antivirus

Programme qui a comme rôle de lutter contre les virus informatiques. L'antivirus balaye l'ensemble des fichiers de l'ordinateur pour y rechercher les codes de virus qu'il connaît déjà, qui sont stockés dans une base de données livrée avec l'antivirus et doit être mise à jour en permanence. Il vérifie ensuite la somme de contrôle des fichiers. S'il a l'impression qu'un fichier est infecté, il essaie de le réparer. Les programmes dont la somme de contrôle n'est pas correcte ne peuvent pas être activés. Dr Salomon, McAfee et Norton Antivirus sont trois exemples d'antivirus très connus. Les bases de données de ces deux programmes peuvent être actualisées par l'intermédiaire d'Internet.

➡ *Voir base de données, Internet, McAfee, somme de contrôle, virus informatique*

AOL

Service en ligne le plus important du monde qui compte plus de douze millions de clients. Au mois de septembre 1997, AOL a repris la clientèle de CompuServe. Parmi les services offerts par AOL figurent différents forums d'information et de communication, des versions en ligne de différents journaux et magazines, ainsi que des services de téléphonie

Internet et de création de pages Web. AOL dispose de plusieurs dizaines de nœuds de connexion en France. Ces nœuds sont capables d'établir des liaisons analogiques offrant un débit de 33 600 bit/s (à l'aide du protocole de communication V34plus) et des liaisons numériques (RNIS) offrant un débit de 38 400 bit/s ou 64 000 bit/s suivant le protocole utilisé, V.120 ou X.75. Pour se connecter au service en ligne d'AOL, l'utilisateur doit disposer d'un logiciel spécifique, fourni par AOL lors de l'abonnement. Ce logiciel, qui en est actuellement à sa version 3.0, intègre un protocole d'accès propre à AOL, à la place des protocoles SLIP et PPP habituellement utilisés. Il n'est en aucun cas possible de remplacer ce logiciel par la fonction Accès réseau à distance de Windows 95, ce qui est pourtant possible avec la plupart des autres services en ligne.

➠ *Voir accès réseau à distance, Fossil, Internet, service en ligne, PPP, SLIP, V.120, V.34plus*

aperçu avant impression

Mode d'affichage qui, sous un grand nombre d'applications (traitements de texte, palettes graphiques, programmes de PAO, etc.), permet de visualiser l'ensemble du document sur un même écran (en effectuant le plus souvent un zoom arrière) avant de l'imprimer.

API

Sigle, abréviation d'*Application Programming Interface* ("interface de programmation d'applications"). Interface de programmation normalisée qui permet d'accéder facilement aux fonctions du système d'exploitation, c'est-à-dire de l'interface utilisateur, et qui facilite donc grandement la programmation d'applications. Le groupe d'API DirectX est un exemple d'interface très récente pour Windows 95. DirectX est en fait l'interface utilisée pour toutes les applications multimédias sous Windows 95.

➠ *Voir API 3D, DirectX, interface, système d'exploitation*

API 3D

Interface de programmation permettant de créer des applications 3D et, notamment, des graphismes en 3D. HOOPS, HEIDI et OpenGL sont trois exemples d'API 3D.

➠ *Voir imagerie 3D, processeur graphique 3D*

APM

Sigle, abréviation d'*Advanced Power Management* ("gestion d'énergie avancée"). Standard qui a comme objectif de réduire la consommation d'énergie des PC de bureau et des portables. Pour que l'ordinateur puisse se conformer à ce standard, il faut que son BIOS soit lui-même compatible avec ce standard. Au terme d'un période d'inactivité prédéfinie, les composants de l'ordinateur non utilisés (le disque dur, le processeur et le moniteur) se mettent automatiquement en veille. Les périphériques d'entrée de l'ordinateur (tels le clavier et la souris) se mettent alors aussitôt en attente, prêts à détecter le moindre signal. Ainsi, si le moniteur est en veille, il suffit d'appuyer sur une touche du clavier ou de déplacer la souris pour le rallumer. Cette fonction de gestion d'énergie est particulièrement utilisée pour les ordinateurs portables car elle permet d'en préserver la batterie.

➟ *Voir DPMS, gestion d'énergie, interface, portable*

Apogee
http://www.apogee1.com
Fabricant de logiciels de jeu.

La page d'accueil du site Web d'Apogee.

appareil photo numérique

Appareil photo qui stocke les prises de vue sous une forme numérique dans un module ou une carte de mémoire. L'enregistrement de l'image s'effectue en mode True-Color grâce à des capteurs CCD, comme dans le cas des scanners. Selon l'appareil considéré et la résolution choisie (de 800×600 à 1024×786), il est possible de stocker de vingt-quatre à trente-six photos dans l'appareil (dans un module de mémoire ROM flash ou encore dans une carte PCMCIA). Tous les appareils photo numériques possèdent une interface qui permet de les relier au port parallèle ou au bus SCSI de l'ordinateur. Le tirage des photos réalisées à l'aide d'un appareil photo numérique s'effectue à l'aide d'une imprimante (appelée "imprimante à photos") qui utilise du papier spécial.

➟ *Voir CCD, mémoire flash, PCMCIA, port parallèle, scanner, SCSI*

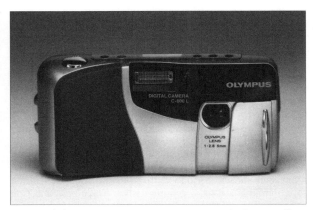

L'appareil photo numérique CAMEDIA C-800 L d'Olympus offre une bonne qualité d'image et est de surcroît simple d'utilisation.

appel de sous-programme

➠ *Voir CALL*

appelant

Nom donné à un utilisateur sur un BBS ou au niveau d'un nœud de réseau.

➠ *Voir BBS, nœud de réseau, réseau, utilisateur*

Apple

http://www.apple.com

Fabricant américain d'ordinateurs. La société Apple fut fondée en 1976 dans un garage par Steven Wozniak et Steve Jobs. Avec son Apple I, elle lança à l'époque l'un des premiers micro-ordinateurs jamais commercialisés. En 1977, elle lança l'Apple II, qui, grâce à son architecture ouverte et à son tableur VisiCalc, connut un succès énorme. Outre l'Apple II, la société Apple lança un ordinateur appelé Lisa, doté d'une interface graphique et pilotable à l'aide d'une souris, lequel ne connut toutefois pas le succès escompté en raison de son prix élevé (dix mille dollars). Ce n'est qu'avec la sortie du Macintosh qu'Apple put renouer avec le succès. Au terme d'un conflit avec l'ancien directeur de Pepsi-Cola, John Scully, qui avait rejoint la direction d'Apple, Steve Jobs et Steven Wozniak quittèrent l'entreprise. Steve Jobs fonda l'entreprise Next, modérément prospère, et lança rapidement son propre ordinateur – le Next –, doté de sa propre interface graphique (l'interface NextStep). Dans sa course aux parts de marché, la société Apple rencontra de

A

sévères difficultés en 1992, qui entraînèrent un certain nombre de changements à la direction ainsi que des licenciements massifs. Depuis 1994, Apple n'utilise plus dans ses ordinateurs des processeurs fabriqués par Motorola (des 680x0) mais des processeurs PowerPC, fabriqués conjointement par Apple, IBM et Mororola dans le cadre d'une joint-venture. A partir de cette époque, les nouveaux ordinateurs d'Apple s'appellèrent des PowerMac. En 1996, Gil Amelio, nouveau président-directeur général d'Apple, annonça, à la surprise générale, qu'il reprenait la société Next. Steve Jobs continua à officier chez Apple en tant que consultant. Au mois de juin 1997, Gil Amelio quitta l'entreprise, laquelle semble actuellement à nouveau sur la pente ascendante. Au mois d'août 1997, Steve Jobs retrouvait un poste – malgré les démentis qu'il avait formulés au préalable – au sein du conseil d'administration d'Apple, avec d'autres grands patrons américains : Larry Ellison, fondateur et PDG d'Oracle, Bill Campbell, PDG d'Intuit, et Jerry York, ancien directeur financier d'IBM et de Chrysler. A la surprise générale, en 1997, Microsoft faisait part de son intention de se porter acquéreur d'actions d'Apple pour un montant de cent cinquante millions de dollars payables sur une période de trois ans. Le cours de l'action Apple augmenta alors de 33 % en un jour. Au mois de juillet 1997, Apple présentait son nouveau système d'exploitation, le System 8. Ce système d'exploitation devait être suivi d'un autre, baptisé Rhapsody, qui, selon Apple, est le système d'exploitation du XXIe siècle. Rhapsody doit être compatible non seulement avec les applications Apple mais aussi avec les programmes pour Windows 95 et Windows NT. Outre ses PowerPC, Apple commercialise un assistant personnel très puissant, le Newton, qui existe maintenant en deux versions. Enfin, au mois d'août 1997, Apple présentait un nouveau PowerMac : un 9600 équipé d'un processeur cadencé à 350 MHz.

➠ *Voir architecture ouverte, interface utilisateur, Jobs, Macintosh, micro-ordinateur, Motorola, Newton, Next, PDA, PowerMac, PowerPc, System 8*

Apple Desktop Bus

"Bus pour ordinateur de bureau Apple".

➠ *Voir ADB*

Apple Unix

Version du système d'exploitation Unix conçue pour Apple.

➠ *Voir Apple, Unix*

AppleShare

Protocole de réseau Apple qui permet d'utiliser un ou plusieurs ordinateurs situés en réseau comme serveurs de fichiers. Les ordinateurs pour lesquels un compte utilisateur a été défini peuvent ainsi accéder aux données (partage de fichiers) et aux programmes du serveur de fichiers.

➠ *Voir Apple, compte utilisateur, partage de fichiers, réseau, serveur de fichiers*

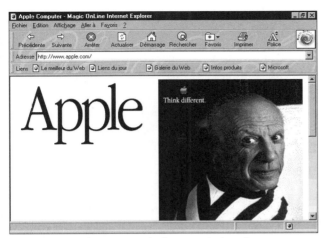

La page d'accueil très conviviale du site Web d'Apple.

applet

Petit programme écrit en Java. Les applets sont généralement utilisées sur Internet et peuvent être utilisées automatiquement à l'aide d'un navigateur compatible avec Java. Pour intégrer une applet Java à une page Web, il faut utiliser des balises HTML spéciales.

HTML, Internet, Java, navigateur Web

AppleTalk

Protocole de réseau conçu par Apple. Comme le protocole LocalTalk (créé également par Apple), le protocole AppleTalk est compatible avec les standards Ethernet et Token Ring. Il se conforme au modèle OSI et contient d'ailleurs les cinq couches de ce modèle. Il est à souligner que, avec ce protocole, la société Apple est parvenue à élaborer très tôt un système de réseau Plug and Play. Les nouveaux nœuds sont en effet reconnus automatiquement et intégrés aussitôt au réseau. Les périphériques tels que l'imprimante peuvent eux aussi faire office de nœud. Le seul inconvénient majeur du protocole AppleTalk est son faible taux de transfert.

➡ *Voir Apple, LocalTalk, nœud, protocole de réseau, OSI, Plug and Play, Token Ring*

application

Programme conçu pour répondre à un ensemble de besoins correspondant à un domaine d'application donné – à des besoins bureautiques (Word, Excel, Acces, etc.) ou graphiques (Photoshop, Corel Draw, 3D Studio Max), entre autres.

➠ *Voir Access, Corel Draw, couche application, Excel, Office, serveur d'applications, Word*

application graphique

Logiciel qui permet de créer, de retoucher et de calculer des images ou des séquences d'images (traçage de rayons). Utilisée avec une tablette graphique, une application graphique permet de travailler avec une sorte de crayon (appelé "stylet") pour dessiner sur l'interface utilisateur de la même manière que sur une planche à dessin. Il est même possible de paramétrer la grosseur des points d'impression et l'épaisseur des traits du crayon. Il existe deux types d'applications graphiques : les applications qui travaillent en pixels et celles qui utilisent le mode vectoriel. Les applications qui travaillent en pixels (Corel Photopaint, Adobe Photoshop, etc.) permettent de modifier chacun des points d'une image. Leur fonctionnement se rapproche des modes de dessin de la vie réelle et des techniques qu'un peintre utilise pour réaliser une toile. Dans le cas des applications vectorielles (Corel Draw, Adobe Illustrator, etc.), en revanche, les dessins s'effectuent à l'aide de différents éléments de base tels que des lignes, des ellipses, des cercles, etc. Aussi, les applications graphiques vectorielles servent-elles davantage à réaliser des dessins stylisés ou techniques qu'à traiter des images telles que des photos. Il existe en fait un troisième type d'application graphique issu du domaine de la CAO : les programmes d'animations tels que Studio MAX et Lightwave (ainsi que le shareware PovRay), qui permettent de construire des objets en trois dimensions dotés de propriétés telles que des surfaces, des couleurs et des textures calculées par le programme. Toutefois, ces programmes ne permettent pas de dessiner directement.

Application Programming Interface

"Interface de programmation d'applications".

➠ *Voir API*

Application Specific Integrated Circuit

"Circuit intégré spécifique à une application".

➠ *Voir ASIC*

Approach

Système de gestion de bases de données conçu par la société Lotus qui fait partie de la suite de programmes Lotus SmartSuite 97.

➠ *Voir Lotus, SmartSuite, base de données relationnelle*

approximation

Valeur voisine d'une valeur exacte. Les approximations constituent souvent une solution suffisante (plus rapide que toutes les autres) pour développer un algorithme lorsqu'il n'est pas absolument indispensable de disposer de la valeur exacte.

➠ *Voir algorithme*

arborescence

Structure organisationnelle hiérarchique qui rappelle la forme d'un arbre et sert à décrire un processus, le déroulement d'un programme ou encore un raisonnement logique. Le point de départ de l'arbre est appelé *racine*, et les subdivisions qui en découlent sont appelées *ramifications* ou *embranchements*. Les répertoires et fichiers d'un support de stockage sont organisés suivant une structure arborescente (arborescence de dossiers).

➠ *Voir arborescence de répertoires, structure de répertoires, support de stockage*

arborescence de répertoires

Structure organisationnelle des supports de stockage informatiques. Chaque support de stockage est divisé en répertoires pouvant eux-mêmes être subdivisés en d'autres répertoires appelés sous-répertoires. Ce système constitue un arbre dont les feuilles sont les fichiers.

➠ *Voir répertoire*

arbre

➠ *Voir arborescence, topologie en arbre*

arbre décisionnaire

Structure arborescente utilisée pour représenter des prises de décision.

➠ *Voir arborescence*

Archie

Logiciel client-serveur qui peut être utilisé en externe ou intégré à un navigateur Web pour accéder à un serveur Archie sur l'Internet. Les serveurs Archie ont pour fonction de stocker dans une base de données actualisée les informations diffusées par un grand nombre de serveurs FTP. Ils sont particulièrement utiles pour chercher des informations. Une fois l'information trouvée, il suffit d'utiliser le logiciel Archie client ou le navigateur pour la rapatrier sur l'ordinateur local.

➠ *Voir base de données, client, FTP, navigateur, serveur*

architecture

Structure sur laquelle un système, un logiciel, un dispositif matériel ou un ordinateur reposent.

➠ *Voir logiciel, matériel*

architecture de CPU

Structure fonctionnelle d'un CPU. L'architecture de CPU détermine un certain nombre de caractéristiques importantes du CPU telles que le nombre de registres et leur largeur. On distingue d'une manière générale deux types d'architectures de CPU : les architectures CISC et RISC. Soucieux de toujours optimiser davantage les performances de leurs processeurs, les fabricants en sont venus à combiner toujours plus étroitement ces deux types d'architectures.

➠ *Voir architecture, CISC, CPU, registre, RISC*

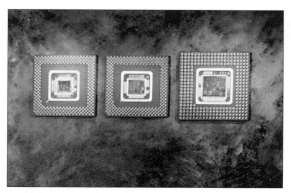

Au fil du temps, les CPU intègrent de plus en plus de transistors, ce qui peut se voir à leurs dimensions extérieures.

architecture ouverte

➠ *Voir ouvert*

archive

1. Copie de sécurité de données effectuée sur un support de stockage généralement amovible (disquette, bande, etc.) afin de permettre de récupérer les données en cas d'incident (défaillance du disque dur, vol de l'ordinateur, incendie, etc.). Ces copies sont souvent effectuées sous un format comprimé qui ne peut être lu qu'avec le programme ayant servi à créer l'archive.

A

2. Attribut de fichier matérialisé par la lettre *a*. Cet attribut est appliqué par un programme d'archivage (tel que Microsoft Backup). Lorsqu'un fichier est archivé, cet attribut est effacé. Ce n'est que lorsque le fichier est réutilisé par une application que l'attribut est rétabli. Le programme de sauvegarde peut ainsi savoir si le fichier a été modifié et, par conséquent, s'il doit être archivé une nouvelle fois.

3. Source de données mise à la disposition du public sur l'Internet ou sur un service en ligne. Il s'agit souvent d'archives de logiciels (généralement diffusées par sites FTP) permettant de télécharger des pilotes, des patches, etc. Il existe également quantité d'archives de fichiers multimédias (contenant des images, des séquences vidéo et du son). Il existe enfin des archives sous forme de bases de données, très utiles dans le domaine de la recherche.

➠ *Voir attribut, backup, compression, support de stockage*

ARCnet

Acronyme d'*Attached Resource Computer Network* ("Réseau informatique de ressources associé"). Standard de réseau local (LAN) qui a atteint depuis longtemps sa phase de maturité mais qui n'a pu résister à la concurrence de deux autres standards : les standards Ethernet et Token Ring. Il peut être appliqué indifféremment à une topologie en étoile ou en bus. Les différentes stations de travail peuvent être reliées par l'intermédiaire de nœuds de connexion (hubs) actifs ou passifs. Le standard ARCnet utilise un jeton qui circule de nœud en nœud au sein d'un circuit logique en forme d'anneau afin d'éviter toute collision.

➠ *Voir Ethernet, étoile, hub, LAN, protocole de réseau, réseau, réseau local, station de travail, topologie en bus, Token Ring*

ardoise électronique

Ordinateur dépourvu de clavier sur lequel les entrées de données s'effectuent à même l'écran (tactile) à l'aide d'un stylet. Exemple : le Newton d'Apple.

➠ *Voir Newton*

Arial

Police de caractères semblable à la police Helvetica. Elle est livrée en standard avec Windows et fait partie des polices TrueType.

➠ *Voir police, TrueType*

Arithmetic Logic Unit

"Unité logique arithmétique".

➠ *Voir ALU*

ARJ

Programme de compression de données créé par Robert Jung. Les fichiers compressés créés par ce programme sont reconnaissables à leur extension .ARJ.

➠ *Voir compression, programme de compression*

arobase

Synonyme d'*a commercial*. Nom du caractère spécial @ généré par la combinaison de touches [Alt Gr] + [@].

➠ *Voir @, caractère spécial*

ARPAnet

Acronyme d'*Advanced Research Projetcs Agency NETwork* ("Réseau de l'Agence pour les projets de recherche avancés"). Groupe de recherche créé en 1968 par la DARPA (*Defense Advanced Research Projects Agency*, ou "Agence pour les projets de recherche avancés pour la Défense"), autorité dépendant du ministère américain de la Défense, pour développer un réseau décentralisé qui devait pouvoir résister à une guerre atomique. C'est ce réseau qui a donné naissance au réseau Internet actuel. L'année 1969 marqua l'apparition du premier réseau informatique utilisant le mode de transmission par paquets.
Le réseau ARPAnet a été conçu pour continuer la diffusion de données même lorsqu'un nœud (ou plusieurs nœud) est en dérangement. Cela a été possible grâce à un procédé de re-routage dynamique, suivant lequel chaque ordinateur du réseau participe au transfert des données. Ainsi, si une ou plusieurs ramifications du réseau se trouvent perturbées, une autre ramification prend aussitôt le relais. L'ordinateur n'a besoin que d'un paquet IP (*Internet Protocol*) pour connaître l'adresse du nœud de connexion opérationnel suivant. Les différents nœuds n'étant pas organisés sous forme hiérarchique, le réseau est nécessairement opérationnel en permanence. C'est au début des années 80 que le terme "Internet" fut utilisé pour la première fois. Au même moment, le protocole TCP/IP devint le protocole de transmission de données officiel de ce réseau. En 1983, le réseau ARPAnet fut utilisé pour le réseau militaire informatique Milnet, puis fractionné pour donner naissance à un réseau qui conserva le nom d'*ARPAnet*. ARPAnet a finalement cessé de fonctionner en 1990, alors que les transferts de données s'effectuaient principalement par le biais de l'Internet et de NSFNET.

➠ *Voir adresse IP, DARPA, Internet, réseau, nœud de connexion, NSFNET, paquet, TCP/IP, protocole de réseau*

ARQ

Sigle, abréviation d'*Automatic Repeat of Request* ("répététition automatique de la requête"). Procédé de correction d'erreurs utilisé pour les transferts de données. Lorsque l'ordinateur destinataire reçoit un paquet défectueux, il envoie automatiquement une requête à l'ordinateur émetteur pour qu'il lui transmette un nouvel exemplaire du paquet concerné.

➠ *Voir correction d'erreurs, paquet, transfert de données*

array

"Matrice".

➠ *Voir matrice*

arrière-plan

En anglais : *background*.
1. Sous une application graphique, partie d'un dessin ou d'une image où un objet représenté semble être placé en arrière par rapport à un autre. Un objet situé à l'arrière-plan est généralement recouvert partiellement ou totalement par un autre, qui est placé au *premier plan*.
2. Dans le cas d'une interface utilisateur graphique, structure (couleurs, images, etc.) du fond de l'écran.
3. Dans le domaine du multitâche : mode de fonctionnement d'un programme qui s'exécute sans que l'utilisateur ait à intervenir (et souvent également sans que l'exécution du programme soit visible à l'écran). Les travaux d'impression sont souvent effectués en arrière-plan, ce qui signifie que l'utilisateur peut continuer à travailler normalement avec les programmes de son choix pendant que l'ordinateur se charge de gérer les impressions.

➠ *Voir application graphique, image d'arrière-plan, interface utilisateur graphique, multitâche, programme d'arrière-plan*

artihmétique

➠ *Voir ALU, coprocesseur arithmétique*

Art-Pad

Gamme de tablettes graphiques fabriquée par la société Wacom.

➠ *Voir tablette graphique*

ASCII

1. Sigle, abréviation d'*American Standard Code for Information Interchange* ("code standard américain pour les échanges d'informations"). Code de caractères qui représente les caractères alphabétiques majuscules et minuscules ainsi qu'un certain nombre de caractères spéciaux. Chaque caractère est ainsi représenté par une valeur numérique donnée. Le code ASCII reposait initialement sur 7 bits (les caractères

étaient donc codés à l'aide des valeurs 0 à 127) mai il repose désormais sur 8 bits, et les caractères sont donc désormais codés à l'aide des valeurs 0 à 255. Le codage des trente-deux premiers caractères coïncide avec celui du code ANSI, et le codage des caractères de contrôle tels que le saut de ligne est donc identique pour ces deux codes.

2. Qualifie un fichier composé exclusivement de texte, et non de caractères de contrôle tels que ceux qui sont utilisés pour contrôler une imprimante.

➠ *Voir ANSI, bit, caractère de contrôle, caractère spécial*

ASIC

Sigle, abréviation d'*Application Specific Integrated Circuit* ("circuit intégré spécfique à une application"). Processeur conçu spécifiquement pour une application donnée.

➠ *Voir processeur*

ASR

Sigle, abréviation d'*Automatic Send and Receive* ("émission et réception automatiques"). Mode de fonctionnement d'un modem qui permet aux échanges de données de s'effectuer automatiquement entre les modems émetteur et récepteur.

➠ *Voir modem*

assemblage

Conversion d'un code source programmé en assembleur en langage machine. Cette opération est effectuée par un assembleur. Contraire : "désassemblage".

➠ *Voir assembleur, code source*

assembleur croisé

Assembleur qui permet de développer des logiciels pour une autre plateforme. En utilisant un assembleur croisé, il est par exemple possible de créer sur un PC des programmes pour des gros systèmes utilisant un CPU non compatible. Avec un assembleur classique, il serait certes possible de faire fonctionner le programme ainsi créé sur le PC utilisé pour le développement mais non pour l'ordinateur pour lequel il a effectivement été conçu (le gros système, dans ce cas précis). Avec un assembleur croisé, c'est précisément l'inverse qui se produit : le programme est utilisable sur l'ordinateur pour lequel il a été conçu (le gros système), et non sur celui sur lequel il a été développé.

➠ *Voir assembleur, compatible, CPU, plate-forme informatique*

assembleur

1. Programme conçu pour convertir du code assembleur en langage machine.

2. Langage de programmation. Contrairement aux langages de programmation de haut niveau tels que le BASIC, le C et le Pascal, l'assembleur repose sur le langage machine. Les différentes commandes machine doivent être activées à l'aide de chaînes de caractères de raccourci appelées "codes mnémoniques". La programmation en assembleur implique en général de renoncer à utiliser des adresses physiques. Les programmeurs utilisent au contraire des adresses symboliques. Les commandes se rapportent généralement à un ou à plusieurs opérandes, à des adresses ou à des registres. Contrairement au langage machine, l'assembleur permet d'utiliser des constantes, des structures de données, des variables et des macros.

3. Personne ou société qui monte des ordinateurs, c'est-à-dire qui en assemble les différents composants.

➟ *Voir adresse, adresse symbolique, BASIC, code mnémonique, constante, langage de programmation, langage machine, macro, opérande, Pascal, registre, variable*

assistance, ligne

➟ *Voir ligne d'assistance*

assistant

Petit programme d'aide intégré à des applications telles que Word, Excel et Access, qui a comme fonction d'assister l'utilisateur dans la création de lettres, de publications, de feuilles de calcul, de bases de données, etc. L'assistant guide l'utilisateur pas à pas à l'aide de différentes boîtes de dialogue se rapportant à la présentation du document, à l'objectif qu'il doit atteindre, etc. Au terme de l'opération, l'assistant crée un document correspondant aux paramètres définis.

➟ *Voir Access, application, document, Excel, Word*

assistant personnel

➟ *Voir PDA*

Association for Computing Machinery

"Association pour les machines informatiques".

➟ *Voir ACM*

Association française de normalisation

➟ *Voir AFNOR*

astérisque

Synonyme de "jocker", de "caractère générique" et de "caractère de substitution". Nom donné au caractère spécial ⌑, qui fait office de caractère de substitution dans les recherches de fichiers. Pour rechercher tous les fichiers portant une extension .INI, par exemple, il suffit d'entrer le critère de recherche *.INI.

asynchrone

➠ *Voir ATM, mémoire cache asynchrone, transfert asynchrone*

AT&T

Sigle, abréviation d'*American Telephone and Telegraph Company* ("Compagnie américaine de téléphone et télépgraphe"). La compagnie de téléphone la plus importante des Etats-Unis qui opère également dans le domaine des PC. AT&T possède notamment les laboratoires Bell, qui ont élaboré un certain nombre de standards importants dans le domaine de l'informatique.

➠ *Voir Bell*

AT

1. Sigle, abréviation d'*Advanced Technology* ("technologie avancée"). Nom donné à toute une génération de PC équipés au minimum d'un CPU de type 80286 et d'un bus ISA (parfois appelé bus AT). De même que XT (standard de PC antérieur au standard AT) venait du nom de la gamme de PC XT d'IBM, le nom AT vient du nom de la gamme de PC AT de ce même constructeur. Le terme PC et la technologie qu'il désigne sont tous deux issus de cette gamme d'ordinateurs.

2. Abréviation d'"attention". Désigne une série de commandes utilisées pour la première fois par la société Hayes pour contrôler les modems. Les différentes instructions qui commandent un modem sont toujours introduites par une commande AT. Les commandes AT ont été reprises ensuite par l'ensemble des fabricants de modems et elles constituent aujourd'hui un standard.

3. Qualifie un type de clavier aujourd'hui obsolète comportant quatre-vingt-quatre touches.

➠ *Voir commandes AT, IBM, ISA, PC, XT*

ATAPI

Sigle, abréviation d'*AT-Bus Attachment Packet Interface* ("interface de connexion pour bus AT"*)*. Standard qui régit le mode de fonctionnement des disques durs IDE. Dans la pratique toutefois, ce sigle désigne le plus souvent un connecteur pour lecteur de CD-ROM sur un contrôleur IDE (sur une carte son, par exemple).

➠ *Voir contrôleur, IDE, lecteur de CD-ROM*

Atari

Fabricant de consoles de jeu et d'ordinateurs. Fondée en 1972 à Sunnyvale, en Californie, la société Atari doit son nom à un jeu inspiré du jeu de table japonais "go", selon lequel un ou plusieurs joueurs sont menacés par des pierres. Elle devint célèbre principalement pour ses consoles de jeu (la console VCS 2600), et les jeux correspondants (PacMan, Space Invaders, etc.). En 1982, Atari lança le 800 XL, concurrent direct du C64, qui ne parvint toutefois pas à s'imposer, ni du point de vue de ses performances, ni du point de vue des ventes. Après avoir rencontré des difficultés financières, la société Atari fut reprise par Jack Tramiel (fondateur de Commodore, concurrent direct d'Atari) en 1984. En 1985, Atari lança l'Atari ST, ordinateur domestique qui, comme l'Amiga, était équipé d'un processeur Motorola 680x00. Grâce à leurs performances sonores remarquables et à leur interface MIDI intégrée, le XT et son successeur, le TT, devinrent rapidement très appréciés des musiciens (ils le sont d'ailleurs encore). D'autres modèles suivirent, tels l'Atari Falcon30, la console de jeux Jaguar et l'Atari Lynx, qui ne purent toutefois pas résister au succès de la console GameBoy de Nintendo.

➠ *Voir Amiga, C64, console, MIDI, Motorola, Pac Man*

AT-Bus Attachment Packet Interface

"Interface de connexion pour bus AT".

➠ *Voir ATAPI*

ATM

1. Sigle, abréviation d'*Asynchronous Transfer Mode* ("mode de transfert asynchrone"). Standard de transfert de données toujours en cours de développement, et qui doit servir de support pour un réseau RNIS et des réseaux à dorsale modernisés. Les données à transmettre sont décomposées en petits paquets de données et envoyées directement au destinataire par l'intermédiaire de commutateurs. Cette technique ne monopolisant que la ramification nécessaire au transfert, et les nœuds de connexion n'étant plus en compétitition pour se partager le débit disponible, ce débit peut théoriquement atteindre 155 Mbit/s. C'est également un débit de 155 Mbit/s qui est assuré entre chaque nœud de connexion. A titre de comparaison : sur un réseau Ethernet particulièrement rapide, les nœuds doivent se partager un débit de 100 Mbit/s.

2. Sigle, abréviation d'"*Adobe Type Manager*".

➠ *Voir Adobe Type Manager, commutateur, dorsale, nœud de connexion, paquet de données, RNIS*

Attached Ressource Computer Network

"Réseau informatique de ressources associé".

➠ *Voir ARCnet*

Attachment Unit Interface

"Interface de connexion.

➠ *Voir AUI*

A

attribut

1. Propriété attribuée à un fichier ou à un dossier par une application ou un système d'exploitation et qui indique comment ce fichier doit être manipulé. Le fichier ou dossier se trouve ainsi dans un état spécial qui régit ensuite son mode de fonctionnement. Les attributs peuvent être modifiés à l'aide d'instructions ou de programmes spécifiques – à l'aide de la commande ATTRIB sous MS-DOS, ou de l'Explorateur sous Windows 95. Pour faire apparaître les attributs d'un fichier sous l'Explorateur, par exemple, il suffit de cliquer du bouton droit sur le fichier correspondant, puis de cliquer sur l'option Propriétés dans le menu contextuel qui s'affiche à l'écran. L'Explorateur fait alors apparaître les attributs du fichier ainsi que leurs fonctions, qui se définissent comme suit :

   - **Archive.** Matérialisé par un *a*. Cet attribut est appliqué par un programme d'archivage (tel que Microsoft Backup). Lorsqu'un fichier est archivé, cet attribut est effacé. Ce n'est que lorsque le fichier est réutilisé par une application que l'attribut est rétabli. Le programme de sauvegarde peut ainsi savoir si le fichier a été modifié et par conséquent s'il doit être archivé une nouvelle fois.
   - **Caché.** Matérialisé par un *h*. Les fichiers système importants sont souvent cachés, ce qui permet d'éviter qu'ils soient effacés par accident. Les fichiers cachés ne sont visibles ni sous l'Explorateur (à moins d'avoir sélectionné l'option qui permet d'afficher tous les types de fichiers) ni sous MS-DOS à l'aide de la commande DIR. Le fichier MSDOS.SYS est un exemple de fichier caché.
   - **Lecture seule.** Matérialisé par un *r*. Lorsqu'un fichier porte cet attribut, les applications ne peuvent que le lire, et non en modifier le contenu. Lorsque l'utilisateur essaie d'effacer un un fichier portant cet attribut, l'ordinateur lui demande de confirmer la suppression. Aussi peut-il être utile d'affecter cet attribut à tous les fichiers qui doivent être protégés contre une suppression accidentelle. Sur les supports de données tels que le CD-ROM, les fichiers reçoivent automatiquement cet attribut.
   - **Système.** Matérialisé par un *s*. Cet attribut désigne les fichiers (COMMAND.COM, MSDOS.SYS et IO.SYS) ainsi que les répertoires ou dossiers système importants. Il permet d'empêcher qu'ils ne soient effacés ou déplacés.
   Sous MS-DOS, les attributs sont présentés sous la forme suivante : x.sys +r +s +h. Le fait de faire précéder un attribut d'un signe moins permet de le désactiver.
2. Propriétés attribuées à un champ de données sous un système de gestion de bases de données. Il existe une infinité d'attributs possibles (numéro de commande, prénom, adresse, etc.).

➠ *Voir application, archive, Explorateur, MS-DOS, système d'exploitation, Windows 95*

ATX

Format de carte mère de PC créé en 1996 par Intel. Ce format en est actuellement à la version 2.1. Contrairement au format de carte mère précédent (le format AT), le format

ATX impose de placer la carte mère perpendiculairement au boîtier de l'ordinateur. Les slots ISA et PCI destinés aux cartes d'extension sont maintenant orientés dans le sens de la longueur du boîtier, ce qui permet d'accéder plus facilement aux connecteurs des barrettes de mémoire. Les connecteurs destinés aux disques durs et aux lecteurs permettent d'utiliser les câbles plus courts qui sont spécifiés par les nouveaux standards EIDE (le standard PIO Mode 4, entre autres).

Pour assurer un refroidissement suffisant au CPU, Intel a en outre décidé d'associer à la carte mère un ventilateur externe relié à l'alimentation et de positionner le CPU à un autre endroit de la carte mère. L'alimentation ATX délivre en permanence à la carte mère une tension de 5 V, même lorsque l'ordinateur est éteint, ce qui lui permet de se rallumer automatiquement lorsqu'il reçoit un fax, par exemple. Elle fournit aussi une tension de 3,3 V qui peut être utilisée par les processeurs de nouvelle génération.

➠ *Voir alimentation, carte mère, CPU, DIMM, EIDE, Intel, ISA, PCI, PIO, SIMM*

Audio Video Interleaved

"Audio et vidéo entrelacés".

➠ *Voir AVI*

AUI

Sigle, abréviation d'*Attachmment Unit Interface* ("interface de connexion"). Type de câble de raccordement conçu pour les réseaux Ethernet.

➠ *Voir Ethernet*

auteurisation multimédia

➠ *Voir logiciel de composition multimédia*

AutoCAD

http://www.autodesk.com

Logiciel de CAO professionnel fabriqué par la société AutoDesk. Il s'agit du programme de CAO le plus vendu. Lancé en 1983, il en est actuellement à la version 14. Il sert également de base à un cetain nombre de solutions de CAO spécifiques de secteurs d'activité donnés et développées par des fabricants de logiciels indépendants.

autoconfigurable

➠ *Voir Plug and Play*

A

AutoDesk

http://www.autodesk.com

Fabricant américain de logiciels, spécialisé dans les programmes de CAO et les applications graphiques 3D. Les deux logiciels les plus connus d'AutoDesk sont AutoCAD et 3DStudio.

➠ *Voir AutoCAD, CAO, imagerie 3D*

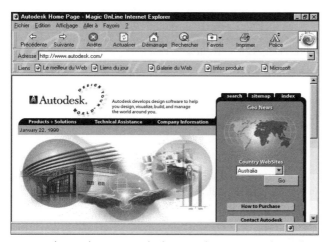

La page d'accueil internationale d'AutoDesk, qui permet d'accéder aux pages spécifiques de chaque pays.

AUTOEXEC.BAT

Fichier de traitement par lots, exécuté à chaque démarrage de l'ordinateur par les systèmes d'exploitation MS-DOS et Windows 95 en même temps que le fichier CONFIG.SYS. Le fichier AUTOEXEC.BAT sert à définir des variables d'environnement et à lancer des programmes résidents.

➠ *Voir fichier de traitement par lots*

Automatic Repeat of Request

"Répétition automatique de la requête".

➠ *Voir ARQ*

Automatic Send and Receive

"Emission et réception automatiques".

➠ *Voir ASR*

autoroute de l'information

Vision idéale d'un réseau informatique très étendu et à haut débit qui permettrait des échanges d'informations entre les écoles, les universités, les différentes ramifications de l'Administration publique, etc. Ce nouveau moyen de communication est aussi supposé encourager le développement de nouvelles techniques de télécommunications, telles que la télévision interactive, la vidéo à la demande, etc. L'Internet est le média qui se rapproche le plus de cette vision idéale, mais il pèche par son débit, ce qui ne lui permet pas – loin s'en faut – d'être considéré comme une véritable autoroute de l'information.

➠ *Voir WAN*

autotest de mise sous tension

Synonyme de *POST*. Test effectué automatiquement par le BIOS à chaque démarrage de l'ordinateur afin de vérifier que les composants vitaux de l'ordinateur fonctionnent correctement.

➠ *Voir POST*

AUX

Connecteur supplémentaire qui, sur un PC ou une chaîne haute-fidélité, permet de connecter d'autres cartes d'extension (une carte son, par exemple) ou un amplificateur.

➠ *Voir carte son*

AV

Sigle, abréviation d'"audio vidéo". Qualifie un disque dur sans calibrage thermique qui garantit un taux de transfert de données constant entre le disque dur et le processeur. Particulièrement adapté au traitement des données audio et vidéo.

➠ *Voir disque dur, taux de transfert*

avance ligne

. ➠ *Voir LF*

A

avance page

➠ *Voir FF*

avance papier

Traction ou propulsion de la feuille de papier utilisée comme support d'impression dans une imprimante. Sur les imprimantes à jet d'encre, par exemple, l'avance papier s'effectue pas à pas, alors qu'elle s'effectue en continu sur les imprimantes laser.

avatar

A l'origine, dans la religion hindoue, personnage artificiel ou incarnation du Soi au sens transcendental du terme. Dans le domaine de l'informatique, représentation visible de l'utilisateur et des autres personnes avec lesquelles il entre en interaction au sein d'un monde virtuel (réalité virtuelle).

aveugle

Synonyme d'"indétectable". Qualifie une couleur qui ne peut pas être détectée par un capteur lumineux. Les couleurs aveugles jouent un rôle particulièrement important pendant la numérisation d'une image. Les scanners noir et blanc utilisent en général des capteurs dont la sensibilité est la plus importante dans la partie du spectre de couleurs correspondant aux tons verts. Il leur est par conséquent extrêmement difficile de détecter les détails représentés dans des tons cyan. La couleur cyan est donc la couleur aveugle de ce type de scanner. Les scanners haut de gamme offrent la possibilité de décaler le spectre de prédilection des capteurs dans une direction donnée – vers le cyan, le plus souvent – (auquel cas la couleur aveugle est le bleu-vert), ce qui leur permet également de détecter les textures et les images cyan, qui seraient à peine perceptibles pour un scanner bas de gamme.

➠ *Voir capteur, scanner*

AVI

Sigle, abréviation d'*Audio Video Interleaved* ("audio et vidéo entrelacés"). Format d'animation créé par Microsoft pour Video for Windows (restitution de séquences sonores et vidéo sous Windows 95). Ce format permet de combiner des données audio et vidéo. Il peut par ailleurs être comprimé, et permet d'utiliser les codecs suivants : Cinepak, Microsoft Video 1, Intel Indeo 3.2, Intel Indeo Interactive.

➠ *Voir Cinepak, codec, Indeo, Video for Windows*

AVM

http://www.avm.de
Fabricant de cartes RNIS passives et actives et de logiciels RNIS.

axe des abscisses

Axe d'un diagramme qui porte les valeurs X.

➠ *Voir axe des ordonnées, diagramme*

axe des ordonnées

Axe d'un diagramme qui porte les valeurs Y.

➠ *Voir axe des abscisses, diagramme*

AZERTY

Type de clavier dont les six premières touches sont A, Z, E, R, T et Y. En France, c'est la disposition de touches standard. Elle s'oppose à celle des claviers QWERTY utilisés dans les pays anglo-saxons, dont les six premières touches sont Q, W, E, R, T et Y. Les claviers AZERTY et QWERTY présentent aussi des différences au niveau de l'emplacement des signes de ponctuation et de certains caractères spéciaux (\, ?, =, *,#, etc.).

➠ *Voir caractère spécial, clavier*

B

➡ *Voir canal B*

B:

Nom du second lecteur de disquettes d'un PC.

➡ *Voir lecteur, lecteur de disquettes, PC*

Babbage Charles

Mathématicien anglais (1792-1871) cofondateur de la Royal Astronomical Association (ou "Associaton astronomique royale") et professeur à Cambridge. Influencé par le premier métier à tisser à cartes perforées créé par Joseph-Marie Jacquard en 1805, il se lança en 1833 dans la création de machines à calculer programmables. Freiné par des difficultés techniques, il n'atteint pas au succès escompté.

➡ *Voir Jacquard*

bac d'alimentation feuille à feuille

Synonyme de "chargeur feuille à feuille".

➡ *Voir chargeur feuille à feuille, imprimante*

back buffer

"Mémoire tampon arrière".

➡ *Voir mémoire tampon arrière*

backbone

"Dorsale".

➡ *Voir dorsale*

B

Backbone-Ring

"Anneau dorsal".

➠ *Voir BBR*

backtracking

"Recherche d'erreurs inversée"

➠ *Voir recherche d'erreurs inversée*

backup

Synonyme de "copie de sécurité". Copie de sécurité d'un programme ou, plus généralement, de données. Les backup sont généralement effectués à l'aide d'unités spéciales (dérouleur de bandes, lecteur magnéto-optique, etc.) suivant un calendrier bien défini (variable qui est fonction de la sensibilité des données et de la fréquence à laquelle elles sont modifiées). Le programme utilisé à cet effet (appelé "programme de backup") peut être intégré au système d'exploitation ou avoir été conçu spécifiquement pour l'unité de sauvegarde utilisée.

➠ *Voir backup complet, backup différentiel, copie de sécurité, dérouleur de bandes, lecteur magnéto-optique, programme de backup, stratégie de backup*

backup complet

Backup consistant à sauvegarder l'ensemble des fichiers.

➠ *Voir stratégie de backup*

backup différentiel

Backup consistant à ne sauvegarder que les fichiers qui ont été modifiés depuis le dernier backup.

backup sélectif

Backup consistant à ne sauvegarder qu'une partie des fichiers d'un support de stockage.

➠ *Voir backup*

Backus-Naur Form

"Formulaire Backus-Naur".

➠ *Voir BNF*

Bad Track Table

"Table des pistes défectueuses".

➠ *Voir table des pistes défectueuses*

baïonnette

➡ *Voir BNC*

balise

Synonyme de "marqueur". En HTML, caractère de contrôle qui permet de distinguer les commandes du texte normal. Chaque commande doit être introduite sous la forme `<com-mande>` et close sous la forme `</commande>`, comme dans l'exemple `<BODY>...<BODY>`.

➡ *Voir HTML*

banc

➡ *Voir banc de mémoire*

banc de mémoire

Subdivision de la mémoire vive d'un PC. Selon la nature des barrettes de mémoire DRAM utilisées, un banc de mémoire peut être constitué d'une barrette (DIMM), de deux (SIMM PS/2 à 72 broches) ou de quatre (SIMM à 30 broches). Pour que la mémoire puisse être adressée correctement, un même banc doit être rempli de barrettes identiques. La plupart des ordinateurs équipés d'un Pentium utilisent de la mémoire SIMM PS/2 (72 broches), et il faut donc deux barrettes SIMM PS/2 pour remplir un banc de mémoire.

➡ *Voir DIMM, SIMM, SIMM PS/2*

bande

Support de stockage à accès séquentiel, constitué d'un rouleau de ruban magnétique intégré à un boîtier en plastique qui ressemble à une cassette. Ce type de support de stockage s'utilise avec un dérouleur de bandes (ou streamer).

➡ *Voir dérouleur de bandes*

bande à encre

Synonyme de "ruban encreur".

➡ *Voir ruban encreur*

bande carbonée

Synonyme de "ruban encreur". Ruban d'encre utilisé pour les imprimantes à marguerite. Pour chaque impact correspondant à un caractère imprimé, c'est un incrément complet de la bande qui est utilisé. Chaque partie de la bande ne peut donc être utilisée qu'une fois, ce qui permet d'obtenir une qualité d'impression optimale, mais rend le coût d'impression relativement élevé.

➠ *Voir ruban encreur*

B

bande large

➠ *Voir transmission en bande large*

bande magnétique

Support de stockage ressemblant à une cassette audio qui stocke les données sur un ruban synthétique recouvert d'une couche magnétique. Les bandes magnétiques étaient très utilisées sur les premiers gros systèmes. Elles sont toujours utilisées dans les dérouleurs de bandes et les lecteurs DAT, qui permettent d'enregistrer jusqu'à 72 pistes parallèlement.

➠ *Voir DAT, dérouleur de bandes, gros système, piste*

bande perforée

Support de stockage utilisé sur les premiers ordinateurs ainsi que sur les téléscripteurs. Une bande perforée est une bande de papier sans fin dans laquelle des trous représentant des données ont été pratiqués. Les bandes perforées servaient à stocker et à échanger des données. Elles n'offraient toutefois qu'une capacité de stockage limitée, nécessitaient un temps de lecture et d'enregistrement particulièrement long et étaient peu résistantes.

➠ *Voir capacité de mémoire, support de stockage*

bank switching

"Commutation de bancs".

➠ *Voir commutation de bancs*

bank switching memory interleave

"Entrelacement de mémoire à commutation de bancs".

➠ *Voir commutation de bancs*

banque de données

Synonyme de "base de données".

➠ *Voir base de données*

banque en ligne

Service bancaire qui permet au client de consulter son compte et d'effectuer des transactions bancaires depuis son domicile à l'aide d'un PC, d'un Minitel et même d'un téléphone. Différents services en ligne, serveurs Minitel et sites Internet offrent des services de banque en ligne. Pour y accéder, il est nécessaire d'entrer un mot de passe, et certains services bancaires en ligne imposent même d'utiliser un dongle pour y accéder. Les services de banque en ligne permettent même d'effectuer des opérations boursières.

➠ *Voir courtage en ligne*

Banyan Vine

Système d'exploitation de réseau compatible avec différentes plates-formes et différents protocoles, utilisable tant pour un réseau local (LAN) que pour un réseau étendu (WAN).

➠ *Voir LAN, plate-forme, réseau, système d'exploitation de réseau, WAN*

BAPCo32

Programme de test de performances techniques (ou *benchmark*) conçu pour tester les applications 32 bits les plus répandues sous Windows 95 et Windows NT. Il permet de tester les applications suivantes (le pourcentage entre parenthèses indique la part que représente le type d'application concerné dans le total) :

- **PAO (2 %).** PageMaker 6.0 et Freelance 6.
- **Graphismes (5 %).** Corel Draw 6.0.
- **Traitement de texte (29 %).** WordPro96 et Word 7.0.
- **Tableur (27 %).** Excel 7.0.
- **Présentation assistée par ordinateur (23 %).** PowerPoint 7.0.
- **SGBD (14 %).** Paradox 7.0.

Les résultats sont indiqués par rapport à un système de référence – un Pentium 100, qui représente l'indice 100. BAPCo32 est un programme de test très précis mais ses résultats dépendent étroitement de la configuration sur laquelle il est utilisé. Pour effectuer des comparaisons avec différents CPU, il est donc vivement recommandé de toujours utiliser la même configuration et de ne remplacer que le CPU. Pour pouvoir être exécuté, PAPCo32 nécessite par ailleurs un système d'exploitation en version anglaise.

➠ *Voir application, benchmark, CPU, Pentium, système d'exploitation*

barre d'état

Barre qui apparaît au bas de la fenêtre graphique de la plupart des programmes pour Windows. Elle affiche des informations sur le programme en cours d'utilisation.

barre d'outils

Rangée d'icônes qui, dans un programme doté d'une interface graphique utilisateur, permet d'activer directement (sans avoir à passer par un menu déroulant) les principales commandes du programme par un simple clic sur les icônes. Les programmes proposent généralement au moins deux barres d'outils, qui sont par défaut placées juste en dessous

B

de la barre de menus. Il est possible de les personnaliser en ajoutant des icônes ou en en supprimant. Les barres d'outils ont aussi pour particularité de faire apparaître un petit libellé lorsque l'utilisateur laisse le pointeur de la souris positionné un certain temps sur une icône. Ce petit libellé, appelé infobulle, décrit succinctement le rôle de l'icône concernée, et il disparaît dès que la souris est déplacée. Si les barres d'outils permettent d'accéder confortablement aux commandes, dans la pratique, elles nécessitent davantage de temps que les raccourcis clavier, et sont par conséquent peu prisées des utilisateurs expérimentés. Sous les logiciels actuels, les barres d'icônes sont capables de se modifier d'elles-mêmes en fonction de l'opération qui vient d'être effectuée ou de l'objet qui vient d'être sélectionné, afin de toujours contenir des commandes directement liées à l'opération en cours d'exécution. Ces barres d'outils sont qualifiées de contextuelles.

barre de défilement

Barre située le long du bord droit ou inférieur d'une fenêtre d'interface utilisateur graphique (qu'il s'agisse du Bureau de Windows, de la fenêtre d'une application telle que Word ou, au sein d'une application, d'un élément graphique tel qu'une liste déroulante). Selon qu'elle est située le long du bord droit ou du bord inférieur, elle permet de faire défiler le contenu de la liste verticalement ou horizontalement pour faire apparaître la partie non visible de son contenu.

➠ *Voir interface utilisateur graphique*

Une fenêtre de texte avec ses barres de défilement, horizontale et verticale.

barre de menus

Barre qui, sous une application, fait apparaître les titres des différents menus déroulants disponibles. Cette barre est en principe située le long du bord supérieur de la fenêtre de l'application mais, sous les applications modernes (telles que celles de la suite de programmes Office 97), elle peut être positionnée à n'importe quel endroit de l'écran. Pour faire apparaître le contenu de l'un de ces menus, il suffit de cliquer sur son titre (Fichier, Edition, Affichage, etc.) ou d'utiliser la combinaison de touches correspondante ([Alt] + [F] pour le menu Fichier, par exemple). En général, les commandes importantes sont aussi représentées graphiquement sur une barre d'outils située en dessous ou à côté de la barre de menus. Pour activer une commande, il suffit de cliquer sur l'outil (ou icône) qui la représente, ce qui est beaucoup plus direct que d'ouvrir le menu déroulant et de cliquer sur la commande elle-même. Toutes les interfaces utilisateur graphiques utilisent des barres de menus et des barres d'outils.

➠ *Voir barre d'outils, interface utilisateur à menus, menu, menu déroulant, Office*

Barre des tâches

Outil de navigation central de l'interface utilisateur de Windows 95 et Windows NT. Par défaut, la Barre des tâches est située le long du bord inférieur de l'écran. Elle se divise en trois parties :

- Son extrémité gauche est occupée par le bouton Démarrer, qui permet d'activer le menu Démarrer et ainsi d'accéder aux programmes installés sur l'ordinateur et aux paramètres de configuration de l'ordinateur.
- Son extrémité droite est occupée par le bouton d'horloge, qui fait aussi apparaître les icônes des programmes résidant en mémoire et permet d'accéder directement à ces programmes par un double-clic sur l'icône appropriée. Ce bouton permet de voir l'heure en permanence et d'accéder aux paramètres de configuration de la carte graphique, de la carte son et éventuellement de l'Agent système de Microsoft Plus s'il est installé.
- Entre ces deux boutons, la Barre des tâches affiche une icône pour chaque application ouverte. Le bouton qui représente l'application ouverte au premier plan donne l'impression d'être enfoncé. Plus il y a de programmes ouverts simultanément, plus la taille des boutons utilisés pour les représenter diminue. Lorsqu'ils deviennent si petits qu'il est difficile de les lire, il est possible d'élargir la Barre des tâches pour lui permettre d'afficher deux rangées de boutons. En mode Masquer automatiquement, la Barre des tâches s'affiche lorsque le pointeur de la souris atteint le bord inférieur de l'écran.

La Barre des tâches de Windows 95 affiche les boutons des applications ouvertes.

bas de page

➠ *Voir note de bas de page*

basculement de pages

Alternance entre la partie non visible (tampon arrière) et la partie visible (tampon avant) de la mémoire graphique d'une carte graphique.

B

base 10

Synonyme de "système décimal".

➠ *Voir système décimal*

base 16

Synonyme de "système hexadécimal".

➠ *Voir hexadécimal*

base 2

Synonyme de "binaire" et de "système binaire". Système de numération qui n'admet que deux chiffres : 0 et 1. Tous les nombres du système en base 2 sont représentés sous forme de combinaisons de 0 et de 1.

Pour mettre en évidence le rapport mathématique existant entre le système décimal (base dix) et le système binaire (base deux), il suffit d'utiliser un exemple :

Le nombre binaire 11011 est égal au nombre haxadécimal 27, qui s'obtient en effectuant le calcul $1 \times 2^4 + 1 \times 2^3 + 0 \times 2^2 + 1 \times 2^1 + 1 \times 2^0 = 16 + 8 + 2 + 1 = 27$. Pour convertir un nombre binaire en nombre décimal, il suffit donc d'élever chacun des chiffres du nombre binaire à la puissance de sa place à l'intérieur du nombre et d'effectuer la somme des valeurs ainsi obtenues (le premier chiffre occupe la position 0, le deuxième la position 1, etc.).

➠ *Voir décimal, hexadécimal*

base de données

Synonyme de "banque de données". Collection de données structurée. La construction, la structuration et la gestion d'une base de données s'effectuent à l'aide d'un logiciel spécial appelé "système de gestion de bases de données" (*SGBD*). Une base de données peut être constituée d'un fichier unique mais aussi de plusieurs fichiers liés, situés sur un même ordinateur ou sur plusieurs ordinateurs reliés en réseau. Elle permet, en définissant des critères et en formulant des requêtes, de regrouper de manière ordonnée des informations présentant des caractéristiques communes (sur les clients d'une entreprise, par exemple, ou sur l'état de ses stocks). Les requêtes se formulent généralement dans un langage tel que SQL ou ODBC. Il existe plusieurs moyens d'organiser des données. Le plus simple consiste à se conformer à une structure hiérarchique. Il existe par ailleurs des solutions plus sophistiquées consistant à opter pour une structure relationnelle ou multidimensionnelle. Ces deux types de modèles permettent d'établir des liens plus complexes entre les données. Les données d'une base de données sont stockées dans des zones appelées *champs*. L'ensemble des champs se rapportant à un même élément d'une table constitue un *enregistrement*. Lorsque des tables présentent des champs communs, il est possible de les relier de manière logique (à l'aide de relations ou de références), et ainsi de créer une base de données relationnelle.

➟ *Voir arborescence, base de données multidimensionnelle, base de données relationnelle, champ, données, client de bases de données, enregistrement, ODBC, réseau, serveur de bases de données, SGBD, SQL, système de gestion de bases de données*

base de données en ligne

Base de données accessible à distance à l'aide d'un modem (ou d'un intranet) et qui peut être utilisée par plusieurs personnes simultanément.

➟ *Voir base de données, intranet, modem*

base de données en texte plein

Base de données dont les champs permettent de stocker du texte non structuré de n'importe quelle longueur.

➟ *Voir base de données*

base de données externe

Base de données située sur un serveur et destinée à être consultée par l'intermédiaire d'un accès réseau à distance.

➟ *Voir base de données, transmission de données*

base de données multidimensionnelle

Type de base de données qui reflète mieux les différentes dimensions d'un attribut que les bases de données relationnelles, lesquelles tendent à reléguer les attributs des champs de données à l'arrière-plan sous forme de redondances. A titre d'exemple, l'exportation d'un produit intègre plusieurs dimensions : la période durant laquelle l'exportation a été effectuée, le client concerné et la zone géographique correspondant au client. Les différentes dimensions de l'attribut "exportation" sont plus faciles à mettre en évidence et à intégrer ainsi à un processus de prise de décision à l'aide d'une base de données multidimensionnelle qu'à l'aide d'une base de données relationnelle.

➟ *Voir base de données, base de données relationnelle, champ de donnée*

base de données publique

Base de données à laquelle un prestataire de services autorise le public à accéder.

➟ *Voir base de données*

B

base de données relationnelle

Base de données subdivisée en plusieurs tables reliées entre elles. Les propriétés de ces différentes tables (ou relations), caractérisées par leurs attributs et leurs domaines, constituent un schéma relationnel.

➠ *Voir base de données*

base de messages

Ensemble des messages électroniques stockés sur un BBS.

➠ *Voir BBS*

base de registres

Base de données qui, sous Windows 95 et Windows NT (depuis la version 4.0), contient toutes les informations se rapportant à la configuration de l'ordinateur. La base de registres remplace les fichiers de configuration SYSTEM.INI et WIN.INI bien connus sous Windows 3.1, même s'ils ont été conservés sous Windows 95 pour des raisons de compatibilité. La base de registres est très complexe. Elle contient quantité de données réparties en groupes, eux-mêmes souvent subdivisés en sous-groupes. Tous ces groupes sont stockés dans des clés qui peuvent être traitées à l'aide du programme REGEDIT.EXE livré avec Windows 95 et Windows NT. Les données de la base de registres sont contenues dans les fichiers SYSTEM.DAT et USER.DAT. A chaque démarrage réussi, Windows effectue de ces deux fichiers des copies de secours appelées SYSTEM.DA0 et USER.DA0. Si, au démarrage, Windows constate que la base de registres est endommagée, il peut ainsi essayer de redémarrer en utilisant les fichiers de secours qu'il a créés au dernier démarrage réussi.

➠ *Voir SYSTEM.INI, WIN.INI, Windows 95, Windows NT*

base memory

"Mémoire de base".

➠ *Voir mémoire inférieure*

BASIC

Sigle, abréviation de *Beginners All-Purpose Symbolic Instruction Code* ("code d'instructions symbolique polyvalent pour débutants"). Langage de programmation facile à apprendre qui a été utilisé sur plusieurs plateformes. En environnement PC, ce langage a été supplanté par Visual Basic.

➠ *Voir langage de programmation, plate-forme, Visual Basic*

B

Basic Combined Programming Language

"Langage de programmation combiné de base".

➠ *Voir BCPL*

Basic Input Output System

"Système d'entrée-sortie de base".

➠ *Voir BIOS*

batch

"Traitement par lots". Qualifie un fichier composé d'une série de commandes DOS évaluées par l'interpréteur de commandes COMMAND.COM de MS-DOS. Ce type de fichier peut contenir n'importe quelle commande ou série de commandes exécutable directement sous MS-DOS, et servir, par exemple, à réaliser des boucles. Pour créer un fichier batch, il suffit de créer un document sous un éditeur de texte, d'y placer les commandes sous forme de liste de la même manière que pour créer une macro, puis d'enregistrer le fichier en lui affectant une extension .BAT. Le fichier AUTOEXEC.BAT que MS-DOS et Windows prennent en charge automatiquement à chaque démarrage de l'ordinateur est un exemple de fichier batch.

batch file

"Fichier de traitement par lots".

➠ *Voir fichier batch*

batterie

Synonyme d'"accumulateur". Pile électrique rechargeable. Le courant électrique est stocké à l'aide de procédés électrochimiques. On distingue différents types de batteries suivant le matériau utilisé pour les deux électrodes :

- **Batterie au nickel-cadmium (NiCd).** l'électrode positive est en nickel, tandis que l'électrode négative est en cadmium. Les batteries NiCd se caractérisent par une densité de charge moyenne et une autonomie de charge relativement courte. Elles présentent l'inconvénient de créer un effet de mémoire, qui entraîne une baisse de performance irrémédiable de la batterie.
- **Batterie au nickel-métal-hydrure (NiMH).** l'électrode positive est en nickel, tandis que l'électrode négative est fabriquée dans un alliage métallique qui stocke de l'hydrogène. Les batteries NiMH ont une autonomie de charge deux fois plus importante que les batteries NiCd et elles ne subissent pas d'effet de mémoire.
- **Batterie au lithium-ion (Li-ion).** Ces batteries sont celles qui ont l'autonomie et la durée de vie les plus élevées. Elle ne subissent pas d'effet de mémoire et sont écologiques mais leur fabrication est plus coûteuse.

batterie de disques

Empilement de plusieurs disques durs configurés d'une manière bien spécifique afin d'optimiser la sécurité des données. La configuration en batterie est généralement utilisée sur les serveurs haut de gamme, et notamment sur ceux qui utilisent la technologie RAID.

➠ *Voir disque dur, RAID, serveur*

batterie-relais

Batterie située sur la carte mère qui, lorsque le PC est mis hors tension, prend automatiquement le relais pour alimenter l'horloge système et sauvegarder les paramètres définis dans le BIOS.

➠ *Voir BIOS, carte mère, PC*

baud

Abréviation : "Bd". Unité de mesure de la vitesse de modulation d'un signal. Elle doit son nom à l'ingénieur des télécommunications Jean Maurice Baudot (1845-1903). Elle représente la quantité de données transférées par l'intermédiaire d'un canal au cours d'une unité de temps donnée (la seconde, dans la pratique). En informatique, elle sert à exprimer le taux de transfert d'un modem mais ne s'applique en fait qu'aux anciens modèles de modems, puisqu'ils sont les seuls à ne disposer que d'un canal de transmission. Dans ce cas : 1 baud = 1 bit/s = 1 bps. Les modems de la nouvelle génération utilisent en principe plusieurs canaux de transmission de données. Le taux de transfert en bit/s est donc donné par la formule suivante : taux de transmission de données en bps = nombre de canaux × vitesse de modulation par canal en bauds.

➠ *Voir débit en bauds, taux de transfert de données*

Bayonet Nut Coupling

"Connecteur coaxial à baïonnette".

➠ *Voir BNC*

BBC

Sigle, abréviation de *Blind Carbon Copy* ("copie carbone à liste des destinataires invisible"). Copie d'un courrier électronique à partir de laquelle le destinataire ne peut pas savoir à quels autres destinataires le message a été envoyé.

➠ *Voir courrier électronique*

BBR

Sigle, abréviation de *Backbone-Ring* ("anneau dorsal"). Structure de BBS utilisée par le réseau FidoNet pour gérer la distribution des messages au sein du BBS.

➠ *Voir BBS, boîte à lettres, courrier électronique, FidoNet*

BBS

Sigle, abréviation de *Bulletin Board System* ("tableau d'affichage télématique"). Service informatique accessible à l'aide d'un modem qui peut servir à diffuser des informations à caractère privé ou commercial. Le terme anglais "*bulletin board*" (ou "tableau d'affichage") fait référence à l'une des fonctions les plus importantes des BBS : les personnes habilitées à utiliser ce système pour communiquer ont la possibilité d'échanger des messages électroniques (mails), de discuter, ou d'offrir ou d'acquérir des biens ou services payants, comme si elles collaient des annonces sur un tableau d'affichage. Les BBS à vocation commerciale des fabricants de matériel et de logiciels diffusent généralement des pilotes, des patches et des mises à jour. Ils permettent également de poser des questions techniques au service d'assistance ou directement à l'opérateur système. Les BBS demandent généralement à l'utilisateur d'entrer son nom, son mot de passe, son adresse et souvent des informations supplémentaires avant de l'autoriser à accéder aux messages diffusés. Le service proposé n'est pas nécessairement payant. Il est généralement possible d'y accéder en tant qu'invité en entrant Guest pour le nom d'utilisateur et le mot de passe. Sur la plupart des BBS, l'utilisateur est en outre limité à une certaine durée d'utilisation par jour, par semaine ou par mois.

➟ *Voir boîte à lettres, courrier électronique, discussion, mise à jour, patch, sysop*

BCC

Sigle, abréviation de "Blind Carbon Copy" (*copie carbone à liste des destinataires invisible*). Copie d'un courrier électronique dans laquelle le destinataire ne peut pas voir à quelles autres personnes le courrier électronique a été envoyé.

➟ *Voir courrier électronique*

BCD

Sigle, abréviation de *Binary Coded Decimal* ("décimal codé en binaire"). Valeur binaire de quatre chiffres (appelée "quartet" ou "tétrade") qui permet de coder un chiffre décimal (de 0 à 9). A titre d'exemple : 0 (décimal) = 0000 (binaire) ; 1 (décimal) = 0001 (binaire) ; 2 (décimal) = 0010 (binaire) ; 3 (décimal) = 0011 (binaire) ; 4 (décimal) = 0100 (binaire), etc.

➟ *Voir C, langage de programmation*

BCPL

Sigle, abréviation de *Basic Combined Programming Language* ("langage de programmation combiné de base"). Langage de programmation créé au cours des années soixante à l'Université de Cambridge. Ce langage est le prédécesseur du C.

➟ *Voir C, langage de programmation*

Bd

Abréviation de "baud".

➠ *Voir baud*

Because It's Time Network

"Parce qu'il est temps de passer au réseau".

➠ *Voir Bitnet*

Beginners All Purpose Symbolic Instruction Code

"Code d'instructions symbolique polyvalent pour débutants".

➠ *Voir BASIC*

Bell Laboratories

Institut de recherche du conglomérat américain AT&T auquel on doit un certain nombre des découvertes effectuées dans le domaine de l'informatique, tels le premier transistor, le système d'exploitation Unix, ou encore le C, langage de programmation qui est aujourd'hui le plus utilisé.

➠ *Voir AT&T, Unix*

benchmark

"Testeur de performances". Programme de test de performances techniques qui permet d'évaluer la qualité d'un composant informatique – les performances du CPU, de la carte mère, du disque dur (vitesse de lecture et d'écriture), de la carte graphique (images/s), etc. Les différents benchmarks disponibles sur le marché fournissent souvent des résultats bien différents, et il est difficile d'effectuer des comparaisons de l'un à l'autre. Pour tester le matériel informatique, les magazines d'informatique utilisent soit des benchmarks normalisés (tels que SPECint95 et SPECfp95 pour tester les performances d'un CPU pour les calculs portant sur des entiers et des nombres à virgule flottante, ou encore BAPCo32 pour tester la rapidité des applications en 32 bits), soit des programmes qu'ils ont développés eux-mêmes.

➠ *Voir BAPCo32, carte graphique, CPU, disque dur, entier, fps, représentation à virgule flottante*

Be-OS

Système d'exploitation développé par la société américaine Be pour les Apple Macintosh de la série PowerMac. Ce système se substitue au système d'exploitation System 8, par rapport auquel il offre un certain nombre de fonctions supplémentaires. Ainsi repose-t-il sur des techniques qui protègent la mémoire et permettent de travailler en mode multitâche préemptif et avec plusieurs processeurs. Il possède par ailleurs son propre système de fichiers, appelé BFS, qui permet de travailler avec des fichiers et des partitions pouvant atteindre une taille de 1 téraoctet (1 Tot ; 1 To = 1 024 Go). Le système BFS établit en outre des journaux afin de permettre de récupérer les données en cas de plantage de l'ordinateur.

➠ *Voir Apple, multiprocesseur, multitâche, PowerMac, système de fichiers*

Bernes-Lee, Tim

Chercheur du CERN de Genève considéré comme le fondateur du World Wide Web (WWW). C'est lui qui proposa de placer sur Internet des documents reliés les uns aux autres par des liens qualifiés d'*hypertexte*. En 1989, il concrétisa lui-même son idée en développant un programme appelé Enquire.

➠ *Voir HTML, hypertexte, Internet, lien hypertexte, URL, WWW*

Bernoulli

Unité de sauvegarde aujourd'hui obsolète, fabriquée par Iomega. Le Bernoulli utilise une cartouche scellée qui intègre un disque magnétique souple. Ce disque tourne à une vitesse d'environ 3 000 tr/s et conserve une assiette relativement constante grâce à des coussins d'air (effet Bernoulli, du nom de J. B. Bernoulli, 1738). La tête de lecture-écriture survole le support magnétique à une distance d'environ 0,001 mm. Le Bernoulli offre un temps d'accès d'environ 10 ms et une capacité de stockage d'environ 200 Mo.

➠ *Voir mémoire de masse, Mo, tête de lecture-écriture, support de stockage*

bêta

Qualifie une version opérationnelle mais encore imparfaite d'un programme en phase terminale de développement. Le programme pouvant encore contenir des erreurs, il doit être testé avant d'être commercialisé.

* Le **bêta test** est la phase de développement d'un programme correspondant à la période durant laquelle il est testé par un panel d'utilisateurs appelés "bêta testeurs" afin que ceux-ci déterminent s'il contient des bogues.
* Le **bêta testeur** a charge de tester la version bêta d'un programme pour déterminer si elle contient des bogues.

➠ *Voir bogue, programme*

BFS

Système de fichiers du système d'exploitation Be-OS.

➠ *Voir Be-OS, système d'exploitation, système de fichiers*

bibliothèque

En anglais : *library*. Ensemble de commandes, de classes de commandes, de macros et de parties de programmes opérationnelles, associé à un environnement de développement afin de faciliter la création de séquences de programmes répétitives et de routines.

➡ *Voir bibliothèque de macros, commande, environnement de développement, fichier bibliothèque, macro*

bibliothèque d'objets

Ensemble de modules objets préconçus utilisables pour programmer. Un module objet contient toutes les procédures et routines permettant d'exécuter une fonction donnée. Les modules objets sont intégrés au reste du code de programme au cours de l'assemblage ou de la compilation.

➡ *Voir compilateur, lieur*

bibliothèque de macros

Fichier (ou partie de fichier) dans lequel sont stockées des macros.

➡ *Voir macro*

bidirectionnel

Qualifie un canal ou une connexion permettant de transmettre des données dans les deux sens.

➡ *Voir duplex*

bidirectionnel alterné

➡ *Voir demi-duplex*

bidirectionnel simultané

➡ *Voir duplex intégral*

Big Blue

Surnom donné à IBM, qui fait référence au goût qu'elle a pour le bleu (ainsi son logo est-il bleu).

➡ *Voir IBM*

Bi-INDEX

➡ *Voir Breitbardt, courrier électronique intempestif*

binaire

1. Qualifie un système mathématique dans lequel seuls deux états sont possibles : 0 (faux) et 1 (vrai). Le code binaire est le langage informatique fondamental par excellence. Selon ce code, une cellule de mémoire ne peut être exprimée qu'à l'aide de deux éléments : 0 et 1. De la même manière, tous les autres caractères, qu'il s'agisse de caractère normaux ou spéciaux, ou encore de nombre décimaux, doivent être exprimés à l'aide de combinaisons de 0 et de 1.
2. Qualifie un nombre se conformant au système binaire.

➠ *Voir ASCII, bit, caractère spécial, octet*

Binary Coded Decimal

"Décimal codé en binaire".

➠ *Voir BCD*

BIOS

Sigle, abréviation de *Basic Input Output System* ("système d'entrées-sorties de base"). Puce de ROM située sur la carte mère et dont le contenu est chargé à chaque démarrage de l'ordinateur, quel que soit le système d'exploitation utilisé. Le BIOS remplit deux fonctions importantes :

- Il teste le matériel installé et l'initialise. S'il apparaît une erreur ou un dysfonctionnement au cours de cette phase initiale, le BIOS génère un signal d'erreur. Sinon, il prend connaissance des valeurs de la RAM CMOS, établit dans la mémoire vive une liste des éléments matériels qu'il a identifiés et transmet le contrôle des opérations au chargeur d'amorce. Lorsque c'est une disquette qui est utilisée comme disque de démarrage, le chargeur d'amorce se trouve sur le premier secteur de la disquette, appelé secteur d'amorce. Lorsque c'est un disque dur qui est utilisé comme disque de démarrage, le premier secteur (secteur amorce maître) contient un enregistrement spécial appelé "enregistrement amorce maître" ainsi qu'une table des partitions et un programme capable de lire le contenu de cette table. Dès qu'il a lu le contenu de la table des partitions, le programme cherche la partition active et transmet le contrôle des opérations au chargeur d'amorce situé sur cette partition.
- Le BIOS contient par ailleurs tous les paramètres nécessaires pour configurer la carte mère, le CPU et la mémoire vive. Il prend également en charge un certain nombre d'informations importantes telles que le Plug and Play, la gestion d'énergie et les paramètres de communication avec les périphériques d'entrée et de sortie.

➠ *Voir bip, carte mère, chargeur d'amorce, gestion d'énergie, mémoire vive, partition, Plug and Play, POST, RAM CMOS, ROM, secteur amorce, système d'exploitation*

BIOS graphique

Puce située sur la carte graphique qui contient toutes les commandes et routines nécessaires à représenter un signal vidéo sur un moniteur. Lorsque la carte graphique offre des fonctions spéciales, c'est aussi dans cette puce que ces fonctions sont stockées.

➠ *Voir carte graphique*

bip

Signal acoustique (ou séquence de signaux acoustiques, selon qu'il y a une erreur ou non et selon la nature de cette erreur) émis par le BIOS pendant l'autotest POST. Beaucoup de conflits (erreurs fatales) d'ordre matériel rendant le moniteur inopérationnel et empêchant par conséquent de lire les messages d'erreurs qui pourraient y être affichés, ce signal sonore permet d'être informé de la présence d'une erreur dans tous les cas.

➠ *Voir BIOS, erreur fatale, POST*

B-ISDN

Sigle, abréviation de *Broadband-ISDN* ("RNIS large bande").

➠ *Voir RNIS*

BISYNC

Sigle, abréviation de *Binary Synchronous Communication* ("communication binaire synchrone"). Protocole de transfert de données qui permet d'effectuer des transferts synchrones.

➠ *Voir synchrone*

bit

Acronyme de *Binary Digit* ("chiffre binaire"). Plus petite unité d'information possible en informatique. Un bit peut admettre deux valeurs (ou états) : 0 et 1. En combinant ces valeurs, il est possible de représenter n'importe quelle information.

bit d'erreur

➠ *Voir bit de parité*

bit de canal

Elément de base d'un octet de CD-ROM. Chaque octet est composé de 8 bits, mais, pour les routines de détection et de correction d'erreurs, 6 bits supplémentaires sont nécessaires. Chaque octet d'un CD-ROM est donc constitué de 14 bits, et non de 8. Cette redondance est absolument indispensable pour préserver l'intégrité des données.

➠ *Voir bit, CD, CD-ROM, redondance*

bit de contrôle

Synonyme de "bit de parité". En anglais : *control bit*. Bit ajouté, conformément à un certain nombre de règles, à un paquet ou à un bloc de données afin d'en assurer la sécurité. En examinant le bit de contrôle, l'ordinateur peut déterminer si les données qui lui ont été transférées ou qui ont été chargées dans la mémoire vive comportent des erreurs ou non (par l'intermédiaire d'un modem ou de la mémoire vive).

➠ *Voir bit de parité*

bit de parité

Bit ajouté à un mot de données afin d'en modifier la parité. Lorsque la somme des bits d'un mot de données est de 0, on dit que la parité est paire. Lorsqu'elle de 1, en revanche, on dit que la parité est impaire. Les mots de données dont le bit de parité indique une parité paire contiennent toujours un nombre pair de 1. Ceux dont le bit de parité indique une parité impaire, en revanche, contiennent un nombre impair de 1.

L'ajout d'un bit de parité permet de contrôler les erreurs lors des transferts et de la mise en mémoire de données. Ainsi existe-t-il des versions de modules SIMM avec et sans parité. Les modules SIMM actuels sont assez fiables pour qu'il ne soit plus nécessaire d'utiliser un bit de parité. Les processeurs antérieurs au Pentium Pro n'intégrant pas de procédé de correction d'erreurs reposant sur la parité, l'ordinateur finit de toute manière par planter en cas d'erreur de mémoire. Aussi est-il généralement possible de se passer du système de parité pour les modules de mémoire SIMM.

bit inférieur

➠ *Voir Low Byte*

bit par pouce

➠ *Voir bpi*

bit par seconde

➠ *Voir bps*

Bit per Inch

"Bit par pouce".

➠ *Voir bpi*

bit per second

"Bit par seconde".

➠ *Voir bps*

B

bit/s

Abréviation de "bit par seconde".

➠ *Voir bps*

bitmap

1. Format graphique (.BMP). Le format bitmap stocke les données graphiques sans les comprimer (il les stocke donc telles quelles). Il permet de stocker les images en noir et blanc, sous forme de niveaux gris ou à l'aide d'informations de couleurs de 1, 4, 8 ou 24 bits.
2. Synonyme d'"image tramée". Image en mode point. S'oppose à "image vectorielle".

➠ *Voir image bitmap, image vectorielle*

Bitnet

Acronyme de *Because it's time to network* ("parce qu'il est temps de passer au réseau"). Ancien réseau universitaire constitué de gros systèmes IBM qui avait vu le jour en même temps que le CSNET (*Computer and Science Network*) et le CREN (*Corporation for Research and Educational Network*).

➠ *Voir IBM, réseau*

blanc

Laps de temps requis par le faisceau d'électrons d'un tube cathodique pour se rendre de la fin de la ligne précédente au début de la ligne suivante. L'image d'un moniteur est construite ligne par ligne par un faisceau d'électrons projeté du tube cathodique par le canon à électrons. Pendant ce laps de temps, l'écran peut recevoir d'autres données exploitables par un décodeur de vidéotexte ou un terminal Internet.

➠ *Voir Internet, moniteur, tube cathodique*

blanc de début de session

Zone d'un CD qui signale le début d'une piste de données. Cette zone est située au début de la piste de données, c'est-à-dire au centre du CD. Elle a une largeur fixe et contient non pas des données exploitables pour l'utilisateur (ce qui donne l'impression qu'il y a un blanc sur le disque), mais des informations permettant de gérer les données stockées sur le CD – la table des matières et le nom de volume, par exemple. Elle s'oppose au blanc de fin de session. Sur les CD multisessions tels que les CD enregistrés à l'aide d'un graveur ou les Photo-CD, chaque session possède un blanc de début de session, une zone de données et un blanc de fin de session.

➠ *Voir blanc de fin de session, CD, Photo-CD, CD-R, CD-ROM, graveur de CD, multisession, session*

blanc de fin de session

Zone d'un CD qui signale la fin d'une piste de CD.

➠ *Voir blanc de début de session, CD, CD-R, CD-ROM, graveur de CD, multisession, session*

blanking

"Brouillage".

➠ *Voir brouillage*

Blind Carbon Copy

"Copie carbone à liste invisible des destinataires ".

➠ *Voir BCC*

bloc

Synonyme de "bloc de données". Groupe de données apparentées, généralement traitées comme unité indivisible, par un programme ou pour un transfert de données. Outre les données, les blocs comprennent un certain nombre d'informations annexes, telles que des caractères de contrôle (bits de début et d'arrêt, etc.). Le système de fichiers de MS-DOS divise l'espace de stockage des disques durs et des disquettes en blocs de données appelés "clusters".

➠ *Voir caractère de contrôle, cluster, disque dur, disquette, système de fichiers, système d'exploitation*

Bloc-notes

Editeur de texte livré en standard avec Windows.

➠ *Voir Windows*

Blue Book

"Livre bleu".

➠ *Voir Livre bleu*

Blue Ribbon Campaign

"Campagne du ruban bleu".

➠ *Voir campagne du ruban bleu*

blueboxing

"Piratage téléphonique". Nom donné, aux Etats-Unis, à l'utilisation illégale du réseau téléphonique. Ce nom (*bluebox* signifie "boîte bleue") fait référence à un boîtier bleu créé au cours des années soixante par John Draper – bien connu des pirates et des hackers, qui le surnommèrent "Captain Crunch" –, qui trompait les compteurs de taxes téléphoniques des compagnies américaines de téléphone en simulant le bruit de la chute d'une pièce de monnaie.

➠ *Voir Captain Crunch, Hacker*

BNC

Sigle, abréviation de *Bayonet Nut Coupling* ("connecteur à filetage à baïonnette"). Type de connecteur utilisé pour les moniteurs haut de gamme, la technologie sur laquelle il repose étant particulièrement adaptée au transfert de signaux sensibles aux parasites. Le connecteur BNC est pourvu d'un conducteur interne de forme concentrique protégé par un blindage extérieur.

➠ *Voir moniteur*

De gauche à droite : une fiche BNC, un T BNC, un bouchon BNC et un coupleur BNC.

BNF

Sigle, abréviation de *Backus-Naur Form* ("formulaire Backus-Naur"). Formulaire de description de syntaxe utilisé pour les langages de programmation. Ce formulaire peut être utilisé pour tous les langages de programmation. Il a été inventé par John Backus (né en 1921) et Peter Naur (né en 1928) pour décrire la syntaxe de l'Algol. Ce type de formulaire a été complété pour donner naissance au formulaire EBNR (*Extended Backus-Naur-Form*, "Formulaire Backus-Naur étendu"), qui s'utilise comme suit :

```
Nom ::= Caractère {caractère}

Caractère ::= (A¦B¦C¦...¦Y¦Z¦) ¦ (a¦b¦c... ¦y¦z)
```

Cet exemple permet d'écrire des chaînes de caractères combinant à la fois des majuscules et des minuscules, sous la forme : tEChniQuE.

➠ *Voir Algol, langage de programmation*

bobine de déviation

Bobine qui, dans un appareil à tube cathodique tel qu'un téléviseur ou un moniteur, a comme fonction de dévier la trajectoire du faisceau d'électrons. Des courants à haute fréquence produisent des champs électromagnétiques dans deux bobines disposées perpendiculairement l'une par rapport à l'autre et par rapport au faisceau d'électrons. Ces champs magnétiques dévient la trajectoire des électrons dans deux directions. Ce sont ces déviations et les changements d'intensité du faisceau qui font apparaître l'image désirée sur la couche de phosphore tapissant le fond de l'écran.

➠ *Voir écran, moniteur, tube cathodique*

bodyscanning

"Numérisation corporelle".

➠ *Voir numérisation corporelle*

bogue

En anglais : *bug*. A l'époque des gros calculateurs équipés de relais, erreur provoquée par des insectes infiltrés dans le circuit électrique. Aujourd'hui, erreur de programmation. Les bogues doivent en principe être détectés au cours du bêta test.

➠ *Voir bêta, calculateur*

boîte à lettres électronique

Partie d'un ordinateur, d'un serveur ou d'un service en ligne qui permet de stocker les messages électroniques ou les fichiers (le courrier électronique) entrants.

➠ *Voir courrier électronique*

boîte à outils

1. Ensemble d'outils permettant à l'utilisateur d'effectuer un certain nombre de tâches facilement et rapidement.

2. Ensemble constitué d'une bibliothèque et de routines, conçu pour permettre de résoudre un certain nombre de problèmes de programmation, pour créer facilement des applications. Les routines prédéfinies sont intégrées au code source sous forme de fichiers ou de modules sources dans le programme en cours de développement.

boîte de dialogue

Synonyme de "fenêtre de dialogue". Petite fenêtre contenant du texte et parfois également des graphismes, qui fait apparaître un message à l'attention de l'utilisateur et lui permet de choisir dans un éventail de possibilités pour répondre à ce message. Les boîtes de dialogue sont des composants essentiels de toute interface utilisateur graphique et, comme leur nom l'indique, elles permettent à l'utilisateur et à l'ordinateur de dialoguer entre eux.

➡ *Voir interface utilisateur graphique*

boîtier d'extension

Boîtier qui se connecte à un ordinateur portable et permet d'utiliser de nouvelles cartes d'extension et d'autres périphériques.

➡ *Voir ordinateur portable, station d'accueil*

boîtier RNIS

Périphérique semblable à un modem analogique, mais qui permet de relier un ordinateur à une ligne RNIS. Comme les modems analogiques, les boîtiers RNIS se connectent au port série de l'ordinateur. Certains boîtiers RNIS offrent aussi les fonctions d'un modem analogique.

➡ *Voir RNIS*

bombardement d'insultes

Réaction provoquée par les entorses au règlement intérieur, également appelé "netiquette", en vigueur sur l'Internet et plus particulièrement au sein des groupes de nouvelles. Les utilisateurs qui ne se conforment pas à ce règlement intérieur doivent s'attendre à des protestations de la part des autres utilisateurs. Ces protestations se présentent généralement sous la forme de messages électroniques d'insultes envoyés au coupable.

➡ *Voir groupe de nouvelles, Internet, netiquette*

bombe électronique

En anglais : *mail bomb*. Châtiment infligé à un utilisateur ou à un fournisseur d'accès tombé en disgrâce aux yeux de tout ou partie de la communauté de l'Internet et qui consiste à lui envoyer une multitude de courriers électroniques déplaisants. Ces courriers électroniques peuvent être envoyés par d'autres utilisateurs ou par des serveurs de courrier électronique. Les bombes électroniques étant très difficiles à arrêter, même à l'aide d'un serveur de courrier électronique particulièrement puissant, elles peuvent bloquer la boîte à lettres de la personne visée, et, le cas échéant, mettre hors d'usage le service de courrier électronique de son fournisseur d'accès.

➠ *Voir courrier électronique, serveur de courrier électronique*

bombe logique

Programme de sabotage qui intègre un compte à rebours et qui n'active ses fonctions destructrices qu'au terme du délai ou à l'échéance de l'événement pour lequel il a été programmé.

bookmark

"Signet".

➠ *Voir signet*

bookware

Contraction de *book* ("livre") et de *software* ("logiciel"). Combinaison d'un livre et d'une disquette, ou d'un CD-ROM, contenant des fichiers d'exemples ou d'exercices. S'il arrive que des livres normaux soient eux aussi livrés avec une disquette ou un CD-ROM, dans le cas du bookware, l'accent est porté sur les logiciels qui accompagnent le livre.

➠ *Voir CD-ROM*

Boole, George

Mathématicien britannique (1845-1864) qui inventa l'algèbre booléenne.

➠ *Voir opérateur booléen*

booléen

➠ *Voir opérateur booléen*

boot

Synonyme de "démarrage". Lancement du système d'exploitation de l'ordinateur.

➠ *Voir système d'exploitation, POST*

boot sector

"Secteur amorce".

➠ *Voir secteur amorce*

BOOTP

Acronyme de *Boostrap Protocol* ("protocole d'amorce"). Protocole contenu dans le secteur amorce du support de stockage de démarrage (le disque dur maître, par exemple) et qui est utilisé pour charger le système d'exploitation.

➡ *Voir secteur amorce, système d'exploitation*

Borland

http://www.borland.com

Fabricant américain de logiciels, spécialisé dans le développement d'environnements de programmation. Après avoir essayé, en vain, de supplanter Microsoft sur le marché des suites de logiciels de bureau avec des programmes tels que dBase, Paradox et Quattro Pro, la société Borland a dû faire face à des difficultés financières. Parmi ses applications de développement les plus connues, figure un environnement de programmation pour le Turbo Pascal et Delphi.

➡ *Voir dBase, environnement de programmation, Office, langage de programmation, outil, Turbo Pascal*

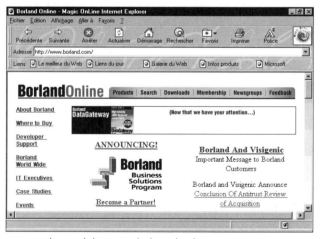

La page d'accueil du site Web de Borland.

boss-node

"Nœud principal". Serveur de courrier électronique spécifique du réseau FidoNet, qui permet aux utilisateurs d'accéder aux messages qui leur sont destinés. Un point (utilisateur) qui dispose d'une configuration minimale (mailer) peut ainsi rapatrier (polling) les messages qui lui ont été envoyés sur le boss-node et les consulter après s'être déconnecté.

➟ *Voir FidoNet, point, polling*

bouchon de terminaison

Synonyme de "terminateur".

➟ *Voir terminateur*

boucle

Sous-partie de programme qui s'exécute de manière répétitive. Les boucles peuvent être introduites par une instruction conditionnelle qui, selon qu'elle est vérifiée ou non, détermine si les instructions contenues dans la boucle doivent être exécutées ou non. Elles servent souvent à créer des compteurs consistant à déclarer une variable puis à l'incrémenter d'une valeur donnée tant que sa nouvelle valeur n'a pas atteint un seuil donné. Les boucles constituent des éléments fondamentaux de la programmation. Il en existe trois types :

- Les boucles FOR... NEXT (*pour telle valeur à telle valeur... valeur suivante*) permettent de faire croître (ou décroître) une variable jusqu'à une valeur donnée et de définir l'incrément ou décrément qui doit servir à majorer ou minorer la nouvelle valeur de la variable à chaque nouvelle itération de la boucle.
- Les boucles WHILE (*tant que*) commencent toujours, avant chaque nouvelle itération, par vérifier si la condition à remplir pour sortir de la boucle est vérifiée. Si tel n'est pas le cas, elles s'exécutent une nouvelle fois.
- Les boucles DO... WHILE (*faire... tant que*) ne vérifient si la condition à remplir pour sortir de la boucle est vérifiée qu'après s'être exécutées. Une boucle DO... WHILE s'exécute par conséquent toujours au moins une fois.

Au moment de créer une boucle, il faut toujours vérifier que la condition à remplir pour que le programme sorte de la boucle peut effectivement être satisfaite. Dans le cas contraire, le programme se trouve en présence d'une boucle infinie qui entraîne généralement un dépassement de pile et fait planter l'ordinateur.

➟ *Voir boucle infinie, langage de programmation*

boucle infinie

Boucle dont l'issue a été mal calculée lors du développement d'un programme ; ce programme ne peut par conséquent pas la quitter, car la condition à remplir pour en sortir ne peut jamais être vérifiée. Les boucles infinies peuvent faire planter l'ordinateur.

➟ *Voir boucle, programme*

bourrage papier

B

Blocage du papier dans une imprimante ou un photocopieur. Le papier qui est à l'origine du bourrage est généralement froissé ou coincé parce que plusieurs feuilles ont été entraînées simultanément.

➠ *Voir imprimante*

boutique virtuelle

Service en ligne qui permet à l'utilisateur d'acheter des produits de son domicile. Pour acheter un produit, il suffit généralement de cliquer dessus pour l'ajouter à un panier virtuel, puis, au terme des achats, de communiquer un numéro de carte bancaire.

➠ *Voir Internet, service en ligne*

bouton

Synonyme de "champ d'instruction" et de "zone d'activation". Elément de contrôle de forme rectangulaire d'une interface utilisateur graphique (telle que Windows 95 ou Workplace Shell d'OS/2) qui permet à l'utilisateur de déclencher une action en cliquant tout simplement dessus ou en appuyant sur une touche donnée du clavier. Les boutons comprennent généralement un bref intitulé en décrivant la fonction. Windows 95 et NT utilisent très souvent deux boutons intitulés OK et Annuler.

➠ *Voir application, interface utilisateur, OS/2, Windows 95, Windows NT*

bouton de souris

Bouton qui, sur une souris, permet d'activer une fonction ou un processus. Selon sa marque et le type d'ordinateur pour lequel elle a été conçue, une souris peut comprendre de un (souris pour Mac) à trois boutons (souris pour PC). Sur une souris à deux ou trois boutons (pour PC), le bouton gauche sert à activer des programmes et des fonctions de programmes. Le bouton droit sert à ouvrir des menus contextuels contenant d'autres options se rapportant directement à l'objet sélectionné ou à l'opération en cours. Le bouton du milieu peut généralement servir à activer différentes fonctions paramétrables à l'aide du pilote livré avec la souris. Il peut aussi parfois être programmé à l'aide de ce pilote. Certains modèles de souris particulièrement modernes sont en outre équipés d'une petite molette située entre les boutons droit et gauche de la souris, qui permet de faire défiler le contenu du document sous certaines applications.

➠ *Voir document, faire défiler, menu, menu contextuel, Office, pilote de souris, souris*

bpi

Sigle, abréviation de *bit per inch* ("bit par pouce"). Unité de mesure de densité d'enregistrement généralement utilisée pour les supports de stockage magnétiques.

➠ *Voir support de stockage*

bps

Sigle, abréviation de *bit per second* ("bit par seconde"). Unité de mesure de transfert de données indiquant la quantité de données, exprimée en bits, qu'un périphérique, une interface ou un canal de transmission permet de transférer en une seconde.

➭ *Voir bit*

breakpoint

"Point d'arrêt".

➭ *Voir point d'arrêt*

Breitbardt

➭ *Voir index de Breitbardt*

bridge

"Pont".

➭ *Voir pont*

bridge disc

"Disque hybride". CD-ROM qui peut être lu à la fois par un lecteur de CD-ROM et par un lecteur de CD-I (c'est par exemple le cas des photo-CD).

➭ *Voir CD-I, CD-ROM, lecteur de CD-ROM, photo-CD*

broadcasting

"Diffusion".

➭ *Voir diffusion*

brouillage

Opération consistant, dans une boîte de dialogue qui demande d'entrer un mot de passe, à remplacer automatiquement les caractères par des blancs ou des astérisques au fur et à mesure que l'utilisateur tape le mot de passe. Ce système permet de préserver le mot de passe des regards indiscrets.

➭ *Voir mot de passe*

brouillon

Mode d'impression spécifique, utilisé notamment sur les imprimantes à aiguilles et certaines imprimantes à jet d'encre, qui privilégie la vitesse d'impression au détriment de la qualité.

➭ *Voir imprimante, imprimante à aiguilles*

browser

"Navigateur".

➠ *Voir navigateur*

BTT

Sigle, abréviation de *Bad Track Table* ("table des pistes défectueuses").

➠ *Voir table des pistes défectueuses*

Btx

Acronyme de *Bildschirmtext* ("télématique en mode texte"). Service en ligne de la compagnie allemande de téléphone Deutsche Telekom, équivalent du Minitel français, aujourd'hui appelé T-Online. Sous sa version initiale, le Btx s'adressait essentiellement aux organismes publics et aux entreprises, pour lesquels il constituait une messagerie et un moyen d'échanger des services. Son interface graphique, qui reposait sur le standard CEPT, ne permettait d'afficher que du texte. Dans sa version actuelle, il permet d'accéder à l'Internet et d'échanger des messages électroniques. Il offre une interface graphique reposant sur le standard KIT.

➠ *Voir courrier électronique, Internet, service en ligne*

buffer

"Mémoire tampon".

➠ *Voir mémoire tampon*

bug

"Bogue".

➠ *Voir bogue*

bulle

➠ *Voir mémoire à bulles magnétiques*

bulle d'encre

➠ *Voir imprimante à bulles d'encre*

Bulletin Board System

"Tableau d'affichage télématique".

➠ *Voir BBS*

bump-mapping

"Rendu en relief".

➠ *Voir rendu en relief*

bundle

➠ *Voir ensemble matériel-logiciel*

Bureau

Surface de travail visible des interfaces utilisateur graphiques, telles que Windows et OS/2.

➠ *Voir interface utilisateur graphique, OS/2, Windows*

burn-in

"Déverminage".

➠ *Voir déverminage*

burst

"Rafale". Mode de fonctionnement des modules de mémoire cache de niveau 2 aujourd'hui utilisés en standard sur les ordinateurs. Le mode burst le plus connu est le mode pipelined-burst (ou "rafale à pipeline"). Le mode burst normal permet de transmettre un grand nombre de paquets de données par l'intermédiaire du bus sans avoir à demander l'adresse de destination pour chaque paquet. Le mode pipelined-burst permet en outre d'effectuer plusieurs transmissions les unes derrières les autres.

➠ *Voir adresse, bus, mémoire cache burst, mémoire cache de niveau 2, pipelined-burst, paquet de données*

bus

Unité de connexion (faisant généralement à la fois office de bus de données, de bus d'adresses et de bus de contrôle) à laquelle les différents composants de l'ordinateur sont connectés. Le bus permet à chaque périphérique et à l'ordinateur de communiquer entre eux. Il sert à faire circuler les données et les caractères de contrôle échangés. Il peut aussi servir à alimenter les périphériques en courant électrique. On opère en général une distinction entre le bus interne, qui permet par exemple aux différents éléments de la carte mère de communiquer avec le CPU ou entre eux (ou même aux différentes parties du CPU de communiquer entre elles) et les bus de périphériques, qui permettent de connecter des périphériques (bus d'extension ou SCSI, par exemple). Le bus d'extension est apparu sur le premier IBM PC. Il disposait de soixante-deux canaux (dont vingt pour les adresses) et fut créé pour permettre de connecter des cartes d'extension (une carte graphique, par exemple). Avec l'apparition de l'IBM PC/AT, il a été doté de trente-six canaux supplé-

A

mentaires (dont huit canaux de données), ce qui lui a permis d'accepter non seulement des cartes 8 bits standards mais aussi des cartes 16 bits. C'est ainsi qu'est né le bus ISA (AT), qui est toujours utilisé sur les ordinateurs actuels. La nouvelle génération d'ordinateurs d'IBM a elle aussi marqué l'apparition d'un nouveau bus : le bus Microchannel, doté de trente-deux canaux de données. Le bus ISA a été doté de seize canaux de données supplémentaires et a donné naissance au bus EISA, qui n'est toutefois jamais vraiment parvenu à s'imposer. La phase de développement suivante a donné naissance au bus VLB (Vesa Local Bus), qui fonctionnait en 32 bits et a été remplacés par le bus PCI, qui fonctionne lui aussi en 32 bits (ou en 64 bits). Le bus utilisé actuellement pour les cartes d'extension telles que les cartes graphiques, les contrôleurs SCSI, les cartes réseau, etc. est le bus PCI.

➡ *Voir bus d'adresses, bus de données, bus d'extension, bus de contrôle, carte graphique, carte mère, carte réseau, CPU, EISA, ISA, largeur de bus, SCSI, souris bus, topologie en bus, VLB*

bus AT

➡ *Voir AT, IDE*

bus d'adresses

Bus permettant aux différents composants de l'ordinateur (le processeur et la mémoire vive, par exemple) d'échanger des adresses. La première génération de processeurs de la famille 80x86 d'Intel était équipée d'un bus d'adresses doté de 20 lignes d'adresses (largeur d'adressage de 20 bits) et pouvait ainsi adresser 1 Mo de mémoire. Le 80286 disposait d'un bus d'adresses de 24 lignes d'adresses et pouvait ainsi adresser 16 Mo de mémoire. Tous les processeurs suivants, jusqu'au Pentium Pro, disposent d'un bus de 32 lignes d'adresses et peuvent adresser 4 096 Mo, soit 4 Go, de mémoire.

➡ *Voir A20-Gate, adresse, CPU, mémoire vive, Pentium Pro*

bus d'extension

Bus qui fait office d'interface entre le CPU et un certain nombre de périphériques de l'ordinateur en principe insérés sous forme de cartes d'extension (telles la carte graphique ou une carte contrôleur SCSI) dans des connecteurs (ou "slots") prévus spécialement à cet effet. Les PC modernes utilisent principalement le bus PCI, qui est actuellement le plus rapide.

➡ *Voir bus, carte graphique, contrôleur, CPU, PCI, périphérique*

bus de contrôle

Partie d'un bus qui a pour rôle de faire circuler les signaux de contrôle nécessaires entre les différents composants de l'ordinateur. Pour créer un bus complet, il faut un bus de contrôle, un bus d'adresses, un bus de données et quantité de canaux de maintenance et de mise à la masse.

➡ *Voir bus*

bus de CPU

1. Bus qui relie les différents composants du CPU entre eux (la mémoire cache de niveau 1, l'unité de calcul et l'unité de contrôle).
2. Bus de contrôle externe au CPU qui relie le CPU aux différents composants du chipset de la carte mère.

➡ *Voir carte mère, chipset, CPU, mémoire cache de niveau 1, unité logique arithmétique, unité de contrôle*

bus de données

Partie importante du bus d'un processeur ou d'une carte mère (au même titre que le bus d'adresses et le bus de contrôle) qui permet de faire circuler des données importantes entre les différents composants de l'ordinateur. La rapidité du bus de données est indiquée par le nombre maximal de bit/s qui peut être transmis simultanément. Elle porte en fait le nom de "largeur de bus".

➡ *Voir bus d'adresses, bus de contrôle, largeur de bus*

byte

"Octet".

➡ *Voir octet*

C

Langage de programmation particulièrement flexible aujourd'hui utilisé pour la plupart des projets de programmation. Le C est en effet presque aussi proche de la couche matérielle que l'assembleur tout en offrant la fonctionnalité d'un langage de programmation de haut niveau. Il offre par conséquent le meilleur compromis qui soit entre ces deux langages extrêmes. Le système d'exploitation Unix fonctionne en symbiose étroite avec ce langage. Des parties importantes de ce système d'exploitation sont en effet écrites en C, et Unix est un système d'exploitation particulièrement adapté pour exploiter les possibilités offertes par le C. Le C++ est une version plus évoluée du C, qui permet d'utiliser des techniques de programmation orientées objet.

➡ *Voir assembleur, C++, langage de programmation, programmation orientée objet, Unix*

C:

Nom de la première partition d'un disque dur, sur laquelle le système d'exploitation (principal) est installé.

➡ *Voir disque dur, partition, système d'exploitation*

C++

Version plus évoluée du langage de programmation C, qui permet d'utiliser des techniques de programmation orientées objet. Ce langage a été créé par Bjarne Stroustrup.

➡ *Voir C, langage de programmation, programmation orientée objet*

C128

Modèle d'ordinateur successeur du légendaire C64 qui disposait déjà d'une mémoire vive de 128 Ko et qui utilisait comme système d'exploitation une version du BASIC offrant de nombreuses fonctions supplémentaires. Cet ordinateur n'a jamais été aussi apprécié que son prédécesseur et il n'a jamais été aussi vendu.

➡ *Voir BASIC, C64, kilo-octet*

C2

Standard de sécurité élaboré par le NCSC (*National Computer Security Center*, ou "Centre national pour la sécurité informatique"), autorité placée sous le contrôle de l'Administration américaine. Tout matériel ou logiciel informatique destiné à être utilisé dans les services de l'Administration américaine doit être conforme à ce standard. Il est à souligner que ce standard est en fait moins sévère que les standards A et B combinés. A l'heure actuelle, le seul système d'exploitation qui se conforme, ne serait-ce qu'à certains égards, au standard C2 est Windows NT. Selon ce standard, pour qu'un utilisateur puisse se connecter à un ordinateur, il doit d'abord répondre à un certain nombre de questions destinées à la vérification de son identité. Tant que l'utilisateur n'a pas entré son mot de passe, aucun programme ne doit pouvoir être lancé. Ce programme pourrait servir à perturber les mécanismes utilisés pour demander le mot de passe, ou encore à reconstituer ce mot de passe à partir des touches activées par l'utilisateur. Le mot de passe ne doit en aucun cas pouvoir être omis ou falsifié, ni encore reconstitué à partir d'un journal. C'est pour cette raison que, sous Windows NT, il faut appuyer sur ⟨Alt⟩ + ⟨Ctrl⟩ + ⟨Maj⟩ pour accéder à la boîte de dialogue qui permet d'entrer le mot de passe, alors que cette combinaison de touches sert habituellement à réinitialiser l'ordinateur. Le standard C2 englobe toute une série d'autres exigences. Il impose, par exemple, la vérification de l'ensemble des périphériques et des logiciels de l'ordinateur. Dans la pratique, c'est le cas de très peu d'ordinateurs fonctionnant sous Windows NT. L'ordinateur doit être un ordinateur mono-utilisateur. Il ne doit pas faire partie d'un réseau. Les lecteurs de disquettes de l'ordinateur doivent tous être désactivés. Chaque événement doit être enregistré dans un journal et être associé à l'utilisateur qui l'a déclenché. Chaque utilisateur ne doit pouvoir se connecter qu'une fois. La protection des données doit s'appliquer indifféremment au niveau de la mémoire vive, des fichiers et des dossiers. Sous Windows NT, cette protection n'est possible qu'avec le système de fichiers NTFS.

➠ *Voir logiciel, matériel, mono-utilisateur, mot de passe, confidentialité des données, réseau, NTFS*

C64

Ordinateur familial fabriqué par Commodore qui a été le plus vendu des années quatre-vingt (à plus de 1,7 millions d'exemplaires). Le C64 ne disposait que de 64 Ko de mémoire vive, dont seuls 38 Ko étaient disponibles pour les programmes, les 26 Ko restants étant utilisés par le système d'exploitation (le BASIC). Le BASIC constituait à la fois l'interface utilisateur et le langage de programmation. Le C64 a été supplanté par le C128, qui n'a toutefois jamais été aussi apprécié des utilisateurs ni aussi vendu que le C64.

➠ *Voir BASIC, C64, kilo-octet, système d'exploitation*

câble à lobe

Câble de réseau constitué de deux paires de conducteurs, enveloppées dans une même gaine. La première paire de conducteurs sert à recevoir des données. La seconde sert à en envoyer.

➠ *Voir câble de réseau*

câble d'alimentation

➠ *Voir câble IEC*

câble de réseau

Câble qui relie plusieurs ordinateurs (ou nœuds) pour leur permettre de fonctionner en réseau. Pour les réseaux locaux, on peut utiliser trois types de câbles :

- **Le câble coaxial.** En matière de réseaux locaux, on distingue deux types de câbles coaxiaux : le câble Thicknet, de gros diamètre, et le câble Thinnet, de petit diamètre.
- **La paire torsadée.** Ce câble est composé de quatre conducteurs isolés vrillés par paire. On distingue deux types de paires torsadées : la paire torsadée non blindée (UTP), et la paire torsadée blindée (STP), sur laquelle chaque paire de conducteurs est enveloppée d'un feuillard métallique.
- **Du câble en fibre optique.**

➠ *Voir câble jaune, coaxial, fibre optique, paire torsadée*

Un câble de réseau type (ici, en version coaxiale).

câble IEC

➠ *Voir IEC*

câble jaune

Câble coaxial de couleur jaune relativement épais, utilisé pour les réseaux Ethernet.

➠ *Voir coaxial, Ethernet*

caché

Qualifie un fichier qui, sous MS-DOS ou Windows, est porteur de l'attribut "h" (pour *hidden*, "caché"), qui le rend invisible d'un certain nombre de commandes telles que la commande MS-DOS DIR. Les fichiers IO.SYS et MS-DOS.SYS sont deux exemples de fichiers cachés.

➠ *Voir attribut, fichier, MS-DOS*

cache

➠ *Voir mémoire cache*

cache de disque

➠ *Voir mémoire cache de lecteur*

cache logiciel

➠ *Voir mémoire cache logicielle*

cache matériel

➠ *Voir mémoire cache matérielle*

CAD

Sigle, abréviation de *Computer Aided Design* ("conception assistée par ordinateur" ou "dessin assisté par ordinateur").

➠ *Voir CAO, DAO*

caddy

Boîtier de protection spécial, nécessaire pour insérer un CD-ROM dans certains lecteurs de CD-ROM. Pour lire un CD-ROM dans un lecteur à caddy, il faut donc d'abord placer le CD-ROM dans le caddy, puis insérer le caddy ainsi chargé dans le lecteur. Ce système permet d'isoler totalement le CD-ROM de l'extérieur. Les lecteurs de CD-ROM à caddy sont généralement plus chers que les lecteurs normaux.

➠ *Voir CD-ROM, lecteur de CD-ROM*

cadençage

Emission régulière de battements visant à mesurer le temps qui s'écoule et à gérer l'exécution des tâches dans le temps sur un ordinateur. Ces battements sont émis par une unité à quartz appelée cadenceur ou horloge. Les périphériques informatiques possèdent presque tous une horloge. Le nombre des battements émis en une seconde est appelé fréquence de cadençage et il se mesure en mégahertz. La fréquence de cadençage la plus connue est celle du processeur, qui a une très grande influence sur les performances générales de l'ordinateur.

➠ *Voir processeur*

cadre

1. Dans le domaine de la PAO, zone rectangulaire pouvant servir à stocker différents types d'informations et qui constitue l'élément de base de toute composition. Les compositions se subdivisent en effet en cadres pouvant contenir des éléments tels que du texte, des tableaux, des images, des objets OLE, etc.
2. Dans le domaine des pages Web, zone rectangulaire qui permet de subdiviser le contenu d'une page Web verticalement et/ou horizontalement. Ainsi est-il possible, en utilisant un cadre, de créer une liste de menus qui apparaissent sur chacune des pages d'un même site. En HTML, c'est la balise <FRAME> qui permet de créer des cadres.

➠ *Voir Internet, page Web, Web*

caisson de basses

Enceinte qui, au sein d'un système audio généralement composé de trois ou cinq enceintes, a pour rôle de restituer les basses (sons graves), les deux ou quatre autres enceintes se chargeant des aigus et des médiums. Le caisson de basses joue un rôle déterminant pour la qualité globale du son. Il peut presque être placé n'importe où, car l'emplacement de la source des basses n'influe pas sur la qualité du son. Les systèmes audio sur lesquels les basses sont générées par un caisson distinct offrent une grande flexibilité quant à l'emplacement des enceintes.

➠ *Voir haut-parleur*

calculateur

Machine capable d'effectuer des calculs mathématiques. Depuis que l'homme a découvert les mathématiques, il a toujours essayé de construire des machines capables d'effectuer des calculs. Déjà, vers 300 av. J.-C., les Romains utilisaient des bouliers. En 1623, William Oughtred inventa la première règle à calcul et Wihelm Schickard inventa la première machine à calculer mécanique. Cette machine continua à être perfectionnée jusqu'à ce que, en 1833, Charles Babbage présente une version améliorée du métier à tisser programmable à cartes perforées inventé en 1805 par Joseph-Marie Jacquard. En 1890, Hermann Hollerith conçut la première trieuse-compteuse, qui fut utilisée pour le onzième recensement américain. En 1941 et 1944, Konrad Zuse et Howard H. Haiken développèrent indépendamment l'un de l'autre les premières machines à calculer électromécaniques. Il a fallu encore de nombreuses recherches pour aboutir aux ordinateurs actuels, et ces recherches semblent encore loin d'être terminées.

➠ *Voir Babbage, Hollerith, Jacquard, Zuse*

calibrage thermique

Opération qui, sur un disque dur, consiste pour la carte logique à repositionner les têtes de lecture-écriture en fonction des variations thermiques auxquelles le disque dur est soumis, afin d'éviter toute erreur. Cette opération permet de compenser la dilatation et la contraction des plateaux au fur et à mesure que le disque dur chauffe ou refroidit. Pour l'utilisateur, le calibrage est perceptible au fait que le disque dur devient considérablement plus lent durant quelques instants.

➠ *Voir disque dur*

CALL

Commande commune à la quasi-totalité des langages de programmation, qui permet de passer de la ligne en cours à un sous-programme. Les instructions de ce sous-programme sont ainsi exécutées jusqu'à la fin du sous-programme. Une commande RETURN permet alors au programme de reprendre le cours normal d'exécution. L'adresse nécessaire à cet effet est stockée par la commande CALL dans la partie supérieure d'une pile de mémoire. La commande CALL est parfois appelée "appel de sous-programme".

➠ *Voir commande, instruction, langage de programmation*

call-back

1. Procédé qui permet de réduire le coût des télécommunications longue distance et qui consiste, pour la personne qui souhaite appeler, à composer le numéro spécifique de l'opérateur téléphonique de son choix, à s'identifier auprès de lui, à raccrocher et à attendre que la centrale de commutation de l'opérateur la rappelle et ouvre une connexion pour lui permettre de communiquer avec le correspondant de son choix. Ce procédé permet par exemple de profiter des tarifs plus avantageux des compagnies américaines de téléphone ou de ne pas être assujetti à la taxation particulièrement lourde des téléphones portables. Les unités téléphoniques sont ensuite répercutées sur le compteur d'unités classiques de la personne qui appelle (par exemple, chez France Télécom, si l'utilisateur est un abonné de France Télécom), ce qui permet d'appeler dans le monde entier sans argent liquide.

2. Synonyme de "rappel automatique". Système de sécurisation de transfert de données consistant, pour le serveur de données, à rappeler systématiquement l'utilisateur qui cherche à télécharger des données avant de lui permettre d'accéder effectivement aux

données. Dans le cas d'une configuration classique, lorsque l'utilisateur a besoin de télécharger des données d'un serveur, il appelle ce serveur le plus simplement du monde, qui lui transmet les données correspondantes. Le serveur attend certes de l'utilisateur qu'il l'appelle qu'il lui fournisse des informations prouvant qu'il est habilité à recevoir des informations mais il ne peut pas s'assurer que la personne qui l'a appelé est vraiment celle qu'il pense être. Dans le cas du call-back, l'utilisateur appelle le serveur, lui fournit les informations prouvant qu'il est habilité à recevoir des données, raccroche et attend que le serveur le rappelle. Ce n'est qu'alors qu'il peut accéder aux données. Il faut souligner que, malgré ce système, l'ordinateur ne peut pas être totalement certain que la personne physique qui reçoit les données y soit effectivement habilitée.

calling tone

"Tonalité d'appel".

➠ *Voir CNG*

calque

Niveau de détail d'un dessin. Les programmes graphiques et les logiciels de CAO qui utilisent le système de calques permettent de travailler sur plusieurs niveaux de dessin, superposés les uns aux autres et indépendants les uns des autres. Le principal avantage de cette technique est qu'elle permet de décomposer les dessins de manière logique par degré de détail, et ainsi de subdiviser un problème complexe en sous-problèmes moins complexes. Le système de calques permet par ailleurs de protéger les calques considérés comme terminés contre des modifications accidentelles. Bien que chaque calque constitue une entité distincte, les calques peuvent être affichés tous ensemble à l'écran, comme si les différents détails étaient réalisés sur des feuillets transparents qui soient ensuite superposés les uns aux autres. C'est d'ailleurs cette superposition de l'ensemble des calques qui permet d'obtenir une vision globale d'un dessin composé d'un grand nombre de sous-parties.

➠ *Voir application graphique, CAO*

camembert

Synonyme de "diagramme à secteurs" et de "diagramme circulaire". Diagramme qui représente les valeurs sous forme d'un cercle divisé en parts. Ce type de diagramme sert généralement à présenter des résultats sous forme de proportions d'un total. Les différents secteurs peuvent être associés à des couleurs ou à des motifs. Il est aussi possible de les faire ressortir du cercle. On parle alors de "camembert éclaté". Les camemberts peuvent être représentés en deux ou trois dimensions suivant les options disponibles dans le logiciel utilisé pour les réaliser.

➠ *Voir camembert, diagramme*

Caméscope

Caméra qui permet d'enregistrer des images et du son sur une cassette vidéo. Les cassettes enregistrées peuvent ensuite être lues par le caméscope même. Toutefois, les caméscopes ne permettent généralement pas de traiter les séquences vidéo. Pour ce type d'opération, il faut disposer d'une carte d'acquisition vidéo. Pour faciliter le traitement vidéo, Sony a conçu le format vidéo numérique DV, qui permet de réaliser très facilement des montages vidéo de qualité professionnelle.

campagne du ruban bleu

En anglais : *Blue Ribbon Campaign.* Vague de protestation provoquée au mois de février 1996 par un projet de loi américain qui menaçait d'entraver la liberté d'expression sur l'Internet. Le 8 février 1996, le Sénat américain proposa une loi pour des télécommunications décentes (*Communications Decency Act*) interdisant de diffuser du contenu "indécent" sur Internet. La signification du terme "indécent" était laissée à la libre appréciation du législateur. D'une manière générale, il s'agissait de lutter contre la diffusion de messages à caractère pornographique, raciste et discriminatoire. Les conséquences liées à ce projet de loi s'étendaient cependant bien au-delà d'une simple prévention de "l'indécence". Dans la pratique, en effet, ce projet aurait réduit considérablement la liberté d'expression sur Internet. (Une discussion sur un thème tel que l'avortement ou l'aide à l'euthanasie aurait été considérée comme illégale.) Ce danger a donné lieu au sein de la communauté des utilisateurs d'Internet à une vague de protestation appelée *Blue Ribbon Campaign* (ou "campagne du Ruban bleu"). Le symbole de cette campagne était en effet un ruban bleu, inspiré du ruban rouge utilisé comme emblème dans la lutte contre le SIDA. La quasi-totalité des sites Web comportent aujourd'hui un ruban de ce type.

➠ *Voir Internet, site Web*

canal B

Canal qui, sur un accès RNIS, est réservé au transfert des données. Chaque accès RNIS permet d'utiliser au moins deux canaux B (B est l'abréviation de *bearer*, "porteuse"). Le transfert des données vocales numériques s'effectue à un débit de 64 Kbit/s (56 Kbit/s aux Etats-Unis) à l'aide du protocole PCM (*Pulse-Code-Modulation*, ou "modulation de code à impulsions"). Les protocoles de transfert utilisés pour les données sont les protocoles de la couche de connexion, c'est-à-dire les protocoles ITV-T, X.75, HDLC, V.110 ou encore V.120. Les protocoles HDLC et X.75 (qui reposent tous deux sur le protocole SDLC, fonctionnent de manière synchrone et sont orientés paquet) utilisent la totalité de la largeur de bande du canal et offrent ainsi un débit de 64 Kbit/s, tandis que les protocoles asynchrones V.110 et V.120 ne peuvent offrir qu'un débit de 9 600 à 38 400 Kbit/s. Bien qu'il soit théoriquement possible d'ouvrir plusieurs connexions en V.1120 sur un même canal, cette possibilité n'est guère utilisée dans la pratique. Il est par ailleurs possible de coupler les deux canaux B (couplage de canaux B, ou transfert bicanal), ce qui permet d'obtenir un débit de 128 Kbit/s. Outre les deux canaux B, chaque accès RNIS intègre un troisième canal apppelé "canal D", qui offre un taux de transfert de 16 Kbit/s et fait office de canal de signalisation (ou de contrôle).

➠ *Voir HDLC, RNIS, paquet, transmission vocale numérique, V.110, X.75*

canal D

Synonyme de "canal de signalisation". Canal utilisé pour transmettre les signaux de contrôle sur une ligne RNIS.

➠ *Voir canal B, protocole de canal D, RNIS*

canal de contrôle

Synonyme de "canal de signalisation".

➠ *Voir canal D*

canal de données

Synonyme de "canal utile". Canal qui, sur un câble de transmission de données (une ligne téléphonique, par exemple), permet d'émettre et recevoir des données. Un accès RNIS de base comprend d'une part deux canaux de données (canaux B) offrant chacun un taux de transfert de données de 64 Kbit/s et d'autre part un canal de signalisation (canal D) offrant un taux de transfert de données de 16 Kbit/s.

➠ *Voir canal B, RNIS*

canal MIDI

L'un des 16 canaux de données de l'interface MIDI. Chacun de ces canaux permet de connecter un périphérique compatible avec l'interface MIDI.

➠ *Voir MIDI*

canal utile

Synonyme de "canal de données".

➠ *Voir canal de données*

cancelbot

Synonyme de "robot d'effacement". Programme utilisé sur l'Internet pour effacer automatiquement les messages se conformant à une structure donnée (les courriers électroniques publicitaires ou intempestifs, par exemple). Les cancelbots ne sont pas infaillibles, et il leur arrive d'effacer de véritables messages électroniques.

➠ *Voir courrier électronique, Internet*

CAO

Sigle, abréviation de "conception assistée par ordinateur". Synonyme de "dessin assisté par ordinateur". Utilisation de l'ordinateur pour créer des plans et concevoir des objets. Les logiciels de CAO permettent de réaliser des dessins d'une grande précision, conformes aux normes en vigueur dans le secteur d'activité concerné (le génie, la mécanique, la construction automobile et électrotechnique, l'architecture, etc.). Grâce à eux, les dessinateurs n'ont plus à travailler manuellement sur une planche à dessin. Ils peuvent travailler avec l'ordinateur et modifier à volonté le travail commencé. Les logiciels tels qu'Auto-CAD mettent en outre à la disposition de l'utilisateur tout un éventail de fonctions permettant d'automatiser un grand nombre de tâches. Ils intègrent également des bibliothèques contenant quantité d'éléments de construction qui peuvent être insérés très facilement dans un dessin.

➠ *Voir API 3D, AutoCAD, fonctions 3D*

capacité

Espace disponible pour stocker des informations dans la mémoire vive de l'ordinateur ou sur un support de stockage.

➠ *Voir capacité de mémoire, mémoire vive*

capacité de mémoire

Quantité de mémoire, exprimée en octets, dont un ordinateur est équipé.

capacité nette

Partie des ressources de l'ordinateur dont l'utilisateur peut effectivement se servir. Une partie de la mémoire vive et du disque dur est en fait utilisée par le système d'exploitation ou par les programmes actifs pour stocker des informations de gestion, si bien que seul un certain pourcentage de ces ressources est effectivement libre.

➠ *Voir disque dur, système d'exploitation*

CAPI

1. Sigle, abréviation de *Common ISDN API* ("API RNIS commune"). Standard d'interface API qui régit les pilotes et logiciels nécessaires pour faire fonctionner une carte RNIS sous Windows. Il existe deux versions de standards CAPI très répandus : la version 1.1, qui est aujourd'hui obsolète (même si elle est toujours utilisée par un grand nombre de programmes), et qui repose sur des standards RNIS nationaux, et la version 2.0, qui est plus récente, plus facile à configurer et qui repose sur un standard RNIS européen (Euro-ISDN). Les standards CAPI 1.1 et CAPI 2.0 n'étant pas compatibles entre eux et les logiciels et pilotes de cartes RNIS se conformant soit à l'un, soit à l'autre, il est important, au moment d'acheter une carte RNIS, de savoir à quel

standard elle se conforme (et, le cas échéant, de choisir un modèle conforme aux deux standards).

2. Qualifie un port de pilote conçu par la société AVM pour les cartes RNIS FritzCard et B1 pour les rendre utilisables comme des modems virtuels sous Windows 95. Les fonctions de Windows telles que l'accès réseau à distance n'étant pas disponibles directement sur les cartes RNIS, il faut en effet impérativement passer par un modem virtuel. Le pilote de port CAPI permet de disposer de plusieurs protocoles de modem, utilisables ensuite par les programmes pour accéder à la carte. Les protocoles les plus importants sont les protocoles HDLC, V.110 et X.75.

➟ *Voir API, carte RNIS, Euro-ISDN, MSN, pilote de port CAPI, protocole, RNIS*

capitale

Synonyme de "majuscule".

➟ *Voir majuscule*

caps-lock

"Verrouillage des majuscules".

➟ *Voir verrouillage des majuscules*

Captain Crunch

Surnom du pionnier des pirates de l'informatique, John Draper, qui découvrit dans les années soixante que le sifflet livré avec des paquets de flocons de céréales commercialisés sous la marque Captain Crunch aux Etats-Unis reproduisait parfaitement la tonalité (2 600 Hz) qui permettait d'établir une communication sur le réseau de la compagnie de téléphone AT&T. Il inventa en outre un appareil (appelé *Wicked Blue Blox*, ou tout simplement *Blue Box*) qui imitait le bruit de pièces de monnaie tombant dans la caisse d'un téléphone et qui permettait de téléphoner gratuitement.

➟ *Voir AT&T, blueboxing, pirate*

capteur

Synonyme de sonde. Composant électronique qui a pour rôle de mesurer un paramètre physique et de fournir la valeur obtenue sous forme de signal analogique. Pour pouvoir être traité par un ordinateur, ce signal doit ensuite être converti en signal numérique à l'aide d'un convertisseur analogique-numérique.

➟ *Voir analogique/numérique, numérisation*

capteur d'expressions faciales

Périphérique d'entrée pourvu de sondes qui a pour rôle de détecter les mouvements du visage d'un être humain et de les convertir en informations numériques pour répercuter ces mouvements sur un acteur virtuel.

➡ *Voir acteur virtuel, capteur de mimiques, synthespian*

capteur de mimiques

En anglais : *mimic tracker* ou *motion analysis face tracker*. Dispositif qui se pose sur la tête et sert à capter les expressions du visage. Pour effectuer cette opération, il est, par exemple, possible de placer des marques sur le visage de la personne. Les déplacements de ces marques sont ensuite suivies par les sondes du capteur de mimiques et converties en mouvements sur un personnage virtuel.

➡ *Voir capture de mouvements, humain virtuel, synthespian*

capteur oculaire

En anglais : *eye tracker*. Périphérique d'entrée capable de suivre l'œil humain et de commander un PC de la même manière qu'une souris. Jusqu'à présent, les systèmes de ce type étaient à vision monoculaire (ils reposaient sur un seul œil), et ils ne fonctionnaient donc qu'en deux dimensions. Récemment, un système stéréoculaire a été créé pour tirer parti des fonctions des nouveaux modèles de moniteurs 3D (visualisation en trois dimensions). Pour pouvoir utiliser ce type de système, il faut, en plus du capteur oculaire lui-même, disposer d'une caméra, d'un capteur de mouvements de la tête et d'un système d'exploitation visuel (*Visual Operating System*). Il est alors possible de manipuler l'interface utilisateur (le Bureau) de l'ordinateur en trois dimensions, c'est-à-dire de partager la zone de travail libre entre des documents, des fichiers, des symboles de programmes ou encore des applications ouvertes. C'est par l'intermédiaire de ses yeux que l'utilisateur peut déterminer quel objet doit apparaître au premier plan. Il lui suffit pour cela de fixer l'objet qu'il souhaite regarder. De la même manière, il lui suffit de fermer une paupière pour activer ou au contraire fermer un programme ou un menu.

➡ *Voir souris*

capture

Opération consistant à "photographier" informatiquement des données graphiques affichées à l'écran, puis à les enregistrer sur un support de stockage. La photographie s'effectue à l'aide non pas d'un appareil photo, mais d'un logiciel. On distingue les captures d'écran, les captures d'images et les captures vidéo. Une capture d'écran consiste à photographier tout ou partie de l'écran (le Bureau de Windows, par exemple) à l'aide d'un logiciel conçu à cet effet, puis à placer la photographie ainsi créée dans le Presse-papiers de Windows ou à l'enregistrer dans un fichier. Les photographies d'écran ainsi créées sont appelées captures d'écran. Dans le cas des captures d'images et des captures vidéo, les images sont extraites de séquences vidéo lues par un périphérique vidéo externe. Elles sont ensuite importées, puis enregistrées sur le disque dur à l'aide d'une carte d'extension spéciale appelée carte d'acquisition. Une capture d'image est tout simplement une photographie d'une image isolée extraite d'une séquence vidéo ; elle s'accommode parfaitement d'un taux de transfert de données médiocre. Le matériel nécessaire pour effectuer des captures d'images est relativement bon marché. La plupart des cartes d'extension à tuner TV offrent en standard la possibilité de capturer des images isolées. Il en va tout autrement des captures vidéo. Le travail consistant cette fois à importer et à enregistrer des séquences vidéo complètes, il faut en général (suivant la technique de compression utilisée) un taux de transfert très élevé et surtout très régulier. Aussi, le matériel qui permet de capturer des séquences vidéo coûte-t-il relativement cher. A l'heure actuelle, il existe sur le marché un certain nombre de cartes conçues pour stocker des séquences vidéo et effectuer des montages non linéaires sur un PC familial. C'est, par exemple, le cas des cartes FAST AV Master et Miro DC30. Les cartes haut de gamme sont généralement équipées d'une interface SCSI permettant de connecter un ou plusieurs disques durs AV particulièrement rapides, ainsi que d'un processeur en charge de compresser les données entrantes. Les séquences vidéo sont généralement stockées au format M-JPEG ou MPEG.

➠ *Voir AV, carte d'acquisition vidéo, Bureau, capture, compression, image, MJPEG, montage non linéaire, MPEG, Presse-papiers*

capture d'écran

Photographie du contenu de l'écran à un moment donné. Ce type de photographie s'effectue à l'aide non pas d'un appareil photo, mais d'un logiciel spécial appelé logiciel de capture d'écran qui permet de capturer tout ou partie de l'écran et de stocker l'image obtenue dans un fichier. Sous Windows, il est même possible de capturer un écran à tout moment en appuyant sur la touche [Impr écran] du clavier. L'image correspondant à l'écran est alors placée dans le Presse-papiers. Il est ensuite possible de la récupérer sous un programme graphique à l'aide de la commande Coller.

capture d'image

➠ *Voir capture*

capture de mouvement

En anglais : *motion capture*. Opération consistant à saisir puis à enregistrer un mouvement à l'aide d'un ordinateur. Ce type d'opération est très utilisé dans le domaine des animations informatiques (pour la production de films, par exemple), de la recherche (pour les études sur les cycles de mouvements) et de la réalité virtuelle. Pour capturer des mouvements humains, on utilise des périphériques équipés de capteurs spéciaux tels qu'un scanner ou un appareil photo 3D associés à un logiciel spécial.

➧ *Voir animation, capteur d'expressions faciales, capteur de mimiques, capteur numérique, combinaison numérique, cyber-espace, gant numérique, humain virtuel, réalité virtuelle, synthespian, visiocasque*

caractère

Signe écrit, ou représenté à l'écran, qui constitue l'élément de base de tout texte ou de toute ligne de codes écrits. Lorsque plusieurs caractères sont accolés les uns aux autres, on parle de *chaîne de caractères*.

➧ *Voir jeu de caractères*

caractère de contrôle

Caractère spécial qui n'apparaît en principe, ni à l'impression, ni à l'écran, mais qui permet d'activer certaines fonctions à l'impression et pour d'autres tâches. Le retour chariot, par exemple, est un caractère de contrôle qui indique à l'imprimante de passer à la ligne suivante.

➧ *Voir jeu de caractères*

caractère de remplissage

Caractère utilisé pour combler l'espace vide lorsque le nombre de caractères d'un champ est inférieur au nombre minimal requis. Les logiciels utilisent généralement des espaces pour combler ces vides.

➧ *Voir champ*

caractère de substitution

Synonyme de "joker" et de "caractère générique". En anglais : *widlcard*. Caractère qui permet d'en remplacer un ou plusieurs autres. Les caractères génériques sont utilisés essentiellement dans les recherches et les requêtes. Lorsque l'utilisateur recherche un fichier ou un dossier, par exemple, il peut arriver qu'il ne connaisse qu'une partie de son nom. Pour remplacer les caractères inconnus, il pourra utiliser des caractères de substitution. Pour rechercher tous les fichiers exécutables (.EXE), par exemple, il suffit d'entrer *.EXE. L'astérisque (*) remplace toute une chaîne de caractères. Le point d'interrogation (?), en revanche, ne remplace qu'un caractère.

caractère générique

Synonyme de "caractère de substitution".

➧ *Voir caractère de substitution*

caractère par seconde

➠ *Voir CPS*

caractère spécial

Caractère qui n'est ni un chiffre, ni une lettre, ni un caractère de contrôle. Beaucoup des 256 caractères que compte la table ASCII sont des caractères spéciaux, puisque même les caractères de ponctuation (:, !, ?, etc.) et les opérateurs mathématiques (+, −, *, etc.) font partie de cette catégorie. Ces caractères n'étant toutefois pas si nombreux en regard de tous les caractères spéciaux qui existent dans l'absolu, un certain nombre de jeux de caractères spéciaux chargeables séparément et des polices de caractères spéciaux (telles que celles de Windows) ont été définis pour les utilisateurs.

➠ *Voir ASCII, jeu de caractères, police*

carbon copy

"Copie carbone".

➠ *Voir copie carbone*

carbone

➠ *Voir copie carbone*

carboné, e

➠ *Voir bande carbonée*

cardware

Logiciel diffusé et utilisé gratuitement, comme les logiciels freeware, mais pour lequel l'auteur demande à l'utilisateur de lui envoyer une carte postale amicale ou originale en remerciement, si son programme lui a plu.

➠ *Voir freeware, logiciel*

carte

Plaque de verre époxy servant de support à un circuit imprimé sur lequel sont soudés des composants électroniques. En informatique, on distingue d'une part la carte mère (sur laquelle sont fixés le CPU, le BIOS, etc.) et les cartes d'extension (telles que la carte graphique, la carte son, etc.), qui s'insèrent de façon perpendiculaire dans la carte mère.

carte à puce

Support de stockage de forme plate (de la taille d'une carte de crédit) en plastique qui intègre une puce lisible à l'aide d'un système informatique. Contrairement aux cartes magnétiques, les cartes à puce stockent les informations non pas dans des champs magnétiques (méthode passive) mais de manière active, à l'aide d'une puce électronique minuscule – d'où leur nom. Dans la pratique, ces cartes sont extrêmement polyvalentes. Ainsi, permettent-elles par exemple de mémoriser le montant du solde du compte bancaire de l'utilisateur, ce qui lui offre la possibilité de payer sans argent liquide à la caisse d'un magasin si celle-ci est équipée du dispositif adéquat. Ces cartes sont également utilisées dans les téléphones portables car elles contiennent non seulement les données permettant d'identifier l'utilisateur mais aussi des données telles que des numéros de téléphone personnels. Les opérations nécessaires à cette identification sont beaucoup plus simples dans la mesure où la carte est équipée d'un processeur capable d'exécuter un programme à part entière. Les cartes SIM (*Subscriber Identification Mode*, ou "mode d'identification de l'abonné") ont comme seule et unique fonction d'identifier l'utilisateur.

➡ *Voir carte magnétique, microprocesseur, support de stockage, SIM*

carte accélératrice

Carte graphique équipée d'une puce accélératrice pour accélérer la restitution des images 2D ou 3D.

➡ *Voir carte graphique, fonctions 3D, imagerie 3D, puce accélératrice, standards 3D*

carte audio

➡ *Voir carte son, SoundBlaster*

carte d'acquisition vidéo

Carte d'extension qui permet de numériser des images vidéo. C'est l'opération de numérisation qui est appelée acquisition. La carte d'acquisition vidéo permet donc de récupérer sur l'ordinateur des images extraites d'un film, puis de les stocker sous un format graphique classique et de les retoucher sous une palette graphique. Les cartes d'acquisition équipées d'un système d'incrustation permettent d'incruster l'image de la source vidéo dans celle de l'ordinateur. Certaines cartes d'acquisition vidéo disposent en outre d'un système de capture vidéo qui permet de numériser des séquences vidéo entières.

➡ *Voir incrustation, montage non linéaire, traitement vidéo*

carte d'extension

Circuit électronique qui dispose, le long de l'une des arêtes de sa plaque de verre époxy, d'une rangée de contacts à pistes qui permettent d'insérer le circuit dans l'un des connecteurs de bus de la carte mère. La carte mère offre à cet effet différents modèles de connecteurs de bus – des connecteurs de bus ISA et PCI, le plus souvent. Les cartes d'extension permettent de doter l'ordinateur de nouvelles fonctionnalités. Certaines d'entre elles, comme la carte graphique, sont absolument indispensables pour permettre à l'ordinateur de fonctionner. D'autres, comme la carte son, ne sont qu'accessoires. Ce système de modularité explique en partie le succès des PC actuels.

➠ *Voir carte mère, connecteur de bus, ISA, PCI, VLB*

carte d'interface

Carte qui permet de connecter des composants matériels à l'ordinateur. Nombre de scanners sont livrés avec une carte d'interface spécifique qui leur permet de communiquer avec l'ordinateur.

➠ *Voir interface*

carte de mémoire

Carte PCMIA composée de mémoire SRAM ou EEPROM, qui peut faire office de mémoire vive ou de disque dur sur un ordinateur portable.

➠ *Voir EEPROM, PC-Card, PCMCIA*

carte élévatrice

Carte comprenant des connecteurs de bus ISA et PCI (et éventuellement AGP), qui doit être utilisée sur une carte mère de facteur d'encombrement LPX ou NLX pour connecter des cartes d'extension. Les cartes mères qui nécessitent une carte élévatrice sont généralement utilisées dans les boîtiers de type Desktop particulièrement plats, qui n'offrent pas une hauteur suffisante pour insérer des cartes d'extension à la perpendiculaire, comme sur une carte mère normale (équipant un boîtier de type Baby AT ou ATX). Les cartes sont au contraire enfichées à la perpendiculaire de la carte élévatrice et se retrouvent donc parallèles à la carte mère.

carte Ethernet

Carte d'extension qui permet de connecter un PC à un réseau Ethernet.

➠ *Voir Ethernet, réseau*

carte graphique

Synonyme de "carte vidéo" et de "adaptateur graphique". Carte d'extension en charge des calculs se rapportant à la représentation à l'écran des données graphiques pertinentes. Les trois composants les plus importants d'une carte graphique sont le processeur graphique, la mémoire vidéo, dont la taille peut être plus ou moins importante (suivant le fabricant et les applications, il peut s'agir de DRAM, de RAM EDO, de VRAM, de WRAM, de SDRAM, de SGRAM ou encore de MDRAM), et le RAMDAC. C'est de ces trois éléments que dépendent la rapidité, la résolution, la profondeur de couleur et la fréquence de rafraîchissement maximales. Lorsque la carte graphique seconde le CPU pour le calcul des données graphiques, on la qualifie d'"accélératrice".

➠ *Voir fréquence de rafraîchissement, mémoire graphique, profondeur de couleur, RAMDAC*

Une carte réseau Ethernet.

Un modèle très actuel de carte graphique PCI fabriqué par la société Diamond.

carte graphique 3D

Carte graphique équipée d'un processeur 3D censé prendre en charge les fonctions graphiques 3D. Ce processeur permet à la carte graphique de représenter beaucoup plus rapidement les objets en 3D.

➠ *Voir fonctions 3D, imagerie 3D, processeur graphique 3D, standards 3D*

C

carte jeu

Carte munie d'un port jeu. Certaines cartes jeu sont même équipées de différents ports jeu, ce qui permet à plusieurs participants de jouer simultanément – dans la mesure où le jeu utilisé le permet effectivement.

➠ *Voir joystick, port jeu*

carte magnétique

Petite carte en plastique qui porte sur l'une de ses faces une bande magnétique servant à stocker des informations telles que le nom du titulaire de la carte, le numéro de son compte bancaire, son code confidentiel, les fonctions qu'il occupe dans une entreprise, etc. Les cartes magnétiques doivent être lues à l'aide d'un lecteur particulier et peuvent être enregistrées à l'aide d'un lecteur-enregistreur spécial et d'un ordinateur. La carte magnétique est utilisée dans divers domaines. Sa version la plus connue est certainement la carte bancaire.

➠ *Voir bande magnétique, lecteur de cartes magnétiques*

carte mère

Carte centrale qui comprend tous les éléments nécessaires au contrôle des composants de base ainsi que des périphériques de l'ordinateur permettant à ceux-ci de communiquer entre eux. Parmi ces éléments figurent le CPU et son support, le chipset correspondant aux contrôleurs (contrôleur DMA, contrôleur d'interruptions et contrôleur de mémoire cache), le bus (ISA et PCI, voire, EISA, VBAL ou Microchannel sur les vieux modèles d'ordinateurs), l'horloge système, le BIOS et la RAM CMOS, les connecteurs de barrettes de mémoire (DRAM, EDO ou SDRAM), la mémoire cache de niveau 2 (L2 SRAM), le contrôleur de disques durs, le contrôleur de lecteurs de disquettes et les interfaces série et parallèles. La carte mère contient souvent en outre un connecteur pour module COAST, qui permet de porter la mémoire cache de l'ordinateur à 512 Ko. Enfin, certaines cartes mères intègrent un circuit graphique et un circuit son qui remplacent la carte graphique et la carte son.

➠ *Voir bus, COAST, contrôleur, contrôleur de mémoire cache, contrôleur DMA, contrôleur d'interruptions, CPU, EISA, ISA, mémoire cache de niveau 2, PCI, RAM CMOS, VLB, ZIF*

La carte mère est le cœur d'un PC.

carte multi E/S

Carte d'extension qui comprend des ports série et parallèle supplémentaires ainsi qu'un port jeu. Les cartes multi E/S intègrent aussi généralement un contrôleur de lecteurs de disquettes et de disques durs. Elles sont presque toutes conçues pour le bus ISA.

➠ *Voir contrôleur de disque dur, contrôleur de lecteur de disquettes, ISA, port jeu, port parallèle, port série*

carte perforée

Support de stockage utilisé tout au début de l'informatique. Les cartes perforées étaient des feuilles de carton dans lesquelles avaient été pratiqués des trous. Elles furent tout d'abord utilisées pour piloter les métiers à tissage à l'époque de la mécanisation du tissage, après quoi elles servirent à faire fonctionner les premières tabulatrices. Dans le domaine de l'informatique, il apparut des cartes perforées normalisées capables de stocker des informations suivant un procédé standard. L'équipement nécessaire alors était très coûteux, et chaque carte perforée n'offrait en outre qu'une capacité de stockage très limitée. Avec la généralisation des supports de stockage magnétiques, les cartes perforées ont rapidement perdu de l'importance et ne sont plus du tout utilisées à l'heure actuelle.

➠ *Voir Jacquard, support de stockage*

carte réseau

Synonyme d'"adaptateur réseau". Carte d'extension qui permet de relier un ordinateur à un réseau. Une carte réseau comprend un certain nombre d'éléments importants : un ou plusieurs connecteurs pour brancher le câble de réseau, des cavaliers pour configurer la carte et un module de mémoire tampon par lequel transitent les données envoyées et reçues. Elle est par ailleurs généralement accompagnée d'un pilote qui permet de l'adapter aux différentes topologies de réseau possibles (Token Ring, ARCnet, Ethernet, etc.). Pour que l'ordinateur puisse communiquer avec la carte réseau, il faut que, au moins sous MS-DOS, un ou plusieurs pilotes et programmes conçus pour cette carte soient chargés dans la mémoire vive de l'ordinateur.

➠ *Voir réseau*

carte RNIS

Carte d'extension qui permet de relier un ordinateur au réseau téléphonique RNIS et ainsi d'exploiter les possibilités techniques de ce standard.

Il existe deux types de cartes RNIS :

- **Les cartes RNIS passives.** Ces cartes utilisent le CPU de l'ordinateur pour traiter les données à transmettre de telle sorte que celles-ci se conforment au protocole RNIS. La carte elle-même se charge de transmettre les données entre l'ordinateur et le réseau RNIS. Ce type de carte est généralement suffisant pour les applications classiques.
- **Les cartes RNIS actives.** Ces cartes possèdent leur propre processeur et leur propre mémoire. Le traitement des données s'effectue à même la carte (à condition que le logiciel utilisé soit capable de tirer parti de cette possibilité). Elles soulagent donc considérablement le CPU.

➠ *Voir fonctions RNIS, logiciel RNIS, RNIS*

carte RNIS active

Carte RNIS équipée d'un processeur qui prend en charge les transmissions de données et soulage ainsi le CPU. Les cartes RNIS actives nécessitent un logiciel spécifique pour contrôler leur processeur. Sans ce logiciel, elles ne peuvent pas être plus performantes qu'une carte RNIS passive.

➠ *Voir carte RNIS, carte RNIS passive, processeur, RNIS, transmission de données*

carte RNIS passive

Carte RNIS dépourvue de mémoire et de processeur (comme les cartes S0-16.3, du constructeur Teles, et FritzCard, du constructeur AVM, par exemple). Le coût d'une carte RNIS passive n'est généralement inférieur que de quelques centaines de francs à celui d'un modèle actif.

➠ *Voir carte RNIS*

La carte RNIS FritzCard du constructeur AVM.

carte son

Périphérique de sortie capable de générer toutes sortes de sons pour les associer à des événements survenant sur l'ordinateur, pour rendre des jeux plus réalistes, ou pour permettre à des applications d'être pleinement multimédias. La carte son s'insère dans un connecteur de bus au même titre que toute autre carte d'extension, et elle occupe une interruption et au moins un canal DMA. Elle permet aussi généralement de numériser et de traiter des signaux analogiques.

carte vidéo

Synonyme de "carte graphique".

➠ *Voir carte graphique*

cartouche

Support de stockage à bande qui fonctionne comme son équivalent audio, la cassette, et qui fut créé au tout début de l'ère de l'informatique pour stocker des données. Comme la cassette audio, la cartouche nécessite d'utiliser un lecteur spécial pour stocker des données. Les cartouches utilisées actuellement dans les lecteurs de bandes fonctionnent suivant un principe similaire mais elles offrent une capacité de stockage largement supérieure et utilisent pour cela un nouveau procédé pour accroître la densité d'enregistrement et optimiser le codage et la compression des données. Les lecteurs de bandes actuels se caractérisent également par un taux de transfert et un temps d'accès beaucoup plus intéressants. Il existe différents types de lecteurs, et par conséquent de cartouches, qui utilisent différents procédés pour stocker les données – les technologies QIC et Travan par exemple. La capacité des cartouches actuelles peut varier de plusieurs mégaoctets à plusieurs gigaoctets.

➠ *Voir bande magnétique, capacité, compression de données, densité d'enregistrement, mémoire, lecteur de bandes*

case à cocher

En anglais : *checkbox.* Petit carré qui, sur une interface utilisateur graphique, permet de sélectionner une option. Le programme d'installation des logiciels utilise généralement des cases à cocher pour permettre à l'utilisateur d'indiquer quels éléments il souhaite installer. Lorsque l'option associée à une case à cocher est sélectionnée, il apparaît une biffure (ou coche) à l'intérieur de la case à cocher.

➠ *Voir interface utilisateur graphique*

casque virtuel

Synonyme de "visiocasque".

➠ *Voir visiocasque*

casque 3D

Synonyme de "visiocasque".

➠ *Voir visiocasque*

cassette

Synonyme de "cartouche".

➠ *Voir cartouche*

cassette d'encre

Boîtier en plastique ou en métal contenant une bobine de ruban à encre, généralement utilisée sur les imprimantes et les machines à écrire qui ne reposent pas sur le procédé d'impression à impact.

➠ *Voir imprimante à impact, ruban encreur*

catalogue

➠ *Voir catalogue de fichiers*

catalogue de fichiers

Fichier contenant l'arborescence des fichiers stockés sur une bande de backup. La plupart des logiciels de backup permettent de récupérer ou de reconstituer ce catalogue à partir des données existantes lorsqu'il est altéré ou qu'il a disparu.

➠ *Voir backup*

cathodique

➠ *Voir tube cathodique*

CAUCE

Sigle, abréviation de *Coalition Against Unsolicited Commercial Email* ("Coalition contre les messages électroniques publicitaires non sollicités"). Association américaine qui s'est fixé comme mission d'interdire les envois de messages électroniques intempestifs.

➠ *Voir courrier électronique intempestif, index de Breitbardt*

CAV

Sigle, abréviation de *Constant Angular Velocity* ("vitesse angulaire constante"). Procédé utilisé sur les lecteurs de disquettes, les disques durs et les lecteurs de CD-ROM afin d'assurer une vitesse constante au support de stockage (360 tr/min pour un lecteur de disquettes, 3 600 à 10 000 tr/min pour un disque dur). La densité des données étant fonction du rayon de la piste considérée, le taux de transfert va croissant au fur et à mesure que l'on se rapproche du bord extérieur du support. Afin d'assurer néanmoins un taux de transfert constant, le contrôleur stocke les données d'une manière plus dense au niveau des pistes intérieures. Les lecteurs de CD-ROM utilisent souvent le procédé CLV en plus du procédé CAV.

➠ *Voir CLV, contrôleur, densité de données, disque dur, lecteur de CD-ROM, lecteur de disquettes, piste, secteur, taux de transfert de données, vitesse de rotation*

cavalier

En anglais : *jumper*. Contact bipolaire entouré de plastique isolant, qui permet de relier deux broches d'une carte informatique (la carte mère ou n'importe quelle autre carte d'extension) pour fermer un circuit électrique. Les cavaliers servent généralement à activer ou à désactiver une fonction, ou encore à configurer un périphérique. Ainsi, faut-il généralement déplacer des cavaliers sur la carte mère pour paramétrer la fréquence du CPU. De la même manière, sur les anciens contrôleurs SCSI, ce sont généralement des cavaliers qui permettent de choisir l'ID (identificateur) de la carte.

➠ *Voir carte d'extension, carte mère*

Cc

Sigle, abréviation de "copie carbone".

➡ *Voir copie carbone*

CCD

Sigle, abréviation de *Charge Coupled Device* ("composant à couplage de charge"). Composant électronique (cellule photoélectrique, entre autres) photosensible utilisé pour numériser des documents. Les scanners, par exemple, sont équipés de toute une rangée de capteurs CCD qui leur permettent d'analyser les documents. Lors de la phase de numérisation, les capteurs CCD enregistrent les rayons lumineux réfléchis par le document et les convertissent en tensions intelligibles pour un ordinateur. Les appareils photo et les caméras vidéo numériques utilisent eux aussi des capteurs CCD de ce type.

➡ *Voir appareil photo numérique, scanner*

CCITT

Sigle, abréviation de "Comité consultatif international téléphonique et télégraphique". Comité en charge d'élaborer des normes dans le domaine des télécommunications. Ce comité est composé des compagnies téléphoniques nationales de la plupart des pays du globe et fait partie de l'ONU. Il est aujourd'hui parfois appelé "ITU-T".

➡ *Voir télécommunications*

CD

Sigle, abréviation de *Compact-Disc* ("disque compact"). Support de stockage de données parmi les plus utilisés à l'heure actuelle. Après s'être imposé dans le domaine de la musique, le CD est devenu très utilisé en informatique. Les graveurs de CD et les CD enregistrables (CD-R) étant devenus abordables, leur usage tend à se généraliser. Le successeur du CD, le DVD, est déjà sur le marché. Il lui faudra toutefois un certain temps pour menacer le CD. Les CD audio (CD-DA) sont enregistrés au format du livre rouge. Les CD de données (CD-ROM) sont enregistrés au format du livre jaune. Quel que soit le format d'enregistrement, les CD stockent les données sous une forme numérique et sont ensuite lus par un rayon laser.

➡ *Voir CD-R, CD-ROM, DVD, graveur de CD, laser, Livre jaune, Livre rouge, numérique, vidéodisque*

CD enregistrable

➡ *Voir CD-R*

Deux CD : à gauche, un CD-R ; à droite, un CD préenregistré.

CD interactif

➠ *Voir CD-I*

CD mixte

CD qui contient à la fois des pistes de données et des pistes audio.

➠ *Voir CD*

CD multi-plate-forme

CD-ROM qui peut être lu sur différentes plateformes. Le format du CD multi-plate-forme est défini par la norme ISO 9660.

➠ *Voir CD-ROM, ISO 9660, système d'exploitation*

CD réinscriptible

➠ *Voir CD-E*

CD+G

Format de CD audio (CD-DA) qui contient non seulement des données musicales mais aussi des images, des programmes et du texte.

➠ *Voir CD*

Cd+MIDI

Format de CD audio (CD-DA) qui contient des fichiers MIDI.

➠ *Voir CD, MIDI*

CD32

Console de jeux 32 bits fabriquée par Commodore et qui est le successeur de la console CDTV. Cette console repose en fait sur la technologie Amiga.

➠ *Voir Amiga, CDTV, console*

CDDI

Sigle, abréviation de *Copper Distributed Data Interface* ("interface de distribution de données à fibre de cuivre"). Technologie de câblage de réseau local qui repose sur des paires torsadées et non sur de la fibre optique utilisée habituellement (qui correspond à la technologie FDDI). Cette technologie n'est jamais vraiment parvenue à s'imposer.

CD-E

Sigle, abréviation de *CD-Erasable* ("CD effaçable"). Synonyme de "CD réinscriptible". Format de CD réinscriptible plusieurs fois. Beaucoup de sociétés essaient aujourd'hui d'élaborer un standard pour ce type de CD, qui pourrait d'ailleurs en fait s'appeler CD-RW (*CD-Rewritable*, ou "CD réinscriptible"). Actuellement, le procédé à changement de phase est celui qui semble le plus prometteur. Plusieurs lecteurs-enregistreurs utilisant ce procédé, appelés lecteurs PD, sont sur le marché depuis la fin de l'année 1996. Ils sont capables de lire des CD normaux et de lire et d'enregistrer des CD revêtus d'un matériau particulier. Ces CD ne peuvent malheureusement pas être lus par des lecteurs de CD-ROM classiques dans la mesure où les CD-ROM imposent des contraintes plus marquées en matière de réflexion des rayons lumineux que les nouveaux supports. Le successeur prévu pour le lecteur de CD-ROM, le lecteur de DVD, doit en revanche être capable de lire les disques PD. La technologie à changement de phase repose d'une part sur un rayon laser très puissant – le rayon d'enregistrement – qui chauffe la surface du support et modifie ainsi ses propriétés de réflexion lumineuse, et d'autre part sur un rayon de faible puissance utilisé pour lire les données. S'il voit effectivement le jour, le format CD-E reposera vraisemblablement sur une technologie similaire.

➠ *Voir CD, DVD, laser, PD*

CD-EB

Format de CD-ROM qui ne mesure que 8 cm de diamètre et qui n'est pas compatible avec les lecteurs de CD-ROM classiques. Les CD-EB ne peuvent être lus que par certains appareils portables et contiennent généralement des dictionnaires, des glossaires, etc.

➠ *Voir CD, CD-ROM*

CD-Erasable

"CD effaçable".

➟ *Voir CD-E*

CD-Extra

Standard de CD-ROM qui permet de stocker à la fois des pistes audio et des pistes de données. Ce standard permet par exemple d'enregistrer d'une part des pistes audio et d'autre part, pour chacune d'elles, le nom de l'interprète et le titre de la plage musicale. Les CD au format CD-Extra peuvent être lus par un lecteur de CD-ROM classique, même s'ils nécessitent généralement de disposer d'un logiciel spécifique. Le format CD-Extra a en fait été défini par le standard du livre bleu et il a reçu un soutien massif des fabricants tels que Microsoft et Apple. De par la possibilité qu'il offre de mélanger des pistes audio et des données, il est particulièrement adapté aux applications multimédias. Son prédécesseur, le format CD-Plus, posait un certain nombre de problèmes dans la mesure où les lecteurs de CD audio prenaient la piste de données pour une piste audio. Le bruit qu'ils généraient alors était à la fois très désagréable à l'oreille et dangereux pour les enceintes. C'est pour remédier à ces inconvénients que le format CD-Extra a été créé. Ce format enregistre la piste de données dans une session différente située derrière les pistes audio. Cette piste est en principe invisible pour les lecteurs de CD audio, et ne pose donc plus de problèmes. Tous les lecteurs de CD-ROM multisessions sont capables de détecter la piste de données d'un CD au format CD-Extra et, par conséquent, d'en lire le contenu.

➟ *Voir CD, CD-Plus, CD-ROM, livre bleu, multimédia, multisession, piste, session*

CD-I

Sigle, abréviation de "CD interactif". Standard créé par Philips pour les CD multimédias. Il a été prévu essentiellement pour les jeux sur ordinateur, la musique et la vidéo et produit des résultats remarquables dans ces domaines. Le *I* de ce sigle est l'abréviation de "interactif", ce qui indique que l'utilisateur doit pouvoir intervenir dans le déroulement de ce que le lecteur de CD-I diffuse. Ainsi peut-il choisir l'ordre dans lequel les pistes audio doivent être lues. Le standard CD-I repose sur le standard de CD-ROM Mode 2 et avait au départ été baptisé *livre vert* par Philips. Il a ensuite été réutilisé pour créer le standard CD-ROM/XA. Les lecteurs de CD-I permettent par ailleurs de lire des photo-CD.

➟ *Voir CD, CD-ROM/XA, multimédia, photo-CD*

CD-Plus

Format de CD antérieur au format CD-Extra (livre bleu).

➟ *Voir livre bleu, CD-Extra*

CD-R

Sigle, abréviation de *CD-Recordable* ("CD enregistrable"). Format de CD qui peut être enregistré à l'aide d'un graveur une seule fois. Les CD de ce type, ne pouvant être enregistrés qu'une fois alors qu'ils peuvent ensuite être lus un nombre infini de fois, ils ont également été appelés CD-WORM (*CD Write Once, Read Many*, ou "CD à enregistrement unique et lecture multiple"). Une fois gravé, un CD-R peut être lu par un lecteur de CD-ROM classique.

➠ *Voir CD-ROM, CD-WORM, graveur de CD*

CD-R-FS

Sigle, abréviation de *CD-Recordable-File System* ("système de fichiers pour CD enregistrables"). Standard d'enregistrement de CD-R qui permet aux CD-R de fonctionner comme des disques durs. Ce standard repose en effet sur un système de fichiers qui permet de copier et même d'effacer des données sur un CD-R. Les données ne sont évidemment pas vraiment effacées physiquement. Seule la référence qui permet d'y accéder est effacée dans la table d'organisation du système de fichiers. Ce standard ayant été élaboré par Sony, il n'est pour l'heure opérationnel que sur les graveurs de CD de cette marque. Les CD-R enregistrés suivant ce standard peuvent être lus tout à fait normalement dans un lecteur de CD-ROM classique, une fois les différentes sessions et le support lui-même fermés. Le procédé utilisé par le standard CD-R-FS est en fait une technique d'enregistrement par paquets.

➠ *Voir CD, CD-ROM, graveur de CD, lecteur de CD-ROM, système de fichiers*

CD-ROM

Sigle, abréviation de *Compact Disc-Read Only Memory* ("disque compact à lecture seule"). Support de stockage lancé en 1985 par Philips et Sony, qui permet en principe d'enregistrer 650 Mo de données. Les secteurs d'un CD-ROM ont une taille de 2 352 octets mais le format d'enregistrement du livre jaune n'en utilise que 2 048 pour les données. La différence est utilisée pour détecter et corriger les erreurs. Ces chiffres ne s'appliquent d'ailleurs qu'au format de CD-ROM Mode 1. Le format Mode 1 utilise en effet 2 336 octets pour les données. Les pistes audio n'ayant pas besoin de système de correction d'erreurs, elles utilisent la totalité des 2 352 octets. Les différents types de secteurs peuvent être organisés à volonté sur le CD, ce qui permet de réaliser des enregistrements combinant différents types de données. Le CD-ROM doit en principe, à terme, être remplacé par le DVD, qui permet de stocker jusqu'à 17 Go de données. L'appareil qui permet de lire des CD-ROM est un *lecteur de CD-ROM*.

➠ *Voir CD, CD-ROM, DVD, détection d'erreurs, lecteur de CD-ROM, Livre jaune, ROM, secteur, support de stockage*

CD-ROM multimédia

CD-ROM qui sert de support à un contenu composé à la fois de son, d'images et d'animations. De par sa capacité de stockage et la possibilité qu'il offre de combiner des données
audio et graphiques, le CD-ROM constitue le support de stockage idéal en matière de multimédia, qu'il soit utilisé à des fins pédagogiques, informatives ou ludiques. Pour qu'un
CD-ROM multimédia soit vraiment réussi, il est important qu'il offre une interactivité
avec l'utilisateur, c'est-à-dire que celui-ci puisse influer sur le déroulement du programme.

➠ *Voir capacité de mémoire, CD-ROM, PC*

CD-ROM/XA

Sigle, abréviation de *CD-ROM eXtended Architecture* ("CD-ROM à architecture étendue"). Format de CD qui s'étend au-delà du format de CD-ROM classique pour englober
les formats de secteur 1 et 2 des CD-I. Le format 1 stocke 2 024 octets par secteur ; le format 2 en stocke 2 324 octets. Comme pour les CD-ROM classiques, le format CD-ROM/
XA permet de combiner les deux formats de secteur possibles.

➠ *Voir CD, CD-I, CD-ROM, secteur*

CD-RW

Sigle, abréviation de *CD Re-Writeable* ("CD réinscriptible"). Synonyme de "CD-E".

➠ *Voir CD, CD-E, CD-ROM*

CDTV

Sigle, abréviation de *Commodore Dynamic Total Vision* ("vision totale dynamique Commodore"). Version améliorée d'Amiga conçue par Commodore et qui possède un lecteur
de CD-ROM intégré.

➠ *Voir Amiga, CD32, console*

CD-V

Sigle, abréviation de *CD-Video* ("CD vidéo"), à ne pas confondre avec le standard *Video-
CD*. Synonyme de "vidéodisque". Format de CD lancé en 1987, qui permet de stocker non
seulement des données audio numériques mais aussi des informations graphiques analogiques. Ce format a été rebaptisé *Laserdisc*.

➠ *Voir CD, vidéodisque, Video-CD*

CD-WORM

Sigle, abréviation de *CD-Write Once, Read Many* ("CD à enregistrement unique et lecture
multiple"). Synonyme de "CD-R". CD qui ne peut être enregistré qu'une fois (à l'aide

d'un graveur) mais qui peut être lu un nombre infini de fois dans un lecteur de CD-ROM.

➠ *Voir CD, CD-ROM, graveur de CD*

CE

Sigle, abréviation de "conformité européenne". Test de conformité électromagnétique obligatoire depuis le 1er janvier 1996 au sein de l'Union européenne pour tous les appareils électriques susceptibles d'être utilisés dans un foyer et commercialisés depuis. A partir de cette date, pour commercialiser des appareils électriques, les fabricants doivent d'abord les soumettre à un certain nombre de tests. Ce n'est qu'une fois qu'il a satisfait à ces tests qu'un appareil peut recevoir le certificat de conformité CE et être mis sur le marché. Ce certificat, matérialisé par un petit autocollant portant la mention "CE", indique que l'appareil ne génère que des émissions mineures dans le réseau électrique et qu'il ne peut pas perturber le fonctionnement des autres appareils ni même son propre fonctionnement. L'apparition de ce test obligatoire a posé deux problèmes majeurs.

Toute intervention (du fabricant) sur un appareil électrique nécessitant de soumettre une nouvelle fois celui-ci au test de conformité, les fabricants de PC se sont vus dans l'obligation d'engager une nouvelle procédure à chaque modification, aussi mineure soit-elle. Par ailleurs, toutes les sociétés qui assemblent (ou intègrent) des ordinateurs étant considérées comme des fabricants, elles se sont trouvées dans l'obligation de soumettre chacun de leurs modèles d'ordinateur à un test CE, qui coûte plusieurs milliers de francs. Aussi a-t-il été décidé qu'un ordinateur constitué exclusivement de composants certifiés CE pourrait automatiquement prétendre à recevoir le certificat CE. Pour les appareils achetés avant le 1er janvier 1996, c'est à l'utilisateur de vérifier qu'il ne génère pas de nuisances et qu'il peut être utilisé sans aucun problème.

CeBIT

Acronyme de *Centrum der Büro- und Informationstechnik* ("salon des techniques en bureautique et en informatique"). Salon en informatique et en bureautique qui se tient chaque année à Hanovre, en Allemagne, et qui est le pendant du Comdex aux Etats-Unis.

➠ *Voir Comdex*

cellule

Sous un tableur, intersection d'une ligne et d'une colonne.

➠ *Voir adressage de cellules*

CEN

Sigle, abréviation de "Comité européen de normalisation". Institut de normalisation qui siège à Bruxelles, chargé d'élaborer les normes qui régissent les domaines de l'électronique et de l'électrotechnique en l'Europe. Cet institut est également membre de l'IEC (*International Electronical Commission*) et de l'ISO (*International Standards Organisa-*

tion), ce qui lui confère une dimension internationale. L'IEC est composée de commissions nationales. L'équivalent européen de l'IEC est le CENELEC. Le CENELEC dépend de l'ISO mais celle-ci est elle-même composée d'agences de normalisation nationales telles que l'AFNOR.

➠ *Voir AFNOR, CENELEC, ISO*

CENELEC

Acronyme de "Comité européen de normalisation électronique". Comité en charge d'élaborer les normes qui régissent le domaine de l'électrotechnique en Europe. Il est une émanation du CEN et siège lui aussi à Bruxelles.

➠ *Voir CEN, ISO*

centre de calcul

Centre spécialisé dans la recherche et les calculs informatiques. Les centres informatiques sont équipés de gros systèmes (*mainframes*) très puissants. Ils sont spécialisés dans le traitement de volumes de données particulièrement importants et de calculs particulièrement complexes. Les ordinateurs personnels actuels permettant d'effectuer des calculs de plus en plus complexes, les centres de calcul tendent à se raréfier. Ils sont remplacés par des réseaux reliant une multitude d'ordinateurs (décentralisation). Il subsiste toutefois des centres de calcul dans les universités et les grandes entreprises, qui voient dans leur grande stabilité (qui constitue une parade au plantage) une raison suffisante pour les conserver.

➠ *Voir gros système*

Centronics

Société américaine pionnière dans le domaine des imprimantes dans les années soixante-dix et quatre-vingt. C'est toutefois pour son port parallèle (port parallèle Centronics), toujours utilisé actuellement, qu'elle est aujourd'hui célèbre.

➠ *Voir imprimante, parallèle*

CEPT

Sigle, abréviation de "Conférence européenne des administrations des postes et télécommunications". Conférence qui a comme objectif de définir des standards pour les secteurs des postes et des télécommunications en l'Europe. Elle a, par exemple, participé à l'élaboration du standard sur lequel le Minitel s'appuie pour représenter les caractères à l'écran, mais aussi à celle du standard CT, qui régit le fonctionnement des téléphones sans fil.

➠ *Voir CT, Minitel*

CERN

http://www.cern.ch

Sigle, abréviation de "Centre européen pour la recherche nucléaire". Centre de recherche européen très important, spécialisé dans la recherche nucléaire, qui a son siège à Genève, en Suisse. Il est considéré comme le lieu de naissance du World Wide Web.

➠ *Voir Internet, WWW*

CGA

Sigle, abréviation de *Color Graphics Adapter* ("carte graphique couleur"). Premier standard de carte graphique couleur. Ce standard est aujourd'hui totalement obsolète mais il est toujours supporté par les cartes graphiques modernes pour des raisons de compatibilité.

➠ *Voir carte graphique, compatibilité, image, standard graphique*

CGI

Sigle, abréviation de *Common Gateway Interface* ("interface passerelle commune"). Langage de script qui permet de créer des animations sur une page Web. Ce langage ne reposant pas sur un standard commun à l'ensemble des plateformes (Java), chaque script doit être soigneusement adapté au serveur sur lequel il doit être utilisé.

➠ *Voir animation, Java, page Web, plate-forme informatique, serveur*

chaînage

Méthode de codage d'enregistrements ou de commandes consistant à stocker dans le champ de chaînage de chaque enregistrement ou de commande l'adresse physique de l'enregistrement ou de la commande qui suivent afin d'accélérer le traitement des données. Ce renvoi à un autre enregistrement (ou à une autre commande) est parfois appelé "pointeur". On distingue le chaînage avant, le chaînage arrière et le chaînage multiple suivant le nombre d'enregistrements chaînés (au moins deux) et suivant le sens du chaînage.

➠ *Voir commande, enregistrement*

chaînage arrière

➠ *Voir chaînage*

chaînage multiple

➠ *Voir chaînage*

chaîne

Série de caractères contigus. Tous les langages de programmation utilisent des chaînes pour mémoriser et traiter du texte.

➠ *Voir langage de programmation*

chaîné

➠ *Voir chaînage*

chaîne vide

Chaîne qui ne contient aucun caractère et qui est généralement matérialisée par deux guillemets consécutifs dans un code source de programme. Nombre de langages de programmation (ou de compilateurs, dans la pratique) associent automatiquement une chaîne vide aux variables à l'endroit où elles sont déclarées.

➠ *Voir chaîne, code source, compilateur, langage de programmation*

champ

Synonyme de "champ de données". Subdivision d'un enregistrement de base de données. Les champs d'un même type servent toujours à stocker des données d'un même type (des adresses, des noms, des numéros de téléphone, etc.). Chaque champ est désigné par un intitulé appelé "attribut" ("adresse, nom ou téléphone", par exemple).

➠ *Voir base de données, enregistrement, SGBD*

champ d'instructions

Synonyme de "bouton" et de "zone d'activation". Elément d'une interface utilisateur graphique qui, lorsque l'utilisateur clique dessus, active un processus ou une action. Les champs d'instructions fonctionnent en quelque sorte comme des interrupteurs ou des boutons. Ils constituent des éléments de contrôle de l'application ou du système d'exploitation auxquels ils se rapportent.

➠ *Voir bouton*

champ de données

Synonyme de "champ".

➠ *Voir champ*

champ électromagnétique

Rayonnement magnétique généré par un appareil électrique. La force d'un champ électromagnétique est, dans une certaine mesure, fonction de la fréquence du courant électrique généré. Cette fréquence peut, pour certains appareils tels qu'un moniteur de PC ou un téléviseur, atteindre 50 kHz. Son incidence sur la santé humaine n'est certes pas encore connue avec précision, mais un certain nombre de normes ont d'ores et déjà été définies afin d'établir des seuils de rayonnement électromagnétiques maximaux. C'est par exemple le cas des normes MPR et TCO. Une nouvelle norme est entrée en vigueur le 1er janvier 1996 au sein de l'Union européenne. Elle a comme but de garantir que les appareils électriques vendus en Europe ne dépassent pas un certain seuil de champs électromagnétiques et est représentée par le label CE sur les appareils qui s'y conforment.

➠　*Voir CE, MPR, TCO*

changeur de CD

➠　*Voir lecteur de CD-ROM*

changeur de genre

Adaptateur qui permet d'inverser le genre d'un connecteur, c'est-à-dire de transformer un connecteur mâle en connecteur femelle ou inversement.

➠　*Voir adaptateur*

Chaos Computer Club

http://www.ccc.de

Club d'informatique établi à Hambourg, en Allemagne, qui s'est fixé comme objectif de découvrir le plus d'erreurs possible dans un même logiciel et de publier ensuite ces erreurs. Il publie à cet effet chaque année un magazine, *Datenschleuder*, qui peut être demandé sur Internet à l'adresse **http://www.ccc.de**. Ce club se montrant parfois très sévère, il rencontre régulièrement des problèmes juridiques. Nombre de ses membres sont des pirates qui ont fait de cette recherche de bogues (et éventuellement de leur exploitation) leur activité principale. Il existe un club similaire aux Etats-Unis, "2600", qui a comme adresse **http:///www.2600.com**.

➠　*Voir bogue, Captain Crunch, pirate*

chargement différé

Opération consistant, lorsqu'il n'y a pas assez de place dans la mémoire vive pour charger en une seule fois les données nécessaires, à charger ultérieurement la partie restante lorsque les tâches qui étaient en cours d'exécution sont terminées et que les données correspondantes chargées dans la mémoire ne sont plus utiles et peuvent être effacées.

➠　*Voir échange*

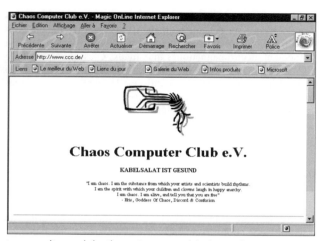

La page d'accueil du Chaos Computer Club de Hambourg.

charger

Lire des données dans la mémoire vive de l'ordinateur. Pour qu'un programme puisse s'exécuter, ou que des données puissent être traitées, il est impératif qu'ils soient d'abord lus dans la mémoire vive de l'ordinateur. On dit que le fichier ou les données doivent être "chargés". Pour charger un programme, il est nécessaire non seulement de lire son code dans la mémoire vive, mais aussi d'effectuer un certain nombre de préparatifs consistant par exemple à rétablir les paramètres définis par l'utilisateur pour ce programme.

➡ *Voir donnée, mémoire vive*

chargeur d'amorce

Petit programme situé dans le secteur amorce d'un support de données amorçable (disquette système, etc.), qui doit bien entendu avoir été formaté pour le système d'exploitation à charger. Chargé par le BIOS, il cherche à son tour d'autres composants du système d'exploitation pour les charger et les initialiser. Lorsqu'il ne trouve pas le système d'exploitation dans la partition ou sur la disquette appropriée, le chargeur d'amorce génère un message d'erreur.

➡ *Voir secteur amorce, système d'exploitation*

chargeur feuille à feuille

Synonyme de "bac d'alimentation feuille à feuille". Bac d'alimentation papier interne ou externe, qui équipe un certain nombre d'imprimantes anciennes et toutes les imprimantes modernes et qui a comme fonction de transmettre le papier feuille par feuille au mécanisme d'impression. Les vieux modèles d'imprimante utilisaient du papier sans fin et étaient également équipés d'un chargeur feuille à feuille permettant d'utiliser du papier de machine à écrire. Les imprimantes modernes (et plus particulièrement les imprimantes laser) possèdent souvent plusieurs chargeurs feuille à feuille adaptés à plusieurs formats de feuille et même d'enveloppe.

➠ *Voir imprimante, imprimante laser, scanner à chargeur*

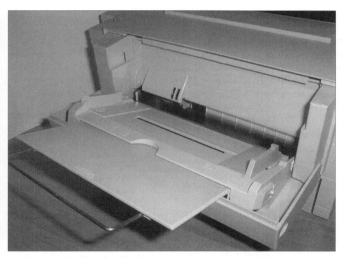

Le chargeur feuille à feuille d'une imprimante HP Laserjet.

chariot

➠ *Voir retour chariot*

chat-room

"Salon de conversation".

➠ *Voir salle de conversation*

checkbox

"Case à cocher".

➠ *Voir case à cocher*

chemin d'accès

Emplacement d'un fichier au sein d'une arborescence de répertoires (ou dossiers), comme dans l'exemple : C:\WINDOWS\SYSTEM\SYSTEM.INI. Ce chemin mentionne tous les répertoires par lesquels il faut passer pour accéder au fichier SYSTEM.INI en partant du répertoire racine C:.

➠ *Voir arborescence de répertoires, répertoire*

cheval de Troie

Programme qui donne l'impression d'offrir des fonctions intéressantes, mais qui dissimule en fait des fonctions nuisibles. Les chevaux de Troie se présentent généralement sous la forme d'un shareware très apprécié des utilisateurs qu'un individu malveillant a modifié à l'insu de l'utilisateur final. Il a pu ainsi y intégrer des fonctions destructrices (un virus) ou des routines conçues pour communiquer des informations confidentielles au créateur du virus.

chip

"Puce".

➠ *Voir puce*

chipset

Composant central de la carte mère. Comme le CPU et le BIOS, le chipset est une puce mais, contrairement à ceux-ci, il est généralement soudé à la carte mère. Il rassemble toutes les fonctions importantes de la carte mère. Il contrôle le flux de données à destination du processeur ainsi que le bus qui permet de communiquer avec les cartes d'extension. Avec le CPU, il joue un rôle important dans les calculs effectués par l'ordinateur, puisqu'il a pour rôle principal de gérer la mémoire vive. A l'heure actuelle, la société Intel est le principal fabricant de chipsets, mais il existe d'autres fabricants tels que SIS, VLSI et UMC.

➠ *Voir bus, carte mère, mémoire vive, processeur*

choc

➠ *Voir résistance aux chocs*

CHRP

Sigle, abréviation de *Common Hardware Reference Plaform* ("plateforme de référence matérielle commune"). Synonyme de "plateforme PowerPC". Architecture informatique conçue conjointement par Apple, Motorola et IBM pour constituer le système de base du PowerPC. Elle devait permettre d'utiliser n'importe quel système d'exploitation (parmi les plus utilisés) sur le PowerPC. Aussi les bus ISA et PCI font-ils partie de la spécification CHRP, au même titre que le bus SCSI (obligatoire), l'interface pour disques IDE, le port Centronics, le port PS/2 ainsi que des interfaces RS422 et RS232. L'architecture CHRP permet par exemple d'utiliser les systèmes d'exploitation MacOS, OS/2, WindowsNT, Novell (Netware), Sun (Solaris), IMB AIX et Linux. Le premier PC équipé de l'architecture CHRP a été lancé au mois de novembre 1996. Il était équipé d'un processeur Motorola Viper.

➡ *Voir Apple, architecture, Centronics, ISA, PCI, plate-forme, PowerMac, PowerPC, SCSI*

chute de tension

Baisse soudaine de la tension électrique délivrée par le secteur. En cas de chute de tension l'ordinateur peut s'éteindre et redémarrer, et vous risquez de perdre des données. Pour prémunir l'ordinateur contre les risques de chutes de tension, il est possible d'utiliser un onduleur (qui prend automatiquement le relais du secteur en cas de défaillance de celui-ci).

➡ *Voir onduleur*

CI

Sigle, abréviation de "circuit intégré".

➡ *Voir circuit intégré*

cible

Destinataire d'un transfert de données, qu'il s'agisse d'un utilisateur, d'un ordinateur ou d'un périphérique. L'utilisateur, l'ordinateur ou le périphérique qui émet les données est au contraire appelé source.

➡ *Voir transfert*

CIM

Sigle, abréviation de *CompuServe Information Manager* ("gestionnaire d'informations CompuServe"). Programme de base à utiliser pour accéder à CompuServe. Ce programme existe pour différentes plateformes, mais la version pour Windows, appelée WinCIm, est la plus courante.

➡ *Voir CompuServe, service en ligne*

cinch

Format de connecteur qui est devenu quasiment un standard dans le domaine de la hi-fi. Chacun des deux canaux stéréo est connecté à un câble à deux conducteurs. Pour des raisons de place, les cartes son sont généralement équipées d'une prise minicinch très fine ou d'une prise jack intégrant les deux connecteurs. Pour relier une carte son à une chaîne stéréo, il faut utiliser un câble adaptateur qui est généralement livré avec la carte.

➠ *Voir carte son*

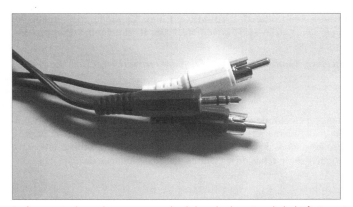

Le format cinch est devenu un standard dans le domaine de la hi-fi. Pour établir une connexion entre une carte son et un appareil hi-fi, il suffit d'utiliser un câble tel que celui-ci.

Cinepak

Type de codec qui permet de compresser les séquences vidéo à l'aide de leur profondeur de couleur. A l'origine, les séquences vidéo ne pouvaient être traitées qu'avec une profondeur de couleur de 8 ou de 16 bits, mais il est aujourd'hui possible de travailler en 24 bits. Les vidéos stockées au format Cinepak portent une extension .AVI ou .MOV (QuickTime).

➠ *Voir AVI, compression, Indeo, MJPEG, MPEG, profondeur de couleur*

circuit imprimé

Ensemble de pistes cuivrées gravées sur une plaque de verre époxy qui permettent de relier électroniquement les différents composants électroniques d'un montage. Alors que les premiers circuits imprimés ne comportaient des pistes que sur l'une de leurs faces, il est rapidement devenu possible de fabriquer des circuits double face. Les circuits imprimés des cartes mères actuelles comportent souvent davantage de pistes superposées. Les circuits électroniques sont très souvent fabriqués à l'aide de procédés chimiques corrosifs.

circuit intégré

En anglais : *Integrated Circuit* (IC). Semi-conducteur à l'intérieur duquel ont été intégrés un grand nombre de composants électroniques, ce qui en fait une unité fonctionnelle à part entière. Les circuits intégrés sont constitués d'un matériau semi-conducteur (du silicium, le plus souvent, mais cela peut aussi être du gallium ou tout autre matériau) à partir duquel les différents composants nécessaires sont réalisés à l'aide d'un processus très complexe et coûteux. Ce procédé permet de réaliser des transistors, des résistances et des condensateurs parfaitement opérationnels. Sans ce système d'intégration, il ne serait pas possible de concevoir des appareils électroniques tels que ceux que l'on utilise aujourd'hui.

➠ *Voir condensateur, puce, transistor*

Cirrus Logic

http://www.cirrus.com

Société spécialisée dans la fabrication de cartes et de processeurs graphiques.

CIS

Sigle, abréviation de *CompuServe Information Service* ("service d'information CompuServe"). Nom officiel du service en ligne CompuServe.

➠ *Voir CompuServe, service en ligne*

CISC

Sigle, abréviation de *Complex Instruction Set Computer* ("ordinateur à jeu d'instructions complexe"). Type de processeur reposant sur un jeu complexe de commandes. Le Pentium est un exemple de processeur CISC. De par l'étendue de leur jeu de commandes, les processeurs CISC sont censés accroître la rapidité des ordinateurs. Toutefois, seules 20 % des commandes CISC étant utilisées par des programmes, les services de recherche et développement des fabricants de processeurs semblent aujourd'hui s'orienter vers une autre technologie de processeur, la technologie RISC, qui repose sur un jeu de commandes moins étendu. Aujourd'hui, les processeurs CISC sont dotés d'un noyau RISC de plus en plus important, ce qui permet d'accroître leur vitesse de calcul. Les noyaux RISC sont plus faciles à développer et permettent d'atteindre plus facilement des fréquences importantes.

➠ *Voir CPU, Intel, jeu d'instructions, RISC*

citation

Texte issu d'un courrier électronique rédigé par un utilisateur donné et repris par un autre utilisateur dans un autre courrier électronique.

CityWeb

"Web urbain". Equivalent du réseau Internet à l'échelle d'une ville. Créés au sein de villes de taille moyenne ou importante (essentiellement aux Etats-Unis), les CityWeb constituent des réseaux accessibles au prix d'une télécommunication locale. Les réseaux de ce type peuvent, soit être des intranets fermés, soit offrir un accès à l'Internet. Pour accéder à un CityWeb, il faut utiliser un navigateur, comme pour l'Internet, puisque ces deux types de réseaux utilisent les mêmes protocoles (HTTP et PPP). Le coût horaire de ce service atteint généralement une trentaine de francs mais il peut être beaucoup plus élevé. Les CityWeb sont particulièrement intéressants pour les utilisateurs qui ont besoin d'informations sur des entreprises ou des manifestations locales. Ces informations sont généralement disponibles sur l'Internet, mais il est beaucoup plus facile de les trouver sur un CityWeb dans la mesure où, sur l'Internet, elles sont noyées dans la masse.

➠ *Voir fournisseur d'accès Internet, HTTP, Internet, Intranet, navigateur, PPP, réseau*

classe de fax

Catégorie de fax rassemblant des fax-modems informatiques qui nécessitent un même jeu de commandes pour être contrôlés à l'aide d'un PC. Cette subdivision en classes a été effectuée à l'instigation du CCITT. On distingue aujourd'hui les classes suivantes :

- **Classe de fax 1.** Ce standard est aujourd'hui obsolète. Le contrôle des fax-modems relevant de cette classe est pris en charge essentiellement par le PC.
- **Classe de fax 2.** Ce standard a été créé à la suite de l'union d'un certain nombre de fabricants de fax-modems. Il a ensuite été intégré à la classe de fax 2.0.
- **Classe de fax 2.0.** Ce standard est une version améliorée du standard 2. Il intègre un certain nombre de fonctions supplémentaires, telles que des algorithmes de correction d'erreurs. Selon ce standard, une grande partie du contrôle du fax-modem est prise par le fax-modem lui-même. Ce standard est compatible avec le standard de classe de fax 1.0.

➠ *Voir CCITT, fax, fax-modem, groupe de fax*

classeur

Outil utilisé principalement dans les tableurs (Excel) pour structurer le contenu d'un fichier.

➠ *Voir Excel, tableur*

clavier

Principal périphérique d'entrée de l'ordinateur. Les claviers normaux sont composés d'une zone alphanumérique semblable à celle d'une machine à écrire, d'un pavé numérique composés de chiffres et de symboles, d'une zone de touches permettant de diriger le curseur, et d'une rangée de 12 touches de fonction. Les derniers modèles de claviers offrent une meilleure ergonomie et un support pour les poignets, afin de ménager les articulations des utilisateurs qui travaillent beaucoup sur ordinateur.

clavier à feuillets

Clavier dont les touches ne reposent pas sur un système mécanique, mais sur des feuillets en plastique contenant des pistes conductrices qui, lorsque l'utilisateur appuie sur une touche, entrent en contact l'une avec l'autre et génèrent le caractère correspondant à la touche. Les claviers de ce type sont généralement étanches et insensibles à l'encrassement. Ils sont également généralement plus plats que les claviers classiques. Ils sont surtout utilisés pour des applications industrielles et pour les terminaux de vente.

➠ *Voir clavier*

clavier étendu

Clavier qui possède 102 touches (alors que les premiers claviers n'en comprenaient que 83). Les claviers étendus se décomposent en plusieurs parties : un bloc de touches alphanumériques central englobant aussi des touches de contrôle (Ctrl, Alt, Entrée, etc.) ; un bloc de chiffres appelé *pavé numérique*, situé sur la droite, qui peut être activé à l'aide de la touche Verr num ; une rangée de touches située au-dessus du bloc alphanumérique central qui contient 12 touches de fonction (F1 à F12) servant à activer des fonctions spécifiques au système d'exploitation ou à une application (la combinaison de touches Alt + F4, par exemple, permet de fermer Windows) ; enfin deux petits blocs situés entre le bloc alphanumérique central et le pavé numérique incluant des touches de déplacement et d'édition. Les claviers étendus comprennent en outre trois petites LED situées au-dessus du pavé numérique, qui permettent de savoir si les touches Verr num, Maj et Arrêt défil sont activées ou non. Les nouveaux claviers étendus conçus spécifiquement pour Windows 95 et Windows NT contiennent même trois touches supplémentaires, ce qui porte à 105 le nombre total de touches.

➠ *Voir clavier, système d'exploitation, touche de fonction*

clavier Windows 95

Type de clavier étendu, enrichi de trois touches, se rapportant directement à Windows 95. Deux touches "Windows" permettent d'ouvrir le menu Démarrer, et d'éxécuter quelques commandes systèmes (réduction de toutes les fenêtres, etc.). Elles sont situées respectivement entre les touches Ctrl et Alt de gauche et Alt Gr et Ctrl de droite. La troisième touche permet d'activer les menus contextuels. Elle est elle aussi située entre les touches Alt Gr et Ctrl. Pour permettre de faire tenir ces trois touches, la barre d'espacement a été réduite considérablement, ce qui peut gêner les utilisateurs qui utilisent leurs dix doigts pour taper. Le clavier Windows n'a pas que des adeptes. Toutefois, pour l'acheteur qui s'interroge sur l'utilité de ces trois touches, il peut être intéressant d'effectuer un test avant d'opter pour un modèle de clavier étendu classique ou un modèle optimisé pour

Windows 95. Les trois touches supplémentaires ne sont pas indispensables pour utiliser Windows 95.

Les claviers étendus actuels comprennent en fait des touches spécifiques à Windows 95 et Windows NT en plus des 102 touches classiques.

clé d'enregistrements

Clé utilisée comme critère de recherche lors d'une requête dans une base de données pour localiser plus facilement les données recherchées.

➠ *Voir base de données, clé primaire, recherche*

clé primaire

Système d'identification qui, au sein d'une base de données relationnelle, permet de distinguer chaque enregistrement sans aucune ambiguïté. La clé primaire peut être constituée d'un champ ou d'une combinaison de champs. Très souvent, c'est le champ de numérotation automatique créé par le programme qui fait office de clé primaire.

clé secondaire

Clé qui, dans une base de données, permet de définir des critères de recherche secondaires par rapport à ceux de la clé primaire. Dans une base de données d'adresses, par exemple, si l'utilisateur a besoin de trier les adresses par noms de rues, puis par numéros, le nom de rue sera la clé primaire et le numéro, la clé secondaire.

➠ *Voir base de données, clé primaire*

Cleveland Freenet

Réseau accessible gratuitement aux Etats-Unis. Il n'existe pas encore de réseau de ce type en France.

➠ *Voir réseau*

clic droit

Pression sur le bouton droit de la souris.

➠ *Voir cliquer*

client

Logiciel ou élément matériel qui permet d'accéder aux services diffusés par un serveur. Il peut s'agir d'un ordinateur à part entière qui n'utilise que les services d'autres ordinateurs sans leur permettre d'accéder à ses propres services. Dans le cas d'un programme, il s'agit en pratique d'un logiciel qui permet de doter un ordinateur de fonctionnalités de réseau. Les programmes de courrier électronique, les logiciels FTP et les lecteurs de nouvelles sont des exemples de logiciels clients.

➠ *Voir client-serveur, courrier électronique, FTP, logiciel, matériel, nouvelles, serveur*

client de bases de données

Programme (logiciel client) qui permet d'accéder à des bases de données depuis une station de travail configurée en réseau. Ce type de programme est parfois également appelé *front-end*.

➠ *Voir client, client-serveur, réseau, serveur, station de travail*

client-serveur

Architecture reposant d'une part sur des ordinateurs serveurs, qui proposent un éventail de services, et d'autre part sur d'autres ordinateurs, appelés "clients", qui utilisent ces services. Cette architecture ne fonctionne qu'en réseau. Les données du réseau sont centralisées au niveau des serveurs, où elles sont plus faciles à gérer et à surveiller. Cette architecture est particulièrement flexible : elle permet d'agrandir ou de réduire très facilement un réseau à l'aide de lignes louées, que ce soit à l'échelle nationale ou internationale. Les différents ordinateurs étant considérés comme des unités autonomes, s'il l'un d'eux, voire toute une partie du réseau, tombe en panne, cette panne peut être compensée par les autres ordinateurs. A l'heure actuelle, les serveurs doivent prendre en charge des fonctions de plus en plus nombreuses. Ainsi, les ordinateurs clients de certains réseaux client-serveur ne possèdent souvent même pas de disque dur car ils chargent les données ainsi que le système d'exploitation depuis le serveur. De l'extérieur, toutefois, ces ordinateurs ne sont pas différenciables des ordinateurs classiques, et ils offrent les mêmes fonctionnalités. Les clients ont d'une manière générale comme rôle principal de constituer une interface optimale pour les utilisateurs. Sur les réseaux de petite taille, en revanche, il n'est pas rare qu'un même ordinateur joue le rôle à la fois de client et de serveur. Aussi peut-il arriver que l'accès à l'imprimante se fasse par l'intermédiaire d'un client, auquel cas ce client est également un serveur d'impression tout en étant un client de fichiers. L'architecture client-serveur ne s'applique pas qu'aux réseaux. Elle sert en effet de base au développement d'un grand nombre de projets de logiciels de grande ampleur, car ceux-ci sont ainsi plus faciles à gérer. Plusieurs composants de programmes (serveurs) mettent ainsi toute une série de services à la disposition d'autres programmes (clients) pour qu'ils les utilisent.

➡ *Voir client, NC, réseau, serveur, serveur d'impression, terminal*

ClipArt

Petite image utilisée dans les documents et les présentations. Les images ClipArt représentent souvent des objets très utiles tels qu'une voiture, un téléphone, etc. Elles sont souvent regroupées dans de grandes bibliothèques qui permettent de localiser rapidement l'image désirée.

➡ *Voir logiciel de présentation*

Clipper

A l'origine, interpréteur conçu pour le système de gestion de bases de données dBase. Au fil du temps, Clipper s'est développé et est lui-même devenu un système de gestion de bases de données à part entière.

➡ *Voir dBase, interpréteur, système de gestion de bases de données*

cliquer

Positionner le pointeur de la souris sur un symbole ou sur tout autre élément d'une interface utilisateur graphique affichée à l'écran et appuyer sur le bouton gauche (dans le cas d'une souris à deux ou à trois boutons) de la souris pour activer ce symbole ou cet élément. Le fait de cliquer deux fois consécutives (double-clic), sur le bouton gauche, sur un symbole appartenant au Bureau d'un système d'exploitation tel que Windows 95 permet de lancer le programme correspondant au symbole. En revanche, un clic droit permet de faire apparaître un menu contextuel se rapportant à l'élément.

➡ *Voir bouton de souris, menu contextuel, souris*

CLK

Abréviation de *clock* ("horloge"). Fréquence d'horloge du bus ou du CPU. Pour les processeurs de type 80486 (et les modèles inférieurs), il faut souvent régler la fréquence d'horloge du bus ISA dans le programme de Setup du CMOS du BIOS. La valeur à utiliser est la fréquence à laquelle le CPU doit fonctionner en externe – 33 MHz pour un CPU cadencé à 33, 66, 100 ou 133 MHz, par exemple – divisée par le dénominateur approprié pour obtenir les 8 MHz nécessaires au fonctionnement du bus ISA – 4 dans ce cas précis (il faut donc, dans ce cas, entrer CLCK/4 dans le Setup du CMOS du BIOS).

➡ *Voir cadençage, carte mère, CPU, Pentium*

clonage de CPU

Fabrication par un fabricant d'un CPU parfaitement compatible, en termes de brochage et de jeu d'instructions, avec celui d'un autre fabricant. Le clonage de CPU permet aux fabricants de semi-conducteurs de tirer eux aussi parti du succès commercial rencontré par un fabricant pour un CPU donné. Les premiers clones de CPU ont été conçus par AMD et Cyrix pour faire concurrence aux 80386 et 80486 d'Intel.

➡ *Voir AMD, Cyrix, K6, NexGen*

clone

Terme issu de la génétique, qui désigne une copie à l'identique d'une cellule ou d'un organisme. En informatique, copie d'un appareil de marque effectuée par des fabricants concurrents qui, n'ayant pas à supporter de coûts de recherche-développement, vendent ensuite leurs produits à un prix sensiblement inférieur à celui de l'original. L'IBM PC et l'IBM AT ont donné naissance à des clones dans le monde entier. Depuis peu, des clones du Macintosh d'Apple sont également apparus sur le marché (tel le Umax de Motorola).

➡ *Voir Apple, compatible IBM, IBM, PC*

CLS

Abréviation de *Clear Screen* ("effacer écran"). Commande commune à un grand nombre de langages de programmation et utilisable à l'invite d'un grand nombre de systèmes d'exploitation ; elle permet d'effacer l'écran. Une fois cette commande activée, le curseur réapparaît au début de la première ligne de l'écran (à l'invite), comme à l'accoutumée.

➡ *Voir curseur, invite, langage de programmation, système d'exploitation*

cluster

Unité logique minimale et indivisible des supports de stockage qui fonctionnent sous MS-DOS. Un cluster est un groupe de secteurs. Le système de FAT ayant été conçu pour les premiers PC, il n'est plus suffisant pour les supports de stockage de grande capacité utilisés actuellement. Le formatage en clusters ne permet d'obtenir d'une partition de 32 Mo qu'une taille maximale de 2 048 Mo (2 Go, soit 64 fois plus). Un cluster de 32 Ko ne peut en effet contenir que soixante-quatre secteurs. Le problème posé par cette organisation en clusters est que la taille de chaque fichier doit obligatoirement être un multiple de cette taille de cluster. Sur une partition de 2 048 Mo (2 Go), un fichier dont la taille est simplement de 200 octets occupe donc 32 768 octets. La différence entre ces deux valeurs est gaspillée. De la même manière, un fichier d'une taille de 33 Ko a besoin d'une place de 64 Ko, ce qui occasionne là encore une perte de place considérable. Si le disque dur contient un grand nombre de petits fichiers, c'est donc une place énorme qui est ainsi gaspillée. Pour limiter ce gaspillage, il est primordial que la taille des clusters soit aussi réduite que possible. C'est toutefois également de la taille des clusters que dépend la taille de la partition. Or, celle-ci doit être aussi élevée que possible. Pour établir un compromis satisfaisant, il est possible d'opter pour une taille de partition maximale de 1 Go (soit un maximum de 1 024 Mo). Le problème ne se pose toutefois que pour les systèmes d'exploitation qui reposent sur un système de fichiers de type FAT, et non pour les systèmes de fichiers modernes tels que les systèmes HPFS (OS/2) et NTFS (Windows NT).

→ *Voir FAT, FAT32, HPFS, MS-DOS, NTFS, partition, PC, secteur, système d'exploitation, système de fichiers, support de stockage*

CLV

Sigle, abréviation de *Constant Linear Velocity* ("vélocité linéaire constante"). Procédé utilisé sur les lecteurs de CD-ROM pour leur garantir un taux de transfert constant indépendamment de leur vitesse de rotation. Les CD ne possédant qu'une piste concentrique (tout comme les disques vinyle), pour progresser à une vitesse homogène le long de cette piste, les lecteurs de CD-ROM doivent faire varier leur vitesse de rotation puisqu'un CD tourne plus vite à l'extérieur qu'à l'intérieur. Le procédé CLV permet au moteur d'entraînement du lecteur de CD-ROM d'adapter en permanence la vitesse de rotation du lecteur, et les accélérations et ralentissements incessants entraînent une baisse de performances substantielle. En 1996, Pioneer a lancé sur le marché un lecteur de CD-ROM qui utilise à la fois les procédés CAV et CLV.

→ *Voir CAV, CD, CD-ROM, taux de transfert de données*

CMail

Abréviation de *CompuServe Mail*. Service de courrier électronique du service en ligne CompuServe.

→ *Voir CompuServe, courrier électronique, service en ligne*

CMJ

Sigle, abréviation de"cyan, magenta, jaune". Système de couleurs reposant sur les trois couleurs fondamentales qui permet d'obtenir toutes les combinaisons de couleurs possibles. Les programmes qui se conforment à ce système recourent à des filtres de couleur qui ne laissent à chaque fois passer que deux tiers du spectre de couleur visible.

→ *Voir modèle de couleurs, RVB*

CMOS

Sigle, abréviation de *Complementary Metal Oxide Semiconductor* ("semi-conducteur à oxyde de métal complémentaire"). Technologie qui permet de créer des circuits intégrés très fiables comprenant un grand nombre de semi-conducteurs et nécessitant très peu d'énergie.

→ *Voir IC, MOS*

CMOS-Setup

➠ *Voir Setup*

CNG

Abréviation de *calling tone* ("tonalité d'appel"). Sifflement d'une longueur de 0,5 s et d'une fréquence de 1 100 Hz suivi d'un silence de 3 s. Ce type de signal est utilisé par les fax pour s'identifier. C'est lui qui permet à l'installation téléphonique de la personne appelée de savoir que c'est un fax qui appelle. Les aiguilleurs de fax utilisent ce signal pour aiguiller les appels sur l'appareil approprié. Sur les lignes RNIS, ce signal de reconnaissance est intégré à l'indicateur de service (SI). Si le destinataire de l'appel ne possède pas de fax, ou que son fax soit éteint, son téléphone ne sonne pas. L'abonné qui appelle reçoit un message d'erreur qui lui indique qu'il n'a pu joindre aucun fax. Les postes téléphoniques connectés à un standard analogique reçoivent le signal CNG du standard, ce qui leur permet ensuite de traiter correctement l'appel.

➠ *Voir aiguilleur de fax, analogique, fax, indicateur de service, RNIS*

co-abonnement

Formule qui, chez certaines compagnies de téléphone américaines, permet à une personne de partager son abonnement avec une autre. La formule du co-abonnement fait évidemment augmenter le montant de la facture pour l'abonné principal.

Coalition Against Unsollicited Commercial Email

"Coalition contre les messages électroniques publicitaires non sollicités".

➠ *Voir CAUCE*

COAST

Sigle, abréviation de *Cache on A Stick* ("mémoire cache sur une barrette"). Mémoire cache conditionnée sous la forme d'une barrette (et non de puce individuelle) qui peut être enfichée sur la plupart des cartes mères pour les doter de mémoire cache de niveau 2 ou pour mettre à niveau la mémoire cache existante. Il existe des modules COAST synchrones et pipelined-burst (rafales à pipeline). Les modules pipelined-burst sont considérablement plus rapides, et donc plus intéressants, que les modules synchrones.

➠ *Voir carte mère, mémoire cache, mémoire cache asynchrone, mémoire cache de niveau 2, pipelined-burst*

coaxial

Câble électrique constitué d'un conducteur intérieur (âme) entouré d'une enveloppe isolante en plastique rigide recouverte d'un second conducteur tressé (qui constitue donc une sorte de tuyau), lui-même recouvert d'une enveloppe isolante en plastique (souple ou rigide selon le cas). Le câble coaxial est très peu sensible aux parasites et ne génère lui-même qu'un rayonnement électromagnétique très faible. Il est généralement utilisé pour les transferts de données en réseau et dans le domaine des télécommunications. Pour relier un téléviseur à la prise d'antenne, ce type de câble est souvent utilisé.

➠ *Voir paire torsadée, réseau, transfert comptable*

Cobol

Sigle, abréviation de *Common Business Oriented Language* ("langage commun orienté affaires"). Langage de programmation aujourd'hui obsolète utilisé au cours des années soixante pour programmer des logiciels de gestion.

➠ *Voir langage de programmation, logiciel, logiciel de gestion*

Coche

Marque en forme de crochet qui précède une option dans une boîte de dialogue ou un menu déroulant de l'interface utilisateur graphique, utilisée pour indiquer que cette option est sélectionnée.

➠ *Voir boîte de dialogue, interface utilisateur graphique*

codage

Synonyme de "cryptage" et de "cryptographie". Opération qui permet de préserver des données confidentielles des regards indiscrets. On distingue d'une manière générale deux types de codage :
- Le codage par permutation, qui modifie l'ordre des caractères du fichier.
- Le codage par substitution, qui utilise un algorithme spécial pour remplacer les caractères réels par d'autres caractères. L'algorithme utilisé est appelé une "clé".

➠ *Voir algorithme, cryptographie*

code

1. Ensemble de règles qui déterminent comment les caractères doivent être interprétés par l'ordinateur. Les caractères classiques, les caractères spéciaux et les chiffres doivent être codés pour être utilisés sur un ordinateur. L'un des codes les plus connus est le code ASCII, qui compte deux cent cinquante-six signes différents codés de 0 à 255. Pour l'ordinateur, chaque touche sur laquelle l'utilisateur appuie n'est donc qu'un nombre.
2. Ensemble des règles syntaxiques d'un langage. Le code détermine dans quel ordre les différents éléments (instructions, variables, mots clés, etc.) doivent être placés. Le compilateur ou l'interpréteur du langage ne peut comprendre que le code du langage auquel il se rapporte.

3. Ensemble des éléments (instructions, variables, mots clés, etc.) qui composent un programme. On parle également de *code source*.

➡ *Voir ASCII, caractère spécial, code source, commande, langage de programmation*

code à barres

Ensemble de barres verticales d'épaisseurs différentes servant à coder des valeurs numériques pour identifier un article. Ce système de codage permet de coder quasiment n'importe quel type d'article. Les lignes verticales qui le composent représentent le numéro de l'article, le pays de provenance, le nom du fabricant ainsi qu'une somme de contrôle ou le numéro d'ISBN (dans le cas d'un livre). Elles sont très faciles à lire pour un scanner, ce qui explique que les codes à barres soient de plus en plus utilisés.

➡ *Voir scanner, scanner à codes à barres*

Le code à barres d'un livre : les barres verticales contiennent le numéro d'ISBN du livre ainsi que son prix. Codées sous cette forme, ces informations peuvent être déchiffrées automatiquement par un scanner.

code ANSI

Code standard normalisé par l'ANSI qui permet de créer du texte, des images, des animations et du son (diffusé à l'aide du haut-parleur de l'ordinateur) à partir de séries de séquences de contrôle ANSI. Le code ANSI est utilisé principalement sur les BBS pour créer une interface utilisateur conviviale. Le code ASCII (également défini par l'ANSI) est souvent également appelé "code ANSI".
Pour créer un caractère spécial dans un document, il faut appuyer sur la touche (Alt Gr) puis activer le code ANSI correspondant.

➡ *Voir ANSI, ASCII, BBS*

code d'erreur

Code visuel, et non sonore (par opposition aux différents types de bips que l'ordinateur peut émettre au démarrage), qui s'affiche à l'écran lorsque l'ordinateur détecte une erreur au cours du test POST. Selon le cas, ce code peut se limiter à un nombre ou être accompagné d'un petit libellé explicatif.

➡ *Voir bip, POST*

code d'opération

➡ *Voir langage machine*

code de balayage

Synonyme de code de touche. Code numérique affecté à une touche de clavier pour permettre au contrôleur de clavier de la carte mère de détecter sa position sur le clavier. C'est le code de balayage qui, lorsqu'une touche est enfoncée, permet de l'identifier. Il permet même au contrôleur de clavier de faire la distinction entre la touche Entrée de la zone alphanumérique du clavier et celle du pavé numérique. La façon dont le code de balayage est ensuite interprété est fonction du BIOS et du système d'exploitation utilisés.

➡ *Voir BIOS, clavier*

code de Hollerith

Code utilisé pour les cartes perforées de la trieuse-compteuse du même nom.

➡ *Voir code de Hollerith, trieuse-compteuse de Hollerith*

code de programme

Synonyme de "code source".

➡ *Voir code source*

code de touche

Synonyme de code de balayage.

➡ *Voir code de balayage*

code machine

➡ *Voir langage machine*

code mnémonique

➡ *Voir adresse mnémonique*

code objet

➡ *Voir langage machine*

code P

Code intermédiaire créé pour les processeurs virtuels. Une fois ce code créé, il n'a plus à être compilé par un compilateur pour être transformé en code de processeurs physiques. Il suffit en effet d'un interpréteur pour adapter le code intermédiaire en fonction de différentes plates-formes. Le code P est un code intermédiaire pour les langages du logiciel P-System.

➡ *Voir P-System*

code source

Code écrit dans un langage assembleur ou de haut niveau et qui, une fois assemblé, compilé ou interprété, permet d'obtenir un programme opérationnel. Selon le langage de programmation utilisé, il peut devoir être converti à l'aide d'un compilateur ou d'un assembleur (on parle alors de compilation ou d'assemblage), ou encore être lu et exécuté ligne par ligne à l'aide d'un *interpréteur*.

➡ *Voir compilateur, interpréteur, langage de programmation*

codec

Abréviation de "codeur-décodeur". Dispositif qui sert à convertir des signaux dans leur format analogique original à un format numérique compatible avec les systèmes de transmission modernes.

coller

➡ *Voir couper-coller*

collision

Entrée en contact accidentelle de plusieurs paquets de données survenant lorsque plusieurs nœuds d'un même réseau ne sont pas coordonnés et libèrent leur paquet de données au même moment. Il existe plusieurs moyens d'éviter les collisions. Ainsi, certaines topologies de réseau n'autorisent-elles les nœuds à libérer leurs paquets de données que dans un ordre donné par rapport aux autres nœuds. Par ailleurs, la plupart des protocoles permettent aux nœuds qui s'apprêtent à émettre d'écouter la ligne, et s'ils détectent une collision, de ne recommencer à libérer des paquets de données qu'au bout d'un certain temps.

➡ *Voir jeton, nœud de réseau, paquet de données, réseau, topologie de réseau*

COM

➡ *Voir port COM*

combinaison de touches

Utilisation simultannée de touches qui permet d'activer une commande donnée. La plupart des touches du clavier étant déjà affectées à des caractères ou des fonctions, il est nécessaire de recourir à des combinaisons de touches pour activer de nouvelles fonctions. La combinaison de touches [Ctrl] + [Alt] + [Maj], par exemple, permet de réinitialiser l'ordinateur ou d'invoquer le Gestionnaire des tâches sous Windows.

combinaison numérique

Périphérique d'entrée utilisé dans le domaine de la réalité virtuelle, de la télérobotique et des animations en temps réel. La combinaison sert à commander un personnage informatique artificiel (appelé "avatar", dans ce contexte) représentant le porteur de la combinaison et à entrer en interaction avec les éléments visibles du monde virtuel. Les mouvements de l'utilisateur sont transmis à l'ordinateur par des capteurs intégrés à la combinaison. Les modèles les plus chers intègrent même des stimulateurs qui convertissent les mouvements du porteur de la combinaison pour l'ordinateur, qui peut à son tour les convertir en mouvements au sein du monde virtuel. Les stimulateurs offrent au porteur de la combinaison des sensations tactiles, ce qui signifie qu'il peut "sentir" les objets du monde virtuel en les "touchant".

➡ *Voir capteur d'expressions faciales, capture de mouvement, gant numérique, numérique, réalité virtuelle, visiocasque*

combo

Abréviation de "combiné". Qualifie une carte d'extension qui combine plusieurs éléments. Ainsi, les cartes réseau qui intègrent un connecteur RJ45 et un connecteur BNC sont appelées "cartes combo".

➡ *Voir carte réseau*

Comdex

Abréviation de *COMputer Dealers Exposition* ("salon des revendeurs de matériel informatique"). Salon de l'informatique réservé aux revendeurs de matériel informatique qui a lieu deux fois par an (au printemps et à l'automne) dans l'état du Nevada, aux Etats-Unis, et qui est aujourd'hui le salon informatique le plus connu du monde. Le CeBIT peut être considéré comme son équivalent européen.

➡ *Voir CeBIT*

Comité consultatif international téléphonique et télégraphique

➡ *Voir CCITT*

COMMAND.COM

Interpréteur de commandes du système d'exploitation MS-DOS. Un interpréteur de commandes est un noyau qui repose sur du texte et à l'intérieur duquel l'utilisateur peut entrer des commandes à l'invite affichée à l'écran. Le fichier COMMAND.COM est chargé dans la mémoire vive au démarrage de l'ordinateur et y reste jusqu'au redémarrage suivant (il s'agit donc d'un fichier TSR). Depuis la mémoire vive, il surveille toutes les entrées effectuées à l'aide du clavier. S'il reconnaît une commande du système d'exploitation, il l'exécute. Les commandes DIR et COPY sont exécutées directement car elles font partie du noyau lui-même (ce sont des commandes *internes*). D'autres, telle la commande *xcopy*, sont des programmes externes. Lorsque le fichier COMMAND.COM ne trouve pas la commande en interne, il essaie de trouver un programme en externe et l'exécute s'il en trouve un. Plus le nombre des commandes intégrées à l'interpréteur de commandes est important, plus le fichier est volumineux. Les commandes intégrées étant en permanence en mémoire (on parle de commandes *résidentes*), elles limitent d'autant la quantité de mémoire effectivement disponible pour exécuter d'autres commandes. C'est pour cette raison que l'interpréteur COMMAND.COM n'intègre que les commandes absolument indispensables.

➠ *Voir démarrage, interpréteur de commandes, invite, mémoire vive, noyau, résident, TSR*

commande

Synonyme d'"instruction". Ordre donné au système d'exploitation ou à un programme pour qu'ils effectuent une opération donnée. Avec les interfaces utilisateur graphiques actuelles, il faut généralement cliquer sur des symboles (icônes) ou ouvrir des menus déroulants et sélectionner des options à l'aide de la souris pour activer des commandes.

➠ *Voir icône, instruction, interface utilisateur graphique, menu, souris*

commande de saut

"Instruction de saut".

➠ *Voir instruction de saut*

commandes AT

Commandes utilisées pour contrôler les modems. Les commandes AT ont été élaborées par la société Hayes, puis reprises par l'ensemble des fabricants de modems, qui en ont fait un standard. AT est l'abréviation d'"attention". Chaque commande AT est suivie d'un caractère de contrôle qui représente une fonction donnée. Ainsi, l'entrée AT d 8939 signifie-t-elle que le modem doit composer le numéro 8939. Pour pouvoir utiliser un modem qui repose en interne sur les commandes AT sur un réseau téléphonique RNIS (numérique), il est possible d'utiliser un adaptateur matériel RNIS externe qui émule les commandes appropriées, ou encore un émulateur logiciel tel que le pilote Fossil, qui est distribué sous forme de shareware.

Commodore

Fabricant du célèbre ordinateur familial C64 ainsi que du C128 et de l'Amiga.

➠ *Voir Amiga, Atari, C128, C64, CDTV, Escom (2001)*

Common Hardware Reference Platform

"Plate-forme de référence matérielle commune".

➠ *Voir CHRP*

communication

Echange d'informations entre plusieurs ordinateurs, périphériques ou logiciels, qu'il soit effectué par l'intermédiaire d'un modem, d'un réseau, d'un bus, d'un câble ou d'une interface logicielle. En informatique, les communications ne se limitent pas aux caractères alphanumériques. Elles englobent aussi les échanges et les transmissions d'images, de son et de séquences vidéo.

➠ *Voir bus, logiciel de communication, réseau, réseau de communication, transfert de données, transmission de données*

communication interprocessus

Echange de données ou d'informations entre plusieurs processus. Les communications interprocessus sont très importantes dans la mesure où c'est par leur intermédiaire que sont délivrées les autorisations d'accès aux ressources système. Elles permettent aussi de transmettre le résultat d'un processus à un autre.

➠ *Voir multitâche, processus*

Communications Decency Act

"Loi pour des télécommunications décentes". Projet de loi rédigé en 1996 aux Etats-Unis pour protéger le jeune public des comportements immoraux constatés sur l'Internet. Cette loi admettait le principe de la censure pour tous les cas où des sites diffuseraient un contenu "indécent". Cette censure étant toutefois très difficile à mettre en place et plus difficile encore à appliquer dans un environnement aussi flexible et déréglementé que celui de l'Internet, il est apparu qu'elle ne sanctionnerait que des utilisateurs qui n'étaient pas vraiment visés au départ, les véritables cibles trouvant toujours un moyen de contourner les interdits (quitte à pervertir le système à l'aide de moyens financiers importants). Aussi, la communauté de l'Internet (utilisateurs et éditeurs de tous les sites confondus) s'est-elle érigée contre ce projet de loi et a-t-elle lancé la "campagne du Ruban bleu".

➠ *Voir campagne du ruban bleu, Internet*

Communicator

Suite de programmes pour l'Internet fabriquée par la société Netscape et qui constitue le successeur du navigateur Navigator. Communicator est bien plus qu'un navigateur Web. Il intègre un lecteur de courrier électronique, un client pour groupes de nouvelles, un éditeur HTML (Page Composer), un module de conférence (Netscape Conference) et, sous sa version professionnelle, un gestionnaire de rendez-vous, un outil d'aide à l'administration et un émulateur de terminal pour gros système. Communicator utilise une technique de codage spéciale (codage à 128 bits) pour crypter les messages électroniques. Il en est actuellement à la version 4.01. Les versions suivantes intégreront vraisemblablement l'outil Netcaster qui utilise la technologie *push* ("propulsion").

➠ *Voir Netscape Communications*

commutateur

En anglais : *switch*. Sur un gros réseau, système qui permet de relier dynamiquement les différents segments du réseau. Selon la charge de travail à laquelle le réseau est soumis, ce système permet de faire emprunter différents itinéraires aux données afin de décharger au maximum chaque segment. Pour rendre cette opération aussi transparente que possible pour l'utilisateur, les commutateurs effectuent généralement les commutations à l'aide de ponts au niveau de la deuxième couche du modèle OSI. Les commutateurs constituent une version améliorée des hubs, qu'ils devraient remplacer à terme.

➠ *Voir commutation, OSI, réseau, routeur*

commutateur téléphonique

Dispositif qui a pour rôle de mettre en communication les différents abonnés du réseau téléphonique. Les premiers centraux téléphoniques utilisaient un système mécanique reposant sur des relais pour gérer les commutations. Les centraux modernes utilisent des circuits électroniques.

commutation

Technique qui permet de relier les différents segments d'un réseau informatique. Il existe trois types de commutations :
- La commutation de circuit, qui établit toutes les liaisons en une seule fois.
- La commutation de messages, selon laquelle les messages sont d'abord stockés temporairement, puis envoyés progressivement.
- La commutation de paquets, selon laquelle les données à envoyer sont divisées en paquets puis envoyées paquet par paquet.

commutation de bancs

Synonyme de "entrelacement de mémoire à commutation de bancs". En anglais : *bank switching memory interleave* ou, plus simplement, *banck switching*. Type de gestion de mémoire parmi les plus simples. Sur les premiers ordinateurs, les bancs de mémoire étaient déjà subdivisés en groupes de 64 Ko. Sur les ordinateurs actuels, qui sont équipés de plusieurs mégaoctets de mémoire, la mémoire vive (RAM) est subdivisée en partitions de 64 Ko gérées séparément les unes des autres. L'adresse physique des cellules de mémoire est organisée de telle sorte que la première partie adresse la partition et la seconde, la cellule contenue dans la partition.

➡ *Voir adresse physique, banc de mémoire, gestion de la mémoire, Ko, mémoire vive, Mo*

commutation de circuit

Procédé qui permet à deux nœuds d'un gros réseau d'échanger des données par l'intermédiaire d'un circuit électrique.

➡ *Voir nœud de réseau, réseau*

commutation de tâches

Mode de traitement de processus qui consiste à ne traiter qu'un processus à la fois, les autres processus étant mis en quasi-sommeil et attendant leur tour pour pouvoir être traités.

➡ *Voir processus*

Compaq

http://www.compaq.fr

Société américaine qui fabrique des ordinateurs depuis 1982. (Son nom est une contraction de *compatibility* ("compatibilité") et de *quality* ("qualité"). Elle a été la première, même avant IBM, à fabriquer un PC équipé d'un 386. Elle est depuis plusieurs années leader dans son secteur d'activité. Selon une étude réalisée par Dataquest, sa part de marché s'élevait en 1996 à 12,9 %, ce qui en faisait le numéro un mondial des fabricants d'ordinateurs.

➡ *Voir compatible IBM, IBM, Intel, PC*

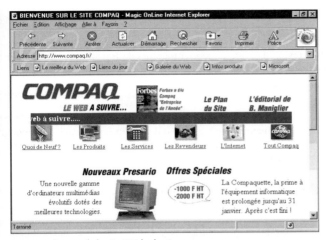

La page d'accueil du site Web de Compaq.

compatibilité

Possibilité pour un élément informatique d'être utilisé avec un autre. Le terme de compatibilité fait souvent référence à une spécification ou à une norme qui régit le fonctionnement d'un périphérique ou d'un logiciel. Ces normes peuvent avoir été élaborées par différentes organisations (l'ISO, l'ANSI, l'IEEE, le DIN et l'AFNOR, etc.). Par ailleurs, avec le temps, un certain nombre de caractéristiques techniques sont devenues des quasi-standards, bien qu'elles n'aient fait l'objet d'aucune normalisation. Ainsi dit-on par exemple d'une carte son qu'elle est compatible SoundBlaster lorsqu'elle se conforme aux standards de son de la célèbre carte SoundBlaster de Creative Labs. Pour être compatibles entre eux, deux éléments doivent impérativement se conformer à des spécifications correspondant à une même plate-forme (IBM PC, Apple Macintosh, etc.) ou fonctionner sous le même système d'exploitation.

➠ *Voir ANSI, compatible, DIN, IEEE, ISO, logiciel, matériel, périphérique, plate-forme, système d'exploitation*

compatibilité ascendante

Capacité pour un élément matériel ou un logiciel à être utilisé avec une version ultérieure de ce même élément matériel ou logiciel. On parle par exemple de compatibilité ascendante lorsqu'une ancienne version de logiciel permet toujours de travailler sur un fichier créé sous une version plus récente de ce logiciel.

➠ *Voir compatibilité, compatibilité descendante, compatible*

compatibilité descendante

Capacité pour un élément matériel ou un logiciel à être utilisé avec une version antérieure de ce même élément matériel ou logiciel. On parle par exemple de compatibilité descendante lorsqu'une nouvelle version de logiciel permet toujours de travailler sur un fichier créé sous la version précédente de ce logiciel.

➠ *Voir compatibilité, compatibilité ascendante, compatible*

compatible

Qualifie un élément informatique (matériel ou logiciel) qui peut être utilisé avec un autre. Pour être compatibles entre eux, deux éléments doivent impérativement se conformer à des spécifications correspondant à une même plate-forme (IBM PC, Apple Macintosh, etc.) ou fonctionner sous le même système d'exploitation.

➠ *Voir logiciel, matériel, plate-forme, système d'exploitation*

compatible IBM

Qualifie un ordinateur qui se conforme aux spécifications de l'IBM PC, ce qui est important dans la mesure où cela garantit qu'il est possible de le faire fonctionner avec les mêmes logiciels et les mêmes périphériques. A l'époque des premiers PC, il était important, pour l'acheteur qui souhaitait opter pour un clone, que celui-ci soit compatible IBM. Aujourd'hui, toutefois, ce critère n'est plus déterminant dans la mesure où la société IBM n'est plus qu'un fabricant d'ordinateurs parmi d'autres, et qu'elle n'est plus seule à définir les standards appliqués dans le domaine des PC.

➠ *Voir IBM PC*

compilateur

Programme dont la charge est de lire le code source d'un fichier source et de le convertir en programme exécutable. Le code source est généralement écrit dans un langage de haut niveau tel que le C ou le Pascal, et il peut être constitué de plusieurs programmes reliés les uns aux autres. Les fichiers ainsi reliés portent le nom de "modules". La compilation d'un code source s'effectue généralement en trois phases :

- L'analyse lexicale, qui consiste à parcourir le code source et à repérer les mots clés et les différentes formulations. C'est également au cours de cette phase que sont éliminés les commentaires et les caractères qui ne doivent pas être effectivement exploités par le programme.
- L'analyse syntaxique, qui consiste à tester la validité des différentes instructions et variables, à vérifier que les types de données sont utilisés correctement, et que les instructions sont cohérentes les unes par rapport aux autres.
- La génération du code, qui consiste à évaluer les structures de données créées au cours des deux phases précédentes et à créer sur la base de ces structures les instructions machine adéquates.

Ces trois phases sont généralement (suivant le compilateur utilisé) séparées par une phase d'optimisation. Les opérations effectuées au cours de cette phase peuvent varier suivant différents critères tels que la taille du programme créé et sa rapidité. Au terme de ces différentes phases, le code exécutable se présente sous forme de *modules objets* correspondant chacun à un fichier source. Ce n'est qu'à l'aide d'un éditeur de liens qu'il est ensuite possible de relier les différents modules pour en faire un fichier exécutable.

➡ *Voir C, commande, fichier, fichier source, langage de programmation, langage machine, module, module objet, Pascal, variable*

compilation

Conversion d'un code source écrit dans un langage de haut niveau en code machine à l'aide d'un compilateur. Le code compilé peut ensuite être exécuté sur une plate-forme informatique précise. Dans le cas du langage de programmation Java, le code source est converti en code en octets, qui peut ensuite être exécuté à l'aide d'une implémentation du processeur virtuel Java Virtual Machine.

➡ *Voir code machine, code source, compilateur, Java, Java Virtual Machine, plate-forme*

complément

Elément qui permet de représenter des nombres négatifs sur un ordinateur. C'est le bit du niveau le plus élevé qui sert à représenter le signe qui précède le nombre. Selon ce système, il reste donc un bit de moins pour le nombre lui-même. Lorsque les nombres sont signés, la plage des valeurs absolues possibles est deux fois moins élevée puisqu'elle inclut des valeurs à la fois positives et négatives. Ainsi, pour un entier de 16 bits non signé, la plage des valeurs possibles s'étend de 0 à 65 535. Pour un entier signé, en revanche, la plage des valeurs possibles s'étend de -32 768 à 32 767.

➡ *Voir bit, entier*

complément binaire

Nombre qui, pour un nombre binaire donné, permet d'atteindre la puissance de deux suivantes. Le complément binaire permet de représenter des nombres binaires complémentaires.

➡ *Voir complément*

complément décimal

Nombre qui, pour un nombre décimal donné, permet d'atteindre la puissance de dix suivante. A titre d'exemple, $205 = 2 \times 10^{2} + 5 \times 10^{0}$. La puissance de dix suivante est 1 000. Le complément décimal de 205 est donc de $1\ 000 - 205 = 795$. Le complément décimal permet de représenter des nombres décimaux complémentaires.

➡ *Voir complément, complément binaire*

C

composant informatique

Organe matériel d'un ordinateur. Le CPU, la carte mère, la mémoire vive, la carte son, le disque dur, le lecteur de disquettes et le lecteur de CD-ROM sont des exemples de composants informatiques.

➠ *Voir carte mère, CPU, logiciel, matériel*

composite

1. Qualifie un signal vidéo constitué de toute une série d'informations vidéo transmises au moniteur par l'intermédiaire d'un seul conducteur électrique pour créer les images. Arrivé au moniteur, ce signal est subdivisé en proportions de rouge, de vert et de bleu. Ce type de signal reposant sur une technique très bon marché, il est généralement utilisé pour les ordinateurs familiaux. Les couleurs représentées ne sont pas toujours parfaitement exactes, ce qui peut altérer légèrement la qualité de l'image.

2. Qualifie un réseau qui est en fait composé de différents sous-réseaux. Les opérations de commutation entre les différents sous-réseaux sont prises en charge par des routeurs ou des passerelles.

➠ *Voir passerelle, pont, réseau, routeur, WAN*

composition multimédia

➠ *Voir composition multimédia*

compresseur de disque dur

➠ *Voir programme de compression en ligne*

compression

Opération consistant à réduire la taille d'un fichier à l'aide d'algorithmes complexes. Pour effectuer cette réduction, il est possible de regrouper les suites de caractères récurrentes dans une table. Différents programmes sont capables d'effectuer cette opération. Les plus connus sont WinZip (.ZIP) et TurboZip, qui sont tous des sharewares et qui fonctionnent à l'aide du compresseur de fichiers PKZIP. Ces programmes permettent aussi de décompresser un fichier compressé. Nombre de formats de fichiers – notamment graphiques – intègrent des algorithmes de compression. C'est par exemple le cas des formats TIFF et JPEG. Au moment de stocker des images sous l'un de ces formats, il est possible de sélectionner le degré de compression. Comme la compression vidéo effectuée par certaines cartes d'extension, la compression graphique peut entraîner une perte de qualité. Enfin, il existe aussi des techniques de compression pour les transferts de données. Celles-ci peuvent d'ailleurs être intégrées au modem utilisé (norme MNP).

➠ *Voir algorithme, compression de données, enregistrement, JPEG, logiciel de compression, MNP, modem, PKZIP, TIFF*

compression d'image

Réduction de la taille de fichier d'une image. Certains formats graphiques tels que les formats TIFF, JPEG mais aussi MPEG et MJPEG (qui s'appliquent tous deux aux séquences vidéo) utilisent des algorithmes spécifiques pour réduire la taille du fichier. C'est cette compression des images et des séquences vidéo effectuée à l'aide de l'un de ces formats, de logiciels spécifiques ou de cartes d'extension spécifiques que l'on appelle compression d'image.

➠ *Voir algorithme, compression, JPEG, MJPEG, MPEG, TIFF*

compression d'images fractale

Technique de compression d'images qui utilise des procédés mathématiques pour rechercher des structures géométriques fractales, c'est-à-dire pour repérer des ressemblances au sein d'une image bitmap et utiliser celles-ci comme base de travail pour représenter l'image. Cette technique permet de réduire la place nécessaire pour mémoriser une image bitmap. Elle entraîne une perte d'informations et nécessite par ailleurs un temps considérable. La décompression, en revanche, s'effectue très rapidement. Comparée au standard graphique JPEG, la compression d'images fractale offre des résultats supérieurs à un taux de compression égal.

➠ *Voir bitmap, compression, JPEG, programme de compression*

compression de disque dur

Opération consistant à réorganiser le disque dur pour accroître sa capacité de stockage. Les programmes de compression de disque dur tels que Double Space, DriveSpace et Stacker compressent toutes les données avant de les stocker sur le disque dur. Par la suite, lorsque ces données sont lues depuis le disque dur, ils les décompressent. Les opérations de compression et de décompression nécessitent en général si peu de temps qu'elles n'induisent aucun retard. Suivant la technique qu'ils utilisent, les programmes de compression de disque dur permettent d'obtenir une capacité de stockage pouvant aller jusqu'au double de la capacité originale du disque dur. Toutefois, compte tenu de la forte baisse des prix des disques durs de grande capacité, il n'est plus guère justifié de prendre le risque de rencontrer des problèmes pouvant entraîner des pertes de données en compressant le disque dur de l'ordinateur.

➠ *Voir compression de données*

compression de données

Réduction de l'espace initialement nécessaire au stockage ou à la transmission des données. Le principe utilisé pour gagner de la place consiste généralement à synthétiser les informations répétitives dans une table. On distingue d'une part les techniques de compression avec perte et d'autre part les techniques de compression sans perte. Les techniques de compression avec perte ne peuvent en aucun cas être utilisées pour compresser un programme. Pour compresser des images, en revanche, il est généralement possible d'éliminer une petite partie des informations sans pour autant que l'aspect de l'image en pâtisse. C'est ce que font les algorithmes de compression des formats graphiques tels que le JPEG et le MPEG pour enregistrer les séquences vidéo, puisqu'ils se fondent sur l'image de départ de la séquence et n'enregistrent ensuite que les différences apparaissant entre les différentes images suivantes. Lorsque la différence entre l'image précédente et l'image suivante est trop importante, ils stockent une nouvelle image de départ.

➡ *Voir compression, image, MJPEG, MPEG*

compression Huffman

Procédé de compression de données utilisé pour les transmissions de données effectuées à l'aide du protocole MNP 5.

➡ *Voir compression*

comptable

➡ *Voir logiciel comptable*

compte

Synonyme de "compte utilisateur". Droit d'accès à un ordinateur, à un réseau ou à un service en ligne conféré à un utilisateur. Ce droit d'accès est généralement associé à un nom d'utilisateur et à un mot de passe.

➡ *Voir mot de passe, réseau, service en ligne*

compte utilisateur

Compte ouvert pour un utilisateur donné par l'administrateur système d'un réseau ou d'un service en ligne, qui lui attribue à cette occasion un nom d'utilisateur et un mot de passe et définit ses droits d'accès. Les droits d'accès correspondent aux opérations de lecture et d'écriture que l'utilisateur est habilité à effectuer sur le disque dur du serveur, aux données auxquelles il est autorisé à accéder (niveau de sécurisation) et, d'une manière générale, aux règles de priorité qui lui sont appliquées en matière d'échange de données.

➡ *Voir administrateur système, mot de passe, nom d'utilisateur, réseau, service en ligne*

compteur de programme

En anglais : *program counter*. Synonyme de "compteur d'instructions". Registre spécial du CPU qui contient l'adresse de l'instruction suivante à exécuter.

➡ *Voir CPU*

compteur Web

Fonction qui, sur une page Web, indique combien de fois la page a été visitée. Chaque fois qu'un utilisateur sélectionne cette page, son compteur s'incrémente d'une unité. Certains fournisseurs d'accès offrent à l'utilisateur la possibilité de doter sa propre page d'un compteur Web. Il est toutefois à souligner que les compteurs Web ne reflètent pas toujours le nombre réel d'accès que la page a enregistrés. Ainsi nombre de compteurs sont-ils paramétrés dès le départ sur une valeur relativement élevée pour donner au public l'impression que la page Web est très visitée.

CompuServe
http://www.CompuServe.fr

Service en ligne parmi les plus importants dans le monde, qui offre des services dans tous les domaines, des forums de discussion aux services proposés par différentes sociétés en passant par l'accès à l'Internet. L'abonnement à CompuServe est de 9,95 dollars par mois avec cinq heures de connexion incluses et de 2,95 dollars par heure de connexion supplémentaire. CompuServe est donc un service en ligne relativement bon marché. Il met de surcroît à la disposition de l'utilisateur un espace de 1 Mo sur son serveur. Le logiciel nécessaire pour accéder à CompuServe est conçu par CompuServe et s'appelle CIM. Il est fourni gratuitement avec différents magazines d'informatique et une période d'abonnement d'essai d'un mois (à concurrence de dix heures de connexion) gratuit.

➠ *Voir AOL, forum, Internet, page d'accueil, service en ligne*

Computer Aided Design

"Conception assistée par ordinateur".

➠ *Voir CAO*

computer-lingo

Jargon utilisé par les passionnés d'informatique, les pirates et les habitués des forums de discussion de l'Internet.

➠ *Voir conversation, jargon des sites de conversation et des pirates, pirate*

ComTech

Distributeur de matériel informatique très important qui a racheté en 1996 le groupe Escom, lequel venait de faire faillite.

➠ *Voir Escom, Vobis*

conception assistée par ordinateur

➠ *Voir CAO*

condensateur

Composant électronique capable de stocker des charges électriques. Dans un ordinateur, il existe des condensateurs de différentes formes qui remplissent différentes fonctions. Dans l'alimentation du boîtier, par exemple, ils servent à générer les tensions qui servent à alimenter les composants de l'ordinateur. La caractéristique la plus importante d'un condensateur est sa capacité. Elle indique la charge que le condensateur est capable de stocker et est exprimée en farads.

➠ *Voir alimentation*

condition

Expression logique utilisée comme prérequis dans un programme. Les conditions sont généralement introduites par l'instruction IF... THEN ("si... alors"), sous la forme : IF a>b THEN sauter à la boucle suivante.

➠ *Voir boucle, programme*

condition de saut

Condition qui détermine si un saut doit être effectué ou non au sein d'un programme.

➠ *Voir saut*

conférence à trois

➠ *Voir fonctions RNIS*

confidentialité des données

Principe moral et juridique selon lequel les données informatiques à caractère personnel se rapportant à un citoyen ne doivent pas être accessibles à des tiers. C'est l'organisation stockant les informations qui a la charge de veiller au respect de cette confidentialité. En France, ce principe est prévu par la loi "Informatique et libertés", qui vise à protéger les droits du citoyen et à réglementer les devoirs des services en informatique.

CONFIG.SYS

Fichier de configuration contenant des paramétrages et des commandes stockés sous forme de lignes de texte, qui sont chargés et évalués au moment où le système d'exploitation MS-DOS (ainsi que Windows 3.1, 3.11 ou 95) s'initialise. CONFIG.SYS et AUTOEXEC.BAT sont donc les deux fichiers qui permettent de configurer l'ordinateur sous MS-DOS. Ils doivent être stockés dans le répertoire racine du lecteur C: pour pouvoir être exécutés à chaque démarrage de l'ordinateur. Le fichier CONFIG.SYS permet d'effectuer des paramétrages plus approfondis que le fichier AUTOEXEC.BAT. Il permet, par exemple, d'initialiser l'interpréteur de commandes et de charger des pilotes possédant une extension .SYS. Ces pilotes permettent d'adapter l'environnement MS-DOS à l'ordinateur. Depuis la version 6.0 de MS-DOS, le fichier CONFIG.SYS permet de stocker toute une série de paramètres de configuration. Ces paramètres sont signalés au démarrage de l'ordinateur et permettent de déterminer comment l'ordinateur doit être configuré. Pour obtenir des informations supplémentaires sur une commande ou un paramètre donnés sous MS-DOS, il suffit d'utiliser la structure *commande*/h (pour *help*, ou "aide").

➠ *Voir AUTOEXEC.BAT, C:, démarrage, interpréteur de commandes, MS-DOS, pilote, système d'exploitation*

configuration

1. Synonyme de "système informatique". Ensemble des éléments matériels d'un ordinateur.
2. Ensemble des paramétrages effectués par l'utilisateur sur un périphérique ou sous un logiciel. Ainsi, est-il possible de configurer le BIOS de la carte mère, l'interruption d'une carte d'extension ou encore les paramètres d'environnement d'une application.

➠ *Voir application, BIOS, interruption, logiciel, matériel*

conflit d'accès

Incident qui survient lorsque plusieurs processus ou ordinateurs cherchent à accéder aux mêmes données ou à la même plage de mémoire simultanément. C'est au système d'exploitation qu'il incombe d'éviter les conflits d'accès.

➠ *Voir processus, système d'exploitation*

conflit d'interruption

Incident qui survient lorsque deux périphériques ou davantage essaient d'utiliser la même interruption. Dans le meilleur des cas, les conflits d'interruption empêchent les périphériques incriminés de fonctionner correctement. Dans le pire des cas, ils empêchent l'ordinateur de démarrer.

➠ *Voir interruption*

conjonction

Opérateur booléen servant à relier deux conditions. Cet opérateur est mieux connu sous le nom "AND".

➠ *Voir AND, opérateur booléen*

Connect

"Connecter". Signal renvoyé par le modem lorsqu'il est parvenu à établir la porteuse lors d'une connexion avec une autre ordinateur.

➠ *Voir modem, porteuse*

connecteur

Système mécanique qui permet d'établir une connexion électrique entre deux appareils ou deux systèmes électriques ou électroniques. Pour relier des périphériques à un ordinateur, il faut disposer d'un câble muni de connecteurs appropriés. En matière de connecteurs, on distingue d'une part les fiches (connecteurs mâles) et d'autre part les prises (connecteurs femelles).

connecteur à pistes

Connecteur conçu pour être enfiché sur les pistes (et non sur les broches) situées le long de l'une des arêtes d'une carte de circuit imprimé. Le connecteur qui vient se brancher sur un lecteur de disquettes de 5 pouces 1/4 est un exemple de connecteur à pistes.

➠ *Voir lecteur de disquettes*

connecteur d'extension

Synonyme de connecteur de bus et de slot. Connecteur situé sur la carte mère qui permet d'insérer une carte d'extension.

connecteur de bus

Synonyme de "slot".

➠ *Voir slot*

connexion

➠ *Voir ouverture de session, couche de connexion, temps de connexion*

connexion à distance

Opération consistant à appeler un ordinateur relié au réseau téléphonique en composant son numéro de téléphone pour établir une liaison temporaire avec l'ordinateur local et permettre aux deux ordinateurs d'échanger des données. Ce type de liaison s'oppose aux lignes dédiées, qui relient en permanence deux ordinateurs.

➡ *Voir ligne dédiée*

console

A l'origine, ensemble constitué de la centrale de traitement, du clavier et du moniteur d'un gros système. Aujourd'hui, terminal de jeu qui se branche sur un téléviseur et permet de connecter des manettes de jeu. Les consoles actuelles sont équipées d'un lecteur CD. Il suffit d'insérer un CD pour que le jeu commence. Les consoles de jeu les plus connues sont la Playstation, de Sony, et la 64, de Nintendo.

➡ *Voir gros système, joystick, Nintendo, Sony*

conspiration du connecteur

Au tout début de l'informatique, il n'existait pas de standards en matière de connecteurs. Aussi fut-il reproché aux fabricants d'avoir créé une "conspiration du connecteur" afin d'éviter à tout prix d'élaborer des standards communs.

➡ *Voir connecteur, ordinateur*

constante

Valeur (nombre, par exemple) qui ne peut pas être modifiée. En informatique, une constante est une variable paramétrée sur une valeur donnée et qui ne peut plus être modifiée ensuite.

➡ *Voir informatique, variable*

conteneur

➡ *Voir fichier conteneur*

contextuel, le

➡ *Voir aide contextuelle, menu contextuel*

contour

Pourtour d'une zone graphique. Les polices évidées, par exemple, ne font apparaître que le contour des caractères. De la même manière, la plupart des programmes graphiques vectoriels intègrent un mode Contour qui permet de ne faire apparaître que le contour des éléments graphiques.

➡ *Voir image vectorielle, police*

contraste

Différence de brillance entre les parties noires et les parties blanches d'un moniteur ou d'un périphérique d'impression. Dans le cas du moniteur, le contraste est en principe réglable à l'aide d'une molette ou d'un bouton digital. Le contraste d'impression, en revanche, est fonction de la densité des points d'impression et donc de la couche d'encre dont le papier est recouvert.

➡ *Voir imprimante, moniteur*

control bit

"Bit de contrôle".

➡ *Voir bit de contrôle*

contrôle alpha

Quatrième élément d'information, en plus des valeurs RVB, utilisé pour stocker la valeur de transparence d'un objet (selon le système RVBA). Cet élément supplémentaire permet de représenter des objets transparents tels que du verre, un liquide ou encore de la fumée. Pour créer cet effet, le processeur graphique calcule des valeurs moyennes à partir des éléments d'image déjà représentés à l'écran et de la couleur de la texture transparente. Le contrôle alpha est un procédé très gourmand en ressources système car le processeur graphique doit pouvoir accéder non seulement au tampon Z et à la mémoire de textures mais aussi à la mémoire graphique (mappage de textures multipasses). Beaucoup de processeurs graphiques omettent cet accès à la mémoire graphique. Pour ce faire, ils se contentent de recouvrir l'arrière-plan à l'aide des informations de transparence disponibles (contrôle alpha en pointillés) et recourent à un effet d'optique pour obtenir les valeurs de couleurs moyennes. Lorsqu'il regarde l'image, l'œil a certes l'impression que les différentes parties de la matrice de points se fondent les unes dans les autres mais le résultat obtenu est beaucoup moins satisfaisant qu'avec le mappage de textures multipasses.

➡ *Voir fonctions 3D, imagerie 3D, mémoire cache de textures, RVB, tampon Z*

contrôle d'accès au support

➡ *Voir IEEE-802*

contrôle d'E/S

Opération consistant à attribuer aux différents processus susceptibles de s'exécuter sur un ordinateur un droit d'accès aux plages d'entrée et de sortie de l'espace d'adressage. Cette opération est prise en charge par le système d'exploitation de l'ordinateur.

➡ *Voir espace d'adressage, système d'exploitation*

contrôle de parité

Contrôle destiné à détecter les erreurs susceptibles de survenir au cours d'un transfert de données. Ce type de contrôle ne permet de détecter que les erreurs qui ne portent que sur un bit, dans la mesure où une erreur affectant deux bits rétablit automatiquement la bonne parité.

➠ *Voir bit de parité, parité*

contrôle de périphériques

Opération prise en charge par le système d'exploitation, aidé des différents pilotes de périphériques, qui vise à permettre aux différents périphériques de communiquer avec le reste de l'ordinateur et vice versa. L'opération la plus délicate consiste à permettre aux différents périphériques d'accéder simultanément aux mêmes ressources sans entrer en conflit les uns avec les autres.

➠ *Voir périphérique, pilote de périphérique, ressources, système d'exploitation*

contrôle du matériel

Contrôle des composants physiques de l'ordinateur. A chaque fois qu'il est mis sous tension, l'ordinateur est soumis au test POST (*Power-On Self-Test*, ou "autotest de mise sous tension"), qui vise à vérifier que les composants les plus importants de l'ordinateur (la carte mère, le disque dur, la carte graphique, etc.) sont opérationnels.

➠ *Voir carte mère, disque dur, matériel, POST*

contrôleur d'E/S

Puce spécifique qui a comme rôle de contrôler les signaux d'E-S. Le contrôleur de clavier, par exemple, est responsable de la communication entre le clavier et l'ordinateur.

➠ *Voir E/S*

contrôleur d'interruptions

Composant de l'ordinateur ayant charge d'administrer et de faire suivre les interruptions demandées par les périphériques. Le contrôleur évalue les IRQ pour déterminer leur degré de priorité et les faire suivre aux CPU.

➠ *Voir CPU, interruption*

contrôleur de disque dur

Carte électronique dont le rôle est de contrôler le disque dur et les échanges entre ce disque et l'ordinateur. Sur les disques durs actuels, le contrôleur est en fait intégré au disque dur lui-même (vissé sur son châssis). Les cartes d'extension ou les circuits électroniques de contrôle de disques durs de la carte mère (la plupart des cartes mères actuelles intègrent des circuits qui permettent d'y connecter directement des disques durs EIDE) servent simplement à relier le disque dur à l'ordinateur par l'intermédiaire d'une nappe. Le terme "contrôleur" n'est donc plus guère approprié aujourd'hui pour désigner les circuits électroniques de la carte mère se rapportant au disque dur, puisqu'ils ne jouent plus en fait qu'un rôle d'adaptateur.

➠ *Voir carte mère, compression de disque dur, contrôleur, disque dur*

contrôleur de lecteur de disquettes

Contrôleur ayant à charge de commander le ou les lecteurs de disquettes de l'ordinateur et de gérer les échanges de données entre ce ou ces lecteurs et le reste de l'ordinateur. Le contrôleur de lecteur de disquettes est généralement situé sur la même carte ou sur le même circuit électronique que le contrôleur de disque dur.

➠ *Voir contrôleur de disque dur, disquette, lecteur de disquettes*

contrôleur de mémoire cache

Composant matériel qui contrôle un module de mémoire cache. Toutes les cartes mères possèdent désormais un contrôleur de ce type pour contrôler la mémoire de niveau 2 et ainsi organiser les données destinées au CPU.

➠ *Voir carte mère, CPU, matériel, mémoire cache, mémoire cache de niveau 2*

contrôleur DMA

Puce spécifique située sur la carte mère d'un PC, qui contrôle et gère l'accès direct à la mémoire par l'intermédiaire de chacun de ses huit canaux.

➠ *Voir carte mère, CPU, DMA,*

contrôleur SCSI

1. Puce qui, sur un périphérique SCSI tel qu'un disque dur, un lecteur de CD-ROM, etc. traite les commandes SCSI entrantes et contrôle les échanges de données entre le périphérique et la carte contrôleur SCSI.
2. Carte adaptateur qui fait office d'interface entre les péripéhriques SCSI et le reste de l'ordinateur.

➠ *Voir ID SCSI, SCSI,*

contrôleur

1. Processeur qui seconde le CPU en se chargeant d'un certain nombre des tâches qui lui sont confiées. Le contrôleur de mémoire cache, le contrôleur DMA et le contrôleur d'interruptions sont trois exemples de contrôleurs.

2. Puce ou carte d'extension nécessaires au fonctionnement de certains types de supports de stockage. Outre le contrôleur de lecteur de disquettes et le contrôleur de disque dur, qui sont généralement intégrés à la carte mère (sous forme de puce), l'ordinateur peut posséder un contrôleur SCSI (sous forme de carte d'extension).

➠ *Voir contrôleur de mémoire cache, contrôleur d'interruptions, contrôleur DMA, contrôleur de lecteur de disquettes, contrôleur SCSI, CPU, disque dur, processeur, support de stockage*

convergence

Focalisation vers un même point des faisceaux d'électrons rouge, vert et bleu d'un tube cathodique couleur. Lorsque les rayons cessent de converger, il peut par exemple apparaître une ligne blanche à l'arrière de l'image. Dans l'idéal, les trois faisceaux doivent converger parfaitement. La capacité du tube cathodique à respecter cette convergence est un critère déterminant pour l'achat d'un moniteur.

➠ *Voir moniteur, RVB, tube cathodique*

conversation

➠ *Voir aire de conversation, salle de conversation*

conversation en ligne

Dialogue à deux ou plus, effectué en ligne (que ce soit sur l'Internet, sur un BBS, sur un service en ligne ou encore sur un réseau) par l'intermédiaire du clavier. Un certain nombre de forums de discussion situés sur des services en ligne ou sur le service IRC de l'Internet offrent la possibilité de converser en direct avec d'autres participants sur n'importe quel sujet.

➠ *Voir BBS, Internet, IRC, service en ligne*

conversion

Transformation de données stockées dans un format ou pour une plate-forme précise afin de les faire passer dans un autre format ou de les rendre utilisables sur une autre plate-forme. Cette opération peut s'effectuer à l'aide d'un programme de conversion externe ou à l'aide d'une fonction prévue à cet effet dans l'application utilisée (à l'aide de la liste déroulante d'options de formats dans une boîte de dialogue d'enregistrement ou d'ouverture de fichier, par exemple). Lorsque l'application est utilisée pour ouvrir un fichier stocké dans un format étranger, les données stockées dans ce format sont *importées*. Lorsqu'elle est utilisée pour enregistrer un fichier dans un format étranger, en revanche, elle *exporte* les données vers cet autre format. La plupart des applications possèdent des fonctions Importer et Exporter.

➠ *Voir exportation, importation, plate-forme, programme de conversion*

conversion de fichier

Transformation d'un fichier visant à le faire passer d'un format à un autre. Pour qu'un fichier puisse être converti, les formats sources et cibles doivent appartenir à la même catégorie (traitement de texte ou palette graphique, par exemple). Par défaut, les programmes stockent toujours les fichiers qu'ils créent sous leur propre format. Toutefois, lorsqu'un fichier créé dans un programme donné doit être utilisé dans un autre programme qui n'est pas capable de le lire en l'état parce qu'il n'est pas compatible avec son format, il faut le convertir. Ainsi, si un fichier de texte créé dans un logiciel de traitement de texte donné doit être ouvert dans un autre logiciel de traitement de texte, cet autre logiciel devra le convertir sous son propre format. Le fichier original ne sera pas effacé ni réécrit. Le second logiciel en créera simplement une seconde version dans son format et la stockera sur le disque dur de l'ordinateur. Ce type de conversion est généralement effectuée automatiquement par le nouveau programme, mais il existe aussi des programmes de conversion (ou "convertisseurs") conçus spécialement pour opérer des conversions entre différents formats. La conversion opérée n'est malheureusement généralement pas parfaite. Ainsi arrive-t-il souvent que des informations spécifiques d'un programme, telles que des paramètres de mise en forme, disparaissent au cours de l'opération.

➠ *Voir conversion, exportation, importation, fichier, format de fichier, programme de conversion, traitement de texte*

convertisseur

1. Appareil (qui peut être miniaturisé sous la forme d'une puce ou d'un circuit électronique) dont le rôle est de convertir des signaux.
2. Programme dont le rôle est de convertir des données ou des formats.

➠ *Voir programme de conversion*

convertisseur a/b

Synonyme d'"adaptateur terminal RNIS". Appareil qui a comme fonction de convertir les informations numériques issues d'une prise téléphonique RNIS en signaux compatibles avec les appareils analogiques traditionnels (un téléphone classique, par exemple) et vice versa. Les deux conducteurs principaux de la prise analogique sont appelés a et b, d'où le nom de "convertisseur a/b". Le convertisseur a/b permet de continuer à utiliser des appareils téléphoniques analogiques. L'inconvénient est toutefois qu'il devient alors impossible de profiter des services RNIS (tels que la conférence téléphonique à trois). Pour continuer à utiliser des téléphones analogiques, il est également possible d'utiliser un central téléphonique RNIS. Il est alors possible d'accéder à tous les services RNIS.

➠ *Voir carte RNIS, indicateur de service, RNIS*

convertisseur a/n

Convertisseur analogique/numérique. Appareil (qui peut être miniaturisé sous la forme d'une puce) qui a comme fonction de convertir les signaux analogiques qu'il reçoit en signaux numériques (digitaux). Les signaux analogiques sont échantillonnés pas à pas et convertis en impulsions numériques (digitales). Il existe également des convertisseurs numérique/analogique.

➠ *Voir analogique, convertisseur n/a, numérique, RAMDAC*

convertisseur HTML

Logiciel qui permet de transformer un document mis en forme sous un logiciel de traitement de texte en document HTML. C'est le logiciel qui se charge de convertir tous les paramètres de mise en forme en balises HTML.

➠ *Voir éditeur de HTML, HTML*

convertisseur n/a

Convertisseur numérique/analogique. Appareil (pouvant être miniaturisé sous la forme d'une puce) qui a comme fonction de convertir les signaux numériques (digitaux) qu'il reçoit en signaux analogiques. C'est par exemple un convertisseur numérique/analogique qui convertit les signaux audio numériques d'un CD en signaux analogiques audibles pour l'oreille humaine. Le modem combine à la fois un convertisseur analogique/numérique et un convertisseur numérique/analogique.

➠ *Voir modem, RAMDAC*

convivialité

Propriété d'un logiciel conçu pour répondre aux besoins de l'utilisateur de la façon la plus simple possible. Son interface graphique, la disposition de ses menus et ses fonctions "intelligentes" doivent assurer à l'utilisateur un apprentissage et une manipulation "intuitifs".

cookies

Dans le domaine de l'Internet, fichiers journaux contenant des informations sur les sites que l'utilisateur a visités. De l'avis d'une partie des utilisateurs de l'Internet, les cookies portent atteinte à leur liberté. Les informations qu'ils stockent permettent en effet aux éditeurs de sites de mieux cerner les habitudes des utilisateurs. Beaucoup de serveurs Internet déposent des cookies sur le disque dur de l'ordinateur de l'utilisateur dès que celui-ci accède au serveur et déterminent également si le disque dur contient déjà d'autres cookies. Les cookies déjà présents permettent donc de savoir quels sites l'utilisateur a visités précédemment. Les plupart des serveurs s'échangent les informations qu'ils ont extraites des cookies afin d'établir un profil d'utilisateur type exploitable à des fins publicitaires. Les

C

nouveaux navigateurs intègrent une fonction qui permet d'interdire à l'ordinateur d'accepter qu'un serveur dépose des cookies. Néanmoins, ils ne présentent pas que des inconvénients. Nombre d'entre eux, qualifiés d'*inoffensifs*, ont en fait comme rôle d'adapter le site aux besoins de l'utilisateur. Lorsqu'un utilisateur visite souvent le même site, le serveur correspondant peut déterminer (à partir des cookies) quels endroits il a déjà visités et agir en conséquence. La plupart des pages Web sont parfaitement exploitables sans cookies. Il existe par ailleurs des programmes conçus pour effacer les cookies, tel Cookie Pal, de Kooburra. Ce programme permet d'éradiquer efficacement et avec une grande souplesse les cookies indésirables. Il est disponible sur le site **http://www.kburra.com**. Il s'agit d'un shareware pour lequel Kooburra demande une contribution de 15 dollars.

➠ *Voir Internet, serveur, shareware*

coopératif

➠ *Voir multitâche coopératif*

➠ *Voir gestion des ressources, multitâche préemptif, priorité*

coordonnée

Unité de référence qui permet de déteminer la position d'un point par rapport à un axe appartenant à un système de coordonnées (ou repères) en deux ou trois dimensions. Les coordonnées sont généralement indiquées sous forme de paires (X,Y pour un système de coordonnées en deux dimensions) ou de triplets (X,Y,Z pour un système de coordonnées en trois dimensions) et se rapportent le plus souvent à des axes qui partagent un même point d'origine et qui sont perpendiculaires. Les coordonnées et les systèmes de coordonnées sont utilisés principalement pour les diagrammes, les dessins de CAO et les animations.

➠ *Voir diagramme, CAO*

copie

➠ *Voir programme de copie*

copie carbone

A l'origine, copie d'un document écrit, effectuée à l'aide d'une feuille dont le verso est recouvert de carbone. Dans le domaine de l'informatique, abrégé sous la forme *Cc*, désigne un destinataire supplémentaire d'un message électronique. Lorsque le champ Cc d'un message électronique contient une autre adresse que celle du destinataire principal, ce dernier peut lire dans l'en-tête du message qu'il reçoit le nom des autres personnes auxquelles le message a été envoyé. Pour l'empêcher de voir le nom des autres destinataires, il faut utiliser non pas un champ Cc mais un champ BCC (*Blind Carbon Copy*, ou "copie carbone à liste invisible des destinataires"). Ce type de champ fonctionne de la même manière que le champ Cc mais il ne dévoile pas son contenu au destinataire principal du message. Tous les programmes de courrier électronique ne possèdent pas de fonction BCC. Le programme Microsoft Exchange de Windows 95 en possède une.

➡ *Voir BCC, courrier électronique, en-tête, Exchange*

copie de sauvegarde

Copie créée automatiquement par certains programmes dès qu'un fichier original est modifié. La copie de sauvegarde porte le même nom que l'original, auquel est ajoutée l'extension .BAK (pour *backup*) pour indiquer qu'il ne s'agit que d'une copie de sauvegarde.

➡ *Voir backup*

copie de sécurité

Synonyme de "backup".

➡ *Voir backup*

copie pirate

Copie illégale d'un logiciel commercial. La création, la diffusion et l'utilisation de copies pirates sont passibles de sanctions dans la mesure où elles portent atteinte aux droits à la propriété intellectuelle des personnes ou des sociétés qui ont conçu les logiciels originaux. L'acquéreur d'un logiciel n'est en principe autorisé à effectuer qu'une copie de secours (pour son propre compte) du logiciel qu'il vient d'acheter.

copier

Dupliquer des données, un fichier ou le contenu d'un support de stockage.

➡ *Voir donnée, fichier, support de stockage*

coprocesseur

Processeur supplémentaire qui seconde le CPU pour les calculs mathématiques. Sur les CPU AMD, Cyrix et Intel modernes, le coprocesseur est en fait déjà intégré et joue le rôle de coprocesseur arithmétique. Il est spécialisé dans les calculs à virgule flottante et est beaucoup plus performant que la partie du processeur qui remplit vraiment les fonctions du CPU. Les calculs à virgule flottante sont particulièrement importants pour les programmes de CAO, les rendus et les jeux en 3D. Alors que les CPU d'AMD et de Cyrix ont rattrapé et même dépassé ceux d'Intel en matière de calculs sur des entiers, ils se montrent généralement moins performants en matière de calculs à virgule flottante. Il est important de tenir compte de cet état de fait lorsqu'on envisage de changer de processeur pour en choisir un plus puissant. Sur une carte graphique, le coprocesseur joue un rôle primordial puisqu'il accélère la représentation des graphismes à l'écran.

➥ *Voir AMD, CAO, carte accélératrice, CPU, Cyrix, entier, Intel, rendu, représentation à virgule flottante, unité logique arithmétique*

coprocesseur arithmétique

Synonyme de "coprocesseur mathématique", "coprocesseur numérique" et FPU (*Floating Point Unit*, ou "unité à virgule flottante"). Microprocesseur qui seconde le CPU pour les calculs à virgule flottante. Depuis la génération de CPU 80486 d'Intel, le coprocesseur arithmétique est en fait intégré au CPU. Ses fonctions sont utilisées par des programmes spécifiques relevant généralement du domaine de la CAO ou de la création d'animations.

➥ *Voir animation, CAO, CPU, Intel, microprocesseur, représentation à virgule flottante,*

coprocesseur mathématique

Synonyme de "coprocesseur arithmétique".

➥ *Voir coprocesseur arithmétique*

coprocesseur numérique

Synonyme de "coprocesseur arithmétique".

➥ *Voir coprocesseur arithmétique*

COPY

Commande MS-DOS interne à l'interpréteur de commandes COMMAND.COM qui permet de copier des fichiers (d'un lecteur à un autre ou d'un répertoire à un autre).

➥ *Voir commande, interpréteur de commandes, système d'exploitation*

Corel

http://www.corel.com

Société américaine fondée en 1985, qui fait partie des principaux fabricants de logiciels graphiques. L'un des produits les plus connus de Corel est la suite de programmes Corel Draw (qui en est actuellement à la version 7.0), qui intègre le logiciel graphique vectoriel Draw, le logiciel de retouche d'images PhotoPaint ainsi que d'autres programmes conçus pour numériser du texte et des images et effectuer des calculs en 3D. Cette suite de programmes est livrée avec des images ClipArt et des polices. Corel propose également une suite de programmes de bureautique appelée PerfectOffice Professional ainsi qu'une suite de programmes écrite entièrement en Java et appelée Corel Java Office. Corel cherche également à accroître son importance dans le domaine du matériel informatique, et notamment dans le domaine des réseaux. Elle a d'ailleurs commencé à créer son propre ordinateur de réseau, qui en est encore à la phase de développement.

➠ *Voir Corel Draw, image vectorielle, Java, Office, Ventura Publisher*

La page d'accueil du site Web de Corel.

Corel Draw

Suite d'outils graphiques la plus vendue au monde. Corel Draw en est actuellement à la version 7.0 pour Windows 95/NT et à la version 6.0 pour les Macintosh. Il contient la palette graphique vectorielle Corel Draw, le logiciel de retouche d'images Photopaint ainsi que d'autres programmes relevant des domaines de la reconnaissance optique de caractères (ROC) et des calculs 3D. Il est également livré avec un certain nombre d'images ClipArt et de polices.

➠ *Voir ClipArt, Corel, image vectorielle, logiciel de retouche d'images, OCR, police*

corps

Unité typographique correspondant à la surface occupée par un caractère et qui se calcule en multipliant la largeur par la hauteur de celui-ci.

➠ *Voir caractère, police, reconnaissance de corps*

correcteur orthographique

Synonyme de "vérificateur d'orthographe".

➡ *Voir vérificateur d'orthographe*

correctif logiciel

Synonyme de "patch".

➡ *Voir patch*

correction arrière

Touche représentée par le pictogramme (Ret Arr), qui est situé juste au-dessus de la touche Entrée ((Entrée)) et permet d'effacer le dernier caractère entré.

➡ *Voir caractère, clavier*

correction d'erreurs

Opération consistant pour l'ordinateur à remédier aux erreurs détectées au cours d'un transfert de données en provenance de la mémoire vive, d'un périphérique ou d'un autre ordinateur. Cette opération nécessite de recourir à un procédé de correction d'erreurs. Le procédé CRC, par exemple, contrôle la parité des blocs de données et fait en sorte que le bloc de données défectueux soit transféré ou lu une nouvelle fois pour corriger les erreurs. Ce n'est qu'une fois que les différents procédés de correction d'erreurs disponibles ont échoué que le périphérique, le programme ou le système d'exploitation génèrent un message d'erreur à l'écran.

➡ *Voir CRC, détection d'erreurs, parité*

correction de sous-pixel

Procédé très important utilisé pour le *mappage* de textures afin d'éviter que la surface des objets donnent l'impression de scintiller lorsque l'œil de l'observateur ou l'objet lui-même se déplace lentement. Ce procédé impose des calculs d'une précision de plusieurs chiffres après la virgule.

➡ *Voir fonctions 3D, mappage de textures*

correction des couleurs

Opération visant à compenser les écarts entre le résultat obtenu et la réalité lors de la numérisation ou de l'impression d'un document en couleurs. Selon les performances du scanner, du moniteur et/ou de l'imprimante couleur utilisés, il peut survenir des écarts plus ou moins marqués entre le résultat obtenu et l'original, et il est important de pouvoir les corriger. Les corrections peuvent être effectuées de différentes manières. Il est par exemple possible de calibrer le périphérique utilisé, c'est-à-dire de déterminer un certain nombre de couleurs de base, ou encore de passer par un logiciel de retouche d'images pour effectuer les corrections manuellement.

➠ *Voir logiciel de retouche d'images*

correction en gamma

Synonyme de "correction de contraste". Fonction utilisée sur les périphériques d'affichage et d'impression pour ajuster le contraste et ainsi homogénéiser la restitution des couleurs d'un périphérique à l'autre. Le contraste des couleurs varie considérablement d'un moniteur (ou d'une imprimante) à l'autre, il est donc primordial de pouvoir l'ajuster. Un moniteur idéal est capable de représenter une gradation de couleurs parfaitement linéaire entre le noir (valeur RVB : 0 0 0) et le blanc (valeur RVB : 255 255 255). Ce moniteur idéal n'existe toutefois pas, car dans la pratique, les moniteurs sont incapables de générer des couleurs parfaitement exactes, ce qui explique le recours à la correction en gamma. Ce procédé vise à renforcer ou à atténuer le contraste des couleurs jusqu'à une valeur précise – la valeur gamma. Une valeur gamma de 1 correspond au moniteur idéal. Les valeurs inférieures assombrissent l'image. Les valeurs supérieures, au contraire, l'éclaircissent. En assombrissant ou en éclaircissant les couleurs de la sorte, il est possible d'obtenir une restitution de couleurs homogène d'un périphérique à l'autre. La plupart des logiciels graphiques et un certain nombre de pilotes graphiques offrent une fonction de correction en gamma.

➠ *Voir demi-ton, imprimante, moniteur*

cotation

Opération consistant à mesurer un graphisme vectoriel ou une construction de CAO et à faire apparaître la mesure sur une ligne (appelée "ligne de cote") contenant des pointes de flèches à chacune de ses extrémités. La plupart des applications graphiques vectorielles et des logiciels de CAO intègrent des fonctions de cotation.

➠ *Voir image vectorielle*

couche

Film de cuivre qui permet de réaliser des pistes sur un circuit imprimé. Les premiers circuits imprimés n'étaient imprimés que sur une face. Ainsi, seule une face comportait des pistes conductrices. Ensuite sont apparus des circuits imprimés double face, qui comportaient des couches cuivrées sur chaque face. A l'heure actuelle, les cartes informatiques comportent généralement plus de deux couches cuivrées, ce qui permet d'établir des liaisons complexes dans un espace très réduit entre les différents composants électroniques. La complexité des cartes informatiques est d'ailleurs telle que, depuis longtemps déjà, il est indispensable de recourir à des robots pilotés par ordinateur pour les concevoir. La carte mère est un bon exemple de carte informatique multicouche.

➠ *Voir carte mère, multicouche*

couche application

Septième couche (c'est-à-dire celle qui occupe le niveau le plus élevé) du modèle OSI. C'est au niveau de cette couche que se situent les applications et les services utilisables en réseau.

➠ *Voir OSI, réseau*

couche de connexion

Synonyme de "couche de sécurisation". Deuxième couche du modèle OSI. La couche de connexion a pour rôle de transmettre à la couche physique, située juste en dessous, les informations qui lui sont transmises par les couches supérieures. Elle contient essentiellement des données de contrôle et les adresses physiques des expéditeurs et des destinataires des données.

➠ *Voir OSI*

couche de contrôle pour liaisons logiques

➠ *Voir IEEE-802*

couche de présentation

Sixième couche du modèle OSI.

➠ *Voir OSI*

couche de réseau

Troisième couche du modèle OSI. Cette couche a pour rôle de convertir les adresses logiques en adresses physiques – c'est-à-dire de convertir les noms des couches réseau supérieures en adresses physiques – ainsi que de prendre en charge les opérations de routage et de commutation. C'est aussi la couche de réseau qui sépare les données et les regroupe ensuite.

➠ *Voir modèle de couches OSI, OSI, réseau*

couche de session

Cinquième couche du modèle OSI.

➠ *Voir OSI*

couche de session

Cinquième couche du modèle OSI. Cette couche a pour fonction de synchroniser les entrées effectuées par les utilisateurs en jalonnant le flux de données de points de contrôle.

Elle permet aux utilisateurs de différents ordinateurs d'établir entre eux un système de liaisons stable au sein d'un réseau.

➠ *Voir OSI*

couche de transport

Quatrième couche du modèle OSI.

➠ *Voir OSI*

couche physique

Première couche du modèle OSI. La couche physique est donc celle qui occupe le niveau le plus bas. Toutes les données qu'elle contient sont représentées par un flux de données codé sous forme de variations de tensions.

➠ *Voir OSI*

couches

➠ *Voir modèle OSI*

couleur aveugle

➠ *Voir aveugle*

couleurs réelles

➠ *Voir TrueColor*

couper

➠ *Voir couper-coller*

couper-coller

Couple de fonctions extrêmement utilisées en informatique, qui permet de supprimer facilement des éléments pour les placer à un autre endroit. La fonction *couper* permet de supprimer un passage de texte ou une image d'un document, des données d'une table, ou même un fichier d'un dossier ; la fonction *coller* permet d'insérer à un autre endroit l'élément qui vient d'être coupé (à un autre endroit du fichier, à un autre endroit de la table en cours, dans une autre table, dans un autre dossier du même lecteur, ou même sur un autre lecteur, etc.). Sous Windows et sous toutes les applications conçues pour cette plate-forme, les fonctions *couper* et *coller* peuvent être activées respectivement à l'aide des combinaisons de touches [Ctrl]+[X] et [Ctrl]+[V]. Sous Windows, les données coupées sont en fait stockées dans une zone de mémoire temporaire appelée *"Presse-papiers"*.

➠ *Voir application, document, dossier, lecteur, plate-forme, système d'exploitation, table*

couplage de canaux

Utilisation simultanée de deux canaux B sur un accès RNIS de base. Le couplage de canaux permet de disposer d'un taux de transfert de 128 Kbit/s (pouvant monter jusqu'à 300 Kbit/s si la compression est activée), ce qui est particulièrement intéressant pour la vidéoconférence et la visiophonie. Il est toutefois à souligner que la communication est facturée deux fois plus cher. La fonction Accès réseau à distance de Windows 95 permet elle aussi d'utiliser le couplage de canaux. Il faut néanmoins disposer du programme ISDN-Accelerator-Kit, qui peut être téléchargé depuis le site de Microsoft.

➠ *Voir accès réseau à distance, canal B, RNIS, vidéoconférence, visiophonie*

coupleur acoustique

Système anciennement utilisé pour transférer des données à distance. Le coupleur acousti-que était constitué d'un modem, d'un micro et d'un haut-parleur. Par sa forme, il ressem-blait à un téléphone. Le combiné téléphonique devait être posé sur le haut-parleur, le micro et le haut-parleur du combiné étant posés respectivement sur le haut-parleur et le micro du coupleur. Le micro et le haut-parleur du téléphone étaient protégés contre les parasites extérieurs par deux manchons en plastique.

➠ *Voir haut-parleur, modem, transfert de données*

coupure de mots automatique

Fonction disponible sous la plupart des traitements de texte, qui permet de couper automa-tiquement les mots à la fin d'une syllabe lorsque le texte arrive à la fin d'une ligne. La coupure peut être complètement automatique, auquel cas le traitement de texte choisit seul l'endroit où les mots doivent être coupés, ou semi-automatique, auquel cas l'utilisateur peut éventuellement décider de ne pas couper le mot ou de le couper à un autre endroit que celui prévu par le logiciel.

courbe

➠ *Voir diagramme à courbes*

Courier

Police de caractères déjà utilisée à l'époque de la machine à écrire, qui se caractérise par des caractères étroits et à empattement. Elle est la police utilisée en standard par un grand nombre d'imprimantes.

➠ *Voir empattement, imprimante, police*

courrier

A l'époque des premières imprimantes, qualité d'impression jugée suffisante pour imprimer des courriers. Lorsque les premières imprimantes sont sorties, la qualité d'impression était souvent inférieure à celle d'une machine à écrire. Aussi, pour choisir une imprimante, il importait de vérifier qu'elle était capable de travailler en qualité courrier. Les imprimantes actuelles (qu'elles soient à aiguilles, à jet d'encre ou laser) offrent une qualité au moins égale à celle d'une machine à écrire dès lors que l'on ne les paramètre pas sur le mode "brouillon" (ou "économie"), qui permet d'économiser l'encre, le toner ou le ruban encreur en travaillant avec une densité d'impression moins importante.

➠ *Voir brouillon, imprimante, ruban encreur, toner*

Courrier à distance

Fonction qui indique au programme Exchange de Windows 95 et de Windows NT depuis quel serveur de courrier électronique (POP3 pour courrier électronique Internet) il doit rapatrier le courrier électronique. Cette fonction permet de ne rapatrier que les titres des messages pour choisir ceux qui doivent être téléchargés.

➠ *Voir Exchange*

courrier électronique

En anglais : *e-mail*. Ensemble des messages transmis par l'intermédiaire d'un réseau local interne ou mondial tel que l'Internet. Ces messages contiennent les données elles-mêmes, qui peuvent être des fichiers de texte, d'images, de programmes, etc., mais aussi l'adresse du destinataire et celle de l'envoyeur. Par rapport au courrier postal, le courrier électronique offre l'avantage d'être extrêmement rapide. Ainsi suffit-il de quelques secondes pour envoyer un message électronique aux Etats-Unis. Le courrier électronique est le type de service le plus utilisé sur l'Internet. A la suite du formidable essor que ce réseau a connu à la fin de l'année 1995, beaucoup de sociétés de services en ligne ont soit abandonné les protocoles de courrier électronique, utilisés jusqu'alors au profit de ceux qui sont utilisés sur l'Internet, soit développé ces protocoles pour les rendre compatibles avec ceux de l'Internet. Les protocoles les plus importants pour envoyer du courrier électronique actuellement sont les protocoles SMTP, POP3 et IMAP4. Le courrier électronique ne permet pas de transmettre les caractères spéciaux tels que les caractères accentués, car seul le jeu de caractères ASCII 7 bits (correspondant aux cent vingt-huit premiers caractères) est en fait transmis. Lorsque les données envoyées ne se limitent pas à du texte, mais contiennent également d'autres fichiers, il est possible de convertir les caractères spéciaux en texte à l'aide de programmes de codage tels que UUEncode et UUDecode. Cette conversion est prise en charge automatiquement par la plupart des programmes de courrier électronique (ceux qui utilisent les extensions MIME, par exemple). Pour empêcher les personnes non habilitées d'accéder à du courrier qui ne leur est pas destiné, il existe des moyens de crypter complètement celui-ci. L'un des outils de cryptage les plus utilisés est PGP (*Pretty Good Privacy*). Pour envoyer un courrier électronique à une autre personne, il faut connaître son adresse, qui lui est attribuée par son fournisseur d'accès ou son service en ligne. Ces derniers lui attribuent également un serveur de domaines, qui a comme fonction de stocker les messages qui lui sont adressés et de les lui transmettre à sa demande. L'adresse de l'utilisateur est généralement constituée de son nom d'utilisateur, suivi du caractère spécial @ (a commercial) et du nom de son serveur de domaines, sous la forme **nom@domaine.fr**. Le courrier électronique ne permet d'atteindre que des ordinateurs spécifiques (des serveurs de courrier électronique) capables ensuite de renvoyer les messages à leur destinataire lorsqu'il en fait la demande. La plupart des services en ligne offrent la possibilité de se faire renvoyer automatiquement sur son ordinateur local le courrier électronique stocké sur le serveur. Il existe sur le marché quantité de programmes de courrier électronique présentant des caractéristiques très diverses. Ces programmes sont en fait souvent intégrés aux navigateurs tels qu'Internet Explorer 4.0 et Netscape Communicator 4.0. Les systèmes d'exploitation tels que Windows 95 et Windows NT intègrent un programme de courrier électronique (ainsi qu'un gestionnaire de fax, etc.) appelé Microsoft Exchange ou, sous sa dernière version, Microsoft Outlook.

➠ *Voir @, ASCII, Communicator, Exchange, IMAP4, Internet, PGP, POP3, SMTP*

courrier électronique intempestif

En anglais *spam mail*. Ensemble des courriers électroniques essentiellement publicitaires que le titulaire d'une adresse électronique reçoit sans les avoir demandés. Cette forme de courrier électronique est considérée par un grand nombre de sociétés comme un moyen légitime de faire connaître leurs produits. Ainsi certains programmes tels que les bombardeurs cybernétiques et les collecteurs Web inondent-ils de courriers électroniques des utilisateurs qui n'ont rien demandé, en récupérant systématiquement les nouvelles adresses électronique au fur et à mesure qu'elles sont créées. L'un des cas d'envoi de courriers intempestifs les plus célèbres est celui que fit le cabinet d'avocats américain Canter & Siegel, au printemps 1994, dans le cadre d'un concours permettant de gagner une carte verte. Le cabinet d'avocats avait à cette occasion envoyé un courrier électronique à plus de 8 000 groupes de nouvelles. Il ne se contenta toutefois pas d'envoyer son courrier à un serveur de nouvelles (envois croisés), mais adressa un envoi à chaque groupe de nouvelles de chaque serveur (multipostage excessif). La sanction infligée au cabinet d'avocats par la communauté des utilisateurs de l'Internet fut immédiate : les bombardements d'insultes qui suivirent firent planter le serveur du fournisseur d'accès de Canter & Siegel. C'est l'index de Breithardt qui détermine à partir de quel stade un courrier électronique peut être considéré comme intempestif.

➠ *Voir bombardement d'insultes, courrier électronique, EMP, envoi croisé, groupe de nouvelles, index de Breitbardt*

courtage en ligne

Service qui permet d'effectuer des transactions en ligne et de consulter les cours boursiers en direct à l'aide d'un PC, d'un Minitel ou d'un simple téléphone. Différentes banques et prestataires de services offrent des services de courtage en ligne.

➠ *Voir en ligne, Internet*

courtier en informations

En anglais : *information broker*. Personne dont la profession est de rechercher sur l'Internet ou sur un service en ligne des informations pour le compte d'autres personnes. Les clients des courtiers en informations sont des personnes qui ont besoin de s'informer sur un sujet donné, mais qui n'ont pas le temps d'effectuer elles-mêmes les recherches nécessaires et qui, souvent, ne possèdent pas non plus les connaissances requises.

➠ *Voir Internet, service en ligne*

CP/M

Sigle, abréviation de *Control Program for Microcomputers* ("programme de contrôle pour micro-ordinateurs"). Système d'exploitation parmi les premiers à être utilisé pour les PC. Il existait déjà au milieu des années soixante-dix et est resté pendant dix ans le leader incontesté dans ce domaine. Lorsqu'il a été question d'équiper l'IBM PC du système d'exploitation CP/M-86, l'opération s'est rapidement révélée non viable.

➠ *Voir IBM PC, PC, système d'exploitation*

cpi

Sigle, abréviation de *characters per inch* ("caractère par pouce"). Unité de mesure utilisée pour exprimer la densité des caractères affichés à l'écran ou imprimés sur une feuille de papier.

➠ *Voir écran, imprimante*

cps

Sigle, abréviation de *characters per second* ("caractère par seconde"). Unité de mesure utilisée pour exprimer la rapidité à laquelle un périphérique est capable d'imprimer des caractères (imprimante ou traceur), d'afficher des caractères à l'écran (écran), ou de transmettre des données à distance (modem).

➠ *Voir accès réseau à distance, écran, imprimante, modem*

CPU

Sigle, abréviation de *Central Processing Unit* ("unité de traitement centrale"). Processeur principal de l'ordinateur. Le CPU est l'élément principal de l'ordinateur puisque c'est lui qui se charge de tous les calculs importants. Le terme "CPU" est aujourd'hui préféré à celui de "processeur" pour désigner le processeur principal car les ordinateurs sont aujourd'hui composés d'une multitude de processeurs (situés tant sur la carte mère que sur les cartes d'extension). Sur les ordinateurs modernes, le CPU est secondé par le chipset soudé à la carte mère. Ce couple CPU-chipset joue un rôle déterminant pour les performances générales de l'ordinateur. Le CPU est composé de plusieurs parties, dont les trois plus importantes sont la mémoire cache de niveau 1, l'unité de calcul et l'unité de contrôle.

➭ *Voir architecture de CPU, bus de CPU, carte mère, chipset, coprocesseur, processeur, unité logique arithmétique, unité de contrôle*

cracker

Spécialiste de l'informatique capable de déjouer les systèmes anticopie des programmes et ainsi de favoriser la prolifération des copies piratées.

➭ *Voir copie pirate, cracker, piratage, pirate, système anticopie*

crash

Synonyme de "plantage".

➭ *Voir plantage*

crashmail

Au sein du réseau Fidonet, message électronique envoyé directement au système de réception sur lequel le destinataire du message a son compte.

➭ *Voir compte, courrier électronique, FidoNet*

CRC

Sigle, abréviation de *Cyclic Redundancy Check* ("contrôle de redondance cyclique"). Procédé utilisé pour détecter et corriger les erreurs. Le qualificatif *cyclique* indique que ce procédé est utilisé régulièrement. Ce procédé s'applique à tous les transferts de données, qu'ils soient internes (transferts du disque dur à l'ordinateur) ou externes (transferts de modem à modem) pour garantir la sécurité et la fiabilité des données transférées. Le procédé CRC crée des sommes de contrôle pour une certaine quantité de données. Les blocs de données sont ensuite transmis avec leurs sommes de contrôles respectives. L'ordinateur récepteur vérifie ensuite pour chaque somme de contrôle si elle coïncide toujours avec le bloc de données auquel elle se rapporte. Si tel n'est pas le cas, un message d'erreur de CRC survient. L'ordinateur récepteur transmet alors en principe ce message d'erreur à l'ordinateur émetteur et lui demande de lui envoyer une nouvelle version du paquet de données défectueux. Au terme d'un certain nombre de répétitions d'une même erreur, le transfert est purement et simplement interrompu. Les erreurs de ce type peuvent être provoquées par des défauts du support de stockage utilisé (disquette ou disque dur), par une insuffisance de la qualité de la connexion établie (dans le cas d'un transfert de modem à modem) ou encore par des défauts survenus au cours de la phase de compression si c'est un fichier archive qui est transmis.

➠ *Voir bloc, compression de données, correction d'erreurs, détection d'erreurs, paquet, PKZIP, somme de contrôle, transfert de données*

Creative Labs

http://www.creativelabs.com

Fabricant de la carte son SoundBlaster. Cette carte a longtemps été la plus vendue (et de loin) et est ainsi devenue un quasi-standard. Aujourd'hui encore, la plupart des cartes son sont compatibles avec le standard SoundBlaster.

➠ *Voir SoundBlaster*

La page d'accueil du site Web de Creative Labs.

crénage

Procédé qui empêche les caractères d'une chaîne de texte de se chevaucher. Avec beaucoup de polices de caractères, l'écart entre les différents caractères d'un document varie suivant les chaînes de caractères. Aussi, il arrive que le corps d'un caractère déborde sur celui du caractère précédent. Les différentes valeurs d'écart possibles sont stockées dans une table de crénage contenant l'ensemble des paires de caractères possibles.

➠ *Voir police*

crénelage

En anglais : *aliasing*.

1. Déformation ou distorsion d'informations graphiques analogiques survenant lors d'une numérisation. Ce type de déformation se produit généralement lorsque la fréquence d'échantillonnage sélectionnée pour l'image est trop faible. D'une manière générale, la fréquence d'échantillonnage du scanner doit être au moins deux fois plus importante que celle de la trame de l'original. (Elle doit donc être de 600 ppp pour une image constituée d'une trame de 300 ppp, par exemple.)

2. Effet d'escalier qui affecte parfois les diagonales et les arêtes représentées à l'écran et imprimées sur papier. Pour éviter cet effet de crénelage, il est possible d'utiliser une fonction spéciale dite d'*anticrénelage*.

➠ *Voir fréquence d'échantillonnage, numérique, ppp, scanner*

crippleware

Shareware qui n'est distribué et qui ne peut être essayé que sous une forme extrêmement simplifiée. Beaucoup d'auteurs d'utilitaires, jugeant, souvent à juste titre, que la plupart des utilisateurs risquent de se servir du fruit de leur travail sans leur reverser la contribution qu'ils exigent, préfèrent diffuser leurs utilitaires sous cette forme. C'est ainsi que l'on trouve sur le marché des programmes qui ne permettent ni d'imprimer ni d'enregistrer, et qui ne sont donc pas réellement exploitables. Pour recevoir une version pleinement exploitable de l'utilitaire, l'utilisateur doit d'abord s'inscrire auprès de l'auteur du programme et acquitter la contribution demandée. Les programmes crippleware ne se conformant pas au principe du shareware, ils ne sont généralement pas bien vus de la communauté d'éditeurs et d'utilisateurs.

➠ *Voir logiciel, shareware*

cristaux liquides

➠ *Voir LCD*

croisé

➠ *Voir assembleur croisé, envoi croisé*

CRS

Sigle, abréviation de *Cell Relay Service* ("service de transmission de cellules"). Connexion disponible sur les réseaux à très haut débit. Les connexions CRS sont jugées et distribuées sur la base de critères tels que le taux de transfert de données et la stabilité de la liaison. Il est particulièrement important de pouvoir disposer de connexions CRD de très haute qualité pour faire de la vidéoconférence.

➠ *Voir ATM, réseau, taux de transfert de données, vidéoconférence*

CRT

Sigle, abréviation de *Cathode Ray Tube* ("tube cathodique").

➠ *Voir tube cathodique*

cryptage

Synonyme de "codage" et de "cryptographie". Codage de données à l'aide d'algorithmes spécifiques afin d'empêcher des tiers d'y accéder. On distingue d'une manière générale deux types de cryptage :

- Le cryptage par permutation, qui modifie l'ordre des caractères du fichier.
- Le cryptage par substitution, qui utilise un algorithme spécial pour remplacer les caractères réels par d'autres. L'algorithme utilisé est appelé une "clé".

Cette dernière méthode est la plus utilisée, parce que la plus sûre. Le plus souvent, elle est associée à un système de protection par mot de passe. Le degré de sécurité des données est fonction de la longueur de la clé de cryptage utilisée. A l'heure actuelle, cette clé est généralement de 128 bits, ce qui ne permet aux systèmes de décryptage les plus performants de découvrir la clé qu'au terme de plusieurs années de calculs. Les procédés de cryptage peuvent être pris en charge par un composant matériel. Ainsi, certains modems utilisent des puces crypteuses pour protéger les données qu'ils transmettent. Sur l'Internet, il est de plus en plus habituel de crypter les données (courriers électroniques) à caractère personnel. Il existe d'ailleurs des programmes à cet effet, tel PGP (*Pretty Good Privacy*).

➠ *Voir algorithme, codage de données, confidentialité des données, courrier électronique, cryptographie, PGP*

cryptographie

Synonyme de "cryptage".

➠ *Voir cryptage*

CSCW

Sigle, abréviation de *Computer Supported Cooperative Work* ("travail coopératif assisté par ordinateur"). Groupe (ou équipe) de travail qui s'appuie sur des outils informatiques pour mener à bien des tâches ou projets.

CSNET

Abréviation de *Computer and Science NETwork* ("réseau informatique et scientifique"). Réseau informatique américain qui fut l'un des prédécesseurs de l'Internet. Contrairement au réseau militaire MILNRT, le réseau CSNET reliait essentiellement des universités américaines.

➡️ *Voir ARPAnet, Internet*

CT

Sigle, abréviation de *Cordless Telephones* ("téléphones sans fil"). Ensemble de normes élaborées par la Conférence européenne des administrations des postes et télécommunications. Ces normes sont pour l'heure au nombre de trois, soit CT1, CT1+ et CT2, et définissent les procédés permettant la communication des téléphones sans fil avec leurs stations de base. Les standards CT1 et CT1+ reposent sur une technologique analogique, et les signaux qui les utilisent sont par conséquent relativement faciles à capter. Le standard CT2, en revanche, repose sur une technologie numérique et est très répandu en France et aux Pays-Bas (alors qu'il est quasiment inconnu en Allemagne).

➡️ *Voir CEPT*

Ctrl

Abréviation de *Control* ("contrôle"). Touche représentée par le pictogramme Ctrl qui s'utilise exclusivement en combinaison avec d'autres touches. Elle est présente en deux exemplaires sur le clavier, situés au niveau de chacune des deux extrémités de la rangée de touches inférieure. Comme la touche Alt, la touche Ctrl s'utilise en combinaison avec d'autres touches. Elle permet en outre de représenter tous les caractères (dont les caractères spéciaux) de la table de caractères ASCII en la maintenant enfoncée et en tapant le code ASCII correspondant à l'aide du pavé numérique. Il suffit ensuite de la relâcher pour faire apparaître le caractère correspondant à l'écran.

➡️ *Voir Alt, Alt Gr, ASCII, caractère spécial, clavier*

CTS

Sigle, abréviation de *Clear To Send* ("prêt à émettre"). Signal de contrôle utilisé par le port série des PC. Avec le signal RTS, ce signal sert à réguler le contrôle de flux pris en charge par le matériel.

➡️ *Voir PC, port série, régulation de flux*

CUI

Sigle, abréviation de *Character User Interface* ("interface utilisateur orientée caractères").
Interface utilisateur reposant sur du texte (telles celles qui sont offertes par les interpréteurs de commandes COMMAND.COM, de MS-DOS, et CMD.EXE, de OS/2).

➡ *Voir COMMAND.COM, interface utilisateur, interpréteur de commandes, MS-DOS,
OS/2*

curseur

Petit trait horizontal ou vertical clignotant qui matérialise le point d'insertion des données
à l'écran (au niveau de l'invite de MS-DOS, par exemple). Dans la plupart des applications, le curseur est déplacé à l'aide de la souris ou des touches fléchées.

➡ *Voir clavier, invite, souris*

cut & paste

"Couper-coller".

➡ *Voir couper-coller*

cyberespace

Réalité virtuelle, ou monde créé à l'aide d'outils informatiques, que l'utilisateur peut
explorer à l'aide de son ordinateur. Pour interagir avec cette réalité artificielle, l'utilisateur
doit en principe disposer d'un visiocasque ainsi que d'un gant et d'une combinaison équipés de capteurs. Le terme "cyberespace" a été utilisé pour la première fois par William
Gison dans son roman *Neuromancer*, mais le concept de réalité virtuelle avait déjà été
décrit par Stanislaw Lem dans ses romans (*Phantomatique*).

➡ *Voir combinaison numérique, gant numérique, Neuromancien, Phantomatique, réalité virtuelle, visiocasque*

cybernétique

Branche de la science qui rassemble différents domaines, dont la biologie, la physique,
l'informatique, la sociologie et l'économie. La cybernétique s'intéresse aux liens qui unis-
sent les phénomènes biologiques et techniques et cherche à faire reposer des processus
biologiques et techniques sur les mêmes principes fondamentaux. Au nombre de ces principes figurent la théorie de l'information, qui s'intéresse à la perception et au traitement
des signaux, et la théorie de la régulation, qui s'intéresse au contrôle des processus. Le
terme "cybernétique" fut inventé par Norbert Wiener en 1948, qui désignait par là des
fonctions de contrôle et de régulation.

cycle

Synonyme de "boucle". Répétition d'instructions.

➡ *Voir boucle*

cycle d'attente

Succession régulière de pauses qu'un CPU particulièrement rapide doit marquer pour permettre aux composants qui travaillent avec lui de suivre le rythme. Sans ces pauses, il pourrait y avoir des pertes de données.

cycle de prise en charge

Première des étapes qui interviennent dans le traitement d'une commande. Pour traiter une commande donnée, le processeur doit commencer par aller la chercher dans la mémoire vive. C'est cette étape qui porte le nom de "cycle de prise en charge".

➡ *Voir mémoire vive, processeur*

cycle de rafraîchissement

1. Régénération régulière du contenu de la mémoire vive dynamique (DRAM).
2. Régénération régulière de l'affichage de l'écran.

➡ *Voir rafraîchissement*

cylindre

Sur un support de stockage magnétique multiplateau (un disque dur, par exemple), unité de stockage formée par l'ensemble des pistes d'un support situées les unes au-dessus des autres.

➡ *Voir disque dur, piste*

Cyrix

http://www.cyrix.com

Fabricant de CPU qui, avec AMD, est l'un des rares à pouvoir faire concurrence à Intel. Depuis quelques temps, Cyrix et AMD sont en mesure de proposer des processeurs comparables à ceux d'Intel. Il y a peu, Cyrix a présenté son processeur M2, qui doit être le rival du Pentium Pro et du Pentium II. Ce processeur intègre des fonctions équivalentes à celles de la technologie MMX développée par Intel.

➡ *Voir AMD, CPU, Intel, M2, MMX, Pentium II, Pentium Pro*

C

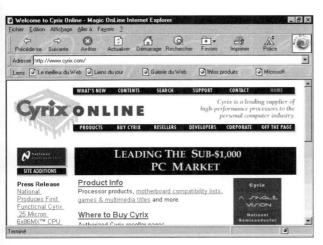

La page d'accueil du site Web de Cyrix.

D

➠ *Voir canal D, protocole D*

DAA

Sigle, abréviation de *Digital to Analog Adapter* ("adaptateur numérique-analogique"). Dispositif ou périphérique qui permet d'établir une connexion entre un système numérique et un système analogique. C'est par exemple le cas du modem, qui permet d'établir une connexion entre l'ordinateur (numérique) et le réseau téléphonique (analogique).

➠ *Voir analogique, modem, numérique*

DAB

Sigle, abréviation de *Digital Audio Broadcasting* ("diffusion audio numérique"). Standard audio lancé en 1997 pour les transmissions radiophoniques numériques.

DAB

Sigle, abréviation de *Digital Audio Broadcasting* ("diffusion audio numérique"). Standard audio créé en 1997 pour les transmissions radio numériques.

DAC

Sigle, abréviation de *Digital-Analog Converter* ("convertisseur numérique-analogique").

➠ *Voir convertisseur n/a*

DAO

Sigle, abréviation de "dessin assisté par ordinateur". Synonyme de "conception assistée par ordinateur".

➠ *Voir CAO*

DARPA

Sigle, abréviation de *Defense Advanced Resarch Projetcs Agency* ("Agence pour des projets de recherche avancés dans le domaine de la Défense"). Institut de recherche dépendant du ministère américain de la Défense créé au cours des années cinquante. Cet institut était une émanation de l'ARPA (*Advanced Research Projects Agency*, ou "Agence pour des projets de recherche avancés"). Ces deux organismes développèrent le réseau ARPAnet, prédécesseur de l'Internet.

➠ *Voir ARPAnet, Internet*

DAT

Abréviation de *Digital Audio Tape* ("bande audio numérique"). Type de lecteur de bandes issu du domaine de la hi-fi offrant une capacité et un taux de transfert très élevés. Selon le modèle, un lecteur DAT peut offrir une capacité de stockage pouvant varier de 2 à 8 Go ainsi qu'un taux de transfert situé entre 11 et 44 Mo/s.

➠ *Voir capacité de mémoire, lecteur de bandes, lecteur DAT, taux de transfert*

Data Communication Equipment

"Equipement de communication de données".

➠ *Voir DCE*

Data Terminal Equipment

"Equipement terminal pour données".

➠ *Voir DTE*

datasette

Lecteur de bandes créé pour le Commodore C64. Ce lecteur fut également utilisé sous une autre forme pour l'IBM PC sorti en 1981, qui possédait une interface permettant de connecter un enregistreur à cassettes. La cassette fut toutefois rapidement supplantée par la disquette.

➠ *Voir bande magnétique, C64, disquette*

date de base

Synonyme de *date de référence*.

➠ *Voir date de référence*

date de référence

Synonyme de "date de base". Date sur laquelle l'ordinateur se fonde pour calculer les dates ultérieures. Les ordinateurs Apple (02.01.1904) et les PC compatibles IBM

(01.01.1900) utilisent des dates de référence différentes. Pour effectuer des calculs sur des valeurs numériques, les tableurs les convertissent systématiquement en dates, ce qui explique que la date de référence soit si importante sous ces logiciels.

➡ *Voir Apple, PC*

Daylight Saving

"Mémorisation de l'heure d'été". Option du BIOS des derniers modèles de cartes mères du fabricant AMI, qui, lorsqu'elle est activée, permet de passer automatiquement à l'heure d'été le moment venu.

➡ *Voir BIOS, carte mère*

dBase

Système de gestion de bases de données (SGBD) relationnelles, lancé sur le marché par Ashton Tate en 1980 et qui devint un standard dans le domaine des SGBD pour PC. dBase permettait d'effectuer des requêtes en SQL et d'utiliser un exemple pour formuler des requêtes. Aujourd'hui, dBase n'est plus qu'un logiciel marginal, même si son format est resté un standard.

➡ *Voir base de données, système de gestion de bases de données, SQL*

DBMS

Sigle, abréviation de *Database Management System* ("système de gestion de bases de données", ou SGBD).

➡ *Voir SGBD*

DCC

Sigle, abréviation de *Device Control Characters* ("caractères de contrôle de périphériques"). Ensemble de caractères de contrôle, utilisé pour activer et désactiver les périphériques servant à effectuer des transferts de données.

➡ *Voir caractère de contrôle*

DCE

Sigle, abréviation de *Data Communications Equipment* ("équipement pour communication de données"). Terme générique désignant un modem. De la même manière, l'ordinateur auquel le modem est connecté est appelé DTE (*Data Terminal Equipment*, ou "terminal de traitement de données").

➡ *Voir modem*

DD

Sigle, abréviation de *Double Density* ("double densité"). Type de disquette caractérisé par une densité d'enregistrement double. La capacité des disquettes double densité de 3 pouces 1/2 est de 720 Ko ; celle des disquettes de 5 pouces 1/4, en revanche, est limitée à 360 Ko.

➟ *Voir densité d'enregistrement, disquette, haute densité, Ko*

DDC

Sigle, abréviation de *Display Data Channel* ("canal de données d'affichage"). Spécification d'interface vidéo définie par la VESA (*Video Electronics Standards Association*, ou "Association de normalisation électronique pour la vidéo") qui permet de transmettre à l'ordinateur des informations sur les performances et les caractéristiques du moniteur. Les canaux utilisés pour transmettre ces informations sont intégrés au câble VGA du moniteur. C'est grâce à la spécification DDC que le moniteur peut se configurer automatiquement sous Windows 95 (en mode Plug & Play). Pour cela, le moniteur doit communiquer ses caractéristiques au système d'exploitation pour permettre à la carte graphique et au moniteur de communiquer en parfaite harmonie. Il existe deux versions de spécifications DCC : les versions 2B et 2AB. Cette dernière permet de transmettre des paramètres au moniteur et, par l'intermédiaire d'un programme adéquat, de le configurer sous Windows 95.

➟ *Voir carte graphique, DDC 1, moniteur, Plug and Play, VGA*

DDC 1

Première version de la spécification DDC (*Data Display Channel*, ou "canal de données d'affichage") selon laquelle les échanges de données ne s'effectuent que dans une direction. Seul le moniteur émet des informations. Il transmet par exemple le nom du fabricant et le modèle, les fréquences d'affichage utilisées et la taille du tube cathodique. La carte graphique de l'ordinateur doit être compatible avec la spécification DCC pour comprendre ces informations et réagir en conséquence.

➟ *Voir carte graphique, DDC, moniteur*

DDC 2AB

➟ *Voir DDC*

DDE

Sigle, abréviation de *Dynamic Data Exchange* ("échange dynamique de données"). Technologie d'échange de données conçue par Microsoft, qui permet d'échanger des données d'une application à une autre. Ainsi est-il possible d'effectuer des échanges de feuilles de calcul, de documents, d'images, etc. entre un programme source (serveur) et un programme cible (client). Le document ouvert sous le programme cible reçoit en fait une copie du fichier source qui est liée au fichier original. Ainsi, si l'original est modifié, la copie liée se met à jour automatiquement (dynamiquement) pour refléter les modifications. Le standard DDE est le prédécesseur du standard OLE.

➠ *Voir client, client-serveur, serveur*

débit

➠ *Voir débit de données*

débit de données

Quantité de données transmises. Contrairement aux taux de transfert de données, le débit de données ne prend en compte que les données elles-mêmes, et non les éléments ajoutés tels que les bits de départ et d'arrêt, utilisés pour définir les paquets de données, ni les bits de contrôle, utilisés pour calculer les sommes de contrôle. Le débit de données se mesure en caractères par seconde (cps), alors que le taux de transfert de données se mesure en bit/s (bps).

➠ *Voir bps, bit de contrôle, cps, CRC, somme de contrôle, taux de transfert de données*

débit en bauds

Débit de transmission de données d'un modem, exprimé en bauds.

débogage

Correction des erreurs commises au cours de la phase de développement d'un programme. Cette opération s'effectue généralement à l'aide d'un programme spécial appelé "débogueur".

➠ *Voir bogue*

débogueur

Programme conçu pour détecter les erreurs (bogues) dans les programmes en cours de développement. Pour utiliser un débogueur, il faut faire fonctionner le programme à tester à l'intérieur de l'interface du débogueur. Il est alors possible de faire s'arrêter le programme au niveau de points prédéfinis appelés "points d'arrêt", ou encore de le faire s'exécuter d'une traite. Les débogueurs offrent en outre généralement la possibilité de définir des variables, des registres et d'autres informations apparentées. Ils font désormais partie intégrante de la plupart des environnements de programmation.

➠ *Voir débogage, point d'arrêt*

débordement

Synonyme de "dépassement".

➟ *Voir dépassement*

début

En anglais : *home*. Touche située entre les touches Inser et Pg. Haut (ou Pg. Up) du clavier et qui peut porter le pictogramme (HOMFL) ou (Origine). Cette touche permet de faire revenir automatiquement le curseur au niveau du tout début de la première ligne d'un document.

➟ *Voir clavier, curseur, document*

DEC
http://www.digital.com

Sigle, abréviation de *Digital Equipment Corporation* ("société pour les équipements numériques"). Fabricant américain de matériel et de logiciels informatiques sis à Maynard. La société DEC est connue notamment pour ses stations de travail et ses serveurs reposant sur processeurs RISC Alpha, mis au point par ses propres laboratoires, ainsi que pour son moteur de recherche pour Internet Alta Vista, accessible à l'adresse : **http://www.ata-vista.com**.

➟ *Voir Alpha, RISC, serveur*

décentralisation

Délocalisation des tâches habituellement prises en charge par le serveur de traitement central d'un réseau vers les différentes stations de travail du réseau.

➟ *Voir réseau, serveur, station de travail*

décimal

➟ *Voir système décimal*

décisionnaire

➟ *Voir arbre décisionnaire*

décodeur Internet

Synonyme de "terminal Internet".

➟ *Voir terminal Internet*

déconnexion

Synonyme de "fermeture de session".

➠ *Voir fermeture de session*

décrémenter

Faire diminuer une valeur d'une unité dont la valeur a été définie au préalable (cette unité est généralement 1). En programmation, il est possible de décrémenter une variable, une adresse ou encore un registre, et cette opération s'effectue généralement à l'aide d'une boucle.

➠ *Voir adresse, boucle, registre, variable*

décryptage

Opération visant à décoder des données qui ont été codées afin de les protéger. Lorsque le décryptage est illégal, on parle de "piratage".

dedicated line

"Ligne dédiée".

➠ *Voir ligne dédiée*

dédié

Qualifie un serveur spécialisé dans la réalisation d'une tâche précise au sein d'un réseau, qu'il s'agisse d'un serveur d'impression ou d'un serveur de réseau local (LAN). Par définition, ce type de serveur ne peut pas être utilisé comme station de travail.

➠ *Voir LAN, serveur d'impression, station de travail*

défaut

➠ *Voir par défaut*

défiler

➠ *Voir faire défiler*

défragmentation

Regroupement des blocs de fichiers qui se dispersent naturellement sur les supports de données (les disques durs, par exemple) fonctionnant sous un système d'exploitation utilisant un système de fichiers de type FAT. Pour stocker les fichiers, la FAT doit souvent les morceler en blocs appelés "clusters". Elle commence en effet toujours par occuper le premier cluster libre, après quoi elle cherche le cluster libre suivant (même si le cluster libre suivant n'est pas situé juste après le cluster libre précédent). Le va-et-vient permanent de fichiers (correspondant aux opérations de création et de suppression de fichiers) amène les données à être de plus en plus fragmentées. La défragmentation consiste à parcourir le support de stockage (le disque dur, par exemple) et à regrouper les blocs de données se rapportant à un même fichier pour les écrire les uns à la suite des autres. Les logiciels de défragmentation peuvent soit faire partie intégrante du système d'exploitation (ce qui est le cas du programme Défragmenteur de disque de Windows 95), soit avoir été conçus par des fabricants tiers (ce qui est le cas de Speed Disk, de Norton). Les nouveaux systèmes d'exploitation qui utilisent un autre système de fichiers que la FAT (tels que les systèmes NTFS, de Windows NT, ou encore FAT32, de Windows 95 OSR2) n'entraînent pas de défragmentation des fichiers.

➠ *Voir cluster, FAT, FAT32, support de stockage, système de fichiers, système d'exploitation*

degaussing

"Démagnétisation".

➠ *Voir démagnétisation*

délai d'exécution

Synonyme de "temps de réponse".

➠ *Voir temps de réponse*

Dell

http://www.us.dell.com

Fabricant américain d'ordinateurs qui, avec Gateway 2000, fait partie des distributeurs par vente directe les plus importants au monde. Dell fabrique des portables, des PC, des stations de travail et même des serveurs haut de gamme. Tous les ordinateurs destinés au marché européen sont fabriqués en Irlande.

➠ *Voir Gateway 2000, portable, PC, serveur, station de travail*

déloguer (se)

➠ *Voir fermeture de session*

Delphi

Environnement de programmation visuel qui permet de créer des programmes pour Windows. Delphi rappelle à certains égards l'environnement de développement de Visual Basic, mais repose sur le Pascal. C'est un produit fabriqué par Borland.

➠ *Voir Borland, Pascal, Visual Basic*

Delrina

http://www.delrina.com

Fabricant canadien de logiciels, particulièrement connu pour ses programmes de télécommunications et notamment pour son logiciel de modem WinFax Pro (qui en est actuellement à la version 7.0) et sa suite de programmes Delrina CommSuite, qui intègre différents programmes de modem très utiles. En 1996, Delrina a été racheté par Symantec.

➠ *Voir Symantec, transmission de données*

D

La page d'accueil du site Web de Dell.

démagnétisation

Suppression des champs magnétiques parasites qui affectent parfois les moniteurs et qui peuvent entraîner une déformation des couleurs. La plupart des moniteurs modernes sont équipés d'un bouton de démagnétisation.

➠ *Voir écran, moniteur*

démarrage

En anglais : *boot*. Synonyme de "lancement et de initialisation".
1. En parlant de l'ordinateur, initialisation du système d'exploitation.
2. En parlant d'un programme, activation de la routine d'initialisation du programme.

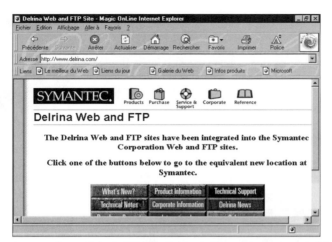

La page d'accueil du site Web de Delrina indique clairement que le fabricant canadien a été racheté par Symantec.

démarrage à chaud

Réinitialisation de l'ordinateur par la combinaison de touches [Ctrl] + [Alt] + [Maj]. Lorsque l'ordinateur redémarre, le BIOS n'exécute pas les routines de vérification initiales, et le système d'exploitation se charge par conséquent immédiatement.

➠ *Voir Reset*

démarrage à froid

Démarrage de l'ordinateur déclenché par une pression sur l'interrupteur de mise sous tension, ou redémarrage de l'ordinateur déclenché par une pression sur le bouton Reset. Lors d'un démarrage à froid, le BIOS se recharge et l'autotest de mise sous tension (POST) s'exécute. La touche Reset reste souvent la seule solution lorsque l'ordinateur est irrémédiablement bloqué, et qu'il n'est plus possible de le faire redémarrer à chaud.

➠ *Voir BIOS, démarrage à chaud, démarrer, POST, Reset*

Démarrer

Nom d'un menu qui, sous Windows 95 et Windows NT, permet d'accéder très confortablement à la plupart des programmes installés sur le disque dur de l'ordinateur. Pour accéder à ce menu, il suffit de cliquer sur le bouton du même nom situé à l'extrémité gauche de la barre des tâches, elle-même située le long du bord inférieur de l'écran. Les claviers conçus spécialement pour Windows 95 permettent aussi d'accéder directement au menu

Démarrer à l'aide de l'une des deux touches situées de part et d'autre de la barre d'espace (qui représentent la fenêtre utilisée comme emblème pour Windows 95). Sur les claviers classiques, il faut utiliser la combinaison de touches [Ctrl] + [Echap] pour faire apparaître le menu Démarrer. Le sous-menu Documents contient les derniers documents utilisés. Pour rouvrir l'un d'eux, il suffit de cliquer dessus. Windows ouvre alors le document sous l'application qui a servi à le créer. Le sous-menu Paramètres permet d'accéder aux paramètres du Panneau de configuration, des imprimantes et de la barre des tâches. Le sous-menu Rechercher permet de rechercher un fichier sur le disque dur de l'ordinateur local ou de localiser un ordinateur au sein d'un réseau. Le sous-menu Exécuter permet d'activer n'importe quel programme. C'est par l'intermédiaire de ce sous-menu que s'effectue l'installation de la plupart des programmes livrés sur disquettes. Le sous-menu Barre des tâches permet de modifier le nom des programmes qui apparaissent dans le menu Démarrer, ou encore d'ajouter ou de supprimer des noms. Tous les noms de ce sous-menu sont aussi accessibles depuis l'Explorateur, dans le sous-dossier Démarrer du dossier Windows. Dans la pratique, il est d'ailleurs beaucoup plus rapide de passer par l'Explorateur pour modifier le menu Démarrer. Enfin, pour ajouter un programme au menu Démarrer, il est aussi possible de cliquer sur son nom sous l'Explorateur et de le faire glisser jusqu'au bouton Démarrer.

➠ *Voir Windows 95*

Le menu Démarrer permet d'accéder à la quasi-totalité des programmes de l'ordinateur.

demi-additionneur

Circuit électronique qui ajoute deux valeurs binaires, mais qui ne tient pas compte des chiffres après la virgule d'un nombre résultant d'une opération passée.

➠ *Voir additionneur, additionneur complet*

demi-duplex

Synonyme de "mode bidirectionnel alterné". Mode de transmission de données qui ne permet d'envoyer des données que dans un sens simultanément, mais qui permet d'alterner entre les modes émission et réception.

➠ *Voir transfert de données*

demi-octet

Synonyme de "quartet".

➠ *Voir quartet*

demi-ton

Procédé qui permet de faire varier la densité d'impression d'une imprimante monochrome (à jet d'encre ou laser) pour créer des niveaux de gris. L'imprimante place ainsi côte à côte des points d'impression d'épaisseur variable. Deux critères sont particulièrement importants pour la création des demi-tons : la résolution de l'imprimante (exprimée en ppp) et le procédé de tramage utilisé. Dans la pratique, il n'y a guère que les imprimantes à thermo-sublimation qui soient capables de créer des niveaux de gris réels.

➠ *Voir imprimante thermique, ppp*

démultiplexeur

Appareil qui, au terme d'une transmission de données, a comme rôle de subdiviser en plusieurs canaux logiques des signaux regroupés au sein d'un même canal de transmission physique. Le démultiplexeur joue le rôle inverse du multiplexeur, qui a comme fonction de regrouper en un flux unique de données des signaux issus de différents canaux.

➠ *Voir multiplexage fréquentiel, multiplexage temporel, multiplexeur*

densité

Quantité d'informations maximale susceptible d'être enregistrée sur une disquette – ou sur tout autre support de stockage, dans l'absolu. Il existe aujourd'hui trois types de densité de disquettes : DD (*double density*, ou "double densité"), HD (*high density*, ou "haute densité") et EHD (*Extra High Density*, ou "extra-haute densité"). Les disquettes HD sont les plus utilisées.

➠ *Voir double densité, haute densité, support de stockage*

densité d'enregistrement

Quantité maximale d'informations, susceptible d'être stockée au sein d'une unité linéaire d'une piste d'un support de stockage (d'une disquette, par exemple). Cette densité est généralement exprimée en bits par pouce.

➠ *Voir bit par pouce, piste, support de stockage*

densité de données

Synonyme de "densité d'enregistrement".

➠ *Voir densité d'enregistrement*

dépannage

En anglais : *troubleshooting*. Diagnostic et correction des anomalies qui perturbent le fonctionnement d'un logiciel ou d'un élément matériel. En cas de dysfonctionnement d'une carte graphique, par exemple, il suffit souvent de changer de pilote.

dépassement

Synonyme de "débordement". Incident qui survient lorsqu'un composant matériel ou logiciel donné excède une limite fixée. Il se produit un dépassement, par exemple, lorsqu'un processus utilise plus de mémoire que la quantité attribuée au départ, ou lorsqu'un calcul sur des nombres à virgule flottante ne respecte pas la plage de valeurs acceptables.
Les programmes tendent à planter en cas de dépassement. Dans les cas les plus favorables, le dépassement est intercepté par une routine de détection d'erreurs.

dépassement de temps

Erreur provoquée par un dépassement de l'intervalle de temps prévu pour une opération donnée. Presque tous les systèmes de transfert ou de transmission de données nécessitent que le destinataire envoie un accusé de réception. Lorsque cet accusé de réception n'est pas envoyé dans l'intervalle de temps prévu, un dépassement de temps survient et interrompt le transfert ou la transmission prématurément.

➠ *Voir protocole de transfert*

dérouleur de bandes

Synonyme de "lecteur de bandes" et de *streamer*

➠ *Voir lecteur de bandes*

désactivation du moniteur

Fonction permettant à l'ordinateur de désactiver automatiquement le moniteur au terme d'une certaine période d'inactivité. Cette fonction s'inscrit dans la lignée des différents systèmes d'économie d'énergie et notamment du système DPMS, utilisé dans le monde entier. La période d'inactivité au terme de laquelle le moniteur doit être désactivé peut être paramétrée soit depuis le BIOS, soit depuis le système d'exploitation. La désactivation s'effectue en fait en trois étapes. Dans un premier temps, le moniteur se met en mode veille (stand-by), après quoi il bascule en mode sommeil (sleep) pour être ensuite totalement désactivé (power-off). La consommation d'électricité, qui est à l'origine d'environ 30 watts, est ainsi ramenée entre 5 et 10 watts.

➡ *Voir BIOS, DPMS, gestion d'énergie, système d'exploitation*

désassembleur

Programme qui permet de reconvertir un autre programme écrit en langage machine en code assembleur. Le code assembleur ainsi obtenu peut ensuite être utilisé pour analyser le programme.

➡ *Voir assembleur, langage machine*

Designer

Application graphique vectorielle fabriquée par Micrografx.

➡ *Voir Micrografx*

desktop

"Bureau". Type de boîtier d'ordinateur conçu pour être posé à plat (horizontalement) sur le plan de travail, contrairement aux boîtiers en forme de tour, qui sont conçus pour être posés verticalement.

➡ *Voir boîtier, tour*

Desktop Publishing

"Publication assistée par ordinateur".

➡ *Voir PAO*

désinstalleur

Programme conçu pour désinstaller un programme. Le désinstalleur joue donc le rôle inverse du programme d'installation. Son travail consiste à supprimer non seulement le répertoire créé pour le programme, mais aussi tous les fichiers, .DLL et autres, ajoutés au dossier Windows. Il doit également effacer des fichiers .INI les entrées correspondant aux fichiers supprimés. Il existe également des désinstalleurs extrêmement complexes conçus pour tenir un journal de chaque installation effectuée sur le disque dur. La désinstallation suit la procédure inverse de celle qui est enregistrée dans le journal. Si aucun journal d'installation n'est créé et que le programme ne possède pas de désinstalleur, une désinstallation "propre" sera extrêmement laborieuse, sinon impossible.

➠ *Voir installer*

détection d'erreurs

Interception des erreurs survenant au cours d'un transfert de données. Cette opération peut s'effectuer à l'aide de différentes méthodes telles que la somme de contrôle, l'écho, etc.

➠ *Voir écho, somme de contrôle*

détourage

Fonction disponible sous la plupart des palettes graphiques, qui permet de réaliser un rectangle à l'écran pour indiquer au programme quelle partie de l'image supprimer et quelle partie conserver. Lorsque le détourage est pris en charge par les éléments matériels de la carte graphique, il suffit que la puce graphique ait pris connaissance des coordonnées du rectangle de sélection pour qu'elle sache quelle partie de l'image conserver et quelle partie supprimer. La partie de l'image située à l'extérieur du rectangle réalisé à l'écran est supprimée, tandis que celle qui est située à l'intérieur est conservée.

➠ *Voir fonctions 3D, imagerie 3D, standards 3D, OpenGL*

détournement d'adresse Web

En anglais : *Web-spoofing*. Forme de criminalité informatique qui consiste pour un pirate à détourner l'adresse d'une page Web très appréciée des utilisateurs vers son propre serveur. Avec ce système, dès qu'un utilisateur sélectionne la page Web dont l'adresse a été détournée, l'ensemble du trafic HTTP intervenant entre son propre ordinateur et le serveur Web est en fait détourné vers le serveur du pirate, appelé serveur d'interception. L'utilisateur dupé ne se rend généralement pas compte que toutes les adresses qu'il sélectionne commencent en fait par l'adresse IP du serveur d'interception.

Ce système permet au pirate de stocker et lire toutes les données transférées par l'utilisateur, et notamment des informations confidentielles telles que des mots de passe ou des numéros de cartes bancaires.

Si, par la suite, l'utilisateur se connecte une nouvelle fois au site Web à l'aide d'un signet qu'il a défini précédemment, il est de nouveau relié automatiquement au serveur d'interception du pirate sans le savoir.

La barre d'état du navigateur Web permet certes, en principe, de lire l'adresse vers laquelle le trafic est détourné, mais le pirate peut aussi neutraliser cette adresse à l'aide d'un script Java. Pour être bien certain que l'adresse d'un site Web n'a pas été détournée vers un autre serveur, il faut absolument examiner attentivement les données de contrôle qui accompagnent les documents transmis.

➠ *Voir pirate*

Deutsches Institut für Normung

Institut allemand pour la normalisation, en allemand (DIN).

➡ *Voir DIN*

développement

Activité consistant à créer des programmes informatiques. Le développement d'un logiciel se décompose en quatre phases essentielles :
- L'analyse du problème. Cette phase consiste à identifier le problème que le logiciel doit permettre de résoudre.
- La phase de définition. Durant cette phase, le problème identifié précédemment est subdivisé en sous-problèmes plus faciles à résoudre.
- La phase d'implémentation. Durant cette phase, les sous-problèmes sont résolus, codés et réunis pour former une solution commune.
- La phase de test. Le programme créé à partir de la solution commune est soumis à une série de tests visant à détecter le maximum de dysfonctionnements possibles et à y remédier. Pour que les tests puissent être effectués sur le maximum de configurations informatiques, le produit est généralement distribué gratuitement sous forme de version bêta à un certain nombre de testeurs qui doivent faire part aux développeurs des dysfonctionnements qu'ils remarquent sur leur configuration informatique. Une fois ces dysfonctionnement identifiés et résolus, le programme est prêt à être commercialisé.

➡ *Voir bêta, système de développement de logiciels*

développement

➡ *Voir système de développement*

déverminage

En anglais : *burn-in*. Test consistant pour un fabricant de matériel informatique à soumettre ses produits à une activité intense pendant une période prolongée afin d'en vérifier la fiabilité et la conformité au cahier des charges. Si l'appareil continue de fonctionner normalement au terme du test, c'est qu'il est fiable.

➡ *Voir matériel, périphérique, PC*

device

"Périphérique".

➡ *Voir périphérique*

Device Control Characters

"Caractères de contrôle de périphériques".

➩ *Voir DCC*

DGPT

Abréviation de "Direction générale des postes et télécommunications". Organisme habilité à agréer les appareils de télécommunication destinés au marché français.

Dhrystone

Programme de test de performances techniques (ou *benchmark*) conçu pour tester les CPU.

➩ *Voir benchmark, CPU, Whetstone*

diagnostic

➩ *Voir utilitaire de diagnostic*

diagnostiqueur

➩ *Voir utilitaire de diagnostic*

diagramme

Schéma qui permet de représenter des chiffres et des tableaux sous une forme graphique. Les diagrammes peuvent être représentés en deux ou en trois dimensions. On distingue les diagrammes à courbes, à bâtons (histogrammes), à nuages de points et à secteurs (camemberts).

➩ *Voir camembert, diagramme à courbes, diagramme à lignes, diagramme à points, tableau*

diagramme à courbes

Diagramme qui représente les valeurs sous forme de courbes reliant les différents points. Les diagrammes à courbes servent généralement à présenter des tendances statistiques (des cours boursiers, par exemple).

➩ *Voir diagramme*

diagramme à lignes

Diagramme qui représente les valeurs sous forme de segments de lignes reliant les différents points. Les diagrammes à courbes servent généralement à présenter des tendances statistiques (des cours boursiers, par exemple). Les valeurs intermédiaires (situées entre les points utilisés pour tracer les segments) ne peuvent pas être représentées sur les diagrammes de ce type.

➠ *Voir camembert, diagramme, diagramme à courbes*

diagramme à points

Digramme sur lequel les valeurs sont représentées par des points dans un système de coordonnées à deux dimensions. Les diagrammes à points servent essentiellement à représenter des valeurs concrètes.

➠ *Voir diagramme*

diagramme à secteurs

Synonyme de "camembert".

➠ *Voir camembert*

diagramme circulaire

Synonyme de "camembert".

➠ *Voir camembert*

dialecte

Légère variante syntaxique d'un langage de programmation existant.

➠ *Voir langage de programmation, syntaxe*

dialogue

➠ *Voir boîte de dialogue, orienté dialogue*

DIANE

Sigle, abréviation de *Direct Information Access Network Europe* ("Europe du réseau d'accès direct aux informations"). Association d'exploitants de bases de données reliés par le réseau EuroNet.

➠ *Voir base de données, EuroNet*

didacticiel

1. Petit programme livré avec un logiciel pour en présenter les fonctions. Les didacticiels s'appuient généralement sur des exemples très concrets. La plupart des logiciels actuels sont livrés avec un didacticiel.
2. Synonyme de "logiciel pédagogique". Logiciel conçu pour transmettre un savoir à l'utilisateur ou pour le former à un travail donné. Les didacticiels sont particulière-

D

ment nombreux dans le domaine des mathématiques et des langues. Les didacticiels actuels sont généralement multimédias, ce qui signifie que, outre du texte, l'utilisateur peut voir sur son écran des images et des sources d'interaction telles que des séquences vidéo et des animations, et qu'il peut par ailleurs entendre du son (de la musique et des séquences vocales). Les programmes d'apprentissage modernes de langues étrangères intègrent non seulement des séquences vidéo présentant le pays et ses habitants, mais aussi des fichiers de prononciation. Ils permettent même souvent à l'utilisateur de contrôler sa propre prononciation.

D

Didot

➠ *Voir point*

dièse

Caractère spécial représenté par la touche [#]. Aux Etats-Unis, ce symbole est synonyme de "numéro".

➠ *Voir caractère spécial*

diffusion

Transmission et communication, au sein d'un réseau, de messages ou de tout autre type de données à l'ensemble des nœuds du réseau.

➠ *Voir nœud de réseau, réseau*

digit binaire

➠ *Voir bit*

digital

Synonyme de "numérique".

➠ *Voir numérique*

Digital Audio Broadcasting

"Diffusion audio numérique".

➠ *Voir DAB*

Digital Audio Tape

"Bande audio numérique".

➠ *Voir DAT*

Digital Signal Processor

"Processeur de signaux numériques".

➠ *Voir DSP*

Digital Simultaneous Voice Data

D

"Voix-données simultanées numériques".

➠ *Voir DSVD*

Digital to Analog Adapter

"Adaptateur numérique-analogique".

➠ *Voir DAA*

Digital Versatile Disk

"Disque numérique polyvalent".

➠ *Voir DVD*

Digital Video

"Vidéo numérique".

➠ *Voir DV*

digitalisation

Synonyme de "numérisation".

➠ *Voir numérisation*

DIL

Sigle, abréviation de *Dual In-Line* ("module à deux rangées de contacts"). Module, ou barrette, à deux rangées de contacts (ou pistes). Lorsqu'il s'agit de modules de mémoire, on parle de modules DIMM (*Dual Inline Memory Module*, ou "module de mémoire à deux rangées de contacts"). Ces modules s'opposent aux modules SIMM (*Single Inline Memory Module*, ou "module de mémoire à rangée de contacts unique") qui sont toujours les plus utilisés aujourd'hui, notamment sur le PC. Les modules DIMM sont utilisés sur les Apple Macintosh (notamment sur les modèles de la série PowerMac).

➠ *Voir Apple, DIMM, SIMM*

DIMM

Sigle, abréviation de *Dual In-Line Memory Module* ("module de mémoire à deux rangées de contacts"). Nouveau type de module de mémoire qui possède deux rangées de 168 contacts et qui offre un accès mémoire en 64 bits (ce que permettent les Pentium actuels). Les modules de mémoire SDRAM sont des exemples de modules DIMM. Les modules de mémoire de type SIMM (PS/2), qui sont toujours les plus utilisés actuellement, ne possèdent pour leur part qu'une rangée de 72 contacts, ce qui limite l'accès mémoire à 32 bits. Alors que, dans le cas de la mémoire SIMM (PS/2), il faut deux modules (2×32) pour remplir un banc, dans le cas de la mémoire DIMM, un module suffit (1×64).

➠ *Voir banc de mémoire, bit, PS/2, SIMM, SDRAM*

D

DIN

Sigle, abréviation de *Deutsches Institut für Normung* ("Institut allemand pour la normalisation", en allemand). Institut en charge de l'élaboration des normes en Allemagne. Cet institut est l'équivalent de l'AFNOR en France. Il est connu pour ses standards de formats de papier DIN A3, DIN A4, DIN A5, etc. Dans le domaine de l'informatique, il a défini des standards de connecteurs, des normes réglementant le poste de travail des personnes qui travaillent sur ordinateur ainsi que des standards de transmission de messages électroniques.

diode électroluminescente

En anglais : *light-emitting diode* (LED). Composant électronique qui émet de la lumière. Pour émettre cette lumière, la diode utilise l'effet de luminescence des matériaux semi-conducteurs. Cet effet libère de l'énergie lorsque les électrons situés à un niveau énergétique élevé retombent à un niveau moins élevé. Cette énergie se matérialise notamment par de la lumière. Cette lumière est pratiquement parfaitement monochromatique (d'une seule couleur). Selon le matériau semi-conducteur utilisé, elle peut atteindre une longueur d'onde de 180 nm (bleu) à 3 400 nm (infrarouge). Les diodes électroluminescentes se caractérisent par un coût très faible et par une longévité très importante. Elles peuvent en outre être de différentes formes, ce qui explique qu'elles soient utilisées à des fins très diverses. Elles sont par exemple utilisées comme témoins lumineux sur un grand nombre d'appareils électroniques (moniteurs, lecteurs de disquettes, etc.), mais aussi comme émetteurs de rayons infrarouges pour transmettre des signaux sur différents appareils sans fil (souris sans fil, port infrarouge pour ordinateur portable, etc.).

➠ *Voir imprimante à LED, IrDA, portable*

diode Zener

Type de diode utilisée dans les systèmes de régulation. Dès que la tension à laquelle la diode est soumise dépasse une valeur donnée (le seuil de rupture), la diode devient conductrice. La limite entre le stade où la diode est conductrice est celui où elle n'est plus conductrice est très faible.

➠ *Voir LED*

DIP

Sigle, abréviation de *Dual Inline Package* ("boîtier à deux rangées de broches"). Circuit intégré dont le boîtier est bordé de deux rangées de broches (ou pattes). Les modules de mémoire cache de niveau 2 (de type SRAM) qui équipent les cartes mères sont des exemples de modules DIP. Les modules DIP s'opposent aux modules SIP (*Single In-Line Package*, ou "boîtier à rangée de broches unique"), qui ne possèdent qu'une rangée de broches.

➡ *Voir cache, carte mère, mémoire cache de niveau 2, SIP, SRAM*

DIP-switch

"Micro-interrupteur".

➡ *Voir micro-interrupteur*

Direct Information Access Network Europe

"Europe du réseau d'accès direct aux informations".

➡ *Voir DIANE*

Direct Memory Access

"Accès mémoire direct".

➡ *Voir DMA*

Direction générale des postes et télécommunications

➡ *Voir DGPT*

directory

"Répertoire".

➡ *Voir répertoire*

DirectPC

Service par satellite proposé par Olivetti Hughes. Outre différents services spécifiques des technologies par satellite, DirectPC offre un accès à l'Internet. La formule Turbo Internet permet à l'utilisateur de recevoir des données à un débit de 400 Kbit/s (soit plus de six fois le débit offert par une ligne RNIS). La technologie RNIS offre par ailleurs un taux de transfert de données pouvant atteindre 7,8 Ko/s, alors que, dans le cas de Turbo Internet, ce taux peut théoriquement atteindre 46,8 Ko/s. Dans la pratique, toutefois, il ne dépasse guère 30 Ko/s, ce qui tient essentiellement au fait que l'Internet lui-même offre des possibilités relativement limitées en matière de transfert de données.

➠ *Voir Internet, RNIS, taux de transfert de données*

DirectX

Interface de programmation d'applications (API) normalisée, créée par Microsoft, qui permet aux programmes dotés des pilotes appropriés d'accéder rapidement aux composants matériels de l'ordinateur. DirectX n'est en fait qu'un terme générique désignant différentes interfaces de programmation : Direct3D pour les fonctions 3D, DirectSound pour la restitution du son, DirectDraw et DirectVideo pour les images 2D et la vidéo (et notamment pour la fonction d'incrustation) et DirectInput pour le contrôle des périphériques d'entrée (des joysticks, par exemple). L'interface DirectDraw remplace en même temps le procédé DCI de Windows 3.x. Les fonctions DirectX sont utilisées principalement pour optimiser la programmation de jeux sous Windows 95 et Windows NT.

➠ *Voir API, incrustation, fonctions 3D*

disabled

"Désactivé". Contraire d'*enabled* ("activé").

➠ *Voir enabled*

Disconnect

"Déconnecter". Signal électrique généré pour interrompre une connexion telle qu'une liaison établie entre une station de travail et son réseau, ou encore un ordinateur et un service en ligne.

➠ *Voir Connect*

disk array

"Batterie de disques".

➠ *Voir batterie de disques*

Disk Operating System

"Système d'exploitation pour disque".

➠ *Voir DOS*

disk-at-once

"Disque d'une traite".

D

Display Data Channel

"Canal de données d'affichage".

➠ *Voir DDC*

Display Power Management Signalling

"Signalisation de gestion d'énergie pour écrans".

➠ *Voir DPMS*

disque d'une traite

En anglais : *disk-at-once*. Option disponible sous les logiciels de gravage de CD-ROM, qui permet de graver un CD entier en une seule fois, et non piste par piste.

➠ *Voir CD-ROM, graveur, piste par piste*

disque de mission

CD-ROM (ou disquette) conçu pour compléter un jeu déjà commercialisé (un simulateur de vol, un jeu d'action, un jeu de stratégie, etc.) afin d'y ajouter de nouveaux niveaux, de nouvelles scènes ou de nouvelles missions. Dans le cas du jeu Flight Simulator de Microsoft, il s'agit de disquettes (intitulées *Scenery Disks*) qui contiennent de nouvelles scènes.

➠ *Voir CD-ROM, disquette, jeu*

disque de RAM

Synonyme de "disque virtuel". Disque dur "virtuel" créé à partir d'une certaine quantité de mémoire vive. Il autorise le stockage temporaire de données. Les disques virtuels offrent un taux de transfert quasi égal à celui de la mémoire vive utilisée. Par rapport à un disque dur normal, le disque virtuel accélère l'accès aux données. Inconvénient majeur : en cas d'arrêt intempestif ou de réinitialisation, toutes les données sont perdues.

➠ *Voir RAM*

disque dur

Support de stockage magnétique qui permet de stocker des données numériques de manière aléatoire (et non séquentielle). Le boîtier du disque dur renferme un axe autour duquel tournent plusieurs plateaux recouverts des deux côtés par une couche magnétique. Ces plateaux sont bordés de part et d'autre par des têtes de lecture-écriture qui permettent d'écrire des données sur les plateaux, puis de les lire. Ces têtes ne sont distantes que de quelques millimètres de la surface des plateaux. Elles sont fixées sur des bras qui se déplacent eux aussi autour d'un axe. La mobilité des têtes et la rotation des plateaux permettent d'accéder à chacun des points des plateaux. La capacité des disques durs actuels varie de 500 Mo à 6 Go. Les plateaux, les têtes de lecture-écriture et les échanges de données sont

D

contrôlés par une carte contrôleur électronique intégrée au disque dur appelée "carte logique". Les cartes logiques actuelles n'utilisent plus que les standards IDE, EIDE ou SCSI.

➠ *Voir contrôleur, EIDE, SCSI, IDE, inductif, ve, support de stockage, tête de lecture-écriture*

L'intérieur d'un disque dur.

disque dur amovible

Disque dur placé dans un boîtier spécial qui permet de l'extraire de l'unité centrale et de le remplacer par un autre disque, de la même manière qu'un support de stockage tel qu'une disquette.

➠ *Voir disque dur*

disque optique

Support de stockage qui offre une capacité de stockage largement supérieure à celle d'une disquette magnétique (20,8 Mo généralement). Les disques optiques sont enregistrés à l'aide d'un servosystème spécial qui positionne la tête de lecture-écriture à l'aide d'un rayon laser. Ce rayon est guidé par des marques concentriques placées sur le disque optique lors de sa fabrication. Ces marques permettent d'atteindre une densité d'enregistrement largement supérieure à celle d'une disquette classique.

➠ *Voir laser, lecteur de disquettes, tête de lecture-écriture*

disque virtuel

Synonyme de "disque de RAM".

➠ *Voir disque de RAM*

disquette

Support de stockage magnétique amovible. Dans l'univers du PC, le format de disquette le plus répandu est le format de 3 pouces 1/5 d'une capacité de 1,44 Mo. Ce format pourrait toutefois être supplanté par le format de 3 pouces 1/5 d'une capacité de 2,88 Mo. Certains ordinateurs utilisent toujours des disquettes de 5 pouces 1/4 d'une capacité de 1,2 Mo mais ce format est en voie de disparition.

➠ *Voir double densité, haute densité, support de stockage*

Une disquette de 3 pouces 1/2 – format qui est encore aujourd'hui le standard en matière de disquettes.

disquette de boot

Synonyme de "disquette de démarrage".

➠ *Voir disquette de démarrage*

disquette de démarrage

Synonyme de "disquette de boot" et de "disquette système". Disquette qui permet de charger le système d'exploitation de l'ordinateur. Le premier secteur de la disquette – le secteur amorce – contient le chargeur d'amorce, qui est appelé une fois que le BIOS a démarré. Le chargeur d'amorce cherche à son tour les autres programmes essentiels du système d'exploitation. Dans le cas de MS-DOS, il s'agit des fichiers MSDOS.SYS et IO.SYS et de l'interpréteur de commandes COMMAND.COM. Outre ces fichiers, la disquette système doit de préférence contenir les fichiers CONFIG.SYS et AUTOEXEC.BAT, qui ont comme fonction de charger les pilotes et de définir les variables d'environnement.

D

➠ *Voir AUTOEXEC.BAT, BIOS, chargeur d'amorce, CONFIG.SYS, démarrage, disquette, interpréteur de commandes, pilote, secteur amorce, système d'exploitation*

disquette de données

Disquette qui ne contient que des données (telles que du texte, des images, des feuilles de calcul, etc.) et non des programmes exécutables.

➠ *Voir disquette, programme exécutable*

disquette système

➠ *Voir disquette de démarrage*

distorsion

Modification non voulue de l'amplitude ou de la fréquence d'un signal. Les distorsions ont parfois des effets très néfastes sur les transmissions de données. Elles peuvent avoir différentes origines.

➠ *Voir transfert de données*

DLL

Sigle, abréviation de *Dynamic Link Library* ("bibliothèque de liens dynamique"). Bibliothèque d'objets qui peut être chargée dynamiquement (c'est-à-dire suivant les besoins). Dès lors qu'une bibliothèque est chargée, plusieurs programmes peuvent y accéder simultanément. Le principe des bibliothèques DLL a été mis au point par Microsoft et est utilisé pour Windows et OS/2.

➠ *Voir bibliothèque, OS/2, Windows*

DMA

Sigle, abréviation de *Direct Memory Access* ("accès mémoire direct"). Mode d'accès à la mémoire qui permet de ne pas passer par le CPU, et de soulager ainsi celui-ci. Pour soulager le CPU, le contrôleur DMA prend lui-même le contrôle des différents périphériques de l'ordinateur (tels que le lecteur de disquettes). Il dispose à cet effet de différents canaux (jusqu'à huit) appelés "canaux DMA", réservés chacun à un périphérique donné, et qui lui permettent d'accéder directement à chacun des périphériques concernés. Les transferts de données effectués par l'intermédiaire de ces canaux sont séquentiels, ce qui signifie qu'il n'est pas nécessaire de créer une adresse pour chaque mot de données transmis. Il est au contraire possible de transmettre toute une série de mots de données apparentés à partir d'une même adresse de départ.

➡ *Voir adresse, adresse de départ, carte mère, CPU, contrôleur DMA, mot de données, périphérique*

D

Affectation type des canaux DMA d'un PC

Canal	DMA	Fonction
0	(8 bits)	Utilisation interne (libre, sur beaucoup de PC)
1	(8 bits)	Libre
2	(8 bits)	Lecteur de disquettes
3	(8 bits)	Libre
4	(8 bits)	Utilisation interne
5	(16 bits)	Libre
6	(16 bits)	Libre
7	(16 bits)	Libre

DNS

Sigle, abréviation de *Domain Name Server* ("serveur de noms de domaine"). Serveur dont la charge est de convertir les adresses symboliques (**www.quelquechose.com**) en adresses IP réelles. La base de données d'un serveur DNS est actualisée en continu.

➡ *Voir adresse IP, adresse symbolique, Internet, InterNIC*

docking station

"Station d'accueil".

➡ *Voir station d'accueil*

document

Fichier créé par l'utilisateur dans une application. Ainsi, les logiciels de traitement de texte, les tableurs, les palettes graphiques et les systèmes de gestion de bases de données permettent-ils de créer des documents.

➡ *Voir base de données, fichier, SGBD, tableur, traitement de texte*

DoD

Sigle, abréviation de *Department of Defense* ("ministère de la Défense des Etats-Unis"). C'est notamment à l'initiative du DoD que l'Internet s'est développé et que le protocole de communication TCP/IP s'est répandu (ce qui explique que ce protocole soit parfois appelé "protocole DoD").

➡ *Voir ARPAnet, Internet, TCP/IP*

Domain Name Server

"Serveur de noms de domaines".

➡ *Voir DNS*

domaine

Sous-partie (ou sous-réseau) logique d'un réseau. Le domaine est un concept organisationnel particulièrement important pour l'Internet. L'Internet est en effet une hiérarchie de domaines. La racine de ce réseau est le domaine de niveau ultime, qui représente généralement un pays ou une organisation. Dans une adresse Internet, elle figure tout à la fin (c'est fr pour la France, par exemple).

domaine public

➡ *Voir PD*

dongle

Synonyme de "verrou matériel". Dispositif de protection de logiciel se présentant sous la forme d'un adaptateur intercalaire à connecter au parallèle de l'ordinateur (cet adaptateur possédant un connecteur d'entrée et de sortie, il demeure possible de brancher une imprimante). Avant d'être lancé, le programme vérifie que le port parallèle de l'ordinateur porte bien le dongle approprié. Si tel n'est pas le cas, il refuse d'être lancé et génère un message d'erreur.

➡ *Voir port parallèle*

Insignifiant mais efficace – lorsque le dongle n'est pas connecté au port parallèle, le programme protégé refuse purement et simplement de fonctionner.

donjons

➠ *Voir jeu de donjons*

donne automatique

Distribution automatique des cartes dans les jeux de cartes et les jeux de rôle.

données

Eléments d'information susceptibles d'être traités par un ordinateur. Il existe quantité de types de données, tels les programmes, les fichiers et le contenu de ces fichiers (textes, tableaux, tables, images, etc.), les chiffres, les nombres, les caractères mais aussi les paramètres.

➠ *Voir fichier, ordinateur, paramètre, programme, entrée de données*

dorsale

Synonyme de "réseau dorsal". Réseau principal qui relie plusieurs autres réseaux secondaires. Les dorsales peuvent servir à relier non seulement des réseaux locaux (LAN) mais aussi des réseaux étendus (WAN).

➠ *Voir LAN, réseau, WAN*

DOS

➡ *Voir MS-DOS*

DOS Protected Mode Interface

"Interface DOS en mode protégé".

➡ *Voir DPMI*

dossier racine

➡ *Voir répertoire racine*

double buffering

"Double mise en mémoire tampon".

➡ *Voir double mise en mémoire tampon*

double densité

➡ *Voir DD*

double face

1. Qualifie une disquette qui permet d'enregistrer sur chacune des faces du plateau magnétique.
2. Qualifie une impression recto verso.
3. Qualifie une barrette de mémoire SIMM portant des modules de mémoire de part et d'autre.

➡ *Voir disquette, SIMM*

double mise en mémoire tampon

En anglais : *double buffering*. Procédé utilisé pour générer des images en 3D. Afin d'éviter que les différentes étapes intervenant dans la construction des images en 3D ne soient visibles à l'écran, ce procédé fait en sorte que le processeur graphique effectue ses calculs dans une partie non visible de la mémoire graphique (mémoire tampon arrière). Dès que l'image est terminée, elle est transmise à la partie visible de la mémoire graphique (mémoire tampon avant), ce qui signifie que la carte graphique alterne en permanence entre ces zones de mémoire. Les derniers parasites susceptibles d'affecter l'image sont éliminés grâce à une synchronisation des changements d'image, ce qui induit malheureusement une légère baisse des performances graphiques.

➡ *Voir mémoire graphique, mémoire tampon arrière, mémoire tampon avant*

Double Super Twisted Nematics

"Double balayage".

➠ *Voir DSTN*

double-clic

Succession très rapprochée de deux pressions sur le bouton gauche de la souris. Effectué alors que le pointeur de la souris est positionné sur une icône ou sur tout autre symbole graphique d'une interface utilisateur graphique, le double-clic permet généralement de lancer l'application correspondante.

➠ *Voir cliquer, interface utilisateur graphique, programme, souris*

doubleur d'horloge

Processeur de type 486 de la série DX2, qui double en interne la fréquence d'horloge externe. Ainsi, le processeur 80486DX2-66 fonctionne-t-il en interne à une fréquence d'horloge de 66 MHz, alors que la fréquence externe de l'horloge est, comme à l'accoutumée, de 33 MHz. L'avantage de ces CPU est que, vus de l'extérieur, ils se comportent rigoureusement de la même manière que des processeurs de type 80486DX-33. Il est donc possible de les utiliser sur une carte mère conçue exclusivement pour un processeur fonctionnant à une fréquence d'horloge de 33 MHz. Les CPU modernes travaillent aujourd'hui sur la base d'une fréquence interne qui peut être jusqu'à 4,5 fois supérieure à la fréquence d'horloge externe (avec une fréquence d'horloge externe de 66 MHz, qui est celle d'une carte mère pour Pentium, il est ainsi possible d'obtenir une fréquence interne de 300 MHz.)

➠ *Voir carte mère, cadençage, CPU, Pentium*

download

"Télécharger".

➠ *Voir télécharger*

DPI

Sigle, abréviation de *Dots Per Inch* ("point par pouce"). Unité utilisée pour mesurer la résolution des périphériques d'entrée et de sortie graphiques (scanner, imprimante, photocomposeuse, etc.).

➠ *Voir imprimante, photocomposeuse, scanner*

DPMI

Sigle, abréviation de *DOS Protected Mode* ("interface DOS en mode protégé"). Interface logicielle qui permet aux programmes d'utiliser la mémoire XMS en mode protégé.

➠ *Voir interface, mode protégé, XMS*

DPMS

Sigle, abréviation de *Display Power Management Signalling* ("signalisation de gestion d'énergie pour écrans"). Système d'extinction automatique du moniteur qui s'enclenche au terme d'une certaine période d'inactivité de l'ordinateur afin d'économiser l'énergie. Au terme de cette période d'inactivité, le moniteur bascule en mode d'économie d'énergie Stand-by (attente), Suspend (suspension) ou Power-Off (désactivation) suivant le mode d'économie d'énergie utilisé. Les cartes graphiques conformes au standard DPMS doivent, selon les directives de la VESA, désactiver le signal de synchronisation horizontale et/ou verticale suivant le mode d'économie d'énergie concerné.

➠ *Voir Energy Star, gestion d'énergie*

DRAM

Sigle, abréviation de *Dynamic Random Access Memory* ("mémoire dynamique à accès aléatoire"). Type de mémoire utilisée en standard pour la mémoire vive des ordinateurs actuels. Les modules de DRAM sont des semi-conducteurs à forte intégration de transistors et de condensateurs. Pour pouvoir stocker effectivement des informations dans ces modules, cette mémoire doit être rafraîchie en continu. Le temps d'accès de la mémoire DRAM peut varier de 60 à 90 ns, mais il est généralement de 60 ns sur les modules de mémoire standard.

➠ *Voir mémoire vive, EDO, SDRAM, transistor*

DR-DOS

Système d'exploitation compatible avec MS-DOS, conçu par Digital Research (DR).

➠ *Voir MS-DOS*

Dreamworks

Société américaine issue du monde des médias qui fut fondée par Steven Spielberg, Jeffrey Katzenberg et David Geffen en 1994 et qui développe de nouvelles possibilités d'applications pour le multimédia, les films, la télévision et les jeux informatiques. Pour les années à venir, elle a prévu de développer des films et des jeux informatiques interactifs qui doivent être produits dans le cadre d'une joint-venture avec Bill Gates.

➠ *Voir Gates*

driver

"Pilote".

➠ *Voir pilote*

droits d'accès

Opérations qu'un utilisateur est autorisé à effectuer au sein d'un réseau. Les droits d'accès permettent de définir ce que chacun est autorisé à faire au sein d'un réseau, et ainsi de protéger les données sensibles. C'est l'administrateur système qui, à l'aide du système d'exploitation, définit les droits d'accès de chaque utilisateur. En matière de bases de données, l'administrateur système est d'ailleurs généralement le seul à jouir de droits d'accès illimités.

DRV

Abréviation de *driver* ("pilote"). Extension attribuée aux fichiers de pilotes.

➧ *Voir pilote*

DSP

Sigle, abréviation de *Digital Signal Processeur* ("processeur de signaux numériques"). Puce spécifique utilisée sur les cartes son pour convertir les signaux numériques en signaux analogiques (et inversement) et pour traiter les signaux numériques. Ces puces, conçues pour réalisation de ces tâches, sont extrêmement rapides.

➧ *Voir convertisseur a/n, convertisseur n/a*

DSS1

Nom du protocole de canal D du standard RNIS Euro-ISDN.

➧ *Voir canal D, Euro-ISDN, protocole de canal D, RNIS*

DSTN

Sigle, abréviation de *Double Super Twisted Nematics* ("double balayage"). Type d'écran à cristaux liquides (LCD) qui équipe les ordinateurs portables. Les écrans DSTN coûtent moins cher que les écrans TFT mais ils produisent également une image de moins bonne qualité.

➧ *Voir LCD, ordinateur portable, TFT*

DSVD

Sigle, abréviation de *Digtal Simultaneous Voice Data* ("voix-données simultanées numériques"). Type de modem de création récente, qui permet à l'utilisateur de converser au téléphone, alors que le modem utilise la ligne téléphonique pour transmettre des données.

➧ *Voir donnée, modem*

DTE

Sigle, abréviation de *Data Terminal Equiment* ("équipement terminal pour données").

➠ *Voir DCE*

DTP

Abréviation de *Desktop Publishing* ("PAO").

➠ *Voir PAO*

Dual Inline Package

"Boîtier à deux rangées de broches".

➠ *Voir DIP*

duplex

Mode de transmission d'informations qui permet à deux systèmes qui communiquent entre eux d'envoyer et de recevoir simultanément des données.

➠ *Voir imprimante à duplex, transmission de données*

duplex intégral

Synonyme de "mode bidirectionnel simultané". Mode de transmission de données qui permet à deux ordinateurs d'envoyer et de recevoir simultanément des données. Ce mode permet donc d'effectuer des échanges dans les deux sens simultanément, et les deux ordinateurs impliqués dans la transmission peuvent donc être à la fois émetteurs et récepteurs.

➠ *Voir duplex, demi-duplex, transmission de données*

duplex simple

Synonyme de "mode unidirectionnel". Mode de transmission de données qui ne permet que d'envoyer ou de recevoir des données (sans alterner entre les modes émission et réception).

➠ *Voir transmission de données*

duplexage

Variante de la technologie RAID reposant sur deux sous-systèmes de disques durs dotés chacun de leur propre contrôleur. Toutes les données sont traitées de la même manière par chaque sous-système, et même si l'un d'eux vient à défaillir, l'ordinateur peut continuer à travailler tout à fait normalement en s'appuyant sur le sous-système sain.

➠ *Voir contrôleur, disque dur, RAID*

D

DV

Abréviation de *Digital Video* ("vidéo numérique"). Format vidéo qui n'enregistre pas les informations vidéo sous une forme analogique mais sous une forme numérique. Ce format permet d'effectuer des copies sans aucune perte et de lire de multiples fois une même séquence vidéo sans entraîner de détérioration de la qualité de l'image.

DVD

Sigle, abréviation de *Digital Versatile Disk* ("disque numérique polyvalent"). Nouveau standard de mémoire de masse qui, à terme, doit supplanter le CD-ROM et constituer un support de stockage moins cher. Le DVD se caractérise par une capacité de stockage particulièrement élevée, qui s'explique par le fait que chaque disque est constitué de quatre couches de données. Le DVD doit pouvoir offrir une capacité jusqu'à vingt-cinq fois supérieure à celle d'un CD-ROM. Il sera particulièrement adapté au multimédia et à la vidéo numérique. Dans la lignée des disques DVD classiques, qui ne permettent que de lire des données, le marché devrait également proposer bientôt des supports de forte capacité, capables non seulement de lire mais aussi d'enregistrer.

➠ *Voir CD-ROM, mémoire de masse, multimédia*

DX

Type de processeur de la série 80386 et 80486, qui désigne une variante plus performante du processeur standard de la série. Dans le cas des processeurs 80386, le modèle DX se distinguait du SX par le fait qu'il intégrait 32 lignes d'adresses (contre 16 pour le 80386 SX). Dans le cas du 80486, le modèle DX intégrait un coprocesseur mathématique, ce qui n'était pas le cas du 80486 SX.

Dynamic Data Exchange

"Echange de données dynamique".

➠ *Voir DDE*

Dynamic Link Library

"Bibliothèque de liens dynamique".

➠ *Voir DLL*

Dynamic Random Access Memory

"Mémoire dynamique à accès aléatoire".

➠ *Voir DRAM*

dynamique

➠ *Voir matrice dynamique*

EAO

Sigle, abréviation d'"enseignement assisté par ordinateur". Utilisation de l'ordinateur pour communiquer un savoir à l'utilisateur en s'appuyant sur un support visuel. Les possibilités qu'offre le multimédia sont parfaitement adaptées à l'EAO.

➠ *Voir multimédia*

EBONE

Abréviation d'*European BackBONE* ("dorsale européenne"). Réseau européen qui relie les réseaux nationaux et internationaux des instituts de recherche européens.

➠ *Voir dorsale*

échange de données

Transfert unilatéral ou multilatéral de données d'un ordinateur, d'un programme ou d'un périphérique à un ou à plusieurs autres. Lorsque l'échange s'effectue d'un lieu à un autre, on parle de *transmission de données.*

➠ *Voir fichier, ordinateur, programme, transmission de données*

échange de messages

Envoi et réception alternés ou simultanés de messages électroniques entre deux nœuds de réseau.

➠ *Voir réseau*

échantillonnage

Opération consistant à numériser une source analogique telle qu'une image ou une séquence musicale. Pour échantillonner une image, il faut recourir à un scanner. Pour échantillonner une séquence musicale, en revanche, il faut utiliser une carte son. La qualité de l'échantillonnage est fonction de la fréquence d'échantillonnage (44 100 Hz pour une séquence musicale à numériser en qualité CD, par exemple) et de la profondeur d'échantillonnage (16 bits avec deux canaux pour une séquence musicale à numériser en qualité CD stéréo).

➡ *Voir carte son, scanner*

échantillonneur

En anglais : *sampler*. Cet appareil convertit des signaux analogiques en données numériques qui peuvent ensuite être traitées par un ordinateur. Un sampler sert essentiellement à numériser des sons.

➡ *Voir numérisation*

Echap

Abréviation d'"échappement". Touche représentée par le pictogramme ~~"Echap"~~ située dans l'angle supérieur gauche du clavier et qui permet généralement d'interrompre l'action en cours d'exécution dans un programme.

➡ *Voir clavier*

échappement

➡ *Voir séquence d'échappement*

échelle

➡ *Voir mise à l'échelle*

écho

Procédé simple de détection d'erreurs, utilisé pour les transmission de données. Une fois que l'erreur a été détectée, le destinataire des données reçoit une nouvelle version des données qu'il a déjà reçues.

➡ *Voir détection d'erreurs, transmission de données*

éclat

Signal parasite qui perturbe l'affichage des images au cours de la phase de basculement de page.

➡ *Voir basculement de page*

économiseur d'écran

Programme conçu à l'origine pour empêcher l'écran de demeurer statique trop longtemps afin de le protéger. Sur les premiers écrans monochromes, lorsque l'image demeurait statique trop longtemps, il pouvait en effet arriver qu'elle s'incruste sur l'écran, c'est-à-dire que sa forme demeure visible même une fois l'écran éteint. Les économiseurs d'écran sont précisément prévus pour que ce phénomène ne se produise pas, en surveillant toute inactivité prolongée de la souris et du clavier (alors que l'ordinateur est allumé) ; il faut donc soit l'éteindre, soit activer une animation. Il faut souligner que les écrans modernes ne sont plus exposés au risque d'incrustation. Les économiseurs d'écran jouent donc aujourd'hui davantage un rôle ludique. L'économiseur d'écran le plus connu s'appelle AfterDark.

➠ *Voir AfterDark, écran*

L'économiseur d'écran Mystère de Microsoft Plus.

économiseur d'énergie

Système qui permet de réduire la consommation d'énergie du matériel informatique dès qu'il ne semble plus en avoir besoin. Ainsi est-il aujourd'hui possible, dès lors que l'utilisateur n'a pas manipulé son ordinateur pendant un certain temps, de faire s'éteindre le moniteur, de faire cesser de tourner le disque dur et de diminuer la fréquence de cadençage du CPU. Ce type de système est particulièrement utilisé sur les ordinateurs portables, qui sont alimentés par une batterie n'offrant qu'une autonomie limitée.

➠ *Voir accumulateur, gestion d'énergie, ordinateur portable*

ECP

Sigle, abréviation d'*Extended Capability Port* ("port à fonctionnalités étendues"). Standard de port parallèle amélioré qui permet de connecter plusieurs périphériques et offre un taux de transfert plus élevé qu'un port parallèle classique.

➠ *Voir EPP, port parallèle*

écran

Synonyme de *moniteur*. En anglais : *display*, *monitor* ou *screen*. Périphérique de sortie qui permet de visualiser l'image générée par l'ordinateur. Les signaux nécessaires à la représentation de l'image sont émis par la carte graphique (ou carte vidéo) de l'ordinateur. On opère une distinction entre les écrans à tube cathodique classiques, qui fonctionnent à l'aide d'un canon à électrons, les écrans à cristaux liquides (LCD) et les écrans à plasma. Les critères à prendre en considération pour évaluer la qualité d'un écran sont la taille du tube cathodique, le type de masque et le diamètre (appelé "pas de masque", ou *pitch*) de chacune des perforations du masque. La taille du tube cathodique est exprimée en pouces ; elle peut varier de 14 à 23 pouces (soit de 35,5 cm à 58,4 cm). En matière de masques, on distingue les masques à trous, à bandes (Trinitron, Diamondtron) et à fentes (CromaClear, technique de NEC, qui utilise des fentes elliptiques). Le pas de masque peut varier de 0,31 mm à 0,25 mm suivant le fabricant et le type du masque. Deux autres critères sont importants pour évaluer la qualité d'un écran : la fréquence horizontale et la largeur de bande, qui déterminent la fréquence maximale de rafraîchissement et la précision de l'écran pour représenter les images. Outre ces données, il est important, pour apprécier la qualité d'un écran, de prendre en considération le standard de radiation auquel il se conforme (Tco, MPR, NUTEK, etc.) et de vérifier s'il est compatible avec les systèmes de gestion d'énergie (DMPS).

➠ *Voir carte graphique, DPMS, fréquence de rafraîchissement, fréquence horizontale, gestion d'énergie, largeur de bande vidéo, LCD, MPR, pas de masque, masque, TCO*

écran à effleurement

Synonyme de écran tactile.

➠ *Voir écran tactile*

écran à matrice active

Synonyme de "TFT".

➠ *Voir TFT*

écran à matrice passive

Ecran à cristaux liquides (LCD) qui utilise des pistes conductrices transparentes pour polariser les cristaux liquides. Les écrans à matrice passive sont particulièrement lents par rapport aux écrans à matrice active à transistors.

➠ *Voir LCD, TFT*

écran à plasma

Ecran constitué de plaques de verre qui enserrent une grille de fil de fer dans une enveloppe de gaz rare. A chaque intersection de la grille, il est possible de rendre le gaz lumineux en générant une tension électrique. Ce système permet de créer une image très précise et sans scintillement, qui n'est malheureusement que monochrome. Contrairement aux écrans à tube cathodique, les écrans à plasma sont très plats. Ils présentent en revanche l'inconvénient de consommer beaucoup d'électricité.

➠ *Voir écran, moniteur, tube cathodique*

écran plat

Ecran doté d'un tube cathodique n'entraînant pas de déformations de l'image. Ce type d'écran s'oppose aux écrans à tube cathodique traditionnels, de forme incurvée, dans lesquels l'image est souvent déformée au niveau des angles.

➠ *Voir écran, tube cathodique*

écran tactile

En anglais : *touchscreen*. Ecran pourvu de capteurs permettant d'entrer des données ou de contrôler l'interface utilisateur graphique à l'aide des doigts ou d'un stylet, là où il faudrait normalement un clavier ou une souris.

➠ *Voir écran, interface utilisateur graphique*

écrasement de têtes

Collision des têtes de lecture-écriture d'un disque dur contre les plateaux magnétiques de ce disque. Cet incident peut être provoqué par un choc. Il peut entraîner des pertes données mais aussi la destruction pure et simple des plateaux. Les plateaux des disques durs actuels tournant à une vitesse de 4 500 à 10 000 tours par minute (tr/min) et les têtes de lecture-écriture évoluant à une distance moyenne de 50 nm (nanomètre) des plateaux, le moindre choc risque de provoquer un écrasement, malgré toutes les précautions prises par les fabricants de disques durs (sertissage des plateaux, forme aérodynamique des têtes, agencement parfait de la pile de plateaux et du peigne qui supporte les têtes). Un certain nombre de sociétés se sont spécialisées dans la récupération de données pour permettre aux utilisateurs dont le disque dur de l'ordinateur a subi un écrasement de têtes de récupérer les données devenues inaccessibles. Naguère, il était très facile, en transportant un ordinateur, de provoquer un écrasement de têtes lorsque celles-ci n'étaient pas "parquées" sur la *zone d'atterrissage* de têtes. Aujourd'hui, tous les disques durs sont équipés d'un système de parcage automatique des têtes.

➠ *Voir disque dur, parcage des têtes, tête de lecture-écriture*

écriture

Synonyme d'"enregistrement".

➠ *Voir enregistrement, tête de lecture-écriture, protection en écriture*

EDI

Sigle, abréviation d'*Electronic Data Interchange* ("échange de données électroniques"). Standard d'échange de données électroniques – et plus particulièrement de données présentées sous forme de documents – élaboré par l'ISO, aujourd'hui en vigueur dans de nombreux secteurs d'activité.

➠ *Voir ISO*

éditeur

1. Application qui permet de travailler sur du texte sous sa forme la plus simple. Les éditeurs ne permettent généralement que de charger des fichiers de texte et d'en modifier le contenu. Ils ne possèdent pas de fonctions de mise en forme. Windows 95 intègre un éditeur de texte appelé Bloc-notes.
2. Application qui permet de manipuler très simplement des données d'un certain type (éditeur de texte, éditeur graphique, éditeur HTML, etc.).

➠ *Voir Bloc-notes, application*

éditeur de HTML

Logiciel qui facilite la création de pages Web. Avec un éditeur de HTML, le concepteur de pages Web peut se concentrer complètement sur l'organisation de sa page, le logiciel intégrant quantité d'éléments précodés. L'éditeur de HTML permet au concepteur de voir sa page exactement telle qu'elle se présentera sous le navigateur Web de l'utilisateur final. HotMetal, de SoftQuad, et FrontPage, de Microsoft, font partie des éditeurs de HTML les plus connus.

➠ *Voir convertisseur HTML, HTML*

éditeur de macros

Fonction qui, au sein d'une application, permet de créer des macros et ainsi d'automatiser des tâches répétitives.

➠ *Voir application, macro*

éditeur de missions

Synonyme de "éditeur de niveaux".

➠ *Voir éditeur de niveaux*

éditeur de niveaux

Synonyme de "éditeur de missions". Programme qui permet de créer de nouveaux niveaux pour un jeu ou de modifier des niveaux existants. Pour nombre de jeux, c'est le fabricant lui-même qui livre en standard un éditeur de niveaux pour son jeu. Pour d'autres, en revanche, les seuls éditeurs de niveaux disponibles sont diffusés sous forme de sharewares.

➠ *Voir shareware*

éditeur de polices

Logiciel qui permet de modifier et de créer des polices. La plupart des éditeurs de polices permettent de retoucher des caractères isolés d'une police existante – d'en modifier la forme ou d'autres propriétés.

➠ *Voir fonte, police*

éditeur de texte

➠ *Voir éditeur*

édition sur place

Modification d'un document depuis un autre document auquel il a été lié ou incorporé à l'aide de la technique OLE.

➠ *Voir OLE*

EDO

Sigle, abréviation d'*Enhanced Data Out* ("sortie de données améliorée"). Version améliorée du standard de mémoire DRAM, qui utilise les registres de SRAM disponibles pour stocker temporairement les données attendant de sortir. Grâce à ce procédé, le CPU dispose de davantage de temps pour aller chercher les données (effet pipeline). Comme la mémoire DRAM classique, la mémoire DRAM EDO doit être rafraîchie en continu pour ne pas perdre les données qu'elle stocke dans ses modules, qui fonctionnent comme des condensateurs.

➠ *Voir DRAM, pipeline, rafraîchissement, SRAM*

E-DSS 1

Nom du protocole de canal D du standard RNIS Euro-ISDN.

➠ *Voir canal D, protocole de canal D, RNIS*

éducatif, ive

Qualifie une version généralement allégée et particulièrement bon marché d'un logiciel, réservée à un public d'étudiants ou d'enseignants. Vendu sous cette version, le logiciel ne peut en aucun cas être utilisé à des fins commerciales sous peine de poursuites judiciaires de la part du fabricant. Pour pouvoir acheter une version éducative d'un logiciel (de Microsoft Office, par exemple), il faut d'ailleurs présenter une carte d'étudiant ou justifier de son titre d'enseignant. Les fabricants de logiciels commercialisent des versions éducatives pour dissuader les étudiants de pirater leurs logiciels et les inciter à acheter la version complète du logiciel au terme de leurs études. Il existe en effet des mises à jour spéciales pour ce type de logiciel.

EEPROM

Sigle, abréviation d'*Electrically Erasable Programmable Read Only Memory* ("mémoire en lecture seule effaçable programmable électriquement"). Synonyme de "mémoire flash". Type de mémoire ROM qui, contrairement à la mémoire EPROM, peut être effacée à l'aide d'un ordinateur simple (alors que, pour être reprogrammée, l'EPROM nécessite un équipement spécial). Ce type de mémoire est aujourd'hui utilisé pour le BIOS de la plupart des cartes mères et d'un certain nombre de contrôleurs SCSI. Il suffit ensuite d'un logiciel spécifique pour reprogrammer le BIOS à même l'ordinateur.

➠ *Voir BIOS, carte mère, contrôleur SCSI, ROM*

EFF

Sigle, abréviation d'*Electronic Frontier Foundation* ("Fondation contre les frontières électroniques"). Organisation fondée en 1990 par John Perry Barlow, compositeur du groupe de rock Grateful Dead, et Mitch Kapor, programmeur chez Lotus (devenu millionnaire), afin de constituer un lobby pour tous les usagers des autoroutes de l'information, lesquelles étaient alors en pleine expansion. A la suite d'un procès contre cinq jeunes pirates, qui eut lieu aux Etats-Unis et créa un précédent en matière de criminalité informatique, J. P. Barlow et M. Kapor tombèrent en disgrâce aux yeux de la justice américaine spécialisée dans le droit informatique. Aujourd'hui, l'EFF siège à Washington et travaille, en étroite collaboration avec l'administration de Clinton-Gore, à la création de nouvelles lois pour régir l'Internet et les services en ligne.

➠ *Voir autoroute de l'information, fibre optique, Internet, Lotus 1-2-3, pirate*

effacer

Supprimer des données d'un support de stockage. On distingue deux types d'effacement : les effacements logiques et les effacements physiques. Dans le cas d'un effacement logique, l'ordinateur se limite à marquer les données pour signaler qu'elles peuvent être remplacées par d'autres. Tant que l'ordinateur n'a pas enregistré d'autres données à leur place, l'effacement est réversible. Dans le cas d'un effacement physique, les données sont vraiment écrasées, soit par d'autres données, soit par une structure type de bits. Les effacements physiques sont irréversibles.

➠ *Voir bit, donnée, support de stockage*

effet de lumière

Effet spécial réalisé par les processeurs 3D modernes sur les images en 3D pour simuler des faisceaux de lumière projetés sur des surfaces planes. Les effets de lumière ont pour but d'accroître la crédibilité des images. La plupart des processeurs graphiques 3D prennent en charge les effets de lumière au niveau du matériel.

➠ *Voir fonctions 3D, processeur graphique 3D*

effet de mémoire

Détérioration progressive qui affecte les batteries d'ordinateurs (et plus généralement les accumulateurs) au nickel-cadmium (NiCd) lorsqu'elles sont remises en charge alors qu'elles n'étaient pas complètement vides. Plus une batterie est remise en charge sans être complètement vide, plus il se forme des cristaux au niveau de ses électrodes. Cette accumulation de cristaux donne naissance à une couche solide qui affecte irrémédiablement les performances de la batterie et écourte l'autonomie de l'ordinateur portable. Le seul moyen d'éviter cette formation de cristaux consiste à décharger complètement l'accumulateur avant de le mettre à charger.

➠ *Voir accumulateur, NiCd*

EFT

Sigle, abréviation d'*Euro-File-Transfer* ("transfert européen de fichiers"). Protocole de transfert de données utilisable sur une ligne Euro-ISDN pour transférer des données d'un ordinateur à un autre. Ce protocole offre un taux de transfert de 64 Ko/s. Avec le protocole de compression V.42bis, il permet de transférer jusqu'à 300 Ko/s.

➠ *Voir Euro-ISDN, V.42bis*

EGA

Sigle, abréviation d'*Enhanced Graphics Adapter* ("adaptateur graphique amélioré"). Standard graphique qui apportait plusieurs types d'améliorations par rapport au standard CGA, mais qui n'est plus utilisé aujourd'hui, même si les cartes graphiques actuelles sont presque toutes capables de l'utiliser. Le standard VGA permettait d'afficher simultanément seize couleurs choisies parmi les deux cent cinquante-six. En mode texte, il offrait des performances supérieures à celles du mode EGA. Il se caractérisait par une résolution maximale de 640 × 350 pixels.

➠ *Voir CGA, Hercules, pixel, VGA*

EIDE

Sigle, abréviation d'*Enhanced-IDE* ("IDE amélioré"). Version améliorée du standard IDE qui a commencé à se généraliser dans le domaine du PC en 1994. Ce standard a été développé principalement à l'instigation de Western Digital. Il remplace le standard IDE, avec lequel il demeure compatible – ce qui signifie qu'il est possible d'utiliser un vieux disque dur IDE (à bus AT) avec un contrôleur EIDE. De la même manière, il est possible de connecter un disque dur EIDE à un contrôleur IDE. Dans ce cas, seules les fonctions supplémentaires du standard EIDE ne sont pas disponibles. Pour pouvoir exploiter les fonctions du standard EIDE sur un PC, il faut que celui-ci soit équipé d'un contrôleur EIDE. Depuis 1995, la plupart des cartes mères mises sur le marché intègrent un contrôleur de ce type. Il faut par ailleurs que le BIOS de l'ordinateur soit capable de gérer les disques durs d'une capacité de plus de 528 Mo pour pouvoir tirer parti de la capacité de stockage d'un disque dur EIDE. Le standard EIDE a également permis d'améliorer le standard IDE en contribuant à l'apparition de nouveaux systèmes de bus (VLB et PCI) et de nouveaux processeurs. Par rapport à son prédécesseur, le standard EIDE offre les avantages suivants :

- possibilité de transférer les données par l'intermédiaire des canaux DMA ;
- deux canaux permettant de contrôler jusqu'à quatre disques durs ainsi que des lecteurs de CD-ROM ou des lecteurs de bandes (ATAPI) ;
- taux de transfert plus élevé pouvant atteindre de 11 à 16,6 Mo/s ;
- capacité de disque dur pouvant atteindre 8,4 Go.

Au début de l'année 1997, les fabricants se sont mis à produire des cartes mères intégrant une interface Ultra-DMA/33, et certains d'entre eux ont déjà commencé à fabriquer des disques durs compatibles avec cette interface. Avec un taux de transfert de 33 Mo/s, l'interface Ultra-DMA/33 se montre légèrement plus performante que les disques durs PIO Mode 4. Toutefois, comme il n'existe que très peu de disques durs PIO Mode 4 capables d'assurer un taux de transfert supérieur à 10 Mo/s, il n'est guère justifié, à l'heure actuelle, de passer sous ce nouveau mode pour soulager le processeur.

➠ *Voir BIOS, bus, contrôleur, DMA, IDE, PCI, PIO, VESA, VLB*

EISA

Sigle, abréviation d'*Extended ISA* ("ISA étendu"). Version améliorée du standard de bus ISA, qui se caractérise par une largeur de 32 bits (contre 16 bits pour le bus ISA). Le bus

EISA a commencé à se généraliser à partir des processeurs de type 80386 (CPU 32 bits). Il accepte également les cartes d'extension de type ISA.

➠ *Voir bit, ISA*

ELD

Sigle, abréviation d'*Electric Luminescence Display* ("écran à luminescence électrique"). Ecran à cristaux liquides extrêmement plat qui utilise non pas des rayonnements de température, mais la lumière générée par des réactifs maintenus dans un environnement froid. Les écrans ELD comportent une couche lumineuse spéciale (ainsi que des couches verticales et horizontales) à partir de laquelle il est possible de générer des pixels en la soumettant à des courants électriques. Les champs électriques produits par ces courants dans la couche lumineuse créent de la lumière perceptible pour l'œil humain et dont l'intensité peut être étalonnée.

➠ *Voir LCD*

Electric Luminescence Display

"Ecran à luminescence électrique".

➠ *Voir ELD*

électromagnétique

➠ *Voir champ électromagnétique*

Electronic Data Interchange

"Echange de données électroniques".

➠ *Voir EDI*

Electronic Frontier Foundation

"Fondation contre les frontières électroniques".

➠ *Voir EFF*

Electronic Mail Standard Identification

"Identification standard pour courrier électronique".

➠ *Voir EMSI*

El-Torito

Spécification définie conjointement par IBM et Phoenix pour permettre de faire démarrer les PC à partir d'un lecteur de CD-ROM. La spécification El-Torito complète le standard

ISO-9660. Elle indique comment créer un secteur amorce sur un CD-R – à l'aide d'un graveur – utilisable ensuite comme disque d'initialisation dans un lecteur de CD-ROM ATAPI ou SCSI. Le disque d'installation de Windows NT 4.0 est l'un des premiers CD amorçables.

➠ *Voir ATAPI, CD-ROM, CD-R, disquette système, ISO 9660, SCSI*

e-mail

Abréviation d'*electronic mail* ("courrier électronique").

➠ *Voir courrier électronique*

émission et réception automatiques

➠ *Voir ASR*

EMM

Sigle, abréviation d'*Expanded Memory Manager* ("gestionnaire de mémoire paginée"). Gestionnaire utilisé sous MS-DOS depuis les processeurs de la série 80386 pour gérer la mémoire paginée conformément à la spécification EMS. Le programme EMM386.EXE est le gestionnaire de mémoire paginée qui fonctionne sous MS-DOS.

➠ *Voir EMM386.EXE, EMS, gestionnaire de mémoire, MS-DOS*

EMM386.EXE

Gestionnaire de mémoire qui administre la mémoire paginée (EMS) sur les ordinateurs fonctionnant sous MS-DOS. Pour pouvoir accéder à la mémoire supérieure, EMM386.EXE doit au préalable passer par le gestionnaire HIMEM.SYS, après quoi il peut réserver une partie de la mémoire vive pour les pilotes et les programmes TSR. EMM386.EXE sert également à simuler de la mémoire étendue.

➠ *Voir EMS, HIMEM.SYS, mémoire supérieure, mémoire vive, pilote, TSR*

emoticon

Abréviation d'*emoticon icon* ("icône émotionnelle"). Suite de caractères qui permet au rédacteur d'un message électronique de refléter son état émotionnel. Les emoticons les plus connus sont les smileys, qui sont tous orientés à 90°. En utilisant différentes combinaisons de caractères, il est possible d'exprimer différents états émotionnels. Il existe tant d'emoticons que des livres entiers y sont consacrés.

➠ *Voir courrier électronique*

EMP

Sigle, abréviation d'*Excessive Multi-Posting* ("publipostage intempestif"). Opération consistant à envoyer un message électronique à chaque serveur de chaque groupe de nouvelles – et non, comme dans le cas d'un envoi croisé, à n'effectuer qu'un envoi physique à un serveur de nouvelles.

➠   *Voir courrier électronique intempestif, envoi croisé, groupe de nouvelles, index de Breitbardt, serveur, spam*

empattement

E

Petit ornement horizontal dont sont parés le pied et la tête de certains caractères afin d'accroître la lisibilité.

➠   *Voir police*

Le même mot écrit avec et sans empattements.

empirique

Qualifie une méthode de test ou une technique de diagnostic qui consiste à effectuer suffisamment d'essais au hasard pour identifier la cause d'un dysfonctionnement sur un appareil ou sous un logiciel. Sur un appareil, ce type de méthode consiste à changer des pièces jusqu'à ce que l'appareil recommence à fonctionner correctement.

EMS

Sigle, abréviation d'*Expanded Memory Specification* ("spécification de mémoire paginée"). Spécification élaborée conjointement par Lotus, Intel et Microsoft pour permettre aux applications fonctionnant sous MS-DOS d'accéder à la mémoire située au-delà de la barrière du premier mégaoctet (1 Mo) de mémoire vive. Cette spécification subdivise la mémoire paginée en fenêtres de 64 Ko. Elle ne permet de fusionner qu'une fenêtre de ce type avec la mémoire basse. Le pilote de mémoire EMM permet d'émuler de la mémoire paginée.

➠   *Voir EMM, gestionnaire de mémoire, Intel, Lotus, Microsoft, MS-DOS*

EMSI

Sigle, abréviation d'*Electronic Mail Standard Identification* ("identification standard pour courrier électronique"). Protocole de transmission de nom d'utilisateur et de mot de passe, utilisé sur le réseau FidoNet.

➡ *Voir FidoNet*

émulateur

Logiciel ou périphérique capables d'imiter les fonctions d'un autre logiciel ou périphérique.

➡ *Voir émulation, logiciel, matériel*

émulateur de terminal

Programme qui émule les fonctions d'un terminal et permet de se connecter à un autre système informatique tel qu'un BBS ou un serveur. Ce programme donne à l'autre système l'impression que c'est un terminal qui cherche à l'interroger. Pour pouvoir faire fonctionner un émulateur de terminal, il faut disposer d'un modem ou d'une carte RNIS sur l'ordinateur local. Il faut aussi que le système distant soit équipé d'un dispositif du même type. Une fois la connexion établie avec l'ordinateur distant, il est possible de travailler dessus comme sur un terminal local. Il est ainsi possible d'envoyer du texte au serveur, ou encore charger de et décharger des fichiers. Outre le programme très simple Hyperterminal livré en standard avec Windows, il existe d'autres programmes distribués gratuitement tels que Telix ou ZOC.

➡ *Voir BBS, télécharger, terminal, transfert de données*

émulation

Imitation ou reproduction des caractéristiques d'un périphérique ou d'un logiciel à l'aide d'autres périphériques ou d'autres logiciels. Grâce au principe de l'émulation, il est possible de faire fonctionner sur un ordinateur des programmes conçus pour un système d'exploitation totalement différent. Ainsi existe-t-il des programmes capables d'émuler le système d'exploitation Windows sur un ordinateur qui fonctionne sous OS/2. Dans ce cas, bien que l'ordinateur fonctionne sous OS/2, il est possible d'utiliser toutes les fonctions de Windows. Certains programmes sont également capables d'émuler les fonctions d'un élément matériel.

➡ *Voir OS/2, périphérique, plate-forme informatique, Windows*

émulation d'imprimante

Capacité d'une imprimante à imiter le fonctionnement d'une autre imprimante considérée comme standard. Dans le domaine des PC, certaines imprimantes sont aujourd'hui considérés comme des standards en matière de communication entre l'imprimante et l'ordinateur. Les imprimantes de différents fabricants qui se conforment à un même principe de fonctionnement essaient généralement de reproduire le mode de communication de ces imprimantes standards.

➠ *Voir imprimante*

en ligne

En anglais : *online*.
1. Qualifie un ordinateur et, par extension, un utilisateur connectés à un réseau, à un service en ligne ou à un fournisseur d'accès.
2. Qualifie un périphérique (et plus particulièrement une imprimante) connecté à l'ordinateur.

➠ *Voir aide en ligne, banque en ligne, courtage en ligne, hors ligne, programme de compression en ligne, service en ligne*

enabled

"Activé". Qualifie une option, un paramètre ou une fonction en état de fonctionnement sous un logiciel ou sur un périphérique. Ce terme se rencontre tout particulièrement dans le Setup du BIOS ainsi que sur les périphériques dont la configuration s'effectue par l'intermédiaire de cavaliers ou de micro-interrupteurs. S'oppose à *disabled*.

➠ *Voir enabled, Setup*

enceinte active

Synonyme de "haut-parleur actif".

➠ *Voir haut-parleur actif*

enceinte passive

Synonyme de "haut-parleur passif".

➠ *Voir haut-parleur passif*

encre

➠ *Voir ruban encreur*

encreur

➠ *Voir ruban encreur*

Energy Star

Label de l'EPA, organisation américaine pour la protection de l'environnement, qui s'attache à élaborer et à faire respecter des normes d'économies d'énergie.

➠ *Voir EPA*

engine

"Moteur".

➠ *Voir moteur*

Enhanced Audio-CD

"CD audio amélioré".
Synonyme de "CD-Extra".

➠ *Voir CD-Extra*

Enhanced Data Out

"Sortie de données améliorée".

➠ *Voir EDO*

Enhanced Graphics Adapter

"Adaptateur graphique amélioré".

➠ *Voir EGA*

Enhanced IDE

"IDE amélioré".

➠ *Voir EIDE*

ENIAC

Sigle, abréviation d'*Electronic Numerical Integrator And Computer* ("ordinateur et intégrateur numérique électronique"). Premier calculateur électronique américain. Ce calculateur pesait près de 30 t et occupait une surface de 140 m^2. Il fut conçu en 1945 par John P.E. Eckert et W. Mauchly et était composé de près de dix-huit mille lampes.

enregistrement par paquets

➠ *Voir CD-R-FS*

enregistrement

1. Sauvegarde du travail en cours (un document ouvert sous Word, par exemple) sur le disque de l'ordinateur.

2. Stockage sur le disque dur de l'ordinateur de données vidéo et/ou audio acquises à l'aide de périphériques de sortie analogiques ou numériques, tels qu'un lecteur de CD, un magnétoscope, un lecteur de vidéodisques, etc. Selon la qualité d'enregistrement, il peut falloir un espace de stockage très important (de l'ordre de plusieurs gigaoctets pour quelques minutes d'enregistrement) et surtout une configuration informatique homogène. Pour enregistrer les données entrantes, il faut disposer d'une carte d'extension spécifique (FAST AV Master ou Miro DC30 pour la vidéo, et Terratec Maestro ou Triple Dat pour l'audio, par exemple). Lors d'un enregistrement vidéo, les données doivent être compressées en temps réel par le matériel. Il est préférable de disposer d'un disque dur SCSI de forte capacité (de plusieurs gigaoctets). Les données sont stockées sous un format précis (AVI, MJPEG, MPEG pour la vidéo et WAV pour l'audio). En utilisant des logiciels spécifiques tels qu'Adobe Premiere pour la vidéo, ou Steinberg WaveLab ou Cubase pour l'audio, il est ensuite possible de couper les séquences acquises et de les traiter pour en créer d'autres (montage non linéaire).

3. Sous un système de gestion de bases de données, ensemble des champs se rapportant à un même élément au sein d'une table de base de données. Les enregistrements sont généralement désignés par une clé ou par le nom de la personne, du produit ou du concept auxquels ils se rapportent. Si la table fait office de carnet d'adresses, l'enregistrement Dupont contiendra le nom, le prénom, l'adresse et le numéro de téléphone d'une personne nommée Dupont.

➡ *Voir base de données, champ, densité d'enregistrement, enregistrer, mode d'enregistrement, support de stockage, verrouillage d'enregistrement*

enregistrer

Stocker le travail en cours sur un support de stockage physique. Tant que le travail en cours n'a pas été enregistré, il est stocké dans la mémoire vive de l'ordinateur et peut disparaître à tout moment en cas de coupure d'électricité ou de plantage de l'ordinateur. Le fait de l'enregistrer permet de le placer physiquement, et donc de manière permanente, sur le support de stockage utilisé.

ensemble matériel-logiciel

En anglais : *hardware/software bundle*. Ensemble composé d'un (ou plusieurs) périphérique et de logiciels, ou d'un ordinateur complet et de logiciels, qui est vendu à un prix largement inférieur à la somme des prix des différents éléments. Les ordinateurs vendus actuellement sont souvent livrés avec un système d'exploitation et la suite de programmes Office de Microsoft. L'acheteur peut ainsi commencer à se servir de son ordinateur sans avoir à acheter autre chose. De la même manière, les modems sont généralement livrés avec une série de logiciels intégrant un logiciel de fax, de Minitel, de transfert à distance, etc. Enfin, les scanners sont généralement livrés avec un logiciel de retouche d'images et de reconnaissance optique de caractères (ROC).

➠ *Voir modem, Office, ROC, scanner, système d'exploitation*

en-tête de page

Ensemble des lignes situées au-dessus du texte d'une page de document. Par exemple, l'en-tête de page peut contenir le numéro de la page, le titre de l'ouvrage, le nom de l'auteur, etc. Les traitements de texte intègrent généralement différentes fonctions pour mettre en forme l'en-tête et le pied de page.

➠ *Voir mise en forme, pied de page, traitement de texte*

en-tête

1. Partie d'une structure de données qui contient toutes les informations se rapportant aux adresses, aux critères d'organisation et à l'exécution du programme. Pour un programme exécutable – portant une extension .EXE, par exemple – l'en-tête contient toutes les informations dont le système d'exploitation a besoin pour gérer au sein de la mémoire vive les différentes parties déplaçables du programme. Aussi appelle-t-on parfois l'en-tête "table de relocalisation".
2. Dans le domaine des transmissions de données, segment de données contenant toutes les informations se rapportant à l'expéditeur, au destinataire, à la date de l'envoi et au chemin emprunté par le fichier. Les paquets de données envoyés au sein d'un réseau contiennent eux aussi un en-tête qui, suivant le protocole utilisé, contient lui aussi l'adresse de l'expéditeur et celle du destinataire ainsi que d'autres informations. Au niveau du destinataire, l'en-tête est évalué par la même couche de réseau que celle d'où les données ont été envoyées.

➠ *Voir paquet de données, transmission de données*

entier

Nombre dépourvu de partie décimale (ou fractionnaire). Les entiers constituent un type de données standards (au même titre que les décimaux) pour les processeurs tels que ceux d'Intel. Les opérations portant sur des entiers sont celles qui nécessitent le moins de temps. Les entiers peuvent être signés ou non signés. Les différents sous-types d'entiers (octets, longs, etc.) se distinguent par l'espace de stockage qu'ils nécessitent. A titre d'exemple, un entier de 16 bits non signé peut avoir une valeur de 0 à 65 535.

➠ *Voir bit, CPU, octet, représentation à virgule flottante, type de donnée*

entraînement à friction

Mécanisme d'entraînement de papier qui utilise des galets rotatifs en caoutchouc pour faire glisser la feuille de papier du bac d'alimentation jusqu'au circuit d'impression.

➡ *Voir bac d'alimentation, chargeur feuille à feuille*

entraînement en S

Sur une imprimante, système d'entraînement de papier qui fait s'enrouler le papier autour de deux cylindres. Ce type d'entraînement est à éviter pour imprimer sur des feuilles de carton rigide, des transparents et des étiquettes autocollantes.

➡ *Voir avance papier, entraînement papier*

entraînement papier

Mécanisme qui permet de faire avancer une feuille de papier dans une imprimante depuis le bac d'alimentation (où elle est encore vierge) vers le bac de sortie (où elle sort imprimée).

➡ *Voir imprimante*

Entrée

Synonyme de "retour chariot". Touche représentée par le pictogramme [Entrée] ou [Entrée], présente en deux exemplaires sur un clavier d'ordinateur équipé d'un pavé numérique. Cette touche est parfois appelée Enter, Retour ou encore Ret. Lorsqu'elle est activée, elle génère le caractère de contrôle CR (Carriage Return, ou "retour chariot"). Sous un logiciel de traitement de texte, elle fait passer le curseur à la ligne suivante. Sous les systèmes d'exploitation reposant sur une invite (tels que MS-DOS et Linux), elle marque la fin de la saisie d'une commande et permet de la valider.

➡ *Voir Linux, MS-DOS, orienté texte, retour chariot*

entrée de données

En anglais : *input*. Opération consistant à faire parvenir des données à l'ordinateur, que ce soit à l'aide du clavier, de la souris ou même d'un support de stockage externe tel qu'une disquette ou un CD-ROM (ou encore à l'aide d'un périphérique d'entrée tel qu'un scanner). Le destinataire réel des données entrées peut être le CPU, une fonction, un fichier, etc.

➡ *Voir CD-ROM, disquette, imprimante, moniteur, scanner*

entrées-sorties

➡ *Voir E-S*

entrefer

Ecart séparant une tête de lecture-écriture du plateau magnétique auquel elle est couplée dans un support de stockage (un disque dur ou un lecteur de disquettes). Pour un disque dur, cet écart est inférieur à 1 µm (1/1 000 mm).

➠ *Voir disque dur, lecteur de disquettes, tête de lecture-écriture*

entrelacement de mémoire à commutation de bancs

Synonyme de "commutation de bancs".

➠ *Voir commutation de bancs*

entrelacement

1. Procédé utilisé sur les premiers moniteurs pour générer des images et qui consiste à balayer l'ensemble de l'écran en n'utilisant qu'une ligne sur deux pour représenter une image. Chaque image est ainsi constituée de deux moitiés d'image générées en deux temps. La première moitié contient toutes les lignes paires de l'image complète ; la seconde contient toutes les lignes impaires. Le procédé d'entrelacement fut inventé pour accroître la résolution d'affichage à l'époque où celle-ci n'était envisagée que d'un point de vue purement technique. Il présente toutefois un inconvénient majeur : il fait scintiller l'image, et les utilisateurs qui travaillaient devant des moniteurs à entrelacement souffraient souvent de maux de tête et de douleurs oculaires. Aujourd'hui, le procédé d'entrelacement n'est plus utilisé. Les progrès techniques accomplis permettent en effet de générer une image complète en une seule fois.
2. Mode d'organisation des secteurs utilisé sur les premiers disques durs afin d'accélérer l'accès aux données. A l'époque, il y avait une grande différence entre la vitesse de rotation d'un disque dur et la rapidité des échanges de données entre le disque dur et l'ordinateur. Sur les disques durs qui, pour stocker les données, utilisaient d'abord un secteur, puis passaient au secteur situé juste à côté, et ainsi de suite, il se produisait souvent des temps d'attente particulièrement longs au cours des opérations de lecture et d'enregistrement. Souvent, en effet, le disque dur ne disposait pas d'assez de temps, compte tenu de la vitesse de rotation des plateaux, pour lire ou enregistrer complètement les données d'un secteur, les transporter et passer au secteur suivant. Il devait donc attendre que les plateaux effectuent un nouveau tour complet pour que les têtes de lecture-écriture se retrouvent à l'endroit approprié du secteur dans lequel l'opération de lecture ou d'enregistrement n'avait pu être menée à bien. L'accumulation de ces tours supplémentaires entraînait une baisse sensible de performances. Aussi les fabricants de disques durs eurent-ils l'idée de ne plus se conformer à la disposition physique des secteurs pour les organiser de manière logique. L'idée était de séparer les secteurs logiques par un certain nombre de secteurs physiques afin d'éviter au disque dur d'attendre que ses plateaux aient à effectuer un nouveau tour complet pour que les têtes soient positionnées à l'endroit approprié. L'intervalle de temps

dont les têtes de lecture-écriture avaient besoin pour passer d'un secteur logique à un autre leur permettait en effet de transporter les données dès la première fois. A l'heure actuelle, les progrès effectués permettent de ne plus avoir à utiliser la technique d'entrelacement sur les disques durs.

➠ *Voir facteur d'entrelacement, trame*

environnement de développement

➠ *Voir système de développement*

environnement de programmation

Ensemble de programmes et d'outils prévus pour concevoir des programmes dans un langage spécial (langage de programmation). Pour développer un programme, il faut en principe disposer d'un éditeur, d'un compilateur ou d'un interpréteur et éventuellement d'un lieur. Enfin, il est utile de disposer d'un débogueur pour détecter les erreurs.

➠ *Voir langage de programmation, programme*

envoi croisé

Procédé qui permet, en n'envoyant qu'une fois un message électronique, de le faire apparaître sur plusieurs groupes de nouvelles simultanément. Les envois croisés ne se révélant que rarement sensés, ils sont généralement interdits, et les émetteurs d'envois de ce type doivent généralement s'attendre à une vague de protestations de la part des autres utilisateurs car ils bravent ainsi le règlement intérieur. Le principe de l'envoi croisé permet de communiquer un même message à plusieurs groupes de nouvelles, voire à tous, en ne l'envoyant physiquement qu'à un serveur de nouvelles situé sur l'Internet.

➠ *Voir courrier électronique intempestif, EMP, groupe de nouvelles, index de Breitbardt, Internet*

envoi en série

Synonyme de "publipostage".

➠ *Voir publipostage*

EOT

Sigle, abréviation d'*End Of Transmission* ("fin de transmission"). Caractère spécial de contrôle envoyé par l'intermédiaire du port parallèle au terme d'un transfert de données pour signaler la fin du transfert.

➠ *Voir caractère de contrôle, parallèle*

EPA

Sigle, abréviation d'*Environmental Protection Agency* ("agence pour la protection de l'environnement", aux Etats-Unis). Autorité ayant à charge la protection de l'environnement aux Etats-Unis. En 1996, l'EPA a créé un standard de gestion d'énergie conçu pour encourager les économies d'énergie. Les ordinateurs conformes à ce standard (qui sont actuellement largement majoritaires) sont reconnaissables à leur label Energy Star.

➦ *Voir économiseur d'énergie, Energy Star, gestion d'énergie*

EPP

Sigle, abréviation d'*Enhanced Parallel Port* ("port parallèle amélioré"). Standard de port parallèle amélioré qui permet de connecter plusieurs périphériques et offre un taux de transfert plus élevé qu'un port parallèle classique.

➦ *Voir ECP, parallèle*

EPROM

Sigle, abréviation d'*Erasable Programmable Read Only Memory* ("mémoire en lecture seule effaçable et programmable"). Mémoire ROM qui peut être effacée et dont le contenu peut être remplacé à l'aide d'un programmateur d'EPROM. La mémoire EPROM continue de stocker les données même lorsque l'ordinateur n'est plus sous tension. Il existe une variante de l'EPROM appelée EEPROM, qui peut être effacée et reprogrammée électroniquement.

➦ *Voir EEPROM, ROM*

eps

Abréviation d'*Encapsulated PostScript* ("PostScript encapsulé"). Format particulier de fichiers PostScript, qui place le code PostScript normal entre un prologue et un suffixe. Le prologue contient un certain nombre d'informations supplémentaires, telles que la taille de l'image, le nom du programme sous lequel l'image a été créée et parfois une image d'aperçu de faible résolution. Pour créer un fichier eps, il faut disposer d'un programme d'aide spécifique.

➦ *Voir PostScript*

Epson

http://www.epson.com

Fabricant américain de matériel informatique implanté sur le marché de l'informatique depuis très longtemps et particulièrement prospère. Alors qu'il fabriquait à l'origine essentiellement des PC, Epson concentre aujourd'hui son activité sur les scanners et les imprimantes. Utilisées avec du papier particulier, les imprimantes à jet d'encre Epson Stylus produisent des résultats proches de la qualité photo. Epson doit en fait son nom à un modèle d'imprimante de Xerox, le modèle EP, qui fut présenté et utilisé pour la première fois en 1968 à l'occasion des Jeux olympiques. Le nom Epson indique que tous les modèles qui ont succédé à cette première imprimante sont considérés comme ses "fils" (de l'anglais *son*).

➡ *Voir imprimante, imprimante à jet d'encre, imprimante laser*

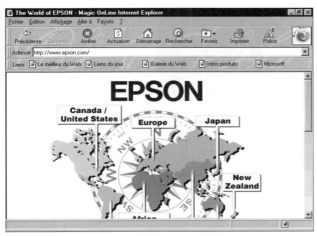

La page d'accueil internationale du site Web d'Epson.

ergonomie

Adaptation optimale des conditions de travail et des machines aux besoins des utilisateurs. En matière d'ergonomie, il existe des directives pour tous les secteurs d'activité. Pour les stations de travail liées à l'informatique, il existe des directives pour la hauteur du siège et du bureau, pour l'éclairage, et pour le clavier et l'écran. Depuis le 1er janvier 1997, les employeurs sont tenus de se conformer aux directives de l'UE en matière d'ergonomie du poste de travail. Les périphériques d'entrée tels que la souris et le clavier sont fabriqués d'une manière de plus en plus ergonomique afin d'éviter les douleurs et les problèmes musculaires au niveau du poignet. C'est, par exemple, le cas du clavier Natural Keyboard de Microsoft, qui respecte l'anatomie de la main de l'utilisateur pendant qu'il tape. On utilise également le qualificatif "ergonomique" pour qualifier un logiciel doté d'une interface utilisateur pratique et intuitive, attributs de plus en plus importants pour les logiciels.

Pour concevoir son clavier Natural Keyboard, Microsoft s'est attaché à respecter une certaine ergonomie pour la main.

erreur

Dysfonctionnement survenant sur un ordinateur, qu'il soit d'origine matérielle ou logicielle. Par exemple, lorsqu'un ordinateur essaie de lire un fichier qui n'existe plus, il survient une erreur.

➠   *Voir bit d'erreur, code d'erreur, correction d'erreurs, détection d'erreurs, fichier, gestion d'erreurs, tolérance aux erreurs*

erreur d'exécution

Erreur qui survient au cours de l'exécution d'un programme. Les erreurs d'exécution mineures – l'absence d'un fichier que le programme est censé ouvrir, par exemple – sont prises en charge par les routines de gestion d'erreurs, qui veillent à ce que l'exécution du programme ne soit pas purement et simplement interrompue. Les erreurs plus sérieuses, en revanche, peuvent provoquer un arrêt irrémédiable du programme. Dans les cas les plus défavorables, elles peuvent même faire planter l'ordinateur. Parmi les erreurs les plus graves figurent les divisions par 0, les dépassements de pile et les accès à des plages de mémoire qui sont déjà en cours d'utilisation. Les erreurs de ce type peuvent faire planter un système d'exploitation tel que Windows 95.

➠   *Voir dépassement, gestion d'erreurs, pile, plantage, programme, temps d'exécution*

erreur de données

Erreur qui affecte la structure d'un fichier. Cette erreur peut survenir lors de l'enregistrement du fichier sur le support de stockage, ou encore lors de son transfert ou de sa transmission. Les erreurs de données sont généralement détectées par les programmes à l'aide d'une somme de contrôle. Lorsqu'ils détectent une erreur de données, les programmes demandent à recevoir une nouvelle version du paquet de données incriminé.

➠ *Voir CRC, fichier, paquet de données, somme de contrôle, support de stockage, transfert de données, transmission de données*

erreur de lecture

Erreur qui survient lors de la lecture de données sur un support de stockage et qui apparaît généralement au cours du transfert de ces données dans la mémoire vive de l'ordinateur. Les causes de ces erreurs peuvent être très diverses. La surface magnétique du support de stockage peut par exemple être endommagée, ou la lecture peut avoir été perturbée par des signaux parasites. Nombre de périphériques de stockage intègrent des procédés de détection et de correction d'erreurs, mais il arrive que les erreurs soient irrémédiables. Dans ce cas, le risque de pertes de données est important. MS-DOS et Windows 95 intègrent un utilitaire appelé Scandisk conçu pour détecter et corriger (lorsque c'est possible) les erreurs de ce type.

➠ *Voir correction d'erreurs, détection d'erreurs, gestion d'erreurs, mémoire vive, support de stockage*

erreur de manipulation

Erreur due à une mauvaise utilisation d'un logiciel ou d'un élément matériel de la part de l'utilisateur.

➠ *Voir matériel, logiciel*

erreur de programme

Erreur qui empêche un programme d'être interprété ou compilé, ou encore de fonctionner correctement. On distingue d'une part les erreurs de syntaxe et d'autre part les erreurs logiques. Dans le cas d'une erreur de syntaxe, le dysfonctionnement vient de ce que le code du programme ne respecte pas la structure du langage de programmation. Les erreurs de syntaxe sont généralement interceptées par le compilateur durant la phase de compilation. Les erreurs logiques sont plus difficiles à déceler. Elles résultent d'une incohérence de la part du programmeur et ne se manifestent souvent que dans certains cas de figure.

➠ *Voir bêta, débogage, débogueur, erreur de syntaxe, programme, syntaxe*

erreur de syntaxe

Erreur qui survient lorsqu'une commande ou une séquence de commandes n'est pas utilisée correctement au sein d'un programme.

erreur fatale

Erreur détectée lors du test POST au démarrage de l'ordinateur, signalée non pas par un code ou un message affichés à l'écran, mais par un bip sonore plus ou moins long et plus ou moins saccadé selon l'erreur.

➠ *Voir bip, code d'erreur, POST*

E/S

Abréviation d'"entrée/sortie" (*input/output*, I/O). Désigne un composant matériel ou un logiciel qui permet à l'ordinateur de faire entrer ou sortir des données. Ainsi parle-t-on de *ports d'E/S* pour désigner les connecteurs externes situés à l'arrière de l'ordinateur, qui permettent de brancher des périphériques tels qu'une souris (périphérique d'entrée) ou une imprimante (périphérique de sortie).

➠ *Voir adresse d'E/S, contrôle d'E/S, port, port parallèle, port série*

ESC

Abréviation d'*escape* ("échappement"). Caractère d'échappement qui constitue l'un des trente-deux caractères de contrôle de la table de caractères ASCII.

➠ *Voir ASCII, caractère de contrôle, Echap, séquence d'échappement*

escalier

➠ *Voir crénelage*

esclave

Qualifie un périphérique placé sous le contrôle d'un autre (qui est le périphérique maître).

➠ *Voir maître*

Escom (2001)

http://www.escom.fr

Chaîne de magasins d'informatique qui fut fondée en 1995 en Allemagne et créa rapidement des filiales dans le reste de l'Europe. Escom proposait des PC complets, des accessoires et des logiciels à prix réduits. La filiale Escom Business de la firme allemande proposait essentiellement du matériel haut de gamme de la marque Siemens-Nixdorf. En 1995, Escom racheta Commodore et rencontra rapidement des difficultés financières qui la conduisirent au dépôt de bilan au cours de l'été 1996. Au mois d'août 1996, la société ComTech racheta tous les droits ainsi que de nombreuses filiales d'Escom. La société fut rebaptisée Escom 2001 et est restée spécialisée dans la distribution de PC à bas prix.

➠ *Voir Commodore, ComTech*

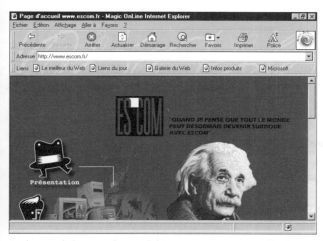

Les heures de la page d'accueil d'Escom sont comptées. Elle sera en effet probablement bientôt remplacée par celle d'Escom 2001.

ESDI

Sigle, abréviation d'*Enhanced Small Device Interface* ("interface améliorée pour petits périphériques"). Interface aujourd'hui obsolète qui permettait de connecter un disque dur à un PC. L'interface ESDI offrait un taux de transfert de 3 Mo/s et avait été optimisée pour le standard de disque dur ST 506 de Seagate. Elle fut lancée en 1983 par Seagate.

➠ *Voir disque dur, interface, Seagate, taux de transfert*

espace

➠ *Voir suppression des espaces*

espace d'adressage

Taille maximale de la mémoire principale (ou nombre maximal d'adresses) qui peut être adressée par le processeur. On distingue les espaces d'adressage logique, physique et virtuel.

➠ *Voir adresse, adresse logique, adresse physique, adresse virtuelle, mémoire vive, processeur*

espace insécable

Espace au niveau duquel la ligne d'un paragraphe ne peut pas être coupée. Les espaces insécables sont très utiles pour empêcher une série de mots (le titre d'un ouvrage, par exemple) d'être interrompue par un retour à la ligne. La fonction d'espace insécable n'est pas proposée par tous les logiciels de traitement de texte.

espacement

Ecart laissé entre les caractères d'une ligne de texte. Lorsqu'un paragraphe est justifié, cet espacement peut varier, ce qui permet aux différentes lignes du paragraphe d'être d'égale longueur.

➠ *Voir mise en forme de paragraphe*

espacement des pixels

Synonyme de "pas de masque". Distance séparant les différents points d'un moniteur.

➠ *Voir masque, pas de masque*

espacement des points

Synonyme de "pas de masque". Distance séparant les différents points d'un moniteur. Plus cet espacement est faible, meilleure est la qualité d'affichage. Sur un moniteur de bonne qualité, il est de l'ordre de 0,25 à 0,28 mm.

➠ *Voir masque, pas de masque*

ET logique

➠ *Voir AND*

état

En anglais : *report*. Rapport généralement imprimé qui permet de visualiser de manière synthétique tout ou partie du contenu d'une base de données. La plupart des systèmes de gestion de bases de données (tels qu'Access) permettent d'utiliser des filtres pour déterminer quelles sont les données qui doivent effectivement apparaître sur l'état. Ils offrent en outre différentes fonctions de mise en forme pour affiner la présentation des états.

➠ *Voir Access, filtre, SGBD, base de données, système de gestion de bases de données*

étendu, e

➠ *Voir mémoire étendue*

Ethernet

Standard de construction de réseaux locaux mis au point dès 1973 par Xerox et commercialisé en 1980 par Intel, DEC et Xerox. Le standard Ethernet repose sur le protocole CSMA/CD. Il existe de nombreuses variantes du standard Ethernet, incompatibles avec celui-ci – tels les standards Ethernet 1.0 et 2.0 ainsi que le standard IEEE802.3. Le standard Ethernet peut utiliser du câble coaxial (Thin Ethernet), de la paire torsadée ainsi que de la fibre optique. Il offre en standard un taux de transfert pouvant atteindre 100 Mo/s, et certaines technologies Ethernet permettent même de porter ce taux à 1 Go/s.

➠ *Voir carte Ethernet, coaxial, fibre optique, LAN, paire torsadée, réseau, taux de transfert*

étiquette

En anglais : *tag*. Référence qui permet de connaître l'état de données ou d'un fichier. Les étiquettes sont souvent réalisées sous forme de *flags* (drapeaux) et permettent de créer des références très concises et faciles à interroger. Elles sont aussi utilisées par la RAM d'étiquettes (*tag RAM*) pour marquer l'état des différentes parties de la mémoire cache. Pour ne pas avoir à réenregistrer sur le disque dur l'ensemble des données chargées dans la mémoire cache de niveau 2 chaque fois qu'il évacue des données de cette mémoire cache, l'ordinateur marque les données modifiées d'une étiquette spéciale qui lui permet ensuite de les identifier et de les mémoriser directement. Les étiquettes dont il a besoin à cet effet sont stockées dans une zone de mémoire RAM prévue à cet effet – la RAM d'étiquettes.

➠ *Voir mémoire cache de niveau 2, RAM d'étiquettes*

étoile

Topologie de réseau suivant laquelle tous les ordinateurs clients sont reliés à un nœud de connexion central qui peut être un hub ou un serveur. Lorsque c'est un hub passif qui est utilisé, il se contente de faire suivre les signaux. Un hub actif, au contraire, amplifie les signaux avant de les faire suivre.

➠ *Voir réseau, LAN, topologie de réseau*

Euro-AV

Abréviation d'*European Audio Video* ("audio vidéo européen"). Synonyme de "péritel". Connecteur qui permet de relier un magnétoscope à un téléviseur.

➠ *Voir péritel*

Euro-File-Transfer

"Transfert européen de fichiers ".

➠ *Voir EFT*

Euro-ISDN

"RNIS européen". Standard de télécommunication numérique européen qui offre des fonctions supplémentaires par rapport aux standards numériques des différents pays européens. Selon ce standard, le protocole E-DSS1, conçu pour le canal D, doit remplacer le protocole 1TR6 utilisé depuis longtemps dans certains pays européens. Il prévoit également que chaque prise téléphonique doit, en standard, être associée à trois numéros choisis par l'utilisateur (ce chiffre peut être porté à dix avec un supplément de prix).

➠ *Voir E-DSS1, Euro-File-Transfer, RNIS*

EuroNet

Abréviation d'*European Network* ("réseau européen"). Réseau conçu pour utiliser les bases de données DIANE au sein de l'Union européenne.

➠ *Voir DIANE, réseau*

Europe Online

http://www.europeonline.com

"L'Europe en ligne". Service en ligne qui devait, à l'origine, concurrencer AOL et CompuServe et devenir le premier service en ligne d'Europe. Beaucoup de sociétés partenaires ayant finalement décidé de se retirer du projet, Europe Online devint un simple fournisseur d'accès Internet relativement bon marché. Beaucoup d'offres de services étaient en fait réservées à des clients prêts à payer les services offerts. Au milieu de l'année 1996, l'un des principaux partenaires financiers d'Europe Online s'est retiré, et le fournisseur d'accès Europe Online est devenu une association financée par la publicité sur l'Internet et qui est ouverte à tous.

➠ *Voir AOL, CompuServe, fournisseur d'accès Internet, service en ligne*

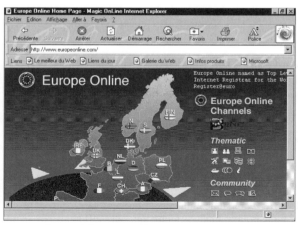

La page d'accueil d'Europe Online.

European BackBone

"Dorsale européenne".

➠ *Voir EBONE*

EurOSInet

Union regroupant un nombre de fabricants européens de matériel et de logiciels informatiques dont la finalité est de promouvoir le standard OSI.

➠ *Voir OSI*

Excel

Tableur très connu de Microsoft. Excel est actuellement le tableur le plus vendu. Disponible exclusivement pour la plate-forme Macintosh dans un premier temps, il a rapidement été converti pour Windows, et il en est actuellement à la version 8.0, livrée avec la suite de programmes Office 97. Dès sa version 4.0, Excel a su s'imposer face à Lotus 1-2-3 et aux programmes similaires.

➠ *Voir Lotus 1-2-3, Microsoft, tableur*

Excessive Multi-Posting

➠ *Voir EMP*

Exchange

1. Logiciel de communication de Microsoft, livré en standard avec Windows 95. Exchange est un logiciel à la fois de courrier électronique et de fax. Il est accessible en cliquant sur l'icône Boîte de réception du Bureau de Windows 95 et intègre quantité de fonctions permettant d'envoyer, de recevoir et de gérer des messages électroniques et des fax. Ses fonctions peuvent être utilisées par d'autres programmes par l'intermédiaire de l'interface MAPI, ce qui permet de le compléter. Afin d'éviter toute confusion entre la version d'Exchange pour Windows 95 et celle pour Windows NT, Microsoft a décidé de rebaptiser la version pour Windows 95 du nom d'Outlook. Outlook intègre un certain nombre de fonctions supplémentaires. Il fait partie de la suite de programmes Microsoft Office. Sous Windows NT, il existe un logiciel client comparable à Outlook appelé Windows Messaging.

2. Suite de programmes pour Windows NT très complète et relativement chère fabriquée par Microsoft, qui permet de créer un serveur de courrier électronique. Cette suite de programmes, conçue pour créer un système de courrier électronique reposant sur un serveur fonctionnant sous Windows NT, intègre des logiciels clients pour un certain nombre de systèmes d'exploitation. De par son apparence, Exchange pour Windows NT se rapproche de la version pour Windows 95.

➠ *Voir courrier électronique, fax, Microsoft, Windows 95, Windows NT*

exécutable

Qualifie un programme qui intègre des suites de commandes de niveau processeur ainsi que les plages de données correspondantes. Les programmes de ce type peuvent être chargés dans la mémoire principale de l'ordinateur par le système d'exploitation et, sur la base de leur adresse de départ, être transmis au compteur de commandes du CPU. Sous MS-DOS, les programmes exécutables portent une extension .EXE ou .COM. Le système d'exploitation et le BIOS sont eux-mêmes constitués de programmes exécutables.

➠ *Voir adresse de départ, CPU, mémoire vive, système d'exploitation*

exécution d'un programme

Activation successive des différentes instructions contenues dans le code d'un programme.

➠ *Voir programme*

EXIT

"Quitter". Commande qui permet de fermer une session MS-DOS sous Windows. Cette commande sert également à fermer certaines applications en langue anglaise ainsi qu'à mettre fin au programme en cours dans certains langages de programmation.

➠ *Voir MS-DOS, Windows, Windows 95*

expanded memory

"Mémoire paginée".

➠ *Voir EMS*

Expanded Memory Manager

"Gestionnaire de mémoire paginée".

➠ *Voir EMM*

Expanded Memory Specification

"Spécification de mémoire paginée".

➠ *Voir EMS*

Explorateur

Gestionnaire de fichiers de Windows 95 et Windows NT.

➠ *Voir gestionnaire de fichiers, Windows 95, Windows NT*

exportation

Conversion d'un fichier d'un format propre à une application vers un format étranger. Cette opération est souvent accompagnée d'un envoi du fichier ainsi converti au programme qui utilise ce format étranger. La plupart des applications modernes possèdent des fonctions d'exportation et d'importation. Pour effectuer une exportation, elles doivent activer un convertisseur pour réécrire le fichier conformément au nouveau format. Lors de cette opération, certaines informations telles que les paramètres de mise en forme de texte sont malheureusement généralement perdues.

➠ *Voir application, conversion, format de fichier, importation*

E

Extended Capability Port

"Port à fonctionnalités étendues".

➠ *Voir ECP*

Extended Graphics Adapter

"Adaptateur graphique étendu".

➠ *Voir EGA*

Extended ISA

➠ *Voir EISA*

extended memory

"Mémoire étendue".

➠ *Voir mémoire étendue*

Extended Memory Specification

"Spécification de mémoire étendue".

➠ *Voir XMS*

Extended Technology

"Technologie étendue".

➠ *Voir XT*

extension

Suffixe pouvant compter jusqu'à trois lettres, qui accompagne le nom d'un fichier (lequel peut compter jusqu'à huit lettres). Ce système nom-extension est issu de l'environnement de MS-DOS. L'extension n'est pas absolument indispensable. Elle reflète en général le type du fichier auquel elle se rapporte. Le principe de l'extension a été repris sous Windows, où il est possible d'associer des extensions précises à une application. Ainsi, il suffit de cliquer deux fois sur le nom d'un fichier pour que celui-ci s'ouvre sous l'application correspondante.

➠ *Voir 8 + 3, application, boîtier d'extension, carte d'extension, fichier, MS-DOS, port d'extension, Windows 95*

E

Extensions de fichiers courantes

Extension	Description
.1ST	Abréviation de *first* ("premier"). Identique aux fichiers LISEZMOI ; indique qu'il faut lire le contenu du fichier avant d'utiliser le programme auquel il se rapporte.
.386	Fichier de pilote pour Windows en mode 386.
.ANS	Abréviation d'"ANSI". Fichier ANSI contenant des codes ANSI avec des instructions pour représenter les caractères.
.ARC	Abréviation d'"archives". Fichier compressé.
.ARJ	Fichier compressé à l'aide de l'utilitaire de compression ARJ.EXE.
.AU	Abréviation d'"audio". Fichier son au format audio AU de Sun.
.AVI	Sigle, abréviation d'"Audio Video Interleave". Fichier audio pour Windows contenant des séquences de films, des animations, etc. et éventuellement du son.
.BAK	Abréviation de *backup*. Fichier de backup, ou copie de secours créés automatiquement par certains programmes dès qu'ils enregistrent le fichier en cours d'utilisation. Ce système permet de toujours disposer, sur le disque dur de l'ordinateur, de la version précédente du fichier en cours d'utilisation.
.BAT	Abréviation de *batch* ("traitement par lots"). Fichier de traitement par lots MS-DOS. Les fichiers .BAT contiennent du texte ASCII brut correspondant à des commandes MS-DOS exécutées par lots.
.BIN	Abréviation de "binaire". Fichier binaire.

Extensions de fichiers courantes

Extension	Description
.BMK	Abréviation de *bookmark* ("signet"). Fichier de signets ; contient des signets d'URL. Navigator crée des fichiers .BMK.
.BMP	Abréviation de "bitmap". Fichier d'image bitmap. Ce format de fichier est utilisé sous Windows et OS/2. C'est le format standard de Paint-brush.
.C	Fichier de code source en langage C.
.CAB	Abréviation de *cabinet* ("classeur"). Fichier stocké sous un format de compression particulier conçu par Microsoft et utilisé pour distribuer des programmes (Windows 95, par exemple) ainsi que pour travailler avec ActiveX sur l'Internet.
.CDR	Abréviation de "Corel Draw". Fichier graphique créé sous Corel Draw.
.CFG	Abréviation de "configuration". Fichier de configuration pouvant correspondre à différents programmes. Les fichiers .CFG ne se conforment pas à un format fixe.
.CGI	Sigle, abréviation de *Common Gateway Interface* ("interface passerelle commune"). Fichier situé sur un serveur Internet qui peut être exécuté depuis celui-ci par l'intermédiaire d'une page Web.
.CMD	Abréviation de "commande". Fichier qui contient une série de commandes destinées à des programmes.
.CNV	Abréviation de "convertisseur". Fichier qui contient des instructions permettant de convertir des formats de fichiers. Les fichiers .CNV sont utilisés par les fonctions d'importation et d'exportation des applications.
.COM	Abréviation de "commande". Fichier de commande. Programme exécutable sous MS-DOS. Les fichiers .COM ne sont plus guère utilisés aujourd'hui. Ils ont été remplacés par les fichiers .EXE.
.CPP	Abréviation de "C++". Fichier de code source en C++.
.CPT	Abréviation de "Corel Photopaint". Fichier graphique créé sous Corel Photopaint.

Extensions de fichiers courantes (suite)

Extension	Description
.DAT	Abréviation de *data* ("données"). Fichier de données. Les fichiers .DAT ne se conforment pas à un format fixe.
.DIZ	Fichier contenant des informations sur un fichier ou un groupe de fichiers.
.DLL	Sigle, abréviation de *Dynamic Link Library* ("bibliothèque de liens dynamique"). Bibliothèque chargeable dynamiquement, utilisée par les applications Windows.
.DOC	Abréviation de "document". Fichier créé sous Word ou FrameMaker.
.DOT	Sigle, abréviation de *Document Overlay Template* ("modèle de présentation de document"). Modèle de document créé sous Word pour Windows.
.DRV	Abréviation de *driver* ("pilote"). Fichier contenant un pilote de périphérique.
.EXE.	Abréviation d'*executabl*e ("exécutable"). Fichier exécutable.
.FLI	Abréviation de *flick* ("feuilleter"). Fichier de séquences vidéo et d'animation.
.FNT	Abréviation de *font* ("police"). Fichier de police.
.FON	Abréviation de *font* ("police"). Fichier d'informations se rapportant à une police TrueType.
.GIF	Abréviation de *Graphic Image Format* ("format d'image graphique"). Format graphique très répandu. Ce format fut créé par CompuServe et est très utilisé sur l'Internet (et particulièrement sur le World Wide Web).
.GRP	Abréviation de *group* ("groupe"). Fichier d'informations se rapportant à un groupe de programmes du Gestionnaire de programmes de Windows 3.x.
.HLP	Abréviation de *help* ("aide"). Fichier contenant des informations d'aide sur un programme présentées sous un format hypertexte.

Extensions de fichiers courantes

Extension	Description
.HTM	Abréviation de *HyperText Markup Language* ("langage de balisage hypertexte"). Fichier en langage HTML. Le format .HTM permet d'enregistrer des pages Web.
.ICL	Abréviation d'*icon library* ("bibliothèque d'icônes"). Bibliothèque contenant des icônes pour Windows.
.ICO	Abréviation d'*icon* ("icône"). Fichier contenant une icône isolée.
.IMG.	Abréviation d'"image". Fichier graphique.
.INF	Abréviation d'"information". Fichier contenant des informations pour l'exécution d'un programme ou l'installation de pilotes.
.INI	Abréviation d'"initialisation". Fichier contenant des réglages et des paramétrages à utiliser pour exécuter un programme. Ce format de fichier était très utilisé sous Windows 3.x. Sous Windows 95, il a été remplacé par la base de registres.
.JPG	Abréviation de *Joint Photographers Expert Group* ("groupe d'experts photographes réunis"). Fichier contenant des informations graphiques compressées.
.LHA	Fichier compressé créé à l'aide de l'exécutable LHA.EXE.
.LOG	"Journal". Fichier de journal recensant les opérations effectuées. Les fichiers .LOG ne se conforment pas à un format fixe.
.MDB	Abréviation de *Microsoft Database* ("base de données Microsoft"). Fichier de base de données créé sous Access.
.ME	Abréviation de *read me* ("lisez-moi"). Fichier contenant des conseils ou des instructions sur un programme, qui ne figurent pas dans la documentation.
.MID	Abréviation de *Music Interface Digital Interface* ("interface numérique pour instruments de musique"). Fichier d'instructions MIDI permettant de contrôler des périphériques compatibles avec l'interface MIDI. Les fichiers .MID stockent souvent un morceau de musique.

E

Extensions de fichiers courantes   (suite)

Extension	Description
.MOD	Fichier contenant des informations MIDI. Les fichiers stockent souvent un morceau de musique qui peut être lu à l'aide d'une carte graphique.
.MOV	Abréviation de *movie* ("animation"). Fichier contenant des données vidéo.
.MPG	Abréviation de *Motion Picture Expert Group* ("groupe d'experts d'images animées"). Fichier contenant des données vidéo compressées.
.MSG	Abréviation de "message". Fichier de message électronique (créé sous Microsoft Exchange, par exemple).
.NLM	Sigle, abréviation de *Netware Loadable Module* ("module Netware chargeable"). Fichier de module spécifique qui peut être chargé par le logiciel de réseau Netware de Novell.
.OBJ	Abréviation d'*object* ("objet"). Fichier contenant du code de programme compilé.
.OCX	Abréviation d'*OLE Control* ("contrôle OLE"). Fichier contenant un contrôle OLE (ou ActiveX).
.OLD	"Vieux". Copie de sécurité correspondant à la version précédente d'un fichier qui a été modifié.
.PAL	Abréviation de "palette". Fichier contenant une palette de couleurs définie par l'utilisateur. Les programmes tels que Paintbrush sont capables de charger un fichier .PAL et de l'utiliser comme palette de couleurs.
.PAS	Abréviation de "Pascal". Fichier de code source en Pascal.
.PCX	Format graphique servant à stocker des images bitmap. Ce programme est compatible avec la plupart des palettes graphiques.
.PIC	Abréviation de *picture* ("image"). Format graphique servant à stocker des images bitmap sur les ordinateurs Macintosh.
.PIF	Sigle, abréviation de *Programm Information File* ("fichier d'informations sur le programme"). Fichier contenant des informations indiquant comment exécuter un programme MS-DOS sous Windows.

Extensions de fichiers courantes

Extension	Description
.PLR	Abréviation de *player* ("joueur"). Fichier contenant des informations se rapportant à un jeu informatique – le nom des joueurs, leur meilleur score, leur niveau de jeu, etc. Les fichiers .PLR sont créés au moment où le joueur quitte le jeu.
.PPT	Abréviation de "PowerPoint". Fichier de présentation créé sous Microsoft PowerPoint.
.PS	Abréviation de "PostScript". Fichier d'impression au format PostScript.
.RAS	Abréviation de *raster* ("trame"). Fichier d'image graphique tramée.
.RLE	Abréviation de *Run Length Encoding* ("codage à longueur de course"). Fichier graphique stockant une image graphique compressée. Le format .RLE est utilisé sous Windows pour stocker des images d'arrière-plan.
.SCR	Abréviation de *screen saver* ("économiseur d'écran"). Fichier d'économiseur d'écran pour Windows.
.STR	Abréviation de *string* ("chaîne"). Fichier contenant une chaîne de caractères.
.SYS	Abréviation de *system* ("système"). Fichier contenant des informations destinées au système. Les fichiers .SYS sont également appelés "fichiers système".
.TGA	Abréviation de "Targa". Fichier spécifique stockant une image bitmap.
.TIF	Abréviation de *Tagged Image File Format*. Fichier contenant une image bitmap. Le format .TIF est compatible avec un grand nombre de palettes graphiques.
.TMP	Abréviation de *temporary* ("temporaire"). Fichier temporaire créé par certaines applications. Les fichiers .TMP servent à stocker temporairement des données issues de la mémoire vive. Ils sont généralement effacés automatiquement une fois qu'ils ont été utilisés.
.TTF	Abréviation de *TrueType Font* ("police TrueType"). Fichier contenant des informations sur une police TrueType donnée.

E

Extensions de fichiers courantes   (suite)

Extension	Description
.TXT	Abréviation de *text* ("texte"). Fichier contenant généralement du texte brut.
.UUE	Sigle, abréviation de *Unix to Unix Encoded* ("codage Unix-Unix"). Fichier codé suivant le processus UUE.
.VBA	Abréviation de *Video Graphics Adapter* ("adaptateur graphique vidéo"). Fichier de pilote de carte graphique.
.VBX	Abréviation de *Visual Basic Extension* ("extension Visual Basic"). Fichier contenant un contrôle Visual Basic. Le format .VBX n'est plus d'actualité. Il a été remplacé par le format .OCX.
.WAV	Abréviation de *wave* ("onde sonore"). Fichier contenant des données sonores au format PCM. Format standard utilisé pour stocker des données audio numériques sous Windows.
.WDB	Abréviation de *Works Database* ("base de données Works"). Fichier de base de données créé sous Microsoft Works.
.WKS	Abréviation de "Works". Fichier de document créé sous Microsoft Works.
.WMF	Sigle, abréviation de *Windows Meta File* ("métafichier Windows"). Format particulier utilisé sous Windows pour stocker des données graphiques sous un métaformat.
.WPG	Abréviation de *WordPerfect Graphic* ("image WordPerfect"). Fichier spécifique contenant une image vectorielle créée sous WordPerfect.
.WRI	Abréviation de "Write". Fichier créé sous Write pour Windows 3.x.
.XLS	Abréviation de *Excel Spreadsheet* ("feuille de calcul Excel"). Fichier de feuille de calcul ou de classeur Microsoft Excel.
.ZIP	Fichier compressé créé à l'aide de l'utilitaire PKZIP.EXE ou d'un programme compatible.

➥ *Voir bus d'extension, carte d'extension*

extension

➠ *Voir carte d'extension*

extension de mémoire

Ajout de mémoire à la carte mère de l'ordinateur ou à l'un de ses périphériques. Ce terme désigne en fait aussi bien l'opération elle-même que la mémoire ajoutée.

Pour faire passer un ordinateur d'un système d'exploitation 16 bits (DOS ou Windows 3.1, par exemple) à un système d'exploitation 32 bits, il est généralement nécessaire d'en augmenter la mémoire vive. Sur un PC classique, il faut à cet effet insérer de nouvelles barrettes de mémoire SIMM sur la carte mère s'il reste des connecteurs de mémoire libre, ou remplacer les barrettes de mémoire existantes par des barrettes de capacité supérieure. Les systèmes d'exploitation modernes fonctionnent en principe correctement à partir de 8 Mo de mémoire vive. Toutefois, sur les ordinateurs qui servent à faire fonctionner des applications particulièrement puissantes ou plusieurs applications simultanément, il est généralement nécessaire de porter cette mémoire vive à 16 Mo, voire 32 Mo.

➠ *Voir mémoire*

extension téléphonique

Suffixe généralement composé de deux chiffres qui, ajouté au radical formé par les chiffres précédents (les huit chiffres précédents si le suffixe est composé de deux chiffres), permet de joindre un poste téléphonique précis au sein d'un réseau téléphonique interne. C'est par exemple ce système qui permet de joindre une personne au sein d'une entreprise sans passer par le standard (principe de la ligne directe). Le système des extensions téléphoniques était facile à mettre en place à l'aide des premières versions de standards de lignes numériques propres à chaque pays, et certaines compagnies téléphoniques européennes (telles que France Télécom) en proposaient également une variante analogique. Ce système s'oppose au système MSN (*Multiple Subscriber Number*, "numéro de téléphone multiple"), qui permet d'affecter trois numéros totalement différents à une même ligne numérique.

➠ *Voir MSN, RNIS*

eye-tracker

"Capteur oculaire".

➠ *Voir capteur oculaire*

EZine

Abréviation d'*electronic magazine* ("magazine électronique"). Magazine diffusé sur l'Internet ou sur un service en ligne.

➠ *Voir Internet, service en ligne*

F

face

➠ *Voir double face*

face down/up

"Côté à imprimer vers le bas/haut". Mention figurant sur les appareils tels que les fax, les photocopieurs, les scanners, etc. pour indiquer dans quel sens (haut ou bas) le côté imprimé de la page doit être orienté pour que l'opération effectuée (la copie, la numérisation, etc.) se déroule correctement. La mention *face up* indique que le côté imprimé doit être orienté vers le haut. A l'inverse, la mention *face down* indique qu'il doit être orienté vers le bas.

➠ *Voir fax, scanner*

facteur d'entrelacement

Mesure du nombre de tours que les plateaux d'un disque dur doivent effectuer pour lire l'ensemble des secteurs d'une piste. Un facteur d'entrelacement 3 indique que trois tours sont nécessaires pour lire une piste complète. Le facteur d'entrelacement permet par conséquent de mesurer aussi l'écart qui existe entre les secteurs logiques et les secteurs physiques. Cet écart s'obtient en retranchant 1 du facteur d'entrelacement lui-même.

➠ *Voir entrelacement*

faire défiler

Déplacer le contenu d'une fenêtre graphique afin de rendre visible la partie jusqu'alors invisible (et vice versa). Cette opération s'effectue à l'aide des barres de défilement.

famille de polices

Ensemble de variantes d'une police principale se conformant à un même style et ne se distinguant les unes des autres que par des enrichissements tels que le gras, l'italique, le souligné, etc.

fantôme

➠ *Voir RAM fantôme*

FAO

Sigle, abréviation de "fabrication assistée par ordinateur". Utilisation de l'ordinateur pour contrôler des machines de production. La FAO nécessite de disposer non seulement d'un ordinateur très puissant et d'un logiciel bien spécifique mais aussi de toute une série d'interfaces spéciales conçues pour contrôler les machines.

➠ *Voir interface, ordinateur contrôleur de processus, traitement en temps réel*

FAQ

Sigle, abréviation de *Frequently Asked Questions* ("questions posées fréquemment"). Document ou rubrique qui synthétisent les questions posées le plus fréquemment sur un programme, un appareil ou une technologie, et qui y fournissent des réponses. Les questions qui y figurent font généralement partie des plus fréquemment posées au service d'assistance en ligne qui couvre ledit produit. On rencontre souvent des rubriques FAQ sur l'Internet, sur les forums de discussion et les BBS. Beaucoup de fabricants de matériel et de logiciels informatiques livrent également leurs produits avec un document FAQ (imprimé ou sous forme de fichier texte).

➠ *Voir BBS, forum, Internet*

Fast-SCSI

"SCSI rapide".

➠ *Voir SCSI*

FAT

Sigle, abréviation de *File Allocation Table* ("table d'allocation de fichiers"). Système de fichiers utilisé par MS-DOS pour gérer les fichiers d'un support de stockage tel qu'un disque dur ou une disquette. La FAT est une sorte de table des matières du support de stockage. Elle stocke des informations sur chacun de ses clusters.

Le principal inconvénient de la FAT est qu'elle entraîne une fragmentation des fichiers, c'est-à-dire qu'elle conduit les clusters constitutifs d'un même fichier à se disperser sur le disque dur au lieu d'être rangés les uns à la suite des autres. Cette fragmentation accroît le temps nécessaire pour accéder aux fichiers.

La FAT présente également l'inconvénient d'entraîner la perte de l'ensemble des fichiers lorsqu'elle est endommagée. Pour pallier ce risque, MS-DOS crée automatiquement une copie de secours de la FAT. Si la FAT originale est endommagée, il est possible de la récupérer à partir de la copie de secours en recourant à un utilitaire tel que Norton Disk Doctor.

➠ *Voir cluster, fragmentation, Norton Utilities, support de stockage, système de fichiers*

FAT32

Nouvelle version du système de fichiers FAT utilisée sous Windows 95B, qui présente l'avantage de reconnaître des tailles de disque dur pouvant aller jusqu'à 2 To. Sous ce nouveau système de fichiers, la taille des clusters a été considérablement réduite. L'inconvénient est que, pour passer du système de fichiers FAT au système FAT32, il faut reformater le disque dur.

➡ *Voir cluster, FAT, système de fichiers*

fatal error

"Erreur fatale".

➡ *Voir erreur fatale*

F

fax

Abréviation de "téléfax" (de "fac-similé"). Synonyme de "télécopieur". Appareil de télécommunication qui permet de transmettre des copies de documents en papier à un destinataire distant par l'intermédiaire d'une ligne téléphonique. Au cours de cette opération, le document est numérisé par le fax émetteur et converti en informations électroniques qui sont envoyées au fax de réception, lequel les imprime à son tour sur une feuille de papier. Cette opération revient donc à envoyer une copie de l'original au destinataire. Les cartes fax-modem analogiques et numériques (RNIS) permettent également d'envoyer et de recevoir des fax par l'intermédiaire d'un ordinateur. De nombreux fabricants proposent par ailleurs des appareils combinant une imprimante, un scanner, un photocopieur et un fax, ce qui rend la distinction habituellement effectuée entre le matériel bureautique et informatique de plus en plus difficile à effectuer.

➡ *Voir aiguilleur de fax, carte RNIS, classe de fax, fax à la demande, groupe de fax, modèle de fax, RNIS*

fax à la demande

Synonyme de "serveur de fax". Système de transmission de fax suivant lequel c'est le fax (ou télécopieur) appelé, et non celui qui a appelé, qui transmet. Le fax émetteur attend passivement jusqu'à ce qu'il soit appelé, après quoi le fax appelé lui envoie le document qu'il attend.

➡ *Voir fax*

fax, modèle

➡ *Voir modèle de fax*

fax-modem

Modem qui permet de transmettre et de recevoir non seulement des données informatiques, mais aussi des fax. Les premiers fax-modems commercialisés permettaient uniquement de recevoir des fax. Depuis, les modèles proposés sur le marché permettent à la fois de recevoir et d'envoyer des fax. Les fax-modems reposent sur les protocoles de transmission de données V.29 et V.17, qui ont été définis par le CCITT.

➠ *Voir CCITT, fax, modem, V.17, V.29*

fax-polling

"Fax à la demande".

➠ *Voir fax à la demande*

FDDI

Sigle, abréviation de *Fiber Distributed Data Interface* ("interface de données distribuée à fibre optique"). Synonyme de "réseau à fibre optique". Technologie de réseau à haute vitesse reposant sur la topologie Token Ring d'IBM et utilisant de la fibre optique comme conducteur. Cette technologie offre un taux de transfert de 100 Mbit/s. Elle s'applique non seulement à la topologie Token Ring, mais aussi aux topologies en bus et en étoile.

➠ *Voir étoile, Token Ring, topologie en bus*

Feature

Type de connecteur initialement conçu pour permettre de relier la carte graphique d'un ordinateur à d'autres cartes (une carte d'acquisition vidéo par exemple) pour les faire fonctionner ensemble. Dans la pratique, ce connecteur est rarement utilisé, d'autant qu'il n'est plus guère adapté aux besoins générés par le multimédia.

➠ *Voir carte graphique*

feeder

"Chargeur feuille à feuille".

➠ *Voir chargeur feuille à feuille*

fenêtrage

Utilisation de fenêtres pour présenter à l'écran des éléments tels que des outils de contrôle, des options, etc.

➠ *Voir fenêtre*

fenêtre

En anglais : *window*. Zone graphique rectangulaire affichée à l'écran servant à présenter à l'utilisateur des éléments de contrôle et des zones de dialogue pour commander un logiciel. Les fenêtres constituent aujourd'hui la structure de base de toute interface utilisateur moderne. Elles présentent l'avantage de permettre de faire fonctionner plusieurs programmes simultanément et de les voir tous sur un même écran.

➠ *Voir boîte de dialogue, interface utilisateur graphique, programme*

fenêtre de commande

Fenêtre qui permet d'adresser des commandes à un programme ou à un système d'exploitation, soit manuellement, soit par l'intermédiaire de la souris.

➠ *Voir commande, programme, souris*

fenêtre de dialogue

Synonyme de "boîte de dialogue".

➠ *Voir boîte de dialogue*

fenêtre temporelle

Unité de temps utilisée par les systèmes d'exploitation multitâches pour décomposer le temps de calcul du CPU. Sous un système d'exploitation multitâche, le CPU n'exécute pas réellement plusieurs tâches simultanément : il alterne en permanence entre les différentes tâches en cours d'exécution en leur consacrant une petite partie de son temps de calcul – une fenêtre temporelle. C'est le planificateur du système d'exploitation qui gère la répartition des fenêtres temporelles et qui affecte un degré de priorité aux différentes tâches.

➠ *Voir multitâche, multithreading, système d'exploitation*

fermer

Quitter un programme ou un document sous un programme.

fermeture de session

Synonyme de "déconnexion", ou *logoff*. Interruption d'une connexion en réseau (par l'intermédiaire d'un accès réseau à distance, par exemple), ou déconnexion d'un utilisateur d'un réseau local ou international. S'oppose à "ouverture de session".

➠ *Voir ouverture de session, réseau, transmission de données*

ferrite

➠ *Voir mémoire à ferrite*

feuille à feuille

➟ *Voir chargeur feuille à feuille*

feuille de styles

Synonyme de "modèle de document".

➟ *Voir modèle de document*

feuille de travail

➟ *Voir document*

F

FF

Sigle, abréviation de *Form Feed* ("avance page"). Caractère de contrôle qui indique à l'imprimante de faire avancer la feuille de papier en cours d'impression jusqu'à la fin pour passer à la suivante.

➟ *Voir caractère de contrôle, chargeur feuille à feuille, imprimante*

fiabilité, disponibilité, sécurité

voir RAS

Fiber Distributed Data Interface

"Interface de données distribuée à fibre optique".

➟ *Voir FDDI*

fibre de verre

➟ *Voir fibre optique*

fibre optique

Synonyme de "fibre de verre". Conducteur électrique constitué de filaments de verre qui remplace peu à peu le cuivre dans les câbles dont on se sert pour les télécommunications. Pour être véhiculés par un câble en fibre optique, les signaux doivent être convertis en impulsions lumineuses modulées à haute fréquence. Ils sont alors envoyés dans un câble d'un diamètre de 0,1 mm entouré d'une enveloppe dotée d'un pouvoir réfléchissant total. L'avantage des câbles en fibre optique est d'offrir une largeur de bande et une sécurité plus élevées pour un poids inférieur à celui des câbles en cuivre. Leur inconvénient est que certains brins de fibre de verre peuvent, à la longue, se désolidariser des autres. Leur coût de fabrication est, en outre, supérieur à celui des câbles en cuivre.

➟ *Voir FDDI, largeur de bande, réseau à fibre optique, télécommunications*

fiche de saisie-consultation

Synonyme de "formulaire".

➠ *Voir formulaire*

fichier

Ensemble de données constituant une seule et même entité désignée par un nom précis et qui peut être manipulé par le système d'exploitation et stocké dans la mémoire de l'ordinateur ou sur un support de stockage. Les fichiers peuvent contenir toutes sortes de données.

➠ *Voir catalogue de fichiers, conversion de fichier, extension, gestion de fichiers, gestionnaire de fichiers, mémoire vive, nom de fichier, serveur de fichiers, support de stockage, système d'exploitation, système de fichiers*

fichier aléatoire

Fichier auquel il est possible d'accéder de manière aléatoire. (Outre ce type d'accès aléatoire, on distingue l'accès séquentiel et l'accès binaire.) Il est possible d'accéder directement à n'importe quelle partie de ce type de fichier sans avoir à commencer par le début du fichier pour lire ou enregistrer.

➠ *Voir accès aléatoire, accès séquentiel*

fichier batch

Synonyme de "fichier de traitement par lots".

➠ *Voir fichier de traitement par lots*

fichier bibliothèque

Fichier contenant des routines, des fonctions et des procédures standardisées mises à la disposition d'autres programmes.

➠ *Voir bibliothèque, DLL, fonction, procédure, routine*

fichier caché

➠ *Voir fichier caché*

fichier conteneur

Fichier qui contient d'autres fichiers conçus sous différents programmes. Les fichiers conteneurs rassemblent les autres fichiers pour faire un seul et même ensemble de fichiers. Les programmes de présentation assistée par ordinateur utilisent souvent des fichiers de ce type pour relier des informations issues de SGBD, de palettes graphiques et de tableurs, et ainsi donner l'impression qu'elles sont intégrées.

fichier d'échange de données

Fichier créé sur le disque dur de l'ordinateur par le système d'exploitation afin de donner l'impression que la quantité de mémoire vive disponible est plus importante. Lorsque les programmes nécessitent beaucoup de mémoire (ce qui est souvent le cas des programmes graphiques), il est néanmoins indispensable de disposer de suffisamment d'assez de mémoire vive physique car il faut beaucoup plus de temps pour accéder au fichier d'échange de données situé sur le disque dur qu'à la mémoire vive. Le fichier d'échange peut être temporaire ou permanent. Les fichiers d'échange permanent offrent une vitesse de traitement légèrement supérieure à celle de leurs homologues temporaires.

➠ *Voir disque dur, fichier d'échange de données permanent, fichier d'échange de données temporaire, mémoire vive, système d'exploitation*

fichier d'échange de données temporaire

Fichier d'échange de données créé lorsqu'un surcroît momentané de mémoire est requis.
Voir fichier d'échange de données permanent

fichier d'échange de données permanent

Fichier d'échange de données qui occupe en permanence une certaine place sur le disque dur de l'ordinateur.

➠ *Voir fichier d'échange de données*

fichier de programme

Fichier qui contient un programme exécutable.

➠ *Voir programme*

fichier de traitement par lots

Synonyme de "fichier batch". Fichier intégrant des commandes, des appels de programmes et des variables d'environnement qui sont traités les uns après les autres lorsque le fichier est appelé. Sous MS-DOS, les fichiers de traitement par lots portent une extension .BAT.

➠ *Voir commande, extension, fichier, MS-DOS*

fichier journal

Fichier qui sert à recenser les différentes opérations effectuées sur un ordinateur. Ce type de fichier permet de savoir en permanence, en procédant à une reconstitution, ce qui s'est passé sur l'ordinateur pendant la période considérée. Il est, par exemple, très souvent utilisé en réseau pour contrôler la fréquence des accès au serveur.

➠ *Voir protocole, réseau, serveur*

fichier séquentiel

Fichier dont les données ne peuvent être lues que les unes à la suite des autres. Avec ce type de fichier, pour lire des données situées au milieu du fichier, il faut impérativement commencer la lecture au début du fichier et la poursuivre jusqu'au milieu.

➠ *Voir fichier aléatoire*

fichier source

Fichier contenant le code source d'un programme. Lorsqu'un fichier source doit être converti en code machine, on parle de progamme source. Selon le langage de programmation utilisé, il peut devoir être converti à l'aide d'un compilateur ou d'un assembleur (on parle alors de compilation ou d'assemblage), ou encore être lu et exécuté ligne par ligne à l'aide d'un interpréteur.

➠ *Voir code source, langage de programmation*

fichier temporaire

Fichier créé automatiquement par l'ordinateur sur le disque dur pour stocker les données de la mémoire vive dont il n'a pas besoin à un moment donné et ainsi augmenter la quantité de mémoire vive disponible. Beaucoup de programmes, comme les traitements de texte pour Windows, créent automatiquement des copies de secours supplémentaires des fichiers qu'ils sont en train de traiter afin de pouvoir reconstituer le document en cas d'incident. Ces copies supplémentaires sont aussi des fichiers temporaires. Dans l'absolu, les fichiers temporaires sont conçus pour être effacés automatiquement par le programme qui les a créés lorsqu'il n'en a plus besoin. Toutefois, lorsqu'un plantage survient, il arrive qu'ils ne soient pas effacés. Au fil des plantages, les fichiers temporaires qui n'ont pas été effacés peuvent occuper une place considérable sur le disque dur de l'ordinateur. Aussi est-il conseillé d'examiner régulièrement le disque dur de l'ordinateur, et plus particulièrement les répertoires TMP ou TEMP, pour déterminer s'ils contiennent des fichiers temporaires. Les fichiers temporaires se terminent par l'extension .TMP ou commencent par XXXXXXXX.

Fido/Opus/Seadog

➠ *Voir Fossil*

FidoNet

Réseau privé mondial à but non lucratif constitué d'une multitude de boîtes à lettres (également appelées "nœuds") reliées les unes aux autres. Grâce à ce maillage de boîtes à lettres, chaque utilisateur (également appelé "point") du réseau peut échanger des messages avec les autres. Chaque membre du réseau se voit attribuer une adresse exclusive au sein du réseau. Ce réseau doit son nom au chien de l'un des cofondateurs du réseau, Fido.

➠ *Voir boîte à lettres, réseau*

FIFO

Sigle, abréviation de *First In, First out* ("premier entré, premier sorti"). Principe suivant lequel les données doivent être traitées dans l'ordre dans lequel elles ont été lues. Les données lues en premier doivent donc être traitées en premier. Le mode de traitement FIFO s'oppose au traitement en piles (LIFO). Il est souvent appliqué au stockage en mémoire tampon.

➠ *Voir mémoire tampon FIFO*

fil de fer

➠ *Voir filaire*

filaire

Synonyme de "fil de fer". Mode d'affichage d'objets 3D qui, au lieu de représenter les objets sous forme de corps solides, ne représente que leurs arêtes, ce qui donne l'impression de voir leur squelette. Les données affichées se résumant à des lignes, il faut beaucoup moins de temps à l'ordinateur pour générer l'affichage. Sous les logiciels graphiques 3D, le mode filaire est le mode d'affichage standard pour les objets en 3D.

➠ *Voir image 3D, tracé de rayons*

file

"Fichier".

➠ *Voir fichier*

File Allocation Table

"Table d'allocation de fichiers".

➠ *Voir table d'allocation de fichiers*

file d'attente

Liste de tâches en attente d'exécution. Les files d'attente traitent les tâches suivant le principe FIFO (*First In, First Out*, "premier entré, premier sorti"), ce qui signifie que les tâches ajoutées à la file d'attente en premier sont les premières à être traitées. L'exemple de fil d'attente le plus connu est la file d'attente d'impression. D'une manière générale, l'ordinateur transfère les données à imprimer à une vitesse beaucoup plus importante que celle à laquelle l'imprimante peut les traiter. Aussi le système d'exploitation doit-il mettre les travaux d'impression en attente pour permettre à l'imprimante de les traiter à son rythme.

➠ *Voir FIFO*

file server

"Serveur de fichiers".

➠ *Voir serveur de fichiers*

file transfer

"Transfert de fichiers".

➠ *Voir transfert de données*

File Transfer Access and Management

"Accès aux transferts de fichiers et gestion des transferts de fichiers".

➠ *Voir FTAM*

File Transfer Protocol

"Protocole de transfert de fichiers".

➠ *Voir FTP*

filet

Ligne la plus fine qu'une imprimante puisse imprimer pour la résolution utilisée.

➠ *Voir crénelage*

filtrage de textures anisotropes

Procédé récent utilisé pour améliorer la restitution des images 3D lorsqu'elles sont examinées sous un angle plat. Lorsqu'on se déplace à faible hauteur au-dessus d'une surface texturée, on peut souvent remarquer qu'un même point de l'écran représente plusieurs points de la texture. La zone recouverte ne semble de surcroît pas être de forme circulaire mais plutôt de forme allongée, ce qui vient de l'angle de vue plat. Le filtrage de textures anisotropes vise à affecter une coloration optimale au point de l'écran et, par conséquent, à tous les points de texture situés dans cette zone allongée. La version actuelle de l'interface Direct3D de Microsoft n'est malheureusement pas compatible avec ce procédé.

➠ *Voir fonctions 3D, imagerie 3D, mappage de textures, texture*

filtration bilinéaire

➠ *Voir filtre de textures bilinéaire*

filtre

1. Dans une base de données, ensemble de propriétés qui permet de définir des critères pour déterminer quels enregistrements doivent être affichés à l'écran. Contrairement

aux requêtes, les filtres ne sont pas enregistrés séparément, mais sauvegardés en même temps que la table à laquelle ils se rapportent ou purement et simplement occultés.

2. Dans le domaine du son, système électronique ou logiciel qui a comme rôle de supprimer ou d'atténuer les distorsions ou les parasites sonores. On utilise généralement des filtres avant de numériser des signaux audio afin de garantir que la fréquence de signal la plus élevée ne dépasse pas la moitié de la fréquence d'échantillonnage.

3. Dans le domaine des logiciels de retouche d'images, fonction qui permet de modifier les images. Il existe des filtres pour différentes fonctions – pour préciser les contours d'une image, par exemple.

➠ *Voir base de données, échantillonnage, logiciel de retouche d'images, requête*

filtre de textures bilinéaire

Filtre servant à éviter les effets de scintillement et de damier sur les textures projetées sur des objets. Lorsqu'une texture est projetée sur un objet très éloigné, un même pixel de l'écran recouvre généralement plusieurs pixels de texture (ou texels). Pour empêcher qu'il se produise des scintillement provoqués par un effet de crénelage, le filtre de textures bilinéaire calcule une valeur moyenne à partir d'au moins quatre texels voisins. Il empêche également la formation d'un effet de damier lorsque la texture est fortement rapprochée de l'objet. Pour gérer la couleur d'un pixel d'écran, la puce graphique effectue une interpolation entre quatre texels voisins. La texture est ainsi représentée avec une précision beaucoup plus importante.

➠ *Voir fonctions 3D, mappage de textures, texte, texture*

fin de fichier

Endroit situé après la dernière instruction d'un fichier. Il existe deux moyens pour l'ordinateur de savoir qu'il a atteint la fin d'un fichier. Le premier consiste à ajouter une marque (telle que le marqueur EOF, abréviation d'*End Of File*, "fin de fichier"). Le second consiste pour le système d'exploitation à comparer la longueur des instructions traitées à la longueur réelle du fichier.

➠ *Voir caractère de contrôle, fichier, système d'exploitation*

financier

➠ *Voir logiciel financier*

Finder

Composant du système d'exploitation d'Apple (System 7.5 et System 8) qui permet de gérer le Bureau, les fichiers et les programmes.

➠ *Voir Apple, System 7.5, System 8*

Finger

Commande initialement utilisée sur les ordinateurs fonctionnant sous Unix et qui sert, sur l'Internet, à transmettre des informations sur un utilisateur.

➠ *Voir Internet, Unix*

FireWire

Synonyme de "standard IEEE-1934". Système capable de se configurer lui-même et de configurer automatiquement les appareils auxquels il est relié. Pour l'utiliser, il n'est pas nécessaire de disposer d'un PC. Grâce à ce système, il est possible de faire contrôler un magnétoscope ou un téléviseur par un Caméscope. Ce standard a été créé en 1986 par Apple, qui a ensuite accordé à Adaptec le droit de l'utiliser. Le bus de ce système permet de connecter jusqu'à soixante-trois appareils. Les différents appareils utilisent le même bus et communiquent aussi bien entre eux qu'avec le PC connecté au bus (le cas échéant). Sous sa version actuelle, le système de bus FireWire ressemble fortement au bus USB (*Universal Serial Bus*, "bus série universel") d'Intel. Il offre actuellement un taux de transfert de 100 Mbp/s (mégabit par seconde), mais les versions ultérieures devraient atteindre 400 Mbp/s. Le système FireWire est utilisé essentiellement dans le domaine du traitement vidéo, en réseau et sur les nouveaux lecteurs de DVD. Il fait partie de la spécification ATX 2.1. Lorsque Intel lancera son nouveau chipset 440LX et le PIIX5, il sera vraisemblablement appelé à se développer considérablement.

➠ *Voir Apple, bus, chipset, DVD, IBM, IEEE, Plug and Play, USB*

firmware

"Microprogramme".

➠ *Voir microprogramme*

flag

"Valeur repère". Variable booléenne qui reflète un état donné. Le CPU de l'ordinateur utilise par exemple un flag pour déterminer si le résultat d'une opération mathématique a été communiqué ou non. Les flags sont très utilisés en programmation.

➠ *Voir opérateur booléen, processeur*

flaming

"Bombardement d'insultes".

➠ *Voir bombardement d'insultes*

flash

➠ *Voir EEPROM, mémoire flash*

flasheuse

Synonyme de "photocomposeuse".

➠ *Voir flasheuse*

Floating Point Operations Per Second

"Opération à virgule flottante par seconde".

➠ *Voir FLOPS*

Floating Point Unit

"Unité à virgule flottante".

➠ *Voir coprocesseur arithmétique, représentation à virgule flottante*

floppy

1. "Disque souple". Nom familier utilisé pour désigner une disquette.
2. Abréviation de *floppy-disk drive* ("lecteur de disquettes"). Ce nom est notamment utilisé dans le Setup du BIOS et sous les logiciels de diagnostic en anglais.

➠ *Voir disquette, lecteur de disquettes*

floppy controller

"Contrôleur de lecteur de disquettes".

➠ *Voir contrôleur de lecteur de disquettes*

floppy optical disk

"Disque optique".

➠ *Voir floptical*

Flops

Sigle, abréviation de *Floating Point Operations Per Second* ("opération à virgule flottante par seconde"). Unité de mesure qui exprime le nombre d'opérations à virgule flottante que le CPU est capable d'effectuer en une seconde. Cette unité de mesure permet d'exprimer la puissance d'un processeur. Elle n'est toutefois pas suffisante, dans la mesure où il faut également prendre en considération la rapidité du processeur pour les calculs portant sur des entiers. La vitesse de calcul des CPU actuels est de l'ordre du GFlops (gigaflops).

➠ *Voir coprocesseur arithmétique, représentation à virgule flottante*

floptical

Abréviation de *floppy optical* ("disque optique").

➠ *Voir disque optique*

flux

➠ *Voir régulation de flux*

FM

➠ *Voir synthèse FM*

fonction

1. Sous-partie autonome d'un programme dont le rôle est généralement de fournir un résultat à ce programme. La fonction reçoit une valeur ou plusieurs valeurs de départ, et ce sont les instructions qui la composent qui permettent de calculer le résultat. Les fonctions jouent un rôle primordial en programmation.

2. Caractéristiques d'un ordinateur, d'un périphérique ou d'un logiciel, qui en agrémentent l'utilisation. Sur un moniteur, par exemple, la possibilité de voir les réglages s'afficher à l'écran (OSD) est une fonction. De la même manière, le correcteur orthographique que les logiciels de traitement de texte permettent d'utiliser est une fonction.

➠ *Voir programme, touche de fonction*

fonctions RNIS

Possibilités techniques offertes par le standard RNIS. Ces possibilités peuvent être décomposées en dix points :

- **Communication du numéro de téléphone.** Le numéro de téléphone de la personne qui appelle s'affiche sur l'écran à cristaux liquides du téléphone de la personne appelée. Pour cela, le téléphone de la personne appelée doit toutefois être compatible avec cette fonction, la personne qui appelle ne doit pas avoir verrouillé cette fonction et doit évidemment appeler depuis un réseau téléphonique numérique.

- **Groupes d'utilisateurs fermés.** Cette fonction permet de limiter le nombre des personnes autorisées à téléphoner ainsi que le nombre des personnes autorisées à être appelées.

- **Mise en attente.** Alors qu'il est déjà en ligne, l'utilisateur peut interrompre temporairement sa conversation avec son correspondant (en le mettant en attente) pour prendre un autre correspondant, puis alterner entre ses deux correspondants.

- **Signal d'appel.** Lorsqu'une personne essaie de joindre un correspondant qui est déjà en ligne, elle n'entend pas de signal de ligne occupée tel que celui qui est émis sur une ligne analogique, mais une tonalité normale. Le correspondant déjà en ligne, en revanche, entend un signal qui lui indique que quelqu'un d'autre essaie de le joindre. Il peut alors décider de prendre l'appel et d'alterner entre ses deux correspondants.

- **Conférence à trois.** Le standard RNIS permet de communiquer simultanément avec deux correspondants. Les trois personnes peuvent parler ensemble et entendre ce que les autres disent.
- **Transfert d'appel.** Les postes téléphoniques RNIS peuvent être réglés pour transférer les appels destinés à leur numéro à un autre numéro. Il est en outre possible de soumettre ce transfert à un certain nombre de conditions et de décider par exemple que les appels ne doivent être transférés que si la ligne est occupée.
- **Rappel automatique lorsque la ligne est occupée.** Lorsque la ligne de la personne appelée est occupée, cette fonction permet à celle qui appelle d'entrer automatiquement en communication avec la personne qu'elle cherche à joindre dès que sa ligne cesse d'être occupée.
- **Changement de prise en cours de communication.** Sur une ligne à terminaux multiples configurée en bus, l'utilisateur peut, en cours de communication, débrancher son téléphone et le rebrancher sur une autre prise sans interrompre la communication.
- **Indication du coût de la communication.** Le standard RNIS ne repose pas sur un système de taxation à impulsions, ce qui est le cas du réseau téléphonique analogique. Il prévoit la possibilité d'utiliser un compteur permettant de connaître le coût de la communication à la fin ou au cours de celle-ci. Ce compteur étant un dispositif matériel qui n'est généralement proposé qu'en option sur les terminaux téléphoniques, c'est le terminal téléphonique utilisé qui détermine s'il est effectivement possible de connaître le coût des communications.
- **Journal des appels.** Le standard RNIS prévoit une fonction de journal recensant automatiquement la date et l'heure des appels. Cette fonction n'est toutefois disponible que sur certains terminaux téléphoniques. La référence horaire utilisée pour ce journal est l'horloge atomique de Brunswick.

Les options effectivement disponibles sont fonction de l'accès RNIS choisi et du terminal téléphonique utilisé. La liste présentée ici n'est d'ailleurs pas exhaustive.

➡ *Voir accès RNIS, logiciel RNIS, RNIS, standards de transmission RNIS*

fonctions 3D

Fonctions optimisées pour la restitution des graphismes en trois dimensions. Les cartes graphiques 3D et les processeurs 3D correspondants disposent de toute une série de fonctions spéciales permettant une restitution fidèle des images de ce type :

- **Contrôle alpha.** Chaque pixel peut être rendu transparent, ce qui permet de représenter des fenêtres et de rendre les images fluides.
- **Filtre.** Selon le processeur graphique, différents procédés peuvent être utilisés pour assouplir les textures appliquées aux objets (le procédé MGA de Matrox, par exemple, utilise le mappage de textures MIP trilinéaire, tandis que le procédé PowerVR de Videologic utilise un mappage linéaire simple). Les objets situés près de l'œil de l'utilisateur ne subissent ainsi pas de pixellisation grossière.

- **Mappage de textures.** Il est possible de projeter des bitmaps (images en mode point) sous forme de textures sur la surface des objets tridimensionnels. Les données utilisées à cet effet doivent toutefois être stockées dans la mémoire de la carte graphique, qui n'est donc plus disponible pour prendre en charge d'autres fonctions graphiques (pour accroître la profondeur de couleur, par exemple). C'est pour cette raison que les cartes graphiques 3D sont équipées d'un minimum de 4 Mo de mémoire.
- **Ombrage.** Cet effet doit en principe être pris en charge préalablement pris en charge par le CPU de l'ordinateur, ce qui nécessite un temps considérable (c'est notamment le cas du processeur Virge). Le processeur PowerVR de Videologic/NEC est toutefois capable de calculer lui-même ces effets car il utilise un autre procédé que les autres processeurs 3D pour calculer et générer les effets d'ombrage.
- **Ombrage de Gouraud.** Ce type d'ombrage permet de visualiser les surfaces avec un degré de luminosité progressant d'une extrémité à l'autre, ce qui donne l'impression qu'elles sont estompées. Elle permet en outre de simuler des effets de lumière.
- **Tampon Z.** Pour représenter correctement les objets dans l'espace tridimensionnel, il faut disposer non seulement de leurs coordonnées X et Y mais aussi de leur position par rapport à l'axe Z. Cette coordonnée supplémentaire est stockée dans la mémoire de la carte graphique.
- **Voilage.** Les objets représentés dans une couleur donnée peuvent être estompés, ce qui permet de réaliser des effets de brouillard très réalistes.

Microsoft a élaboré une norme qui recouvre l'ensemble des 3D : la norme Direct3D. Les cartes graphiques qui utilisent l'interface Direct3D permettent de tirer parti de leurs fonctions graphiques 3D sous Windows 95 et Windows NT.

➠ *Voir carte graphique 3D, filtre de textures bilinéaire, imagerie 3D, mappage MIP, mappage de textures, tampon Z, voilage*

fond

Synonyme d'"arrière-plan".

➠ *Voir arrière-plan*

fonte

Ensemble des caractères d'une police donnée représentés dans une même taille (8, par exemple). Le terme "fonte" remonte à l'époque où les imprimeurs fondaient les caractères. Il est toutefois à souligner que les logiciels actuels permettent de modifier si facilement la taille d'une police que, dans la pratique, il n'existe plus guère de différence entre une police et une fonte.

➠ *Voir police, taille de police*

for

"Pendant". Instruction utilisée dans les langages de programmation de haut niveau pour créer des boucles. La fréquence à laquelle le programme doit exécuter les instructions comprises dans la boucle est indiquée dans la déclaration de la boucle.

➧ *Voir boucle*

form feed

"Avance page".

➧ *Voir avance papier*

format

1. Dans le domaine de la mémoire de masse, structure logique qui permet au support ou au périphérique de mémoire de masse de stocker des informations.
2. Dans le domaine des fichiers, ensemble des règles qui définissent comment les données doivent être organisées dans le fichier. Le format d'un fichier indique quels types de données sont stockées et à quel endroit du fichier.
3. Dans le domaine des logiciels de traitement de texte, ensemble des attributs d'un caractère ou d'un paragraphe. Pour les paragraphes, ces attributs sont le type de retrait, l'espacement des lignes, la position des tabulations, la justification, etc.

➧ *Voir fichier, mémoire de masse, mise en forme, mise en forme de paragraphe, support de stockage*

format de données

Structure utilisée pour organiser des données et en spécifier la nature. Le format de données indique comment les données doivent être organisées, stockées et compressées.

➧ *Voir compression, donnée, format de fichier*

format de fichier

Structure suivant laquelle les données qui composent un fichier sont organisées. Tout fichier est stocké sous un format donné dépendant du système d'exploitation ou de l'application qui l'a créé, c'est-à-dire suivant une structure propre à ce système d'exploitation ou à cette application. Le format d'un fichier définit son appartenance et sa classe (fichier appartenant au système d'exploitation, fichier graphique, fichier de traitement de texte, etc.). Le format sous lequel un fichier a été créé est généralement identifiable à son extension. Ainsi, les fichiers portant une extension .DOC ont-ils en principe été créés par le logiciel de traitement de texte Word. De la même manière, les fichiers portant une extension .TIF ont en principe été enregistrés au format TIFF dans une palette graphique, et les fichiers portant une extension .EXE sont des exécutables.

➧ *Voir exécutable, extension, fichier, système d'exploitation, TIFF*

formatage de bas niveau

Organisation physique des pistes et secteurs de la surface magnétique d'un support de stockage. Sur les disquettes, on n'opère aucune distinction entre le formatage de bas niveau et le formatage de haut niveau (appelé le plus souvent "formatage"). Dans le domaine des disques durs, en revanche, il existe une grande différence entre ces deux types de formatages. En règle générale, le formatage de bas niveau est pris en charge par le fabricant du disque dur. Les disques durs sont donc en principe vendus préformatés. Le formatage de haut niveau consiste à rendre les plateaux du support de stockage utilisables à l'aide d'un système d'exploitation donné. Il fait l'objet d'une opération distincte que l'utilisateur doit effectuer à l'aide du système d'exploitation.

➠ *Voir disque dur, piste, secteur, support de stockage, système d'exploitation*

F

formateur de texte

Logiciel qui prend en charge automatiquement la mise en forme du texte saisi. Sous les logiciels de traitement de texte, lorsque le document réalisé est long, le travail de mise en forme est souvent aussi important que la saisie elle-même. Les formateurs de texte sont prévus pour décharger l'utilisateur de ce travail. Ils sont déjà très utilisés pour un grand nombre de travaux scientifiques. Le formateur de texte le plus connu est TeX.

formulaire

Synonyme de "masque de saisie". Interface graphique créée dans une base de données afin de permettre à l'utilisateur de saisir, de mettre à jour et de visualiser les données dans les meilleures conditions possible. Les formulaires utilisent généralement la plupart des éléments de contrôle trouvés sur les interfaces utilisateur graphiques des logiciels et des systèmes d'exploitation.

➠ *Voir base de données, enregistrement, interface utilisateur graphique*

formule

Expression mathématique qui permet d'effectuer des calculs sous une application en mettant en relation les données qu'elle stocke. Les formules sont très utilisées dans les feuilles de calcul des tableurs, dans lesquelles elles servent à mettre en relation des cellules, ou encore dans les requêtes de bases de données, où elles servent à mettre en relation plusieurs champs.

➠ *Voir requête, tableau*

Forth

Langage de programmation développé dans les années 60 par Charles Moore, qui avait choisi ce nom pour indiquer qu'il s'agissait d'un langage de programmation de quatrième génération. Le Forth repose à la fois sur des éléments de niveau machine et sur des éléments de programmation de haut niveau. Il utilise le système polonais de notation inversée, ce qui est inhabituel pour un langage de programmation. Le Forth n'a jamais été très utilisé par les programmeurs.

➠ *Voir langage de programmation*

Fortran

Abréviation de *formular translator* ("traducteur de formulaires"). Langage de programmation développé en 1921 par John Backus, mais qui ne fut publié qu'en 1954 par IBM. Le Fortran fut rapidement très apprécié des mathématiciens et des ingénieurs. Il est toujours utilisé mais est considéré comme difficile à apprendre et souvent comme obsolète.

➠ *Voir Backus-Naur Form, IBM, langage de programmation*

forum

Espace de discussion mis à la disposition des utilisateurs sur un service en ligne.

➠ *Voir service en ligne*

Fossil

Abréviation de "Fido/Opus/Seadog". Type de pilote offrant une interface de programmation normalisée très performante pour les communications par modem par l'intermédiaire d'un port série ou d'autres adaptateurs de communication. Ce type de pilote tire son nom de celui des trois programmes de courrier électronique et de BBS utilisés sur le réseau FidoNet (Fido, Opus et Seadog).

➠ *Voir BBS, FidoNet, modem, interface, parallèle*

fournisseur d'accès Internet

En anglais : *Internet Service Provider* ou *Internet Provider*. Prestataire de services qui, moyennant une contribution financière, permet au public d'accéder à l'Internet. L'utilisateur doit en principe composer le numéro de téléphone de son fournisseur d'accès Internet à l'aide d'un modem ou d'une carte RNIS pour établir une connexion entre son ordinateur et le serveur du fournisseur d'accès et ainsi naviguer sur l'Internet. Il existe aujourd'hui quantité de fournisseurs d'accès Internet en France (Club Internet, Imaginet, Magic Online et Worldnet, par exemple). L'utilisateur a d'une manière générale intérêt à choisir un fournisseur d'accès Internet proche de son domicile pour réduire le coût de ses communications téléphoniques.

➠ *Voir Internet*

fournisseur de services

Synonyme de "fournisseur d'accès" et de "prestataire de services". Prestataire de services qui, moyennant une contribution financière, permet au public d'accéder à l'Internet. L'utilisateur doit en principe composer le numéro de téléphone de son fournisseur de services à l'aide d'un modem ou d'une carte RNIS. Il établit une connexion entre son ordinateur et le serveur du fournisseur de services et peut ainsi naviguer sur l'Internet. Il existe aujourd'hui quantité de fournisseurs d'accès de services en France (Club Internet, Imaginet, Magic Online et Worldnet, par exemple). L'utilisateur a intérêt à choisir un fournisseur de services proche de son domicile, dans la mesure où cela lui permet de réduire le coût de ses communications téléphoniques.

➠ *Voir Internet*

FoxPro

Système de gestion de bases de données élaboré par Microsoft. Ce logiciel fut en fait conçu par Fox Software. Il s'appelait alors FoxBase et était le concurrent direct de dBase. Fox SoftWare fut racheté par Microsoft en 1992, et FoxBase fut alors rebaptisé FoxPro.

➠ *Voir base de données, dBase, SGBD*

fps

Sigle, abréviation de *Frames Per Second* ("image par seconde"). Unité de mesure utilisée pour exprimer le nombre d'images défilant en une seconde lors de la diffusion d'un film, d'une séquence vidéo ou d'une animation. Les mouvements deviennent vraiment fluides pour l'être humain à partir de 15 fps. Les films de cinéma utilisent une vitesse de défilement de 24 fps. Les standards de télévision PAL et Secam reposent sur une vitesse de défilement de 25 fps ; le NTSC, sur 30 fps.

➠ *Voir image, NTSC, PAL, Secam*

FPU

Sigle, abréviation de *floating point unit* ("unité à virgule flottante").

➠ *Voir coprocesseur arithmétique*

fractal

Elément d'un groupe de structures qui se caractérisent par leur ressemblance. Chaque fractal repose sur une structure de base qui se répète d'un fractal à l'autre. La géométrie fractale a été conçue par B. Mandelbrot dans les années 70. Il existe également quantité de structures fractales dans la nature (des arbres, des fougères, des montagnes, etc.). Les fractals sont utilisés dans certains domaines scientifiques pour décrire des apparences naturelles plus complexes. Ils sont également utilisés dans un certain nombre de domaines techniques (pour créer des paysages dans des jeux informatiques ou pour comprimer des données).

➠ *Voir compression de données*

Fractal Image Compression

"Compression d'images fractale".

➠ *Voir compression d'images fractale, fractal*

fragmentation

Dispersion sur un support de stockage des clusters constitutifs d'un même fichier. Sous MS-DOS, par exemple, les fichiers sont toujours stockés sous forme de clusters, c'est-à-dire que le système d'exploitation les répartit entre les clusters libres du support de stockage. Chaque cluster fait référence au cluster suivant. Le dernier contient une marque particulière matérialisant la fin du fichier. Si le support de stockage contient suffisamment de clusters libres contigus, le système d'exploitation les utilise pour stocker le fichier. Lorsque le fichier est réutilisé, en revanche, il doit être enregistré une nouvelle fois sur le support de stockage. S'il ne reste plus de clusters libres contigus, le système d'exploitation cherche le cluster libre suivant. Il commence au début du support de stockage, passe au cluster libre suivant et ainsi de suite jusqu'à ce que le fichier soit enregistré. Il est alors fréquent que les clusters ne soient pas stockés les uns à la suite des autres, et donc que le support de stockage soit fragmenté.

➠ *Voir cluster, défragmentation, support de stockage*

fragmenté

Qualifie un support de stockage sur lequel les clusters constitutifs d'un même fichier ne sont pas stockés les uns à la suite des autres, mais dispersés.

➠ *Voir cluster, fragmentation, support de stockage*

frame

1. "Cadre".
2. "Image".
3. "Trame".

➠ *Voir cadre, image, trame*

frames per second

"Image par seconde".

➠ *Voir fps*

Freelance Graphics

Logiciel de présentation assistée par ordinateur fabriqué par Lotus. Il fait partie de la suite de programmes SmartSuite.

➠ *Voir SmartSuite*

freeware

"Graticiel". Programme diffusé gratuitement et utilisable gratuitement par le public, mais dont l'auteur conserve la propriété intellectuelle. Cette gratuité ne s'applique généralement qu'aux particuliers, les professionnels devant le plus souvent acquitter des droits d'utilisation.

➠ *Voir domaine public, PD, shareware*

fréquence d'affichage

Synonyme de "fréquence de rafraîchissement".

➠ *Voir fréquence de rafraîchissement*

fréquence d'échantillonnage

Fréquence à laquelle une mesure (échantillonnage) est effectuée au sein d'un intervalle de temps ou d'une dimension spatiale donnés. La fréquence d'échantillonnage se rapporte généralement à des opérations telles que la numérisation de sons et d'images (2D et 3D).

➠ *Voir échantillonnage, scanner*

fréquence de balayage

➠ *Voir lpp*

fréquence d'horloge

Synonyme de "cadençage".

➠ *Voir cadençage*

fréquence de lignes

Synonyme de "fréquence horizontale".

fréquence de pixels

Synonyme de "fréquence vidéo". Vitesse à laquelle les signaux nécessaires à la construction des différents points d'image (pixels) d'un écran se succèdent. Cette vitesse se calcule en multipliant la fréquence de lignes par la résolution horizontale de l'image. Aux pixels d'image, il faut ajouter des pixels de synchronisation afin de permettre au moniteur de détecter le début de la ligne suivante lorsqu'il change de ligne.

➠ *Voir fréquence horizontale, pixel*

F

fréquence de rafraîchissement

1. Nombre de rechargements du contenu de la mémoire vive dynamique (DRAM) par secondes.
2. Synonyme de "fréquence verticale". Mesure exprimée en hertz qui indique combien de fois par seconde l'écran doit reconstruire une même image pour la rendre stable. A partir de 75 Hz, l'œil humain ne perçoit généralement plus les scintillements correspondant aux rafraîchissements. Pour atteindre cette fréquence de rafraîchissement alors que l'image est constituée de 768 lignes (résolution de $1\,024 \times 768$), le faisceau d'électrons doit changer de ligne $768 \times 75 = 57\,600$ fois par seconde. A une telle résolution, la fréquence horizontale (fréquence de lignes) doit théoriquement être de 58 kHz. Dans la pratique, le faisceau d'électrons a besoin d'un certain temps pour reconnaître la fin de chaque image, et l'écran génère à cet effet 36 lignes de synchronisation. La fréquence horizontale nécessaire est donc de 60 kHz.

➠ *Voir rafraîchissement mémoire, fréquence horizontale*

Fréquences horizontales nécessaires pour différentes fréquences de rafraîchissement

Fréquence horizontale de l'écran	Fréquence de rafraîchissement maximale selon la résolution
35 kHz	70 Hz à une résolution de 640×480
38 kHz	75 Hz à une résolution de 640×480
48 kHz	96 Hz à une résolution de 640×480
64 kHz	72 Hz à une résolution de 800×600
64 kHz	96 Hz à une résolution de 800×600
64 kHz	80 Hz à une résolution de $1\,024 \times 768$
82 kHz	98 Hz à une résolution de $1\,024 \times 768$
85 kHz	80 Hz à une résolution de $1\,280 \times 1\,024$
112 kHz	100 Hz à une résolution de $1\,280 \times 1\,024$
112 kHz	80 Hz à une résolution de $1\,600 \times 1\,200$

fréquence de tramage

➠ *Voir lpp*

fréquence horizontale

Synonyme de "fréquence de lignes". Nombre de lignes horizontales qu'un moniteur est capable de représenter en une seconde. Elle est exprimée en kilohertz (kHZ). Si un moniteur fonctionne à une fréquence de 15 kHz, cela signifie qu'il génère 15 000 lignes par seconde. La fréquence horizontale est fonction de la fréquence de rafraîchissement et de la résolution d'affichage. Plus la fréquence de rafraîchissement et la résolution sont élevées, plus la fréquence horizontale doit être importante. Outre les lignes véritablement visibles à l'écran, le moniteur doit créer quelques lignes de synchronisation pour permettre au faisceau d'électrons de revenir au début de la ligne suivante lorsqu'il a atteint la fin de la ligne précédente.

➭ *Voir fréquence de rafraîchissement, moniteur, tube cathodique*

F

fréquence verticale

Synonyme de "fréquence de rafraîchissement".

➭ *Voir fréquence de rafraîchissement*

fréquence vidéo

Synonyme de "fréquence de pixels".

➭ *Voir fréquence de pixels*

fréquence vocale

Système de numérotation téléphonique qui repose sur des sons émis à différentes fréquences. Le système de numérotation à fréquence vocale a remplacé le système de numérotation à impulsions. Il permet de composer un numéro de téléphone très rapidement et offre un nombre de fréquences très élevé. C'est sur cette technique de numérotation que reposent les serveurs téléphoniques qui attendent de la personne qui les appelle qu'elle compose un code (un code secret pour consulter leur compte bancaire, par exemple). Sur les modems, il faut utiliser le mode ATDT plutôt que le mode ATDP pour pouvoir utiliser le système de numérotation à fréquence vocale. Il est important que la ligne téléphonique utilisée soit compatible avec la numérotation à fréquence vocale, car c'est ce qui détermine s'il sera ensuite possible pour l'utilisateur de passer à un système numérique.

➭ *Voir numérotation à fréquence vocale*

frequency-division multiplexing

"Multiplexage fréquentiel".

➭ *Voir multiplexage fréquentiel*

Frequently Asked Questions

"Questions posées fréquemment".

➡ *Voir FAQ*

froid

➡ *Voir démarrage à froid*

frontal

➡ *Voir logiciel frontal*

front-end

"Logiciel frontal".

FTAM

Sigle, abréviation de *File Transfer Access and Management* ("accès aux transferts de fichiers et gestion des transferts de fichiers"). Protocole de transfert de données normalisé par l'OSI.

➡ *Voir OSI*

FTP

Sigle, abréviation de *File Transfer Protocol* ("protocole de transfert de fichiers"). Protocole de transfert de fichiers utilisé sur l'Internet et sur les réseaux locaux qui utilisent le protocole TCP/IP.

➡ *Voir Internet, TCP/IP*

FTP anonyme

Mode de connexion à un serveur FTP qui ne nécessite ni nom d'utilisateur ni mot de passe spécifiques. Dans la pratique, il suffit généralement d'entrer guest pour le nom d'utilisateur et le mot de passe pour se connecter à un serveur FTP anonymement. Il est par ailleurs considéré comme de bon ton de laisser son adresse électronique après un accès FTP anonyme. Le fait d'entrer son adresse électronique ne remet d'ailleurs aucunement en question le principe de l'anonymat, puisque seule l'adresse IP est enregistrée.

Fujitsu

http://www.fujitsu.com

Groupe japonais spécialisé dans la fabrication de matériel électronique et informatique. Fondé en 1935, il compte aujourd'hui 165 000 salariés. Il fait partie des plus gros fabricants japonais de PC. En Europe, il est toutefois essentiellement connu pour ses disques durs et ses lecteurs magnéto-optiques.

➠ *Voir disque dur, lecteur magnéto-optique, PC*

furtif

En anglais : *stealth*. Qualifie un virus qui, pour ne pas être détecté, fait retrouver aux fichiers qu'il a infectés leur forme originale dès qu'un antivirus est activé, afin de donner à ce dernier l'impression que les fichiers sont sains. Les virus furtifs ne sont fort heureusement pas très nombreux.

➠ *Voir virus informatique*

fuse

"Fusible".

➠ *Voir fusible*

fusible

Composant électronique conçu pour protéger les appareils électriques contre les surtensions. Le plus souvent, le fusible est un petit boîtier oblong en plastique ou un petit tube de verre dont les extrémités sont reliées par un fil de plomb. Dès que le fil de plomb est soumis à une surtension, il fond. Le circuit électrique est aussitôt coupé, et le matériel protégé.

fusion

Insertion d'un fichier dans un autre.

➠ *Voir données, fichier*

fusion-publipostage

Fonction disponible sous la plupart des traitements de texte, qui permet de réaliser automatiquement un publipostage à partir d'une base de données d'adresses.

➠ *Voir base de données, publipostage, traitement de texte*

G

G1, G2, G3, G4

➠ *Voir groupe de fax*

galette

Plaque circulaire réalisée dans un matériau semi-conducteur (du silicium, le plus souvent) qui sert à fabriquer des puces électroniques. La structure des différents exemplaires de la même puce est gravée à l'aide d'un procédé très complexe à la surface de la galette, et les puces sont ensuite découpées. Les galettes ont aujourd'hui un diamètre de 200 à 300 mm. Elles étaient auparavant beaucoup plus petites.

game

"Jeu".

gamepad

Périphérique d'entrée semblable à une manette de jeu, mais dépourvu de manche, le contrôle des jeux s'effectuant à l'aide de boutons. Les gamepads s'utilisent principalement avec les jeux de plate-forme sur les consoles de jeu.

➠ *Voir console, joystick*

gamma

➠ *Voir correction en gamma*

gant numérique

Périphérique d'entrée utilisé dans le domaine de la réalité virtuelle, de la télérobotique et des animations en temps réel. Le gant sert à commander le personnage informatique artificiel (appelé "avatar", dans ce contexte) représentant le porteur du gant et à entrer en interaction avec les éléments visibles du monde virtuel. Les mouvements de l'utilisateur sont transmis à l'ordinateur par des capteurs intégrés au gant. Ils sont convertis en mouvements au sein du monde virtuel. Les systèmes les plus modernes offrent à l'utilisateur des sensations tactiles qui lui permettent de manipuler et de "sentir" les objets. Ces types de gants numériques intègrent des stimulateurs programmables. Selon le modèle, ils peuvent coûter de 5 000 à 100 000 F.

➠ *Voir avatar, capture de mouvement, combinaison numérique, réalité virtuelle*

Gates, Bill

Cofondateur et actuel président de Microsoft. Alors qu'il était encore étudiant, Bill Gates commença, avec son ami Paul Allen, à concevoir une version de BASIC pour un ordinateur rudimentaire, l'Altair 8800, que l'utilisateur devait généralement monter lui-même. Au lieu de contraindre l'utilisateur à rester au niveau du langage machine pour programmer, le BASIC permettait de contrôler l'ordinateur facilement par l'intermédiaire de commandes. Il intégrait un système d'exploitation, une interface utilisateur et un langage de programmation. En 1974, Bill Gates et Paul Allen fondèrent la société Microsoft et réussirent leur première grosse opération en vendant à la société IBM le droit d'exploiter leur système d'exploitation pour disque dur MS-DOS, qu'ils avaient eux-mêmes racheté à un autre étudiant. Au cours des années suivantes, Microsoft consolida sa position de leader du marché en développant des systèmes d'exploitation de nouvelle génération (Windows 3.x, 95 et NT), des langages de programmation (Visual Basic) et des applications bureautiques (Microsoft Office). Après s'être séparé de son ami Paul Allen, Bill Gates devint le seul dirigeant de la société de logiciels la plus puissante du marché, et par la même occasion l'un des hommes les plus riches du monde. En 1997, sa fortune personnelle fluctuait de 30 à 210 milliards de dollars, suivant le cours de l'action Microsoft.

➠ *Voir BASIC, Microsoft, MS-DOS, Office, Windows, Windows 95, Windows NT*

Gateway 2000

Distributeur de PC et d'ordinateurs portables parmi les plus importants d'Europe et des Etats-Unis. La société Gateway 2000 fut fondée en 1985 par un agriculteur, ce qui explique que la plupart des publicités et des emballages de Gateway 2000 fassent apparaître des vaches en arrière-plan.

➠ *Voir ordinateur portable, PC*

Gbit

Abréviation de *Gigabit*. 1 Gbit équivaut à 1024 Mbit, soit 1 048 576 Kbit, soit 1 073 741 824 bits.

GDI

Sigle, abréviation de *Graphic Device Interface* ("interface de périphérique graphique"). Interface d'imprimante qui fait traiter les travaux d'impression par Windows et non par la mémoire de l'imprimante. Les imprimantes qui utilisent cette interface peuvent imprimer sans être elles-mêmes équipées d'un processeur ni de mémoire ; elles coûtent sensiblement moins cher que les modèles compatibles avec tous les systèmes d'exploitation. Elles présentent, en contrepartie, l'inconvénient de n'imprimer que sous Windows, et non sous d'autres systèmes d'exploitation tels que MS-DOS.

➠ *Voir imprimante, système d'exploitation*

GEM

Sigle, abréviation de *Graphics Environment Manager* ("gestionnaire d'environnement graphique"). Interface graphique utilisée sur les Atari et les premiers ordinateurs fonctionnant sous MS-DOS. Ce système fut développé par la société Digital Research au cours des années 80. Il ne put jamais s'imposer face à Windows.

➠ *Voir Atari, interface utilisateur graphique*

General-MIDI

Version améliorée du standard MIDI qui distingue 18 instruments de musique synthétiques ainsi qu'un kit de percussions. L'affectation des instruments s'effectue par l'intermédiaire de patches MIDI (qui ne sont rien d'autre que des définitions numériques toutes simples). Ce standard inclut des commandes destinées à contrôler le volume, la position, la réverbération, etc.

➠ *Voir MIDI*

General Purpose Interface Bus

"Bus à interface universelle".

➠ *Voir GP-IB*

GeneralSynth-MIDI

Standard MIDI conçu par la société Roland, très connue pour ses synthétiseurs, qui complète le standard MIDI GM (qui prévoit 128 instruments) pour y ajouter 128 instruments de musique et 9 kits de percussions. Ce standard est très apprécié des musiciens, mais il n'est pas exploitable pour les jeux et les applications multimédias, avec lesquels il n'est pas compatible.

➠ *Voir MIDI*

générateur de caractères

Dispositif qui convertit les codes de caractères pour représenter les caractères correspondants à l'écran ou sur le papier. Le moniteur et l'imprimante contiennent tous deux un générateur de caractères.

➠ *Voir écran, imprimante*

générateur de nombres aléatoires

Programme conçu pour générer des nombres qui semblent choisis au hasard. Dans la pratique, ces nombres ne sont pas vraiment choisis au hasard, mais calculés à l'aide d'une technique spéciale. Les langages de programmation permettent presque tous de réaliser des générateurs de nombres aléatoires.

générateur de profils

Programme qui permet d'effectuer des statistiques sur l'exécution d'un programme. Ce type de programme permet notamment d'évaluer la fréquence à laquelle les différentes parties d'un programmeur sont exécutées et le temps qui leur est consacré. Il devient ainsi aisé d'identifier les parties qui freinent l'ensemble du programme et les protions de code qu'il convient d'optimiser.

➠ *Voir langage de programmation, programme*

GEnie

Service en ligne commercial américain de General Electrics.

➠ *Voir service en ligne*

genre

➠ *Voir changeur de genre*

géométrique

➠ *Voir moteur de géométrie*

Geprüfte Sicherheit

"Sécurité vérifiée", en allemand.

➠ *Voir GS*

gestion d'énergie

Ensemble de procédés visant à réduire la consommation d'énergie de l'ordinateur et/ou de ses périphériques lorsqu'ils sont inactifs (mode d'économie d'énergie). Parmi ces procédés figurent le DPMS (*Display Power Management Signalling*, "signalisation de gestion d'énergie pour écrans") et l'APM (*Advanced Power Management*, "gestion d'énergie avancée"). Le BIOS dispose lui-même d'une fonction de gestion d'énergie qui permet de désactiver automatiquement le moniteur et/ou le disque dur au terme d'un certain temps d'inactivité.

➠ *Voir APM, BIOS, DPMS*

gestion d'erreurs

Opération visant, au sein d'un programme, à intercepter les erreurs d'exécution et, dans la mesure du possible, à les traiter en en supprimant purement et simplement la cause ou en donnant la possibilité à l'utilisateur de la supprimer lui-même. Les routines de gestion d'erreurs permettent d'éviter que le programme s'arrête prématurément.

➟ *Voir erreur d'exécution, programme*

gestion de fichiers

Ensemble des opérations consistant à organiser, à déplacer, à renommer et à effacer des fichiers. La plupart des systèmes d'exploitation comprennent un programme à cet effet, appelé "gestionnaire de fichiers". Sous Windows 95 et Windows NT, ce programme est l'"Explorateur". Sous Windows 3.x, il s'appelle tout simplement "Gestionnaire de fichiers". Il existe également des gestionnaires de fichiers conçus par des fabricants tiers, tel Norton Commander.

➟ *Voir Explorateur, gestionnaire de fichiers, Norton Utilities*

gestion de la mémoire

Opération consistant à répartir la mémoire vive entre les différents composants physiques de l'ordinateur et les différents processus qui doivent y être exécutés. La mémoire doit être gérée dès le démarrage de l'ordinateur afin de permettre au système d'exploitation de se charger. Durant la phase d'initialisation de l'ordinateur, c'est le BIOS qui se charge de la gestion préliminaire de la mémoire. Une fois le système d'exploitation chargé, toutefois, c'est lui qui gère la mémoire. Les systèmes d'exploitation les plus simples, tels que MS-DOS, ne gèrent pas la mémoire très efficacement. Les systèmes d'exploitation modernes, en revanche, utilisent des méthodes très complexes pour gérer la mémoire et ainsi augmenter la puissance de l'ordinateur. Le système d'exploitation doit veiller à ce que les programmes en cours d'exécution disposent toujours d'assez de mémoire pour fonctionner. C'est à cet effet que furent inventés les concepts de la mémoire virtuelle et de la pagination.

➟ *Voir mémoire virtuelle, pagination*

gestion de processus

Travail consistant à administrer les différentes tâches qui doivent être effectuées sur un ordinateur. Ce travail est pris en charge par le système d'exploitation.

➟ *Voir processus, système d'exploitation*

gestion de réseau

Ensemble des tâches d'administration prises en charge par l'administrateur de réseau. Au nombre de ces tâches figurent l'installation et la maintenance des nœuds de réseau, l'attribution et la gestion des comptes utilisateur ainsi que la sécurisation des données.

➠ *Voir administrateur réseau*

gestion des ressources

Opération consistant à répartir les ressources de l'ordinateur entre les différents processus en cours d'exécution. On distingue en général deux systèmes de gestion des ressources : le multitâche coopératif et le multitâche préemptif. La méthode utilisée est fonction du système d'exploitation installé sur l'ordinateur. Les systèmes d'exploitation en 32 bits actuels utilisent tous le multitâche préemptif.

➠ *Voir multitâche, multithreading, ressources, système d'exploitation*

gestion des tâches et des sessions

Opération très importante prise en charge par le système d'exploitation, qui consiste à tenir un journal et à tirer un bilan statistique des accès de l'utilisateur à l'ordinateur et aux programmes qu'il contient. Cette opération joue un rôle très important pour la sécurité du système.

➠ *Voir système d'exploitation*

gestion multiréseau

Mise en relation de réseaux initialement bien distincts physiquement les uns des autres et administration des services dont ils ont besoin pour communiquer.

➠ *Voir réseau*

gestionnaire de boot

Synonyme de "gestionnaire de démarrage".

➠ *Voir gestionnaire de démarrage*

gestionnaire de démarrage

Menu qui, au démarrage de l'ordinateur, permet à l'utilisateur d'indiquer à l'ordinateur lequel des systèmes d'exploitation installés il doit charger. Windows 95 possède un gestionnaire de démarrage simplifié, accessible en appuyant sur F8 avant que la fenêtre Windows 95 ne soit apparue à l'écran. Windows NT, OS/2 et Linux installent automatiquement un gestionnaire de démarrage sur le disque dur. Ils peuvent à cet effet créer une partition de démarrage au début du disque dur, ou écrire les informations correspondantes dans le secteur amorce.

➠ *Voir démarrage, secteur amorce, système d'exploitation*

gestionnaire de fichiers

Programme qui permet de gérer les fichiers et répertoires (ou dossiers) des supports de stockage utilisés sur un ordinateur. Il fait en principe partie du système d'exploitation (comme l'Explorateur de Windows 95/NT) mais peut également avoir été conçu par des fabricants tiers (comme Commander, de Norton, par exemple).

➟ *Voir Explorateur, fichier, Norton Utilities, répertoire*

gestionnaire de file d'attente

➟ *Voir spooler*

gestionnaire de mémoire

Programme qui permet aux vieux systèmes d'exploitation tels que MS-DOS d'accéder à plus de mémoire que ce pour quoi ils avaient été prévus initialement. MS-DOS étant toujours très utilisé sur un grand nombre d'ordinateurs modernes dont certaines fonctions nécessitent davantage de mémoire, il est apparu nécessaire de créer des gestionnaires de mémoire pour lui permettre d'utiliser ces fonctions. Ces gestionnaires ont, par exemple, pour fonction de permettre aux programmes conçus pour MS-DOS d'utiliser la mémoire située au-delà du premier mégaoctet de mémoire vive sous forme de mémoire EMS ou XMS, ou encore de les faire fonctionner en mode protégé.

➟ *Voir EMM, mode protégé, XMS*

gestionnaire de polices

Programme qui permet d'administrer les polices d'un ordinateur. Le gestionnaire de polices joue un rôle d'autant plus important que les polices installées non seulement allongent la liste qu'il faut parcourir pour sélectionner une police donnée, mais aussi ralentissent l'ordinateur au démarrage sous Windows. Lorsqu'il démarre, l'ordinateur commence en effet par rechercher toutes les polices installées. Il existe sur le marché quantité de programmes conçus spécialement pour gérer les polices. Windows est d'ailleurs livré en standard avec un programme de ce type qui peut être activé par un clic sur l'icône Polices du Panneau de configuration. Ce programme permet d'installer et de désinstaller très facilement des polices. En outre, d'autres gestionnaires de polices permettent non seulement de regrouper les polices en catégories afin de les rendre plus accessibles, mais aussi de choisir les polices qui doivent être chargées au démarrage de l'ordinateur.

➟ *Voir police, TrueType*

Gestionnaire de programmes

Interface utilisateur centrale de Windows 3.x. Sous Windows 3.x, c'est par le Gestionnaire de programmes qu'il faut passer pour activer d'autres applications. Le Gestionnaire de programmes est une application à part entière qui se charge automatiquement au démarrage de Windows. Pour fermer Windows, c'est le Gestionnaire de programmes qu'il faut fermer.

➠ *Voir Windows*

GFlops

Abréviation de *Gigaflops*. 1 GFlops équivaut à 1 073 741 824 Flops.

➠ *Voir Flops*

Giant Large Scale Integration

"Intégration à ultra-grande échelle".

➠ *Voir GLSI*

GIF

Sigle, abréviation de *Graphics Interchange Format* ("format d'échanges graphiques"). Format graphique (représenté par l'extension de fichier .GIF) créé par CompuServe et qui, en raison des techniques de compression sur lesquelles il repose, est très utilisé sur les BBS, sur les services en ligne et sur l'Internet. Toutefois, il tend à être supplanté par les formats JPEG et RLE.

➠ *Voir compression d'images, compression de données, CompuServe, JPEG*

GIF animées

➠ *Voir images GIF animées*

GIF transparente

➠ *Voir image GIF transparente*

Giga

Préfixe qui, dans l'absolu (en sciences naturelles, par exemple), équivaut à 1 milliard d'unités (10^9), mais qui, en informatique, équivaut à $1024 \times 1024 \times 1024$ unités.

➠ *Voir Gbit, Go*

gigabit

➠ *Voir Gbit*

gigaFlops

➠ *Voir GFlops*

gigaoctet

➡ *Voir Go*

gigogne

Type de connecteur utilisé en standard par France Télécom pour les appareils téléphoniques.

glisser-déplacer

Synonyme de "glisser-déposer" et de "glisser-lâcher". Mode d'utilisation particulier de la souris, qui permet de déplacer un objet d'une interface utilisateur graphique en cliquant sur cet objet sans relâcher le bouton gauche de la souris, puis en faisant glisser la souris jusqu'au nouvel endroit et en relâchant le bouton. Le glisser-déplacer permet par exemple de déplacer des fichiers d'un dossier à un autre dans l'Explorateur de Windows, ou encore de les copier d'un lecteur à un autre.

➡ *Voir Explorateur, fichier, interface utilisateur graphique, souris*

glisser-déposer

Synonyme de "glisser-déplacer".

➡ *Voir glisser-déplacer*

glisser-lâcher

Synonyme de "glisser-déplacer".

➡ *Voir glisser-déplacer*

Global Positioning System

"Système de positionnement mondial".

➡ *Voir GPS*

Global System for Mobile communications

"Système mondial pour les communications mobiles".

➡ *Voir GSM*

GLSI

Sigle, abréviation de *Giant Large Scale Integration* ("intégration à ultra-grande échelle") Type de circuits intégrant plus de 100 000 000 de transistors.

➡ *Voir VLSI*

GM-MIDI

Abréviation de *General-MIDI*.

➧ *Voir General-MIDI*

Go

Abréviation de *Gigaoctet*. 1 Go équivaut à 1024 Mo, soit 1 048 576 Ko, soit 1 073 741 824 octets.

➧ *Voir octet*

Gopher

Protocole qui permet de rechercher des fichiers et du texte sur l'Internet. Avec un logiciel client adéquat (tel que celui du BonusPack d'OS/2), il est possible de se connecter à un serveur Gopher pour y rechercher des fichiers et de les rapatrier ensuite à l'aide du protocole FTP. Le service Gopher fut développé à l'université du Minnesota. Il doit son nom à un petit rongeur (en anglais : *gopher*) qui sert de mascotte à cette université.

➧ *Voir FTP, Internet, OS/2*

GOSIP

Acronyme de *Government Open Systems Interconnexion Profile* ("profil gouvernemental d'interconnexion de systèmes ouverts"). Projet de l'administration publique américaine visant à conformer son réseau informatique au modèle OSI.

➧ *Voir OSI, réseau*

goulet d'étranglement

Phénomène qui se produit lorsque plusieurs processus exécutés en parallèle essaient d'accéder aux mêmes ressources simultanément. Alors que chaque processus peut s'exécuter séparément, les ressources système sont insuffisantes pour permettre l'exécution simultanée de plusieurs processus.

➧ *Voir multitâche, processus*

Gouraud

➧ *Voir ombrage de Gouraud*

Government Open Systems Interconnexion Profile

"Profil gouvernemental d'interconnexion de systèmes ouverts".

➧ *Voir GOSIP*

GP-IB

Sigle, abréviation de *General Purpose Interface Bus* ("bus à interface universelle"). L'un des anciens noms du bus IEC.

➠ *Voir IEC*

GPS

Sigle, abréviation de *Global Positioning System* ("système de positionnement mondial"). Système qui permet à l'utilisateur de connaître sa position géographique. Ce système fut initialement conçu par le ministère américain de la défense à des fins militaires (pour connaître le positionnement d'unités stratégiques, notamment). Son utilisation fut ensuite autorisée pour des applications civiles, mais sa précision se limitait à quelques centaines de mètres. En recourant à des satellites et à des stations au sol, il est possible d'atteindre une précision de l'ordre du mètre. Les systèmes GPS sont aujourd'hui utilisés dans les véhicules (sur les bateaux et certaines automobiles), et il en existe des modèles compacts très maniables. Un système DGPS (GPS différentiel) est actuellement à l'étude. Il devrait être encore plus précis que son prédécesseur.

Graphical User Interface

"Interface utilisateur graphique".

➠ *Voir interface utilisateur graphique*

Graphics Environment Manager

"Gestionnaire d'environnement graphique".

➠ *Voir GEM*

Graphics Interchange Format

"Format d'échanges graphiques".

➠ *Voir GIF*

graphique

Représentation sous forme de dessins, d'images, de tableaux et/ou de schémas de valeurs numériques à caractère financier, commercial, statistique, etc. Les graphiques destinés à des présentations professionnelles sont généralement mis en page à l'aide d'un logiciel de présentation assistée par ordinateur tel que Microsoft PowerPoint ou Harvard Graphics. Les logiciels de ce type fonctionnent souvent suivant le principe du conteneur : leur rôle se limite à importer, à mettre en page et à présenter des éléments conçus sous d'autres applications.

➠ *Voir diagramme, fichier conteneur, PowerPoint, tableau*

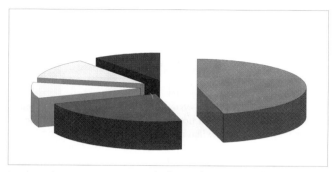

Le camembert n'est qu'un exemple de graphique parmi d'autres.

graphique de présentation

➠ *Voir logiciel de présentation*

graphisme

Elément graphique représenté sur ordinateur, qu'il s'agisse d'une image, d'un dessin, d'une animation, d'une photographie ou d'un symbole. On distingue deux types de graphismes : les graphismes en mode point et les graphismes vectoriels.

➠ *Voir image en mode point, image vectorielle*

graticiel

➠ *Voir freeware*

graveur de CD

Appareil capable d'enregistrer sur des CD spécifiques appelés CD-R. Comme son nom l'indique, le graveur de CD grave les données physiquement sur le CD, ce qui signifie que les CDR ne peuvent pour l'heure être enregistrés qu'une fois. Les graveurs actuels sont certes capables de graver un même CD en plusieurs fois (appelées "sessions"), mais une partie du CD qui a déjà servi à stocker des données ne peut en aucun cas être réutilisée pour stocker d'autres données. Aussi les CD-R sont-ils en fait également des CD-WORM. Alors que les graveurs de CD classiques ne permettent de stocker qu'un maximum de 650 Mo (soit 74 minutes d'enregistrement) sur un même CD, les prototypes de graveurs qui utilisent la technologie DVD sont capables d'enregistrer jusqu'à 17 Go de données. Les modèles de graveurs de CD les moins onéreux enregistrent les données en double vitesse (300 Ko/s), mais il existe déjà des graveurs capables de graver en sextuple vitesse (900 Ko/s). Ces modèles exigent toutefois des CD d'excellente qualité et un ordinateur très stable. Au cours de la phase de gravure, le courant électrique ne doit en aucun cas être coupé sous peine d'interrompre la gravure et de rendre le CD inutilisable. Pour limiter les risques d'interruption de gravure liés aux fluctuations du taux de transfert de données, les graveurs de CD disposent généralement d'une mémoire cache dont la taille peut varier de 512 Ko à 1 Mo. Avec une mémoire cache de 1 Mo, un graveur de CD double vitesse peut compenser un vide de 3 secondes, mais cette durée se limite à 1,1 seconde pour un graveur de CD sextuple vitesse. Si la mémoire cache est vide, le graveur interrompt immédiatement le processus de gravure en générant un message d'erreur, et le CD est perdu. Aussi est-il vivement recommandé de ne jamais utiliser un autre programme pendant la gravure d'un CD et de veiller à ce que le disque dur de l'ordinateur soit défragmenté afin de maximiser le taux de transfert. Ces précautions sont d'autant plus importantes que le procédé d'enregistrement par paquets déplace des quantités de données énormes. Pour enregistrer un grand nombre de fichiers de petite taille, il est préférable de créer un fichier d'images pour les regrouper et ainsi éviter les fluctuations qui risquent d'affecter le taux de transfert lorsque l'enregistrement concerne un grand nombre de fichiers de petite taille. Les graveurs de CD peuvent également être utilisés comme des lecteurs de CD-ROM à part entière. La tête de lecture-écriture d'un lecteur de CD-ROM étant beaucoup plus lourde que celle d'un lecteur simple de CD-ROM, les graveurs se caractérisent généralement par un temps d'accès beaucoup plus important. Les graveurs de CD utilisent généralement l'interface SCSI mais certains modèle lancés il y a peu fonctionnent en IDE. Les CD sont généralement gravés conformément au standard ISO-9660, qui est disponible sur la plupart des plateformes informatiques. Ce standard limite le nombre de niveaux de l'arborescence de dossiers à 8 et se conforme à l'ancienne convention 8 + 3 de MS-DOS qui ne permet pas d'utiliser des caractères spéciaux. Le format Joliet, en revanche, permet d'utiliser des noms de fichiers longs. Outre un graveur et un CD-R vierge, il faut un logiciel spécial pour graver un CD. Nombre de graveurs sont livrés en standard avec un logiciel de ce type. EasyCD, d'Adaptec, est un exemple de logiciel de gravure très répandu et simple à utiliser. A l'heure actuelle, deux types de procédés sont utilisés pour graver les CD :

- **Disque d'une traite.** Selon ce procédé, toutes les pistes sont enregistrées en un seul bloc, ce qui évite d'avoir à marquer une pause de deux secondes entre chaque piste, comme dans le cas du mode piste par piste.
- **Piste par piste.** Selon ce procédé, les pistes sont enregistrées les unes à la suite des autres. Le rayon laser devant se reposer entre chaque piste, ce procédé impose de laisser un peu de place entre les pistes pour lui permettre de se resynchroniser. Cet espace correspond à un blanc de deux secondes qui ne peut en aucun cas être évité. Avant de copier un CD, il est donc primordial de déterminer si le CD source contient ou non des pauses de ce type. Le mode d'enregistrement par paquets permet de manipuler les CD comme des disques durs. Toutefois, le disque n'étant pas fermé après chaque enregistrement, il faut utiliser un logiciel spécifique pour en lire le contenu.

Ce n'est qu'une fois fermé que le CD peut être lu dans un lecteur de CD-ROM classique sans logiciel spécifique.

➠ *Voir 8 + 3, CD, CD-R, CD-ROM, CD-WORM, DVD, enregistrement par paquets, IDE, ISO 9660, mémoire cache, SCSI, taux de transfert*

Un graveur de CD monté dans un boîtier SCSI externe.

Green PC

"PC vert". Label apposé sur les PC qui respectent l'environnement. Pour prétendre à ce label, un PC doit être recyclable, et ses composants en plastique ne doivent pas contenir de solvants. Le label *Green PC* s'intéresse aussi à l'ergonomie de l'ordinateur. Ainsi, le moniteur doit-il au moins atteindre une fréquence de rafraîchissement de 75 Hz à une résolution suffisante, et se conformer à un certain nombre de normes de rayonnement.

➠ *Voir ergonomie, fréquence de rafraîchissement, MPR, TCO*

gris

➠ *Voir niveaux de gris*

gros système

En anglais : *mainframe*. Ordinateur caractérisé par des capacités de calcul et de stockage très importantes qui a longtemps constitué le type d'ordinateur le plus répandu. Les gros systèmes sont équipés d'une quantité de mémoire vive de l'ordre du gigaoctet et offrent une capacité de stockage sur disque de l'ordre du téra-octet. Ils sont utilisés essentiellement par les compagnies de téléphone, les universités et les instituts scientifiques pour manipuler des quantités de données gigantesques. Un même gros système peut servir à relier plusieurs centaines, voire plusieurs milliers de stations de travail. A l'heure actuelle, les gros systèmes servent soit à administrer des réseaux de grande taille, soit à effectuer des tâches spéciales.

➠ *Voir disque dur, mémoire vive, réseau, station de travail, terminal*

groupe d'utilisateurs fermé

Groupe d'utilisateurs d'un réseau dont les membres sont les seuls à recevoir les messages électroniques et les fichiers transmis, les autres utilisateurs n'y ayant pas accès.

➠ *Voir réseau*

G

groupe de fax

Catégorie de fax rassemblant des appareils qui se conforment à un même standard de transmission. La plupart des fax analogiques actuels appartiennent au groupe 3. Les fax relevant du groupe 4 (fax RNIS) sont encore peu répandus. Les différents groupes de fax se décomposent comme suit :

- **Groupes de fax 1 et 2 (G1 et G2).** Ces fax relevant de ces groupes ne sont plus utilisés actuellement, car ils sont obsolètes.
- **Groupe de fax 3 (G3).** Ce standard offre un taux maximal de transfert de données de 14 400 bps et concerne les fax et les fax-modems analogiques. Il permet de transmettre une feuille A4 en une minute environ. Il inclut deux niveaux de résolution (200×100 ppp et 200×200 ppp) et offre un maximum de trente-quatre niveaux de gris.
- **Groupe de fax 4 (G4).** Ce standard s'applique aux fax RNIS et exploite le taux maximal de transfert de données de 64 000 bps de la technologie RNIS. Il permet de transmettre une feuille A4 avec une résolution maximale de 400×400 ppp avec soixante-quatre niveaux de gris en dix à vingt secondes. Pour que ce standard puisse être utilisé, l'appareil émetteur et l'appareil récepteur doivent tous deux être compatibles avec la technologie RNIS. Actuellement, les fax RNIS sont encore peu répandus. Les cartes RNIS permettent elles aussi d'utiliser et de tirer parti du standard G4 sur un PC.

➠ *Voir carte RNIS, fax, fax-modem, RNIS*

groupe de nouvelles

Sur l'Internet, forum d'échange d'informations et de commentaires se rapportant à un thème donné. Les dernières versions de navigateurs Web (Internet Explorer, de Microsoft, et Netscape Navigator/Communicator) permettent d'accéder à ces groupes. L'utilisateur peut se constituer une liste de tous les groupes de nouvelles et de tous les thèmes disponibles. Il suffit ensuite d'un clic de souris pour lire les dernières nouvelles parues sur un thème particulier ou encore pour répondre à un message donné. Il existe environ 20 000 groupes de nouvelles sur l'Internet. Les BBS et les services en ligne permettent eux aussi d'accéder à des groupes de nouvelles qui sont parfois appelés "forums de discussion", "tableaux blancs" ou encore "échos".

➠ *Voir Internet, lecteur de nouvelles, nouvelle, Usenet*

groupe de travail

En anglais : *workgroup*. Groupe d'ordinateurs qui, au sein d'un réseau, sont situés au même niveau de sécurisation et permettent d'accéder aux mêmes ressources. Les ordinateurs d'un réseau sont généralement également regroupés par champ d'application. Selon le cas, les comptes utilisateur peuvent être administrés par chaque ordinateur ou, au contraire, seulement par un administrateur désigné à l'avance. Le groupe de travail qui occupe le niveau de sécurisation le plus élevé est appelé "groupe d'utilisateurs fermé".

➠ *Voir administrateur, compte utilisateur, groupe d'utilisateurs fermé, réseau, ressources*

groupiciel

➠ *Voir groupware*

groupware

Abréviation de *group software* ("logiciel pour groupe" ou "groupiciel"). Logiciel conçu pour permettre à des groupes de travail de fonctionner en réseau. Les logiciels de ce type permettent, par exemple, aux membres d'un groupe de travail d'échanger des données au sein du groupe, mais aussi avec d'autres groupes de travail. Ils permettent aussi généralement d'envoyer des messages électroniques et intègrent des fonctions de gestion de documents collective, ou encore des outils de planification des tâches. Le logiciel Notes, de Lotus, fait partie des groupewares les plus utilisés.

➠ *Voir courrier électronique, groupe de travail, Lotus, réseau*

GS

Sigle, abréviation de *Geprüfte Sicherheit* ("sécurité vérifiée", en allemand). Label de sécurité allemand qui, lorsqu'il est apposé à un appareil électrique, certifie que celui-ci est conforme aux normes de sécurité et d'ergonomie en vigueur.

➠ *Voir ergonomie*

GSM

Sigle, abréviation de *Global System for Mobile Communications* ("système mondial pour les communications mobiles"). Réseau de télécommunications numériques mobiles d'échelle mondiale. Couplés à un ordinateur portable équipé en conséquence, les téléphones portables GSM permettent d'accéder à l'Internet ou à un service en ligne depuis n'importe quel endroit de la planète.

➠ *Voir Internet, ordinateur portable, service en ligne*

GS-MIDI

Abréviation de *GeneralSynth-MIDI*.

➠ *Voir GeneralSynth-MIDI*

guest

"Invité".

➠ *Voir mode d'accès invité*

G

GUI

Sigle, abréviation de *Graphical User Interface* ("interface utilisateur graphique").

➠ *Voir interface utilisateur graphique*

hacker

"Pirate". Passionné d'informatique dont l'une des activités préférées consiste à essayer de s'infiltrer au sein des réseaux des compagnies de téléphone et des entreprises. Les premiers hackers sont apparus aux Etats-Unis dans les années soixante, et leur activité favorite consistait à inventer des systèmes pour téléphoner gratuitement sur le réseau américain. A l'époque, on utilisait encore un signal d'une fréquence de 2 600 Hz pour contrôler les communications téléphoniques ("2 600" est d'ailleurs le titre d'un magazine pour pirates à tirage régulier. Un hacker surnommé Captain Crunch découvrit par hasard qu'un sifflet livré en cadeau avec des céréales pour petit déjeuner reproduisait parfaitement ce signal, et il se servit alors de ce sifflet pour utiliser le réseau téléphonique américain gratuitement. Les générations suivantes de hackers ne se contentèrent évidemment pas d'utiliser le téléphone gratuitement. Elles s'intéressèrent au téléphone en général et cherchèrent à en comprendre le fonctionnement. La philosophie de la communauté des hackers était d'ailleurs d'observer, de chercher à comprendre mais de ne jamais détruire. Au fil des années, cette philosophie fut peu à peu oubliée. Lorsque les premiers ordinateurs familiaux (le TSR-80 et le C64) commencèrent à se démocratiser, les hackers se mirent à utiliser des modems et des coupleurs acoustiques sur leur ligne téléphonique afin de s'introduire dans les ordinateurs des centraux téléphoniques et dans les réseaux qui y étaient connectés et visiter ainsi les entreprises. Pour obtenir les mots de passe requis et des informations techniques sur le fonctionnement du téléphone, ils communiquaient avec d'autres hackers et n'hésitaient pas à contacter directement les services techniques des compagnies de téléphone : ils appelaient tout simplement ces services et se faisaient passer pour des agents de maintenance externes qui avaient besoin d'un mot de passe ou de connaître le numéro d'un raccord téléphonique. Les groupes de hackers américains les plus connus furent les MOD (*Masters of Deception*, ou "maîtres de la déception"), les LOD (*Legion of Doom*, ou "légion de la ruine") et les Posse ("bande armée").

➡ *Voir Captain Crunch, coupleur acoustique, modem*

Handeld PC

"Ordinateur à tenir dans la main".

➡ *Voir HPC*

hardware

"Matériel".

➠ *Voir matériel*

hardware/software bundle

"Ensemble matériel-logiciels".

haute densité

➠ *Voir HD*

haute fidélité

➠ *Voir hi-fi*

H

haute résolution

En anglais : *High Resolution*. Qualifie un moniteur dont l'affichage est constitué de plus de 800 × 600 pixels.

➠ *Voir moniteur*

haut-parleur

Dispositif technique qui permet, à l'aide d'un procédé électromagnétique, de convertir des signaux électriques en sons. De par son fonctionnement, il s'oppose directement au microphone. Dans la pratique, il existe quantité de manières d'effectuer cette conversion technique. La plus utilisée consiste à utiliser une membrane mobile en suspension associée à une bobine. Cette bobine est située dans le champ magnétique d'un aimant permanent. Si un courant traverse cette bobine, il survient aussi un champ magnétique, ou plutôt un champ d'inversion. Ce champ d'inversion attire la membrane, puis la repousse, ce qui provoque des déplacements d'air qui se traduisent par des ondes sonores.

En informatique, les haut-parleurs sont généralement utilisés avec une carte son, ce qui permet d'entendre les sons générés par la carte. On distingue à cet égard deux types de haut-parleurs :

- **Les haut-parleurs passifs.** Ils ne possèdent pas d'amplificateur pour amplifier les signaux entrants. Ces haut-parleurs sont conçus pour restituer des sons déjà amplifiés. Ils sont généralement bon marché.
- **Les haut-parleurs actifs.** Ils possèdent un amplificateur intégré. Il est toujours intéressant que les haut-parleurs soient équipés d'un amplificateur, surtout lorsque l'amplificateur de la carte son n'est pas assez puissant pour générer le volume sonore désiré, ou que la carte son ne soit pas reliée à une chaîne stéréo. Ces haut-parleurs présentent l'inconvénient d'être sensiblement plus chers que les haut-parleurs passifs et de devoir être alimentés en courant électrique.

Les différents fabricants proposent par ailleurs un large éventail de modèles de haut-parleurs afin de se démarquer de la concurrence. Ainsi, certains modèles sont équipés de boutons de réglage pour les graves et les aigus, ou encore pour créer des effets sonores. Enfin, certains haut-parleurs ont une forme particulière, censée améliorer la restitution du son.

➠ *Voir carte son*

Deux haut-parleurs actifs équipés de boutons de réglage pour le volume et la tonalité.

Hayes

Fabricant américain de modems qui a donné son nom à un quasi-standard. C'est sur la technologie de modems mise au point par Hayes que repose le standard AT. Aujourd'hui, tous les modems sont compatibles avec les modems Hayes. Lorsqu'un modem ne fonctionne pas correctement avec le pilote fourni. Généralement, il suffit de paramétrer le logiciel de communication sur le mode Hayes pour l'utiliser.

➠ *Voir commandes AT, modem*

HD

Sigle, abréviation de *High Density* ("haute densité"). Type de disquette caractérisé par une haute densité d'enregistrement. La capacité des disquettes haute densité de 3 pouces 1/2 est de 1,44 Mo ; celle des disquettes de 5 pouces 1/4, en revanche, est limitée à 1,2 Mo.

➠ *Voir haute densité*

HDLC

Sigle, abréviation de *High-Level Data Link Control* ("contrôle de liens de données de haut niveau"). Protocole de transfert de données utilisé au niveau de la couche de connexion (voir modèle OSI) conçu conjointement par IBM et SDLC et normalisé par l'ISO.

➠ *Voir ISO, standards de transmission RNIS*

Head Mounted Display

"Visiocasque".

➠ *Voir visiocasque*

HealthNet

Base de données médicale du service en ligne CompuServe.

➠ *Voir CompuServe*

Hercules

Fabricant de cartes graphiques parmi les plus renommés aux Etats-Unis. Avec la carte graphique du même nom, la société Hercules commença très tôt à proposer sur le marché son propre standard graphique, qui coûtait moins cher que le standard CGA et offrait une qualité bien meilleure que celle du mode MDA, lequel ne permettait de représenter que du texte. La carte graphique Hercules se caractérisait par une résolution maximale de 700×384 pixels et un mode d'affichage monochrome. Les cartes actuelles du fabricant sont parmi les plus rapides sur le marché et sont particulièrement appréciées des utilisateurs de jeux.

➠ *Voir carte graphique*

Hercules Graphic Card

"Carte graphique Hercules".

➠ *Voir HGC*

hertz

Abréviation : Hz. Unité de mesure de fréquence, qui doit son nom au physicien allemand Heinrich Rudolph Hertz (1857-1884). 1 Hz = 1 oscillation par seconde = 1/s.

hétérogène

Qualifie un réseau qui relie différentes plates-formes informatiques (SGI, Alpha, PowerPC, PC, etc.) pouvant utiliser différents systèmes d'exploitation et différents protocoles de transfert de données.

➠ *Voir commutateur, passerelle, pont, réseau, routeur*

Hewlett-Packard

http://www.hewlett-packard.com

Société créée en 1939, spécialisée dans la fabrication de matériel informatique et qui fait aujourd'hui partie des leaders en matière de périphériques d'impression, de matériel de réseau (serveurs et stations de travail) et de PC. C'est pour ses imprimantes personnelles et semi-professionnelles, et notamment pour ses gammes DeskJet, LaserJet et DesignJet qu'elle est la plus connue.

Hewlett-Packard sur l'Internet.

Hewlett-Packard Graphic Language

"Langage graphique Hewlett-Packard".

➥ *Voir HPGL*

Hewlett-Packard Interface Bus

"Bus pour interface Hewlett-Packard". Autre nom, qui n'est plus utilisé aujourd'hui, du bus IEC.

➥ *Voir IEC*

Hex

Abréviation de "hexadécimal".

➥ *Voir hexadécimal*

hexadécimal

1. Synonyme de "base 16". Système de numération qui repose sur seize chiffres : les chiffres 0 à 9 et lettres A à F, contrairement au système décimal utilisé dans la vie de tous les jours, qui repose sur dix chiffres. Le système hexadécimal est l'un des systèmes de numération de base de l'informatique.
2. Qualifie un nombre appartenant au système de numération hexadécimal. Les nombres hexadécimaux sont utilisés en informatique pour représenter plus facilement les nombres binaires. Il serait en effet extrêmement malaisé de représenter des commandes en ne recourant qu'à des 0 et à des 1. Or, il suffit d'un nombre hexadécimal à deux chiffres pour représenter un octet complet (soit huit caractères). Le plus souvent, il n'est pas possible, en regardant un nombre, de savoir s'il est exprimé par rapport au système décimal ou hexadécimal (c'est par exemple le cas du nombre 14). Aussi est-il d'usage de faire précéder les nombres hexadécimaux d'un "h" ou d'un "x", sous la forme "h14".

➠ *Voir binaire, décimal, octal, pile hexadécimale*

HFS

Sigle, abréviation de *Hierarchical File System* ("système hiérarchique de fichiers "). Système de fichiers du système d'exploitation Mac OS.

➠ *Voir Apple, Macintosh, System 7.5*

HGC

Sigle, abréviation de *Hercules Graphic Card* ("carte graphique Hercules"). Standard de carte graphique de la société américaine Hercules. Les cartes graphiques actuelles sont toujours compatibles avec ce standard.

➠ *Voir Hercules*

HiColor

➠ *Voir HighColor*

Hierarchical File System

"Système hiérarchique de fichiers ".

➠ *Voir HFS*

Hi-Fi

Abréviation de *High-Fidelity* ("haute-fidélité"). Standard de qualité de son qui garantit un confort d'écoute élevé. Bien qu'il soit établi depuis de nombreuses années dans le domaine de la musique, ce standard n'est pas encore parvenu à s'imposer dans le domaine de l'informatique. La raison principale en est que les cartes son n'offrent généralement pas une qualité de son suffisante pour le traitement du son numérique, et que le son Hi-Fi nécessite un espace de stockage très important (près de 750 Mo pour un CD audio). Avec l'apparition sur le marché de nouvelles cartes son, cette situation tend toutefois à évoluer. Ainsi la carte son EWS 64 de la société allemande Terratec offre-t-elle une entrée et une sortie numériques pour un prix d'environ 3 500 francs.

➠ *Voir carte son, CD-ROM*

Hi-Fidelity

"Haute-fidélité".

➠ *Voir Hi-Fi*

High Density

"Haute densité".

➠ *Voir HD*

High Memory

"Mémoire supérieure".

➠ *Voir mémoire supérieure*

High Memory Area

"Zone de mémoire supérieure".

➠ *Voir mémoire supérieure*

High Performance File System

"Système de fichiers à hautes performances".

➠ *Voir HPFS*

High Performance System 386

"Système de fichiers à hautes performances 386".

➠ *Voir HPFS386*

High Resolution

"Haute résolution".

➠ *Voir haute résolution*

High Sierra

Standard qui définit le système de fichiers des CD-ROM. Ce standard fut élaboré en 1985 et fut ensuite normalisé sous le nom ISO 9660. Il détaille les conventions de nomination de fichiers ainsi que les procédures de correction d'erreurs. Il doit son nom à l'hôtel dans lequel les représentants d'un certain nombre de fabricants de matériel informatique se réunirent pour le définir – l'hôtel High-Sierra.

➟ *Voir ISO 9660*

HighColor

"Riche en couleurs". Synonyme de "HiColor". Profondeur de couleur de 32 768 (15 bits) ou 65 563 (16 bits) couleurs.

➟ *Voir profondeur de couleur, TrueColor*

High-Level Data Link Control

"Contrôle de liens de données à haut niveau".

➟ *Voir HDLC*

HIMEM.SYS

Pilote de mémoire qui gère la partie de la mémoire vive correspondant à la mémoire supérieure (HMA). Le reste de la mémoire est géré à l'aide du procédé XMS (*Extended Memory Specification*, ou "spécification de mémoire étendue"). La mémoire étendue est absolument indispensable pour travailler sous Windows, et le pilote de mémoire HIMEM.SYS doit par conséquent toujours être chargé sur les ordinateurs qui fonctionnent sous ce système d'exploitation.

➟ *Voir CONFIG.SYS, gestion de la mémoire, mémoire vive, XMS*

HiRes

Abréviation de *High Resolution* ("haute résolution").

➟ *Voir haute résolution, LoRes*

hit

"Anticipation pertinente".

➟ *Voir anticipation pertinente*

HMA

Sigle, abréviation de *High Memory Area* ("zone de mémoire supérieure"). Zone de mémoire d'une taille de 64 Ko qui fait partie de la mémoire étendue (XMS) et est située au-dessus de la limite des 1 024 premiers kilo-octets de la mémoire vive.

➠ *Voir mémoire supérieure*

HMD

Sigle, abréviation de *Head Mounted Display* ("visiocasque").

➠ *Voir visiocasque*

Hollerith, Herrmann

Inventeur du premier système de tri et de comptage à cartes perforées. Son système fut utilisé en 1890 pour le onzième recensement américain. Il fallut alors quarante-trois machines et quatre semaines pour effectuer ce travail. Herrmann Hollerith (1860-1929), fils d'un immigré allemand ingénieur des Mines, fonda ensuite en 1924 la société Indusrial Business Machines (IBM) après avoir regroupé un certain nombre d'entreprises.

➠ *Voir code de Hollerith, IBM, trieuse-compteuse de Hollerith*

Home

"Début".

➠ *Voir début*

homepage

"Page d'accueil".

horloge en temps réel

En anglais : *Real Time Clock* (RTC). Puce intégrée à la carte mère contenant une horloge qui permet à l'ordinateur de mesurer le temps écoulé. Cette horloge fonctionne même lorsque l'ordinateur est éteint ou débranché car elle est alimentée par une batterie située elle aussi sur la carte mère. L'horloge en temps réel et la RAM CMOS constituent généralement un seul et même composant sur la carte mère. L'horloge en temps réel peut évidemment être réglée à l'aide d'un logiciel. Les systèmes d'exploitation les plus récents, tels que Windows 95, sont également capables de gérer l'heure d'hiver et l'heure d'été. En réseau, il est possible d'utiliser un service spécifique pour synchroniser les horloges en temps réel des différents ordinateurs clients en fonction de celle du serveur.

➠ *Voir carte mère, client, RAM CMOS, serveur*

hors ligne

1. Qualifie un ordinateur et, par extension, un utilisateur qui n'est plus connecté à un réseau ou à un service en ligne (c'est-à-dire pour lequel la connexion par modem ou par câble a été interrompue).
2. Qualifie un périphérique (et plus particulièrement une imprimante) qui n'est plus relié logiquement à l'ordinateur.
3. Qualifie plus rarement un échange de données interne à l'ordinateur (effectué entre la mémoire et un lecteur tel un lecteur de disquettes, par exemple), plutôt que par l'intermédiaire d'un réseau.

➠ *Voir en ligne*

hôte

Ordinateur (souvent un gros système) qui dispose de capacités de calcul et de stockage suffisantes pour les mettre à la disposition d'autres ordinateurs sur un réseau.

➠ *Voir capacité de mémoire, gros système, réseau*

HotJava

http://www.sunsoft.com

Navigateur compatible Java fabriqué par SunSoft. HotJava peut être téléchargé gratuitement depuis le site Web de SunSoft. Il a comme particularité d'avoir été conçu intégralement en Java.

➠ *Voir Java*

hotkey

"Touche d'activation".

➠ *Voir touche d'activation*

hot-line

"Ligne d'assistance".

➠ *Voir ligne d'assistance*

HPC

Sigle, abréviation de *handheld-PC* ("PC à tenir dans la main"). Synonyme d'"assistant personnel". Mini-ordinateur de poche qui fait généralement office d'organiseur mais peut offrir d'autres fonctions telles qu'un traitement de texte. Les HPC sont généralement équipés d'un processeur RISC et de 2 à 4 Mo de mémoire vive. Ils utilisent le plus souvent le système d'exploitation Windows CE de Microsoft. Toutefois, certains, tel le Psion, possèdent leur propre système d'exploitation. L'entrée des données s'effectue généralement à l'aide d'un stylo spécifique (stylet) qui permet d'écrire à même l'écran à cristaux liquides. Toutefois, certains modèles sont équipés d'un clavier. Les HPC possèdent généralement un port PCMCIA, qui permet de connecter un modem ou d'autres périphériques. Nokia propose une formule de HPC particulièrement intéressante, appelée Nokia Communicator, qui intègre un HPC et un téléphone et permet d'accéder à l'Internet.

➠ *Voir assistant personnel*

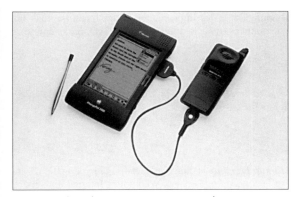

Le Newton d'Apple est un assistant personnel type.

HPFS

Sigle, abréviation de *High Performance File System* ("système de fichiers à hautes performances"). Système de fichiers du système d'exploitation OS/2. Comme le système de fichiers NTFS de Windows NT, le système de fichiers HPFS repose sur des arborescences binaires de recherche, et non sur une table de gestion de données centrale (FAT) telle que celle qu'utilisent MS-DOS et Windows 95. Ainsi, le système d'exploitation n'a pas à fragmenter inutilement le disque dur, ce qui lui permet de fonctionner plus rapidement. Comme la FAT sous Windows 95, le système de fichiers HPFS permet d'utiliser sous OS/2 des noms de fichiers comptant jusqu'à deux cent cinquante-six caractères en plus des trois caractères de l'extension.

➠ *Voir FAT*

HPFS386

Abréviation de *High Performance Filse System 386* ("système de fichiers à hautes performances 386"). Système de fichiers utilisé pour les serveurs de réseaux locaux (LAN) fonctionnant sous OS/2. Outre les fonctions classiques du système de fichiers HPFS, le système de fichiers HPFS386 intègre des fonctions de sécurisation pour réseaux locaux.

➡ *Voir LAN, NTFS, OS/2*

HPGL

Sigle, abréviation de *Hewlett-Packard Graphic Language* ("langage graphique Hewlett-Packard"). Langage graphique utilisé par Hewlett-Packard pour décrire les graphismes vectoriels. Ce langage est utilisé pour piloter des imprimantes et des traceurs, mais fait aussi office de format d'échange de données (dans le domaine de la CAO, par exemple).

➡ *Voir Hewlett-Packard*

HP-IB

Sigle, abréviation de *Hewlett-Packard Interface Bus* ("bus pour interface Hewlett-Packard"). L'un des anciens noms du bus IEC.

➡ *Voir IEC*

HTML

Sigle, abréviation de *HyperText Markup Language* ("langage de balisage hypertexte"). Langage de programmation utilisé pour la conception de pages Web pour l'Internet. La version utilisée actuellement est la version 3.2. Le HTML permet de définir l'organisation des pages Web, de choisir les polices et les couleurs à utiliser et d'intégrer des éléments multimédias tels que des images ou des animations. En utilisant un certain nombre de commandes spécifiques, il est possible de créer des liens hypertexte permettant d'accéder à d'autres pages Web, qu'il s'agisse d'autres pages du même site ou de la page d'accueil d'un autre site. Pour visualiser des pages Web conçues en HTML, il faut disposer d'un navigateur Web (tel que Navigator, de Netscape, ou Internet Explorer, de Microsoft). Il faut souvent disposer de petits logiciels d'extension appelés "modules externes" pour prendre en charge des tâches telles que la lecture de séquences audio ou vidéo (ce que permet par exemple le module externe SchockWave). Pour créer des pages Web, il est également possible d'utiliser un autre langage de programmation véritablement nouveau : le Java, conçu par Sun Microsystems. La plupart des fabricants connus ont signé avec Sun Microsystems un contrat les autorisant à utiliser ce langage, qui sera donc appelé à se répandre inexorablement.

➡ *Voir convertisseur HTML, éditeur de HTML, page Web, WWW*

HTTP

Abréviation de *HyperText Transfer Protocol* ("protocole de transfert hypertexte"). Protocole de transfert de données utilisé pour transférer des documents HTML sur le World Wide Web. Toutes les URL du World Wide Web commencent par le préfixe **http://**.

➡ *Voir HTML, Internet, protocole, WWW*

hub

"Nœud". Synonyme de "plate-forme de connexion" et de "nœud de connexion". Appareil qui permet de connecter les ordinateurs d'un réseau à topologie en étoile.

➡ *Voir étoile, réseau*

Huffman

➡ *Voir compression Huffman*

humain virtuel

Synonyme de "*synthespian*". Acteur virtuel utilisé dans le domaine de la réalité virtuelle. Les humains virtuels sont utilisés essentiellement dans l'industrie du cinéma. Les techniques actuelles ne permettent de réaliser des humains virtuels qu'en les traitant manuellement ou en réalisant des animations semi-automatiques à l'aide d'outils de capture de mouvement. Plusieurs entreprises cherchent à mettre au point des outils de réalité virtuelle entièrement numériques qui permettent de réaliser des personnages numériques entièrement autonomes. De nouveaux logiciels doivent être conçus pour rendre les muscles, les cheveux, les os et les tissus numériques aussi réels que des vrais. Les premiers succès enregistrés en la matière se limitent à la réalisation de clignements d'yeux qui s'accompagnent de mouvements des muscles du visage et de la peau, comme pour un véritable être humain. Au Japon, ces progrès ont d'ores et déjà permis de donner le jour à une super-star virtuelle du nom de *Kyoto Date*. Ce personnage virtuel, qui a environ 16 ans, a déjà réalisé plusieurs tubes et vendu quantité de disques. Toutefois, compte tenu du peu de polygones dont il est constitué (40 000), il manque encore de souplesse et demeure très artificiel.

Outre l'industrie cinématographique, les humains virtuels intéressent aussi certains scientifiques. Dans les domaines de la médecine, de l'intelligence artificielle, de la réalité virtuelle, de la réalité augmentée et des systèmes experts, ils constitueraient un objet de recherche idéal.

➡ *Voir animation, capture de mouvement, polygone, réalité virtuelle, synthespian, système expert*

hybride

Qualifie un produit ou un procédé qui participe de deux principes fondamentalement différents.

➡ *Voir langage hybride, ordinateur hybride, virus hybride*

hyperlien

Synonyme de "lien hypertexte".

hypermédia

Qualifie des éléments tels que du texte, mais aussi des tableaux, des images, des séquences vidéo et des bases de données, liés entre eux et auxquels il est possible d'accéder en cliquant sur un lien textuel ou graphique. Le texte des pages Web n'est qu'un exemple d'élément hypermédia.

➠ *Voir hypertexte, site Web, WWW*

HyperText Markup Language

"Langage de balisage hypertexte".

➠ *Voir HTML*

HyperText Transfer Protocol

"Protocole de transfert hypertexte".

➠ *Voir HTTP*

hypertexte

Qualifie un lien représenté par un élément de texte sur lequel il suffit de cliquer pour accéder à l'objet lié, que celui-ci soit situé dans le même document (une page Web, par exemple) ou dans un autre (une autre page Web, par exemple). Les liens hypertexte permettent d'avoir rapidement une vue d'ensemble des informations contenues dans un document sans avoir à le lire dans sa totalité. Le texte correspondant à des liens hypertexte est clairement identifiable au fait qu'il est mis en forme différemment du reste du texte (il est généralement souligné, apparaît dans une couleur différente et opère la transformation du pointeur de la souris en petite main lorsqu'il est positionné dessus). Les liens hypertexte peuvent renvoyer à du texte simple, mais aussi à des images, à des tableaux, à des bases de données, etc. Le document auquel le lien renvoie ne doit pas impérativement faire partie du même fichier, ni même être stocké sur le même ordinateur, ce qui est extrêmement intéressant. Lorsque l'utilisateur clique sur un lien hypertexte sous son navigateur, ce dernier charge le document concerné sur le disque dur local par l'intermédiaire du réseau ou d'un accès à distance. Sans liens hypertexte, il serait impossible d'imaginer le WWW de l'Internet tel qu'il se présente actuellement.

➠ *Voir HTML*

Hz

Abréviation de "Hertz".

➠ *Voir Hertz*

i80x86

Famille de processeurs fabriquée par Intel et qui fit son apparition sur les premiers ordinateurs fabriqués par IBM. Le "x" représente un chiffre correspondant à la génération du processeur. Les premiers processeurs furent des i8086, après quoi furent lancés les i80186, puis les i80286, etc. Plusieurs fabricants de semi-conducteurs s'étant mis à produire des clones de ces processeurs et utilisant les mêmes combinaisons de chiffres qu'Intel pour les commercialiser, la société porta plainte, mais la conclusion du jugement fut qu'une combinaison de chiffres ne pouvait pas être déposée au même titre qu'un nom ou une marque. Le service marketing d'Intel dut donc changer de système de nomination. C'est pour cette raison que le successeur du i40486 fut appelé "Pentium".

➡ *Voir Intel, Pentium*

Le dernier-né de chez Intel – le Pentium II.

IA

Sigle, abréviation d'"intelligence artificielle".

➠ *Voir intelligence artificielle*

IAK

Sigle, abréviation d'*Internet Access Kit* ("kit d'accès à l'Internet"). Programme de communication contenu dans le BonusPack d'OS/2 et qui permet d'accéder à l'Internet.

➠ *Voir Internet, OS/2*

IAO

Sigle, abréviation d'"ingénierie assistée par ordinateur". Utilisation de l'ordinateur pour concevoir, construire ou fabriquer des structures, des édifices ou des objets. Ce domaine inclut la CAO, le DAO et la FAO.

➠ *Voir CAO, FAO*

IBM

Sigle, abréviation d'*International Business Machines* ("machines professionnelles internationales"). Premier fabricant mondial de matériel bureautique et de systèmes informatiques – matériel et logiciels confondus. Fondée en 1911 aux Etats-Unis, IMB commença par concevoir et produire des trieuses-compteuses électromécaniques. Elle fut rapidement considérée comme capable de créer le premier calculateur électronique, et en 1952, elle présenta le premier ordinateur. Pendant de nombreuses années, elle demeura le leader incontesté du marché des gros systèmes. Un nouveau volet de son histoire s'ouvrit avec l'invention du PC, qui allait conduire à l'essor fulgurant de Microsoft et d'Intel. IBM ne put toutefois étendre durablement au domaine des PC la position de leader qu'elle détenait dans le domaine des gros systèmes. En 1995, elle reprit le fabricant de logiciels Lotus, ce qui fit grand bruit dans le monde de l'informatique.

➠ *Voir compatible IBM, Intel, Lotus, Microsoft*

IBM PC

➠ *Voir PC*

IBM PS/2

➠ *Voir IBM PS/2*

IC

Sigle, abréviation de *Integrated Circuit* ("circuit intégré", ou CI).

➠ *Voir circuit intégré*

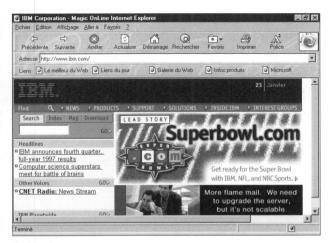

IBM sur Internet.

icône

Petite image qui, sur une interface utilisateur, représente un programme, un fichier, un lecteur, ou encore une fonction donnée d'un programme. Il suffit en général de cliquer sur cette petite image ou de la faire glisser vers une autre icône pour activer la commande ou l'élément qu'elle symbolise.

➠ *Voir interface utilisateur graphique*

icône émotionnelle

➠ *Voir emoticon*

Quelques exemples d'emoticons et leur signification

Smiley	Signification
%-}	Idiotie
(:<	Cancan
...–...	SOS
:-"	Bouder

Quelques exemples d'emoticons et leur signification

Smiley	Signification
:<#	Information confidentielle
:-$	L'expéditeur est malade
:-&	Etre amer ou interdit
:'-(	Pleurer
:-(	Information triste
:'-)	Etre heureux à en pleurer
:-)	Emoticon original
:-')	Rhume
:*)	Dire des sottises, être ivre
:,-(	Pleurer
:-/	Ce n'est vraiment pas amusant
:-@	Hurler
:->	Sarcastique
:-7	Faire une remarque ironique
:-C	Incroyable
:-D	Dire quelque chose avec un sourire
:-e	Etre déçu
:-f	Ricaner
:-I	Autre plaisanterie
:-J	Faire une plaisanterie
:-O	Crier
:-o	Choquant
:-Q	Fumeur

Quelques exemples d'emoticons et leur signification   (suite)

Smiley	Signification
:-r	Tirer la langue
:-t	Sourire amer
:-x	Bisou
:-X	Gros bisou
;-)	Sourire avec un clin d'œil
[ ]	Prendre dans ses bras
<&&>	Information à ne pas prendre vraiment au sérieux
<:-)	Imbécile
:-<	Etre fâché ou irrité
:->	Perspective horrible
8-)	Porteur de lunettes
I-(	S'ennuyer
II*(	Demander à se réconcilier
II*)	D'accord pour une réconciliation

ID

Abréviation d'"identificateur". Nombre, nom ou tout autre code qui permet d'identifier sans équivoque un périphérique, mais aussi un utilisateur ou une personne en général, un processus ou tout autre élément au sein d'un programme, d'un ordinateur ou d'un réseau. Les ID sont particulièrement importants dans le cas du bus SCSI, pour lequel chaque périphérique connecté doit posséder un ID distinct afin de communiquer avec le reste du bus (et vice versa). Ils sont aussi utilisés dans les bases de données, où ils font office de clé primaire pour identifier les enregistrements, ainsi que sur les réseaux, où ils servent à identifier les utilisateurs qui cherchent à se connecter.

➡ *Voir ID SCSI, réseau*

ID SCSI

Abréviation d'"identificateur SCSI". Numéro affecté à un périphérique SCSI pour permettre à la carte contrôleur SCSI de l'identifier sans ambiguïté au sein du bus. Les standards

SCSI, Fast-SCSI et Ultra-SCSI permettent d'utiliser les numéros 0 à 7 (inclus). Les standards Wide-SCSI et Ultra-Wide-SCSI permettent d'utiliser les numéros 0 à 15 (inclus). Chaque périphérique SCSI comprend des micro-interrupteurs, des cavaliers, une molette rotative ou un autre dispositif de ce type permettant de paramétrer son ID. L'ID le plus élevé d'un canal donné est en principe affecté à la carte contrôleur SCSI, les ID immédiatement inférieurs étant généralement affectés aux périphériques utilisables pour initialiser le système d'exploitation. Pour configurer un bus SCSI, il est primordial de veiller à ce qu'un même ID ne soit pas affecté à deux périphériques différents, et de penser que plus l'ID est élevé, plus le degré de priorité affecté au périphérique pour les transferts de données est important.

➠ *Voir priorité, SCSI*

Les interrupteurs de ce type permettent de paramétrer facilement l'ID d'un périphérique SCSI externe.

IDE

1. Sigle, abréviation d'*Integrated Device Electronics* ("électronique de lecteur intégrée"). Standard de disque dur. Les disques durs IDE se caractérisent par le fait que la plus grande partie des composants électroniques constitutifs du contrôleur est située à même le disque. Le rôle du contrôleur de l'ordinateur se limite à relier électriquement le disque dur au bus de l'ordinateur. Les disques durs IDE sont parfois appelés "disques durs à bus AT".

2. Sigle, abréviation d'*Integrated Development Environment* ("environnement de développement intégré"). Environnement de développement qui intègre sous une même interface utilisateur tous les éléments (tels qu'un éditeur, un compilateur, un outil de liaison, un débogueur, etc.) nécessaires au développement de programmes.

➠ *Voir contrôleur de disque dur, environnement de programmation, ISA, MFM, RLL*

identificateur

Synonyme de "nom d'utilisateur".

➠ *Voir ID, nom d'utilisateur*

IE

Sigle, abréviation d'"Internet Explorer".

➠ *Voir Internet Explorer*

IEC

Sigle, abréviation d'*International Electronical Commission* ("commission internationale pour l'électronique").
1. Commission de normalisation spécialisée dans le domaine électronique et qui dépend de l'IEEE (*Institute of Electrical and Electronic Engineers,* ou "institut des ingénieurs en électricité et en électronique").
2. Synonyme d'"HP-IB", "GP-IB" et "IEEE-408". Type de bus normalisé par l'IEC qui permet de connecter jusqu'à quinze périphériques à un même ordinateur. La connexion s'effectue par l'intermédiaire d'un câble unique. Ce bus fut développé par Hewlett-Packard et utilisé dans le domaine médical pour contrôler et transmettre des données. Il s'appela d'abord HP-IB (*Hewlett-Packard Interface Bus,* ou "bus pour interface Hewlet-Packard"), puis GP-IB (*General-Purpose Interface Bus,* ou "bus pour interface universelle"), jusqu'à ce qu'il soit normalisé par l'IEC, commission de normalisation qui dépend de l'IEEE.

➠ *Voir IEC, IEEE*

IEEE

Sigle, abréviation d'*Institute of Electrical and Electronic Engineers* ("institut des ingénieurs en électricité et en électronique"). Association américaine d'ingénieurs en électricité et en électronique, qui joue un rôle très important dans l'élaboration des normes qui régissent ces deux domaines. Nombre de standards internationaux en vigueur dans le domaine de l'informatique ont été élaborés à l'initiative de l'IEEE. L'IEEE est de surcroît très active dans le domaine de la recherche. Elle compte des membres de différents pays.

IEEE-1394

➠ *Voir FireWire*

IEEE-408

L'un des anciens noms du "bus IEC".

➠ *Voir IEC, IEEE*

IEEE-802

Modèle de réseau élaboré par l'IEEE (*Institute of Electrical and Electronic Engineers,* ou "institut des ingénieurs en électricité et électronique") qui repose sur le modèle OSI, mais qui ne prévoit des standards prédéfinis que pour les couches 1 et 2 (couche physique et couche de connexion). Selon ce modèle, la couche de connexion se subdivise en deux sous-couches : la couche MAC (*Media Access Control*, ou "sous-couche de contrôle d'accès au support"), qui régit le mode auquel les ordinateurs doivent se conformer pour accéder au câble du réseau, et la sous-couche LLC (*Logical Link Control*, ou "sous-couche de contrôle de lien logique"), qui prend en charge la sécurisation des échanges de données.

➠ *Voir OSI*

IEMMC

Sigle, abréviation d'*Internet E-Mail Marketing Council* ("conseil de marketing par courrier électronique sur l'Internet"). Association créée à l'instigation du fournisseur d'accès AGIS, qui réunit des sociétés et des annonceurs qui souhaitent faire de la publicité sur l'Internet et qui s'engagent à respecter un certain nombre de règles destinées à éviter à l'utilisateur de recevoir des messages électroniques intempestifs. Ces règles prévoient notamment que les membres de l'Association doivent rayer de leur base de données de destinataires le nom du titulaire d'une adresse de courrier électronique dès que celui-ci en fait la demande. Elles prévoient aussi que les serveurs de courrier électronique ne doivent pas être détournés de leur fonction par d'autres fournisseurs d'accès pour être utilisés à des fins publicitaires.

➠ *Voir courrier électronique, serveur de courrier électronique*

if

"Si". Instruction conditionnelle qui indique au programme de n'exécuter les instructions concernées que si l'hypothèse associée à l'instruction est vérifiée. Cette instruction fait partie des éléments fondamentaux de tous les langages de programmation de haut niveau. C'est elle qui permet de créer des ramifications au sein d'un programme.

➠ *Voir langage de programmation*

ILAO

Sigle, abréviation d'"ingénierie logicielle assistée par ordinateur". L'utilisation de l'ordinateur et plus particulièrement de logiciels de développement et de maintenance pour créer et mettre à jour des logiciels. Les outils d'ILAO intégrés aident les développeurs tout au long du processus de développement d'un logiciel, depuis l'analyse des besoins jusqu'à la phase de test du produit (presque) fini, en passant par la programmation elle-même.

➠ *Voir développement, logiciel, système de développement de logiciels*

image

1. Représentation graphique d'un objet ou d'une personne, créée sous un logiciel graphique ou numérisée à l'aide d'un scanner.

2. Elément de base d'une animation informatique. Sur un écran de télévision, la fréquence de rafraîchissement coïncide avec le nombre d'images affichées en une seconde. Pour des raisons d'ergonomie, la carte graphique d'un PC utilise une fréquence de rafraîchissement plus importante. Pour que les mouvements simulés par les successions d'images soient parfaitement fluides pour l'œil humain, il faut que l'écran affiche au moins 15 images par seconde. Les standards de télévision PAL et Secam reposent sur une vitesse de défilement de 25 fps ; le NTSC, sur 30 fps.

➠ *Voir graphisme, ergonomie, fréquence de rafraîchissement, NTSC, PAL, Secam*

image bitmap

Synonyme de "bitmap", "image tramée" et "image en mode point". Image constituée de pixels contenant chacun des informations sur sa luminosité et sa couleur. Contrairement aux images vectorielles, les images bitmap ne peuvent pas être agrandies ou réduites sans que leur qualité en soit fortement affectée, puisque les points d'image (pixels) dont elles sont faites constituent les seules informations graphiques disponibles. Toutes les images et tous les graphismes créés à l'aide d'une palette graphique autre qu'un programme graphique vectoriel sont des images bitmap.

➠ *Voir image en mode point, image vectorielle, pixel, scanner*

image cliquable

En anglais : *imagemap*. Image utilisée pour les pages Web, qui est constituée de plusieurs zones d'activation sur lesquelles l'utilisateur peut cliquer pour activer un lien donné. Les images cliquables permettent de naviguer de manière très intuitive sur le World Wide Web. Il est relativement facile de créer des images cliquables en HTML à partir d'images bitmap existantes.

➠ *Voir HTML, Internet*

image d'arrière-plan

Image qui tapisse le fond d'une interface utilisateur graphique telle que le Bureau de Windows 95 ou d'OS/2.

➠ *Voir arrière-plan, Bureau*

image en mode point

Synonyme d'"image en pixels" et de "bitmap". Image stockée sous forme de surface composée de différents points (pixels) représentant chacun une seule et même couleur. L'espace nécessaire au stockage d'une image en mode point croît avec la taille de la surface, la résolution et la profondeur de couleur.

➠ *Voir bitmap, pixel, profondeur de couleur*

image GIF animée

Succession d'images GIF simulant un effet d'animation. Le format graphique GIF étant utilisé essentiellement pour Internet, les animations des sites Web sont souvent constituées d'une suite d'images GIF. Il est par ailleurs possible de transformer des fichiers AVI en images GIF animées.

image GIF transparente

Image GIF qui laisse voir les objets situés à l'arrière-plan. Les images GIF normales sont des images bitmap de forme rectangulaire. Elles contiennent un ou plusieurs objets, et le reste de l'image est rempli d'une couleur donnée. Si l'on place une image GIF sur une page Web, la couleur de remplissage apparaît elle aussi sur la page Web, ce qui crée un effet inesthétique. Les images vectorielles étant par essence transparentes, elles constituent le type d'image idéale pour les pages Web. C'est précisément pour éviter que seules des images vectorielles soient utilisées qu'a été inventé le principe des images GIF transparentes. La couleur d'arrière-plan des images GIF est transparente, ce qui permet de voir les objets situés à l'arrière-plan lorsqu'elles sont superposées à un autre document.

➡ *Voir bitmap, GIF*

imagemap

"Image cliquable".

➡ *Voir image cliquable*

image-objet

En anglais : *sprite*. Ensemble de points graphiques auquel il est possible d'appliquer des effets graphiques tels que des déplacements ou des animations. Les différentes formes de pointeurs de souris et les images mobiles utilisées dans les jeux sont des exemples d'images-objets très connus. Les mouvements des images-objets sont en principe pris en charge par le CPU, mais les cartes graphiques modernes permettent de décharger le CPU de cette tâche.

image par seconde

En anglais : *frames per second* (fps).

➡ *Voir fps*

image tramée

➡ *Voir bitmap*

image vectorielle

Image dont les différents bits ne sont pas stockés sous forme de points (pixels), mais décrits à l'aide d'expressions mathématiques. S'il s'agit de représenter une droite, par exemple, celle-ci pourra être stockée sous la forme d'un couple de points de départ et d'arrivée. De la même manière, si c'est un cercle qu'il faut mémoriser, celui-ci pourra être stocké sous la forme d'un centre et d'un rayon. Les images vectorielles peuvent être agrandies et réduites à volonté sans perte de qualité. Les formats d'images vectorielles ne sont adaptés qu'aux dessins.

➠ *Voir bitmap, image en mode point*

image 3D

Image en trois dimensions.

➠ *Voir imagerie 3D*

imagerie 3D

Ensemble des techniques permettant de représenter des structures géométriques tridimensionnelles sur un ordinateur. Les cartes graphiques 3D, les processeurs graphiques 3D et les standards 3D sont autant d'éléments qui aident l'ordinateur à calculer et à représenter ces structures.

IMAP4

Sigle, abréviation d'*Internet Mail Access Protocol 4* ("protocole d'accès au courrier électronique Internet version 4"). Nouveau protocole qui permet d'administrer les boîtes à lettres de courrier électronique sur l'Internet. Contrairement au protocole POP3, qui est toujours très utilisé, le protocole IMAP4 permet de lire et de classer les messages électroniques dans les dossiers du serveur. Ce protocole a été créé essentiellement pour les terminaux (ou décodeurs) Internet qui commencent à apparaître sur le marché et qui sont dépourvus de disque dur. Il est déjà pris en charge par Netscape Communicator.

➠ *Voir courrier électronique, POP3, terminal Internet*

imbriqué

Qualifie un programme composé de sous-programmes eux-mêmes constitués d'autres sous-programmes, etc. Le nombre de niveaux d'imbrication est fonction du programme.

➠ *Voir programme*

importation

Conversion d'un fichier stocké sous un format étranger vers le format propre à l'application en cours d'utilisation. Pour ouvrir dans un logiciel de traitement texte un document créé dans un autre logiciel de traitement de texte, par exemple, il faut indiquer au logiciel de traitement de texte en cours d'utilisation de convertir le document pour le réécrire conformément à son propre format. La plupart des logiciels modernes possèdent des fonctions d'importation et d'exportation.

➠ *Voir application, conversion, exportation, format de données*

imprimante

Périphérique de sortie qui permet de représenter les données issues d'un ordinateur sous une forme graphique, sur un support tel qu'une feuille de papier ou un feuillet transparent.

➠ *Voir émulation d'imprimante, imprimante à bulles d'encre, imprimante à impact, imprimante à jet d'encre, imprimante laser, pilote d'imprimante*

imprimante à aiguilles

Imprimante à impact qui utilise des aiguilles pour transférer l'encre du ruban encreur au support d'impression. Le nombre de ces aiguilles peut varier de 9 à 24. Les imprimantes à aiguilles permettent de réaliser jusqu'à sept exemplaires d'une même impression simultanément en utilisant des feuillets carbonés. Elles présentent l'inconvénient d'être très bruyantes, de restituer imparfaitement les graphismes (effet de bandes) et de ne générer qu'une couleur très terne. La résolution maximale est, de surcroît, limitée par la tête d'impression et la grosseur des aiguilles utilisées. Les imprimantes à aiguilles peuvent généralement utiliser du papier normal, mais elles fonctionnent le plus souvent avec du papier sans fin remonté jusqu'à l'imprimante par un tracteur. Pour imprimer sur des supports spéciaux (pour fabriquer des permis de conduire, par exemple), on utilise des imprimantes à aiguilles à plat. Sur ce type d'imprimante, la tête d'impression est située juste au-dessus du support, ce qui permet d'imprimer avec une grande précision et empêche que le support soit endommagé par les cylindres.

imprimante à bulles d'encre

Imprimante fonctionnant selon un procédé qui consiste à projeter de l'encre sous forme de bulles minuscules. L'encre est projetée par des buses. Ces buses sont chauffées pour que l'encre qui les traverse se transforme en petites bulles qui peuvent ensuite être projetées sur le support d'impression. Ce procédé de chauffage exige une encre possédant certaines qualités, ce qui explique pourquoi il faut toujours utiliser des cartouches d'encre conçues par le fabricant de l'imprimante. La série d'imprimantes Deskjet de Hewlett-Packard fait partie des modèles d'imprimantes à bulles d'encre les plus connus.

➠ *Voir Hewlett-Packard, imprimante à jet d'encre, tête d'impression*

imprimante à duplex

Imprimante capable d'imprimer sur le recto et le verso d'une feuille de papier sans que l'utilisateur doive retourner celle-ci.

➠ *Voir imprimante*

imprimante à impact

Imprimante qui utilise un procédé mécanique (des aiguilles ou une marguerite) pour tansférer l'encre sur le papier, telles les imprimantes à aiguilles ou à marguerite. Les imprimantes à impact sont généralement particulièrement bruyantes.

imprimante à jet d'encre

Imprimante exploitant un procédé de projection d'encre sur le papier. Les imprimantes à jet d'encre sont des imprimantes matricielles ; elles représentent les graphismes sous forme de pixels. Les imprimantes noir et blanc n'utilisent qu'une cartouche d'encre de couleur noire. Les imprimantes couleur, en revanche, utilisent trois cartouches d'encre correspondant aux trois couleurs fondamentales cyan, jaune et magenta. Les imprimantes couleur haut de gamme utilisent même une quatrième cartouche contenant de l'encre noire afin de ne pas avoir à mélanger les couleurs pour réaliser du noir. Ce système permet d'obtenir un noir plus homogène et d'économiser l'encre de couleur, qui est beaucoup plus chère que l'encre noire. Il existe même des imprimantes qui utilisent six couleurs fondamentales, ce qui est particulièrement utile pour représenter des transitions de couleur, des couleurs de peau et des tons pastels. Les deux procédés utilisés par les différents modèles d'imprimantes à jet d'encre, le procédé à bulles d'encre et le procédé piézo-électrique, offrent une qualité sensiblement égale, et ils permettent d'atteindre une résolution de 300 à 720 ppp. Les imprimantes à jet d'encre offrant aujourd'hui une qualité d'impression très satisfaisante et leur prix ayant considérablement baissé (de l'ordre de 1 500 à 3 000 F), elles sont très répandues, d'autant que le prix des consommables est modéré et qu'elles permettent d'imprimer sur du papier normal. Elles présentent toutefois l'inconvénient de faire baver l'encre sur certains types de papiers. Par ailleurs, l'encre imprimée est très sensible à la lumière et à l'humidité, ce qui montre que la technique à jet d'encre actuelle n'a pas encore atteint le stade de la perfection. Les gammes d'imprimantes à jet d'encre les plus connues sont les gammes BJ de Canon, Stylus d'Epson et Deskjet de Hewlett-Packard.

imprimante à LED

➭ *Voir diode électroluminescente, imprimante laser*

imprimante à marguerite

Imprimante qui repose sur le même principe de fonctionnement que les machines à écrire. Pour chaque caractère à imprimer, il existe un type portant ce caractère. Pour imprimer un caractère, l'imprimante fait tourner devant la feuille de papier un disque (la marguerite) contenant tous les types. Dès que le caractère recherché est placé au bon endroit, elle actionne un petit marteau qui vient frapper le caractère et le projeter contre le ruban d'encre, lequel est à son tour projeté contre la feuille de papier. Les imprimantes à marguerite étaient très utilisées avant que les imprimantes laser ne deviennent capables de générer du texte de très bonne qualité.

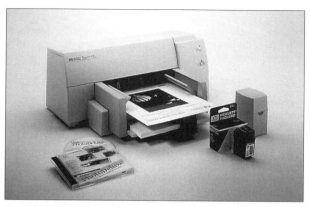

La Deskjet de Hewlett-Packard est une imprimante à jet d'encre très répandue.

imprimante courrier

➠ *Voir courrier*

imprimante GDI

➠ *Voir GDI*

imprimante laser

Imprimante qui n'utilise pas un système à impacts, mais la technologie laser pour appliquer l'encre d'impression (ou "toner") sur les documents imprimés. Cette technologie permet d'appliquer l'encre sans la faire entrer en contact avec l'imprimante. Les imprimantes laser contiennent un tambour à images photosensible, fabriqué dans un matériau semiconducteur. Ce matériau réagit aux rayons lumineux. Avant l'impression, il est chargé d'électricité. Il est ensuite exposé au rayonnement lumineux. Sur les premières imprimantes laser, le rayonnement était guidé par un miroir polygonal placé à l'horizontale au-dessus du tambour. Aux endroits éclairés, la charge électrique est neutralisée, ce qui crée une image de charge. Le laser étant prévu pour faire apparaître les données à imprimer sous la forme d'une matrice de points sur le tambour, l'image de charge générée correspond à l'image d'impression. Le tambour à images est couplé à un cylindre recouvert d'une fine couche de particules de toner chargées négativement. Ces particules sont détachées automatiquement par les zones chargées négativement du tambour à images, et elles ne peuvent coller qu'aux endroits neutres. C'est ainsi que l'image de charge se transforme en image en toner. Le papier est soumis à une charge positive et est introduit dans le tambour d'images sur lequel le toner a été déposé. Le papier présentant une charge électrique contraire, les particules de toner se plaquent automatiquement contre lui. L'image en toner se trouve donc maintenant sur le papier. Toutefois, le toner ne colle pas parfaitement au papier et peut encore être effacé. Pour le faire tenir durablement sur le papier, il faut le fixer. Cette opération s'effectue en soumettant la feuille de papier à une source de chaleur et à une pression : la feuille passe sous un rouleau chauffant qui chauffe la feuille de papier tout en la comprimant. Les imprimantes laser actuelles utilisent généralement une rangée de petites LED (diodes électroluminescentes) à la place des rayons laser. Cette rangée de LED correspond à une ligne d'impression, et chaque LED correspond à un point d'image de cette ligne. Les imprimantes à LED offrent un certain nombre d'avantages par rapport aux imprimantes laser. Elles reposent sur moins de pièces mobiles, sont plus faciles à concevoir et coûtent moins cher à fabriquer.

Les imprimantes laser font partie des imprimantes page à page. Elles doivent donc chaque fois charger une page entière pour pouvoir imprimer. Elles se caractérisent par ailleurs par une qualité (de 300 à 1 200 ppp, 600 ppp étant actuellement le standard) et une rapidité (de 4 à 30 pages par minute) d'impression très élevées. De par leur coût, elles furent longtemps réservées aux professionnels. Au fil du temps, toutefois, ce coût a considérablement baissé, et les imprimantes laser sont aujourd'hui aussi accessibles aux particuliers, chez lesquels elles sont d'ailleurs très répandues. Le succès de Windows a favorisé le développement d'un nouveau type d'imprimante laser : les imprimantes GDI (*Grafic Interface Device*, ou "périphérique pour interface utilisateur graphique"). Ces imprimantes utilisent l'interface GDI de Windows et les ressources (la mémoire) de l'ordinateur, ce qui dispense les fabricants de les doter d'un processeur et de modules de mémoire ce qui fait baisser leur prix. Ces imprimantes ne peuvent toutefois être utilisées que sous Windows.

Différents langages sont utilisés pour contrôler les imprimantes, c'est-à-dire pour traiter les données d'impression. Les imprimantes compatibles HP-LaserJet utilisent le langage PCL (*Printer Command Language*, ou "langage de commandes pour imprimantes"), tandis que les imprimantes PostScript utilisent le langage de description de pages PostScript, qui fut développé par Adobe.

➟ *Voir GDI, imprimante à impact, imprimante à LED, LED, PCL, PostScript, PPP, toner*

imprimante ligne

➟ *Voir LPT*

Les petites LaserJet de Hewlett-Packard – avec le temps, les imprimantes laser se sont miniaturisées et sont devenues plus abordables.

imprimante matricielle

Imprimante qui utilise des points organisés en lignes et en colonnes pour représenter le texte et les images. Les derniers modèles d'imprimantes matricielles (à jet d'encre ou laser) sont caractérisés par une résolution d'impression si élevée qu'il n'est plus possible de distinguer les différents points.

➠ *Voir imprimante à jet d'encre, imprimante laser, matrice*

imprimante piézo-électrique

Imprimante à jet d'encre qui utilise un effet piézo-électrique pour extraire l'encre des cartouches. Cet effet induit une tension électrique qui entraîne la formation de cristaux. Les imprimantes à jet d'encre piézo-électriques s'opposent aux imprimantes à bulles d'encre qui chauffent l'encre pour la projeter sur le papier. Ces deux procédés sont très utilisés et présentent tous deux des avantages et des inconvénients. Ils produisent néanmoins une qualité d'impression comparable.

➠ *Voir imprimante à bulles d'encre*

imprimante réseau

Imprimante connectée à un réseau et utilisable par plusieurs stations de travail. Une imprimante réseau peut être utilisée dans différents types de configuration :

- L'un des ordinateurs du réseau est utilisé exclusivement comme serveur d'impression. Son rôle se limite alors à gérer les travaux d'impression et c'est à lui que l'imprimante est connectée.
- La station de travail à laquelle l'imprimante est connectée fait aussi office de serveur d'impression.
- Le processeur intégré à l'imprimante fait office de serveur d'impression. Les imprimantes modernes qui intègrent un processeur de ce type sont détectées automatiquement comme un nœud de réseau par le système d'exploitation de réseau.

➠ *Voir nœud de réseau, réseau*

imprimante série

Imprimante qui se branche sur un port série. Les imprimantes série sont très rares. On leur préfère les imprimantes parallèles, qui permettent de transférer les données à imprimer beaucoup plus rapidement.

imprimante thermique

Imprimante qui utilise une source de chaleur pour imprimer. Il existe trois types d'imprimantes thermiques :

- **Les imprimantes thermiques matricielles.** La tête des imprimantes thermiques matricielles est munie d'un grand nombre d'aiguilles qui sont chauffées et permettent ainsi de transférer l'encre sur la feuille de papier. Ce procédé permet de créer des imprimantes très bon marché. Toutefois, le papier thermique résistant mal à la lumière et à la chaleur, on fabrique de moins en moins d'imprimantes thermiques matricielles.
- **Les imprimantes à sublimation thermique.** Ces imprimantes sont celles qui offrent les meilleurs résultats dans la mesure où elles sont les seules à générer des couleurs vraiment bien mélangées. Les particules d'encre sont portées à l'état gazeux (ou sublimées) par un système chauffant, après quoi elles se déposent sur le papier. Les couleurs se mélangent parfaitement lorsqu'elles sont à l'état gazeux, la sublimation permet d'obtenir 256 nuances de couleur par couleur. Pour une impression en quatre couleurs, cela correspond à 16,7 millions de nuances. En utilisant du papier spécial, il est possible de réaliser des impressions de qualité photo. Pour tirer pleinement parti de cette qualité, il faut utiliser un appareil photo numérique comme périphérique d'entrée. Le coût élevé de l'imprimante elle-même (à partir de 3 500 F) et du papier rend la sublimation thermique assez peu intéressante pour les particuliers.
- **Les imprimantes à transfert thermique.** Les particules d'encre sont transférées d'un film plastique transparent thermosensible à la feuille de papier. Ce procédé permet d'obtenir une qualité d'impression remarquable. Il est de surcroît rapide et silencieux. Il nécessite toutefois pour chaque page une longueur de film plastique transparent relativement importante, indépendamment de la quantité d'encre effectivement utilisée. Aussi coûte-t-il relativement cher.

impulsion

1. En physique et dans les domaines techniques, produit de la masse et de la vitesse d'un corps.
2. Occurrence, au sein d'un intervalle de temps réduit, d'une valeur différente de 0. Cette valeur peut se rapporter à une tension (impulsion électrique), mais aussi à la lumière (impulsion lumineuse). Les impulsions jouent un rôle important dans les domaines techniques – dans le domaine des transmissions par câbles en fibre optique, par exemple.

➠ *Voir numérotation à impulsions*

inch

"Pouce".

➠ *Voir pouce*

incompatible

Qualifie un élément informatique (matériel ou logiciel) qui ne peut pas être utilisé avec un autre. Ainsi les cartes graphiques ISA sont-elles incompatibles avec le bus PCI. De la même manière, le système d'exploitation System 7.5 est incompatible avec les PC.

➠ *Voir compatibilité, ISA, PC, PCI*

incrémentation

Augmentation de la valeur d'une variable d'une quantité fixe (appelée "incrément"). Dans les langages de programmation, le travail d'incrémentation est souvent pris en charge par des structures en boucle. La variable en cours d'utilisation est alors incrémentée à chaque itération de la boucle.

➠ *Voir boucle, for, itération*

incrustation

Opération consistant à superposer à l'image VGA générée par la carte graphique de l'ordinateur une autre image générée par un signal émis par une source vidéo généralement externe (un téléviseur, un magnétoscope ou une caméra). Ainsi, il est possible de regarder la télévision sur un écran d'ordinateur. Nombre de cartes de montage vidéo possèdent une fonction d'incrustation.

➠ *Voir carte graphique, traitement vidéo*

Indeo

Contraction d'"Intel" et de "vidéo". Standard de compression vidéo élaboré par Intel, lequel qui permet de traiter des vidéo et audio qui les accompagnent, à l'aide de logiciels. Le standard Indeo fonctionne avec une profondeur de couleur de 24 bits et une résolution maximale de 320×240 pixels. Les fichiers qu'il génère portent une extension .AVI et peuvent être lus à l'aide d'un logiciel compatible avec le format Video for Windows tel que le lecteur multimédia de Windows.

➠ *Voir AVI, Video for Windows*

indétectable

Synonyme d'"aveugle".

➠ *Voir aveugle*

index de Breitbardt

Index créé par Seth Breitbardt afin de déterminer à partir de quel stade un courrier électronique en série peut être considéré comme un envoi intempestif (ou *spam-mail)* sur un forum de discussion Usenet. La méthode utilisée pour calculer l'ampleur de diffusion d'un message électronique consiste à ajouter tous les envois effectués (que le message soit envoyé à tous les serveurs (EMP) ou sous forme d'envois croisés), puis à extraire la racine carrée de ce total. La limite à partir de laquelle un envoi est considéré comme intempestif dépend de la portée géographique des différents forums de discussion. Plus la portée géographique d'un forum est importante, plus la limite à partir de laquelle un envoi est considéré comme intempestif est faible.

➠ *Voir courrier électronique intempestif, envoi croisé, EMP, groupe de nouvelles, Usenet*

index

1. Dans le domaine des bases de données, système de classement qui organise les enregistrements selon des critères précis (en utilisant par exemple le nom du client comme clé primaire pour une base de données de clients) pour permettre d'y accéder plus rapidement. L'index sert à mémoriser la position des différents enregistrements. Il est très facile de changer d'index pour consulter une base de données, d'autant que ce n'est pas l'ensemble du contenu de la base de données qui est réorganisé, mais simplement l'ordre des entrées de l'index. L'opération nécessite par ailleurs relativement peu de temps.
2. Dans un traitement de texte, liste qui répertorie de manière systématique les mots clés contenus dans un document et qui apparaît généralement à la fin de ce document.
3. Dans une matrice, nombre à l'aide duquel un élément peut être localisé dans la matrice.

➠ *Voir tableau*

indexation

Opération consistant à créer un index.

➠ *Voir index*

Indicateur de service

En anglais : *Service Indicator* (SI). Signal transmis par le canal D d'une ligne RNIS qui permet d'identifier clairement le service transmis (téléphonie, télécopie numérique, visiophonie ou transmission de données) et qui permet donc à l'appareil adéquat de se déclencher automatiquement.

➠ *Voir canal D, RNIS*

inductif, ve

Qualifie une tête de lecture-écriture de disque dur qui utilise une petite bobine comme élément de lecture-écriture. Lorsque les têtes de lecture-écriture survolent les plateaux magnétiques, les informations stockées et les variations de champs magnétiques qu'elles génèrent induisent une tension qui peut ensuite être évaluée par les circuits électroniques du disque dur. Les têtes de lecture-écriture inductives évoluent à une hauteur d'environ 50 nm au-dessus des plateaux.

➠ *Voir disque dur, tête de lecture-écriture*

informaticien

Personne qui a étudié l'informatique.

➠ *Voir informatique*

information

➠ *Voir autoroute de l'information, courtier en informations, informatique*

information broker

"Courtier en informations".

➠ *Voir courtier en informations*

informatique

Contraction d'"information" et de "technique". Science de la recherche et du traitement de l'information. Ces deux opérations s'effectuent essentiellement sur ordinateur, et elles s'accompagnent de travaux visant à définir les bases de nouveaux équipements matériels et de nouveaux logiciels. Ensemble des activités consistant à collecter, à organiser et à traiter des données par ordinateur, qu'il s'agisse de les saisir, de les structurer, de les mémoriser, de les trier, de les filtrer, de les cataloguer, de les relier, de les transférer, de les convertir, de les imprimer ou encore de les effacer.

L'informatique peut être considérée comme se situant à mi-chemin entre les mathémati-ques et l'électrotechnique. Elle constitue depuis les années soixante un domaine d'étude à part entière.

➠ *Voir logiciel, programmation*

infrarouge

➠ *Voir souris à infrarouge*

ingénierie assistée par ordinateur

➠ *Voir IAO*

ingénierie logicielle assistée par ordinateur

➠ *Voir ILAO*

Init

Abréviation d'"initialisation". Séquence de commandes AT utilisée pour initialiser un modem. La séquence Init est généralelement envoyée au démarrage d'un programme de terminal.

➠ *Voir commandes AT, émulation de terminal*

initialisation

Processus qui permet à un programme, à un périphérique ou à l'ensemble de l'ordinateur d'être prêt à être utilisé.

➠ *Voir formatage*

ink-jet printer

"Imprimante à jet d'encre".

➠ *Voir imprimante à jet d'encre*

innovation

➠ *Voir taux d'innovation*

input

"Entrée de donnée".

➠ *Voir entrée de données*

input device

"Périphérique d'entrée".

➽ *Voir périphérique d'entrée*

input/output-system

"Système d'entrée/sortie".

➽ *Voir système d'entrée/sortie*

input-output

"Entrée/sortie".

➽ *Voir E/S*

insécable

➽ *Voir espace insécable*

insoleuse d'EPROM

➽ *Voir programmateur d'EPROM*

installation

Ensemble des préparatifs à effectuer pour qu'un logiciel ou un périphérique soient effectivement utilisables sur un ordinateur. Dans le cas d'un logiciel, l'installation se résume généralement à activer un fichier exécutable (généralement appelé Setup ou Install) stocké sur une disquette ou un CD-ROM pour qu'il copie automatiquement les fichiers du logiciel sur le disque dur de l'ordinateur et effectue les paramétrages d'environnement appropriés. Pour un périphérique, l'installation se décompose généralement en deux phases. La première consiste à monter physiquement le périphérique à l'intérieur (ou à l'extérieur) de l'ordinateur et à le connecter au port ou connecteur approprié. Il peut aussi devoir effectuer des réglages d'ordre matériel – déplacer des cavaliers ou des micro-interrupteurs, par exemple. La deuxième partie de l'installation concerne l'aspect logiciel. D'une manière générale, en effet, l'ordinateur a besoin d'un petit logiciel, appelé "pilote", pour savoir comment traiter le nouveau périphérique. Une fois l'installation réussie, il est possible d'utiliser le nouveau logiciel ou périphérique au même titre que ceux qui étaient déjà installés.

➽ *Voir logiciel, matériel, pilote*

Institute of Eletrical and Electronic Engineers

"Institut des ingénieurs en électricité et en électronique".

➽ *Voir IEEE*

instruction

Ordre donné à l'ordinateur d'effectuer une opération donnée. Cette opération peut, par exemple, consister à charger, à déplacer ou à effacer des données, ou encore à modifier le lien logique ou arithmétique existant entre différentes lignes de code au sein d'un programme.

instruction de décalage

Instruction du CPU qui permet de faire se décaler des structures de bits vers la gauche ou la droite au sein de leur registre. Un décalage vers la gauche correspond à une multiplication par deux. A l'inverse, un décalage vers la droite correspond à une division par deux.

➠ *Voir CPU*

instruction de retour

Instruction qui indique à un programme arrivé au terme d'une fonction ou d'une procédure donnée de revenir à la partie de programme qui l'a invoquée.

instruction de saut

Instruction qui active un saut au sein d'un programme.

➠ *Voir saut*

instruction set

"Jeu d'instructions".

➠ *Voir jeu d'instructions*

intégral

➠ *Voir duplex intégral*

integrated circuit

"Cicuit intégré".

➠ *Voir circuit intégré*

Integrated Development Environment

"Environnement de développement intégré".

➠ *Voir IDE*

Integrated Device Electronics

"Electronique de lecteur intégrée".

➠ *Voir IDE*

Integrated Services Digital Network

"Réseau numérique à intégration de services (RNIS)".

➠ *Voir RNIS*

intégration à moyenne échelle

➠ *Voir MSI*

intégré, e

Qualifie un logiciel, ou une suite de logiciels, composé de différents programme qui constituent une unité homogène. Les logiciels intégrés contiennent généralement des programmes conçus pour prendre en charge des tâches standards touchant à la bureautique (traitement de texte, gestion de bases de données, calculs, etc.). Cette intégration permet d'effectuer relativement facilement des échanges de données entre les différents programmes. MS Works est longtemps resté le logiciel intégré le plus connu. Il a depuis été supplanté par la suite de programmes Office de Microsoft.

➠ *Voir Office*

intégrité

Cohérence, exactitude d'un fichier de données du point de vue de sa structure, de son contenu et de sa taille. Sur un ordinateur, différents programmes ont comme rôle de garantir l'intégrité des données stockées ou manipulées.

➠ *Voir données, transfert de données*

intégrité

Principe selon lequel les composants d'un système informatique (matériel et logiciels confondus) doivent être parfaitement opérationnels et les données stockées doivent toujours être cohérentes. Cette situation ne doit en aucun cas être remise en question pendant que l'ordinateur est manipulé. Cohérent signifie ici que les données doivent être stockées au format approprié et s'y conformer rigoureusement. Si un fichier correspondant à un document réalisé dans un traitement de texte contient des fautes d'orthographe, cela ne signifie pas pour autant qu'il n'est pas cohérent. Il ne sera en revanche plus cohérent s'il est endommagé au cours d'une manipulation quelconque et qu'il ne puisse plus ensuite être ouvert dans le traitement de texte dans lequel il a été créé. Dans ce cas, le principe d'intégrité n'est plus respecté.

➔ *Voir données, format de données*

Intel

http://www.intel.com

Acronyme d'*Integrated Electronics* ("électronique intégrée"). Fabricant de composants micro-électroniques parmi les plus prospères au monde et qui est aussi la société la plus rentable tous secteurs confondus. La société Intel fut fondée en 1968 par A. Groove, G. Moore et B. Noyce. On lui doit un certain nombre d'innovations importantes dans le domaine de la micro-électronique. Toutefois, aujourd'hui, elle est essentiellement connue pour ses processeurs pour PC. Dans ce secteur, elle détient une part de marché de 90 %, ce qui est un quasi-monopole. Elle est aussi active dans le domaine des technologies de réseau, du multimédia, etc.

➔ *Voir MMX, Pentium, Pentium II, Pentium Pro*

La page d'accueil du site Web d'Intel.

intelligence artificielle

En anglais : *artificial intelligence*. Faculté d'un logiciel ou d'un équipement à fonctionner comme un cerveau humain pour prendre des décisions ou apprécier des situations. Les travaux touchant à l'intelligence artificielle ont commencé par des études sur l'intelligence humaine et sur le fonctionnement des différents processus qui s'enchaînent dans un cerveau. A terme, ils doivent permettre de réaliser des systèmes informatiques intelligents. Pour l'heure, ils n'ont été couronnés que d'un succès très relatif, incarné par les systèmes experts. L'intelligence de ces systèmes se limite à gérer des bases de données gigantesques afin d'établir des liens logiques entre elles, mais ces liens doivent pour l'heure être pris en charge manuellement par des programmeurs. Nombre de programmes sont certes déjà capables d'"apprendre", mais il faut au préalable leur fournir une syntaxe logique qui demeure pour l'instant relativement rigide.

➡ *Voir base de données, logiciel, matériel, système expert*

IntelliSense

Abréviation d'*Intelligent Sensitivity* ("sensibilité intelligente"). Propriété des fonctions qui, au sein d'une application informatique, sont dotées d'une certaine "intelligence". C'est par exemple le cas des différentes fonctions automatiques de Word pour Windows. Les fonctions capables d'analyser le comportement de l'utilisateur et qui peuvent anticiper les étapes suivantes font partie des fonctions à IntelliSense. Il est toutefois à souligner que toutes ces fonctions sont encore bien loin de l'intelligence artificielle. De fait, le programme pensant est encore loin d'avoir été inventé.

➡ *Voir Microsoft*

interactif

Qualifie un système qui offre une interaction avec l'utilisateur. Toutes les interfaces utilisateur graphiques fonctionnent de manière interactive : elles établissent un dialogue avec l'utilisateur et réagissent aux informations qu'il entre ou aux sélections qu'il opère.

➡ *Voir interaction, interface utilisateur graphique*

interaction

Ensemble de réactions interdépendantes entre l'utilisateur et le programme dont il se sert. L'utilisateur réagit aux questions posées par le programme en entrant des données. Le programme réagit à son tour à ces données en activant un autre processus, etc.

➡ *Voir interface utilisateur, boîte de dialogue*

interdépendant

➡ *Voir verrouillage interdépendant*

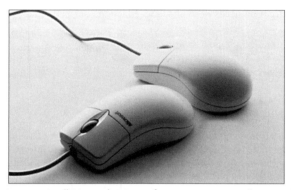

La souris IntelliMouse de Microsoft est une souris à IntelliSense – la petite molette située au milieu permet de contrôler un certain nombre de fonctions d'Office 97 et du navigateur Internet Explorer.

interface

Endroit où plusieurs périphériques ou éléments logiciels peuvent communiquer entre eux. Il existe quatre types d'interfaces :

- **Interface matérielle.** Permet de faire communiquer plusieurs composants ou périphériques matériels. Chaque périphérique doit être associé à une interface pour pouvoir être utilisé sur un ordinateur.
- **Interface logicielle.** Permet à plusieurs programmes (ou parties de programmes) d'échanger des données.
- **Interface utilisateur.** Permet à l'utilisateur de communiquer avec un programme ou un système d'exploitation. C'est l'interface utilisateur qui lui permet d'entrer des données à faire traiter par un programme et de visualiser ensuite le résultat du traitement.
- **Interface de programmation (API).** Offre aux programmeurs un moyen standard d'accéder aux fonctions de l'ordinateur et leur en facilite généralement l'utilisation.

➡ *Voir API, interface utilisateur, logiciel, matériel*

interface

Plate-forme normalisée qui permet à différents composants matériels et logiciels de communiquer entre eux. Les ports souris (COM) et imprimante (LPT) sont deux exemples d'interface matérielle. Ils permettent de relier mécaniquement et électroniquement différents périphériques à la carte mère. Les interfaces logicielles sont par ailleurs indispensables pour effectuer des échanges de données entre plusieurs programmes. Enfin, les interfaces de programmation offrent un accès normalisé aux fonctions qui permettent de programmer un système.

➡ *Voir API, carte d'interface, interface, interface utilisateur graphique*

interface de programmation d'applications

➡ *Voir API*

interface de transition

Synonyme de "pont". En anglais : *bridge*. Connexion qui relie deux réseaux (ou éléments de réseaux) utilisant le même protocole de réseau ou des protocoles similaires. L'interface de transition utilisant la couche de connexion conformément au modèle de couches OSI – ce qui lui permet de déchiffrer les adresses physiques du réseau –, elle ne laisse passer que les paquets de données destinés aux nœuds de réseau situés à l'opposé de la partie de réseau émettrice.

➡ *Voir couche de connexion, nœud de réseau, OSI, paquet de données, protocole de réseau, réseau*

interface utilisateur

Fenêtre d'affichage destinée à rendre l'ordinateur aussi facile à utiliser que possible pour l'utilisateur. Les interpréteurs de commandes tels que COMMAND.COM (MS-DOS) et CMD.EXE (OS/2) offraient déjà la possibilité de travailler sous une interface utilisateur relativement intuitive, même si celle-ci reposait essentiellement sur du texte. Les interfaces utilisateur actuelles sont essentiellement graphiques (orientées objet). C'est notamment le cas de celle de Windows, de Workplace Shell d'OS/2 et de MacOS.

interface utilisateur à menus

Interface utilisateur qui permet d'accéder aux commandes et options disponibles sous une application ou un système d'exploitation en ouvrant des menus à l'aide d'une souris et en cliquant sur des intitulés. Nombre de menus se conforment à l'architecture SAA d'IBM.

➡ *Voir application, interface utilisateur, menu, menu déroulant, SAA, souris, système d'exploitation*

interface utilisateur graphique

En anglais : *Graphical User Interface (GUI)*. Interface qui permet à l'utilisateur d'activer des commandes sous un système d'exploitation et/ou un programme en manipulant des représentations graphiques au lieu d'avoir à entrer le nom de ces commandes et à se conformer à une syntaxe. Ainsi suffit-il d'un certain nombre de représentations graphiques appelées "icônes" et d'une souris (pour cliquer sur ces icônes) pour naviguer entre les différentes fonctions du système d'exploitation ou de l'application. Aujourd'hui, les interfaces utilisateur graphiques intègrent même des outils graphiques conçus pour faciliter la programmation. Il suffit de cliquer sur une icône pour que l'environnement de développement utilisé insère la routine correspondante dans le code du programme. L'idée de l'interface utilisateur graphique est, comme beaucoup d'autres dans le domaine de l'informatique, une invention du centre de recherche de Xerox – le Palo Alto Research Center, ou PARC. Le premier ordinateur doté d'une interface utilisateur graphique fut le Xerox Star 8010. Le premier ordinateur vraiment répandu à se servir d'une interface utilisateur fut l'Apple Macintosh. Nombre d'inventions révolutionnaires ont ainsi vu le jour au PARC, mais n'ont vraiment connu un succès commercial que lorsqu'elles ont été exploitées par une autre société. Aujourd'hui, tous les systèmes d'exploitation modernes (Windows, OS/2, System 7.5, etc.) possèdent une interface utilisateur graphique.

➡ *Voir Apple, cliquer, icône, menu déroulant, orienté texte, système d'exploitation, Xerox*

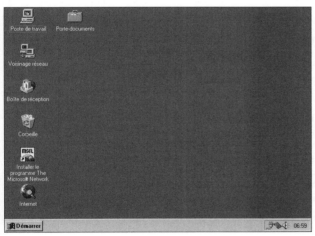

L'interface de Windows 95 est un exemple type d'interface utilisateur graphique.

International Telegraph and Telephone

"Télégraphe et téléphone internationaux".

➡ *Voir ITT*

International X.25 infrastructure

"Infrastructure X.25 internationale".

➠ *Voir IXI*

Internet

Abréviation d'*International Network* ("réseau international"). Réseau informatique d'échelle mondiale. Ce réseau est en fait un ensemble de sous-réseaux. Les ordinateurs qu'il relie utilisent tous le protocole TCP/IP pour communiquer. L'Internet est né aux Etats-Unis d'un projet échafaudé par le gouvernement américain. Il s'agissait alors de mettre en place un réseau informatique afin de permettre aux centres de recherche et à l'Administration publique américaine de communiquer entre eux. Ce réseau devait en outre être capable de demeurer fonctionnel même en cas de guerre atomique. Au fil des années, ce réseau s'est développé pour relier plus de trente millions d'utilisateurs. Ce n'est toutefois que depuis deux ou trois ans qu'il suscite un intérêt extrême auprès du grand public. L'Internet offre un large éventail de services, dont quatre particulièrement importants :

- **Courrier électronique.** Ce service est de loin le plus utilisé. Il permet d'envoyer des messages électroniques à des correspondants situés n'importe où dans le monde par l'intermédiaire du réseau.
- **Usenet.** Ce service permet d'accéder à des forums de discussion (ou groupes de nouvelles), sur lesquels les utilisateurs peuvent se retrouver pour échanger des idées sur différents thèmes.
- **FTP.** Le service FTP permet à l'utilisateur de rapatrier (télécharger) des fichiers sur son propre ordinateur par l'intermédiaire de l'Internet.
- **WWW.** Le World Wide Web est aujourd'hui le service le plus connu. C'est lui qui a rendu l'Internet convivial et multimédia. Lorsque le public parle de l'Internet aujourd'hui, il pense généralement au World Wide Web. Le World Wide Web permet, grâce à des documents hypertexte reliés les uns aux autres, d'accéder à une masse d'informations quasi inépuisable.

➠ *Voir ARPAnet, courrier électronique, DoD, FTP, fournisseur d'accès Internet, TCP/IP, Usenet, WWW*

Internet Access Kit

"Kit d'accès à l'Internet".

➠ *Voir IAK*

Internet E-Mail Marketing Council

"Conseil de marketing par courrier électronique sur l'Internet".

➠ *Voir IEMMC*

354

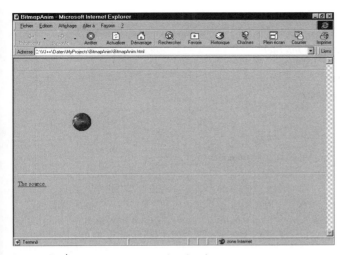

Internet Explorer ouvert sur une animation Java.

Internet Explorer

Navigateur Web conçu par Microsoft. Ce navigateur peut être téléchargé gratuitement depuis la page d'accueil du site Web de Microsoft. Il est le deuxième navigateur Web le plus utilisé après Navigator, de Netscape. Il est aujourd'hui au centre de la stratégie élaborée par Microsoft pour l'Internet. Dans sa version actuelle (4.1), il est compatible avec les standards Internet les plus importants (HTML 4, Java et JavaScript). Il est évidemment parfaitement compatible avec la technologie ActiveX de Microsoft. Internet Explorer est disponible en version Windows 95, Windows NT, Windows 3.x et Macintosh.

➠   *Voir Microsoft, navigateur Web*

Internet Packet Exchange

"Echange de paquets de données pour l'Internet".

➠   *Voir IPX, IPX/SPX*   ·

Internet Protocol

"Protocole Internet".

➠   *Voir IP*

Internet Provider

Synonyme d'*Internet Service Provider* (*ISP*) ("fournisseur d'accès Internet").

➠ *Voir fournisseur d'accès Internet*

Internet Relay Chat

"Relais de conversation Internet".

➠ *Voir IRC*

Internet-PC

"PC pour l'Internet". Synonyme de "terminal Internet".

➠ *Voir terminal Internet*

InterNIC

Abréviation d'*International Network Information Center* ("centre informatique internatio-nal pour les réseaux"). Organisme ayant charge d'attribuer et de gérer toutes les adresses IP dans le monde. Il joue un rôle très important dans la mesure où il garantit que chaque adresse IP ne correspond qu'à un ordinateur. L'InterNIC est organisé sous la forme d'une association privée.

➠ *Voir Internet*

interpréteur

Programme dont la fonction est de convertir du code source de langage de haut niveau en instructions en langage machine. Les interpréteurs présentent l'inconvénient de devoir convertir les instructions contenues dans les boucles à chaque nouvelle itération de celles-ci. Le BASIC est l'un des langages interpréteurs les plus connus.

➠ *Voir langage de programmation*

interpréteur de commandes

Synonyme de "processeur de commandes" et de *shell*. Partie très importante du système d'exploitation qui a comme rôle d'interpréter les commandes de l'utilisateur suivant une syntaxe prédéfinie (celle de MS-DOS, par exemple). Sous MS-DOS, l'interpréteur de commandes s'appelle "COMMAND.COM". Il est chargé automatiquement dans la mémoire vive de l'ordinateur, où il demeure durant tout le temps où l'ordinateur est sous tension (COMMAND.COM est donc un programme résidant en mémoire, ou TSR).

interprocessus

➠ *Voir communication interprocessus*

interrogation

1. Opération consistant pour l'utilisateur à rechercher une valeur dans une base de don-
    nées à l'aide d'un langage spécial.
2. Opération consistant pour l'ordinateur à envoyer un signal à un périphérique afin d'en
    connaître l'état.

➟ *Voir base de données, périphérique*

interrupteur de mise sous tension

Interrupteur situé sur le boîtier de l'ordinateur, qui permet d'allumer et d'éteindre l'ordinateur.

interrupteur DIP

➟ *Voir micro-interrupteur*

interruption

Synonyme de "requête d'interruption", ou *Interruption Request* (IRQ). Signal utilisé pour
interrompre le travail en cours du CPU et attirer ainsi son attention. Les interruptions peuvent être générées par des logiciels ou des composants matériels. Au moment d'installer
un nouveau périphérique sur un ordinateur, il est primordial de lui affecter une interruption libre – c'est-à-dire qui ne soit pas déjà utilisée par un autre périphérique – afin de ne
pas provoquer un conflit. Dans le meilleur des cas, les conflits d'interruption empêchent
les périphériques incriminés de fonctionner. Dans le pire des cas, ils peuvent empêcher
l'ordinateur de démarrer.

➟ *Voir conflit d'interruption, contrôleur d'interruptions, masquage d'interruption,*
  niveau d'interruption

interruption non masquable

En anglais : *Non Maskable Interruption* (NMI). Interruption qui ne peut pas être masquée,
c'est-à-dire qui ne peut pas être ignorée par le CPU. Le signal d'une interruption non masquable est réservé au traitement des événements ultra-prioritaires tels qu'une coupure
d'électricité ou une erreur de parité dans la mémoire vive.

➟ *Voir interruption, masquage d'interruption*

intranet

Réseau interne à une entreprise ou à toute autre organisation qui repose sur le concept et la
technologie de l'Internet. Ce réseau ne doit pas nécessairement être relié à l'Internet. Lorsque tel est le cas, il est préférable de prévoir une barrière de sécurité (ou *firewall*) pour
protéger le réseau contre les intrusions. Les intranets offrent un certain nombre d'avanta-

ges par rapport aux systèmes de réseaux antérieurs. Ils sont de plus en plus nombreux dans le monde de l'entreprise.

➠ *Voir Internet*

IntranetWare

Système d'exploitation de réseau conçu pour faire fonctionner un intranet. Ce système d'exploitation est le successeur de Novell Netware.

➠ *Voir Intranet, Netware*

Intuit
http://www.intuit.com

Fabricant du logiciel financier très connu Quicken. Quicken est parvenu à supplanter Money, conçu par Microsoft, dans le domaine des logiciels financiers. En 1995, Microsoft a essayé de racheter Intuit pour cinq milliards de dollars, mais l'agence antitrust américaine s'y est opposée.

➠ *Voir Quicken*

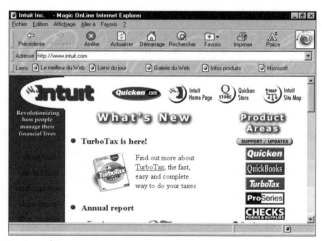

Intuit sur l'Internet.

inverseur de genre

Synonyme de "changeur de genre".

➠ *Voir changeur de genre*

inversion

Opération consistant à faire apparaître au premier plan d'une image ou de l'écran des éléments qui apparaissaient jusqu'à présent à l'arrière-plan, et inversement. Ainsi, une ligne habituellement noire sur fond blanc apparaîtra-t-elle blanche sur fond noir après inversion.

invite

➧ *Voir ligne d'invite*

I-O

Abréviation d'*Input/Output* ("entrée-sortie").

➧ *Voir E/S*

Iomega

http://www.iomega.com

Société américaine spécialisée dans la fabrication de périphériques de stockage. Son produit le plus connu actuellement est vraisemblablement le lecteur ZIP.

➧ *Voir JAZ, ZIP*

La page d'accueil du site Web de Iomega.

IOS

Sigle, abréviation d'*Input-Output System* ("système d'entrée-sortie"). Partie du système d'exploitation qui a comme rôle d'administrer les entrées et sorties de données.

➠ *Voir E/S*

IP

Sigle, abréviation d'"*Internet Protocol* ("protocole Internet"). L'un des deux protocoles de base de l'Internet. Le protocole IP fait partie des protocoles sans connexion, ce qui signifie qu'aucune connexion directe n'est nécessaire entre l'émetteur et le récepteur pour leur permettre de communiquer. Il est la seconde moitié du couple de protocoles TCP/IP, au sein duquel il a comme rôle de subdiviser les données en paquets, puis de les réassembler pour faire retrouver aux données leur forme première. Il est aussi responsable de l'adressage.

➠ *Voir adresse IP, Internet*

IPX

Abréviation d'*Internet Packet Exchange* ("échange de paquets Internet"). Protocole de transfert de données utilisé par le système d'exploitation de réseau Netware de Novell. Ce protocole a comme rôle de subdiviser les données en paquets, puis de les réassembler une fois qu'elles ont atteint leur cible afin de leur faire retrouver leur forme initiale. Il a aussi comme rôle de trouver l'itinéraire de transfert le plus approprié.

➠ *Voir Novell, paquet de données*

IPX/SPX

Abréviation d'*Internet Packet Exchange/Sequenced Packed Exchange* ("échange de paquets Internet/échange de paquets séquencés"). Famille de protocoles utilisée par le système d'exploitation Netware de Novell, chargée de gérer les données sous forme de paquets et de garantir leur intégrité.

➠ *Voir IPX, Netware, SPX*

IrDA

Abréviation d'*Infrared* ("infrarouge"). Interface d'échange de données à infrarouge. Cette interface est composée d'un émetteur et d'un récepteur et permet d'effectuer des échanges de données entre deux ordinateurs sans passer par un fil. Ce système permet de transférer très facilement des données d'un ordinateur de bureau à un portable et vice versa, mais aussi de communiquer avec des périphériques – une imprimante, par exemple – dans la mesure où ceux-ci sont équipés en conséquence. L'interface infrarouge est devenue un standard sur les ordinateurs portables actuels.

ISA

Abréviation d'*Industry Standard Architecture* ("architecture standard"). Système de bus pour PC utilisé depuis le lancement de l'AT d'IBM. Ce bus contribua grandement au succès du PC, car IBM décida d'en communiquer les caractéristiques à un grand nombre de fabricants de matériel informatique, ce qui entraîna une offre massive de cartes d'extension ISA. D'un point de vue technique, ce bus n'est plus guère adapté aux besoins actuels. Il a une largeur de 16 bits et fonctionne à une fréquence de cadençage légèrement supérieure à 8 MHz. Ses performances se montrant de moins en moins suffisantes pour les échanges de données avec le CPU au fur et à mesure que des CPU plus puissants étaient mis au point, de nouvelles techniques furent utilisées pour accélérer ces échanges. IBM lança ainsi le bus Microchannel, qui ne parvint jamais à s'imposer. Une version améliorée du bus ISA, appelée EISA (Enhanced EISA, ou "ISA amélioré"), apparut ensuite sur le marché, mais elle ne s'imposa pas davantage. Ce standard fut suivi du standard VLB (Vesa Local Bus, ou "bus local Vesa"), qui fut assez longtemps considéré comme voué à un succès durable, mais ce fut finalement le bus PCI, élaboré par Intel, qui l'emporta. Les connecteurs de bus PCI sont situés à côté des connecteurs de bus ISA, dont les cartes mères actuelles sont toujours pourvues. Il servent à connecter des périphériques pour lesquels il est important de disposer d'un débit important (la carte graphique, la carte contrôleur SCSI, etc.).

➠ *Voir bus, EISA, PCI, VLB*

ISO

Sigle, abréviation d'*International Organization for Standardization* ("Orgnanisation internationale de normalisation"). Organisation de normalisation fondée en 1946, qui regroupe aujourd'hui environ quatre-vingt-dix commissions de normalisation nationales et internationales. En Europe, l'ISO est représentée par le CEN. L'AFNOR (Agence française de normalisation) fait elle aussi partie de l'ISO. Nombre de normes en vigueur dans le domaine de l'informatique ont été élaborées par l'ISO.

➠ *Voir AFNOR, OSI*

ISO 9660

Synonyme de "livre jaune" et de "High Sierra". Standard international d'enregistrement de données sur CD-ROM.

➠ *Voir High Sierra, Livre jaune*

ISONET

Abréviation d'*ISO Network* ("réseau ISO"). Synonyme de *World Wide Information Network on Standards* ("réseau mondial d'information sur les normes"). Réseau mondial spécialisé dans les normes.

➠ *Voir ISO*

ISP

Sigle, abréviation d'*Internet Service Provider* ("fournisseur d'accès Internet").

➠ *Voir fournisseur d'accès Internet*

italique

Paramètre de mise en forme de caractères qui fait se pencher légèrement les caractères vers la droite. L'italique sert généralement à faire ressortir du texte (des mots étrangers ou des termes techniques, par exemple). C'est une mise en forme de caractères au même titre que le gras et le souligné.

➠ *Voir fonte, police*

itération

Répétition d'une boucle dans un programme.

➠ *Voir boucle*

itinérant

Qualifie un service de téléphonie mobile qui permet de changer de région géographique tout en continuant à téléphoner. Pour cela, il faut que les régions concernées fassent effectivement partie de la zone de couverture du service auquel l'utilisateur est abonné, ou encore que l'opérateur qui assure ce service ait conclu un accord de réciprocité avec un autre opérateur qui couvre ces régions. Pour bénéficier d'un service itinérant, il faut généralement payer un supplément par rapport à l'abonnement de base.

➠ *Voir virus itinérant*

ITT

Sigle, abréviation d'*International Telegraph and Telephone* ("télégraphe et téléphone internationaux"). Fabricant américain de matériel téléphonique et d'équipement pour les transmissions de données.

IXI

Abréviation d'*International X.25 Infrastructure* ("infrastructure X.25 internationale"). Infrastrucure utilisée pour les communications et les réseaux de données qui se conforment au standard X.25.

➠ *Voir X.25*

Jacquard, Joseph-Marie

Mécanicien français (1752-1834) qui mit au point le premier métier à tisser à carte perforée. Cette carte, dont l'emplacement des perforations pouvait être contrôlé à l'aide d'un clavier, permettait de représenter très facilement un motif de tissage.

➠ *Voir carte perforée*

Jam

"Congestion". Signal de contrôle qui empêche que deux ordinateurs d'un même réseau puissent accéder simultanément à un même périphérique (à une imprimante, par exemple). Lorsque le périphérique s'aperçoit que deux ordinateurs cherchent à lui accéder, il envoie ce signal au réseau pour l'informer de la présence d'une collision.

➠ *Voir réseau*

JANET

Sigle, abréviation de *Joint Academic Network* ("réseau académique réuni"). Réseau universitaire britannique.

➠ *Voir réseau*

jargon des sites de conversation et des pirates

Ensemble des termes techniques et argotiques, des abréviations et des symboles utilisés sur l'Internet et les services en ligne. L'Internet et les services en ligne permettent de converser avec d'autres personnes comme au cours d'une téléconférence. Sur l'Internet, le protocole de discussion le plus utilisé est IRC. Les personnes qui utilisent l'Internet pour converser utilisent un certain nombre d'abréviations, de termes techniques et de symboles graphiques (appelés "emoticons"), constitués de caractères de texte afin d'exprimer et d'extérioriser leurs sentiments. L'un des emoticons les plus connus est sans doute la chaîne de caractères :), qui représente un large sourire, tandis que l'emoticon : (représente une grimace. Les pirates de l'informatique utilisent eux-mêmes un certain nombre d'abréviations qui leur sont propres. Le jargon des pirates est parfois appelé *computer-lingo*.

➠ *Voir computer-lingo, conversation, emoticon, Internet, IRC, pirate, service en ligne*

Jargon des sites de conversation et des pirates

Terme	Signification
afaik	Abréviation d'*as far as I know* ("autant que je sache").
asap	Abréviation d'*as soon as possible* ("dès que possible").
b4	Abréviation de *before* ("avant").
bang	Peut être utilisé dans un message électronique à la place d'un point d'exclamation pour souligner une déclaration.
bbl	Abréviation de *be back later* (je reviens plus tard).
bc	Abréviation de *before Christ* ("avant J.-C.") ; utilisé pour qualifier du matériel ou des logiciels obsolètes.
bcnu	Abréviation de *be seeing you!* ("à bientôt !").
bfn	Abréviation de *bye for now* ("j'arrête pour aujourd'hui").
bion	Abréviation de *believe it or not* ("crois-le ou non").
bit bucket	"Seau à bits". Endroit où les données perdues au cours d'une transmission sont stockées.
bit decay	"Pourriture du bit" ; les utilisateurs anglophones d'IRC disent des programmes qui se plantent soudainement ou qui cessent de fonctionner correctement qu'ils souffrent d'une "pourriture du bit".
bot	Abréviation de *back on topic* ("pour en revenir au sujet").
brb	Abréviation de *be right back* ("je reviens bientôt").
brs	Abréviation de *big red switch* ("gros interrupteur rouge"). Manière polie d'indiquer à un interlocuteur qu'il ferait mieux d'arrêter purement et simplement son ordinateur. Cette expression fait référence aux premiers PC d'IBM, qui étaient équipés d'un interrupteur rouge massif et très voyant de mise sous tension.
brute force	"Force brute". Désigne un programme ou une méthode qui, pour mener à bien une opération consistant par exemple à déterminer le mot de passe d'un utilisateur, s'appuie sur de simples essais.
btw	Abréviation de *by the way* ("à propos").

J

Jargon des sites de conversation et des pirates

Terme	Signification
cfd	Abréviation de *call for discussion* ("appel à la discussion").
cfv	Abréviation de *call for vote* ("appel au vote").
creeping featurism	"Amélioration dévastatrice". Désigne une amélioration qui n'a fait qu'empirer les choses. Ce terme est souvent utilisé pour parler d'une mise à jour de logiciel qui rend en fait le produit initial moins performant.
crock	Programme, système ou appareil qui est plus compliqué qu'il ne devrait l'être (parce que son concepteur ne s'est pas donné la peine de le simplifier).
crufty	"Insensé, compliqué, lourd" ; désigne quelque chose de désagréable.
cu	Abréviation de *see you* ("au revoir").
cul8r	Abréviation de *see you later* ("à plus tard").
fake	"Mensonge, arnaque, tromperie".
faq	Abréviation de *frequently asked questions* ("questions posées fréquemment").
foaf	Abréviation de *friend of a friend* ("ami d'un ami").
fyi	Abréviation de *for your information* ("pour votre information").
g, d & r	Abréviation de *grin, duck and run* ("se forcer à sourire, se soumettre et s'enfuir").
ga	Abréviation de *go ahead* ("continue !").
gigo	Abréviation de *garbage in, garbage out* ("ordures à l'entrée, ordures à la sortie").
imho	Abréviation d'*in my humble opinion* ("à mon humble avis").
knack	Déjouer le système de protection d'un système (le dispositif anticopie d'un programme, ou encore la boîte de dialogue qui demande d'entrer un mot de passe pour accéder à un réseau).

J

Jargon des sites de conversation et des pirates

Terme	Signification
labatyd	Abréviation de *life's a bitch and then you die* ("la vie est une chienne, et puis on crève").
lol	Abréviation de *laughing out loud* ("esclaffement") et de *lots of luck* ("bonne chance").
luser	Contraction de *loser* ("perdant") et de *user* ("utilisateur"). Désigne un utilisateur particulièrement maladroit et malchanceux qui rate tout ce qu'il entreprend et qui, à ce titre, fait partie des utilisateurs préférés de l'opérateur système.
MBG	Abréviation de *Money Back Guarantee* ("satisfait ou remboursé").
merc	Abréviation de "merci".
mhoty	Abréviation de *my hat's off to you* ("je vous tire mon chapeau").
minzig	Expression qui désigne quelque chose de très gros.
mof	Abréviation de *as a matter of fact* ("à vrai dire, en fait").
momps	Abréviation de *moment please* ("un instant SVP").
mung	Sigle, abréviation de *mung until no good* ("détruire sans raison"). Ce terme fait partie des acronymes récursifs dans la mesure où la forme développée contient le sigle lui-même.
myob	Abréviation de *mind your own business* ("occupe-toi de tes affaires").
n.d.	Abréviation de *no datum* ("sans date").
nbd	Abréviation de *no big deal* ("pas un gros problème").
nqa	Abréviation de *no questions asked* ("pas de questions").
nrn	Abréviation de *no reply necessary* ("aucune réponse nécessaire").
ntim	Abréviation de *not that it matters* ("non pas que ce soit important").
number cruncher	"Dévoreur de nombres". Désigne un superordinateur.
o.r.	Abréviation de *owner's risk* ("aux risques et périls de l'utilisateur").

Jargon des sites de conversation et des pirates

Terme	Signification
ohdh	Abréviation de *old habits die hard* ("les vieilles habitudes ont la vie dure").
oic	Abréviation de *oh, I see* ("oh, je vois !").
OO	Abréviation de *ordinary onliner* ("Internaute ordinaire").
ootb	Abréviation de *out of the box* ("directement sorti de la boîte, tout neuf").
otoh	Abréviation de *on the other hand* ("d'un autre côté").
ottomh	Abréviation de *on the top of my hand* ("en tout premier").
pessimal	Contraction de "pessimiste" et de "maximal". Désigne une chose qui est la plus mauvaise possible.
pessimize	"Choisir le pire des maux". Choisir la solution la pire possible pour un problème donné.
phantom	"Fantôme". Programme qui, tels les TSR, fonctionne en arrière-plan.
phrog	Personne particulièrement désagréable.
plz	Abréviation de *please* ("s'il vous plaît").
pmfbi	Abréviation de *pardon me for butting in* ("pardon de m'immiscer").
post-mor-tem dump	"Vidage post-mortem". Vidage de la mémoire après plantage.
pov	Abréviation de *point of vue* ("point de vue").
ptmm	Abréviation de *please tell me more* ("dites-m'en davantage").
ques	Abréviation de "question".
quick and dirty	"Vite fait, mal fait". Qualifie un produit (un logiciel, le plus souvent) dont la phase de développement a été trop courte pour aboutir à un résultat satisfaisant.

J

Jargon des sites de conversation et des pirates

Terme	Signification
random	"Aléatoire, laissé au hasard". Ce qualificatif peut en fait revêtir diverses significations suivant le contexte. Il peut signifier : "quelconque", "mal organisé", "non fiable", "désordonné", "inintéressant", "non productif", "aléatoire" ou encore "barbare".
rape	"Viol". Programme à détruire irrévocablement.
buzz	"Bourdonnement". Programme qui pose des problèmes particulièrement complexes.
rave	"Divaguer". Apporter beaucoup plus d'informations que nécessaire sur un sujet donné (au point que cela en devient énervant).
rcvd	Abréviation de *received* ("reçu").
rfc	Abréviation de *request for comments* ("appel aux commentaires"). Incitation, au sein d'un réseau, à émettre des commentaires sur un sujet donné. Sur Internet, le sigle RFC désigne également les technologies utilisées pour l'Internet.
rfd	Abréviation de *request for discussion* ("appel à la discussion").
rfq	Abréviation de *request for quotes* ("appel à l'argumentation").
rifa	Abréviation de *retry, ignore, fail, abort?* ("reprise, ignorer, échec, abandon ?").
rofl	Abréviation de *rolling on the floor laughing* ("à se rouler par terre de rire").
rsn	Abréviation de *really soon now* ("à très bientôt").
rtfm	Abréviation de read the fucking manual ("lisez le putain de manuel"). Terme utilisé pour répondre à un utilisateur qui a posé une question bête pour laquelle il suffit de consulter le manuel d'utilisation pour obtenir une réponse.
rude	"Malpoli".
sacred	"Sacré". Désigne une chose réservée à une personne ou à un cercle d'idées.

J

Jargon des sites de conversation et des pirates

Terme	Signification
siso	Abréviation de *shit in, shit out* ("merde à l'entrée, merde à la sortie").
sitd	Abrévation de *still in the dark* ("toujours pas clair").
smap	Abréviation de *small matter of programming* ("exercice de programmation insignifiant"). Programme qui ne valait pas la peine d'être conçu.
snalu	Abréviation de *situation normal, all fouled up* ("opération réussie, le patient est mort !").
social ingineering	"Ingénierie sociale". Etude de l'environnement d'un utilisateur qui permet de collecter des informations à son sujet et de deviner son mot de passe.
softwarely	Néologisme anglais synonyme de "logiciellement". Qui se rapporte à un ou plusieurs logiciels.
spazz	Néologisme anglais. Commettre une erreur grossière qui proovoque l'avortement d'un projet.
talk	"Conversation". Conversation impliquant exactement deux participants.
tba	Abréviation de *to be announced* ("sera annoncé prochainement").
tbd	Abréviation de *to be determined* ("à préciser").
tbyb	Abréviation de *try before you buy* ("à essayer avant d'acheter").
ttft	Abréviation de *thank for the thought* ("merci pour l'idée").
tia	Abréviation de *thanks in advance* ("merci par avance").
ttf	Abréviation de *time to flash* ("il est temps de conclure").
tnx	Abréviation de *thanks* ("merci").
total loss	"Echec total".
tourist	"Touriste". Pirate qui veut simplement montrer qu'il est parvenu à entrer dans un système, et non subtiliser ou détruire des données.
twit	"Corniaud". Utilisateur tombé en disgrâce. Synonyme de "gogo, simplet, débutant", etc.

J

Jargon des sites de conversation et des pirates

Terme	Signification
tyvm	Abréviation de *thank you very much* ("merci beaucoup").
u2?	Abréviation de *you too?* ("toi aussi ?").
UG	Abréviation de *user group* ("groupe d'utilisateurs").
vanilla	"Vanille". Terme passe-partout qui signifie "bravasse, ennuyeux", etc.
wacky	"Loufoque, cinglé, farfelu", etc.
wedged	"Coincé". Qualifie un programme planté.
wow	"Waouh". Utilisé à la place d'un point d'exclamation.
wrt	Abréviation de *with regards to* ("en ce qui concerne").
yoyo	Un programme qui joue au yoyo est un programme instable.

JAVA

Langage de programmation qui, depuis deux ans, a pris une importance considérable. A l'origine, ce langage avait été créé par Sun Microsystems pour contrôler des appareils électroniques, mais il ne connut pas le succès escompté. Il contribua toutefois au succès de l'Internet et à la mise en évidence des possibilités qu'il offre pour ce réseau mondial. Java est aujourd'hui considéré comme le langage du futur, et les raisons en sont multiples. La plus importante est sans doute qu'il est indépendant de toute plate-forme. Cette indépendance signifie qu'un même programme en Java n'a besoin d'être écrit qu'une fois pour être exécuté sur n'importe quelle plate-forme informatique (à condition que celle-ci soit équipée du processeur virtuel Java Virtual Machine). Java repose sur un autre langage : le C++. Sa syntaxe ressemble d'ailleurs beaucoup à celle du C++ et est orientée objet. Plusieurs éléments du C++ n'ont toutefois pas été repris. Ainsi Java ne permet-il pas d'utiliser de pointeurs (ni donc de recourir à des calculs reposant sur des pointeurs), ce qui permettrait pourtant au programmeur de s'affranchir de bien des difficultés. Java permet de réaliser deux types de programmes : des applets et des applications. Une applet est un programme chargé par l'intermédiaire d'Internet et qui s'exécute sous un navigateur Web compatible Java. Une application est un programme qui s'exécute au sein d'un interpréteur.

➠ *Voir applet, Java Virtual Machine*

JAVA Data Base Connectivity

"Connectivité Java pour bases de données".

➥ *Voir JDBC*

Java Development Kit

"Kit de développement Java".

➥ *Voir JDK*

Java Virtual Machine

"Machine virtuelle Java". Processeur virtuel (souvent appelé plus simplement "VM") capable d'interpréter le code de niveau octet Java et de le convertir en instructions pour le CPU de l'ordinateur, qui permet au processeur virtuel de fonctionner. C'est ce processeur virtuel qui fait de Java un langage indépendant de toute plate-forme. Pour qu'un programme en Java puisse être exécuté sur une plate-forme, il suffit en effet que le processeur virtuel VM soit installé sur cette plate-forme.

➥ *Voir Java, octet, plate-forme, processeur*

JavaBeans

Technologie utilisée pour créer des composants logiciels réutilisables en Java. Semblable à ActiveX.

➥ *Voir ActiveX*

JavaSoft
http://www.javasoft.com

Filiale de Sun Microsystems, fondée afin que le langage Java continue à être développé, et que ses possibilités soient étendues en matière d'applications commerciales.

➥ *Voir Java, Sun*

JAZ

Lecteur à support amovible fabriqué par Iomega, qui fabrique aussi le lecteur ZIP. Le lecteur JAZ existe en version SCSI et en version parallèle. Il utilise des supports de stockage d'une capacité supérieure à 1 gigaoctet et offre un temps d'accès de 12 ms (version SCSI). Du fait de sa rapidité, il peut à la fois servir à stocker des données classiques et, dans une certaine mesure, des séquences vidéo. Les supports JAZ sont amorçables. Ils peuvent donc faire office de disque de démarrage, et être utilisés comme des disques durs à part entière. Le principal concurrent du JAZ est le lecteur Syjet, de SyQuest.

➥ *Voir Iomega, SCI, Syjet, ZIP*

JDBC

Abréviation de *Java Database Connectivity* ("connectivité Java pour bases de données"). Interface qui permet d'utiliser le langage Java pour accéder directement à des bases de données ODBC et les manipuler. Cette interface permet de créer des programmes indépendants de toute plate-forme, capables de travailler avec des bases de données standards.

➠ *Voir base de données, Java, ODBC, plate-forme*

JDK

http://www.sunsoft.com

Sigle, abréviation de *Java Development Kit* ("kit de développement Java"). Environnement de développement pour Java conçu et distribué gratuitement par SunSoft, qui permet de le télécharger depuis la page d'accueil de son site Web. Cet environnement intègre notamment la bibliothèque de Java, un interpréteur, un visualiseur d'applets et un débogueur.

➠ *Voir système de développement, Java, JavaSoft*

jet d'encre

➠ *Voir imprimante à jet d'encre*

jeton

En anglais : *token*. Paquet de données spécial qui circule de station de travail en station de travail au sein d'un réseau *Token Ring* ("anneau à jeton"). Seule la station de travail qui a le jeton en sa possession peut libérer des données sur le réseau. Ce système empêche que plusieurs stations de travail émettent des messages simultanément, ce qui provoquerait des collisions. Ce système à jeton est utilisé non seulement par le standard Token Ring, mais aussi par le standard ARCnet.

➠ *Voir ARCnet, Token Ring*

jeu

Les premiers PC étaient avant tout des ordinateurs de travail et n'offraient guère de possibilités en matière de jeux. Les rares jeux disponibles reposaient sur des graphismes très simples, voire sur du texte pur et simple. Depuis, les jeux n'ont cessé de s'améliorer, au point qu'ils sont aujourd'hui souvent les seuls à exploiter pleinement les possibilités de l'ordinateur. Que l'utilisateur soit passionné de jeux d'aventure ou de jeux de rôles et souhaite partir à la découverte des mystères de mondes étrangers, qu'il soit féru de simulateurs en tous genres (sous-marins, avions, hélicoptères ou n'importe quel véhicule imaginable), qu'il veuille se livrer à un combat contre un ami ou l'ordinateur, qu'il préfère la stratégie et souhaite diriger une armée, qu'il soit amateur de sport et rêve d'affronter un sportif célèbre ou une équipe de football telle que la Juventus de Turin, ou encore qu'il préfère accumuler des points en sautant des obstacles et en accomplissant des missions, il n'y a rien que les jeux informatiques ne puissent offrir actuellement.

jeu d'instructions

Ensemble des instructions sur lesquelles repose un processeur ou un langage de programmation.

➠ *Voir BASIC, CISC, langage de programmation, Pascal, processeur, RISC*

jeu de caractères

Structure de classement de caractères qui permet d'accéder à chaque caractère à l'aide de sa position dans la table. Il existe différentes manières de stocker des caractères : dans une police, dans un fichier spécialement conçu à cet effet, ou encore dans une puce de ROM située sur l'imprimante ou sur l'ordinateur. Le jeu de caractères n'a rien à voir avec l'apparence finale des caractères. C'est en effet de la police que dépend cette apparence. Le jeu de caractères a pour fonction de convertir en caractères bien concrets le code de caractères généré lorsqu'une touche du clavier est enfoncée. L'apparence du caractère peut ensuite être modifiée à l'aide d'une police. Les jeux de caractères les plus connus sont la table ASCII et, sous Windows, la table ANSI. Les jeux de caractères jouent un rôle primordial dans l'adaptation des ordinateurs. Ainsi suffit-il d'indiquer au système d'exploitation d'utiliser un autre jeu de caractères pour transformer un clavier AZERTY (disposition de touches française) en clavier QWERTY (disposition de touches anglo-saxonne).

jeu de donjons

Jeu de rôle et d'aventure dans lequel le joueur se trouve souvent, par l'intermédiaire de son personnage ou de son groupe de jeu, sur un site entouré de donjons qu'il doit explorer.

jeu de plates-formes

Type de jeu aujourd'hui relativement ancien dans lequel une figurine (le héros du jeu) doit franchir les différents niveaux du jeu en surmontant les différents obstacles qu'il rencontre, l'objectif final étant d'accomplir une mission prédéfinie (qui consiste généralement à délivrer une princesse des griffes d'un monstre). Au fil de sa progression, le héros accumule des points dont le total ne fait que s'accroître lorsqu'il parvient à sauter par-dessus un obstacle. Ce saut est d'ailleurs généralement nécessaire pour lui permettre de rester en vie puisque les obstacles (des blocs de pierre, par exemple) qui jalonnent son parcours sont meurtriers.

jeu en alternance

Jeu qui, contrairement aux jeux en temps réel, permet au joueur de prendre tout son temps pour déterminer quelles actions il doit entreprendre avant d'activer la commande qui permet au joueur suivant de jouer. Lorsque le nombre de joueurs participant à une même partie est important, un tel jeu peut induire des temps d'attente très longs. Ce type de jeu s'applique aussi aux jeux de stratégie.

jeu en temps réel

Jeu qui décompte le temps imparti à l'utilisateur sans aucune interruption et qui simule donc le temps tel qu'il s'écoule dans la vie réelle. Les jeux en temps réel s'opposent aux jeux à tour de rôle (tels que Max), dans lesquels le joueur doit attendre que le joueur précédent ait fini de jouer pour commencer à jouer lui-même. La difficulté des jeux en temps réel réside en ce fait que les joueurs peuvent tous agir alors même que le temps s'écoule. Il existe des jeux en temps réel dans tous les domaines, mais c'est dans celui des jeux de stratégie qu'ils sont le plus appréciés. Le jeu en temps réel le plus connu est sans doute "Command and Conquer".

➡ *Voir horloge en temps réel*

Jobs, Steve

Cofondateur d'Apple. Né en 1955, Steve Jobs créa en 1976, avec son ami Steven Wozniak, la société Apple Computer dans un garage. Cette société devint rapidement l'une des plus prospères et des plus novatrices du monde. En 1985, Steve Jobs dut quitter Apple à la suite d'un conflit avec le directeur général de l'époque et fonda la société Next Computer, au succès modéré et qui, paradoxalement, fut rachetée par Apple en 1996. Gil Amelio, le dernier directeur général d'Apple, étant parti, Apple a aujourd'hui un besoin urgent de trouver un successeur à la hauteur. A la surprise générale, Apple a annoncé au mois d'août 1997 qu'elle s'apprêtait à remplacer la quasi-totalité des membres de son conseil d'administration. Bien qu'il ait démenti peu avant les rumeurs qui couraient à ce sujet, Steve Jobs a accepté un poste au sein du nouveau conseil d'administration, tout comme Larry Ellison, directeur général d'Oracle, et Jerry York, ancien directeur financier de Chrysler et d'IBM. Steve Jobs est par ailleurs toujours PDG de sa deuxième société, Pixar, qui est en très bonne position dans le domaine graphique.

➡ *Voir Apple*

Joint Academic Network

"Réseau académique réuni".

➡ *Voir JANET*

joker

Synonyme de "caractère de substitution" et de "caractère générique". Caractère qui permet de remplacer un caractère ou une chaîne de caractères inconnus ou non pertinents dans une recherche de fichier ou de dossier. Ainsi, pour rechercher tous les fichiers portant l'extension .EXE, il suffit de taper *.EXE comme critère de recherche. Il existe deux types de jokers : l'astérisque (*) et le point d'interrogation (?).

➠ *Voir caractère de substitution*

Joliet

Format de gravage de CD-ROM très utilisé. Le format Joliet constitue une extension de la norme ISO-9660. Les noms de fichiers et de dossiers gravés sur un CD conformément à la norme ISO ne doivent pas dépasser huit caractères, qui doivent impérativement être des majuscules (et auxquels il faut ajouter les trois caractères de l'extension). Le format Joliet, en revanche, permet d'utiliser soixante-quatre caractères, qui peuvent être des majuscules ou des minuscules. Les CD-ROM gravés conformément à ce format ne sont malheureusement lisibles que sous Windows 95/NT.

➠ *Voir graveur de CD*

jonction logique

Opération algébrique booléenne consistant à relier deux valeurs binaires. Il existe trois types de jonctions logiques : les jonctions AND, OR et XOR.

➠ *Voir AND, binaire, opérateur booléen, OR, XOR*

journal

Fichier qui sert à recenser les différentes opérations effectuées sur un ordinateur. Ce type de fichier permet toujours de savoir, en procédant à une reconstitution, ce qui s'est passé sur l'ordinateur pendant la période considérée. Les journaux sont très utilisés en réseau pour contrôler la fréquence des accès au serveur.

➠ *Voir protocole, réseau, serveur*

joystick

"Manette de jeu". Périphérique d'entrée comparable à une souris, mais qui n'est utilisé que pour contrôler des jeux (jeux d'action, jeux de plates-formes, jeux de course et simulateurs). Le joystick se connecte au port jeu de la carte son ou à une carte d'E/S. Les derniers modèles de joystick offrent même différentes sensations tactiles suivant l'évolution du jeu. (Ainsi, le joystick Sidewinder ForcePro est-il capable d'exercer une pression contraire au mouvement du poignet du joueur pour simuler un effet de force centrifuge.)

➠ *Voir carte son, port jeu, souris*

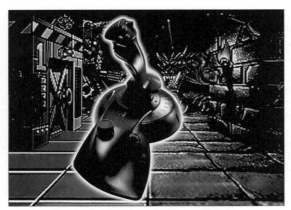

Les joysticks Logitech offrent de multiples fonctions.

JPEG

Sigle, abréviation de *Joint Photographic Experts Group* ("groupe d'experts photographiques réunis"). Standard graphique qui utilise une technique de compression. Les fichiers d'images créés sous ce format portent une extension JPEG ou JPG selon la plate-forme utilisée. Pour compresser les données, ce format regroupe les tons de couleurs semblables, et la perte de données qu'il entraîne est par conséquent très limitée. Le format JPEG++, version améliorée du format JPEG, permet de compresser séparément le premier plan et l'arrière-plan des images.

➠ *Voir compression de données, MPEG*

JScript

Implémentation de Java propre à Microsoft.

➠ *Voir Java, Microsoft*

jump

"Saut".

➠ *Voir saut*

jumper

"Cavalier".

➠ *Voir cavalier*

junk mail

"Courrier à mettre à la poubelle". Synonyme de "courrier électronique intempestif".

➠ *Voir courrier électronique intempestif*

justification

Paramètre de mise en forme de paragraphe qui organise les différentes lignes d'un paragraphe de telle sorte qu'elles soient alignées le long des marges de gauche et de droite. Pour justifier les lignes, l'ordinateur doit appliquer un espacement variable aux différents mots d'une même ligne, et même aux caractères d'un même mot.

➠ *Voir mise en forme de paragraphe, retrait*

juxtaposition

Procédé de simulation de couleurs et de niveaux de gris à l'écran ou à l'impression, qui consiste à utiliser une matrice de points pour représenter chaque point d'image. Cette matrice est constituée de 3×3 points, ce qui permet de simuler neuf niveaux de gris différents (noir et blanc inclus). La juxtaposition réduit la résolution d'affichage ou d'impression effective, puisqu'un même point d'image nécessite en fait plusieurs points pour être représenté.

➠ *Voir imprimante, moniteur*

J

K

K

Abréviation de "kilo". En informatique, un "K" équivaut à 1 024 unités.

➦ *Voir Kbit, Ko*

K56+

Standard de modem de Rockwell, qui offre un taux de transfert de données de 56 Kbit/s.

➦ *Voir Kbit/s, modem, US Robotics, X2*

K6

Processeur fabriqué par AMD, compatible avec le Pentium d'Intel. En termes de performances, le K6 est plus rapide que le Pentium pour les calculs portant sur des entiers, mais plus lent pour les calculs portant sur des décimaux. Comme son homologue de chez Cyrix, le M2, le K6 utilise la technologie MMX.

➦ *Voir AMD, compatible, M2, MMX, Pentium, représentation à virgule flottante*

Kai's Photo Soap

Logiciel de retouche de photos fabriqué par MetaCreations. Ce logiciel permet par exemple de supprimer les rayures et l'effet "yeux rouges" qui apparaissent parfois sur les photos, ou encore de cloner certains objets. Il intègre des outils animés permettant de modifier les couleurs, la luminosité et le contraste des photos numérisées, de rendre certaines parties plus nettes ou plus floues, ou encore de les supprimer. Ces outils ont été conçus pour être aussi proches que possible de ceux de la vie réelle. Les crayons, les pinceaux et les gommes disponibles sous forme d'outils de l'informatique fonctionnent de la même manière que ceux dont l'utilisateur pourrait se servir sur son bureau. Fidèle à ses habitudes (avec les logiciels Kai's Power Goo ou KPT Bryce, par exemple), MetaCreations a su doter son logiciel d'une interface utilisateur graphique très performante, qui permet d'effectuer les travaux de retouche avec une étonnante facilité.

➦ *Voir Kai, Krause, logiciel de retouche d'images, MetaCreations*

Kai Krause devant un écran qui affiche une photo créée à l'aide du logiciel Kai's Photo Soap.

Kbit

Abréviation de "kilobit". Unité de mesure de la quantité d'informations ou de la capacité de stockage. 1 Kbit = 1 024 bits.

➠ *Voir bit, capacité de mémoire*

Kbit/s

Abréviation de "kilobit par seconde".

➠ *Voir Kbps*

Kbps

Sigle, abréviation de "kilobit par seconde". Unité de mesure de transfert de données indiquant la quantité de données, exprimée en kilobits, transférée en une seconde.

➠ *Voir bit, taux de transfert de données*

Kbyte

"Kilo-octet".

➠ *Voir kilo-octet*

Kermit

Protocole de transfert de données parmi les plus anciens, qui offre un taux de transfert relativement limité. Le protocole Kermit doit son nom à la grenouille du *Muppet Show* et est toujours utilisé sur un petit nombre de gros systèmes et d'ordinateurs de poche.

➠ *Voir gros système, protocole de transfert, taux de transfert*

kernel

"Noyau".

➠ *Voir noyau*

keyboard

"Clavier".

➠ *Voir clavier*

keyboard shortcut

"Raccourci clavier".

➠ *Voir raccourci clavier*

keylock

Abréviation de *keyboard lock* ("verrouillage du clavier"). Serrure généralement située sur le devant du boîtier de l'unité centrale, qui permet de déconnecter électriquement le clavier de l'ordinateur à l'aide d'une clé et d'empêcher ainsi quiconque d'utiliser l'ordinateur. Notons que la plupart de ces serrures sont identiques et qu'elles ne constituent donc pas une sécurité puisqu'il suffit de posséder une clé pour ouvrir toutes les serrures. Par ailleurs, cette serrure étant reliée à la carte mère par un câble, pour utiliser le clavier, il suffit d'ouvrir le boîtier de l'ordinateur et de débrancher ce câble.

➠ *Voir carte mère, clavier*

kilobaud

Unité de mesure de vitesse de modulation. 1 kilobaud = 1 000 bauds.

➠ *Voir baud*

kilo-octet

➠ *Voir Ko*

Klamath

Nom de code du processeur Pentium II. Ce nom n'est utilisé qu'au sein d'Intel. Le Klamath est une petite rivière qui coule en Californie.

➠ *Voir Intel, Pentium II*

K

Ko

Abréviation de "kilo-octet". Unité de mesure de la quantité d'informations ou de la capacité de stockage. 1 Ko = 1 024 octets.

➠ *Voir capacité de mémoire, octet*

Krause, Kai

Inventeur de logiciels. Dans les années 70, Kai Krause partit s'établir à Santa Barbara, en Californie, avec sa compagne Barbara et son ami Martin, peu avant les épreuves du baccalauréat. Après une longue "phase de créativité" au sein du monde hippie sur la côte ouest, K. Krause fit l'acquisition d'un synthétiseur et se mit alors à produire des effets sonores pour des stars telles que Stevie Wonder ou Franck Zappa. Il rédigea le mode d'emploi d'un truqueur de voix pour la CIA et reçut en contrepartie un exemplaire de cet appareil, qui coûtait alors 20 000 dollars. Avec cet appareil, il créa des effets sonores pour des films sur Dracula et pour la bibliothèque de sons des studios Disney. K. Krause rêvait depuis longtemps de pouvoir visualiser les sons, et, lorsque les premiers ordinateurs personnels apparurent sur le marché, il revendit son équipement à Neil Young et apprit à programmer. En 1982, il fonda la société 3D, avec sa femme Barbara et son ami Martin. Les cartes graphiques que sa société fabriquait lui permirent de gagner son premier million de dollars, qui lui servit à fonder la société MetaTools. MetaTools devint rapidement l'une des sociétés les plus novatrices dans le domaine des graphismes informatiques. Les logiciels Kai's Power Tools, KPT Bryce, Kai's Power GOO et, depuis peu, Kai's Photo Soap, sont parmi ses produits les plus connus. Tous ces programmes possèdent une interface utilisateur très intuitive, qui permet à l'utilisateur de travailler facilement et de laisser libre cours à sa créativité. Kai's Power Tools est une suite de filtres graphiques permettant, par exemple, de créer des effet sous Adobe Photoshop ou Corel Photopaint. L'effet graphique Page Curl est très connu des utilisateurs. Il donne l'impression que les objets représentés sont imprimés sur une page dont l'un des coins est roulé vers l'intérieur. KPT Bryce permet de réaliser des paysages en trois dimensions (souvent fantastiques). Kai's Power Goo est un programme minuscule qui permet de déformer des portraits. Ainsi, on peut faire apparaître une grimace sur le visage de Mona Lisa, ou encore de fusionner le visage de Bill Clinton avec celui de Boris Eltsine. Kai's Photo Soap, dernier-né de MetaTools, est un logiciel de retouche d'images. Au mois de juin 1997, MetaTools a fusionné avec Fractal Design (spécialisé dans les logiciels graphiques) pour donner naissance à la société MetaCreations. Outre des logiciels, MetaCreations souhaite aujourd'hui produire du matériel graphique. Une équipe de trois cent trente personnes collabore d'ores et déjà à l'élaboration d'un appareil photographique en 3D, lequel doit permettre de réaliser des photographies en trois dimensions.

➠ *Voir Kai's Photo Soap, MetaCreations*

L1-cache

"Mémoire cache de niveau 1".

➡ *Voir mémoire cache de niveau 1*

L2-cache

"Mémoire cache de niveau 2".

➡ *Voir mémoire cache de niveau 2*

label

1. Synonyme de "nom de volume".
2. Dans le domaine de la programmation, endroit précis d'un code source que le programme peut identifier facilement. Cet endroit peut être atteint facilement à l'aide d'une commande de saut y faisant référence. En BASIC et dans de nombreux autres langages de programmation, c'est la commande GOTO qui est utilisée. Cette commande doit être suivie du nom du label que le programme doit atteindre.

➡ *Voir BASIC, nom de volume*

LAN

Abréviation de *Local Area Network* ("réseau local").

➡ *Voir LAN*

LAN Manager

Système d'exploitation de réseau développé par Microsoft et 3Com. LAN Manager repose sur Unix, ou OS/2 (jusqu'à la version 1.3). Les clients peuvent fonctionner sous DOS, Windows, OS/2, etc.

➡ *Voir client, LAN, OS/2, Unix*

LAN Server

Système d'exploitation de réseau d'OS/2. Les concurrents les plus directs de ce système d'exploitation sont LAN Manager et Windows NT, de Microsoft, ainsi qu'IntranetWare, de Novell, et Vines, de Banyan. OS/2 LAN Server est compatible avec un grand nombre de clients, ce qui permet de créer un réseau composé à la fois de PC fonctionnant sous DOS, Windows 3.x et Windows 95/NT, mais aussi de Macintosh et d'autres ordinateurs fonctionnant sous OS/2 (OS/2 Warp Connect).

➠ *Voir LAN, OS/2, réseau*

lancer

Faire démarrer, activer (un logiciel ou un ordinateur).

➠ *Voir logiciel*

Landmark

Programme de test de performances techniques (ou benchmark) conçu par la société du même nom pour tester des PC et surtout pour comparer les résultats des tests aux tests d'autres ordinateurs. Landmark se fonde sur un PC de référence, et c'est donc aux performances de ce PC que les performances du PC testé sont comparées. Ce programme s'intéressant essentiellement aux performances du CPU, il est aujourd'hui obsolète puisque les performances d'un PC sont en fait fonction de quantité d'autres facteurs.

➠ *Voir benchmark*

landscape

"Orientation paysage".

➠ *Voir paysage*

langage algorithmique

➠ *Voir Algol*

langage d'impression

Langage utilisé pour traiter les données de telle sorte qu'elles deviennent exploitables pour une imprimante. Le langage d'impression contrôle donc les différentes fonctions de l'imprimante. L'ordinateur envoie les données d'impression à l'imprimante après les avoir converties, et l'imprimante convertit à son tour les différentes instructions qu'elle reçoit en points d'impression.

➠ *Voir imprimante*

langage de description de pages

Langage qui a pour fonction de décrire le contenu des documents page par page. Pour ce type de langage, la page est considérée comme la structure organisationnelle des documents. Le code source qui sert à décrire le contenu de la page peut ensuite être interprété par un périphérique compatible, qui peut alors représenter le contenu de la page. Pour créer ce code, il est possible d'utiliser :

- une application qui utilise le langage de description de pages concerné pour mémoriser les documents qu'elle crée ;
- un utilitaire de conversion capable de convertir du code écrit dans un autre langage dans le langage concerné.

L'un des langages de description de pages les plus connus est le PostScript, d'Adobe, qui est considéré comme un standard dans les domaines de la PAO et de l'impression. La plupart des programmes graphiques et des applications de PAO permettent de créer des fichiers sous ce format. Ces fichiers contiennent ensuite des images ou des documents prêts à être interprétés et imprimés par une imprimante ou une photocomposeuse compatible avec le format PostScript. Au lieu d'utiliser un programme capable de créer des fichiers PostScript, il est possible de passer par un pilote PostScript pour prendre en charge l'impression d'un fichier qui n'est pas au format PostScript. Le pilote convertit alors le fichier en code source PostScript, qui peut ensuite être traité par le périphérique d'impression.

➠ *Voir HTML, PostScript*

langage de programmation

Langage formel qui permet de programmer des ordinateurs. Il existe deux types de langages de programmation : les langages assembleurs et les langages de haut niveau. Les langages assembleurs sont très proches du niveau matériel. Ils utilisent directement le jeu d'instructions du processeur. Les langages de programmation de haut niveau ont en revanche une syntaxe plus proche du langage naturel.

➠ *Voir assembleur, langage machine, programme*

langage hybride

Langage de programmation compatible avec plusieurs techniques de programmation. Le C++, par exemple, permet d'utiliser la programmation procédurale mais aussi la programmation orientée objet.

➠ *Voir hybride, langage de programmation, procédure, programmation orientée objet*

langage machine

Langage binaire utilisé par le CPU de l'ordinateur. Chaque type de CPU est conçu pour une version de langage machine bien spécifique. Pour être exécuté par le CPU, un programme développé dans un langage de programmation de haut niveau ou en assembleur doit nécessairement être converti en langage machine à l'aide d'un compilateur ou d'un assembleur. Les interpréteurs ont, eux aussi, pour rôle de convertir les instructions en langage machine, mais ils ont pour particularité de les exécuter une à une sitôt qu'elles ont été converties.

➠ *Voir assembleur, binaire, compilateur, interpréteur, processeur, programme*

langage source

Langage de programmation dans lequel un code source a été écrit.

➠ *Voir langage de programmation, code source*

LapLINK

Programme conçu pour échanger des données entre deux PC par l'intermédiaire du port série ou parallèle, ou encore par l'intermédiaire d'une carte RNIS.

➠ *Voir carte RNIS, échange de données, port parallèle, port série*

laptop

Ordinateur mobile de petite taille fonctionnant sur batterie ou sur une alimentation externe. Les laptops sont généralement composés de deux volets articulés correspondant d'une part au clavier et à l'unité centrale (qu'il faut poser sur la table de travail) et d'autre part à l'écran, qui doit être incliné à la perpendiculaire. Une fois ces volets refermés l'un sur l'autre, l'ordinateur ne dépasse pas une hauteur de quelques centimètres. Aussi, ce type d'ordinateur n'intègre pas un moniteur à tube cathodique, mais un écran à cristaux liquides (LCD). Les laptops ont remplacé les ordinateurs transportables, qui étaient relativement encombrants. Ils pèsent de 4 à 7 kg et sont approximativement de la taille d'une feuille A4. Ils tendent eux-mêmes à être remplacés par les notebooks, qui sont encore plus légers. A l'heure actuelle, les ordinateurs portables sont à peine moins performants que les ordinateurs fixes.

➠ *Voir batterie, LCD, notebook, portable*

large bande

➠ *Voir transmission en bande large*

Large Scale Integration

"Intégration à large échelle".

➠ *Voir LSI, VLSI*

largeur de bande vidéo

Pour un moniteur, plage de fréquences située entre la fréquence de signal la plus faible et la fréquence de signal la plus élevée. Lorsqu'une ligne d'image vacille entre la représentation d'un pixel blanc et celle d'un pixel noir, il faut, dans l'idéal disposer d'un signal rectangulaire qui alterne à un rythme égal à la moitié de la fréquence de pixels. Pour que ce signal extrême puisse être amplifié lorsque le moniteur fonctionne à sa fréquence de rafraîchissement maximale, il faut que les circuits électroniques du moniteur offrent une largeur de bande vidéo de 1,5 à 2 fois plus importante.

largeur de bande

1. Largeur d'une bande de fréquences exprimée en hertz (Hz). La largeur de bande vidéo s'étend d'environ 0 Hz à la fréquence maximale susceptible d'être atteinte par un signal vidéo. Avec la fréquence de rafraîchissement la plus utilisée aujourd'hui, qui est de 75 Hz, et une résolution de 1 024 × 768 pixels, le RAMDAC de la carte graphique et les amplificateurs du moniteur doivent pouvoir atteindre une fréquence de 75 MHz afin que le moniteur parvienne à générer une image suffisamment précise.

2. En parlant de la mémoire (on parle alors de *largeur de bande de mémoire*), taux de transfert maximal possible avec une interface de mémoire et un type de bus donnés. La largeur de bande de mémoire s'exprime en mégaoctets par seconde (Mo/s). Chaque carte graphique possède une mémoire graphique. La largeur de bande de cette mémoire sert pour partie à générer le signal vidéo et pour partie à mener à bien les opérations d'écriture que le processeur doit effectuer. Avec une résolution de 1 024 × 768 pixels, une fréquence de rafraîchissement de 75 Hz et une profondeur de couleur de 16 bits, l'ordinateur doit disposer d'une largeur de bande minimale de 120 Mo/s. La taille de la largeur de bande est fonction de la largeur du bus et du type des modules de mémoire utilisés. Avec une largeur de bus de 64 bits, les modules de mémoire DRAM EDO permettent d'atteindre une largeur de bande de 400 Mo/s ; les modules de mémoire SDRAM, une largeur de bande de 600 MO/s ; les modules de mémoire VRAM, une largeur de bande de 700 Mo/s.

➡ *Voir carte graphique, fréquence de rafraîchissement, largeur de bande vidéo, largeur de bus, mémoire graphique, MDRAM, moniteur, profondeur de couleur, RAMDAC, SDRAM, VRAM*

largeur de bus

Nombre de canaux de transmission d'un bus. Ce nombre indique combien de bits peuvent être transmis parallèlement. La rapidité d'un ordinateur dépend très étroitement de la largeur de son bus. Le bus ISA a une largeur de 16 bits. Le bus VLB a une largeur de 32 bits. Le bus PCI a une largeur de 32 ou de 64 bits.

➡ *Voir bit, ISA, PCI, VLB*

laser

Générateur d'ondes électromagnétiques capable de créer un faisceau lumineux monochromatique très dense. Le laser est aujourd'hui utilisé dans différents domaines techniques. En informatique, il est utilisé principalement dans certains systèmes optiques de stockage(lecteurs de CD-ROM ou magnéto-optiques, par exemple), mais aussi dans certaines imprimantes.

➡ *Voir imprimante laser, lecteur de CD-ROM, lecteur magnéto-optique*

laserdisc

Synonyme de "vidéodisque". Support de stockage de données utilisé essentiellement pour stocker des données vidéo. Le *laserdisc* utilise un système de stockage semblable à celui du CD-ROM.

➡ *Voir CD-ROM, vidéodisque*

LaserJet

Gamme d'imprimantes laser de Hewlett-Packard. La LaserJet I fut la première imprimante laser destinée au grand public. La famille LaserJet repose sur le langage d'imprimantes PCL (*Printer Command language*, ou "langage de commandes pour imprimantes"), dont elle a fait un standard. Depuis, le fait qu'une imprimante soit compatible avec ce standard est devenu un critère de choix important. Aujourd'hui, la gamme LaserJet inclut un large éventail d'imprimantes laser, depuis les petits modèles de table jusqu'aux grosses imprimantes à compartiments très puissantes.

➡ *Voir Hewlett-Packard, imprimante laser, PCL*

La LaserJet 5Si est une imprimante à compatiments qui offre quantité de fonctions.

La LaserWriter d'Apple est très répandue dans le monde Apple.

L

Laserwriter

Imprimante laser fabriquée par Apple. Elle fut lancée quelque temps après la LaserJet 1 de Hewlett-Packard. Contrairement à la LaserJet, elle utilise le langage de description de pages PostScript comme langage d'impression. Elle avait été conçue essentiellement pour être connectée à des Macintosh (interface AppleTalk), mais peut aussi être connectée à d'autres ordinateurs par l'intermédiaire d'un port série.

➡ *Voir Apple, AppleTalk, LaserJet, PostScript*

Last In First Out

"Dernier entré, premier sorti".

➡ *Voir LIFO*

LaTeX

➡ *Voir TeX*

LCD

Sigle, abréviation de *Liquid Crystal Display* ("écran à cristaux liquides"). Type d'écran qui utilise non pas un tube cathodique, mais des cristaux liquides pour afficher les informations. Ce type d'écran permet d'afficher des données non seulement numériques, mais aussi graphiques. Sous sa forme la plus simple, il est utilisé sur des appareils tels que les montres et les calculatrices. Sous sa forme la plus complexe, il équipe les ordinateurs portables, sur lesquels il permet d'obtenir un affichage de grande qualité en mode High Color. Il commence aussi à être employé pour les ordinateurs de bureau à la place des tubes cathodiques, qu'il sera inexorablement appelé à remplacer.

D'un point de vue technique, un écran LCD est constitué de deux plaques de verre pourvues de filtres à polarisation. Ces filtres ont comme rôle de ne laisser passer que les rayons lumineux qui oscillent dans une plage donnée appelée "plage de polarisation". Les plaques de verre sont recouvertes d'une structure conductrice d'électricité séparée par une couche de cristaux liquides. Les cristaux liquides ont comme particularité de pouvoir être dirigés par des champs électriques lorsqu'ils sont soumis à une température comprise entre 0°C et environ 75°C. Dans le même temps, ils font office de filtre de polarisation. Cela signifie que, dès que certaines parties de la couche de cristaux liquides sont dirigées vers la structure conductrice, elles changent de polarisation. La lumière qui les traverse est donc polarisée de telle sorte que soit les plaques de verres munies de filtres à polarisation la laissent passer (si l'écran affiche en blanc sur fond noir), soit elles l'arrêtent (si l'écran affiche en noir sur fond blanc). Il en va de même des écrans couleur, à ceci près que des filtres de couleurs viennent s'ajouter au système.

➡ *Voir moniteur, portable, tube cathodique*

LDAP

Abréviation de *Light-Weight Directory Access Protocol* ("protocole simplifié d'accès aux répertoires"). Protocole de gestion d'utilisateurs et de ressources qui permet de mettre en place des services de répertoires homogènes, lesquels peuvent ensuite être employés simultanément par un groupe d'utilisateurs (par l'intermédiaire d'un serveur Web ou d'un système d'exploitation de réseau).

➡ *Voir gestion des ressources, serveur, système d'exploitation de réseau*

lead-in

"Blanc de début de session".

➡ *Voir blanc de début de session*

Least Significant Bit

"Bit le moins significatif".

➡ *Voir LSB*

lecteur

Unité de stockage de données. Les lecteurs font partie des périphériques de mémoire de masse. On distingue d'une part les lecteurs internes, qui sont placés à l'intérieur du boîtier de l'ordinateur, et d'autre part les lecteurs externes, qui sont placés dans un boîtier situé à l'extérieur et reliés à l'ordinateur par l'intermédiaire d'un câble. Ce sont généralement le port parallèle ou le port SCSI (pour les PC équipés d'une carte contrôleur SCSI) qui sont utilisés comme interface. Les disques durs, les lecteurs de disquettes et les lecteurs de CD-ROM sont trois types de lecteurs.

➠ *Voir disque dur, lecteur de CD-ROM, lecteur de disquettes, mémoire cache de lecteur, mémoire de masse, port parallèle, SCSI*

lecteur à support amovible

Lecteur qui utilise un support de stockage comparable à une disquette, mais qui offre une capacité beaucoup plus importante, et qui, comme une disquette, peut être extrait du lecteur lui-même. Le support de stockage est par nature réinscriptible à volonté. Le lecteur de CD-ROM et le graveur de CD-ROM ne sont par conséquent pas des lecteurs à support amovible.

Il existe différents modèles de lecteurs à support amovible. D'une manière générale, on distingue les lecteurs JAZ, les lecteurs magnéto-optiques, les lecteurs ZIP et les lecteurs PD. Ces lecteurs offrent tous une capacité de stockage comprise entre 100 Mo et plusieurs gigaoctets. Leur taux de transfert est largement inférieur à celui d'un disque dur puisqu'il est compris entre 0,2 et 2 Mo/s. Leur prix peut varier sensiblement suivant le modèle. A l'heure actuelle, un lecteur ZIP coûte environ 900 F, tandis qu'un lecteur magnéto-optique coûte plusieurs milliers de francs.

Les lecteurs à support amovible sont très pratiques pour effectuer des sauvegardes, car, contrairement aux lecteurs de bandes, ils se caractérisent par un mode d'accès séquentiel et permettent donc d'accéder directement aux données.

➠ *Voir JAZ, lecteur magnéto-optique, ZIP*

lecteur DAT

➠ *Voir DAT*

lecteur de bandes

Synonyme de "dérouleur de bandes". Périphérique de stockage qui utilise des bandes magnétiques. Les lecteurs de bandes servent en principe à effectuer des sauvegardes (*backups*). La plupart d'entre eux permettent de stocker plusieurs gigaoctets de données sur une même bande. De par le support de stockage qu'ils utilisent – une bande – ils n'offrent qu'un accès séquentiel : il faut souvent attendre qu'ils déroulent une grande longueur de bande avant de pouvoir accéder à l'information. Les premiers lecteurs de bandes, les lecteurs QIC, sont aujourd'hui un peu obsolètes, mais peuvent toujours répondre parfaite-

L

ment aux besoins de certains utilisateurs. Ces lecteurs ont été supplantés par les lecteurs Travan, qui permettent toujours d'utiliser des bandes QIC. La technique DAT, qui est utilisée depuis longtemps dans le domaine du son, a fait son apparition dans le monde de l'informatique, et les lecteurs DAT sont tout à fait d'actualité. Les lecteurs de bandes sont les périphériques de stockage qui offrent le meilleur rapport qualité/prix pour les volumes de données importants. Mais leur extrême lenteur les cantonne aux opérations de sauvegarde.

➠ *Voir sauvegarde*

lecteur de cartes magnétiques

Appareil qui permet de lire les données stockées sur une carte magnétique. Ce type d'appareil est utilisé principalement dans les banques (et les distributeurs automatiques de billets), les supermarchés et les commerces.

➠ *Voir carte magnétique*

lecteur de cartes perforées

Appareil capable de restituer les informations stockées sur une carte perforée. Cet appareil est équipé d'un magasin permettant de charger les cartes perforées à lire. Ces cartes sont ensuite lues à l'aide d'un procédé mécanique ou optique. Les cartes lues sont transférées dans un deuxième magasin. Enfin, un troisième magasin est réservé à l'entreposage des cartes défectueuses, qui peuvent ensuite être examinées séparément.

➠ *Voir carte perforée, traitement en piles*

lecteur de CD-ROM

Périphérique qui permet de lire des CD-ROM. Le lecteur de CD-ROM fait aujourd'hui partie de l'équipement standard d'un ordinateur. Les logiciels vendus dans le commerce sont eux-mêmes presque toujours livrés sur CD-ROM car ce support permet de stocker jusqu'à 650 Mo de données, et ainsi de faire des économies de disquettes. Les données sont codées en binaire sous forme de successions de minuscules cavités (appelées "cratères") et de surfaces planes sur le support de données. Lors de la lecture, un rayon laser sonde la surface du CD, et un capteur analyse les rayons lumineux réfléchis. Ces rayons étant fondamentalement différents selon qu'ils sont réfléchis par un cratère ou une surface plane, il est très facile pour le capteur de distinguer les différentes suites de bits. Le rayon laser d'un lecteur de CD-ROM ne peut que lire des données. Un graveur de CD, en revanche, possède un second rayon beaucoup plus puissant capable de créer ces suites de cratères et de surfaces planes et donc de graver des CD. Le coût de fabrication d'un CD-ROM ne dépasse pas aujourd'hui trois ou quatre francs en grande série, ce qui explique que les CD-ROM soient de plus en plus utilisés somme support publicitaire. Les trois critères principaux à prendre en compte pour évaluer les performances d'un lecteur de CD-ROM sont le facteur de vitesse de rotation, le taux de transfert de données et le temps d'accès.

La vitesse de rotation n'a pas cessé d'augmenter depuis le lancement des lecteurs x1 (simple vitesse), qui offraient un taux de transfert de 150 Ko/s, puisque ces lecteurs ont été supplantés par les lecteurs double vitesse, qui offraient un taux de transfert de 300 Ko/s, et que l'on en est actuellement aux lecteurs 24x, qui offrent un taux de transfert de 3600 Ko/s. Le temps d'accès est un facteur important lorsque le lecteur doit effectuer un grand nombre d'accès de courte durée. Le taux de transfert de données associé au facteur de vitesse n'est en effet qu'un maximum. Un facteur élevé de vitesse de rotation ne présente pas que des avantages ; il impose également de disposer d'un système de correction d'erreurs extrêmement rapide et, par conséquent, particulièrement onéreux. Faute de système de correction d'erreurs suffisamment rapide, le lecteur doit malheureusement réduire sa vitesse de rotation pour pouvoir lire les données sans commettre d'erreurs. Les lecteurs de CD-ROM à facteur élevé de vitesse posent en outre souvent des problèmes avec les CD asymétriques dans la mesure où ceux-ci font vibrer fortement le lecteur. Ces vibrations ne sont d'ailleurs pas sans danger pour le CD lui-même, qui peut être rayé, se déformer et devenir illisible. Les lecteurs de CD-ROM ont besoin d'un temps relativement long pour faire tourner les CD à leur vitesse maximale, ce qui rend le temps d'accès particulièrement long après un arrêt du lecteur. Il existe enfin des lecteurs de CD-ROM appelés "lecteurs à changeur", ou encore "changeurs de CD", qui permettent de charger plusieurs CD simultanément et de changer de CD à volonté sans avoir à ouvrir le lecteur, à ôter le CD inséré et à le remplacer par un autre.

➠ *Voir accès, capteur, CD, CD-R, CD-ROM, laser, taux de transfert*

Un lecteur de CD-ROM standard.

lecteur de CD-ROM à changeur

➠ *Voir lecteur de CD-ROM*

lecteur de courrier électronique

En anglais : *mail reader*. Logiciel conçu pour lire, traiter et envoyer des courriers électroniques. Les lecteurs de courrier électronique fonctionnent souvent hors ligne, ce qui signifie qu'ils ouvrent une session réseau, récupèrent le courrier électronique et ferment automatiquement la session. L'utilisateur peut alors lire son courrier hors ligne (sans être connecté au réseau).

➠ *Voir courrier électronique, fermeture de session*

lecteur de disquettes

Lecteur interne ou externe qui permet de lire et d'enregistrer des données sur une disquette.

➠ *Voir contrôleur de lecteur de disquettes, disquette*

lecteur de nouvelles

Programme qui permet de lire les nouvelles diffusées par un groupe de nouvelles. La plupart des versions de navigateurs Web modernes (Internet Explorer et Netscape Navigator/Communicator, par exemple) intègrent en standard un lecteur de nouvelles.

➠ *Voir groupe de nouvelles, navigateur Web, nouvelle*

lecteur de recherche

Lecteur qu'une fonction de recherche doit prendre en considération pour rechercher un fichier ou un répertoire donnés sur un ordinateur. Ce lecteur est généralement indiqué sous la forme C: ou A:. Mais il est possible d'y adjoindre le chemin d'accès d'un dossier, sous la forme C:\WINDOWS.

➠ *Voir Rechercher*

lecteur hors ligne

Programme qui permet de recevoir des données (des courriers électroniques, des nouvelles, etc.) en se connectant à un service en ligne ou à un fournisseur d'accès, puis de les lire en n'étant plus connecté.

➠ *Voir courrier électronique, fournisseur d'accès, hors ligne, service en ligne*

lecteur logique

Lecteur qui ne correspond pas à un lecteur physique, mais à une partie d'un lecteur physique. Une fois créé, un lecteur logique se présente rigoureusement de la même manière qu'un lecteur physique pour l'utilisateur. La subdivision d'un lecteur physique en lecteurs logiques s'effectue à l'aide du système d'exploitation de l'ordinateur. Les disques durs (lecteurs physiques) actuels ayant une capacité de plus en plus importante, il est très intéressant de les subdiviser en lecteurs logiques.

➠ *Voir disque dur, lecteur*

lecteur magnéto-optique

Périphérique de mémoire de masse à support amovible qui utilise un procédé à la fois magnétique et optique pour stocker les données. Le support de stockage (disque), qui est scellé dans une enveloppe en plastique ressemblant à une disquette, est recouvert d'une couche de protection transparente qui recouvre elle-même une couche magnéto-optique. Cette couche magnéto-optique a pour particularité de changer de propriétés lorsqu'elle est soumise à l'influence d'un champ magnétique. Lors d'une opération d'écriture, un rayon laser fait chauffer cette couche à environ 200°C alors qu'elle est par ailleurs soumise à l'influence d'un champ magnétique constant. L'écriture des données s'effectue alors en deux temps : le lecteur commence à écrire une partie des informations binaires (les 0, par exemple), après quoi, grâce à une inversion de polarisation du champ magnétique, il enregistre les 1. Il examine ensuite les informations qu'il vient d'enregistrer pour vérifier qu'elles ne comportent pas d'erreurs. Les opérations d'écriture nécessitent par conséquent trois fois plus de temps que les opérations de lecture. Les nouveaux modèles de lecteurs magnéto-optiques qui utilisent la technologie LIMDOW sont toutefois capables d'enregistrer en une seule fois. Les supports magnéto-optiques offrent une capacité de stockage de 230 Mo à 640 Mo pour ceux de 3 pouces 1/2 de diamètre et de 1,3 Go à 2,6 Go pour ceux de 5 pouces 1/4 de diamètre. Bien qu'ils n'offrent que des performances limitées (notamment en matière de taux de transfert de données) par rapport aux disques durs, les lecteurs et les disques magnéto-optiques constituent une solution de backup très pratique dans la mesure où ils utilisent un mode d'accès aléatoire (contrairement aux bandes magnétiques qui n'offrent qu'un accès séquentiel) et sont peu sensibles aux perturbations extérieures telles que les variations de température et les champs magnétiques.

➠ *Voir lecteur à support amovible, backup, bande magnétique, binaire, capacité de mémoire, laser, mémoire de masse*

lecteur virtuel

Lecteur qui n'existe pas physiquement, mais peut quand même être utilisé comme lecteur physique. Sur l'ordinateur, ce type de lecteur est en fait réalisé à partir d'une partie de la mémoire vive. Il offre donc un taux de transfert de données aussi élevé que celui de la mémoire vive et fonctionne beaucoup plus rapidement qu'un disque dur physique. D'une certaine manière, le principe du lecteur virtuel peut être considéré comme diamétralement opposé à celui de la mémoire virtuelle. Lorsqu'un plantage survient alors que les données stockées sur le disque dur virtuel n'ont pas été sauvegardées sur un disque physique, ces données sont perdues.

➠ *Voir lecteur, disque de RAM*

lecture

En anglais : *read*. Déchiffrage des données d'un support de stockage, qu'il s'agisse de la mémoire vive, d'un CD-ROM, d'un disque dur, d'un DVD, d'un disque magnéto-optique, etc. Certains supports de stockage (les CD-ROM, par exemple) ne permettent que de lire des données, et non d'en enregistrer. On dit alors qu'il s'agit de supports accessibles en *lecture seule*.

lecture après écriture

En anglais : *read after write*.

➡ *Voir read after write*

lecture seule

En anglais : *read only*. Qualifie des données qui ne peuvent être que lues (et non modifiées), ou un support de données qui ne permet que de lire des données (et non de les modifier, ni d'en enregistrer d'autres). Le CD-ROM est un exemple de support de stockage à lecture seule. Toutefois, il existe des supports de stockage à mi-chemin entre les supports de stockage à lecture-écriture et les supports de stockage à lecture seule : le disque WORM (*Write Once, Read Many*, "écriture unique, lecture multiple") et le CD-R (*CD-Recordable*, "CD enregistrable"). Ces deux types de supports de stockage ne peuvent être enregistrés qu'une fois, mais ils peuvent ensuite être lus un nombre de fois infini.

➡ *Voir CD-R, CD-ROM, ROM, WORM*

LED

Sigle, abréviation de *Light-Emitting Diode* ("diode électroluminescente", ou DEL).

➡ *Voir diode électroluminescente*

Legal

Format de papier utilisé essentiellement aux Etats-Unis. Il mesure 35,56 cm de haut et 21,59 cm de large, ce qui est légèrement supérieur au format A4.

LEO

http://www.leo.org

Sigle, abréviation de *Link Everything Online* ("relier tout en ligne"). Système de recherche et d'archivage en ligne utilisable sur l'Internet. Ce système permet de faire porter les recherches sur les serveurs FTP, sur les groupes de nouvelles et sur le World Wide Web. Il intègre en outre quantité de liens ainsi que des archives.

➡ *Voir FTP, groupe de nouvelles, Internet, serveur, World Wide Web*

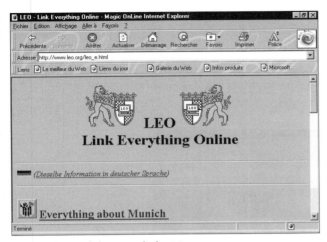

La page d'accueil du site Web de LEO.

Letter

Format de papier utilisé essentiellement aux Etats-Unis. Ce format mesure 27,94 cm de haut et 21,59 cm de large, ce qui est légèrement inférieur au format A4.

lettre de lecteur

Caractère alphabétique (suivi du symbole ":") utilisé dans les systèmes d'exploitation tels que MS-DOS, Windows et OS/2 pour identifier clairement les lecteurs. C'est grâce aux lettres qu'il est possible d'accéder aux lecteurs. La lettre de lecteur A:, par exemple, correspond au premier lecteur de disquettes de l'ordinateur. De la même manière, la lettre C: désigne le premier disque dur.

➠ *Voir disque dur, nom de lecteur*

lettrine

Ornement apporté à la première lettre d'un paragraphe, afin de la faire ressortir du reste du texte et qui consiste généralement à lui affecter une taille sensiblement plus importante que les autres caractères et parfois aussi une police différente. La lettrine fait partie des éléments de mise en forme du texte. Nombre de programmes de PAO et de traitement de texte intègrent des fonctions permettant de créer automatiquement des lettrines.

➠ *Voir PAO, typographie*

Lexmark
http://www.lexmark.fr

Fabricant d'imprimantes laser et à jet d'encre. Lexmark fabriqua dans un premier temps des imprimantes de bureau qui furent rapidement appréciées pour leur qualité d'impression et leur fiabilité. Ce n'est qu'ensuite qu'elle visa le grand public, où elle fait aujourd'hui concurrence à des fabricants tels que Hewlett-Packard, Epson et Canon.

➠ *Voir Epson, Hewlett-Packard, imprimante laser*

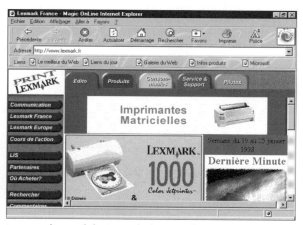

La page d'accueil du site Web de Lexmark.

LF

Sigle, abréviation de *Line Feed* ("avance ligne"). Caractère de contrôle qui indique à l'imprimante de faire avancer la feuille de papier en cours d'impression jusqu'à la ligne suivante.

LHA

Programme de compression disponible pour un grand nombre de plates-formes informatiques. LHA permet de compresser un ou plusieurs fichiers. Le taux de compression obtenu est fonction de la nature des données et plus particulièrement de leur caractère répétitif. LHA permet aussi de créer des archives .EXE, c'est-à-dire d'intégrer l'algorithme de décompression au fichier archives, en même temps que les données. Le fichier archives créé peut ainsi se décompresser tout seul sur la plate-forme cible.

➠ *Voir archive, ARJ, compression, fichier, PKZIP, plate-forme, programme de compression, WinZip*

library

"Bibliothèque".

➥ *Voir bibliothèque*

licence

Droit d'utiliser un logiciel informatique. Les fabricants de logiciels n'autorisent en règle générale à utiliser chaque exemplaire d'un logiciel informatique que sur un ordinateur à la fois. L'utilisateur est par ailleurs autorisé à effectuer une copie de sécurité du logiciel pour son propre compte. Le contrat de licence qui lie l'utilisateur du logiciel au fabricant, et qui figure dans la boîte du logiciel, énumère les droits de l'utilisateur et les interdictions qui lui sont faites. L'objectif des licences est de protéger les droits des fabricants en matière de propriété intellectuelle. Les entorses aux modalités du contrat de licence, et notamment la réalisation et la diffusion de copies pirates, sont répréhensibles. Il est toutefois difficile de faire respecter ces modalités, et, dans la pratique, quantité d'utilisateurs travaillent avec des versions pirates.

➥ *Voir copie de sécurité, copie pirate, logiciel*

lien hypertexte

Synonyme d'"hyperlien". Renvoi qui, dans un document hypertexte, permet d'accéder directement à la cible du renvoi d'un simple clic. Les parties de texte qui constituent un lien hypertexte sont identifiables au fait qu'elles sont soulignées. Il suffit alors de cliquer sur ce texte pour accéder à la page à laquelle il fait référence, qu'elle soit située sur le même site Web ou sur un autre site. Ce système facilite et accélère considérablement la navigation sur l'Internet. Lorsque le pointeur de la souris est positionné sur un lien hypertexte, il se transforme en petite main.

➥ *Voir Internet, site Web, WWW*

lieur

Programme qui permet de relier les différents composants d'un programme. Une fois le code objet créé par le compilateur à partir du code source, c'est le lieur qui permet d'associer les différents composants (les modules déjà compilés et les parties constituées de bibliothèques) les uns aux autres pour en faire un programme fonctionnel.

➥ *Voir code objet, code source, compilateur, module*

LIFO

Sigle, abréviation de *Last In, First Out* ("dernier entré, premier sorti"). Mode de traitement de données qui s'apparente au principe de l'empilement. Selon ce mode de traitement, les données posées en dernier sur la pile doivent être les premières à être lues. La pile sur laquelle l'ordinateur s'appuie pour effectuer ses calculs est un bon exemple de structure LIFO.

➠ *Voir pile*

ligature

Liaison de deux caractères qui autrement se toucheraient de façon inesthétique (fi, fl, etc.). Les ligatures ne servent qu'à améliorer l'effet optique produit par les caractères. L'ordinateur ne permet pas en principe de réaliser des ligatures, mais certaines polices de caractère intègrent des caractères préligaturés.

➠ *Voir police*

Light Amplification by Simulated Emission of Radiation

"Amplification de la lumière par émission simulée de radiations".

➠ *Voir laser*

Light Emitting Diode

"Diode électroluminescente".

➠ *Voir LED*

Light-Weight Directory Access Protocol

"Protocole simplifié d'accès à des répertoires".

➠ *Voir LDAP*

ligne d'adresse A20

➠ *Voir A20-Gate*

ligne d'assistance

En anglais : *hot-line*. Service d'assistance téléphonique proposé par un grand nombre de fabricants de logiciels et de matériel d'informatique mais aussi par des magazines, des services en ligne, etc. En composant un numéro particulier, l'acheteur du logiciel ou du matériel, le lecteur du magazine ou l'abonné du service en ligne peut poser des questions techniques lorsqu'il rencontre des difficultés, en utilisant le produit ou le service concerné.

ligne d'invite

Ligne depuis laquelle l'utilisateur peut entrer des instructions, des commandes et des paramètres sous un système d'exploitation orienté texte tel que MS-DOS.

➠ *Voir orienté texte, MS-DOS*

ligne de repère

Ligne de guidage qui, sous une application graphique telle que Corel Draw, facilite le positionnement des objets. Il est possible d'activer ou de désactiver l'affichage des lignes de repère. Ces lignes ne sont pas imprimées.

➡ *Voir Corel Draw, application graphique*

ligne de synchronisation

➡ *Voir DPMS, fréquence de rafraîchissement, retour à la ligne*

ligne dédiée

En anglais : *dedicated line*. Ligne téléphonique qui relie en permanence deux installations téléphoniques. Pour échanger des données, il n'est donc pas nécessaire de composer un numéro de téléphone pour établir une connexion. Ce type de ligne téléphonique peut, par exemple, permettre à une maison mère d'être reliée en permanence à une filiale, et ainsi d'échanger facilement des données avec celle-ci. Une ligne téléphonique normale présenterait en effet l'inconvénient de nécessiter beaucoup trop de temps pour mettre en communication la maison mère et la filiale chaque fois qu'elles auraient besoin d'échanger des données. Le coût d'une ligne dédiée est très élevé et il ne se justifie que pour les entreprises qui ont d'importants besoins de télécommunications avec un même partenaire.

ligne directe

➡ *Voir extension téléphonique*

L

LIM/EMS

Sigle, abréviation de *Lotus, Intel, Microsoft/Expanded Memory Specification* ("spécification de mémoire paginée Lotus, Intel, Microsoft").

➡ *Voir EMS*

Line Feed

"Avance ligne".

➡ *Voir LF, saut de ligne*

Line Printer

"Imprimante ligne".

➡ *Voir LPT*

Lines per inch

"Ligne par pouce".

➧ *Voir Lpi*

Linotype-Hell

http://www.linotype.com

Société spécialisée dans le matériel d'imprimerie et de PAO professionnel. Elle est particulièrement connue pour ses photocomposeuses laser (Linotronic), mais aussi pour ses scanners, ses polices et ses rétroprojecteurs.

➧ *Voir PAO, photocomposeuse, scanner*

La page d'accueil de Linotype-Hell.

Linus Torvald's Unix

"Unix de Linus Torvald".

➧ *Voir Linux*

Linux

Abréviation de *Linus Torvald's Unix* ("Unix de Linus Torvald"). Système d'exploitation pour PC qui repose sur le système d'exploitation Unix. Linux s'est développé d'une manière très particulière. Linus Torvald, étudiant finlandais en informatique, commença à développer ce système d'exploitation en 1991. Au bout de quelque temps, il plaça son projet sur l'Internet, où il suscita l'enthousiasme d'utilisateurs de plus en plus nombreux, qui continuèrent à développer son système d'exploitation. Aujourd'hui, Linux est un système d'exploitation très complet qui offre aux utilisateurs de PC les mêmes caractéristiques qu'Unix, tels le multitâche préemptif, la mémoire vive virtuelle, les bibliothèques utilisées en commun et une compatibilité directe avec le protocole TCP/IP.

Linux est disponible gratuitement sur l'Internet. Certains serveurs FTP permettent de se procurer en permanence la version la plus actuelle de son noyau. En outre, différentes sociétés commercialisent des distributions de Linux sous forme de sharewares sur CD-ROM. Ces distributions sont composées d'une part du noyau lui-même et d'autre part de quelques programmes système et de toute une série d'applications pour Linux.

Le marché des sharewares propose par ailleurs des traitements de texte, des programmes de CAO et des environnements de développement pour Linux.

➡ *Voir FTP, kernel, multitâche préemptif, PC, shareware, système d'exploitation, TCP/IP, Unix*

Liquid Crystal Display

"Ecran à cristaux liquides".

➡ *Voir cristaux liquides*

lisezmoi

Synonyme de "readme". Fichier au format texte (qui porte généralement une extension .TXT) qui contient des informations sur un programme, un pilote ou des données. Ces informations consistent généralement en une série d'instructions visant à aider l'utilisateur à installer le programme, à lui indiquer quels préparatifs effectuer avant de procéder à l'installation ou encore à lui signaler des modifications techniques intervenues alors que le manuel d'utilisation accompagnant le produit est déjà imprimé. Il est d'une manière générale fortement recommandé de lire les instructions figurant dans les fichiers lisezmoi.

➡ *Voir installation*

Lisp

Abréviation de *List Processing Language* ("langage de traitement de listes"). Langage de programmation fonctionnel qui fut développé dans les années cinquante. Il fut ensuite implémenté au MIT. Il est utilisé essentiellement dans le domaine de l'intelligence artificielle, où il sert à créer des programmes en mesure de se modifier eux-mêmes et de créer eux-mêmes des programmes. Nombre de caractéristiques du Lisp ont en fait été reprises du Forth et du Logo.

List Processing Language

"Langage de traitement de listes".

➠ *Voir Lisp*

liste

➠ *Voir zone de liste*

liste d'affichage

Liste de commandes graphiques qui décrit un objet (ou tous les objets) d'une scène à représenter à l'écran. Les derniers modèles de processeurs graphiques sont capables de lire et de traiter une liste d'affichage indépendamment en mode DMA. Le processeur graphique fonctionne parallèlement au CPU et le soulage considérablement. Pendant qu'il représente l'objet, l'ordinateur gagne ainsi du temps, qu'il peut exploiter pour traiter une autre liste d'affichage.

➠ *Voir carte graphique, DMA*

liste de diffusion

Sur l'Internet, sorte de forum de discussion en différé qui permet à l'utilisateur qui s'y abonne de recevoir régulièrement des messages sur un sujet donné. Les messages envoyés par les autres abonnés lui sont communiqués par un serveur de distribution central. De la même manière, les messages qu'il envoie au serveur sont retransmis aux autres abonnés par ce serveur. Les listes de diffusion ressemblent donc fortement aux groupes de nouvelles Usenet. Cependant, elles présentent l'avantage de permettre à l'utilisateur de recevoir automatiquement dans sa boîte à lettres les messages se rapportant au thème qui l'intéresse sans avoir à se connecter manuellement au groupe de nouvelles et à rechercher les informations qui le concernent.

➠ *Voir courrier électronique, forum, groupe de nouvelles, Internet, Usenet*

liste de publipostage

Synonyme de "liste de diffusion".

➠ *Voir liste de diffusion*

liste des correspondances

Liste qui, au sein d'un programme qui utilise des noms symboliques (labels, noms de variables, etc.), indique la position exacte de ces noms à l'intérieur du programme.

➠ *Voir code source, compilateur, programme*

liste des pistes défectueuses

➠ *Voir Bad Track Table*

listing

Code source d'un programme. Les premiers programmes informatiques étaient constitués d'une longue série d'instructions traitées les unes après les autres, comme une liste d'ordres – d'où le terme de "listing". Le terme "listing" est toujours utilisé, même si les programmes actuels ne se conforment pas nécessairement à cette structure de liste linéaire.

➠ *Voir code source, programme*

listing de mémoire

Liste détaillée du contenu d'une zone de mémoire imprimée au format hexadécimal à l'aide d'une imprimante. Elle permet de rechercher la cause d'un mauvais fonctionnement ou d'un plantage de l'ordinateur.

➠ *Voir pile hexadécimale*

Livre bleu

En anglais : *Blue Book*. Standard de CD-ROM défini conjointement par Sony et Philips en 1995, qui a donné naissance au format CD-Extra. Pour le stockage, le CD-ROM au format CD-Extra dispose non seulement d'une piste de données mais aussi de plusieurs pistes audio. Il existait en fait déjà un format de CD similaire appelé CD-Plus, qui reposait lui aussi sur une piste de données et plusieurs pistes audio. La différence entre ces deux formats réside dans le fait que, dans le cas du format CD-Extra, la piste de données est enregistrée derrière les pistes audio au cours d'une session d'enregistrement qui lui est propre, ce qui permet de lire un CD au format CD-Extra dans une platine CD audio classique. Dans ce cas, la piste de données n'est simplement pas accessible à l'aide de la platine CD audio. Dans le cas du format CD-Plus, en revanche, l'utilisateur s'exposait au risque d'entendre des bruits très désagréables (et dangereux pour les haut-parleurs) s'il s'aventurait à placer un CD contenant à la fois des données et des pistes audio dans une platine CD audio classique. Les actuels lecteurs de CD-ROM multisession permettent de lire indifféremment des données et des pistes audio.

➠ *Voir CD-ROM, lecteur de CD-ROM, multisession, session*

Livre jaune

En anglais : *Yellow book*. Standard définissant les caractéristiques du CD-ROM. Ce standard a été élaboré conjointement par Sony et Philips et normalisé par l'ISO.

➠ *Voir CD-ROM*

405

Livre orange

Norme définissant les spécifications du CD-ROM réinscriptible, ou CD-R.

➠ *Voir CD-R, graveur de CD*

Livre rouge

Format définissant lle procédé d'enregistrement audio sur CD-R..

➠ *Voir CD-R*

Livre vert

➠ *Voir CD-I*

LLC

Sigle, abréviation de *Logical Link Control* ("sous-couche de contrôle de liens logiques").

➠ *Voir IEEE-802*

lobe

➠ *Voir câble à lobe*

LocalTalk

Standard de réseau conçu par Apple. Ce standard fut utilisé dès 1984 sur les premiers Mac. Il fut conçu pour relier facilement les Mac au sein de réseaux de petite taille. Les données sont transmises par l'intermédiaire d'un bus série qui n'offre qu'un taux de transfert très limité puisqu'il ne dépasse pas 230,4 Kbit/s (à titre d'exemple, les standards Ethernet et Token Ring offrent respectivement un taux de transfert de 10 Mbit/s et de 16 Mbit/s. L'affectation des adresses aux différents ordinateurs du réseau s'effectue de manière dynamique au démarrage de chacun d'eux. Le câblage repose sur des paires torsadées, dont la longueur totale ne doit pas dépasser 300 m. Le protocole AppleTalk permet de relier jusqu'à trente-deux ordinateurs en série.

➠ *Voir Apple, AppleTalk, Ethernet, paire torsadée, Token Ring*

log

"Journal".

➠ *Voir journal*

Logical Link Control

"Sous-couche de contrôle de liens logiques".

➠ *Voir IEEE-802*

logiciel

Programme informatique. Les logiciels se répartissent en deux catégories : les systèmes d'exploitation et les applications, qui reposent sur les systèmes d'exploitation.

➡ *Voir application, système d'exploitation*

logiciel comptable

Logiciel qui permet de tenir un journal comptable, de créer un grand livre et de réaliser un bilan en respectant les règles de la comptabilité simple ou en partie double. Selon les versions, les logiciels comptables peuvent s'adresser aux petites, aux moyennes ou aux grandes entreprises. Souvent, ils intègrent aussi des fonctions de gestion des stocks, des clients et des commandes. Les logiciels comptables utilisés par les très grandes entreprises sont généralement personnalisés en fonction de leurs besoins.

logiciel de communication

Logiciel qui permet à plusieurs ordinateurs de communiquer entre eux par l'intermédiaire d'un réseau local ou extérieur (tel que le réseau téléphonique ou l'Internet). Il a comme rôle de mettre l'ordinateur local en relation avec les autres ordinateurs et intègre une interface utilisateur offrant différentes fonctions de communication. Les logiciels de communication permettent généralement de choisir entre plusieurs protocoles de transfert de données (Kermit, Xmodem, Ymodem et Zmodem) par souci de compatibilité avec l'ordinateur appelé. Delrina CommSuite et le shareware ZOC sont deux exemples de logiciels de communication très connus. La plupart des logiciels de communication intègrent aussi un programme de terminal, dont le rôle est de permettre de se connecter à un ordinateur hôte et d'émuler l'interface utilisateur d'un terminal connecté à cet hôte. Les logiciels de communication sont généralement une suite de programmes répondant chacun à un besoin particulier (tels l'Internet Access Kit du BonusPack d'OS/2 ou encore l'Internet Kit de Windows 95/NT).

➡ *Voir communication, compatibilité, émulation de terminal, hôte, Kermit, protocole de transfert, transfert de données, Xmodem, Ymodem, Zmodem*

logiciel de composition multimédia

Synonyme de "logiciel d'auteurisation multimédia". Logiciel qui permet de programmer des applications multimédias (des CD multimédias, par exemple). Les logiciels actuels sont orientés objet, alors qu'il fallait vraiment savoir programmer pour utiliser les premiers logiciels de ce type disponibles sur le marché. Parmi les logiciels de composition mulmtimédia les plus connus figurent Director, de Macromedia, et Multimedia Toolbook, d'Asymetrix, ainsi que Authorware et Hyperbook, qui ne fonctionnent que sur les ordinateurs Apple. En matière de logiciels de composition multimédia, on opère généralement une distinction entre le niveau auteur et le niveau lecteur. Le niveau auteur permet de contrôler l'aspect graphique de l'application ainsi que son déroulement, tandis que le niveau lecteur ne permet que d'entrer en interaction avec le programme. Tous les systèmes de composition multimédia reposent d'abord et avant tout sur une base de données très riche qui sert à assembler et à gérer le texte, les images, les animations, les sons, etc. Le programmeur travaille sur ces éléments au niveau auteur afin de les mettre en relation et de créer des liens d'interdépendance.

➠ *Voir Macromedia, multimédia, Toolbook*

logiciel de compression

Logiciel qui permet de comprimer des fichiers sous la forme d'un fichier global – appelé "archive" – de taille inférieure à la somme des fichiers qu'il contient. Sous Windows 95, il suffit de cliquer sur une archive pour que le logiciel de compression qui a servi à la créer s'ouvre et fasse apparaître les différentes options disponibles pour la traiter. Sous MS-DOS, il est possible d'utiliser des programmes tels que LHA (disponible aussi pour OS/2), PKZIP ou ARJ, qui obéissent à une syntaxe de commandes à taper à l'invite de MS-DOS. Sous Windows 95, il est possible d'utiliser WinZip et TurboZip, qui ne sont dans la pratique qu'une interface utilisateur graphique pour le programme PKZIP pour DOS. Il existe en outre des logiciels de compression en ligne, tel UUDecoder (aussi contenu dans les dernières versions de WinZip et de TurboZip).

➠ *Voir ARJ, compression, compression de données, LHA, PKZIP, UUEncode/UUDecode*

logiciel de présentation

Application professionnelle qui permet de créer des graphiques comptables et statistiques et des présentations professionnelles. Microsoft PowerPoint, Harvard Graphics, Corel Presentations et Lotus Freelance sont des exemples de logiciels de présentation très connus.

logiciel de recherche

Logiciel conçu pour rechercher des informations au sein d'une base de données, sur un service en ligne ou sur l'Internet.

➠ *Voir recherche*

logiciel de réseau

Synonyme de "système d'exploitation de réseau". Logiciel qui permet de configurer, de faire fonctionner et de surveiller les nœuds d'un réseau. C'est grâce à ce type de logiciel que l'administrateur système peut prendre en charge les tâches d'administration, créer de nouveaux comptes utilisateur, définir les droits des différents utilisateurs, sécuriser les données et partager les ressources entre les stations de travail. LANtastic, NetWare, IntranetWare, mais aussi Unix et Windows NT sont des exemples de logiciels de réseau très répandus.

➠ *Voir système d'exploitation de réseau*

logiciel de retouche d'images

Synonyme de "palette graphique".

➠ *Voir palette graphique*

logiciel financier

Logiciel conçu pour aider l'utilisateur à traiter des problèmes financiers. La plupart des logiciels financiers permettent de consulter et de gérer des comptes bancaires, de comptabiliser les dépôts effectués à la banque, de créer des graphiques, de connaître les cours monétaires et/ou boursiers du jour par l'intermédiaire d'un service télématique, de tenir un journal des dépenses, de calculer les impôts, etc. Les logiciels financiers les plus connus sont Quicken, d'Intuit, et Money, de Microsoft.

➠ *Voir logiciel comptable, Quicken*

logiciel fiscal

Logiciel conçu pour permettre à l'utilisateur de calculer le montant de ses impôts sur le revenu et l'aider à rédiger sa déclaration d'impôts. Il permet de visualiser toutes les données pertinentes sous différentes formes et intègre des masques de saisie et de consultation correspondant aux formulaires utilisés par le fisc. Une fois les données nécessaires entrées par l'utilisateur, les logiciels fiscaux se chargent souvent de remplir automatiquement ces formulaires et de les imprimer. Ces formulaires n'ayant pas toujours été adaptés au pays dans lequel le logiciel est diffusé, il est important de vérifier s'il existe une version du logiciel spécifique au pays concerné. Il est aussi généralement nécessaire de reporter les résultats manuellement sur la feuille de déclaration d'impôts dans la mesure où le Trésor Public n'admet le plus souvent que des déclarations faites sur ses propres imprimés.

logiciel frontal

Logiciel qui permet d'accéder aux services d'un serveur. Les logiciels frontaux servent souvent à travailler sur des bases de données.

➠ *Voir base de données, serveur*

logiciel pédagogique

Synonyme de "didacticiel".

➠ *Voir didacticiel*

logiciel RNIS

Logiciel qui fait office d'interface entre l'ordinateur et la carte ou le boîtier RNIS. Ce logiciel est généralement livré avec la carte ou le boîtier. Il intègre différents programmes permettant de transmettre et de recevoir des données, d'envoyer et de réceptionner des fax, et éventuellement d'accéder à des BBS. Certains permettent même de se servir de la carte ou du modem comme d'un répondeur téléphonique et/ou d'un téléphone. Le marché propose quantité de logiciels de ce type, dont certains sont vendus et d'autres, de plus en plus nombreux, sont distribués sous forme de sharewares.

➡ *Voir carte RNIS, RNIS*

logiciel standard

➡ *Voir logiciel*

login

1. "Ouverture de session".
2. "Nom d'utilisateur".

➡ *Voir ouverture de session, nom d'utilisateur*

logique

Science du raisonnement sans contradictions et sensé. En tant que sous-domaine de l'informatique, la logique joue un rôle primordial en programmation. Elle a comme objet de décrire correctement les structures et les règles de manière formelle, puis de présenter cette description sous forme d'algorithmes. Ces algorithmes reposent sur des énoncés qui, reliés entre eux, donnent eux-mêmes naissance à d'autres énoncés. En logique, un énoncé ne peut être que vrai ou faux. La logique constitue donc un excellent point de départ pour convertir les algorithmes logiques en programmes informatiques, puisque les bits 0 et 1 représentent précisément ces deux valeurs.

logique floue

Logique qui, à l'inverse de la logique mathématique classique, laquelle n'admet que les valeurs *vrai* et *faux*, distingue des degrés de vrai et de faux et admet qu'un énoncé peut à la fois être partiellement vrai et partiellement faux. Cette logique est donc plus conforme à l'approche adoptée par l'être humain pour décrire les choses. La logique floue est utilisée essentiellement dans le domaine des techniques de commande et de régulation. Nombre des innovations effectuées dans ce domaine sont originaires du Japon et des Etats-Unis, qui accordent une importance toute particulière à ce type de logique. Dans l'industrie, la logique floue sert à contrôler des climatiseurs, le système autofocus de certains appareils photo, etc.

➡ *Voir logique*

logique négative

Logique qui, dans le domaine des circuits imprimés, permet d'obtenir la valeur VRAI en produisant une tension négative (de −5V, par exemple).

➟ *Voir logique positive*

logique positive

Logique qui, dans le domaine des circuits imprimés, permet d'obtenir la valeur VRAI en produisant une tension positive (de +5V, par exemple).

➟ *Voir logique négative*

Logitech

http://www.logitech.com

Fabricant de matériel informatique apparu en Suisse en 1981, mais dont le siège social est aujourd'hui situé en Californie. Logitech fabrique essentiellement des périphériques tels que des souris, des joysticks et des scanners à main et à chargement automatique, et avait même commencé à proposer un nouveau langage de programmation pour PC, appelé MODULA2. Sa gamme de produits et notamment de souris et de scanners est particulièrement novatrice. Toutefois, c'est essentiellement pour ses souris que Logitech est aujourd'hui connue.

➟ *Voir joystick, MODULA2, scanner, souris*

L

Logo

Langage de programmation qui ressemble fortement à la langue anglaise. A ce titre, il est relativement facile à apprendre. Il fut développé dans les années soixante au MIT, afin de permettre au public de se lancer facilement dans la programmation informatique. Il avait vocation à remplacer le BASIC. Certains de ses éléments avaient été repris du langage Lisp. Il n'est plus utilisé aujourd'hui.

➟ *Voir BASIC, langage de programmation, Lisp, MIT*

logoff

"Fermeture de session".

➟ *Voir fermeture de session*

logoff note

"Note de déconnexion".

➟ *Voir note de déconnexion*

logon

"Ouverture de session".

➟ *Voir ouverture de session*

loi de Moore

Principe édicté en 1968 par George Moore, ancien directeur d'Intel, suivant lequel la densité de transistors des microprocesseur proposés sur le marché double tous les 1,5 an. Son successeur, Andy Groove, admet, lui aussi, ce principe.

➟ *Voir Intel, microprocesseur, transistor*

loi de Murphy

Principe très souvent cité dans les pays anglophones selon lequel les objets sont par essence perfides, et qui se résume par la phrase : "Dès lors que quelque chose est susceptible de poser problème, il est certain qu'il va y avoir des problèmes". Cette phrase fut prononcée en 1949 par Edward Aloysius Murphy, ingénieur de l'armée de l'air américaine à l'occasion d'un test. Ce test visait à tester la résistance de l'homme aux accélérations extrêmes. Cependant, au terme de ce test, il s'avéra que chacune des 16 électrodes de mesure placées sur le corps de la personne testée s'étaient déplacées pendant le test, ce qui correspond à une probabilité de 1 sur 65 563. Ce principe se rapproche de celui du pain beurré : si une tranche de pain beurrée doit tomber, elle tombera systématiquement du côté du beurre. Ces principes empiriques ont par la suite été prouvés par le physicien Matthews.

loop

"Boucle".

➟ *Voir boucle*

LoRes

Abréviation de *Low Resolution* ("basse résolution"). S'oppose à *Hires.*

➟ *Voir HIRES*

Lotus

http://www/lotus.com

Fabricant américain de logiciel qui a été racheté par IBM, dont il est devenu une filiale autonome. Fondée en 1982, la société Lotus fut célèbre par son tableur 1-2-3. Elle lança ensuite le traitement de texte AmiPro (connu aujourd'hui sous le nom de Lotus WordPro) et le logiciel de courrier électronique cc:Mail. Avec Symphony, Lotus lança le premier logiciel intégré. Son programme groupware Lotus Notes fait actuellement partie de ses produits les plus connus.

➠ *Voir 1-2-3, IBM, Notes, Organizer, SmartSuite*

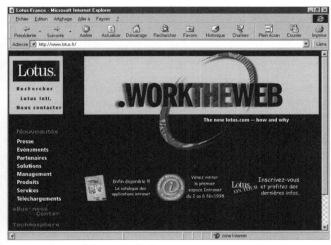

La page d'accueil du site Web de Lotus.

Lotus 1-2-3

➠ *Voir 1-2-3*

Lotus Notes

➠ *Voir Notes*

Lotus Organizer

➠ *Voir Organizer*

low byte

"Octet inférieur".

➠ *Voir octet inférieur*

low resolution

"Basse résolution".

➠ *Voir Lores*

lpi

Abréviation de *Lines per Inch* ("ligne par pouce").

➠ *Voir lpp*

lpp

Abréviation de "ligne par pouce". Synonyme de "fréquence de tramage". En anglais : *lines per inch* (lpi). Unité de mesure qui permet de quantifier la densité des lignes du tramage d'un document imprimé en niveaux de gris sur une imprimante monochrome. Contrairement au *point par pouce* (*ppp*), qui reflète la résolution physique d'un périphérique d'impression, le "lpi" reflète la nature du tramage, à savoir la nature de la conversion des niveaux de gris en points d'impression noirs. Sur les périphériques monochromes qui utilisent la technique du tramage pour imprimer (imprimantes et photocomposeuses laser), il existe un rapport fixe entre la résolution physique, la fréquence de tramage et le nombre des niveaux de gris susceptibles d'être représentés. Pour bien comprendre la nature de ce rapport, il faut d'abord connaître le principe de la cellule de demi-ton. Pour représenter des niveaux de gris, les imprimantes qui ne sont pas capables de les traiter directement doivent les convertir en un mélange (tramage) de points noirs (endroits imprimés) et de points blancs (endroits non imprimés). La cellule logique la plus petite susceptible d'être représentée au cours de cette opération de tramage est appelée "cellule de demi-ton". Cette cellule est composée d'un certain nombre de points d'impression et elle peut donc représenter un certain nombre de niveaux de gris. Si une cellule de demi-ton mesure 10 points d'impression de côté, cela signifie qu'elle contient 100 points d'impression. Ce nombre correspond aussi au nombre des niveaux de gris simulables. Cela signifie que, entre les extrêmes que constituent les niveaux 100 % noir (100 points d'impression noirs) et 100 % blanc (100 points non imprimés), il est possible de représenter 98 niveaux intermédiaires. Pour réaliser un gris à 50 %, par exemple, il faut imprimer 50 points noirs et ne pas imprimer les 50 points restants.

Le rapport mathématique qui lie le ppp, le lpp et la cellule de demi-ton est donc défini par l'équation suivante : dpi / lpi = longueur de l'un des côtés de la cellule de demi-ton. Si l'on élève cette longueur de côté au carré, on obtient le nombre des niveaux de gris simulables. Ainsi, si une imprimante caractérisée par une résolution de 600 ppp est utilisée avec une fréquence de tramage de 60, la longueur du côté de la cellule de demi-ton sera de 10, et le nombre des niveaux de gris simulables sera de 100. Cette même fréquence de tramage appliquée à une imprimante offrant une résolution d'impression de 1 200 ppp correspondra à une cellule de demi-ton de 20 de côté, soit 400 niveaux de gris simulables. Il faut d'une manière générale veiller à ce que la résolution effective croisse en même temps que la longueur de côté de la cellule de demi-ton dans la mesure où celle-ci représente l'unité la plus petite utilisable pour construire une image. En effet, plus le nombre de niveaux de gris est important, plus l'image devient grossière et vice versa. Le meilleur compromis possible entre le nombre de niveaux de gris et la précision de détail des images s'obtient généralement en travaillant avec une fréquence de tramage de 100 lpp (ce qui est la valeur par défaut de la plupart des imprimantes).

➠ *Voir demi-ton, imprimante, pixel, PPP, tramage*

LPT

Abréviation de *Line Printer* ("imprimante ligne"). Port réservé à l'imprimante dans un système d'exploitation tel que DOS, Windows ou OS/2. Les PC contiennent en règle générale deux ports LPT appelés respectivement "LPT1" et "LPT2". Le port LPT1 est aussi appelé "PRN".

➠ *Voir imprimante, port parallèle, système d'exploitation*

LPX

Facteur d'encombrement de carte mère pour PC. Les cartes LPX sont utilisées dans les boîtiers de PC très plats. Les connecteurs de bus ISA et PCI ne sont pas situés à même la carte mère, comme pour les cartes mères Baby-AT ou ATX, mais sur une carte spécifique, appelée "carte élévatrice", qui s'insère dans la carte mère. La carte élévatrice et la carte mère doivent avoir été conçues l'une pour l'autre pour fonctionner correctement, ce qui explique que les couples carte mère-carte élévatrice soient généralement fabriqués par un seul et même fabricant. Le format LPX n'est plus guère adapté aux performances des ordinateurs actuels. Ainsi est-il particulièrement difficile, avec ce type de carte, de dissiper la chaleur des processeurs de nouvelle génération (du Pentium II, par exemple). Par ailleurs, les cartes mères LPX n'offrent pas assez de place pour accueillir de nouvelles interfaces telles que le bus AGP. Aussi, le format LPX sera appelé à être remplacé progressivement par le format NLX.

➠ *Voir AGP, ATX, carte élévatrice, carte mère, NLX*

LQ

Sigle, abréviation de *Letter Quality* ("qualité lettre").

➠ *Voir courrier*

LS 120

Format de disquette et de lecteur de disquettes de 3 pouces 1/2 pouces et d'une capacité de 120 Mo. Ce format supplantera vraisemblablement à terme le format de 3 pouces 1/2 pouces haute densité utilisé actuellement. Il a été conçu conjointement par 3M, Compaq et Matsushita.

➠ *Voir disquette, lecteur de disquettes*

LSB

Sigle, abréviation de *Least Significant Bit* ("bit le moins significatif"). Bit caractérisé par le degré de priorité le plus faible dans un octet. S'oppose à "MSB".

➠ *Voir bit, octet, MSB*

LSI

Sigle, abréviation de *Large Scale Integration* ("intégration à grande échelle").

➠ *Voir VLSI*

LU

Sigle, abréviation de *Logical Unit* ("unité logique"). Eléments d'un réseau en architecture SNA (IBM).

➠ *Voir IBM*

ludiciel

Logiciel de jeu.

➠ *Voir jeu*

luminescence rémanente

Temps durant lequel la couche phosphorescente qui recouvre la paroi intérieure d'un moniteur demeure lumineuse après avoir été frappée par un faisceau d'électrons. Les électrons émis par les trois canons à électrons du tube cathodique d'un moniteur sont projetés sur une couche fluorescente qui tapisse la paroi intérieure du tube cathodique. C'est lorsqu'ils entrent en contact avec cette couche que de la lumière est générée. Chaque point d'image (pixel) coloré est en fait formé à partir de trois faisceaux d'électrons correspondant aux couleurs fondamentales – rouge, vert et bleu – qui convergent au niveau d'un triplet de couleurs sur le masque qui recouvre l'écran. Un triplet de couleurs est composé de trois perforations regroupées de manière logique sur le masque. Ces perforations peuvent être disposées de différentes manières suivant le type du masque (en delta sur les tubes à delta, par exemple). La luminescence résiduelle a une durée de l'ordre de 0,1 s. Si cette durée était plus importante, l'image paraîtrait floue.

➠ *Voir moniteur, écran*

lunettes à obturation LCD

Lunettes dont les verres sont en fait constitués d'écrans LCD miniatures permettant de voir les images de l'ordinateur en trois dimensions. Ces lunettes s'utilisent avec un logiciel qui réduit la résolution de l'écran et présente les images sous des perspectives différentes pour l'œil gauche et l'œil droit. Les écrans LCD correspondant à chacun des verres alternent, à une fréquence prévue par le logiciel, entre une image transparente et une image non transparente, ce qui permet à l'œil de ne voir chaque fois qu'une image. C'est ce phénomène que l'on appelle "obturation". Les différentes images sont ensuite rassemblées par le cerveau de telle sorte qu'elles ne constituent qu'une seule et même image, ce qui crée une impression de profondeur. La société de vente par correspondance Pearl commercialise un modèle de lunettes à obturation LCD, appelé 3D-MAX.

➠ *Voir LCD*

Lycos

http://www.lycos.fr

Moteur de recherche parmi les plus connus de l'Internet. Lycos permet de rechercher des informations sur l'Internet (le World Wide Web, les sites FTP, les groupes de nouvelles et les serveurs Gopher) en entrant des mots clés. Une fois ces mots clés entrés, Lycos lance la recherche et affiche le résultat sous la forme d'un document hypertexte contenant des liens avec les différents documents trouvés. Ces liens sont classés par degré de pertinence par rapport aux mots clés entrés. Pour calculer ce degré de pertinence, Lycos se fonde sur la fréquence de ces mots clés dans le document trouvé et sur leur place au sein du document. Plus un mot clé apparaît tôt dans un document et plus ses occurrences sont nombreuses, plus son degré de fiabilité croît.

➠ *Voir FTP, Gopher, groupe de nouvelles, hypertexte, moteur de recherche, World Wide Web*

L

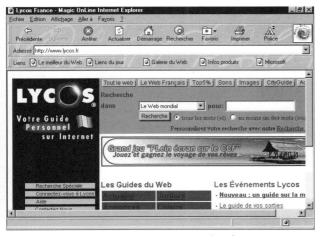

Lycos possède aujourd'hui une page d'accueil en français.

M

Abréviation du préfixe "méga". Un méga équivaut en principe à 1 000 000 d'unités. En pratique, il équivaut à 1 048 576 unités. L'abréviation *M* est, par exemple, utilisée dans les unités de mesure "Mbit" et "Mo".

➠ *Voir Mbit, Mo*

M2

Synonyme de "6x86MX". Processeur fabriqué par la société Cyrix, qui est compatible avec les Pentium d'Intel et supporte la technologie MMX. Par rapport au M1, son prédécesseur, le M2 dispose de davantage de mémoire cache de niveau 1 et d'une technique de prédiction de sauts améliorée. En terme de puissance, le M2 se situe à mi-chemin entre un Pentium MMX et un Pentium II à fréquence de cadençage égale.

➠ *Voir Cyrix, mémoire cache de niveau 1, MMX, Pentium, Pentium II*

MAC

1. Abréviation de *Media Access Control* ("couche de contrôle d'accès au support").
2. Abréviation de *Macintosh*.

➠ *Voir Apple, IEEE-802, Macintosh*

Macintosh

Famille d'ordinateurs, de la société Apple, créée en 1984. Le Macintosh, plus familièrement appelé Mac par ses adeptes, se démarqua des autres ordinateurs par le fait qu'il fut le premier à posséder une interface utilisateur graphique (MacOS). Après avoir reposé très longtemps sur la famille de processeurs 680x0, la gamme Macintosh utilise depuis 1994 le processeur PowerPC, développé conjointement par les sociétés IBM, Apple et Motorola ; à cette occasion, elle a été rebaptisée PowerMac. Au mois d'août 1997, Apple a lancé l'ordinateur personnel le plus rapide du monde : le PowerPC 9600, cadencé à 350 MHz.

➠ *Voir Apple, IBM, interface utilisateur graphique, Motorola, PowerPC*

Avec son PowerMac, Apple a su accroître la puissance du Mac tout en préservant sa personna-lité.

MacOS

Abréviation de *Macintosh Operating System* ("système d'exploitation pour Macintosh"). Interface utilisateur graphique des Macintosh et des PowerPC d'Apple ainsi que de leurs clones (Umax, Motorola, etc.). MacOS a été l'un des premiers systèmes d'exploitation à fonctionner avec une souris et à permettre l'utilisation des fonctions qui semblent très naturelles aujourd'hui, tels le glisser-déplacer et les menus déroulants.

➠ *Voir clone, glisser-déplacer, interface utilisateur graphique, menu déroulant, système d'exploitation, System 7.5, System 8*

macro

Succession de fonctions programmées pour s'exécuter automatiquement au sein d'un pro-gramme et prendre en charge des opérations fastidieuses consistant, par exemple, à mettre en forme du texte ou à calculer des valeurs. Les macros peuvent être réalisées dans un lan-gage de programmation de macros spécial ou grâce à un outil d'aide à la création de macros tel l'enregistreur de macros de Word. Pour créer une macro, l'utilisateur active simplement cet outil, puis sélectionne successivement les différentes fonctions qu'il sou-haite intégrer à la macro. L'outil d'aide à la création de macros convertit alors toutes les sélections de l'utilisateur en instructions propres au langage de macros que l'application utilise. On se sert aussi des macros pour travailler dans des langages tels que l'assembleur. Lors de l'assemblage (fabrication) du programme définitif, l'assembleur identifie les dif-férentes macros par leur nom et les insère à un endroit prédéfini dans le code source.

➠ *Voir assembleur, bibliothèque de macros, code source, éditeur de macros, virus de macro*

Macromedia

Fabricant de logiciels qui fait partie des leaders du multimédia et de la publication Web. Outre le logiciel de composition multimédia Director et son logiciel graphique Freehand, la société Macromedia développe des logiciels de gestion de polices et de retouche d'images. Dans le domaine de la création de pages Web, elle s'est montrée très novatrice avec sa technologie Shockwave qui permet de lire des animations et des séquences vidéo réalisées à l'aide de Director. Avec un taux de compression très élevé – d'où une réduction considérable du temps de chargement – qui n'altère pas pour autant la qualité des données, cette technologie joue aujourd'hui un rôle primordial dans le domaine de la création de pages Web.

➧ *Voir compression, gestionnaire de polices, logiciel de retouche d'images, multimédia, page Web, Shockwave*

macrotypographie

Ensemble des paramètres de présentation d'un document vu dans sa globalité. Parmi ces paramètres figurent la disposition du texte et des images, les proportions de noir et de couleur, la nature des polices et la mise en page.

➧ *Voir document, microtypographie, mise en page, police*

macro-virus

"Virus de macro".

➧ *Voir virus informatique*

magasin

Boîtier qui permet d'insérer plusieurs CD ou Mini Discs dans un lecteur à changeur.

➧ *Voir CD, MD*

magnéto-optique

➧ *Voir lecteur magnéto-optique*

magnétoscope

Appareil qui permet d'enregistrer des images et du son sur une bande magnétique. Les magnétoscopes actuels, qui reposent essentiellement sur le standard VHS (*Video Home System*, ou "système vidéo domestique"), mais qui peuvent aussi parfois fonctionner en mode S-VHS ou Hi8, utilisent un système d'enregistrement analogique. Depuis 1996, toutefois, il existe un procédé d'enregistrement numérique : le système DV, de Sony.

mail

"Poste" ou "courrier". Synonyme d'*e-mail*. Ensemble des lettres, des messages et des informations envoyés et reçus par modem, par BBS, par service numérique, par l'intermédiaire d'un réseau ou encore d'un service en ligne.

➠ *Voir BBS, E-Mail, Internet, service en ligne*

mail bomb

"Bombe électronique".

➠ *Voir bombe électronique*

mail reader

"Lecteur de courrier électronique".

➠ *Voir lecteur de courrier électronique*

mailbox

"Boîte à lettres". Synonyme de "BBS".

➠ *Voir BBS*

mailing

Anglais de "publipostage".

➠ *Voir publipostage*

mailing list

"Liste de diffusion" ou "liste de publipostage".

➠ *Voir liste de diffusion*

maillage

Dans le domaine des applications de construction et de création d'animations, structure en fil de fer (ou filaire) d'un corps en trois dimensions qui peut être recouverte de textures ou remplie à l'aide de couleurs. (On parle alors de *mappage*.)

➠ *Voir filaire, mappage de textures, texture*

mainboard

"Carte mère"

➠ *Voir carte mère*

mainframe

"Gros système".

➠ *Voir gros système*

maître

En anglais : *master*. Qualifie un périphérique (un disque dur, un lecteur ou un ordinateur tout entier) qui peut prendre le contrôle d'un autre périphérique qui lui est subordonné. Pour utiliser deux disques durs sur un même canal (c'est-à-dire sur une même nappe) de bus AT (IDE, EIDE), il faut faire de l'un le disque maître et de l'autre le disque esclave. C'est alors le contrôleur du disque maître qui se charge de faire suivre les données qui circulent dans le bus au disque esclave. Un ordinateur qui en commande un autre, soit directement, soit par l'intermédiaire du réseau téléphonique, est aussi qualifié de "maître".

➠ *Voir AT, contrôleur de disque dur, disque dur, EIDE, esclave, IDE*

Maj

Touche représentée par le pictogramme [Maj] présente en deux exemplaires sur un clavier de PC. Elle s'utilise principalement en combinaison avec d'autres touches. Enfoncée en même temps qu'une autre touche, elle permet d'obtenir, soit une lettre majuscule si cette autre touche représente un caractère alphabétique, soit le symbole situé dans la moitié supérieure de la touche s'il s'agit d'une touche multifonction. Utilisée seule, la touche [Maj] permet aussi de désactiver le verrouillage des majuscules.

majuscule

Du latin *major* (ou "plus grand"). Lettre plus grande qu'une minuscule qui s'utilise au début d'une phrase ou d'un nom propre. S'oppose à "minuscule".

➠ *Voir minuscule*

MAN

Sigle, abréviation de *Metropolitan Area Network* ("réseau métropolitain"). Réseau de taille intermédiaire entre celle d'un réseau LAN et celle d'un réseau WAN.

➠ *Voir LAN, réseau, WAN*

manette

Périphérique d'entrée pourvu d'un manche rotatif et de boutons. Ce type de périphérique est utilisé principalement pour les jeux informatiques. Le manche rotatif permet au joueur de diriger le personnage (un athlète) ou l'objet (un avion). Les boutons commandent des actions spéciales (sauter des haies ou larguer des mines, par exemple).

➠ *Voir joystick*

M

mantisse

Partie d'un nombre décimal contenant les chiffres ainsi que le signe du nombre à représenter.

➡ *Voir représentation à virgule flottante*

manuel d'utilisation

Documentation technique qui accompagne un ordinateur, un périphérique ou un logiciel et qui explique comment l'utiliser.

➡ *Voir logiciel, matériel, périphérique*

map

1. "Carte géographique" ou "plan de repérage".
2. "Texture".

➡ *Voir mappage de textures, texture*

mappage

En anglais : *mapping*.
1. Affectation d'une valeur à une autre (deux cellules de tableau, deux plages de mémoire, etc.).
2. Sous Netware, affectation d'un nom de lecteur à un lecteur en réseau, ce qui permet aux ordinateurs du réseau d'accéder au lecteur.
3. Sous un programme de construction ou d'animations, affectation d'une texture (image) à un corps en trois dimensions.

➡ *Voir mappage de textures, NetWare*

mappage de textures

Opération consistant à projeter des images bitmap sur des objets en 3D pour donner à ces objets une apparence aussi réaliste que possible. Ainsi est-il possible de projeter l'image d'une façade de maison sur un parallélépipède pour donner l'impression qu'il s'agit en fait d'un immeuble. Selon la forme de l'objet en 3D, il est possible d'utiliser différents types de mappage, afin d'empêcher que l'image ne se déforme. Les logiciels graphiques 3D (par exemple 3D Studio MAX de Kinetix ou Lightwave de Newtek) permettent de réaliser des mappages planaires, sphériques, cylindriques, parallélépipédiques, ou encore étirés. Les trois premiers types de mappages parlent d'eux-mêmes (le mappage sphérique projette l'image sous forme de sphère, etc.). Dans le cas du mappage parallélépipédique, la structure est projetée sur chacun des six côtés de l'objet sélectionné, tandis que, dans le cas du mappage étiré, elle est étirée comme une peau autour de l'objet. Les logiciels graphiques 3D permettent en outre de répéter l'objet, de le faire pivoter, de le faire pencher et de le modifier à l'aide de nombreux autres effets. Le mappage de textures est aussi pris en charge par toutes les puces graphiques 3D modernes (pour les jeux, par exemple).

➧ *Voir texture*

mappage de textures multipasse

Type de mappage de textures qui permet de créer des effets spéciaux en accédant à la mémoire d'une manière particulière. Il peut être effectué à l'aide des puces graphiques 3D modernes. Pour le contrôle alpha, par exemple, la puce graphique 3D doit accéder non seulement au tampon Z et à la mémoire cache de textures, mais aussi à la mémoire graphique pour calculer l'effet de transparence.

➧ *Voir contrôle alpha, fonctions 3D, image 3D, mémoire cache de textures, mémoire graphique, tampon Z*

mappage MIP

Abréviation de mappage *multum in parvo* (latin de "nombreux entre semblables"). Technique qui permet d'appliquer une texture par gradation. Les bitmaps de résolution importante sont appliqués aux objets proches de l'observateur, tandis que les bitmaps de résolution plus faible sont appliqués aux objets éloignés, qui semblent plus petits. Le mappage MIP trilinéaire commence par effectuer un filtrage linéaire pour distinguer chaque fois, d'une part l'élément de texture le plus fin et d'autre part, le plus grossier avant d'effectuer une moyenne entre ces deux texels. C'est cette technique qui permet d'éviter les effets de mosaïque sur les objets situés au premier plan, et de crénelage sur les objets situés à l'arrière-plan.

➧ *Voir bitmap, crénelage, filtre de textures bilinéaire, fonctions 3D, mappage de texture, texel, texture*

mappage MIP trilinéaire

➧ *Voir fonctions 3D, mappage MIP*

mapping

"Mappage".

➧ *Voir mappage*

MAR

Sigle, abréviation de *Memory Address Register* ("registre d'adresses de mémoire").

➧ *Voir registre d'adresses de mémoire*

marguerite

➠ *Voir imprimante à marguerite*

marquage

En anglais : *tagging*. Sur un BBS, opération consistant à marquer des fichiers à télécharger.

➠ *Voir BBS, télécharger*

marqueur

Synonyme de "balise".

➠ *Voir balise*

masquage d'interruption

Désactivation temporaire d'une interruption afin d'éviter que le CPU soit interrompu dans son travail. Le masquage d'une interruption s'effectue à l'aide d'une valeur repère (flag) qui reste associée à l'interruption concernée aussi longtemps que le CPU ne doit en aucun cas être interrompu dans son travail. Il est très utile que les interruptions puissent être masquées lorsque le CPU doit effectuer des opérations importantes.

➠ *Voir interruption*

M

masquage du numéro de téléphone

Fonction qui, sur un accès RNIS, permet à la personne qui appelle d'empêcher que son numéro de téléphone soit communiqué au téléphone de son correspondant et que celui-ci puisse le lire sur l'écran de son téléphone. Il existe deux versions de cette fonction :

- Dans le cas du masquage de numéro de téléphone permanent, le numéro de téléphone de la personne qui appelle n'est jamais communiqué.
- Dans le cas du masquage à la demande, la personne qui appelle choisit à quel moment elle souhaite tenir son numéro de téléphone secret en faisant précéder le numéro qu'elle compose d'un préfixe donné.

➠ *Voir accès RNIS, fonctions RNIS, RNIS*

masque d'identification

Synonyme de "nom d'utilisateur".

➠ *Voir nom d'utilisateur*

masque de saisie

➠ *Voir formulaire*

masque

1. Synonyme de "formulaire". Boîte de dialogue personnalisée conçue pour entrer, visualiser et modifier des données sous une application. Les intitulés descriptifs et les champs de saisie sont généralement représentés à l'aide de couleurs et de mises en forme différentes pour permettre de les distinguer rapidement.

2. Sous une application graphique, outil qui permet à l'utilisateur d'indiquer à l'ordinateur quelle partie d'une image doit pouvoir être modifiée. Les parties situées à l'extérieur du masque sont automatiquement protégées contre toute modification.

3. Structure maillée qui recouvre la couche luminescente de la vitre avant du tube cathodique d'un moniteur. La face intérieure de la vitre avant d'un moniteur à tube cathodique est tapissée d'une couche luminescente. Chacun des points d'image représentés sur cette couche est constitué de trois faisceaux lumineux correspondant aux couleurs fondamentales rouge, jaune et bleu. Pour que les trois faisceaux coïncident parfaitement et forment un point de lumière net, un masque perforé est placé derrière cette couche. Ce masque fait apparaître un trou devant chacun des endroits correspondant à un point de lumière, ce qui permet aux faisceaux lumineux de traverser. Ce masque perforé est indispensable pour empêcher les faisceaux d'électrons projetés par les canons à électrons d'atteindre aussi un point lumineux voisin, ce qui entraînerait une déformation importante de l'image. Alors que les perforations de la plupart des masques sont habituellement cylindriques, certains fabricants équipent leurs moniteurs de masques à trous rectangulaires (masques à fentes, comme sur les moniteurs Trinitron de Sony) ou elliptiques (masque CromaClear, de NEC).

➡ *Voir application, application graphique, boîte de dialogue, donnée, écran, RVB, tube cathodique*

Massachusetts Institute of Technology

"Institut de technologie du Massachussetts".

➡ *Voir MIT*

master

"Maître".

➡ *Voir maître*

master user

"Utilisateur maître". Synonyme d'"administrateur système". Le master user est le seul utilisateur à profiter de la totalité des droits attribués sur le réseau.

matériel

En anglais : *hardware*. Ensemble des composants physiques de l'ordinateur. Le CPU, la carte mère, le disque dur, le moniteur, les modules de mémoire, etc. font partie du matériel.

➟ *Voir ordinateur*

matrice

1. Organisation d'éléments sous la forme d'un quadrillage. Dans le domaine des imprimantes, des scanners et de l'affichage graphique, on parle souvent de matrices (et plus particulièrement de matrices de points) pour désigner le quadrillage de points utilisé pour représenter les informations. Les imprimantes matricielles (à aiguilles, à jet d'encre, ou laser), par exemple, utilisent des points organisés en lignes et en colonnes pour représenter le texte et les images.
2. Synonyme de "vecteur", de "champ de variables" et de "tableau de programmation". Groupe d'éléments stockés sous un nom commun. Au lieu d'attribuer un nom à chaque élément, l'organisation en matrice attribue à chacun d'eux une valeur numérique (un index) qui permet de l'identifier sans aucune ambiguïté (sous la forme A(4), par exemple). Les matrices peuvent également comprendre plusieurs dimensions (et identifier les éléments sous la forme A(4,7,9,5) pour une matrice en quatre dimensions). Le nombre maximal d'éléments s'obtient en effectuant le produit du nombre d'éléments de chaque dimension. Ainsi, si chaque dimension compte dix éléments et que la matrice compte trois dimensions, la matrice comptera au maximum mille ($10 \times 10 \times 10$) éléments. On distingue d'une part les matrices dynamiques et d'autre part les matrices statiques. Dans le cas des matrices dynamiques, l'attribution de l'espace mémoire aux différents éléments ne s'effectue qu'au cours de l'exécution du programme. Le partage de la mémoire est par conséquent beaucoup plus flexible que dans le cas des matrices statiques. Pour les matrices statiques, en effet, la mémoire est répartie d'emblée entre les différents éléments, et elle reste occupée tout au long de l'exécution du programme.

➟ *Voir imprimante, imprimante matricielle, scanner*

matrice dynamique

Matrice dont la taille peut varier au fil de l'exécution d'un programme (ce qui n'est pas le cas des matrices statiques).

➟ *Voir matrice, matrice statique*

matrice passive

➟ *Voir écran à matrice passive*

matrice statique

Matrice dont la taille, c'est-à-dire le nombre d'éléments qui peuvent y être mémorisés, ne peut être modifiée. La plupart des matrices sont statiques. Les matrices statiques s'opposent aux matrices dynamiques.

➠ *Voir matrice, matrice dynamique*

matriciel

1. Qualifie un périphérique de sortie (tel qu'une imprimante) qui utilise un quadrillage de lignes et de colonnes pour représenter les données à traiter.
2. Qualifie un processeur composé de plusieurs cellules élémentaires, elles-mêmes composées d'éléments matériels ou d'autres processeurs. Ces cellules sont organisées d'une manière spécifique les unes par rapport aux autres, ce qui leur permet de traiter simultanément plusieurs matrices de données. Une cellule peut parfaitement se consacrer exclusivement au traitement d'une instruction donnée.

➠ *Voir imprimante matricielle, instruction, processeur*

matrixmail

Courrier électronique personnel adressé à un utilisateur du réseau FidoNet.

➠ *Voir courrier électronique, FidoNet*

MAU

Sigle, abréviation de *Multistation Access Unit* ("unité d'accès multistation"). Synonyme de "MSAU". Ordinateur de contrôle qui occupe une position centrale au sein d'un réseau Token Ring (anneau à jeton) configué en étoile. Selon que cet ordinateur amplifie les signaux électriques ou non, on le qualifie d'*actif* ou de *passif*. Tous les autres ordinateurs sont reliés au MAU par l'intermédiaire de câbles à lobe. Si l'un de ces ordinateurs vient à défaillir, le MAU referme de lui-même la structure en anneau du réseau afin d'en empêcher l'interruption. En utilisant deux interfaces d'anneau, il est possible de connecter d'autres MAU. Pour garantir au réseau un fonctionnement continu même en cas de défaillance d'une connexion physique ou de l'ensemble du MAU, il faut connecter à la première interface un anneau actif et à la seconde un anneau de sécurité (par l'intermédiaire d'un câble à deux conducteurs). Ainsi, en cas de défaillance, le réseau en anneau peut toujours se rabattre sur l'anneau de sécurité.

➠ *Voir câble à lobe, étoile, interface, réseau, Token Ring*

Mb

Abréviation de *megabyte* ("mégaoctet" ou "Mo").

➠ *Voir Mo*

Mbit

Abréviation de "mégabit". Unité de mesure de quantité de données ou de capacité de stockage. 1 Mbit = 1 024 Kbit = 1 078 576 bits.

➠ *Voir bit, capacité de mémoire*

Mbps

Abréviation de *megabits per second* ("mégabit/s"). Unité de mesure de taux de transfert de données. 1 Mbps = 1 024 Kbps = 1 048 576 bps.

➠ *Voir bps, taux de transfert de données*

Mbyte

Abréviation de *megabyte* ("mégaoctet").

➠ *Voir Mo*

MCA

Sigle, abréviation de *Microchannel*. Architecture de bus conçue par IBM et qui fut utilisée pour la première fois sur l'IBM PS/2.

➠ *Voir bus, IBM, Microchannel, PS/2*

McAfee

Fabricant de l'un des antivirus les plus connus du monde. Cet antivirus peut être téléchargé et essayé gratuitement depuis le site Web de McAfee, qui diffuse par ailleurs régulièrement des mises à jour du programme (tout comme certains services en ligne tels que CompuServe).

➠ *Voir antivirus, CompuServe, mise à jour, virus informatique*

MCGA

Sigle, abréviation de *Multicolor Graphic Array* ("carte graphique multicolore"). Standard graphique, aujourd'hui obsolète, qui se caractérise par une résolution maximale de 640×480 pixels en 16 couleurs et de 320×200 pixels en 256 couleurs. Bien que désuet, ce standard graphique est toujours utilisable avec les cartes graphiques proposées actuellement sur le marché.

➠ *Voir CGA, EGA, standard graphique, VGA*

MCI

Sigle, abréviation de *Media Control Interface* ("interface de contrôle de support"). Interface logicielle normalisée conçue pour le matériel informatique multimédia (cartes son, lecteurs de CD-ROM, cartes d'acquisition vidéo, etc.). Cette interface a été élaborée conjointement par Microsoft et IBM. Elle utilise les ressources système de l'ordinateur et ses caractéristiques ne dépendent pas du fabricant du matériel.

➠ *Voir carte d'acquisition vidéo, carte son, CD-ROM, interface, multimédia*

La protection antivirus sur l'Internet – la page d'accueil du site Web de McAfee.

MD

1. Sigle, abréviation de *Make Directory* ("créer un répertoire"). Commande MS-DOS qui permet de créer un répertoire à l'invite du système d'exploitation. A titre d'exemple, le fait de taper "MD TEST" permet de créer un répertoire appelé TEST dans le répertoire en cours.

2. Sigle, abréviation de *Mini Disc*. Support de stockage ressemblant à un petit CD de 2 pouces 1/2 de diamètre et qui est utilisé dans le domaine de l'audio. Ce format a été développé par Sony.

➠ *Voir invite, MS-DOS, répertoire, Sony, support de stockage*

MDA

Sigle, abréviation de *Monochrome Display Adapter* ("carte adaptateur pour affichage monochrome"). Standard d'affichage aujourd'hui obsolète qui se caractérise par une résolution de 720×350 pixels et ne permet d'afficher que du texte, à raison de 25 lignes de 80 caractères.

➠ *Voir standard graphique*

MDRAM

Abréviation de *Multibank-RAM* ("RAM multibanc"). Type de mémoire conçu par la société MoSys et reposant sur plusieurs modules de mémoire de 256 Kbits chacun fonctionnant par recouvrement. Les séquences de données sont émises à une fréquence de 100 MHz, ce qui assure un taux de transfert de données très élevé. Ce type de mémoire est actuellement utilisé sur les cartes graphiques du fabricant Hercules (puce ET6000), qui offrent ainsi d'excellentes performances.

➠ *Voir bit, DRAM, Hercules*

Me

Puce de cryptage pour clavier fabriquée par la société allemande ESD. Ce type de puce se connecte au clavier et code ensuite les données tapées par l'utilisateur de telle sorte que même un pilote de clavier modifié spécialement à cet effet ne puisse pas intercepter des données confidentielles (un code de carte bancaire, par exemple). Cette puce est aujourd'hui utilisée par certains services bancaires en ligne pour sécuriser les transactions bancaires.

➠ *Voir banque en ligne, cryptage*

Mean Time Between Failure

"Intervalle moyen entre les pannes".

➠ *Voir MTBF*

Media Access Control

"Contrôle d'accès au support".

➠ *Voir IEEE-802*

Media Control Interface

"Interface de contrôle de support".

➠ *Voir MCI*

Medium Scale Integration

"Intégration à moyenne échelle".

➠ *Voir MSI*

mégabit

➠ *Voir Mbit*

mégabits par seconde

➠ *Voir Mbps*

mégahertz

➠ *Voir MHz*

mégaoctet

➠ *Voir Mo*

mémoire

Elément qui sert à stocker des données sur un ordinateur. On distingue deux types de mémoires :

- La mémoire volatile, telle que la RAM, qui repose sur des semi-conducteurs. Elle est particulièrement rapide, mais perd son contenu dès qu'elle n'est plus alimentée en courant électrique.
- La mémoire de masse, dont font partie les disquettes, les CD-ROM et les disques durs, qui stocke les données à l'aide d'un procédé magnétique, optique ou magnéto-optique. Elle est beaucoup moins rapide que la mémoire volatile, mais continue à stocker les données même lorsqu'elle n'est plus alimentée en courant électrique.

➠ *Voir carte de mémoire, CD-ROM, disque dur, disquette, rafraîchissement mémoire, RAM*

mémoire à bulles magnétiques

Mémoire qui stocke les données dans des zones magnétisables microscopiques appelées *bulles*. Ce type de mémoire non volatile fut découvert dès les années soixante, mais il fut rapidement abandonné à cause de sa complexité et de son coût de fabrication.

➠ *Voir mémoire*

mémoire à constante

Mémoire qui sert à stocker une valeur constante qui ne peut généralement qu'être lue. Certaines formes de mémoire à constante offrent toutefois un accès à la fois en lecture et en écriture.

➠ *Voir ROM*

mémoire à ferrite

Type de mémoire utilisée pour la mémoire vive des gros systèmes avant l'apparition de la mémoire semi-conductrice, au cours des années soixante-dix.

➠ *Voir gros système, mémoire à semi-conducteurs, mémoire vive*

433

mémoire à plateaux magnétiques

Type de mémoire de masse qui stocke les données sur une couche magnétique recouvrant un ou plusieurs plateaux rotatifs. Le disque dur et la disquette sont deux exemples de mémoire à plateaux magnétiques.

➠ *Voir disque dur, disquette, mémoire de masse*

mémoire à semi-conducteurs

Mémoire constituée de composants électroniques qui permet à l'ordinateur de stocker des données pour effectuer ses calculs. Il existe différentes variantes de mémoire à semi-conducteurs : la mémoire DRAM, RAM EDO, SDRAM, et ROM. La mémoire à semi-conducteurs se caractérise par un taux de transfert très élevé par rapport à la mémoire de masse et, paradoxalement, par une taille de plus en plus réduite au fil du temps, alors que la capacité des modules de mémoire ne cesse d'augmenter. Il existe deux grandes catégories de mémoire à semi-conducteurs : la mémoire ROM (*Read-Only Memory*, ou "mémoire en lecture seule" et la mémoire RAM (*Random Access Memory*, ou "mémoire à accès aléatoire en lecture-écriture"). En matière de RAM, on distingue les modules de mémoire SRAM (*Static RAM*, ou "RAM statique"), qui ne nécessitent pas d'être rechargés en permanence à l'aide d'un cycle de rafraîchissement, et les modules de DRAM (*Dynamic RAM*, ou "RAM dynamique"), qui nécessitent un cycle de rafraîchissement continu pour stocker effectivement des données.

➠ *Voir cycle de rafraîchissement, DRAM, RAM, ROM, SDRAM*

M mémoire cache

Type de mémoire conçu pour accélérer l'accès aux données. C'est dans cette mémoire que sont stockées les données qui viennent d'être lues par le CPU. Lorsque le CPU a besoin de lire une nouvelle fois des données qu'il vient de lire, il commence par vérifier si elles sont stockées dans la mémoire cache. Si tel est le cas, il les lit directement depuis cet endroit au lieu d'aller les lire sur le support de stockage à partir duquel la lecture initiale a été effectuée. La mémoire cache se caractérise par un temps d'accès considérablement plus court que celui des différents supports de stockage, ce qui explique l'effet d'accélération qu'elle produit.
Il existe des logiciels capables d'émuler de la mémoire cache et d'obtenir toutes les caractéristiques présentées précédemment, ainsi que des contrôleurs de mémoire cache, qui sont des éléments matériels qui présentent eux aussi une partie de ces caractéristiques. La mémoire cache étant plus rapide que les supports de stockage et que les autres types de mémoire, elle coûte sensiblement plus cher et est conditionnée en plus petites quantités. La mémoire cache du CPU, par exemple, est six fois plus rapide que la mémoire vive (10 ns pour la mémoire cache, contre 60 ns pour la mémoire vive), ce qui explique qu'elle ne soit vendue que par barrettes de 256 Ko ou de 512 Ko. Le CPU travaillant généralement beaucoup avec des données relativement locales, il suffit en principe de stocker ces

données locales dans la mémoire cache pour épargner au CPU d'avoir à accéder à la mémoire vive, ou tout au moins de réduire la fréquence de ces accès. La mémoire cache étant toujours de taille sensiblement inférieure à celle de la mémoire vive dont elle stocke des données, la logique sur laquelle la mémoire cache s'appuie joue un rôle primordial. Lorsque cette logique permet de "deviner" de quelles données le CPU va avoir besoin, la mémoire cache peut charger à l'avance ces données et les mettre à la disposition du CPU. Plus la capacité d'anticipation de la mémoire cache est importante, plus souvent le processeur peut être servi directement, et plus l'ordinateur se révèle performant. Si les prédictions établies par la mémoire cache sont fausses (ce qui signifie qu'elle a "mal deviné"), en revanche, il faut recharger les données dont le processeur a effectivement besoin, ce qui amoindrit les performances de l'ordinateur.

Lorsque la mémoire cache fait partie d'un disque dur ou d'un lecteur de CD-ROM, elle sert à stocker provisoirement des données de ce disque dur ou de ce CD-ROM. Lorsqu'elle commence à lire des données sur un disque dur ou un lecteur de CD-ROM, la mémoire cache lit toujours une piste complète du support de stockage, que les données restantes soient effectivement nécessaires ou non. L'ordinateur part en effet du principe que ces données restantes devront sans doute être lues ensuite. Si tel est le cas, l'accès est quasiment instantané puisque les données sont déjà dans la mémoire cache. La mémoire cache n'est généralement activée que pour les opérations de lecture. Lorsqu'elle est utilisée pour des opérations d'écriture, les données ne sont pas enregistrées immédiatement sur le support de stockage. La mémoire cache attend en effet de savoir si d'autres données doivent être enregistrées. Cette période d'attente ne dure certes que quelques secondes, mais, s'il survient un plantage au cours de ce laps de temps, les données ainsi stockées sont perdues puisqu'elles n'ont pas été enregistrées sur le disque dur. Lorsque la mémoire cache est activée pour les opérations d'écriture, l'ordinateur est sensiblement plus performant, notamment pour les travaux d'impression, mais ce gain de performance n'est obtenu qu'au prix d'un risque non négligeable.

Enfin, il est à souligner que beaucoup de disques durs SCSI possèdent également une mémoire cache interne capable d'accélérer les opérations d'écriture, et qui n'est souvent pas activée. Pour l'activer, il suffit d'un utilitaire tel que EZ-SCSI, mais cela présente un risque. Il faut toutefois que survienne une coupure de courant pour que des données soient effectivement perdues, puisque les plantages n'affectent pas, en principe, les disques durs SCSI autonomes.

➠ *Voir accès, burst, CPU, mémoire cache burst, mémoire vive, SCSI*

mémoire cache asynchrone

Version standard de mémoire cache de niveau 2 (L2). La mémoire cache asynchrone est aujourd'hui remplacée par la mémoire cache pipelined-burst, ou mémoire cache synchrone, qui est plus rapide.

➠ *Voir mémoire cache, mémoire cache de niveau 2, pipelined-burst*

mémoire cache burst

Mémoire cache de niveau 2 (L2) aujourd'hui utilisée en standard sur les PC, qui fonctionne suivant le mode burst et utilise le mode de transmission burst.

➠ *Voir burst, mémoire cache de niveau 2, transmission burst*

mémoire cache de lecteur

Synonyme de "mémoire cache de disque". Mémoire spécifique utilisée sur les lecteurs tels que les disques durs et les lecteurs de CD-ROM pour stocker des données à titre temporaire. Lorsqu'il a besoin de données, le processeur regarde d'abord dans la mémoire cache du lecteur pour savoir si elles n'y sont pas déjà stockées, auquel cas il n'a pas besoin d'aller regarder sur le lecteur. Cette technique est beaucoup plus rapide que les accès directs et accroît les performances générales de l'ordinateur.

La mémoire cache du lecteur peut se trouver à même la carte logique du lecteur (ce qui est le cas pour la plupart des lecteurs modernes). Toutefois, certains contrôleurs de lecteur permettent d'installer de la mémoire cache supplémentaire. Enfin, il est possible d'utiliser une partie de la mémoire vive de l'ordinateur pour simuler de la mémoire cache de lecteur (de disque dur, le plus souvent). La gestion de la mémoire cache logicielle est prise en charge par un programme système spécial (Smartdrive, sous MS-DOS, par exemple).

➠ *Voir contrôleur de disque dur, disque dur, lecteur, mémoire cache, mémoire cache logicielle, mémoire cache matérielle, mémoire vive*

mémoire cache de niveau 1

En anglais : *L1-cache*. Mémoire cache intégrée directement au CPU, qui offre un gain de vitesse considérable. Intel a commencé à intégrer de la mémoire cache de niveau 1 à ses processeurs dès la série 80486.

➠ *Voir CPU, mémoire cache, mémoire cache de niveau 2*

mémoire cache de niveau 2

Mémoire cache spéciale, située entre la mémoire vive et le CPU. Comme la mémoire cache de niveau 1, elle sert à stocker temporairement des données issues de la mémoire vive. Mais elle se présente sous forme de modules distincts du CPU situés sur la carte mère (une barrette enfichée dans un connecteur, sur les derniers modèles de cartes mères). Elle offre de surcroît une capacité de stockage largement supérieure à celle de la mémoire de niveau 1. Alors que la mémoire cache de niveau de 1 peut stocker 16 ou 32 Ko de données, la mémoire cache de niveau 2 a une capacité minimale de 256 Ko. Jusqu'à 64 Mo de mémoire vive, 256 Ko de mémoire cache de niveau 2 suffisent. Au-delà, en revanche, il devient préférable d'opter pour 512 Ko, voire 1Mo. En cas d'augmentation de la mémoire cache de niveau 2, il est aussi primordial de penser à accroître la taille de la RAM d'étiquettes. Les vieux modèles de cartes mères utilisaient généralement de la mémoire cache de niveau 2 DRAM asynchrone. Aujourd'hui, toutefois, il est préférable d'opter pour une carte mère utilisant de la mémoire cache *pipelined-burst*, qui est beaucoup plus rapide.

➠ *Voir mémoire cache, mémoire cache de niveau 1, RAM d'étiquettes*

mémoire cache de processeur

➠ *Voir mémoire cache de niveau 1*

mémoire cache de textures

Mémoire cache intégrée à la puce graphique. Elle a une capacité de 4 à 8 Ko et fait office de mémoire tampon pour les données qui entrent dans la mémoire graphique. L'accès à la mémoire graphique s'effectuant en 64 bits ou sous forme de rafales, la puce graphique ne peut pas traiter toutes les données immédiatement. Dans le principe, la mémoire cache de textures joue le même rôle pour la puce graphique que la mémoire cache de niveau 1 pour le CPU (qui est elle aussi intégrée au CPU).

➠ *Voir mappage de textures, mémoire cache de niveau 1, texture*

mémoire cache logicielle

Mémoire cache qui utilise une partie de la mémoire vive de l'ordinateur pour accélérer les accès au disque dur. Elle stocke à cet effet les données du disque dur qui sont utilisées souvent dans la mémoire vive, qui est beaucoup plus rapide. Ce système fonctionne indifféremment avec les opérations de lecture et d'écriture. Pour les opérations d'écriture, toutefois, il faut généralement activer la mémoire cache de manière explicite, car cette opération présente des risques. En cas de plantage de l'ordinateur ou de coupure d'électricité, les données stockées dans la mémoire cache qui n'ont pas eu le temps d'être enregistrées sont en effet perdues. Le programme de mémoire cache le plus connu est Microsoft Smartdrive. Les systèmes d'exploitation modernes intègrent tous un programme de mémoire cache afin d'offrir le maximum de puissance et de sécurité. Ce qui est réalisé ici à l'aide d'un logiciel et d'une partie de la mémoire vive peut aussi être réalisé à l'aide d'un système de mémoire cache matérielle et de sa propre mémoire. Ce type de système présente toutefois l'inconvénient de coûter beaucoup plus cher, alors qu'il n'offre que des performances légèrement supérieures. Aussi ne se justifie-t-il que pour les systèmes informatiques haut de gamme.

➠ *Voir mémoire cache, mémoire cache matérielle*

mémoire cache matérielle

Mémoire cache qui se présente sous la forme d'une carte d'extension distincte, et non d'une puce soudée à même la carte mère. Ce sont les puces de cette carte d'extension qui permettent à l'ordinateur de stocker temporairement les données qu'il utilise. Le gain de rapidité que ce type de carte d'extension offre pour l'ensemble de l'ordinateur est toute-

M

fois relativement minime avec les disques durs actuels et les puces contrôleurs intégrées aux cartes mères.

➠ *Voir cache, contrôleur de mémoire cache*

mémoire cache rafale

Synonyme de "mémoire cache burst".

➠ *Voir mémoire cache burst*

mémoire cache synchrone

➠ *Voir burst*

mémoire conventionnelle

Synonyme de "mémoire de base". Zone de mémoire située sous la limite des 640 premiers kilo-octets. Avec la mémoire étendue, cette mémoire joue un rôle primordial sous MS-DOS.

➠ *Voir mémoire inférieure, mémoire supérieure, MS-DOS*

mémoire d'extension

➠ *Voir EMS*

mémoire de base

Synonyme de "mémoire inférieure".

➠ *Voir mémoire inférieure*

mémoire de masse

Type de périphérique ou de support de stockage capable de conserver des données même lorsqu'il n'est plus alimenté en courant électrique. La mémoire de masse offre générale-ment une capacité de stockage relativement importante. Les disques durs, les disquettes, les disques magnéto-optiques, les CD-ROM et les bandes sont des exemples de mémoire de masse.

➠ *Voir bande magnétique, CD-ROM, dérouleur de bandes, disque dur, disquette, lecteur de CD-ROM, lecteur de disquettes, lecteur magnéto-optique*

mémoire de travail

Synonyme de "mémoire vive".

➠ *Voir mémoire vive*

mémoire étendue

En anglais : *Extended Memory*. Zone de mémoire située au-delà du premier mégaoctet (1 Mo). Tous les PC équipés d'un CPU de type 80286 sont capables d'utiliser de la mémoire étendue. Sous MS-DOS, il faut utiliser des pilotes spéciaux, qui reposent souvent sur le standard XMS, pour pouvoir utiliser cette mémoire.

➠ *Voir mémoire vive, PC, XMS*

mémoire flash

Mémoire spéciale conçue par Intel, qui permet de stocker des informations à demeure (même lorsque l'ordinateur n'est plus sous tension) sans qu'il faille utiliser un appareil spécial. Cette mémoire peut donc être programmée et lue électroniquement.

➠ *Voir EEPROM, ROM*

mémoire graphique

Mémoire utilisée par la carte graphique pour stocker les informations graphiques. C'est de la taille de la mémoire graphique que dépend la profondeur de couleur maximale susceptible d'être atteinte pour une résolution donnée. Avec 2 Mo de mémoire, il est possible de représenter 16,7 millions de couleurs à une résolution de 800×600 pixels. La mémoire graphique peut être organisée et administrée de différentes manières suivant les applications visées (circuit accélérateur 2D ou 3D).

➠ *Voir carte accélératrice, carte graphique, détourage, double mise en mémoire tampon, image 3D, mappage MIP, profondeur de couleur*

mémoire magnétique

Type de mémoire qui utilise un support recouvert d'une couche magnétique, tels les disques durs, les disquettes, les bandes magnétiques et les cartes magnétiques.

➠ *Voir bande magnétique, carte magnétique, disque dur, disquette, mémoire de masse*

mémoire paginée

➠ *Voir EMS*

mémoire statique

➠ *Voir SRAM*

mémoire supérieure

En anglais : *High Memory*. Zone de mémoire située au-dessus de la limite des 640 premiers kilo-octets, qui peut être adressée par les processeurs à partir de la génération 80286 fonctionnant sous les versions 5.0 ou ultérieures de MS-DOS 5.0. Cette plage est gérée par le pilote de mémoire HIMEM.SYS. Certaines parties du système d'exploitation et certains pilotes de périphériques peuvent être chargés en mémoire supérieure à l'aide de la commande DOS=HIGH, DEVICEHIGH ou encore LOADHIGH afin de réserver les 640 kilooctets de la mémoire inférieure (ou mémoire conventionnelle) à d'autres programmes.

➠ *Voir A20, HIMEM.SYS, UMA, XMS*

mémoire tampon

Mémoire destinée à stocker temporairement des données – issues de la mémoire vive ou reçues par l'intermédiaire d'un modem, le plus souvent. Lors d'une transmission de données par modem, par exemple, les données entrantes transitent par une mémoire tampon. Dès que cette mémoire atteint un certain niveau de remplissage, elle envoie un signal au modem émetteur, qui cesse alors d'envoyer des données jusqu'à ce que la mémoire tampon soit libérée. La mémoire tampon envoie ensuite un autre signal au modem émetteur, qui envoie le paquet de données suivant, etc. La mémoire tampon joue un rôle primordial pour les transferts de données impliquant des ordinateurs ou des périphériques qui ne fonctionnent pas à la même vitesse. Très souvent, c'est une puce contrôleur qui commande les transferts de données et qui régule les flux de données, ce qui soulage le CPU.

➠ *Voir CPU*

mémoire tampon arrière

Partie non visible de la mémoire graphique d'une carte graphique.

➠ *Voir carte graphique, double mise en mémoire tampon, mémoire graphique, mémoire tampon avant*

mémoire tampon avant

Partie visible de la mémoire graphique d'une carte graphique.

➠ *Voir double mise en mémoire tampon, mémoire graphique, mémoire tampon arrière*

mémoire tampon FIFO

Mémoire tampon qui se conforme au principe FIFO et commence donc toujours par traiter les données qu'elle a lues en premier.

mémoire virtuelle

Mémoire vive simulée à partir d'une partie d'un support de stockage de masse tel qu'un disque dur. Le concept de mémoire virtuelle est utilisé dans le domaine des PC depuis la génération des 80386, mais depuis beaucoup plus longtemps sur les gros systèmes. Lorsque la mémoire vive est saturée de données, le système d'exploitation place celles qui n'ont pas été utilisées depuis longtemps dans un fichier d'échange temporaire situé sur le disque dur (*swapping*). Ce système permet d'utiliser des applications qui nécessitent davantage de mémoire vive que celle dont l'ordinateur dispose effectivement. La mémoire virtuelle fait toutefois baisser considérablement les performances de l'ordinateur.

Windows et OS/2 permettent tous deux d'utiliser de la mémoire virtuelle et ils créent un fichier d'échange de données permanent ou temporaire. La taille du fichier d'échange peut être paramétrée librement. Elle est en règle générale trois fois plus élevée que celle de la mémoire vive disponible.

mémoire vive

Mémoire à accès rapide utilisée par l'ordinateur pour effectuer les calculs. Le système d'exploitation, ses composants et les applications ont besoin d'un espace de mémoire pour effectuer des transferts de données et des calculs. La taille de la mémoire vive est un critère déterminant pour les performances générales de l'ordinateur. Pour travailler dans de bonnes conditions sous Windows 95, par exemple, il est nécessaire de disposer d'au moins 16 Mo de mémoire vive. Selon les applications utilisées (notamment pour les applications de CAO et les graphismes 3D) ou les besoins qu'impose le travail à réaliser, il peut être nécessaire d'accroître considérablement cette quantité de mémoire. Les ordinateurs actuels utilisent comme mémoire vive des modules SIMM, DRAM EDO ou, plus rarement, B-EDO. La mémoire vive possède un certain nombre de caractéristiques dont la plus importante est le temps d'accès. Celui-ci est généralement de 60 ns (nanosecondes) pour les modules de mémoire actuels.

➠ *Voir mémoire à semi-conducteurs*

M

mémorisation chaînée

Mode de mémorisation de données suivant lequel chaque élément de données contient un pointeur qui fait référence à l'élément de données suivant. Ce mode de mémorisation présente l'avantage de ne pas imposer à l'ordinateur de stocker les éléments de données les uns derrière les autres : il lui permet de les disperser à l'intérieur de la mémoire. Il est ainsi très facile d'insérer à tout moment de nouveaux éléments de données, ou encore de modifier ou de supprimer des éléments existants.

➠ *Voir adresse, pointeur*

memory

"Mémoire".

➠ *Voir mémoire*

Memory Address Register

"Registre d'adresses de mémoire".

➠ *Voir registre d'adresses de mémoire*

Memory Management Unit

"Unité de gestion de mémoire".

➠ *Voir MMU*

menu

Liste de commandes ou d'options regroupées par thèmes sous une application ou un système d'exploitation. Ce thème correspond au titre du menu. Les différents menus (Fichier, Edition, Affichage, etc.) sont placés sur une "barre de menus". Il suffit de cliquer sur le titre d'un menu ou d'activer une combinaison de touches (raccourci clavier) donnée pour faire s'ouvrir un menu et ainsi rendre son contenu visible. Les menus structurés de cette manière sont appelés "menus déroulants". Il existe par ailleurs des menus "contextuels", qui apparaissent lorsqu'on clique sur un objet (du texte, une image, un symbole de fichier, etc.) à l'aide du bouton droit de la souris et qui contiennent des options se rapportant directement à l'objet sélectionné ou à l'opération en cours.

➠ *Voir barre de menus, cliquer, interface utilisateur à menus, menu contextuel, menu déroulant, système d'exploitation*

menu contextuel

En anglais : *pop-up menu*. Menu qui s'affiche lorsque l'utilisateur clique sur un objet (du texte, une image ou un symbole de fichier) à l'aide du bouton droit. Ce menu contient des commandes spécifiques qui se rapportent directement à l'objet (les commandes Copier, Coller, Supprimer, etc.).

➠ *Voir bouton de souris, menu*

menu défilant

Synonyme de "menu déroulant".

➠ *Voir menu déroulant*

menu déroulant

Liste d'options accessible par un clic sur un intitulé appartenant à la barre de menus de l'interface utilisateur graphique d'une application. Cet intitulé correspond au titre du menu. Une fois le menu déroulant ouvert, il suffit de cliquer sur l'une de ses options pour activer la commande correspondante.

➠ *Voir barre de menus, interface utilisateur à menus, interface utilisateur graphique*

menu principal

Menu qui apparaît dès que le programme lancé est chargé et qui permet d'activer les fonctions principales du menu ainsi que d'accéder à d'autres fonctions situées dans des sous-menus.

➠ *Voir interface utilisateur à menus, menu*

Merlin

Nom utilisé en interne par IBM pour désigner la version 4 de son système d'exploitation OS/2.

➠ *Voir IBM, OS/2 Warp 4*

message électronique

➠ *Voir courrier électronique*

message switching

"Commutation de messages".

➠ *Voir commutation*

message

1. Libellé affiché par l'ordinateur pour réagir à un événement (message d'erreur, de fin de transmission, de fin de formatage, etc.).
2. Courrier électronique envoyé par un utilisateur à un autre au sein d'un réseau ou d'un service en ligne.

➠ *Voir courrier électronique, réseau, service en ligne*

M

MetaCreations

http://www.metacreations.com

Société américaine créée en juin 1997 de la fusion des fabricants de logiciels graphiques MetaTools et Fractal Design. MetaCreations est actuellement l'un des fabricants de logiciels les plus novateurs. Parmi ses produits les plus connus figurent le module externe Kai's Power Tools, KPT Bryce, Kai's Power Goo, Kai's Photo Soap, Ray Dream Studio 5, Infini-D 4.1 ainsi qu'un appareil photo numérique 3D (RealScan 3D), qui est commercialisé avec l'imprimante 3D de 3D Image Technology et une station de travail graphique de Real 3D.

➠ *Voir Kai, Kai's Photo Soap, Krause, module externe*

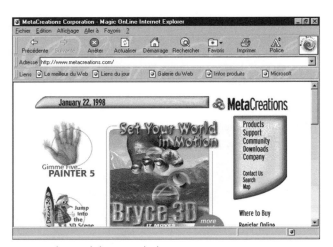

La page d'accueil du site Web de MetaCreations.

métadonnée

Donnée qui sert elle-même à décrire d'autres données.

➭ *Voir données*

métalangage

Langage artificiel qui sert à décrire d'autres langages artificiels, tel le Backus-Naur-Form, et qui permet de décrire la syntaxe de n'importe quel langage de programmation.

➭ *Voir Backus-Naur Form, langage de programmation, syntaxe*

Metal-Oxide Semiconductor

"Semiconducteur à oxyde de métal".

➭ *Voir MOS*

Metal-Oxide Semiconductor Field Effect Transistor

"Transistor à oxyde de métal à effet de champ".

➭ *Voir MOSFET*

Metropolitan Area Network

"Réseau métropolitain".

➠ *Voir MAN*

MFlops

Abréviation de *Million Floating Point Operations Per Second* ("million d'opérations à virgule flottante par seconde"). Unité de mesure qui exprime le nombre d'opérations sur des nombres à virgule flottante qu'un CPU est capable d'effectuer en une seconde.

➠ *Voir CPU, Flops, virgule flottante*

MFM

Sigle, abréviation de *Modified Frequency Modulation* ("modulation de fréquence modifiée"). Mode d'enregistrement aujourd'hui obsolète en matière de disques durs, mais toujours utilisé par les lecteurs de disquettes.

➠ *Voir disque dur, lecteur de disquettes, mode d'enregistrement, RLL*

MHz

Abréviation de "mégahertz". 1 MHz = 1 000 000 Hz = 1 000 000/s (oscillations par seconde).

➠ *Voir hertz*

Michel-Ange

Virus informatique qui affecte le secteur amorce des disques durs et des disquettes. La première version de ce virus avait été conçue pour s'activer chaque année le jour de l'anniversaire de Michel-Ange (le 6 mars) et détruire les données du support de stockage. Depuis, il existe différentes versions de ce virus qui ne s'activent pas nécessairement à cette date.

➠ *Voir secteur amorce, support de stockage, virus informatique*

micro-casque

Serre-tête sur lequel sont montés un haut-parleur plaqué sur l'oreille de l'utilisateur et un microphone placé devant sa bouche. Cet équipement est destiné essentiellement aux opérateurs téléphoniques, mais il peut également être utilisé avec un logiciel à reconnaissance vocale ou pour les applications de téléphonie Internet.

➠ *Voir système à commande vocale, téléphonie Internet, VoiceType*

Microchannel

Abréviation : *MCA*. Système de bus conçu par IBM et qui fut utilisé pour la première fois sur l'IBM PS/2. Le bus MCA devait remplacer le bus AT (ISA) mais, bien qu'il soit plus puissant que celui-ci, il n'a jamais été très répandu et IBM a préféré revenir au bus ISA. Cet échec s'explique d'abord par le fait que le bus Microchannel n'était pas compatible avec le bus ISA et ensuite par le fait qu'IBM ne permettait aux autres fabricants d'utiliser son format de bus que dans le cadre d'un contrat de licence.

➧ *Voir bus, IBM, IBM PS/2, IDE*

microcode

Synonyme de "micro-instruction".

➧ *Voir micro-instruction*

Microcom Network Protocol

"Protocole de réseau Microcom".

➧ *Voir MNP*

microcommande

Synonyme de "micro-instruction".

➧ *Voir micro-instruction*

M

Micrografx

http://www.micrografx.com

Fabricant texan de logiciels graphiques qui connut un grand succès dans les années 80 avec son programme graphique vectoriel Designer, mais qui fut ensuite supplanté par le fabricant Corel (avec son logiciel Draw). Designer en est actuellement à la version 4.0. Il fait partie de la suite de programmes ABC-Grafics au même titre que la palette graphique Picture Publisher 6.0 et le logiciel de présentation ABC Flowcharter.

➧ *Voir Corel, Corel Draw, image vectorielle, logiciel de présentation, palette graphique*

micro-instruction

Commande élémentaire du CPU utilisée en interne pour traiter les instructions de niveau processeur.

➧ *Voir commande, CPU*

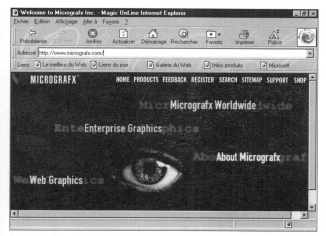

Micrografx sur l'Internet.

micro-interrupteur

Synonyme d'"interrupteur DIP". Interrupteur miniature souvent utilisé sur les cartes mères ainsi que sur certaines cartes d'extension, qui permet de configurer différents paramètres, tels que la fréquence du CPU. Pour positionner un micro-interrupteur, il faut utiliser un objet pointu tel qu'un stylo à bille ou un tournevis de précision.

➠ *Voir carte d'extension, carte mère*

micromisation

Tendance à la décentralisation qui affecte les réseaux d'entreprise depuis plusieurs années et qui vise à remplacer les structures à gros système centralisant le traitement des données au niveau d'un serveur par des réseaux de stations de travail performantes, lesquelles traitent les données de manière décentralisée.

➠ *Voir gros système, réseau, station de travail*

micro-ordinateur

Ordinateur compact destiné à être utilisé pour un usage domestique ou comme station de travail professionnelle. Ce type d'ordinateur s'oppose aux "gros systèmes", qui sont utilisés par les grandes entreprises et les centres de calcul universitaires.

➠ *Voir centre de calcul, gros système, station de travail*

microprocesseur

Circuit intégré (CI) à forte intégration qui prend en charge les fonctions de niveau processeur. Dans la pratique, lorsqu'on parle de microprocesseur, c'est généralement du CPU de l'ordinateur qu'il s'agit. En informatique, la plupart des microprocesseurs sont fabriqués par les sociétés Intel (famille de processeurs 80×86), AMD (K5, K6), Cyrix (M1, M2), Motorola (famille de processeurs 680×0) et Digital Equipment (Alpha).

➠ *Voir AMD, CPU, Cyrix, DE, CI, Intel, Motorola*

Le Pentium MMX est l'un des derniers modèles de processeurs d'Intel.

microprogramme

Petit logiciel spécifique d'un périphérique insolé par le fabricant dans le module de mémoire ROM de ce périphérique. Ce logiciel contient généralement des éléments d'information, élémentaires sur le périphérique.

➠ *Voir logiciel, périphérique*

Microsoft

http://www.microsoft.fr

Fabricant américain de logiciels. La société Microsoft fut fondée en 1974 par Paul Allen et Bill Gates. Elle connut son premier succès avec son système d'exploitation MS-DOS, pour lequel elle signa un contrat de licence avec le fabricant IBM en 1981. MS-DOS fut alors utilisé sous le nom PC-DOS sur l'ordinateur PS/2 d'IBM, ce qui l'éleva au rang de système d'exploitation standard (qui est d'ailleurs toujours utilisé). La société Microsoft élabora ensuite des systèmes d'exploitation reposant sur une interface utilisateur graphique, tels Windows 3.x, Windows 95 et Windows NT. Pour les assistants personnels, elle propose aujourd'hui le système d'exploitation Windows CE. Après avoir axé sa politique de développement sur l'environnement de bureau avec des logiciels tels que la suite de programmes Office et les applications Money et Publisher, elle cherche aujourd'hui à étendre son activité à la production de matériel informatique (avec, par exemple, le clavier Natural Keyboard, le joystick Sidewinder, la souris Intelli-Mouse, etc.). Alors que Bill Gates avait initialement estimé que l'Internet ne présentait aucun intérêt pour son entreprise, Microsoft cherche aujourd'hui à acquérir une position dominante sur le marché des produits pour l'Internet. Après avoir mis en place son propre service en ligne appelé MSN (Microsoft Network), la société Microsoft a élaboré ces dernières années un certain nombre de standards importants pour l'Internet (le standard ActiveX, par exemple) ; elle cherche aujourd'hui à accroître son influence dans le domaine de Java et des ordinateurs de réseau. En fait, Bill Gates cherche à élargir le cercle d'activités de son entreprise à l'ensemble des médias. Ainsi, il a racheté la chaîne NBC et prévu d'éditer un magazine consacré à l'Internet. La société Microsoft cherche aussi à accroître son influence sur le développement d'Apple après avoir repris pour 150 millions de dollars de parts dans le capital de son ancien concurrent. Cette somme étant payable sur trois ans et correspondant à ce que Microsoft gagne en quelques jours, Bill Gates a, une fois encore, réalisé une opération qui promet d'être lucrative.

➡ *Voir ActiveX, Apple, Gates, IBM, Microsoft Network, MS-DOS, Office, Windows, Windows 95, Windows NT*

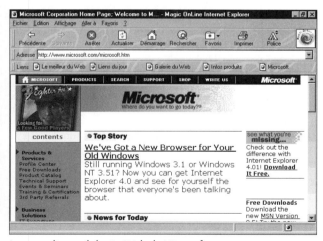

La page d'accueil du site Web de Microsoft.

Microsoft Diagnostics

➠ *Voir MSD*

Microsoft Network

➠ *Voir MSN*

microtypographie

Ensemble des paramètres de présentation d'un document vu dans le détail. Parmi ces paramètres figurent l'espacement des lignes, l'écartement des caractères et celui des mots, le
nombre de lignes vides, les couleurs, etc. Ces paramètres sont généralement gérés par un
maquettiste ou un compositeur-typographe.

➠ *Voir macrotypographie*

MIDI

Sigle, abréviation de *Music Instruments Digital Interface* ("interface numérique pour instruments de musique"). Interface logicielle qui permet d'effectuer des échanges de données entre un instrument de musique MIDI (un synthétiseur, un orgue, etc.) et un
ordinateur. Pour qu'il soit possible de relier un instrument de musique à un ordinateur, il
faut que l'instrument et la carte son de l'ordinateur soient équipés d'un port MIDI (MIDI-
In, MIDI-out). La connexion elle-même s'effectue par l'intermédiaire d'un câble MIDI
(ou adaptateur MIDI). Pour le transfert des données de contrôle entre l'instrument de
musique et l'ordinateur, plusieurs standards logiciels ont été élaborés, dont les standards
General-MIDI (GM-MIDI) et GeneralSynth MIDI (GS-MIDI). Les différents sons MIDI
sont préenregistrés sous la forme d'une table d'ondes dans des modules de mémoire situés
sur la carte son. Dans la pratique, ces sons sont utilisés essentiellement par les jeux. Pour
les contrôler, il faut passer par une interface supplémentaire normalisée appelée MPU-
401. Cette interface figure aujourd'hui en standard sur la plupart des cartes son.

➠ *Voir canal MIDI, carte son, General-MIDI, GeneralSynth-MIDI, table d'ondes*

Million Floating Point Operations Per Second

"Million d'opérations à virgule flottante par seconde".

➠ *Voir MFlops*

Million Instructions Per Second

"Million d'instructions par seconde".

➠ *Voir MIPS*

Le port jeu d'une carte son permet de connecter un câble adaptateur MIDI de ce type.

milliseconde

Millième de seconde. Unité de temps utilisée pour exprimer le temps d'accès de la plupart des périphériques de stockage (disques durs, lecteurs de disquettes, etc.).

➠ *Voir disque dur, lecteur de disquettes*

MIME

Sigle, abréviation de *Multipurpose Internet Mail Extensions* ("extensions de courrier Internet polyvalentes"). Standard Internet relativement récent conçu pour envoyer et recevoir des messages électroniques. Les extensions MIME permettent de créer facilement des messages électroniques et d'y joindre des fichiers binaires, ce qui permet, par exemple, d'associer des images, du son ou des séquences vidéo à un courrier électronique que le destinataire peut ensuite lire à l'aide de son lecteur de courrier électronique.

➠ *Voir binaire, courrier électronique, lecteur de courrier électronique, S/MIME*

mimic tracker

"Capteur de mimiques".

➠ *Voir capteur de mimiques*

Mini Disc

Support de stockage créé par Sony en 1992 pour enregistrer des données audio numériques. Le Mini Disc a un diamètre de 2 pouces 1/2, ce qui est largement inférieur au diamètre d'un CD, bien qu'il offre aussi une capacité de stockage de 650 Mo. L'enregistrement et la restitution du son s'effectuent à l'aide d'un procédé magnéto-optique. Pour atteindre la densité qui le caractérise, le Mini Disc utilise un procédé de compression spécial sans perte appelé ATRAC. A l'heure actuelle, il existe des Mini Discs d'une durée d'enregistrement de 60 et de 74 minutes. Les seuls lecteurs disponibles pour ce type de support

(Walkman, auto-radio, chaîne stéréo, etc.) sont fabriqués par Sony. Le Mini Disc a connu un succès considérable au Japon, bien que les groupes concurrents de Sony se soient opposés à ce format. En France, il n'a pas encore rencontré de franc succès, mais cette situation devrait être appelée à évoluer avec la nouvelle politique commerciale de Sony.

➠ *Voir CD, lecteur magnéto-optique, MD, Sony*

Minitel

Terminal téléphonique qui permet d'accéder à des services tels qu'un annuaire téléphonique national, à des services commerciaux (des services de vente par correspondance, par exemple) et à des bases de données (sur les cours boursiers, par exemple). L'affichage s'effectue en mode texte. Le Minitel est une spécificité du paysage téléphonique français. L'Allemagne est le seul pays européen à posséder un service ressemblant, appelé Btx, qui est toutefois beaucoup moins développé et utilisé essentiellement par les entreprises.

➠ *Voir Btx*

minuscule

Du latin *minor* ("inférieur"). Caractère de petite taille tel que ceux utilisés en standard pour le texte imprimé. S'oppose à "majuscule".

➠ *Voir majuscule*

MIP

➠ *Voir mappage MIP*

MIPS

Sigle, abréviation de *Million Instructions Per Second* ("million d'instructions par seconde"). Unité de mesure utilisée par les programmes de test de performances (*benchmarks*) pour évaluer la rapidité du CPU d'un ordinateur en se basant sur le nombre de millions d'instructions qu'il est capable de traiter en une seconde. La rapidité du CPU étant aussi fonction du jeu d'instructions utilisé, la rapidité en MIPS n'est généralement pas un critère suffisant pour comparer différents types de CPU.

➠ *Voir benchmark, commande, CPU, jeu d'instructions*

Miro

http://www.miro.com

Fabricant de matériel informatique qui produit notamment des cartes graphiques (Miro DC30), des moniteurs, des modems et des cartes RNIS. Créée en Allemagne, la société Miro a été absorbée par deux entreprises japonaise et américaine, KDS et Pinnacle, qui ont respectivement repris ses branches graphismes, multimédias et moniteurs d'une part, et vidéo d'autre part.

➠ *Voir carte graphique, carte RNIS, modem, montage non linéaire*

miroir

➠ *Voir serveur miroir, stockage disque en miroir*

mirroring

"Stockage disque en miroir".

➠ *Voir stockage disque en miroir*

mise à l'échelle

Modification proportionnelle de la taille d'un objet.

mise à niveau de CPU

Remplacement du CPU déjà installé par un CPU plus rapide. Pour effectuer une mise à niveau de CPU, il faut généralement déplacer des cavaliers ou des micro-interrupteurs sur la carte mère pour modifier la fréquence du processeur.

➠ *Voir CPU, mise à niveau, processeur*

mise en attente

Opération qui, sur une ligne téléphonique RNIS, sur un standard téléphonique ou encore ou sur une ligne téléphonique analogique bénéficiant d'un service tel que le signal d'appel de France Telecom, permet de mettre temporairement de côté un correspondant déjà en ligne pour en prendre un autre. Il est alors possible d'alterner entre les deux correspondants (en appuyant sur un bouton) et même de converser à trois.

➠ *Voir fonctions RNIS, RNIS*

mise en forme de paragraphe

Ensemble des paramètres de présentation d'un paragraphe. On distingue d'une manière générale la justification, l'alignement (à gauche, à droite ou centré), le retrait de paragraphe et la lettrine. Il existe d'autres paramètres de mise en forme de paragraphe tels que l'espacement des lignes et l'écart entre les paragraphes. Dans un traitement de texte, tous ces paramètres de mise en forme de paragraphe sont mémorisés dans le symbole de fin de paragraphe ¶. Ce symbole n'est pas imprimé sur la feuille de papier. S'il est effacé, le paragraphe auquel il se rapporte perd tous ses paramètres de mise en forme pour prendre ceux du paragraphe précédent.

➠ *Voir alignement, justification, lettrine, paragraphe, retrait de paragraphe*

M

mise en forme de texte

Opération consistant à définir les différents paramètres qui influent sur l'apparence du texte d'un document. Pour les caractères eux-mêmes, elle définit les polices, les tailles et les enrichissements à utiliser. Pour les paragraphes, elle détermine s'ils doivent être alignés à gauche ou à droite, justifiés ou centrés. Enfin, pour la présentation de la page de texte elle-même, elle définit la taille des marges, la disposition des notes de bas de page et la présentation des en-têtes et des pieds de page. Elle peut aussi intégrer quantité d'autres paramètres.

➠ *Voir formateur de texte, traitement de texte*

mise en page

Organisation des différents éléments d'une page, de l'ensemble d'une maquette ou d'une création graphique. Parmi ces éléments figurent d'une part les parties de texte telles que les paragraphes, les titres, les en-têtes et les pieds de page, et d'autre part les graphismes tels que les images, les symboles et le texte graphique. Les travaux de mise en pages s'effectuent en principe à l'aide de logiciels de PAO ou d'applications graphiques, mais les traitements de texte actuels offrent eux aussi un grand nombre de fonctions de mise en pages.

➠ *Voir en-tête de page, PAO, pied de page, traitement de texte*

mise en réseau

Opération consistant à relier un ordinateur à un réseau pour lui permettre d'en faire partie.

➠ *Voir carte réseau, réseau*

mise en veille du moniteur

➠ *Voir désactivation du moniteur*

MIT

Sigle, abréviation de *Massachusetts Institute of Technology* ("Institut de technologie du Massachusetts"). Université technique la plus célèbre des Etats-Unis. C'est au MIT qu'ont été conçues un certain nombre d'inventions révolutionnaires en matière de matériel et de logiciels informatiques (intelligence artificielle, multimédia, etc.). Le MIT doit notamment son succès à la collaboration étroite qui lie les étudiants et les professeurs et permet à chacun de travailler sur un projet qu'il a élaboré lui-même. Parmi les inventions les plus étonnantes qui y ont été effectuées figurent une feuille de papier électronique qui permet de charger et de lire automatiquement des données par l'intermédiaire d'une interface telle que l'Internet ; un scanner 3D, ainsi qu'un programme d'intelligence artificielle qui se présente sous la forme d'un chien électronique capable de savoir où son maître se tient dans une pièce donnée et d'obéir à ses ordres, comme un véritable chien. L'un des étu-

M

diants les plus originaux (il se présente lui-même comme le premier organisme cybernétique) du MIT porte toute la journée un visiocasque qui le relie en permanence à l'Internet. Les données sont projetées sur ses yeux par l'intermédiaire d'écrans LCD intégrés aux verres du casque, ce qui permet de suivre ses activités quotidiennes sur un site Web. Le directeur du MIT, Nicholas Negroponte, est également un personnage brillant.

➧ *Voir intelligence artificielle, interface, Internet, multimédia, site Web*

Mitsumi

http://www.mitsumi.com

Fabricant japonais de matériel informatique qui produit essentiellement des lecteurs de disquettes et de CD-ROM. Parmi ses dernières nouveautés figurent un graveur de CD-ROM ATAPI et un nouveau lecteur de disquettes d'une capacité de 128 Mo.

➧ *Voir ATAPI, lecteur de CD-ROM, lecteur de disquettes*

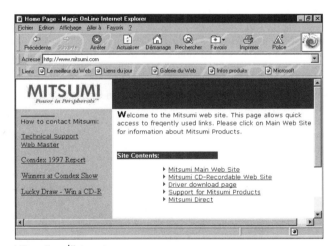

Mitsumi sur l'Internet.

MJPEG

Sigle, abréviation de *Motion Joint Photographic Experts Group* ("groupe d'experts photographes réunis spécialisés dans les animations"). Procédé de compression d'images utilisé pour stocker et traiter des séquences vidéo numériques. Contrairement au standard MPEG qui ne stocke que les différences d'une image à l'autre, le standard MJPEG conserve chaque image dans sa totalité dans le fichier compressé. Les fichiers stockés au format

MJPEG contiennent donc un volume de données considérablement plus important. Pour obtenir des séquences vidéo de bonne qualité (à un taux de compression aussi faible que possible), il est indispensable que le CPU et le disque dur soient particulièrement performants.

➠ *Voir compression, compression d'images, image*

MMU

Sigle, abréviation de *Memory Management Unit* ("unité de gestion de mémoire"). Partie du CPU (depuis la famille 80386 d'Intel) en charge de gérer la mémoire suivant le principe de la pagination.

➠ *Voir Intel, microprocesseur, pagination*

MMX

Abréviation de *Multimedia Extensions* ("extensions multimédias"). Spécification qui ajoute 57 instructions multimédias au jeu standard d'instructions des CPU d'Intel. Ces nouvelles instructions permettent au CPU de traiter les données audio et graphiques, qui ont souvent une largeur de 8 ou 16 bits, à l'aide de huit nouveaux registres MMX caractérisés chacun par une largeur de 64 bits. L'une des nouveautés les plus importantes de la technique MMX est le mode SIMD (*Single Plane Multiple Data*, ou "données multiples sur un même plan"), qui permet d'appliquer parallèlement une même commande à plusieurs données, ce qui accroît considérablement la vitesse de traitement. En plus du jeu supplémentaire d'instructions MMX, Intel a défini un nouveau standard de bus : le standard AGP prévu pour accélérer la restitution des données graphiques. Pour utiliser la technologie MMX sur un ordinateur, il faut naturellement que les logiciels installés aient été prévus à cet effet. L'un des premiers programmes à avoir été conçu pour cette technique est la palette graphique Adobe Photoshop 4.0. L'interface graphique DirectX de Microsoft est, elle aussi, depuis sa version 3.0, compatible avec cette technique. Les applications qui bénificient le plus des fonctions multimédias MMX sont les jeux graphiques et les logiciels à traçage de rayons tels que les logiciels de composition d'animations (Lightwave 5.5, de Newtek, par exemple). Le traitement des instructions MMX étant pris en charge par l'unité à virgule flottante du CPU, le programmeur doit décider si, pour les calculs, il doit s'appuyer sur cette unité ou sur le code MMX lui-même. Le jeu d'instructions MMX est une composante des familles de CPU Pentium MMX (P55C) et Pentium II, mais il doit aussi être intégré au Pentium Pro. Avec respectivement le K6 et le M, AMD et Cyrix, concurrents directs d'Intel, disposent aussi de CPU compatibles avec la technique MMX. Cependant, ils n'ont pas été autorisés à utiliser la mention "MMX" dans le nom de leurs processeurs, car il s'agit d'une marque déposée qui appartient à Intel.

➠ *Voir AGP, bit, CPU, DirectX, Intel, jeu d'instructions, K6, M2, Pentium II, Pentium Pro, registre, tracé de rayons, unité à virgule flottante*

mnémonique

Du grec *mnêmonikos* ("qui se rapporte à la mémoire"). Technique qui, pour l'élaboration d'un langage de programmation, consiste à utiliser des noms d'instructions de programmation faciles à mémoriser pour le cerveau humain. Ainsi, l'instruction qui sert à déplacer des valeurs d'un registre à un autre est intitulée *MOVE* ("déplacer"). De la même manière, celle qui permet d'effectuer des additions est intitulée *ADD* ("ajouter"), etc.

➟ *Voir adresse mnémonique, instruction, langage de programmation, programmation, registre*

MNP

Sigle, abréviation de *Microcom Network Protocol* ("protocole de réseau Microcom"). Famille de protocoles de communication pour modems, élaborée par la société Microcom et recommandée par le CCITT. Les versions les plus récentes de ce protocole sont la version 4 qui intègre un algorithme de correction automatique d'erreurs, et la version 5 qui intègre en outre un algorithme de compression qui permet d'accroître le taux de transfert de données.

➟ *Voir CCITT, compression de données, correction d'erreurs, modem, protocole de transfert*

Mo

Abréviation de "mégaoctet". Unité de mesure de quantité de données et de capacité de stockage. 1 Mo = 1 024 Ko = 1 048 576 octets.

➟ *Voir capacité de mémoire, octet*

M

MOD

Sigle, abréviation de *Magneto-Optical Drive* ("lecteur magnéto-optique").

➟ *Voir lecteur magnéto-optique*

mode

Façon de fonctionner d'un périphérique (imprimante, scanner, moniteur, modem, etc.) ou d'un logiciel. Ainsi parle-t-on de *mode économique* (ou *mode brouillon*) pour désigner le fait qu'une imprimante réduit sa qualité d'impression afin de consommer moins d'encre.

➟ *Voir brouillon, imprimante, imprimante à jet d'encre, périphérique, scanner*

mode d'accès invité

En anglais : *guest access*. Mode d'accès généralement accordé d'office à un utilisateur qui ne possède pas de compte régulier sur un BBS, un réseau ou un service en ligne. Le nom d'utilisateur et le mot de passe à utiliser pour se connecter sont alors *guest* ("invité"). Le plus souvent, ce mode d'accès confère à l'utilisateur des droits très limités. Ainsi, il peut généralement accéder qu'à un petit de nombre de forums peu intéressants, envoyer des messages électroniques à l'opérateur système et remplir un formulaire de demande d'abonnement au service.

➡ *Voir BBS, forum, opérateur système, réseau, service en ligne*

mode d'enregistrement

Procédé utilisé pour enregistrer des données sur un support de données. Durant l'enregistrement, les données sont codées et mémorisées sur la couche magnétique de la disquette, du disque dur ou de n'importe quel autre support de stockage utilisé. Il existe différents procédés d'enregistrement : les modes FM (*Frequence Modulation*, ou "modulation de fréquence"), MFM (*Modified Frequency Modulation*, ou "modulation de fréquence modifiée") et RLL (*Run Length Limited*, ou "longueur de course limitée"). Ces modes d'enregistrement se distinguent essentiellement par leur densité de stockage.

➡ *Voir disquette, disque dur, données, MFM, RLL, support de stockage*

mode de transfert asynchrone

➡ *Voir ATM*

mode graphique

Mode qui permet de contrôler chacun des pixels de l'écran. Ce mode s'oppose au mode texte, sous lequel seuls les pixels nécessaires à la représentation des caractères sont effectivement actifs. Toutes les cartes graphiques permettent d'utiliser plusieurs modes graphiques qui se distinguent les uns des autres par leur résolution, leur profondeur de couleur et leur fréquence de rafraîchissement.

➡ *Voir carte graphique, fréquence de rafraîchissement, mode texte, pixel, profondeur de couleur*

mode plan

Mode d'affichage disponible sous les traitements de texte (tels que Word) qui permet de visualiser un document sous la forme d'un plan imbriqué. Le mode plan ne fait en principe apparaître que les titres de parties. Pour visualiser le contenu d'une partie, il faut cliquer sur une icône spéciale qui représente généralement un signe *plus*. Le mode plan permet de visualiser confortablement l'ensemble du document et, par exemple, de supprimer ou de déplacer aisément des parties. Il facilite aussi la numérotation des chapitres, des titres et des sous-titres, et permet de masquer temporairement les sous-parties pour rendre le plan plus clair.

➡ *Voir traitement de texte*

mode point

➠ *Voir image en mode point*

mode protégé

En anglais : *protected mode*. Mode spécial, disponible sur les CPU Intel à partir de la génération des 80286, qui permet d'adresser directement la mémoire adressable maximale. La quantité de mémoire adressable dépend du nombre de lignes d'adresses du CPU. Le 80286 disposait de 24 lignes d'adresses, ce qui permettait d'adresser 16 Mo de mémoire vive. A partir du 80386, les CPU ont été dotés de 32 lignes d'adresses, ce qui permet d'adresser 4 Go de mémoire.

➠ *Voir adresse, CPU, mémoire*

mode réel

En anglais : *real mode*. Jusqu'à l'apparition des 80286, c'était le seul mode utilisable pour faire fonctionner un CPU. En mode réel, il est possible d'accéder depuis chaque application à la totalité des ressources système, et notamment à l'ensemble de la mémoire vive, qui ne peut dépasser 1 Mo. Pour contourner cette limite de 1 Mo, il a fallu recourir à des concepts tels que la mémoire EMS et la mémoire XMS.

➠ *Voir mode protégé*

mode réseau

Mode qui, sous un grand nombre de jeux, permet de se connecter à d'autres ordinateurs pour jouer à plusieurs. Doom, Descent, Mecwarrior, Quake et Quakeworld (qui accepte jusqu'à 256 joueurs !), mais aussi certains jeux de stratégie tels que Command&Conquer, Z et Warcraft offrent un mode réseau.

➠ *Voir réseau*

mode texte

L'un des deux modes de fonctionnement fondamentaux de toute carte graphique, l'autre étant le mode graphique. A l'époque des premiers ordinateurs, il n'était pas pensable d'utiliser l'ordinateur pour afficher des graphismes, compte tenu de l'insuffisance des ressources système disponibles. Aussi le mode texte était-il le seul à être utilisé, même sous les systèmes d'exploitation. Le système d'exploitation MS-DOS, par exemple, était complètement orienté texte. Il a fallu attendre l'apparition de programmes tels que Norton Commander pour pouvoir commencer à travailler sur un embryon d'interface utilisateur graphique, qui reposait d'ailleurs toujours sur du texte. Peu à peu, des interfaces utilisateur vraiment graphiques, telles que GEM et Windows, sont apparues. Sous ces interfaces, le texte occupe une place marginale, et il faut activer une fonction spéciale (la commande

M

Commandes MS-DOS du sous-menu Programmes du menu Démarrer, sous Windows 95) pour pouvoir travailler en mode texte pur.

mode triche

Mode activable à l'aide d'une combinaison particulière de touches, qui permet de tricher dans un jeu informatique. Une fois cette combinaison (qui n'est pas mentionnée dans la documentation du jeu) activée, le jeu bascule en mode triche qui permet au joueur de s'attribuer des éléments qu'il n'a pas mérités (armes, équipement spécial, argent, etc.).

Mode1

Mode d'organisation de secteurs utilisé pour le stockage de données sensibles aux erreurs (les programmes, par exemple) à l'époque des premiers graveurs de CD-ROM. L'utilisation de ce mode induisait une perte de 280 Mo de stockage réservés à la correction des erreurs.

➠ *Voir capacité de mémoire, CD-ROM, Mode2, secteur*

Mode2

Mode d'organisation de secteurs utilisé pour le stockage de données peu sensibles aux erreurs à l'époque des premiers graveurs de CD-ROM. L'utilisation de ce mode n'induisait aucune perte d'espace de stockage dans la mesure où il n'intégrait pas de système de correction d'erreurs.

➠ *Voir capacité de mémoire, CD-ROM, Mode1, secteur*

modèle d'impression

➠ *Voir modèle de document*

modèle de couches

Structure modulaire, sous forme de couches, d'un programme. Souvent, les projets logiciels importants ne peuvent pas être conçus d'un seul bloc. Il serait sinon très difficile de détecter les erreurs pendant la phase de développement et, une fois le logiciel terminé, de le doter de fonctions supplémentaires sans générer des erreurs dans les parties de programmes qui fonctionnaient correctement jusqu'alors. Aussi est-il d'usage de décomposer les logiciels en différentes couches regroupant chacune des fonctions apparentées, et de créer des interfaces pour leur permettre de communiquer entre elles. Ce système permet de disposer d'une structure hiérarchique plaçant l'interface utilisateur au niveau le plus élevé et réservant les couches inférieures à des opérations de plus en plus techniques au fur et à mesure que l'on descend dans la structure. Ce type de modèle a fait ses preuves tant dans l'univers des réseaux que dans celui des systèmes d'exploitation.

modèle de couleurs

Base utilisée pour décrire des couleurs. Physiquement, une couleur n'est rien d'autre qu'une longueur d'onde précise. L'œil humain est en mesure de voir une certaine partie du spectre lumineux. Pour pouvoir créer des couleurs et les faire varier ensuite, il faut disposer d'un modèle. Il existe quantité de modèles de couleurs standards, dont deux sont très souvent utilisés en informatique. Le premier est le modèle à mélange additionnel. Il consiste en une surface de travail blanche considérée comme idéale que l'on recouvre de rayons lumineux créés à l'aide des différentes couleurs primaires. Cette superposition de couleurs donne l'impression d'un mélange homogène de couleurs. C'est ce principe qu'utilise le modèle de couleurs RVB, qui repose sur les couleurs primaires rouge, vert et bleu. Le second modèle le plus utilisé est celui qui est à mélange soustractif. Il consiste à soustraire une certaine quantité de chacune des trois couleurs fondamentales d'une lumière blanche considérée comme parfaite à l'aide de filtres de couleur, ce qui donne là encore l'impression d'un mélange homogène de couleurs. Ce principe est utilisé par le modèle CMJN.

➠ *Voir CMJN, RVB*

modèle de document

Synonyme de "modèle de travail", de "modèle d'impression" et de "feuille de styles". Document prédéfini qui peut être utilisé comme base de travail pour créer d'autres documents dans un logiciel de traitement de texte. Un modèle peut contenir des éléments de texte type, des paramètres de mise en forme standard et des macros. Les modèles de document permettent de créer facilement et rapidement des documents répétitifs et d'en garantir l'uniformité.

➠ *Voir document, macro, traitement de texte*

M

modèle de fax

1. Document spécifique contenant du texte et des paramètres de mise en forme prévus pour créer des fax. La plupart des logiciels de traitement de texte actuels intègrent des modèles de fax.
2. Formulaire ou imprimé type qu'il suffit de compléter à la main, à la machine à écrire ou à l'aide d'une imprimante pour rédiger un fax.

➠ *Voir modèle de document*

modèle de présentation

Document contenant des structures prédéfinies telles que des tableaux, des images, des diagrammes, des styles de texte ou encore des éléments de texte déjà mis en forme et en page, et qui a pour rôle de servir de base de travail pour créer d'autres documents.

➠ *Voir diagramme, document, image, tableau, traitement de texte*

461

modèle de référence

Synonyme de "modèle OSI".

➠ *Voir modèle OSI*

modèle OSI

➠ *Voir OSI*

modélisation de données

Opération consistant à éliminer les redondances et les incohérences dans une base de données. Cette opération joue un rôle très important dans le cycle de développement d'une base de données. Elle permet en outre d'accéder plus rapidement aux données. Lorsque la base de données est relationnelle, la modélisation intègre une autre opération appelée "normalisation" qui consiste à vérifier que chacune des tables de la base de données est d'une taille aussi petite que possible et ne peut plus être subdivisée.

➠ *Voir base de données, base de données relationnelle*

modem

Abréviation de "modulateur-démodulateur". Périphérique qui a pour rôle de moduler et de démoduler des tensions électriques analogiques et numériques. Lorsque des données sont transmises par l'intermédiaire d'un modem, les signaux électriques numériques (constitués d'une suite de variations de tensions) sont convertis en signaux électriques analogiques (constitués d'une série de variations d'amplitudes). Les opérations de modulation et de démodulation ont lieu au niveau du port série du PC. Les signaux analogiques sont alors envoyés par l'intermédiaire du réseau téléphonique au modem (ou fax) de destination, qui les reconvertit à son tour en signaux numériques. Aujourd'hui, il existe des modems internes qui se présentent sous forme de cartes d'extensions, ainsi que des modems externes qui se présentent sous forme de boîtiers reliés au port série de l'ordinateur. Pour les ordinateurs portables, il existe des modems sous forme de cartes PCMCIA.

➠ *Voir analogique, fax-modem, numérique, PCMCIA, portable*

Modified Frequency Modulation

"Modulation de fréquence modifiée".

➠ *Voir MFM*

MODULA2

Langage de programmation développé à partir du Pascal et qui contient un certain nombre d'extensions conçues spécialement pour travailler à l'aide de modules. Ainsi, il est possible d'associer des variables, des procédures et des routines pour en faire un module, puis de compiler ce module pour le transformer en programme autonome réutilisable sous d'autres programmes. Il existe des versions du langage MODULA2 pour les systèmes d'exploitation MS-DOS, OS/2 et MacOS.

➡ *Voir compilation, MacOS, module, MS-DOS, OS/2, Pascal, procédure, routine, variable*

modulation

Opération consistant à faire varier l'amplitude, la fréquence ou la phase d'une oscillation de porteuse à haute fréquence pour transmettre un signal (selon le procédé utilisé, on parle de modulation d'amplitude, de modulation de phase ou de modulation fréquence). Pour déchiffrer le signal transmis, le destinataire doit commencer par le reconvertir (ou le démoduler).

➡ *Voir modem*

module

1. Composant matériel (carte mère, CPU, disque dur, mémoire vive ou carte graphique) absolument nécessaire à l'intégration d'un système informatique, dont il assure des fonctions essentielles. Les modules sont généralement conçus pour être compatibles avec une plate-forme donnée (Apple, Sun, PC compatible IBM, etc.). Les modules d'un même type sont par ailleurs généralement interchangeables d'un fabricant à l'autre dans la mesure où ceux-ci se conforment à des normes communes en matière de connexions et de formats.
2. Programme ou partie de programme autonome qui a pour rôle de prendre en charge des tâches précises (routines ou procédures).

➡ *Voir CPU, carte graphique, disque dur, mémoire vive, plate-forme, procédure, programmation modulaire, routine*

module d'extension

Carte d'extension équipée d'un boîtier de protection.

module externe

Extension apportée à un composant matériel ou à un logiciel pour le doter de nouvelles fonctions.

module objet

Unité de données préconçue qui peut être intégrée au code d'un programme et qui contient des procédures et des routines se rapportant à une fonction donnée. Le module objet ne peut pas être exécuté en tant que tel. Ce n'est qu'une fois intégré au code d'un programme après que celui-ci a été compilé et assemblé qu'il devient exécutable.

➡ *Voir assemblage, bibliothèque d'objets, compilateur*

moniteur

Synonyme d'"écran". Téléviseur dépourvu de système de réception de chaînes qui, selon le cas, n'est capable d'afficher qu'une couleur (monochrome) ou peut au contraire en afficher plusieurs (polychrome, ou tout simplement couleur). La qualité de l'image dépend d'un certain nombre de facteurs tels que le masque, la largeur de bande et les fréquences maximales horizontale et verticale. Elle est, d'une manière générale, largement supérieure à celle d'un téléviseur. Pour exprimer la taille d'un moniteur, on utilise la longueur de la diagonale de l'image, mesurée en pouces (1" = 2,54 cm). Il existe des moniteurs de 14", 15" (38,5 cm), 17" (43,18 cm), 19", 20", 21" (53,3 cm) et 23". Avant d'acheter un moniteur, il est important de vérifier qu'il se conforme aux normes antirayonnement en vigueur et qu'il est compatible avec les systèmes de gestion d'énergie actuels. La plupart des moniteurs fabriqués actuellement sont conformes à la norme MPR II et/ou TCO 92/95.

➡ *Voir écran, fréquence horizontale, fréquence verticale, gestion d'énergie, largeur de bande, masque, monochrome, MPR, réseau, TCO*

moniteur couleur

Ecran capable, en mélangeant les trois couleurs primaires, de représenter la quasi-totalité des couleurs du spectre. L'écran couleur est devenu un standard en informatique. Avant qu'il ne s'impose, on utilisait des écrans monochromes (ou à couleur unique). Les écrans couleur sont généralement pourvus d'un tube cathodique qui utilise trois faisceaux d'électrons pour représenter les trois couleurs primaires – le rouge, le vert et le bleu – qu'ils peuvent ensuite mélanger pour représenter les différentes nuances de couleur possibles. Le nombre maximal de couleurs susceptible d'être représenté est fonction de la carte graphique utilisée.

➡ *Voir carte graphique, écran, monochrome, RVB, tube cathodique*

moniteur TTL

Moniteur monochrome qui permet d'analyser l'état d'un composant ou d'un module TTL. Il possède à cet effet une entrée numérique qui délivre une tension de 5 V.

monochrome

Qualifie un moniteur qui n'est capable d'afficher qu'une couleur en plus de celle du fond de l'écran (orange sur fond noir, blanc sur fond noir ou encore vert sur fond noir) pour représenter du texte ou des graphismes. Les moniteurs monochromes étaient très répandus sur les premiers ordinateurs. Aujourd'hui, ils ne sont plus utilisés qu'aux endroits où il n'est pas utile d'afficher des graphismes (aux terminaux d'encaissement des magasins, par exemple). Comme les écrans LCD actuels, certains moniteurs monochromes étaient capables de représenter les couleurs sous forme de niveaux de gris.

➠ *Voir LCD, moniteur, niveaux de gris*

Monochrome Display Adapter

"Carte adaptateur pour affichage monochrome".

➠ *Voir MDA*

monopasse

Synonyme de "simple passe".

➠ *Voir simple passe*

mono-utilisateur

Qualifie un ordinateur (tel qu'un PC), un système d'exploitation (tel que Windows 95) ou un logiciel (tel que Word) sur lequel un seul utilisateur peut travailler à la fois. S'oppose à multiutilisateur.

➠ *Voir multiutilisateur*

montage linéaire

Montage pour lequel les données de deux magnétoscopes contenant les séquences vidéo qui doivent être assemblées sont lues et traitées dans la carte de montage vidéo (de type FAST Movie machine II, par exemple), puis envoyées vers un troisième magnétoscope.

➠ *Voir AV, carte vidéo, montage non linéaire*

montage non linéaire

Montage vidéo consistant à enregistrer les données d'un magnétoscope sur le disque dur de l'ordinateur, à traiter les séquences vidéo sur le disque dur, à les monter pour en faire une nouvelle séquence vidéo puis à les réenregistrer sur une cassette vidéo. Contrairement au montage linéaire, le montage non linéaire ne nécessite qu'un magnétoscope et un ordinateur (équipé d'un disque dur rapide). La connexion entre l'ordinateur et le magnétoscope peut s'effectuer à l'aide d'une carte d'acquisition telle que les modèles FAST AV-Master, Miro DC30 ou encore DPS Perception.

➠ *Voir montage linéaire*

Moore

➠ *Voir loi de Moore*

morphage

Procédé qui permet de transformer étape par étape une image en une autre. Ce procédé peut, par exemple, servir à transformer une tête humaine en tête d'animal. Ce type d'effet est utilisé essentiellement dans les films et les animations informatiques. Une fois l'image de départ affichée, l'ordinateur génère un certain nombre d'images intermédiaires ressemblant de plus en plus à l'image finale avant d'afficher celle-ci. Ces images intermédiaires s'enchaînent pour former une animation, ce qui donne l'impression que l'image se transforme progressivement. Les fonctions de morphage font partie des fonctions essentielles des logiciels d'animations actuels. Les logiciels en 3D (3D Studio Max ou Lightwave, par exemple) imposent de respecter un principe fondamental : l'image de départ et l'image finale doivent impérativement comprendre le même nombre de points. L'ordinateur reprend en effet en interne les points de l'ossature filaire de l'image de départ pour créer l'ossature filaire de l'image finale. Lorsque l'image finale contient trop de points ou pas assez par rapport à l'image de départ, l'ordinateur ne peut pas indiquer leur position dans l'espace tridimensionnel, et il interrompt purement et simplement ses calculs.

➠ *Voir animation, filaire, palette graphique, sommet*

morphing

"Morphage".

➠ *Voir morphage*

MOS

Sigle, abréviation de *Metal-Oxide Semiconductor* ("semiconducteur à oxyde de métal"). Semiconducteur à oxyde de métal utilisé pour réaliser des systèmes de commutation. Il existe différentes formes de semiconducteurs MOS. Cependant, ils sont tous constitués d'un support recouvert d'une couche métallique (d'oxyde de métal) qui permet d'obtenir un composant électronique de moyenne à forte densité d'intégration. L'une des formes de composants MOS les plus connues en informatique est le CMOS, qui est la puce qui sert à stocker les informations se rapportant au BIOS de la carte mère. Il existe d'autres variantes de cette puce appelées NMOS et PMOS.

➠ *Voir BIOS, CMOS, puce*

MOSFET

Sigle, abréviation de *Metal-Oxide Semiconductor Field-Effect Transistor* ("transistor à oxyde de métal à effet de champ"). Synonyme de "transistor MOS". Transistor utilisé pour la fabrication des composants MOS à forte intégration. Il a pour particularité d'utiliser un champ magnétique pour conduire le courant électrique.

➠ *Voir MOS, transistor*

Most Significant Bit

"Bit le plus significatif".

➠ *Voir MSB*

MOT

Sigle, abréviation de *Multimedia Object Transfer Protocol* ("protocole de transfert d'objets multimédias"). Protocole de transfert de données conçu pour la radio numérique et qui permet d'associer aux informations audio du texte et des images. Ce texte et ces images peuvent ensuite être captés à l'aide d'un récepteur prévu à cet effet.

➠ *Voir DAB, protocole de transfert*

mot clé

Mot qui représente un code (une commande, une instruction ou un identificateur de lecteur) dans un langage de programmation donné et qui ne doit, en aucun cas, être utilisé pour désigner une variable dans un programme.

➠ *Voir commande, pilote, variable*

mot de données

En anglais : *word*.
Valeur maximale susceptible d'être transmise par un bus de données. Dans le cas d'un bus de 16 bits, le mot de données est égal à 16 bits ; dans le cas d'un bus de 32 bits, le mot de données est égal à 32 bits.

➠ *Voir bit, bus de données*

M

mot de passe

Combinaison de caractères qui permet d'accéder à un programme, un réseau ou un ordinateur. Sans ce mot de passe, le programme, le réseau ou l'ordinateur refuse purement et simplement tout accès à l'utilisateur. C'est en principe à l'utilisateur lui-même qu'il incombe de se choisir un mot de passe. On utilise surtout des mots de passe en réseau afin de contrôler les accès. Dans ce cas, le mot de passe est associé à un nom d'utilisateur (ou *login*). Pour choisir un mot de passe, il est préférable de choisir une chaîne de caractères difficile à deviner. Ainsi les administrateurs système déconseillent-ils aux utilisateurs de choisir un mot de passe directement lié à leur environnement professionnel ou familial (le prénom de l'un de leurs enfants, par exemple), etc. Il est généralement possible d'utiliser des caractères spéciaux pour définir un mot de passe.

mot de passe système

Mot de passe qui permet de protéger l'accès aux paramètres système du BIOS. Ce mot de passe peut être exigé au moment d'entrer dans le Setup du BIOS, et même durant l'initialisation de l'ordinateur.

mot réservé

Mot clé, ou instruction de base, d'un langage de programmation. En principe, un mot réservé ne peut pas être utilisé pour nommer une variable, une fonction, une procédure, etc.

➠   *Voir langage de programmation*

moteur

Partie centrale d'un programme (ou d'un fragment de programme). Sous un logiciel graphique, par exemple, la partie ayant à charge de calculer les images et de les restituer à l'écran est appelée "moteur graphique". De la même manière, la partie d'un système de gestion de bases de données ayant à charge de gérer les données est appelée "moteur de bases de données" (sous Access, le moteur s'appelle *Microsoft Jet*).

➠   *Voir Access, programme, SGBD*

moteur de configuration

Partie des puces graphiques 3D modernes qui a pour rôle de calculer un certain nombre de paramètres importants servant à représenter les différents triangles (polygones) utilisés pour créer des objets en 3D. Parmi ces paramètres figurent les coordonnées des textures, les paramètres de perspective, l'inclinaison de chacun des côtés des triangles et le nombre de lignes d'écran recouvertes par chaque triangle. Le moteur de configuration intervient juste après le moteur de géométrie, dont il utilise les résultats. La configuration des triangles, en revanche, est prise en charge au niveau matériel par la puce 3D.

➠   *Voir fonctions 3D*

moteur de géométrie

Partie du pipeline de rendu d'une puce graphique 3D qui a pour rôle de calculer la position des objets. Les coordonnées des objets sont en règle générale converties deux fois : une première fois du système de coordonnées local de l'objet au système de coordonnées universel (ou "général", ou encore "mondial"), et une seconde fois du système de coordonnées universel au système de l'observateur. C'est normalement au sein du système universel que s'effectue le calcul de l'éclairage. Toutefois, le système de coordonnées universel n'est pas utilisé par un certain nombre de programmes, dont les jeux. Dans ce cas, la seule conversion qui soit effectuée est celle qui permet de passer du système de coordonnées local à celui de l'observateur. Le nombre des objets représentables est fonction de la puissance du processeur. Les calculs géométriques sont parfois encore effectués par l'intermédiaire de logiciels, ce qui ne sera plus le cas avec les puces 3D de nouvelle génération.

➡ *Voir fonctions 3D, imagerie 3D, processeur graphique 3D*

moteur de recherche

Site Internet qui permet de rechercher des informations sur l'Internet. Les moteurs de recherche permettent en règle générale d'entrer les mots recherchés à même leur page d'accueil. Chaque moteur de recherche s'appuie sur un index très complet de l'Internet, ce qui lui permet de travailler rapidement et efficacement. Le résultat de la recherche est présenté sous forme de liens hypertexte permettant d'accéder d'un simple clic aux pages d'accueil contenant les mots recherchés. Nombre de moteurs de recherche sont aussi spécialisés dans la recherche d'adresses de courrier électronique ou dans la localisation de programmes sur les sites FTP.

Quelques adresses de moteurs de recherche d'adresses de courrier électronique et de sites Web

Recherche d'adresses de courrier électronique	
Internet Address Finder	http://www.iaf.net
Netfind	http://www.nova.edu/inter-links/netfind.html
People Finder	http://www.peoplesite.com
Yahoo People Search	http://www.yahoo.com/search/people/email.html

Recherche d'URL

Lycos français	http://www.lycos.fr
Yahoo français	http://www.yahoo.fr
Alta Vista	http://www.alta-vista.com
Excite	http://www.yahoo.fr
Hotbot	http://www.hotbot.com
Infoseek	http://www.infoseek.com http://ultra.infoseek.com

M

Lycos	http://www.lycos.com
Metasearch	http://www.metasearch.com
WebCrawler	http://www.webcrawler.com
Yahoo	http://www.yahoo.com

motherboard

"Carte mère".

➠ *Voir carte mère*

motif

Structure répétitive d'éléments. Le concept de motif est très utilisé dans le domaine des graphismes et de la numérisation (reconnaissance de formes).

➠ *Voir reconnaissance de formes*

motion analysis face tracker

"Capteur d'expressions faciales". Synonyme de "capteur de mimiques".

➠ *Voir capteur de mimiques*

motion capture

"Capture de mouvement".

➠ *Voir capture de mouvement*

Motion-JPEG

➠ *Voir MJPEG*

Motorola

Fabricant américain de processeurs et d'autres semi-conducteurs – maison fondée en 1928 – qui ne devint vraiment connu dans le domaine de l'informatique que pour ses processeurs de type 680 × 0 utilisés sur les ordinateurs de marque Apple, puis pour sa collaboration avec les sociétés IBM et Apple à l'élaboration du processeur PowerPC. Aujourd'hui, Motorola est aussi l'un des premiers fabricants de processeurs à architecture CISC et RISC.

➠ *Voir Apple, CISC, IBM, microprocesseur, PowerPC, RISC*

mouse

"Souris".

➠ *Voir souris*

mousepad

"Tapis à souris".

➠ *Voir tapis à souris*

MPC

Sigle, abréviation de *Multimedia Personal Computer* ("ordinateur personnel multimédia").

MPEG

Sigle, abréviation de *Moving Pictures Expert Group* ("groupe d'experts des images animées"). Standard de compression d'images animées et format vidéo reposant sur un flux de bits. Il en existe quatre versions (MPEG I à MPEG IV). Pour les CD-ROM, ce standard correspond à une résolution graphique de 352 × 288 pixels et à un débit de 25 images/s, ce qui équivaut à un taux de transfert de 150 Ko/s. Le standard MPEG II est celui qui est utilisé pour la télévision numérique. Il est parfaitement compatible avec les standards Sécam et PAL et permet de restituer les signaux en qualité HDTV (1 024 lignes). Le format MPEG offre un taux de transfert de 2,5 à 6 Mbit/s. La compression peut être prise en charge par un décodeur logiciel (tel que Xing), mais aussi par un décodeur matériel. Pour être effectuée en temps réel, la compression doit être prise en charge par un décodeur matériel dans la mesure où les changements, qui apparaissent d'une image à l'autre au sein d'une suite d'images, ne sont pas stockés sous forme de différences, mais de "compensation de mouvements". Ce procédé consiste à rechercher les parties communes entre l'image suivante et la précédente et à les coder sous forme de vecteurs de déplacement. La quantité de données à stocker est ainsi beaucoup moins importante, même pour les prises de vue panoramiques. La compensation de mouvements est un procédé particulièrement lourd dans la mesure où elle impose de comparer chaque bloc de pixels au précédent. Le standard MPEG permet de compresser non seulement des données graphiques, mais aussi des séquences audio. En revanche, il n'est pas adapté au traitement des séquences vidéo, car il ne stocke pas des images complètes. Pour la vidéo, c'est généralement le format MJPEG qui est utilisé.

➠ *Voir CD-ROM, compression d'images, image, enregistrement, MJPEG, PAL, pixel, Secam*

M

MPR

Famille de normes limitant le rayonnement tolérable pour un moniteur. Les normes de cette famille ont été définies par l'ancien Conseil pour les techniques de mesure et les tests suédois (l'équivalent du SWEDAC actuel). La première de ces normes a été la norme MPR-I. Elle a été suivie en 1990 de la norme MPR-II qui fixe des seuils de rayonnement à ne pas dépasser dans un rayon de 50 cm autour du moniteur. Ces seuils reposent sur seize points de mesure répartis sur trois niveaux autour du moniteur. La plupart des moniteurs actuels sont au moins conformes à la norme MPR-II et généralement aussi aux normes TCO 92 et TCO 95.

➠ *Voir écran, moniteur, radiation, rayonnement, TCO*

MPU-401

Sigle, abréviation de *Micro Processing Unit 401* ("microprocesseur 401"). Interface MIDI pour cartes son créée par la société Roland. L'interface MPU 401 permet de connecter un instrument de musique MIDI (un synthétiseur, par exemple) à un ordinateur, et de contrôler les logiciels MIDI (comme les jeux qui utilisent du son MIDI). Elle permet aussi de connecter une carte d'extension à table d'ondes (une table d'ondes contient des données permettant de restituer le son de différents instruments) à un vieux modèle de carte son. Lorsque la carte son ne dispose pas d'interface MPU 401, il est possible d'en émuler une à l'aide d'un pilote, mais la compatibilité avec le standard MIDI est alors généralement très limitée.

➠ *Voir carte son, compatibilité, MIDI, pilote, table d'ondes*

MR

Abréviation de "magnétorésistif".

➠ *Voir tête de lecture magnétorésistive*

MSAU

Sigle, abréviation de *Multistation Access Unit* ("unité d'accès multistation"). Synonyme de "MAU".

➠ *Voir MAU*

MSB

Sigle, abréviation de *Most Significant Bit* ("bit le plus significatif"). Bit caractérisé par le degré de priorité le plus élevé dans un octet. Pour les nombre signés, c'est ce bit qui sert à représenter le signe.

➠ *Voir binaire, bit, LSB, octet*

MSCDEX

Abréviation de *Microsoft CD Extension* ("extension Microsoft pour CD"). Extension apportée au système d'exploitation MS-DOS pour permettre à l'ordinateur d'utiliser un lecteur de CD-ROM comme un lecteur "normal". Pour que tel soit le cas, il faut que le pilote MSCDEX.EXE, qui est livré en standard avec le système d'exploitation MS-DOS, soit chargé et configuré correctement dans le fichier AUTOEXEC.BAT.

➠ *Voir AUTOEXEC.BAT, lecteur de CD-ROM, MS-DOS, pilote, système d'exploitation*

MSD

Abréviation de *Microsoft Diagnostics*. Programme de test de matériel créé par Microsoft et qui est livré en standard avec les systèmes d'exploitation MS-DOS et Windows 3.11. Ce programme permet d'obtenir des informations sur l'ensemble de l'ordinateur – sur l'occupation de la mémoire, sur l'affectation des interruptions, sur le paramétrage des périphériques et sur le système d'exploitation.

➠ *Voir interruption, Microsoft, système d'exploitation, Windows for Workgroups*

MS-DOS

Système d'exploitation pour PC développé en 1981 par la société Microsoft et qui s'est répandu dans le monde entier au cours des années suivantes. La société Microsoft conclut dans un premier temps un contrat de licence avec la société IBM autorisant cette dernière à équiper en standard ses PS/2 d'une version de MS-DOS appelée PC-DOS. Elle décida ensuite de le commercialiser séparément sous le nom de *MS-DOS* pour l'ensemble des ordinateurs compatibles IBM. Aujourd'hui, MS-DOS en est à la version 7.0, et il est livré en standard avec les systèmes d'exploitation graphiques Windows 95 et Windows NT.

➠ *Voir IBM, Microsoft, PC, PS/2, système d'exploitation, Windows NT, Windows 95*

msg

Abréviation de "message".

➠ *Voir message*

MSI

Sigle, abréviation de *Mid-Scale Integration* ("intégration à moyenne échelle"). Type de circuit intégré caractérisé par un degré d'intégration moyen. Le nombre de composants d'un circuit intégré MSI est de l'ordre de la centaine.

➠ *Voir VLSI*

MSN

http://www.msn.com

1. Sigle, abréviation de *Multiple Subscriber Number* ("numéro de téléphone multiple"). L'un des trois numéros de téléphone associés à une ligne Euro-ISDN. L'abonné peut affecter chacun de ces trois numéros au terminal téléphonique de son choix. Le système MSN remplace les extensions téléphoniques utilisées auparavant dans un certain nombre de pays pour affecter un numéro de téléphone différent à chacun des terminaux téléphoniques d'une ligne numérique. Alors que, avec le système d'extensions téléphoniques, seuls les derniers chiffres des numéros de téléphone pouvaient changer, dans le cas du système MSN, les trois numéros peuvent être totalement différents.
2. Abréviation de *Microsoft Network* ("réseau Microsoft"). Service en ligne de Microsoft qui compte environ 2 000 000 de membres dans le monde entier. Le logiciel client à utiliser pour y accéder fait partie du système d'exploitation Windows 95. Les envois de courrier électronique s'effectuent par l'intermédiaire du programme Exchange, qui fait lui aussi partie de Windows 95, tout comme la fonction Accès réseau à distance qui permet de se connecter au service par l'intermédiaire d'un modem ou d'une carte RNIS. L'abonnement à MSN coûte 55 F par mois avec trois heures d'utilisation comprises (20 F par heure supplémentaire) ou 145 F pour un accès illimité. Microsoft propose une formule d'abonnement annuel à 550 F pour trois heures d'utilisation par mois ou 1450 F pour un accès illimité.

➠   *Voir accès réseau à distance, client, courrier électronique, Euro-ISDN, Exchange, extension téléphonique, Microsoft, modem, service en ligne*

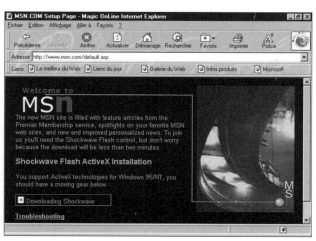

La page d'accueil du site de MSN.

MTBF

Sigle, abréviation de *Mean Time Between Failures* ("intervalle moyen entre les défaillances"). Estimation de la durée pendant laquelle un lecteur doit fonctionner sans tomber en panne ou provoquer un blocage de l'ordinateur. Cette durée est un paramètre important pour la sécurisation des données. Pour les disques durs actuels, elle est de l'ordre de 100 000 heures de fonctionnement. A titre de comparaison, la spécification MPS impose qu'un lecteur de CD-ROM doit fonctionner sans problèmes pendant 10 000 heures.

➠ *Voir lecteur, MPC*

multibalayage

Synonyme de "multifréquence". Qualifie un moniteur capable de générer plusieurs fréquences horizontales et verticales et de les afficher dans différents standards graphiques. Les moniteurs multibalayage peuvent aussi alterner automatiquement entre des signaux d'entrée analogiques et numériques.

➠ *Voir analogique, fréquence horizontale, fréquence verticale, moniteur, numérique, standard graphique*

multibanc

➠ *Voir MDRAM*

Multibank-DRAM

"DRAM multibanc".

➠ *Voir MDRAM*

Multi-CD-ROM

Norme de CD-ROM multi-plate-forme définie par Sony qui est compatible à la fois avec les plates-formes Apple et MS-DOS.

➠ *Voir Apple, CD, CD multi-plate-forme, contrôleur de disque dur, MS-DOS, plate-forme, Sony*

multicouche

Technique consistant à superposer plusieurs couches conductrices pour réaliser des circuits imprimés. Certaines pistes sont donc placées en "sandwich" entre d'autres, ce qui permet d'obtenir un degré d'intégration particulièrement important. Cette technique est à la base de la plupart des circuits imprimés modernes. Une carte mère peut contenir jusqu'à cinq niveaux de pistes ainsi superposés.

➠ *Voir carte mère, couche*

multidimensionnel, elle

➠ *Voir base de données multidimensionnelle*

multi E/S

➠ *Voir carte multi-E/S*

multifréquence

Qualifie un moniteur capable de générer différentes fréquences d'affichage horizontales et verticales. Sur les anciens moniteurs, le choix de la fréquence s'effectuait manuellement (par l'intermédiaire d'un potentiomètre, le plus souvent). Actuellement, la plupart des moniteurs sont capables de se régler automatiquement sur la fréquence optimale (moniteurs multiscan).

➠ *Voir fréquence de lignes, multiscan, multifréquence*

multimédia

Utilisation simultanée de différents supports de communication tels que le texte, l'image, le son, la vidéo, et les animations informatiques. Le terme "multimédia" étant très à la mode (au même titre que le terme "interactif"), il est souvent utilisé par certains fabricants pour qualifier des produits tels que des cartes son ou des cartes graphiques ou encore pour désigner la combinaison de sons et d'images (télévision), alors qu'il désigne en fait un mélange de l'ensemble des supports de communication existants. Il n'y a guère que dans le domaine du matériel informatique que les fabricants soient parvenus à un consensus sur les caractéristiques minimales de ce qu'il convient d'appeler "multimédia" avec la famille de normes MPC.

➠ *Voir carte graphique, carte son, MPC*

Multimedia Extensions

"Extensions multimédias".

➠ *Voir MMX*

Multimedia Object Transfer

"Transfert d'objets multimédias".

➠ *Voir MOT*

Multimedia Personal Computer

"Ordinateur personnel multimédia".

➠ *Voir MPC*

Multimedia-PC

"PC multimédia".

➠ *Voir MPC*

multipasse

Qualifie un scanner qui a besoin de balayer plusieurs fois un document (trois, en règle générale) pour le numériser.

➠ *Voir scanner, scanner couleur, simple passe*

Multiple Subscriber Number

"Numéro d'abonné multiple".

➠ *Voir MSN*

Multiple Subscriber Number

"Numéro de téléphone multiple".

➠ *Voir MSN*

multiplex

Mode de transmission de données consistant à utiliser simultanément plusieurs canaux logiques faisant partie d'un seul et même support de transmission physique pour transmettre des données.

➠ *Voir multiplexage fréquentiel, multiplexage temporel, multiplexeur*

M

multiplexage

Subdivision d'un support de transmission physique en plusieurs canaux logiques utilisables ensuite pour transmettre des données en parallèle. Il existe différentes formes de multiplexage. Dans le cas du multiplexage fréquentiel, par exemple, la subdivision en canaux repose sur plusieurs fréquences de porteuse. En revanche, dans le cas du multiplexage temporel, elle repose sur plusieurs fenêtres temporelles.

➠ *Voir multiplex, multiplexage fréquentiel, multiplexage temporel, multiplexeur*

multiplexage fréquentiel

Procédé de transfert de données consistant à subdiviser un canal de transfert physique en plusieurs canaux de transfert logiques. Tout la largeur de bande disponible est utilisée pour être subdivisée en sous-bandes. Chacune de ces sous-bandes est ensuite affectée au transfert de l'un des différents flux de données à véhiculer en parallèle.

➠ *Voir largeur de bande, multiplexage temporel*

multiplexage temporel

Procédé de transfert de données consistant à diviser un canal de transfert physique en fenêtres temporelles. Contrairement au multiplexage fréquentiel, le multiplexage temporel permet d'effectuer des transferts numériques.

➠ *Voir fenêtre temporelle, multiplexage fréquentiel*

multiplexeur

Dispositif qui a pour fonction de regrouper les différents flux de données issus d'un émetteur pour leur faire emprunter les canaux logiques d'un seul et même support de transmission physique. Au contraire, du côté du récepteur, le multiplexeur a comme rôle de séparer les données pour leur faire retrouver leur forme initiale. Pour les transmissions en bande large, il faut disposer d'un multiplexeur à la fois du côté de l'émetteur et du côté du récepteur. Pour désigner le multiplexeur en charge de séparer les données du côté du récepteur, on utilise souvent le terme *démultiplexeur*. Pour transmettre des données par l'intermédiaire de plusieurs canaux parallèles sur un même support de transmission, il est possible d'utiliser deux types de multiplexages : le multiplexage fréquentiel et le multiplexage temporel.

➠ *Voir démultiplexeur, multiplex, multiplexage, multiplexage fréquentiel, multiplexage temporel*

multiprocesseur

Qualifie un ordinateur qui repose sur plusieurs CPU fonctionnant indépendamment les uns des autres (configuration symétrique) ou sous le contrôle d'un CPU central (configuration asymétrique). Les différents processeurs ont accès à la même mémoire vive et communiquent par l'intermédiaire du même bus. Pour faire fonctionner un ordinateur multiprocesseur, il faut y installer un système d'exploitation multitraitement, c'est-à-dire un système d'exploitation capable de commander les différents CPU – Windows NT, par exemple. Les performances de l'ordinateur ne sont pas directement proportionnelles au nombre de CPU.

➠ *Voir bus, CPU, mémoire vive, multitraitement, Windows NT*

multiprocessing

"Multitraitement".

➠ *Voir multitraitement*

Multipurpose Internet Mail Extensions

"Extensions de courrier Internet polyvalentes".

➠ *Voir MIME*

multiréseau

➠ *Voir gestion multiréseau*

multiscan

"Multifréquence" ou "multibalayage".

➠ *Voir multifréquence, multibalayage*

multisession

1. Mode de gravage de CD-R qui permet de procéder en plusieurs étapes (ou sessions) pour réaliser un CD-ROM. Au terme de la première session, le logiciel de gravage ne ferme pas le disque, ce qui permet d'ajouter de nouvelles sessions dans une limite d'environ 650 Mo (capacité de stockage totale d'un CD-R).
2. Qualifie un lecteur de CD-ROM capable de lire un CD (CD-R, Photo-CD, CD audio, etc.) qui a été gravé en plusieurs sessions et sur lequel les données sont subdivisées en une structure de répertoires répartis sur l'ensemble du disque.

➠ *Voir CD-R, CD-ROM, lecteur de CD-ROM, Photo-CD, répertoire, session*

multitâche

Qualifie un système d'exploitation capable d'accomplir plusieurs tâches simultanément. Lorsqu'il exécute des commandes, le CPU doit sans cesse attendre que des programmes ou des périphériques lui répondent. Il est donc intéressant d'utiliser ce temps d'attente qui correspond en fait à un gaspillage de ressources, à d'autres tâches. L'exécution des différentes commandes transmises par les divers programmes ne s'effectue pas en parallèle (le CPU ne peut exécuter qu'une commande à la fois), mais suivant une décomposition du temps de calcul en fenêtres temporelles. C'est un planificateur intégré au système d'exploitation qui détermine dans quel ordre les différentes tâches doivent être accomplies en leur affectant un degré de priorité donné. En matière de priorités, on distingue d'une part le multitâche coopératif et d'autre part le multitâche préemptif. Windows, OS/2, System 7.8, System 8 et Unix sont tous des systèmes d'exploitation multitâche.

➠ *Voir CPU, fenêtre temporelle, multitâche coopératif, multitâche préemptif, planificateur, priorité, système d'exploitation, tâche*

multitâche coopératif

Multitâche qui accorde des degrés de priorité différents aux programmes en cours d'exécution. Le programme qui jouit du degré de priorité le plus élevé peut, le cas échéant, accaparer la totalité du temps de calcul et par conséquent la puissance du processeur. Le multitâche coopératif s'oppose au multitâche préemptif.

➠ *Voir multitâche, multitâche préemptif, priorité*

M

multitâche préemptif

Synonyme de "distribution coopérative des ressources". Multitâche qui accorde des degrés de priorité différents aux programmes en cours d'exécution sans pour autant autoriser celui qui jouit du degré de priorité le plus élevé à accaparer la totalité des ressources du système d'exploitation. Le multitâche préemptif s'oppose au multitâche coopératif.

➠ *Voir gestion des ressources, multitâche coopératif, priorité*

multithreading

"Subdivision en unités d'exécution". Mode de fonctionnement consistant à subdiviser chaque tâche en unités d'exécution.

➠ *Voir canal, multitâche, tâche*

multitraitement

En anglais : *multiprocessing*. Utilisation simultanée par l'ordinateur (et plus spécifiquement par le système d'exploitation) de plusieurs CPU pour traiter les tâches dont il a la charge. C'est le système d'exploitation qui répartit les ressources entre les différents CPU. Dans le cas du multitraitement symétrique, les CPU travaillent en parallèle et indépendamment les uns des autres. Dans le cas du multitraitement asymétrique, au contraire, les différents CPU sont commandés par un CPU central. Windows NT est un exemple de système d'exploitation multitraitement.

➠ *Voir CPU, système d'exploitation, Windows NT*

M

multi-user

"Multiutilisateur".

➠ *Voir multiutilisateur*

multiutilisateur

Qualifie un système informatique (ordinateur et/ou système d'exploitation) sur lequel plusieurs utilisateurs peuvent travailler simultanément indépendamment les uns des autres. Chaque utilisateur possède son propre clavier et son propre moniteur. La plupart des ordinateurs multiutilisateur fonctionnent sous Unix.

➠ *Voir mono-utilisateur, Unix*

Murphy

➠ *Voir loi de Murphy*

Music Instruments Digital Interface

"Interface numérique pour instruments de musique".

➠ *Voir MIDI*

M

N/A

Abréviation de "numérique/analogique".

➠ *Voir convertisseur numérique/analogique*

NAK

Abréviation de *Negative Acknowledge* ("accusé de réception négatif"). Caractère de contrôle qui peut être utilisé par une interface pour signaler une mauvaise réception des données envoyées.

➠ *Voir accusé de réception*

NAND

Opérateur booléen qui combine l'action des opérateurs NOT (négation) et AND (conjonction).

nanoseconde

Milliardième de seconde (10^{-9}). Unité de mesure de temps utilisée pour exprimer le temps d'accès de la mémoire vive.

National Research and Education Network

"Réseau national pour la recherche et les programmes éducatifs".

➠ *Voir NREN*

National Science Foundation NETwork

"Réseau de la Fondation nationale pour la science".

➠ *Voir NSFNET*

navigateur

Programme qui permet de visualiser les pages de l'Internet, et souvent plus particulière-ment du World Wide Web (WWW). (On dit également qu'il permet de *surfer* sur Inter-net.) Navigator et Communicator, de Netscape, et Internet Explorer, de Microsoft, sont trois exemples de navigateurs très connus.

➧ *Voir Communicator, Internet, Internet Explorer, Navigator, Web, WWW*

navigateur Web

Logiciel qui permet de se connecter à l'Internet et surtout de visualiser les pages du World Wide Web, qui sont écrites en HTML. Pour accéder à une page, le navigateur Web passe par son adresse, ou URL. Les navigateurs Web intègrent généralement un grand nombre de petits programmes supplémentaires, appelés modules externes, qui leur permettent de traiter les informations graphiques, sonores, vidéo, etc. Les navigateurs les plus connus sont Navigator, de Netscape, et Internet Explorer, de Microsoft. Beaucoup de services en ligne, comme CompuServe et AOL, proposent leur propre navigateur.

➧ *Voir WWW*

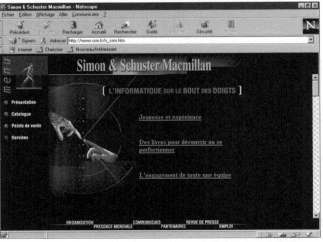

Une page du site de Simon & Schuster Macmillan visualisée sous Navigator, l'un des navigateurs les plus utilisés du monde avec Internet Explorer 4.

Navigator

Navigateur Web fabriqué par la société Netscape. Nestcape Navigator en est actuellement à la version 3.01.

➠ *Voir Communicator, navigateur Web, Netscape Communications*

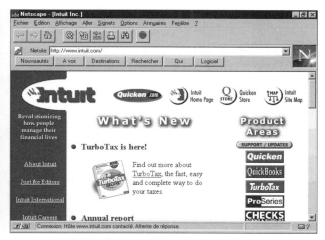

Une page Web visualisée sous Navigator.

NC

1. Abréviation de *Network Computer* ("ordinateur pour réseau"). Ordinateur simplifié conçu pour travailler en réseau (sur l'Internet ou sur un intranet) en imposant des contraintes de coût et d'administration aussi réduites que possible. Cet ordinateur ne possède ni disque dur ni lecteur de disquettes. Il utilise les ressources du réseau auquel il est relié. Il charge aussi tous les programmes dont il a besoin depuis ce réseau. Différents fabricants travaillent actuellement à l'élaboration d'un standard pour le NC. L'un des précurseurs dans ce domaine est Sun Microsystems, qui est à l'origine de ce nouveau concept et qui a prévu d'équiper le NC d'un processeur Java spécial ainsi que d'un système d'exploitation reposant sur le langage Java. Oracle, IBM, Microsoft et Apple cherchent aussi à créer leur propre NC.

2. Sigle, abréviation de *Numeric Control* ("système de commande numérique"). Système de commande de machines de production inventé au MIT. Ce système de commande repose sur une conversion systématique des données se rapportant aux éléments qui interviennent dans le processus de production (informations sur les

appareils, les outils, les matières premières, le partage de l'énergie, etc.) en codes alphanumériques. Ces codes sont ensuite analysés par un système informatique et utilisés pour piloter l'ensemble de la chaîne de production ainsi que tous les appareils qui en font partie. Le système commande NC a été normalisé sous le nom de *DIN 66025*.

➠ *Voir MIT*

NDA

Sigle, abréviation de *Non-Disclosure-Agreement* ("accord de non-divulgation"). Accord international destiné à préserver la confidentialité des données internes aux entreprises.

Near Letter Quality

"Qualité quasi-courrier".

➠ *Voir NLQ*

NEAT

Sigle, abréviation de *Newly Enhanced Advanced Technology* ("technologie avancée nouvellement perfectionnée"). Modèle de chipset de la génération des 80286 fabriqué par Chips and Technologies. Ce chipset intégrait un certain nombre de composants importants pour la carte mère sous forme de circuits ASIC. Il utilisait un mode d'accès mémoire optimisé qui accélérait considérablement le fonctionnement de la carte mère.

➠ *Voir carte mère, chipset*

NEC

http://www.nec.com

Sigle, abréviation de *Nippon Electronic Company* ("compagnie électronique nippone"). Entreprise japonaise fondée en 1900 et dont les activités s'étendent aujourd'hui à l'ensemble des secteurs de l'électronique grand public (ordinateurs, imprimantes, moniteurs, lecteurs de CD-ROM, lecteurs de disquettes, circuits intégrés, téléphones mobiles, démodulateurs satellite, etc.).

négation

Opération booléenne visant à nier un énoncé. Elle s'effectue à l'aide de l'opérateur NOT.

➠ *Voir NOT*

Negative Acknowledge

"Accusé de réception négatif".

➠ *Voir NAK*

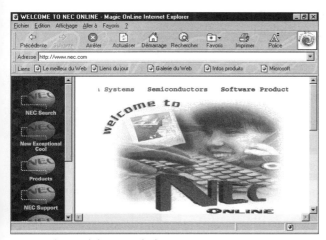

La page d'accueil du site Web de NEC.

Net

Abréviation d'"Internet". Nom familier utilisé pour désigner l'Internet.

➠ *Voir Internet, réseau*

NetBEUI

Abréviation de *NetBIOS Extended User Interface* ("interface utilisateur étendue Net-BIOS"). Protocole de réseau particulièrement rapide, développé au cours des années 80 et compatible avec tous les systèmes d'exploitation de réseau Microsoft. Ce protocole n'intègre pas de système de routage, ce qui est un inconvénient majeur sur un réseau hétérogène.

➠ *Voir protocole, réseau*

NetBIOS

Interface logicielle très répandue sur les réseaux locaux, intégrant un système de détection d'erreurs qui s'active automatiquement pendant les transferts de données. Cette interface est compatible avec les techniques de réseau ARCnet, Ethernet et Token Ring ainsi qu'avec les systèmes d'exploitation de réseau NetWare, LAN Manager, Windows NT et OS/2 LAN Server.

➠ *Voir réseau*

N

NetBIOS Extended User Interface

"Interface utilisateur étendue NetBIOS".

➟   *Voir NetBEUI*

NetFind

Service accessible sur l'Internet qui permet, sur la base du nom et d'autres informations, de connaître l'adresse de courrier électronique (e-mail) d'une personne donnée ou d'accéder à une liste d'hôtes situés dans une région donnée. Ce service est pris en charge par différents serveurs NetFind accessibles via les services Telnet et Gopher et même par l'intermédiaire d'un navigateur de pages Web.

Nethack

Jeu de rôles qui est toujours utilisable sur un grand nombre de BBS et qui constitue le pendant en réseau du jeu Hack.

netiquette

Contraction de *Net* et d'*etiquette*. Règlement intérieur auquel l'ensemble des utilisateurs d'un réseau tel que l'Internet, un BBS ou un service en ligne conviennent de se conformer. Lorsqu'un utilisateur ne la respecte pas, il doit s'attendre à des sanctions de la part des autres utilisateurs (bombardement d'insultes).

➟   *Voir bombardement d'insultes, bombe électronique*

NetMeeting

Logiciel fabriqué par Microsoft qui permet d'utiliser la téléphonie Internet. Ce logiciel peut être téléchargé gratuitement à l'adresse **http://www.mircrosoft.com**. Il permet ensuite de converser par téléphone comme à l'accoutumée avec d'autres utilisateurs.

➟   *Voir Microsoft, téléphonie Internet*

NetPC

Spécification d'ordinateur NC propre à Microsoft. Contrairement aux modèles de NC des autres fabricants, le NetPC est équipé d'un disque dur et d'un lecteur de disquettes.

➟   *Voir NC*

Netscape Communications

http://www.home.netscape.com

Société fondée en 1994 par Marc Andreesen et Jim Clark (ancien PDG de Silicon Graphics), spécialisée dans les logiciels pour l'Internet et plus généralement dans le développement de produits de différentes natures pour l'Internet. Parmi ses produits les plus connus figurent Navigator (qui en est actuellement à la version 3.01) et son successeur Communicator. Ces navigateurs permettent tous deux d'utiliser le service FTP, d'envoyer et de recevoir du courrier électronique, d'accéder à des groupes de nouvelles ; les dernières versions sont même capables de lire des applets Java.

La page d'accueil du site de Netscape est régulièrement mise à jour pour permettre à l'utilisateur d'obtenir la dernière version de Navigator ou de Communicator.

Netscape Communicator

➠ *Voir Communicator*

Netscape Navigator

➠ *Voir Navigator*

nettoyage disque

Opération généralement prise en charge par le système d'exploitation ou par un utilitaire spécifique, qui consiste à localiser les données stockées inutilement sur le disque dur ou sur une disquette, et à libérer l'espace qu'elles occupent pour d'autres données.

➠ *Voir disque dur, disquette*

nettoyage mémoire

Opération généralement prise en charge par le système d'exploitation ou par un utilitaire spécifique, qui consiste à localiser les données stockées inutilement dans la mémoire, et à libérer la place qu'elles occupent pour d'autres données.

➠ *Voir mémoire vive*

NetWare

Système d'exploitation de réseau conçu par la société Novell pour les réseaux locaux reposant sur des PC. NetWare fut lancé en 1983 et est utilisé sur environ 500 000 serveurs de fichiers Novell de par le monde. C'est un système d'exploitation pour serveurs de fichiers conçu pour un environnement multiutilisateur. Depuis quelque temps, NetWare et son successeur IntranetWare tendent à perdre des parts de marché au profit de Windows NT. NetWare est bien entendu compatible avec le protocole de réseau IPX/SPX propre à Novell, mais aussi avec tous les autres protocoles courants. Il existe en version pour serveurs dédiés, mais aussi en version pour réseaux poste à poste sans serveur dédié.

➠ *Voir IntranetWare, IPX/SPX, LAN, Novell, système d'exploitation de réseau*

Network Computer

"Ordinateur pour réseau". Synonyme de "NC".

➠ *Voir NC*

network layer

"Couche de réseau".

➠ *Voir couche de réseau*

N

Network PC

"PC pour réseau". Synonyme de "NC".

➠ *Voir NC*

Network User Address

"Adresse d'utilisateur de réseau".

Network User Identity

"Identité d'utilisateur de réseau".

➠ *Voir NUI*

Neumann, John von

Johann Baron von Neumann (1903-1957). Mathématicien d'origine hongroise qui inventa le premier ordinateur – l'EDVAC (*Electronic Discrete Variable Automatic Computer*, ou "ordinateur automatique à variables discrètes électroniques"). Les principes fondamentaux qu'il établit pour créer l'architecture de son ordinateur son toujours d'actualité sur les plates-formes informatiques modernes.

➠ *Voir von Neumann*

Neuromancien

Contraction de *neurone* et *nécromancien*. Titre d'un livre de science-fiction de William Gibson dans lequel les termes *cyber-space* et *matrice* furent utilisés pour la première fois.

neuronal

➠ *Voir réseau neuronal*

New Technology File System

"Système de fichiers à nouvelle technologie".

➠ *Voir NTFS*

news

"Nouvelles".

➠ *Voir nouvelles*

newsgroup

"Groupe de nouvelles".

➠ *Voir groupe de nouvelles*

N

Newton

Assistant personnel (ou "ordinateur de poche") fabriqué par la société Apple qui offre des fonctions d'organiseur de poche ainsi que des outils tels qu'un traitement de texte simplifié. Pour entrer les données, il faut utiliser un stylet spécial permettant d'écrire à même l'écran monochrome. Le Newton intègre une fonction de reconnaissance d'écriture manuscrite mais les premières versions de cet ordinateur sont relativement lentes. Leur successeur, le Newton MessagePad 2000, en revanche, offre des performances beaucoup plus intéressantes.

➠ *Voir Apple, assistant personnel, Newton MessagePad 2000, ordinateur de poche, PDA*

Newton MessagePad 2000

Assistant personnel (ou "ordinateur de poche") successeur du Newton. Comme le Newton, le Newton MessagePad 2000 offre des fonctions d'organiseur de poche ainsi que des outils tels qu'un traitement de texte simplifié. Il permet en outre de connecter un clavier. Sa fonction de reconnaissance d'écriture manuelle a été considérablement améliorée, et il dispose d'un écran plus performant que celui du Newton ainsi que d'une interface infrarouge (IrDA). Il peut en outre être utilisé pour accéder à Internet.

➠ *Voir Apple, Newton, IrDA, organiseur, PDA*

NexGen

Société américaine qui avait commencé à fabriquer des processeurs compatibles avec le Pentium d'Intel au cours du premier semestre de l'année 1995, mais qui fut ensuite rachetée par la société AMD. Les processeurs NexGen 586/80 et 586/90 étaient compatibles avec le Pentium au niveau du jeu d'instructions, mais pas au niveau du brochage ; ils ne pouvaient donc être utilisés qu'avec une carte mère spéciale. Ils étaient par ailleurs beaucoup moins rapides que les Pentium 75 et 90, leurs concurrents directs.

➠ *Voir AMD, Pentium*

NEXT-Computer

Société fondée en 1985 par Steve Jobs, cofondateur d'Apple. NEXT-Computer a commencé par concevoir des ordinateurs équipés d'un système exploitation orienté objet reposant sur Unix qu'elle a développé en interne : NextStep. Indépendant de toute plate-forme, ce système d'exploitation est très intéressant pour les réseaux hétérogènes et pour les nouveaux intranets. Il en est actuellement à la version 4.0 et est parfaitement compatible avec les processeurs Intel, avec la famille de processeurs 680x0 de Motorola, avec les stations de travail SPARC de Sun et avec les PC RISC. Bien qu'elle ait créé des produits très novateurs, la société NEXT-Computer n'a pas connu le succès financier qu'elle escomptait. Au mois de décembre 1996, à la surprise générale, elle a été rachetée par Apple, ce qui laisse penser qu'Apple a l'intention d'intégrer certaines parties du système d'exploitation NextStep à sa prochaine version de MacOS (Rhapsody).

➠ *Voir Apple, Jobs*

NextStep

Système d'exploitation conçu par la société NEXT-Computer pour sa propre famille d'ordinateurs, mais qui est en fait compatible avec toutes les plates-formes.

➠ *Voir NEXT-Computer*

nibble

Synonyme de "demi-octet".

➠ *Voir demi-octet*

NiCd

Abréviation de "nickel-cadmium". Type de batterie qui utilise du nickel et du cadmium pour stocker l'énergie électrique.

➠ *Voir accumulateur, batterie*

nickel-cadmium

➠ *Voir batterie*

nickel-métal-hydrure

➠ *Voir batterie*

nickname

"Pseudonyme".

➠ *Voir pseudonyme*

NIL

Sigle, abréviation de *Not In List* ("pas dans la liste"). Type de variable qui, dans un certain nombre de langages de programmation, peut être affecté à d'autres variables (associées à des plages de mémoire existantes). La variable à laquelle ce type a été affecté devient de type NIL et elle fait référence à la plage de mémoire inexistante de ce type (0, par exemple). En interrogeant les variables NIL, il est possible de vérifier la validité de toutes les variables déclarées au sein d'un code source.

➠ *Voir langage de programmation*

Nintendo

Fabricant japonais de consoles de jeu. Parmi ses produits les plus connus figurent la console Super NES, la console portable GameBoy et la dernière console Nintendo 64. Nintendo a aussi créé un certain nombre de personnages très connus tels que Donkey Kong ou encore les frères (Super) Mario. Le principal concurrent de Nintendo est Sony, avec sa console PlayStation.

➠ *Voir Sony*

niveau

1. Dans le domaine des programmes tels que les didacticiels, degré de difficulté. Les didacticiels comprennent généralement plusieurs niveaux afin de permettre à l'utilisateur de progresser à son rythme.
2. Dans le domaine des réseaux et des BBS, ensemble des droits dont jouit l'utilisateur. Plus le niveau auquel il se situe est élevé, plus ces droits sont nombreux. Sur un réseau, le niveau le plus élevé est celui de l'administrateur. Sur un BBS, c'est le niveau opérateur système. Le niveau le plus bas est généralement le niveau *guest* (ou "invité").
3. Dans le domaine des jeux, niveau de difficulté ou scène de jeu. Les scènes de jeu peuvent généralement être modifiées à l'aide d'un éditeur de jeux, qui permet d'ailleurs aussi de créer de nouvelles scènes. Dans le domaine des jeux de rôle, on parle aussi de *niveau* pour désigner le degré de développement d'un personnage.

➤ *Voir didacticiel, éditeur de niveaux*

niveau 1

➤ *Voir mémoire cache de niveau 1*

niveau 2

➤ *Voir mémoire cache de niveau 2*

niveau d'interruption

Degré de priorité affecté à une interruption.

niveaux de gris

Mode de représentation graphique qui consiste à restituer les couleurs d'une image sous forme de nuances de gris au nombre de 256 (soit 8 bits) au maximum. A l'époque des moniteurs monochromes, ce mode constituait le mode de représentation graphique standard.

➤ *Voir application graphique, bit, monochrome*

NLQ

Sigle, abréviation de *Near Letter Quality* ("qualité quasi-courrier"). Technique d'impression utilisée sur les imprimantes matricielles (à neuf aiguilles, par exemple). Chaque caractère est imprimé une nouvelle fois avec un léger décalage vers le haut, ce qui améliore la qualité d'impression.

➤ *Voir imprimante matricielle*

NLX

Facteur forme de carte mère qui a succédé au facteur forme LPX. Comme ce dernier, le facteur forme NLX est utilisé dans les boîtiers d'ordinateurs très plats. Il en est actuellement à la version 1.2. Toutefois, contrairement à son prédécesseur, le facteur forme NLX prévoit un type de carte élévatrice très précis, ce qui permet de mélanger des cartes mères et des cartes élévatrices de différents fabricants. Le schéma électrique des signaux PCI, AGP, etc. et la couverture des zones d'entrée/sortie ont, eux aussi, fait l'objet d'une nouvelle spécification.

➠ *Voir carte mère*

NMI

Sigle, abréviation de *Non Maskable Interruption* ("interruption non masquable").

➠ *Voir interruption non masquable*

NNTP

Sigle, abréviation de *Network News Transfer Protocol* ("protocole de transfert de nouvelles en réseau"). Protocole de réseau utilisé pour transporter les nouvelles au sein des forums de discussion.

➠ *Voir LAN, réseau local, WAN*

no parity

"Sans parité".

➠ *Voir sans parité*

nodal

Qualifie un ordinateur particulièrement rapide qui, au sein d'un réseau WAN, a comme rôle de prendre en charge les tâches administratives.

➠ *Voir réseau*

node

"Nœud de réseau". Ce terme est plus particulièrement utilisé pour le réseau Fidonet, au sein duquel il désigne un BBS.

nœud

Ordinateur ou périphérique d'un réseau. Sur le réseau FidoNet, les nœuds sont aussi appelés "nodes".

➠ *Voir FidoNet, périphérique, point*

N

nœud de connexion

➠ *Voir hub*

nœud de réseau

Synonyme de "nœud". Unité (routeur, ordinateur, imprimante, etc.) reliée à un réseau.

➠ *Voir nœud*

nom d'utilisateur

Synonyme de "identificateur" et de "masque d'identification". Nom qui permet d'identifier un utilisateur au sein d'un réseau ou sur un service en ligne. Ce nom est généralement attribué à l'utilisateur par l'administrateur système (ou opérateur système), en même temps qu'un mot de passe. A chaque fois que l'utilisateur souhaite accéder au réseau ou au service en ligne, il doit entrer son nom d'utilisateur et son mot de passe dans une boîte de dialogue prévue à cet effet. Le nom d'utilisateur est généralement différent du véritable nom de l'utilisateur.

➠ *Voir mot de passe, réseau, service en ligne, sysop*

nom de fichier

Libellé qui permet au système d'exploitation d'identifier clairement un fichier de données.

➠ *Voir fichier, système d'exploitation*

nom de lecteur

Identificateur attribué à un lecteur pour permettre au système d'exploitation de le distinguer des autres lecteurs et par conséquent de l'utiliser. C'est grâce à son nom qu'un lecteur peut s'initialiser au démarrage de l'ordinateur. C'est aussi grâce à son nom qu'il peut être vu et utilisé par l'utilisateur. MS-DOS, Windows et OS/2, utilisent une lettre, suivie du symbole ":", pour désigner un lecteur. L'identificateur A:, par exemple, désigne le premier lecteur de disquettes de l'ordinateur. L'identificateur C:, en revanche, désigne le premier disque dur.

➠ *Voir lecteur, système d'exploitation*

nom de volume

Synonyme de "label". Nom attribué à un support de stockage pour permettre au système d'exploitation de l'identifier.

➠ *Voir support de stockage*

nom réel

Identité véritable d'un utilisateur de l'Internet ou d'un service en ligne. Le nom réel s'oppose au surnom, ou pseudonyme, sous lequel les utilisateurs se présentent sur ce type de service afin de conserver une certaine forme d'anonymat.

➠ *Voir Internet, service en ligne*

non dédié

Qualifie un serveur qui, au sein d'un réseau, n'est pas utilisé exclusivement pour gérer le réseau, mais peut aussi être utilisé comme station de travail.

➠ *Voir réseau*

non entrelacé

Qualifie un moniteur ou une carte graphique qui utilise chaque fois la totalité des lignes disponibles pour générer l'affichage. Les moniteurs et les cartes graphiques modernes fonctionnent tous en mode non entrelacé.

➠ *Voir carte graphique, entrelacement, moniteur*

non linéaire

➠ *Voir montage non linéaire*

Non Maskable Interrupt

"Interruption non masquable".

➠ *Voir NMI*

N

no-name

"Neutre". Qualifie un produit qui n'est pas commercialisé ou fabriqué sous une marque connue. Ce terme est particulièrement utilisé pour désigner les disquettes ou les ordinateurs vendus sous une marque inconnue du public, voire sans marque du tout.

non-dedicated server

"Serveur non dédié".

➠ *Voir serveur non dédié*

non-scintillement

Etat atteint par le moniteur lorsque les changements d'images sont si rapides que l'œil humain ne perçoit plus les changements d'intensité lumineuse nécessaires pour créer l'image. Cet état est fonction de la fréquence de rafraîchissement de l'image. A partir d'une fréquence de rafraîchissement de 72 Hz, tous les moniteurs ont en principe atteint leur stade de non-scintillement.

➠ *Voir écran, fréquence de rafraîchissement, moniteur*

No-Operation

"Non-opération".

➠ *Voir NOP*

NOP

Abréviation de *No Operation* ("absence d'opération"). Instruction machine qui n'active aucune fonction et ne produit aucun effet sur les registres du CPU.

NOR

Opérateur booléen qui combine les effets des opérateurs NOT (négation) et OR (disjonction).

➠ *Voir NOT, OR*

Norton Utilities

Suite d'utilitaires et de programmes de maintenance pour PC créée par Peter Norton, fondateur de Symantec. Norton Utilities en est actuellement à la version 2.0 qui est compatible avec le nouveau système de fichiers FAT32 de Windows 95 et qui contient les mêmes programmes que les versions précédentes. Disk Doctor permet de détecter et de réparer les erreurs de structure affectant les fichiers et les dossiers du disque dur ou d'une disquette. Speed Disk est un utilitaire de défragmentation très performant.

➠ *Voir Symantec*

NOS

Sigle, abréviation de *Network Operating System* ("système d'exploitation de réseau").

➠ *Voir système d'exploitation de réseau*

NOT

Opérateur booléen de négation qui permet de transformer une valeur en son contraire (0 en 1 ou 1 en 0).

➠ *Voir opérateur booléen*

note de bas de page

Note d'information ou d'explication faisant référence au texte d'une page de document et apparaissant au bas de cette page. L'endroit de la page auquel la note fait référence est généralement matérialisé par un chiffre ou une lettre au format exposant. La plupart des traitements de texte intègrent une fonction qui permet de gérer les notes de bas de page.

➡ *Voir traitement de texte*

note de déconnexion

En anglais : *logoff note*. Note laissée par un utilisateur de BBS au moment où il quitte celui-ci. Cette note peut être lue par l'utilisateur suivant. La plupart des BBS permettent de laisser des notes de déconnexion.

➡ *Voir BBS, déconnexion*

note de fin

Note d'information ou d'explication faisant référence au texte d'une page de document et apparaissant à la fin du document. L'endroit de la page auquel la note fait référence est généralement matérialisé par un chiffre ou une lettre au format exposant. La plupart des logiciels de traitement de texte intègrent une fonction qui permet de gérer les notes de bas de page.

➡ *Voir traitement de texte*

notebook

"Bloc-notes". Ordinateur mobile de petite taille fonctionnant sur batterie ou sur une alimentation externe. Les notebooks sont relativement légers (2-4 kg). Ils sont équipés d'un écran LCD (à matrice passive ou active) et d'un certain nombre de périphériques d'entrée intégrés au boîtier (un clavier et un trackball ou une variante de ce système). Le grand frère du notebook est le laptop, qui est plus volumineux et possède généralement un écran plus grand. La plupart des notebooks sont des PC, mais la société Apple fabrique, elle aussi, des notebooks appelés PowerBook.

➡ *Voir DSTN, matrice active, matrice passive, TFT*

notepad

Synonyme d'"ardoise électronique". Ordinateur de poche sans clavier. Sur ce type d'ordinateur, l'entrée des données s'effectue à l'aide d'un stylo spécial (stylet) qui permet d'écrire à même l'écran.

N

Un notebook Apple (PowerBook)

Notes

Logiciel de type groupware de Lotus, qui intègre notamment une base de données orientée document utilisable en réseau et un outil de courrier électronique très puissant. Notes permet à l'ensemble des services d'une entreprise de gérer ensemble leurs données. L'un des atouts de Lotus Notes est qu'il est indépendant de toute plate-forme. Il en existe en effet des versions pour DOS, Windows, OS/2, Unix et Mac. Son interface utilisateur graphique est quasi identique d'un système d'exploitation à un autre. Notes permet en outre de développer des applications pour son environnement.

➡ *Voir base de données, groupware, Lotus, plate-forme*

nouvelles

En anglais : *news*. Sur l'Internet, informations et commentaires échangés sur un thème donné au sein d'un forum virtuel appelé "groupe de nouvelles" (ou *newsgroup*). Dans l'absolu, les nouvelles ne sont que les messages électroniques les plus récents envoyés au groupe de nouvelles par la communauté d'utilisateurs.

➡ *Voir groupe de nouvelles*

Novell

http://www.novell.com

Fabricant américain de systèmes d'exploitation de réseau. Ses produits les plus connus sont les systèmes d'exploitation NetWare et IntranetWare. Novell est actuellement en proie à une certaine déstructuration imputable, pour une large part, à la diminution de ses parts de marché. Windows NT tend en effet à s'imposer de plus en plus dans le domaine des systèmes d'exploitation de réseau.

➟ *Voir IntranetWare, NetWare*

Novell IntranetWare

➟ *Voir IntranetWare*

Novell NetWare

➟ *Voir NetWare*

Novell-DOS

Système d'exploitation originalement développé par la société Digital Research et alors commercialisé sous le nom DR-DOS. La société Novell racheta DR-DOS à Digital Research pour continuer à le développer et le commercialiser sous son propre nom. Ce logiciel apparut sur le marché en 1994. Presque totalement compatible avec MS-DOS, il était de surcroît multitâche et permettait de créer un réseau poste à poste. De plus, il n'imposait pas la limite de 1 Mo qu'impose MS-DOS en matière de gestion de mémoire. Il ne parvint toutefois pas à s'imposer face à MS-DOS, si bien que Novell a finalement interrompu, pratiquement la même année, ses travaux de développement dans ce domaine.

➟ *Voir DR-DOS*

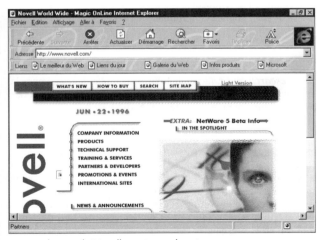

La contribution de Novell au réseau des réseaux.

noyau

En anglais : *kernel*. Partie centrale du système d'exploitation, qui prend en charge les fonctions principales de celui-ci. Pendant que le système d'exploitation fonctionne, le noyau doit impérativement être chargé dans la mémoire vive. De la même manière qu'il prend en charge les fonctions les plus importantes du système, le noyau charge, lorsque c'est nécessaire, des routines propres et nécessaires à l'exécution de certaines tâches.

➠ *Voir mémoire vive, système d'exploitation*

noyau 3D

Ensemble de bibliothèques 3D utilisées pour la programmation d'applications 3D et, notamment, pour l'imagerie 3D. Ce noyau contient non seulement les conventions utilisées pour représenter les structures géométriques ainsi que les méthodes disponibles pour modifier les objets représentés (à l'aide de translations, de rotations, etc.), mais aussi les algorithmes employés pour visualiser les objets ou les groupes d'objets (pour les effets d'ombrage et de lumière, par exemple).

➠ *Voir API 3D, imagerie 3D*

NPC

1. Sigle, abréviation de *Non-Player Character* ("personnage non manipulable"). Dans un jeu de rôles, d'action ou d'aventure, personnage manipulé par l'ordinateur et qui ne peut en aucun cas être contrôlé par le joueur.
2. Abréviation de *Network Personal Computer* ("terminal Internet").

➠ *Voir terminal Internet*

NREN

Sigle, abréviation de *National Research and Education Network* ("réseau national pour la recherche et les programmes éducatifs"). Réseau américain qui relie des universités et des instituts de recherche américains et qui s'appuie sur le réseau NSFNET.

NSFNET

Sigle, abréviation de *National Science Foundation Network* ("réseau de la fondation nationale pour la science"). Réseau informatique, reposant sur des gros systèmes, fondé au cours des années 80 par la NSF (*National Science Foundation*, ou "fondation nationale pour la science") pour relier cinq grandes universités américaines. Ces universités devaient initialement être reliées par l'intermédiaire du réseau ARPAnet, ce qui n'a toutefois pas été possible du fait de problèmes bureaucratiques et techniques. Au lieu d'utiliser ARPAnet, la NSF a donc créé son propre réseau.

NTFS

Sigle, abréviation de *New Technology File System* ("système de fichiers à nouvelle technologie"). Système de fichiers utilisé par Windows NT. Ce système de fichiers est plus sûr pour les données que le système FAT. Il permet d'utiliser des noms de fichier longs, ne fragmente pas les données pour les stocker sur le disque dur et utilise des arborescences de recherche binaires pour gérer les fichiers. Alors que le système de fichiers NTFS n'est pas accessible depuis une partition de type FAT, il est parfaitement possible d'accéder à une partition de type FAT depuis une partition NTFS.

NTSC

Sigle, abréviation de *National Television System Committee* ("comité national pour les standards de télévision"). Standard de télévision américain qui génère 525 lignes par image et 30 images par seconde. Le standard français SECAM et le standard européen PAL, en revanche, génèrent des images de 625 lignes par image et 25 images complètes par seconde.

NUI

Sigle, abréviation de *Network User Identity* ("identité d'utilisateur de réseau"). Nom qui permet à un utilisateur d'être identifié au sein d'un réseau. Pour se connecter à un réseau, l'utilisateur doit en principe entrer son nom d'utilisateur ainsi que son mot de passe.

nullmodem

Câble qui permet de relier deux ordinateurs pour en faire un réseau. Le câble nullmodem constitue en fait la forme de réseau la plus simple qui soit. Il se connecte au port série (ou parallèle, suivant le type) de chaque ordinateur. Les fils d'émission et de réception sont intervertis à l'intérieur du câble afin de permettre aux ordinateurs d'échanger des données. Le câble nullmodem ne constitue qu'une solution de réseau précaire dans la mesure où il n'offre qu'un taux de transfert de données très faible.

➠ *Voir port série*

Numeric Control

"Commande numérique".

➠ *Voir NC*

numérique

Synonyme de "digital". Qualifie un signal qui peut avoir comme valeur un nombre limité de valeurs discrètes. Les signaux numériques s'opposent aux signaux analogiques, qui peuvent prendre pour valeur n'importe quelle valeur comprise dans une plage continue de valeurs. La conversion de données analogiques en données numériques est appelée "numérisation". Elle s'effectue à l'aide d'un appareil appelé "convertisseur analogique/numérique".

➠ *Voir FLOPS, représentation à virgule flottante, transmission vocale numérique*

numérique/analogique

➠ *Voir convertisseur n/a*

numérisation

Synonyme de "digitalisation". Conversion de signaux analogiques en signaux numériques. Cette opération s'effectue à l'aide d'un convertisseur analogique/numérique.

➠ *Voir analogique, convertisseur a/n, convertisseur numérique/analogique, numérique*

numérisation corporelle

En anglais : *bodyscanning*. Numérisation du corps humain ou d'une partie du corps humain effectuée à l'aide d'un scanner.

➠ *Voir capture de mouvement humain virtuel, scanner, scanner 3D*

numéro d'abonné multiple

➠ *Voir MSN*

numéro d'agrément

Numéro qui certifie qu'un appareil de télécommunication est conforme aux normes de la DGPT (Direction générale des postes et télécommunications), et qu'il a été agréé par celle-ci. Ce numéro figure généralement sur un autocollant collé sous l'appareil.

➠ *Voir DGPT*

numéro de page

Numéro imprimé sur une page de document afin de permettre à l'utilisateur de savoir dans quel ordre les différents pages d'un même document sont organisées. Ce numéro peut apparaître en haut ou en bas de la page et être aligné à gauche, aligné à droite ou centré. La plupart des traitements de texte intègrent une fonction de numérotation automatique.

numéro de série

Numéro unique attribué à un exemplaire de logiciel pour le distinguer des autres exemplaires de la même série de production. Ce numéro doit généralement être entré au cours de la phase d'installation du logiciel.

➠ *Voir installation*

numéro de téléphone multiple

➠ *Voir MSN*

numérotation à fréquence vocale

Mode de numérotation téléphonique qui repose sur des signaux sonores émis à différentes fréquences, et non sur des impulsions.

➠ *Voir numérotation à impulsions*

numérotation à impulsions

Mode de numérotation utilisé en standard par les compagnies téléphoniques pour coder les numéros de téléphone à l'époque des téléphones à cadran. Lorsque l'utilisateur faisait tourner le cadran pour composer le numéro de son correspondant, le téléphone convertissait les chiffres choisis en une série d'impulsions très courtes. C'est le nombre des impulsions ainsi générées qui reproduisait le numéro de téléphone. Aujourd'hui, la numérotation à impulsions a été remplacée quasiment partout par la numérotation à fréquence vocale.

➠ *Voir numérotation à fréquence vocale*

numérotation automatique

Fonction qui permet à un modem de composer automatiquement un numéro téléphonique, et qui dispense donc l'utilisateur de composer ce numéro manuellement sur son combiné.

➠ *Voir modem*

N

Object Linking and Embedding

"Liaison et incorporation d'objets".

➠ *Voir OLE*

objet

1. Sous Windows, entité de données créée sous un programme et déplacée ou copiée vers un autre programme.
2. En programmation, entité de code de programme qui permet de manipuler des données.

➠ *Voir ActiveX, bibliothèque d'objets, module objet, OLE*

observateur

Logiciel conçu pour observer des opérations précises sur un réseau, au sein d'une application ou sous un système d'exploitation. Windows 95 et Windows NT intègrent, par exemple, une fonction appelée "Observateur réseau" qui a fonction de surveiller les opérations effectuées en réseau.

obturation LCD

➠ *Voir lunettes à obturation LCD*

OCR

Sigle, abréviation d'*Optical Character Recognition* ("reconnaissance optique de caractères").

➠ *Voir ROC*

octal

Synonyme de "base huit". Qualifie un système de numération ou une valeur numérique qui repose sur les chiffres 0 à 7.

➠ *Voir système octal*

octet

Unité de mesure de quantité d'informations ou de capacité de stockage. Un octet est constitué de 8 bits. Chaque octet permet de représenter deux cent cinquante-six (2^8) caractères. Chaque caractère issu de la table ASCII nécessite 1 octet pour être représenté.

➠ *Voir ASCII, bit*

octet inférieur

En anglais : *low byte*. Moitié droite d'un mot de données de 16 bits. Sur les ordinateurs d'une largeur de données de 16 bits, il est d'usage de diviser les octets en deux parties de 8 bits.

➠ *Voir bit, mot de données, octet*

oculaire

➠ *Voir capteur oculaire*

ODAPI

Sigle, abréviation d'*Open Database Application Programming Interface* ("interface ouverte de programmation d'applications de bases de données"). Interface logicielle qui permet d'effectuer des échanges de données entre des bases de données et d'autres applications.

➠ *Voir API, base de données*

ODBC

Sigle, abréviation d'*Open Database Connectivity* ("connectivité ouverte pour bases de données"). Interface logicielle qui permet d'effectuer des échanges de données entre une application et une base de données. La plupart des systèmes de gestion de bases de données standards (Access, par exemple) sont compatibles avec cette interface.

➠ *Voir API, base de données*

odd parity

"Parité impaire".

➠ *Voir parité impaire*

Office

Suite de programmes fabriquée par Microsoft qui regroupe un représentant de chaque catégorie d'application importante pour le bureau : le traitement de texte Word, le tableur Excel, le programme de présentation assistée par ordinateur PowerPoint et, sous la version

OP

Professional d'Office, le système de gestion de bases de données Access. La version 7.0 d'Office intègre même un organiseur appelé Outlook, qui remplace le programme Schedule livré avec les versions antérieures d'Office, et qui non seulement intègre un système de gestion de rendez-vous très intuitif, mais qui permet aussi d'envoyer et de recevoir du courrier électronique (e-mail). Les concurrents directs d'office sont SmartSuite, de Lotus, et PerfectOffice, de Corel.

➡ *Voir Corel, Perfect Office*

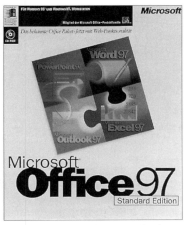

Un emballage type de Microsoft – la jaquette de Microsoft Office 97.

offline

"Hors ligne".

Oki

http://www.oki.com

Groupe américain qui fabrique des imprimantes, des systèmes de télécommunication et des semi-conducteurs. Parmi ses produits les plus connus figurent des imprimantes à LED qui produisent des résultats comparables à ceux d'une imprimante laser, mais pour un coût moindre.

Oki dans le monde – la page d'accueil internationale du site Web d'Oki permet de choisir un pays spécifique.

OLE

Sigle, abréviation de *Object Linking and Embedding* ("liaison et incorporation d'objets"). Interface logicielle créée par Microsoft qui permet de relier des applications étrangères les unes aux autres sous forme d'objets (du texte, des tableaux et des images, par exemple) pour créer un document composite. L'objet (le texte, le tableau ou l'image) lié ou incorporé au document hôte (l'autre texte, tableau, ou image) demeure lié à l'application qui a servi à le créer. Jusqu'ici, l'interface OLE ressemble donc à l'interface DDE. Lorsque l'objet est lié (*linking*), il est inséré sous forme de copie dans le document hôte, et l'objet original demeure tel quel. Lorsqu'il est incorporé, en revanche, c'est l'ensemble du fichier auquel il correspond qui est inséré dans le document hôte. L'ordinateur ne se contente donc pas d'effectuer une copie de l'original. L'inconvénient de l'incorporation est qu'elle accroît considérablement la taille du document hôte. Sous la version 2.0 d'OLE, l'utilisateur peut éditer directement l'objet original sous l'application hôte (édition sur place), la mise à jour du document original étant prise en charge en interne par l'ordinateur, qui modifie le code en conséquence. Pour créer des documents composites de ce type, il est en outre aujourd'hui possible d'utiliser le glisser-déposer, qui facilite considérablement la procédure.

➠ *Voir glisser-déposer*

ombrage de Gouraud

Ombrage consistant à arrondir légèrement la surface des polygones constitutifs d'un objet 3D en interpolant les valeurs de couleur et de luminosité entre les différents sommets de ces polygones. La surface des polygones semble ainsi galbée, et non constituée de facettes, comme dans le cas de l'ombrage plat. L'ombrage de Gouraud est pris en charge par le processeur 3D.

➡ *Voir fonctions 3D, polygone, processeur graphique 3D, sommet*

onboard

"Incorporé à la carte mère". Qualifie un élément (une carte son ou une carte graphique) incorporé à la carte mère alors qu'il se présente habituellement sous la forme d'une carte d'extension distincte. Certaines cartes mères intègrent aujourd'hui des circuits électroniques qui leur font remplir aussi le rôle de la carte graphique et de la carte son.

➡ *Voir carte mère*

online

"En ligne". S'oppose à "offline".

➡ *Voir en ligne*

opcode

Abréviation de *operation code* ("code d'opération").

➡ *Voir langage machine*

Open Database Application Programming Interface

"Interface ouverte de programmation d'applications de bases de données".

➡ *Voir ODAPI*

OP

Open Database Connectivity

"Connectivité ouverte pour bases de données".

➡ *Voir ODBC*

Open Systems Interconnexion

"Interconnexion de systèmes ouverts".

➡ *Voir OSI*

OpenGL

API 3D de haut niveau conçue par la société Silicon Graphics. Cette API fait partie du système d'exploitation Windows NT dont une version a été créée depuis, pour Windows 95. Elle s'utilise avec un processeur graphique spécial capable d'accélérer l'affichage (le processeur GLint, par exemple, ou sa version grand public Permedia). L'API OpenGl est utilisée essentiellement pour les applications de CAO, de simulation et de traçage de rayons.

➡ *Voir API 3D, carte graphique 3D, processeur graphique 3D*

opérande

Donnée reliée à une autre par un opérateur au sein d'une opération.

➡ *Voir opérateur, opération*

opérateur booléen

Opérateur logique utilisé en algèbre booléenne. Les opérateurs booléens s'appliquent exclusivement à des valeurs binaires. Ils servent normalement à relier deux valeurs à une troisième valeur. L'opérateur NOT est le seul à ne s'appliquer qu'à un opérande.

➡ *Voir AND, NOT, NOR, XOR*

opérateur

1. Règle de calcul qui s'applique à plusieurs opérandes (nombres, fonctions, etc.) et qui permet d'obtenir un résultat du même type que les éléments reliés. On distingue trois types d'opérateurs : les opérateurs arithmétiques (+ pour l'addition et – pour la soustraction, par exemple), les opérateurs logiques, ou joncteurs, représentés par les symboles AND, NOT, NOR, XOR, etc., et les opérateurs de comparaison qui sont représentés par les symboles > (supérieur à), < (inférieur à), ≠ (différent de), etc.
2. Abréviation de "opérateur système". Synonyme de "administrateur système".

OP

➡ *Voir administrateur système, opérateur booléen*

operating system

"Système d'exploitation".

➡ *Voir système d'exploitation*

opération

Synonyme de "commande" et de "instruction". Une opération correspond en fait à l'exécution d'une commande.

OPL

Puce de carte son fabriquée par la société Yamaha. La puce OPL-2 fut lancée dès les années 80 ; elle était déjà conforme au standard AdLib. La puce OPL3, qui lui a succédé, est de surcroît compatible avec le mode stéréo et utilise le procédé FM pour générer les sons. Elle fut essentiellement conçue pour équiper des cartes son compatibles SoundBlaster ; est d'ailleurs toujours utilisée essentiellement à cet effet. La puce OPL4 permet en plus d'utiliser le procédé de synthèse à table d'ondes, suivant lequel les sons ne sont plus fabriqués par la carte elle-même, mais générés par des instruments de musique numérisés mémorisés dans un module de ROM.

➡ *Voir carte son, SoundBlaster, table d'ondes*

Optical Read Only Memory

"Mémoire optique à lecture seule".

➡ *Voir CD-ROM, OROM*

opto-électronique

Qualifie un procédé ou un appareil qui utilise simultanément des composants électroniques et optiques. On utilise des systèmes opto-électroniques pour les transmissions de données par fibre optique pour convertir les signaux optiques en signaux électroniques et inversement. Les diodes électroluminescentes (LED) sont des exemples de composants opto-électroniques.

➡ *Voir diode électroluminescente, fibre optique*

OR

"Ou". Opérateur booléen de disjonction. Cet opérateur génère la valeur 1 (VRAI) lorsque l'un au moins des deux opérandes génère la valeur 1 (VRAI). Lorsque les deux opérandes génèrent la valeur 0 (FAUX), il génère la valeur 0 (FAUX).

➡ *Voir opérateur booléen*

OP

Orange Book

"Livre orange".

➡ *Voir livre orange*

ordinateur

En anglais : *computer*. Appareil numérique conçu pour effectuer des calculs et traiter des informations de manière automatique. L'ordinateur peut être considéré comme le successeur de la calculatrice, qui ne savait manipuler que des formules. Les ordinateurs modernes ne font d'ailleurs eux-mêmes que manipuler des nombres, même s'ils offrent un éventail de fonctions beaucoup plus étendu. Une fois les données entrées dans l'ordinateur, il les utilise pour effectuer les calculs qui s'imposent et en communique le résultat à l'utilisateur. Dans la pratique, les logiciels même les plus complexes reposent sur des instructions relativement simples telles que des additions et des multiplications. Les logiciels modernes effectuent ces opérations en interne ; elles ne sont donc pas visibles de l'utilisateur.

➡ *Voir données, logiciel, programme*

ordinateur à système d'exploitation multiple

Ordinateur sur lequel plusieurs systèmes d'exploitation ont été installés. Au démarrage de l'ordinateur, le gestionnaire de démarrage fait apparaître un menu qui permet à l'utilisateur de choisir le système d'exploitation dans lequel il souhaite travailler.

➡ *Voir démarrer, gestionnaire de démarrage, système d'exploitation*

ordinateur contrôleur de processus

Ordinateur utilisé dans l'industrie pour contrôler des processus productifs. Les ordinateurs contrôleurs de processus sont généralement optimisés, tant au niveau du matériel qu'au niveau de leur système d'exploitation, en fonction des tâches qu'ils doivent accomplir (notamment pour les travaux en temps réel). Ils sont le plus souvent équipés de capteurs, placés aux endroits clés de la chaîne de production, qui leur permettent d'acquérir les données dont ils ont besoin. C'est en analysant ces données qu'ils peuvent s'informer sur l'état des processus productifs et, par conséquent, les commander.

ordinateur de poche

Ordinateur qui tient dans la main et qui fait généralement office à la fois de gestionnaire de rendez-vous et de banque de données. Les ordinateurs de poche permettant difficilement, de par leur petite taille, d'entrer des données, ils ne possèdent généralement pas de clavier. L'entrée des données s'effectue à même l'écran à l'aide d'un stylo spécial (un stylet). Les ordinateurs de poche possèdent généralement une interface qui permet de les connecter à un véritable PC.

ordinateur hybride

Ordinateur qui reposait à la fois sur les techniques analogique et numérique, mais qui ne fut utilisé que pour simuler des cas scientifiques particulièrement complexes. Comme les ordinateurs purement analogiques, il disparut avec le succès de la technologie numérique.

➡ *Voir analogique, hybride, numérique*

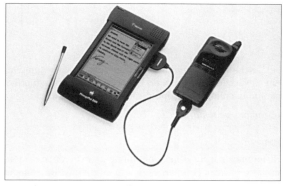

Les ordinateurs de poche offrent un éventail de possibilités très étendu – ici, le Newton d'Apple.

ordinateur personnel

➠ *Voir PC*

ordinateur portable

Ordinateur mobile de petite taille fonctionnant sur batterie ou sur une alimentation externe. Les ordinateurs portables sont relativement légers et compacts. Ils sont équipés d'un écran LCD (à matrice active ou passive) et d'un certain nombre de périphériques d'entrée intégrés au boîtier (GlidePoint, trackball ou Touchpad). Selon leur taille, on distingue les laptops (les plus volumineux) des laptops (les plus compacts).

➠ *Voir DSTN, matrice passive, ordinateur transportable, TFT*

OP

ordinateur transportable

Ordinateur de petite taille qui, à la différence d'un portable, ne possède pas de batterie interne. Il est en outre plus volumineux dans la mesure où il peut recevoir de nouvelles cartes d'extension. Les ordinateurs transportables sont généralement composés d'un boîtier muni d'une poignée (ressemblant à une valise) intégrant l'unité centrale et le moniteur, et d'un clavier distinct. Ils sont généralement équipés d'un écran à cristaux liquides et ne peuvent être utilisés que sur le secteur dans la mesure où ils consomment davantage d'électricité que les ordinateurs portables.

➠ *Voir laptop, notebook, ordinateur portable*

ordonnée

➠ *Voir axe des ordonnées*

organigramme

Synonyme de "schéma fonctionnel". Schéma représentant sous une forme symbolique les fonctions et opérations qui doivent se succéder au cours de l'exécution d'un programme. Plus ce schéma est clair, plus il facilite la création et l'optimisation du programme.

➠ *Voir fonction, opération, programme, schéma*

organigramme de données

Schéma de travail détaillant les différentes parties d'un programme à développer et montrant comment les données doivent être traitées et réparties. L'organigramme de données met aussi en évidence les différents éléments matériels (mémoire et supports de stockage, périphériques d'entrée et de sortie, etc.) qui interviennent dans l'opération. Il constitue une étape importante du développement d'un programme.

➠ *Voir données, programme*

organiseur

1. Logiciel de gestion de rendez-vous qui s'apparente à un agenda. Les organiseurs les plus complexes conçus pour les réseaux permettent de comparer et de mettre en relation les rendez-vous de l'ensemble du personnel d'une société.
2. Ordinateur de poche qui remplit essentiellement les fonctions d'un agenda. La plupart des assistants personnels (ou PDA) tels que l'Apple MessagePad et le Psion Serie 5 intègrent en fait aussi une fonction d'organiseur.

➠ *Voir PDA*

OP

Organizer

Organiseur fabriqué par Lotus. Organizer permet de gérer confortablement des rendez-vous et des adresses. Son interface utilisateur ressemble à un agenda, ce qui le rend très intuitif. Sans doute cette interface lui a permis d'être le système de gestion de rendez-vous pour PC le plus utilisé du monde. Sous sa version actuelle pour Windows 95 ou Windows NT, Organizer peut être acheté seul ou avec la suite de programmes SmartSuite.

➠ *Voir Lotus, organiseur, SmartSuite*

orienté dialogue

➠ *Voir interactif*

orientée objet

➧ *Voir programmation orientée objet*

orientée texte

Qualifie une interface utilisateur qui repose sur le mode texte. L'interface utilisateur de l'interpréteur de commandes COMMAND.COM sous MS-DOS et celle de l'interpréteur de commandes CMD.EXE sous OS/2 sont deux exemples d'interfaces utilisateur orientées texte.

➧ *Voir interface utilisateur*

Origin

http://www.ea.com

Fabricant américain de jeux informatiques. Parmi ses titres les plus connus figurent Wing-Commander, Crusader et Privateer.

origine

Forme de signature personnalisée que l'expéditeur d'un courrier électronique choisit parfois de faire apparaître au bas de ses courriers. Outre l'adresse et le nom de l'expéditeur, qui apparaissent en haut du message électronique, les messages électroniques comprennent parfois dans la partie correspondant à l'origine à une petite formule, une maxime (ou un commentaire) plus ou moins fantaisiste.

OROM

Abréviation de *Optical Read Only Memory* ("mémoire optique à lecture seule").

➧ *Voir CD-ROM*

OS

Sigle, abréviation d'*operating system* ("système d'exploitation", ou "SE").

➧ *Voir système d'exploitation*

OS/2

Abréviation de *Operating System 2* ("système d'exploitation 2"). Système d'exploitation 32 bits créé par IBM en coopération avec Microsoft et commercialisé par IBM. La version actuelle est la version 4.0 (OS/2 Warp, ou Merlin). OS/2 possède une interface utilisateur graphique et il est multitâche. Alors qu'il était encore en cours de développement en 1988, OS/2 constitue aujourd'hui le seul concurrent sérieux pour Windows 95 et Windows NT après l'ascension de Microsoft. A partir de la version 3.0, le nom d'OS/2 a été complété de la mention *Warp*.

➧ *Voir IBM*

OS/2 Warp 4

Quatrième version du système d'exploitation pour PC OS/2 créé par la société IBM. Par rapport à la version Warp 3, OS/2 Warp 4 présente les nouveautés suivantes :
- système à commande vocale intégré ;
- fonctions de réseau et outils Internet ;
- compatibilité avec le langage Java ;
- compatibilité avec le standard OpenDOC, équivalent du standard OLE de Windows ;
- interface utilisateur améliorée.

➡ *Voir IBM, VoiceType*

OS/2 Warp Connect

Nom utilisé depuis 1996 pour désigner le système d'exploitation OS/2 Warp 3. La mention *Connect* fait référence aux fonctions de réseau et aux outils Internet dont ce système "d'exploitation" a été doté. OS/2 Warp Connect est utilisable sur un réseau local (LAN) ou international (WAN), mais également sur un réseau poste à poste, et cela avec tous les systèmes d'exploitation courants.

➡ *Voir IBM*

OS/2 Warp Server

Système d'exploitation de serveur fonctionnant sous OS/2. Sous sa version antérieure, il s'appelait LAN Server.

➡ *Voir LAN Server*

OSI

1. Sigle, abréviation d'*Open Systems Inteconnexion* ("interconnexion de systèmes ouverts"). Groupe de travail de l'ISO créé en 1977 qui élabore des standards pour les systèmes ouverts et qui a donné son nom à un modèle de couches de réseau : le modèle OSI.
2. Modèle de gestion de transferts de données en réseau conçu par l'OSI (groupe de travail de l'ISO). Le modèle OSI décompose le réseau en sept niveaux appelés "couches". Trois de ces couches se rapportent aux applications ; deux autres se rapportent au transport ; les deux dernières se rapportent au matériel.
    - Les couches qui se rapportent aux applications ont pour rôle d'établir la session et d'y mettre fin, d'assurer le transfert des données et de présenter les données à l'utilisateur. On distingue d'une part la couche d'application, qui est la septième, c'est-à-dire celle qui occupe le rang le plus élevé, puis la couche de présentation, qui est la sixième, et enfin la couche de session, qui est la cinquième.
    - Au sein des couches orientées transport, on distingue la couche de transport elle-même, qui est la quatrième, et la couche de réseau, qui est la troisième. Ces deux

couches régissent le transport et la distribution des données (routage et commutation).

- Les couches qui se rapportent au matériel ont pour rôle de faire suivre physiquement les données et d'en assurer la sécurisation et la synchronisation au sein du réseau. Au sein de ces couches, on distingue d'une part la couche de connexion, qui est la deuxième, d'autre part la couche physique, qui est la première.

Le principe fondamental du modèle OSI est que les couches supérieures ne peuvent accéder qu'aux services des couches inférieures et que chaque couche d'un ordinateur ne peut communiquer qu'avec la couche de même niveau d'un autre ordinateur. Deux couches identiques peuvent communiquer par l'intermédiaire d'un protocole, sorte de règlement qui définit comment les données doivent être envoyées. Le protocole utilisé peut, par exemple, être le modèle IEEE 802 de l'IEEE. Selon ce modèle, les données sont subdivisées entre les différentes couches sous forme de paquets, petites unités qui doivent ensuite être rassemblées du côté du destinataire. Le transfert de données physique lui-même s'effectue toujours au niveau de la couche la plus basse – la couche physique. Les deux premières couches (en partant du bas) sont prises en charge par des techniques de réseau telles que les techniques Ethernet, Token Ring, ARCnet, etc. Les deux couches suivantes (la troisième et la quatrième) communiquent entre elles par le biais de protocoles tels que les protocoles IPX/SPX, NetBEUI ou encore TCP/IP. Les cinquième, sixième et septième couches sont étroitement liées aux composants du système d'exploitation. Cette subdivision entre, d'une part, des couches ouvertes dans la partie inférieure et, d'autre part, des couches fermées dans la partie supérieure, permet d'obtenir une architecture système très ouverte qui est ainsi particulièrement adaptée aux réseaux hétérogènes.

➠ *Voir en-tête, ouvert, suffixe*

OU

En anglais : *OR*.

➠ *Voir OR*

OU logique

➠ *Voir OR*

outil

1. Petit programme conçu pour faciliter un certain type d'opération (le débogage, par exemple). Lorsque plusieurs programmes (un éditeur de code, un compilateur et un débogueur, par exemple) de ce type sont réunis sous une même interface utilisateur, on parle de boîte à outils.

2. Sous un programme doté d'une interface utilisateur graphique à icônes, l'une des icônes qui composent une barre d'outils. Pour activer une commande, il suffit de cliquer sur l'outil qui la représente.

outline

1. "Contour".
2. "Plan".

➠ *Voir contour, mode plan*

output

"Sortie". Donnée ou signal générés par l'ordinateur.

➠ *Voir E/S*

output device

"Périphérique de sortie".

➠ *Voir périphérique de sortie*

ouvert(e)

1. Qualifie une architecture d'ordinateur qui permet aux différents fabricants de concevoir facilement des extensions matérielles et logicielles pour elle. L'architecture du PC est un bon exemple d'architecture ouverte. C'est d'ailleurs à elle que le PC doit son succès, puisque chaque fabricant a été en mesure de concevoir ses propres cartes d'extension, ses propres périphériques et ses propres logiciels.
2. Qualifie un système informatique dont les spécificités sont publiées et plus particulièrement dont les interfaces sont normalisées, ce qui permet à chaque fabricant de concevoir et de connecter relativement facilement des périphériques (une imprimante, par exemple). Les systèmes ouverts sont très intéressants pour les réseaux hétérogènes et, plus généralement, pour les réseaux qui doivent être particulièrement performants. C'est précisément pour définir des normes universelles pour les systèmes ouverts que fut créée l'OSI (*Open Systems Interconnexion*, ou "interconnexion pour systèmes ouverts"), groupe de travail de l'ISO auquel on doit le modèle de couches du même nom.

➠ *Voir architecture ouverte, OSI, réseau hétérogène*

ouverture de session

Synonyme de "connexion". En anglais : *log-on*. Etablissement d'une connexion entre l'ordinateur local et un réseau local ou distant (tel que le réseau Internet mondial) pour pouvoir accéder à des données stockées sur un réseau ou sur un ordinateur distant, ou encore distribuées par un service en ligne. Cette opération nécessite généralement d'indiquer un nom d'utilisateur et un mot de passe.

➠ *Voir courrier électronique, fermeture de session, réseau, service en ligne*

overflow

"Dépassement".

➠ *Voir dépassement*

overlay

"Recouvrement" ou "incrustation".

➠ *Voir incrustation, recouvrement*

OP

P

➠ *Voir code P*

P5

➠ *Voir Pentium*

Pac Man

Jeu vidéo parmi les plus connus du monde. De petits fantômes vous donnent la chasse dans une sorte de labyrinthe. L'essentiel du jeu consiste à leur échapper, tout en avalant de petites pastilles pour accumuler des points.

page d'accueil

En anglais : *homepage*. Première page (page d'ouverture) d'un site Web sur l'Internet. C'est cette page que le navigateur commence par afficher à l'écran lorsque l'utilisateur entre l'adresse du site. La page d'accueil contient généralement des informations fondamentales sur la personne ou l'organisation que le site représente ainsi que des liens hypertexte (qui sont des renvois dynamiques) permettant de passer directement à d'autres pages d'accueil ou de continuer à parcourir le site.

➠ *Voir page Web, site Web, WWW*

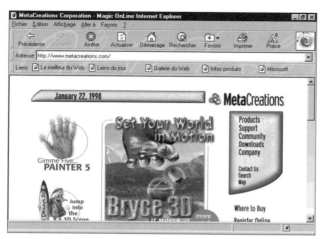

Une page d'accueil type – ici, celle de MetaCreations.

page de codes

Jeu de caractères contenant les chiffres, les lettres et les caractères spéciaux qui peuvent être utilisés par l'ordinateur en mode texte. Un PC a une largeur de données de 8 bits, ce qui lui permet de disposer d'un maximum de deux cent cinquante-six caractères. Les tables ASCII et ANSI sont deux exemples de pages de codes. Outre le nombre de caractères, la page de codes définit la langue utilisée par le système d'exploitation (le français, pour un ordinateur français). Les pages de codes ne sont nécessaires que sous MS-DOS. Sous Windows 95, les fichiers CONFIG.SYS et AUTOEXEC.BAT continuent de faire référence à la page de codes utilisée, mais cette page de codes peut être effacée sans que cela nuise au fonctionnement de l'ordinateur.

➡ *Voir ANSI, ASCII, AUTOEXEC.BAT, clavier, jeu de caractères, CONFIG.SYS, MS-DOS*

page de démarrage

Première page qu'un navigateur Web fait apparaître lorsqu'il est lancé. Par défaut, il s'agit de la page d'accueil du site du fabricant du navigateur. L'utilisateur peut toutefois choisir lui-même sa page de démarrage selon ses propres besoins – la page qu'il visite le plus souvent, en principe.

➡ *Voir navigateur Web, page Web*

page flipping

"Basculement de page".

➠ *Voir basculement de page*

page frame

"Page mémoire".

➠ *Voir page mémoire*

page mémoire

Fenêtre de mémoire utilisée par les programmes de gestion de mémoire.

➠ *Voir mémoire paginée, pagination*

page zéro

Première des pages de mémoire générées par le système de pagination de mémoire de l'ordinateur. Sur les processeurs 8 bits, qui décomposent généralement la mémoire adressable en pages de 256 octets, la page zéro joue un rôle particulièrement important dans la mesure où c'est elle qui offre l'accès le plus rapide.

pagination

Méthode de gestion de mémoire qui permet de subdiviser l'ensemble de l'espace d'adressage logique d'un processus en différentes zones. Dans le cas de l'espace d'adressage logique, ces zones sont appelées "pages". Dans le cas de l'espace d'adressage physique, en revanche, on parle de "cadres". Avec ce système, il suffit d'un numéro de page et d'une adresse relative pour accéder à une adresse de mémoire. Les différents cadres sont affectés aux pages à l'aide d'une table. C'est ce procédé qu'utilisent les CPU Intel de la gamme 80x86, même si, dans la pratique, il est beaucoup plus complexe. Les systèmes d'exploitation modernes utilisent presque tous la pagination pour gérer l'adressage de la mémoire virtuelle.

➠ *Voir mémoire virtuelle, MMU*

OP

Paintbrush

Programme de dessin livré en standard avec Windows. La structure de ce programme est d'une grande simplicité. D'ailleurs, il offre des possibilités très limitées. Sous Windows 95, il s'appelle Paint. La version B de Windows 95 intègre un logiciel plus complet appelé Wang Imaging.

paire torsadée

Type de câble utilisé pour relier les ordinateurs en réseau. Ce câble est constitué de deux conducteurs composés chacun de deux fils de cuivre vrillés entre eux afin de réduire les parasites. Il offre un taux de transfert plus élevé que le câble coaxial et permet, en outre, de relier de nouveaux ordinateurs à un réseau existant sans avoir à interrompre le fonctionnement de celui-ci. Il existe trois types de paires torsadées :

- La paire torsadée UTP (*Unshielded Twisted Pair*, ou "paire torsadée non blindée"), qui est la plus simple et qui ne possède pas de blindage.
- La paire torsadée STP (*Shielded Twisted Pair*, ou "paire torsadée blindée"), dont chaque conducteur à deux fils vrillés est recouvert d'un blindage métallique.
- La paire torsadée S-UTP (*Shielded-Unshielded Twisted Pair*, ou "paire torsadée blindée-non blindée"), dont seul l'un des conducteurs à deux fils vrillés est blindé.

Compte tenu des nombreux avantages que présente la paire torsadée, il y a fort à parier que le câble coaxial, qui est actuellement très répandu, disparaîtra complètement.

PAL

Sigle de *Phase Alternation Line* ("ligne à alternation de phase"). Standard de télévision utilisé dans la plupart des pays d'Europe à l'exception de la France. Ce standard fut inventé dans les années 60 par Telefunken. L'image PAL est constituée de 625 lignes de 833 points chacune, ce qui correspond à un rapport de 43. Le standard PAL affiche par ailleurs 25 images complètes par seconde. Afin de limiter les scintillements, il utilise une fréquence de saut de ligne de 50 demi-images par seconde. Cette fréquence de rafraîchissement de 50 Hz peut sembler faible, mais, contrairement à celui des moniteurs, le tube cathodique des téléviseurs est recouvert d'une couche légèrement luminescente qui atténue les scintillements. Le standard PAL est une norme de télévision couleur compatible avec les téléviseurs noir et blanc, très répandus en Europe durant les années 1950 et 1960. Cela explique que les informations se rapportant à la luminosité et aux couleurs soient modulées à partir du signal de l'image.

palette de couleurs

Structure logique qui fait correspondre une valeur d'index à chaque valeur de couleur. Pour accéder à une couleur, il faut passer par sa valeur d'index. Beaucoup d'ordinateurs offrent, de par leurs composants physiques, des choix de couleurs beaucoup plus nombreux que la plupart des modes de représentation de couleurs ne permettent effectivement d'en représenter. C'est aux palettes de couleurs qu'il incombe de préparer celles qui doivent effectivement être utilisées pour l'affichage en cours.

➠ *Voir modèle de couleurs, profondeur de couleur*

palette graphique

Synonyme de "logiciel de retouche d'images". Programme qui permet de traiter, de manipuler et de modifier des images (numérisées, par exemple). Photoshop, d'Adobe, Soap, de MetaCreations, Photopaint, de Corel, et le shareware Paint Shop Pro sont quatre exemples de palettes graphiques.

➠ *Voir Kai's photo, MetaCreations, scanner, traitement d'images,*

Panasonic

http://www/panasonic.com

Marque de fabrique de Matsushita qui est connue essentiellement pour ses lecteurs de CD-ROM et ses imprimantes.

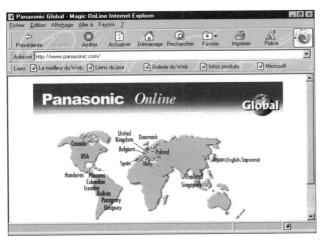

La page d'accueil du site Web de Panasonic.

panne intermittente

Panne qui survient irrégulièrement et de manière imprévisible. Les pannes intermittentes sont les plus difficiles à diagnostiquer pour les réparateurs. Elles sont généralement provoquées par des variations de température ou des défauts physiques dans les câbles.

Panneau de configuration

Fenêtre graphique de Windows 95 et de Windows NT, qui permet de configurer l'environnement de travail proposé par ces systèmes d'exploitation.

➡ *Voir système d'exploitation, Windows 95, Windows NT*

Panneau de configuration

Fonction centrale de Windows 95 qui permet d'accéder aux paramètres du matériel et des logiciels de l'ordinateur. Cette interface utilisateur entièrement graphique était déjà disponible sous Windows 3.x, où elle se présentait sous forme de programme indépendant appelé CONTROL.EXE. Elle fait désormais partie intégrante du système d'exploitation. Elle permet de configurer correctement l'ordinateur.

➠ *Voir base de registres, configuration*

PAO

1. Sigle, abréviation de "publication assistée par ordinateur". Ensemble des opérations informatiques concourant à la fabrication d'un document imprimé (ou diffusé numériquement). La PAO inclut la mise en page (logiciels Quark XPress, Adobe PageMaker, etc.), la conception d'illustrations (Adobe Illustrator, Corel Draw, etc.) et le traitement et la retouche d'image (Adobe Photoshop, etc).

2. Sigle, abréviation de "planification assistée par ordinateur". Utilisation de l'ordinateur pour créer des plannings de travail.

➠ *Voir CAO, FAO*

papier peint

Image, trame ou structure de motifs qui recouvre le Bureau de Windows et fait office d'arrière-plan. Le papier peint peut être configuré depuis le Panneau de configuration de Windows.

papier sans fin

Bloc de papier constitué d'un grand nombre de feuilles (de l'ordre du millier) attachées les unes aux autres et séparables grâce à une ligne de pointillés. Ces feuilles de papier sont bordées de perforations qui permettent à l'imprimante de faire défiler le papier par l'intermédiaire d'un système d'entraînement appelé "tracteur".

➠ *Voir imprimante, tracteur*

OP

paquet

Subdivision d'une quantité relativement importante de données transférées par réseau. Selon la nature du protocole de transfert utilisé, un paquet de données peut aussi contenir des bits de correction d'erreurs et d'autres informations.

➠ *Voir paquet de données*

paquet de données

Ensemble de données considéré comme une unité indivisible au cours d'un transfert en réseau ou d'une transmission d'un ordinateur émetteur à un ordinateur récepteur. Les données transmises sont donc toujours divisées en petits paquets constitués chacun d'un en-tête contenant l'adresse de l'émetteur et du récepteur, d'une unité de données et d'une somme de contrôle qui sert à vérifier l'intégrité des données.

➠ *Voir adresse, CRC, en-tête, intégrité, réseau, somme de contrôle, transfert de données, transmission de données*

par défaut

Synonyme de "standard". Qualifie l'état des paramètres d'un programme, d'un périphérique ou du BIOS de l'ordinateur tel qu'il a été livré par le fabricant. Ainsi dit-on par exemple : "par défaut, l'option X est paramétrée sur la valeur Y", ou encore "la valeur par défaut de cette option est Y".

➠ *Voir BIOS, matériel*

paragraphe

Ensemble de lignes délimité par le symbole ¶ dans un traitement de texte. Dès que la touche [Entrée] est enfoncée dans un traitement de texte, le texte est interrompu à cet endroit. Le traitement de texte passe à la ligne suivante sans avoir atteint la fin de la précédente. Il crée ainsi un paragraphe qui, du point de vue de sa mise en forme (on parle de mise en forme de paragraphe), est considéré comme une entité à part entière. Lorsque la touche [Entrée] n'est pas utilisée, le traitement de texte aligne toutes les lignes du texte les unes sous les autres et passe automatiquement à la ligne suivante lorsqu'il atteint la fin de la précédente (texte à la volée).

➠ *Voir mise en forme de paragraphe, texte à la volée*

parallèle

1. Qualifie un transfert de données au cours duquel plusieurs données sont transmises simultanément. S'oppose à série.
2. Qualifie un périphérique qui, à l'instar d'une imprimante, se connecte au port parallèle de l'ordinateur. Aujourd'hui, différents modèles de lecteurs (ZIP, par exemple) et de scanners utilisent le port parallèle comme interface. Ce port ne servant plus exclusivement à connecter une imprimante, il est apparu nécessaire qu'il offre un taux de transfert de données plus élevé que le standard Centronics original ou que le port LPT, qui est toujours très répandu.

   Aussi deux nouveaux standards de port parallèle sont-ils apparus en 1992. Le premier, développé conjointement par Intel, Xircom et Zenith et appelé *EPP (Enhanced Parallel Port*, "port parallèle amélioré"), offre un taux de transfert de 2 Mo/s, et il permet de connecter soixante-quatre périphériques simultanément.

   Le deuxième standard de port parallèle, appelé ECP (*Extended Capability Port*, "port à capacités étendues"), fut conçu par Hewlett-Packard. Il intègre une mémoire tampon FIFO ainsi qu'un procédé de compression de données. Un même port ECP permet de connecter jusqu'à cent vingt-huit périphériques.

OP

La plupart des cartes mères modernes permettent d'utiliser ces deux types de ports. Il n'est toutefois pas possible de mettre à niveau un vieux modèle de PC pour l'équiper de l'un de ces ports sans changer de carte mère. Aucun périphérique n'est d'ailleurs pour l'instant en mesure d'exploiter pleinement les possibilités que ces ports offrent. Pour imprimer, le mode LPT classique est toujours suffisant. Il n'y a que pour les périphériques tels que les lecteurs ZIP que ces nouveaux modes sont réellement avantageux.

Les ports EPP et ECP nécessitant une interruption et un canal DMA (ce qui n'est pas le cas du port LPT), il est préférable de paramétrer le port parallèle sur LPT dans le BIOS lorsque les deux autres modes ne sont pas utilisés.

➡ *Voir port parallèle, port série*

paramètre

1. Réglage d'une application ou d'un périphérique. La plupart des applications et des périphériques possèdent un certain nombre de paramètres permettant de les adapter à l'environnement de travail ou à la configuration matérielle de l'ordinateur.
2. Valeur ou option associée à une fonction au sein d'un programme. La plupart des commandes peuvent être activées avec un certain nombre de paramètres, ce qui permet de les faire fonctionner d'une manière légèrement différente.

➡ *Voir fonction, programme*

parasite

Nuisance sonore qui affecte les transferts de données. Tous les transferts de données sont affectés par un certain nombre de parasites. C'est respectivement pour les limiter et pour remédier à leurs conséquences que l'on blinde les câbles et que l'on utilise des protocoles de détection et de correction d'erreurs.

➡ *Voir transfert de données*

PARC

Sigle de *Palo Alto Research Center* ("Centre de recherche de Palo Alto"). Centre de recherche de Xerox qui s'est illustré par un grand nombre d'inventions aujourd'hui considérées comme absolument indispensables dans le monde de l'informatique. C'est le cas du standard Ethernet, de la souris et de l'imprimante laser.

➡ *Voir Xerox*

parcage des têtes

Fonction qui, lorsque le disque dur s'apprête à s'éteindre, plaque automatiquement les têtes de lecture-écriture à la périphérie des plateaux du disque dur. Elle permet d'éviter que les têtes soient endommagées lorsque l'ordinateur est déplacé. Lorsque les têtes ne sont pas parquées, il ne faut en aucun cas soumettre l'ordinateur à des chocs. Les têtes n'étant situées qu'à une hauteur de quelques fractions de micron des plateaux, elles risqueraient alors d'être fortement endommagées. Sur les premiers modèles de disques durs, le parcage s'effectuait manuellement à l'aide d'une fonction spéciale.

➠ *Voir disque dur, tête de lecture-écriture*

parité

Somme des bits d'un mot de données. Selon que ce mot de données contient un nombre pair ou impair de 1, la parité est de 0 ou de 1. Chaque mot de donnée reçoit un bit supplémentaire qui détermine si sa parité est paire ou impaire.

➠ *Voir bit de parité, contrôle de parité*

parité impaire

En anglais : *odd parity*. Parité telle que la somme des bits d'un octet est toujours impaire. Le contrôle de parité est une technique de détection d'erreurs très simple qui permet de contrôler les données transmises par l'intermédiaire du port série ou transférées dans la mémoire vive de l'ordinateur. Pour effectuer ce contrôle, l'ordinateur ajoute à chaque bloc de 7 à 8 bits un bit spécial appelé "bit de parité".

➠ *Voir bit de parité, contrôle de parité, parité, parité paire, sans parité*

parité paire

Lors d'un transfert de données par l'intermédiaire d'un port série ou entre un périphérique de stockage et la mémoire vive de l'ordinateur, il est possible d'effectuer un contrôle de parité. Pour ce contrôle, un bit de parité est ajouté à chaque groupe de bits de données composé d'un certain nombre de bits. Dans le cas de la parité paire, le nombre des 1 qui composent le mot de données et complété de telle sorte qu'il devienne pair. Lorsque le mot de données original est composé d'un nombre de 1 pair, le bit de parité est paramétré sur 0. Lorsque le mot de données est composé d'un nombre de 1 impair, en revanche, il est paramétré sur 1. Ce système permet de contrôler facilement les erreurs.

➠ *Voir bit de parité, mot de données, parité, sans parité*

parity

"Parité".

➠ *Voir parité*

partage de fichiers

Utilisation de fichiers communs par plusieurs applications, plusieurs utilisateurs ou plusieurs ordinateurs simultanément.

➠ *Voir application, fichier*

OP

Excel permet de présenter des valeurs numériques sous un format très synthétique.

partage de temps

En anglais : *time sharing*. Opération consistant à répartir le temps de calcul du processeur entre plusieurs processus ou plusieurs utilisateurs sous un système d'exploitation multiutilisateur.

partagiciel

Synonyme de shareware.

➠ *Voir shareware*

partition

Subdivision logique d'un disque dur. MS-DOS ne permet de créer que deux partitions par disque dur : une partition primaire et une partition étendue. Lorsqu'il s'initialise, l'ordinateur cherche le secteur d'amorçage sur la partition primaire afin de lancer le système d'exploitation. La partition étendue peut être décomposée en plusieurs lecteurs logiques. Sous MS-DOS, la partition primaire du premier disque dur est généralement désignée par la lettre C:. Pour nommer les partitions, l'ordinateur commence par les autres partitions primaires des autres disques durs. Après quoi il passe aux partitions étendues. Lorsqu'une partition n'a pas été définie à l'aide du système de fichiers FAT, MS-DOS ne la reconnaît pas et n'y affecte pas de lettre.

➠ *Voir FAT, partitionnement*

partition active

Partition qui contient le système d'exploitation et qui permet par conséquent à l'ordinateur de s'initialiser correctement lorsqu'il est mis sous tension. Durant la phase d'initialisation, l'ordinateur commence par charger le secteur d'amorce ainsi que le chargeur d'amorce. Ce n'est qu'ensuite qu'il charge le système d'exploitation. Il est possible de créer un menu de démarrage permettant de choisir entre plusieurs systèmes d'exploitation (Windows 95, Windows NT et OS/2, par exemple). Ces systèmes d'exploitation ne doivent d'ailleurs pas nécessairement être tous installés sur la partition active.

➠ *Voir chargeur d'amorce, démarrer, gestionnaire de démarrage, secteur d'amorce*

partitionnement

Subdivision d'un disque dur en partitions. Pour partitionner un disque dur, il faut utiliser un programme spécial appelé utilitaire de partitionnement. La commande FDISK de MS-DOS est l'un des utilitaires de partitionnement les plus connus.

pas à pas

Qualifie un mode d'exécution qui, dans un environnements de débogage, permet aux programmes de s'exécuter ligne par ligne et éventuellement de placer des points d'arrêt pour analyser une partie donnée du programme. Le débogueur peut ainsi établir un journal sur la mémoire et les registres après chaque commande. Cette opération peut d'ailleurs s'effectuer directement en code source par l'intermédiaire d'un compilateur. Le mode pas à pas facilite grandement la détection des bogues.

➠ *Voir code source, compilateur, débogueur, mémoire, point d'arrêt*

pas de masque

En anglais : *dot pitch* ou *pitch*. Espace séparant les différentes perforations du masque d'un moniteur. Plus la valeur du pas de masque est faible, plus la résolution d'affichage est fine. Cela signifie donc que, si l'on compare deux ordinateurs affichant les mêmes informations à une résolution égale (à 1024×768, par exemple), c'est sur celui dont le pas de masque est le plus faible que l'image sera la plus fine et la plus précise. Le pas de masque fait partie des critères à prendre en compte pour évaluer la qualité d'un moniteur.

➠ *Voir masque, moniteur*

OP

PAS logique

➠ *Voir NOT*

Pascal

Langage de programmation de haut niveau développé par Nikolaus Wirth, qui le publia en 1970 sous le nom d'Algol. Il fut ensuite renommé Pascal en hommage au mathématicien

Blaise Pascal. Le Pascal est un langage de programmation de haut niveau très puissant et très structuré.

➠ *Voir Algol, langage de programmation, Pascal*

Pascal, Blaise

Mathématicien, physicien et philosophe français (1623-1662) qui travailla dès 1642 à l'élaboration d'une machine à calculer mécanique : la "Pascaline". C'est à Pascal que l'on doit le principe des canaux communicants et l'invention du baromètre. Il publia dès l'âge de seize ans des travaux sur les formes coniques.

passe

1. Balayage d'un document en cours de numérisation par un scanner. Les scanners modernes n'ont besoin que d'une passe pour numériser un document. En revanche, les anciens modèles avaient souvent besoin d'au moins trois passes.
2. Parcours d'une portion de code de programmation par un interpréteur ou un compilateur (et éventuellement un lieur). Une fois que le code d'un programme a été écrit, il doit le plus souvent être pris en charge par un compilateur et des lieurs, qui parcourent ses instructions en différentes phases.

➠ *Voir compilateur*

passerelle

Interface qui permet à deux systèmes de réseau fondamentalement différents de communiquer entre eux. Grâce à cette interface, les réseaux n'ont pas besoin d'employer le même protocole ni le même système d'adressage pour communiquer. C'est généralement un PC, ou un serveur, qui fait office de passerelle. Pour passer d'un service en ligne tel qu'AOL ou CompuServe à l'Internet, par exemple, il faut disposer d'une passerelle.

➠ *Voir interface, Internet, PC, réseau, serveur, service en ligne*

passeur

Petite instruction d'aide qui, lors de l'impression d'une image couleur, a pour rôle de faciliter le positionnement des différentes couches constitutives de l'image finale. Pour imprimer une photo ou une image en couleurs, l'imprimante doit superposer un certain nombre de couches de différentes couleurs. L'original ne peut être reproduit fidèlement que si ces différentes couches sont positionnées. L'utilisation de passeurs permet de détecter la moindre erreur de positionnement.

passif, ive

➠ *Voir carte RNIS passive, écran à matrice passive, enceinte passive, haut-parleur passif, routage passif*

password

"Mot de passe".

➠ *Voir mot de passe*

patch

Synonyme de "correctif logiciel" et de "rustine". Petit programme conçu pour corriger les erreurs d'un autre programme commercialisé au préalable. Un patch s'utilise donc en complément du logiciel pour lequel il a été créé. Ainsi la société Microsoft diffuse-t-elle régulièrement des patches pour Windows NT. Les patches permettent aussi souvent de doter le logiciel original de nouvelles fonctions.

PATH

"Chemin". Variable d'environnement utilisable sous la plupart des systèmes d'exploitation pour indiquer à l'ordinateur quel chemin il doit emprunter pour accéder à un programme. Sous MS-DOS, cette variable s'utilise dans le fichier AUTOEXEC.BAT (sous la forme `PATH = C:\MSDOS;C:\WINDOWS`). Si un programme est appelé alors qu'il ne figure pas dans le répertoire en cours, l'ordinateur examine les répertoires déclarés à l'aide de la variable PATH. S'il ne trouve toujours pas le fichier, il génère un message d'erreur.

➠ *Voir MS-DOS*

PATOS

Sigle, abréviation de *Patent Online System* ("système en ligne d'information sur les brevets"). Base de données en ligne qui diffuse des informations sur les brevets.

➠ *Voir base de données en ligne*

pattern

"Motif" ou "structure".

➠ *Voir motif*

OP

pavé numérique

Bloc de touches numériques et mathématiques situé dans la partie droite d'un clavier de PC standard. Le pavé numérique permet d'entrer rapidement des valeurs numériques.

paysage

Orientation à l'horizontale d'un document ou d'une page sous un logiciel.

➠ *Voir portrait*

PB-cache

Abréviation de *Pipelined-Burst cache* ("mémoire cache rafale à pipeline").

➥ *Voir pipelined-burst*

PC vert

En anglais : *Green PC*.

➥ *Voir Green PC*

PC

1. Sigle de *Personal Computer* ("ordinateur personnel"). Ordinateur conçu pour un utilisateur isolé. Lorsque la société IBM lança le PC en 1981, le sigle PC fut adopté pour désigner les ordinateurs compatibles avec ce modèle d'ordinateur. Les PC (aujourd'hui beaucoup plus puissants que le premier IBM PC) sont à présent très répandus dans les entreprises, où ils sont généralement configurés en réseau. La configuration en réseau facilite en effet grandement les échanges de données. Il existe aujourd'hui un large éventail de PC, depuis les ordinateurs familiaux (qui sont utilisés principalement pour les jeux informatiques) jusqu'aux machines très puissantes couvrant toutes les applications imaginables, en passant par les ordinateurs multimédias.
2. Sigle de *Program Counter* ("compteur de programme").

➥ *Voir compatible, compteur de programme, multimédia*

PC-Card

"Carte pour PC". Nouveau nom du format de carte d'extension PCMCIA depuis 1994. La plupart des cartes PC-Card actuelles ont une largeur de bus de 32 bits.

OP

➥ *Voir PCMCIA*

PC-DOS

Système d'exploitation conçu conjointement par Microsoft et IBM pour les PC fabriqués, à l'époque, par IBM. Pour les micro-ordinateurs compatibles PC IBM fabriqués par la suite, Microsoft se dépêcha de lancer le système d'exploitation MS-DOS, disponible séparément, qui était quasi identique à PC-DOS.

➥ *Voir IBM, MS-DOS, système d'exploitation*

PCI

Sigle, abréviation de *Peripheral Component Interconnect* ("interconnexion de composants périphériques"). Système de bus élaboré par Intel, beaucoup plus performant que le système de bus VLB (*Vesa Local Bus*). Son utilisation s'est répandue avec le lancement du

Pentium : le bus VLB n'était pas assez rapide pour ce processeur. Il peut par ailleurs être utilisé sur d'autres ordinateurs que des PC ; sur des Macintosh, par exemple. Il se caractérise par une largeur de bus de 32 bits et un taux de transfert de tout juste 132 Mo/s, et peut être cadencé à 25 ou 33 MHz. Alors qu'il était à l'origine utilisé essentiellement sur les cartes très puissantes telles que certaines cartes graphiques destinées à des applications de CAO ou de composition multimédia, il est aujourd'hui utilisé sur quantité d'autres cartes (cartes réseau, cartes son, cartes SCSI, etc.). Utilisées avec un BIOS adéquat, les cartes PCI peuvent être configurées automatiquement par l'ordinateur.

➡ *Voir bus, VLB*

PCL

1. Sigle, abréviation de *Personal Computer Language* ("langage pour ordinateurs personnels"). Ce langage de programmation pour PC n'est jamais réellement parvenu à s'imposer. Les programmes écrits en PCL avaient la particularité de pouvoir se modifier d'eux-mêmes.
2. Sigle, abréviation de *Printer Command Language* ("langage de commandes pour imprimantes"). Langage descriptif pour imprimantes conçu par Hewlett-Packard. Le texte à imprimer est accompagné d'instructions se rapportant aux marges, aux types de polices, etc. L'exécution des travaux d'impression est donc prise en compte. En bureautique, on préfère généralement le PCL au PostScript.

➡ *Voir*

PCM

Sigle, abréviation de *Pulse Code Modulation* ("modulation de codes à impulsions"). Ce procédé permet de convertir des signaux analogiques en informations numériques. Par exemple, on l'utilise pour numériser des signaux audio sur les PC. Les informations logiques sont échantillonnées à une fréquence donnée et sur une largeur de bande donnée. Les résultats de l'opération sont ensuite stockés sous forme de bits de données (en 16 bits pour la qualité CD audio). Les dernières versions du procédé PCM stockent les données sous un format différentiel (consistant à stocker chaque signal sous forme de différences par rapport au signal précédent). Les signaux analogiques sont convertis en un flux de bits continu.

➡ *Voir carte son, numérisation, WAV*

PCMCIA

Sigle, abréviation de *Personal Computer Memory Card Interactive Association* ("association internationale pour les cartes de mémoire pour PC"). Synonyme de "PC-Card". Format de carte d'extension pour PC à peine plus volumineux que celui d'une carte de crédit. Il se caractérise par une largeur de 5,4 cm, une longueur de 8,5 cm et une hauteur de 3

OP

mm, 3,5 mm ou 10 mm. Ce format de carte est utilisé essentiellement sur les ordinateurs portables. Les cartes PCMCIA peuvent contenir différents types de périphériques. Elles peuvent, par exemple, contenir une carte son, une carte réseau, une carte SCSI ou un modem, ou encore faire office d'interface pour un disque dur ou un lecteur de CD-ROM externe. C'est la norme PCMCIA qui définit les fonctions et l'affectation des contacts de ce format de carte. Le format PCMCIA a récemment été rebaptisé *PC-Card* ("carte pour PC").

➠ *Voir PC-Card, portable*

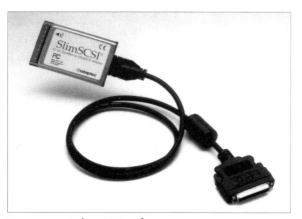

Une carte contrôleur SCSI au format PCMCIA.

OP

PCX

Extension appliquée aux fichiers contenant des images en mode point créées avec Paintbrush. Le format PCX fut conçu par Z-Soft.

➠ *Voir image en mode point, palette graphique*

PD

1. Abréviation de *Phase Change Disk* ("disque à changement de phase"). Type de lecteur à support amovible (s'apparentant à un lecteur de CD-ROM) qui permet de stocker jusqu'à 650 Mo de données. Le support de stockage lui-même est recouvert d'une couche de tellure et de sélénium qu'il est possible de faire passer d'un état organisé à un état inorganisé. Ce changement d'état provoque une différence dans la réflexion (un changement de phase) du support de stockage, ce qui permet de stocker des données. Ce système fut développé par Panasonic et lancé sur le marché en 1996.

Les lecteurs PD sont même capables de lire des CD-ROM normaux en quadruple vitesse.

2. Sigle, abréviation de *Public Domain* ("domaine public"). Qualifie un logiciel que chacun peut se procurer, utiliser et copier librement. La plupart des logiciels PD ont été conçus dans une université (américaine, le plus souvent). En général, le développement a été financé à partir de fonds publics. Toutefois, certains logiciels PD ont été conçus par des particuliers ou des entreprises qui ont choisi de mettre le fruit de leur travail à la disposition du public.

PDA

Sigle de *Personal Digital Assistant* ("assistant personnel numérique"). Synonyme d'assistant personnel, de HDC et d'ordinateur de poche. Petit ordinateur portable qui intègre généralement non seulement un agenda, mais aussi un traitement de texte, un tableur et un système de gestion de base de données, même si ces derniers outils n'offrent souvent que des possibilités limitées. L'Apple Newton Message Pad 2000 d'Apple et le Psion Serie 5 sont deux exemples de PDA très vendus.

➠ *Voir HPC, Newton*

PDN

Sigle de *Public Data Network* ("réseau de données public").

➠ *Voir réseau*

Pentium

Famille de CPU d'Intel qui a succédé à la série 80486. C'est pour empêcher la concurrence de reprendre le nom de code de ses propres CPU qu'Intel a préféré baptiser cette famille de CPU d'un nom en toutes lettres au lieu de 80586. (Un nombre ne peut pas être déposé.) Lancé en 1993, le Pentium abrite une mémoire cache plus importante que les 80486. Il utilise une technique de prédiction de sauts (ce n'était pas le cas des 80486).
Le successeur du Pentium est le Pentium Pro, remplacé à son tour par le Pentium II, lancé au début de 1997. Intel a repris un certain nombre de caractéristiques du Pentium Pro pour créer le Pentium II et y a apporté diverses améliorations. Le Pentium Pro même avait déjà bénéficié d'un certain nombre de perfectionnements par rapport au Pentium. Le Pentium II se fixe sur une carte supplémentaire insérée dans une carte mère prévue à cet effet.

OP

➠ *Voir carte mère, Intel, mémoire cache de niveau 2, processeur*

Pentium II

Famille de CPU d'Intel conçue pour succéder au Pentium. Le Pentium II utilise le jeu d'instructions MMX et la technique *Dual-Independent-Bus* (à deux bus indépendants) qui repose sur deux structures de bus parfaitement indépendantes l'une de l'autre. La première est associée à la mémoire cache de niveau 2 du module du processeur ; la seconde est destinée à la mémoire vive. Le CPU pouvant transférer les données en parallèle (alors qu'il devait jusqu'à présent les transférer en série), il est en mesure d'opérer beaucoup plus rapidement. Le CPU n'est plus inséré dans un support (un support socket 7, par exemple, comme le M2 de Cyrix et le K6 d'AMD). Il est intégré dans son propre boîtier, qui doit être inséré dans l'un des connecteurs de bus de la carte mère.

➠ *Voir carte mère, CPU, Intel, mémoire cache de niveau 2, MMX*

Le processeur le plus rapide de la gamme Intel.

Pentium Pro

Famille de CPU d'Intel issue de la génération des 80x86 d'Intel et optimisée pour les applications 32 bits. A la différence d'un Pentium normal, le Pentium Pro intègre une mémoire cache de niveau 2. Il utilise, en outre, un système de pipeline à plusieurs niveaux et un nouveau système de dénomination des registres. Les versions les plus lentes du Pentium Pro sont cadencées à 133 MHz. Dans la pratique, il n'est guère intéressant d'opter pour un modèle cadencé en dessous de 200 MHz. Il n'est possible de tirer pleinement parti de sa puissance que sous un système d'exploitation 32 bits tel que Windows NT. En 16 bits, le Pentium Pro est plus lent qu'un Pentium cadencé à la même fréquence.

➠ *Voir CPU, Intel, processeur*

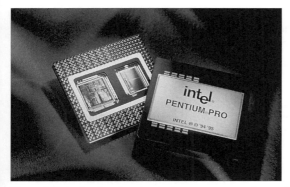

Figure P.7 : Le Pentium Pro n'est intéressant que pour les applications 32 bits.

Perfect Office

Suite de logiciels conçue par Novell pour concurrencer directement Office de Microsoft. Perfect Office ne connut pas le succès escompté. Cette suite était composée du traitement de texte Word Perfect (conçu par la société du même nom, mais racheté ensuite par Novell), du logiciel de présentation Presentations, de l'organiseur InfoCentral et du Tableur Quattro Pro.

En 1996, Novell revendit la suite de logiciels Perfect Office et lança rapidement les suites de logiciels Corel WordPerfect Suite et Corel Perfect Office Professional. Contrairement à la version standard, la version Professional intègre l'organiseur InfoCentral et le système de gestion de bases de données Paradox. Paradox faisait aussi partie de la version Professional de la suite Perfect Office.

➥ *Voir Corel, Novell, Office, WordPerfect*

OP

performances

Rapidité et puissance d'un ordinateur, d'un logiciel ou des deux réunis. Plus un système est performant, plus il est agréable à utiliser.

périphérique

Composant qui n'est pas absolument indispensable au fonctionnement d'un ordinateur. Le disque dur, le lecteur de disquettes, l'écran, le clavier et l'imprimante sont des exemples de périphériques.

➥ *Voir adresse de périphérique, contrôle de périphériques, pilote*

périphérique d'entrée

En anglais : *input device*. Périphérique qui sert à entrer des données dans l'ordinateur – tels le clavier, la souris, le scanner, etc. S'oppose à "périphérique de sortie".

➡ *Voir périphérique de sortie*

périphérique de sortie

Périphérique qui permet de visualiser les données entrées par l'utilisateur, stockées ou traitées par l'ordinateur. Le moniteur et l'imprimante sont deux exemples de périphériques de sortie.

➡ *Voir imprimante, moniteur*

péritel

Abréviation de "péritélévision". Synonyme d'*Euro-AV*. Ce connecteur permet de relier un magétoscope à un téléviseur ou à un autre magnétoscope. Il comprend vingt broches et génère une qualité d'image et de son très satisfaisante. Transmis directement, les signaux n'ont pas à être convertis.

Personal Computer

"Ordinateur personnel".

➡ *Voir PC*

Personal Digital Assistant

"Assistant personnel numérique".

➡ *Voir PDA*

Personal System/2

"Système personnel 2".

➡ *Voir PS/2*

PET

Sigle, abréviation de *Personal Electronics Transactor* ("système personnel de transactions électroniques"). Modèle de PC aujourd'hui obsolescent fabriqué par Commodore. Le PET fut l'un des premiers PC avant d'être remplacé par le C64. Il était équipé de 8 Ko de RAM, d'un moniteur intégré et d'un lecteur de cassettes.

➡ *Voir C64, Commodore*

PGP

http://www.pgp.com

Sigle, abréviation de *Pretty Good Privacy* ("intimité relativement sûre"). Très puissant, ce célèbre système de cryptage de données protège essentiellement des messages électroniques. L'ordinateur cible ne peut décoder un message à l'aide de ce logiciel que s'il possède une clé privée *et* une clé publique.

PGP est un programme assez complexe conçu pour MS-DOS. Toutefois, différents programmes conçus pour Windows permettent de l'utiliser beaucoup plus facilement. A l'étranger, le programme Exchange de Microsoft, lui aussi très connu, intègre une fonction de cryptage dont le noyau repose sur PGP.

PGP fut développé par Philip Zimmermann. Ce système de cryptage semble indisposer les gouvernements. Inconvénient majeur à leurs yeux, l'impossibilité de contrôler le contenu des fichiers sur Internet. En France, par exemple, PGP est purement et simplement interdit. Même s'il est question de libéraliser les pratiques en matière de cryptage !

phantomatique

Terme utilisé dès les années 60 par le célèbre auteur polonais Stanislaw Lem pour désigner ce que l'on appelle aujourd'hui "cyber-espace". Stanislaw Lem décrivit très tôt dans ses romans l'incidence du développement technique sur nos conditions de vie.

➠ *Voir Neuromancien*

Phase Alternation Line

"Ligne à alternance de phase".

➠ *Voir PAL*

phase d'exécution

Synonyme de "temps d'exécution".

➠ *Voir temps d'exécution*

OP

Phiber Optic

Surnom donné au pirate Mark Abene. Le 15 janvier 1990, Phiber Optic paralysa une grande partie du réseau téléphonique de la compagnie américaine AT&T. Plus de 75 millions de conversations ne purent être établies. Après avoir avoué, Phiber Optic fut condamné à un an d'emprisonnement.

➠ *Voir AT&T, pirate*

phonème

Plus petite unité de langage parlé. Pour pouvoir être compris de l'ordinateur, les messages vocaux doivent être décomposés en phonèmes. La reconnaissance vocale est actuellement au centre d'un grand nombre de projets de recherche. D'ailleurs, certains programmes sont déjà capables de réagir à des instructions vocales transmises à l'aide d'un microphone et d'une carte son. Mais, dans l'ensemble, ces applications laissent encore à désirer.

➠ *Voir Type*

Photo-CD

Format de CD élaboré par Kodak qui permet de stocker jusqu'à cent photographies d'excellente qualité. L'utilisateur peut enregistrer lui-même des photographies sur le CD (reconnaissable à sa couleur dorée), puis le charger sur son PC et retoucher les images stockées. Cette opération nécessite de disposer d'un lecteur de CD-ROM multisession compatible avec le standard XA. Tous les lecteurs de CD-ROM modernes permettent ce type d'opération.

➠ *Voir multisession*

photocomposeuse

Synonyme de "flasheuse". Dispositif d'impression dans lequel un rayon laser insole un film. Le texte et les les images sont flashés à même le film, qui est ensuite remis à l'imprimeur. Les photocomposeuses offrent une résolution de 1 270 ppp à 2 540 ppp, voire plus. A titre de comparaison : une bonne imprimante à jet d'encre (couleur) offre une résolution maximale de 1 440 ppp, tandis qu'une imprimante laser courante peut atteindre une résolution de 600 ppp. La photocomposition est une étape nécessaire à la production de tout document de qualité.

➠ *Voir imprimante à jet d'encre, imprimante laser, ppp*

phrase de passe

OP

Combinaison de plusieurs mots de passe.

➠ *Voir mot de passe*

pica

1. Unité de mesure typographique. Un pica équivaut à 4,233 mm.
2. Police qui permet de représenter 10 caractères par pouce, disposés de manière non proportionnelle.

pictogramme

Synonyme d'"icône". Petit symbole imagé sur lequel on double-clique pour activer un programme ou une fonction. Les pictogrammes jouent un rôle fondamental dans les interfaces utilisateur graphiques. Les pictogrammes ne sont pas l'apanage de l'informatique. On en trouve sur les affiches, les panneaux de circulation et dans les magazines.

➠ *Voir icône, interface utilisateur graphique*

pied de page

Ensemble des lignes situées en dessous du texte normal d'une page de document. Le pied de page peut par exemple contenir le numéro de la page, le titre de l'ouvrage, le nom de l'auteur, etc. Les traitements de texte intègrent généralement différentes fonctions pour mettre en forme l'en-tête et le pied de page.

➠ *Voir en-tête de page, mise en forme, traitement de texte*

piézo-électrique

➠ *Voir imprimante piézo-électrique*

pile

➠ *Voir traitement en pile*

pile de mémoire

Système d'accès à la mémoire qui permet de pallier l'insuffisance du nombre de registres du CPU. Chaque CPU ne permet de disposer que d'un nombre limité de registres. Il a donc fallu trouver d'autres solutions pour permettre aux programmes d'accéder à la mémoire. La pile de mémoire est l'une d'elles. Chaque PC possède une pile de mémoire dans laquelle sont stockées des adresses à chaque appel de fonction. Ce système permet au CPU de revenir immédiatement à l'endroit approprié lorsqu'il exécute une instruction de renvoi. Les paramètres qui doivent être communiqués à la fonction proviennent eux aussi de la pile de mémoire. Une pile de mémoire fonctionne comme la corbeille d'arrivée et de départ de courrier d'une entreprise. Le dernier travail qui entre sur la pile est toujours le premier à être traité puis placé dans la corbeille de sortie. Une pile de mémoire fonctionne donc suivant le principe LIFO (*Last In, First Out*, ou "dernier entré, premier sorti").

pile hexadécimale

Zone de la mémoire vive qui affiche toutes les données au format hexadécimal et qui permet par exemple de visualiser les caractères de contrôle d'un fichier d'impression.

➠ *Voir hexadécimal*

pilote

Synonyme de "pilote de périphérique". Petit logiciel qui, une fois qu'un périphérique a été connecté physiquement à l'ordinateur, fait office d'interface entre le système d'exploitation (MS-DOS, Windows, OS/2, Unix, etc.) et le périphérique, et leur permet de communiquer entre eux. Pour utiliser un périphérique, il est généralement indispensable de disposer d'un pilote adéquat, qu'il soit intégré au système d'exploitation ou qu'il se présente sous la forme d'un logiciel distinct fourni par le fabricant du périphérique.

➠ *Voir périphérique, système d'exploitation*

OP

pilote d'écran

➠ *Voir pilote graphique*

pilote d'imprimante

Petit logiciel qui permet à une imprimante et à un ordinateur de communiquer entre eux. Le pilote indique à l'ordinateur ce dont l'imprimante est capable et comment il doit l'utiliser.

➠ *Voir imprimante, pilote*

pilote de périphérique

➠ *Voir pilote*

pilote de port CAPI

➠ *Voir CAPI*

➠ *Voir accès réseau à distance, AVM, CAPI, carte RNIS, HDLC, modem, V.110, X.75*

pilote de souris

Petit programme en charge de convertir les signaux émis par la souris en commandes intelligibles du système d'exploitation. Les souris sont toujours vendues avec un pilote, mais il est à souligner que la plupart des systèmes d'exploitation incluent en standard un pilote de souris. Le pilote de souris permet aussi de configurer la souris (vitesse de déplacement du pointeur, vitesse du double-clic, etc.). Sous MS-DOS, le pilote de souris peut être chargé soit en tant que programme résidant en mémoire (TSR) par le fichier AUTOEXEC.BAT, soit en tant que pilote de périphérique par le fichier CONFIG.SYS.

➠ *Voir AUTOEXEC.BAT, CONFIG.SYS, double-clic, pilote de périphérique, souris, système d'exploitation, TSR*

pilote graphique

Petit logiciel qui permet au système d'exploitation d'utiliser les fonctions spécifiques à une carte graphique. Ce logiciel peut être intégré au système d'exploitation ou avoir été conçu par le fabricant de la carte graphique et être livré avec celle-ci. Tous les systèmes d'exploitation (tels MS-DOS, OS/2, Windows 3.x, 95 et NT) nécessitent un pilote graphique adapté.

➠ *Voir carte graphique, pilote, système d'exploitation*

PIN

Acronyme, abréviation de *Personal Identification Number* ("numéro d'identification personnel"). Code confidentiel qui permet à un automate bancaire ou à un service bancaire en ligne de vérifier que le porteur d'une carte de crédit est bien le titulaire du compte correspondant.

➠ *Voir banque en ligne*

PING

Acronyme, abréviation de *Packet Internet Groper* ("testeur de paquets Internet"). Programme de test très connu, utilisé pour les réseaux TCP/IP.

PIO

1. Sigle, abréviation de *Parallel Input/Output* ("entrées/sorties parallèles"). Puce qui contrôle les flux de données transitant par le port parallèle.
2. Sigle, abréviation de *Programmed Input/Output* ("entrées/sorties programmées"). Mode qui permet aux différents composants matériels d'un ordinateur de communiquer. Alors que le mode DMA permet aux périphériques de communiquer directement entre eux, le mode PIO fait transiter les transferts de données par le CPU. Les disques durs modernes fonctionnent en mode PIO 4 ; les modèles moins récents fonctionnent en mode PIO 1.

➠ *Voir DMA, port parallèle*

pipeline

Canal qui permet de communiquer des processus suivant le principe FIFO (*First In, First Out*, "premier entré, premier sorti"). Les pipelines furent d'abord utilisés sous Unix. Ils peuvent servir à *rediriger* le résultat d'un processus. Un processus serveur place les données qu'il a générées dans un canal. Puis un processus client les utilise comme base de travail.

➠ *Voir client-serveur, FIFO*

OP

pipelined-burst

"Rafale à pipelines". Type de mémoire cache plus rapide que la mémoire cache synchrone qui était utilisée auparavant. La mémoire cache de niveau 2 des ordinateurs modernes équipés d'un Pentium fonctionne généralement suivant le principe *pipelined-burst*. Il permet de communiquer au périphérique cible, non pas l'adresse de chacune des données à transférer, mais simplement leur adresse de départ et le nombre des éléments à transférer à partir de cette adresse de départ.

piratage téléphonique

➠ *Voir blueboxing*

piratage

1. Action de déjouer le système anticopie d'un programme.
2. Action d'entrer par effraction au sein d'un système informatique (ordinateur, réseau, site Web, service en ligne, etc.) en déjouant son système de protection.

➡ *Voir cracker, pirate, système anticopie*

pirate

➡ *Voir copie pirate*

piste

Subdivision d'un support de stockage magnétique, optique ou magnéto-optique. C'est dans les pistes que sont stockées les données. Selon le support de stockage utilisé, les pistes peuvent parfois elles-mêmes être subdivisées. La disposition des pistes peut varier d'un support de stockage à l'autre. Ainsi les disquettes et les disques durs comportent-ils un grand nombre de pistes disposées de manière concentrique, alors que les CD ne sont constitués que d'une piste qui part de l'intérieur et se déroule vers l'extérieur en spirale. Les bandes magnétiques sont elles aussi subdivisées en pistes, qui peuvent être disposées les unes à la suite des autres dans le sens de la longueur (pistes longitudinales) ou dans le sens de la largeur (pistes latérales).

piste par piste

Mode de gravage de CD-ROM consistant à enregistrer les données piste par piste en marquant chaque fois une pause de deux secondes entre les pistes.

➡ *Voir graveur de CD*

pitch

"Pas de masque".

➡ *Voir pas de masque*

pivot

➡ *Voir tableau pivot*

pixel

Abréviation de *picture element* ("élément d'image"). Plus petit élément susceptible d'être représenté sur une image numérique. Selon la profondeur de couleur utilisée, un pixel peut prendre une valeur de couleur choisie parmi un éventail de couleurs de 2 (profondeur de couleur de 1 bit) à 16,7 millions (profondeur de couleur de 24 bits).

➡ *Voir image en mode point*

pixel de synchronisation

➡ *Voir fréquence de pixels, retour à la ligne*

PKZIP

Programme de compression très connu qui permet de réduire l'espace de stockage occupé par un ou plusieurs fichiers en les transformant en archive codée à l'aide d'un algorithme de compression. Cette forme de compression est très intéressante pour transférer des fichiers particulièrement volumineux.

Comme tous les programmes de ce type, PKZIP recherche les redondances dans les données qu'il doit traiter. Les images et le texte présentant généralement un grand nombre de redondances, ils se prêtent particulièrement bien à ce type de compression. Avant de pouvoir être réutilisés, les fichiers originaux contenus dans une archive doivent être décompressés.

Un grand nombre de programmes ont été conçus pour rendre PKZIP plus facile à utiliser ou pour le compléter. L'utilitaire WinZIP, par exemple, permet de manipuler confortablement PKZIP en passant par une interface utilisateur graphique plus visuelle. Il existe par ailleurs des programmes concurrents plus ou moins copiés sur PKZIP (ARJ, par exemple), qui remplissent en fait les mêmes fonctions.

➡ *Voir compression*

PL/1

Sigle, abréviation de *Programming Language 1* ("langage de programmation 1"). Ce langage de programmation, créé par IBM en 1965, combine les avantages du Fortran et du Cobol. Il était destiné à être utilisé sur les gros systèmes, mais n'est plus guère employé aujourd'hui.

➡ *Voir Cobol, Fortran, IBM, langage de programmation*

PL/M

Version améliorée du PL/1 créée par Intel pour programmer des PC compatibles Intel en travaillant dans un environnement aussi proche que possible du niveau machine.

➡ *Voir OLE*

place editing

"Edition sur place".

➡ *Voir édition sur place*

plan

➡ *Voir mode plan*

plan de recouvrement

L'une des plages de mémoire supplémentaires que l'on trouve sur la plupart des cartes graphiques haut de gamme et qui permet de gérer un certain nombre d'éléments graphiques tels que les boutons d'activation, le croisillon et le curseur. Les cartes graphiques bas de gamme permettent d'utiliser des fonctions similaires – le curseur matériel. A la différence des cartes graphiques bas de gamme, toutefois, les cartes graphiques haut de gamme permettent de redéfinir librement l'échelle des éléments graphiques.

planificateur

Partie du système d'exploitation qui a pour rôle de répartir le temps de calcul du processeur entre différents processus simultanés. Un ordinateur normal n'est équipé que d'un CPU. Or, il est fréquent que plusieurs processus doivent s'exécuter simultanément. Ce qui pourrait s'apparenter à un paradoxe s'explique en fait très simplement : le système d'exploitation peut diviser le temps de calcul du CPU en fenêtres temporelles affectées chacune à une tâche donnée et faire alterner très rapidement le CPU entre les différentes tâches. Le CPU n'exécute ainsi vraiment qu'un processus à la fois, mais la vitesse à laquelle il alterne entre les différentes fenêtres donne l'impression qu'il en exécute plusieurs. C'est en fait une partie spéciale du système d'exploitation, appelée "planificateur", qui prend en charge la répartition du temps de calcul du processeur entre les différents processus. Pour maximiser la puissance du CPU, le planificateur des systèmes d'exploitation modernes peut en principe choisir entre différentes stratégies suivant le cas de figure.

➠ *Voir fenêtre temporelle, multitâche, planification, système d'exploitation*

planification

Opération consistant, pour le système d'exploitation, à répartir le temps de calcul du CPU entre différents processus qui doivent s'exécuter simultanément. On distingue différents types de planifications :

- **La planification à file d'attente.** Les processus sont traités suivant l'ordre dans lequel ils ont demandé une portion de temps de calcul au processeur.
- **La planification à fenêtres temporelles.** Chaque processus à exécuter reçoit une certaine proportion du temps de calcul total, et ainsi de la puissance, du processeur.
- **La planification à priorités.** Chaque processus se voit affecter un degré de priorité. Le CPU traite ensuite les différents processus par degrés de priorité décroissants. Afin que les processus dotés d'un degré de priorité faible puissent aussi être exécutés, le système d'exploitation augmente leur degré de priorité au fur et à mesure que le temps d'attente croît.
- **La planification à échéances.** Le système d'exploitation affecte à chaque processus une échéance qu'il ne doit en aucun cas dépasser. Ce système de planification n'est guère utilisé que pour les traitements en temps réel.

Dans la pratique, les systèmes d'exploitation modernes utilisent une combinaison de ces différents systèmes de planification.

➡ *Voir multitâche, planificateur*

plantage

Arrêt, ou blocage, soudain et souvent irrémédiable d'un programme ou même du système d'exploitation de l'ordinateur. Le plantage peut se manifester par une impossibilité soudaine d'enregistrer le travail en cours ou d'activer les fonctions de l'application ouverte, par un écran bleu, ou encore par une image post mortem sous Windows NT. Il peut être lourd de conséquences, surtout lorsque le programme ou le système d'exploitation n'a pas été en mesure de copier les données stockées dans la mémoire tampon sur le disque dur de l'ordinateur avant le plantage ou qu'il n'a pas pu mener à bien l'opération d'écriture. Il entraîne généralement une perte de données et une désorganisation de la structure des fichiers (perte de clusters, chaînes mélangées sous MS-DOS). Il existe sur le marché différents programmes conçus pour aider l'utilisateur à récupérer les données perdues. En cas de blocage de tout ou partie d'un réseau, la proportion des stations de travail effectivement bloquées est étroitement liée à la topologie de réseau utilisée.

➡ *Voir boucle infinie, cluster, disque dur, données, système d'exploitation, topologie de réseau*

plasma

➡ *Voir écran à plasma*

plate-forme de connexion

➡ *Voir hub*

OP

plate-forme informatique

Architecture d'un système informatique qui permet de distinguer les différents types d'ordinateurs. Cette architecture se rapporte à la fois au type de processeur utilisé et aux différents composants matériels de l'ordinateur, mais aussi au système d'exploitation sous lequel l'ordinateur fonctionne et aux versions de logiciels qu'il permet d'utiliser. Ainsi certaines applications existent-elles à la fois pour la plate-forme PC (sous Windows et/ou OS/2) et pour les plates-formes Mac, mais aussi pour la plate-forme Alpha ou Unix. Les périphériques informatiques sont eux-mêmes conçus différemment suivant la plate-forme à laquelle ils sont destinés.

➡ *Voir CPU, Macintosh, OS/2, système d'exploitation, Windows*

Plug and Play

"Brancher et utiliser", ou encore "autoconfigurable". Spécification conçue pour permettre à l'utilisateur d'ajouter sans difficulté de nouveaux périphériques et de nouvelles cartes d'extension à son PC. Pour recevoir le label Plug and Play, un périphérique doit avoir été réalisé suivant un certain nombre de règles. Dans l'idéal, le matériel informatique Plug and Play devrait se configurer tout seul. Dans la pratique, toutefois, c'est rarement le cas. En effet, le paramétrage d'un ordinateur (des interruptions, des canaux DMA, etc.) est pris en charge non seulement par le système d'exploitation, mais aussi par le BIOS.

➠ *Voir BIOS, système d'exploitation*

plug-in

"Module externe".

➠ *Voir module externe*

Plus

Suite d'accessoires conçue par Microsoft pour compléter Windows 95. Plus intègre un kit d'accès à l'Internet, différents compléments graphiques, un outil de compression de disque appelé DriveSpace 3.0, ainsi qu'un jeu de flipper en trois dimensions.

➠ *Voir Windows 95*

PM

Abréviation de *Personal Mail* ("courrier électronique personnel").

➠ *Voir courrier électronique*

point d'arrêt

Marque insérée dans un programme pour interrompre l'exécution de ce programme à cet endroit précis. Les points d'arrêt sont particulièrement utiles au cours de la phase de développement d'un programme car ils permettent au programmeur de jalonner le code du programme de sortes d'arrêts de bus auxquels il peut se rendre pour obtenir des informations sur l'état d'avancement du programme.

➠ *Voir code, programme*

point par pouce

➠ *Voir ppp*

point

1. Abréviation de "point d'impression", "point d'image", etc. Plus petite subdivision d'un document imprimé, d'une image, etc. construits à partir de points.

2. Unité de mesure typographique. Un point équivaut à 1/72 pouce, soit 0,35277 mm.
3. Abréviation de "point didot". Unité de mesure utilisé dans le domaine de la mise en page et de la PAO. Un point didot équivaut à 0,375 mm.
4. Plus petite unité au sein du réseau FidoNet. Un point désigne un utilisateur connecté à un nœud.

➡ *Voir nœud, PAO, pixel, typographie*

PointCast

http://www.pointcast.com

Lecteur de nouvelles hors ligne client qui utilise la technologie push ("propulsion") pour rapatrier automatiquement, sur l'ordinateur sur lequel il est installé, des informations, des cours de bourse, des articles de journaux, etc. diffusés sur l'Internet. La technologie pull ("traction"), qui était la plus utilisée jusqu'à présent, contraignait l'utilisateur à visiter lui-même tous les sites Web contenant des informations susceptibles de l'intéresser. Au contraire, avec la technologie push, c'est le navigateur (PointCast, dans ce cas précis) qui se charge de cette opération. L'utilisateur doit simplement le configurer en fonction de ses besoins en sélectionnant les sources d'informations qu'il souhaite faire interroger par PointCast – le site de la bourse de New York, celui du *Wall Street Journal,* etc. Une fois connecté à l'Internet, l'utilisateur n'a qu'à activer PointCast pour rapatrier sur son ordinateur les informations satisfaisant à ses critères de recherche. Il peut ensuite lire ces informations hors ligne.

➡ *Voir Internet, navigateur Web*

pointeur

Symbole généralement en forme de petite flèche qui se déplace à l'écran au fur et à mesure que l'utilisateur déplace la souris. Le pointeur représente en quelque sorte une souris minuscule qui serait déplacée sur un tapis équivalent au moniteur. Il peut se présenter sous différentes formes suivant l'opération en cours d'exécution. (Lorsqu'une opération est particulièrement longue, par exemple, il se transforme en sablier.)

➡ *Voir curseur, moniteur, souris, vitesse de déplacement du pointeur*

pointeur

Type de donnée qui mémorise l'adresse d'une variable. Cette adresse permet ensuite de réaccéder à la variable.

➡ *Voir langage de programmation, variable*

Par défaut, le pointeur de la souris se présente sous la forme d'une petite flèche.

pointeur de pile

Renvoi à une zone de mémoire organisée sous forme de pile. Dans l'absolu, le pointeur de pile renvoie à l'élément situé tout en haut de la pile.

➠ *Voir pile de mémoire*

pointeur lumineux

Périphérique d'entrée en forme de stylo qui émet un rayon lumineux permettant de sélectionner des points ou des objets à l'écran. L'écran renvoie le rayon au pointeur, qui contient un capteur photosensible prévu pour l'intercepter. L'ordinateur utilise ensuite un pilote spécifique pour convertir les informations qui lui ont été transmises par le capteur en coordonnées d'écran et mettre à jour la position du pointeur associé au rayon lumineux.

➠ *Voir écran, pilote*

police

Ensemble de caractères se conformant tous à un même style et permettant de conférer au texte une apparence homogène. On distingue deux types de polices :

- **Polices bitmap.** Imposent de disposer d'un fichier distinct pour chaque taille de caractère.
- **Polices vectorielles.** S'appuient sur des courbes pour représenter les caractères. Elles peuvent être modifiées et même réorientées rapidement sans perte d'informations graphiques. Il existe deux types de polices vectorielles très répandues : les polices TrueType (TTF), qui sont notamment utilisées sous Windows, et les polices professionnelles PostScript.

➠ *Voir éditeur de polices, famille de polices, gestionnaire de polices, PostScript, taille de police, TrueType, variante de police*

police chargeable

➠ *Voir page de code*

police ROC

Police normalisée (DIN) particulièrement facile à analyser pour un logiciel de reconnaissance optique de caractères. Il existe trois types de polices ROC : les types de polices

ROC-A, ROC-B et ROC-H. Les deux premiers sont utilisés pour les caractères imprimés (écriture machine). Le troisième est utilisé comme modèle de comparaison pour la reconnaissance des caractères manuscrits.

➠ *Voir ROC*

policy

"Règlement intérieur". Nom donné au règlement intérieur du réseau FidoNet.

➠ *Voir FidoNet*

polling

1. "Interrogation". Opération consistant pour l'ordinateur à interroger l'état de ses différents périphériques.
2. "Fax à la demande". Système qui permet à l'utilisateur de rapatrier des fax en attente chez son correspondant. Ce système est très utilisé par les services d'assistance technique pour permettre à leur client de rapatrier des schémas technique ou de la documentation sur leur propre fax.

➠ *Voir fax à la demande*

polygone

Forme géométrique constituée de plusieurs côtés. En CAO et dans le domaine des graphismes, l'élément fondamental sur lequel reposent les objets en trois dimensions est le triangle.

➠ *Voir graphisme 3D*

polymorphe

Qualifie un nouveau type de virus qui, lorsqu'il est activé, peut modifier complètement la structure du programme, ce qui le rend indétectable des antivirus. Les virus polymorphes les plus simples peuvent, par exemple, introduire soudainement des opérations NOP dans le code qui s'exécute.

➠ *Voir antivirus, NOP, virus informatique*

pont

Synonyme d'"interface de transition".

➠ *Voir interface de transition*

POO

Sigle, abréviation de "programmation orientée objet".

➠ *Voir programmation orientée objet*

POP3

Sigle de *Post Office Protocol 3* ("protocole de courrier électronique 3"). Protocole de transfert utilisé sur l'Internet pour transférer des courriers électroniques à partir et à destination de serveurs de courrier électronique. Le transfert s'effectue dès que le destinataire final du message interroge le serveur à l'aide d'un logiciel compatible avec le protocole POP3. Ce dernier devrait être remplacé progressivement par le protocole IMAP4.

➠ *Voir courrier électronique, Internet*

pop-up menu

"Menu contextuel".

➠ *Voir menu contextuel*

port COM

Interface série qui permet à l'ordinateur d'échanger des données avec d'autres ordinateurs ou des périphériques. C'est par exemple à un port COM que sont connectés la souris et le modem. Un ordinateur (PC) possède toujours au moins deux ports (COM1 et COM2). Le taux de transfert atteint par le port dépend de la puce électronique qui contrôle le port. Il se situe en principe entre 75 et 155 200 octets/s. Il existe des cartes d'extension conçues pour accroître encore ce taux de transfert pour les modems à très haute vitesse ou encore les modems configurés en batterie. Depuis le BIOS de l'ordinateur, il n'est en principe possible de contrôler que les ports COM1, COM2, COM3 et COM4.

➠ *Voir COM, FIFO, modem, périphérique, port série, taux de transfert de données, UART*

Le port parallèle. Juste en dessous, les deux variantes de ports COM possibles. Les deux connecteurs du milieu correspondent aux ports série. Il existe des connecteurs série à 25 (gauche) et 9 (droite) broches.

port d'E/S

⮕ *Voir adresse d'E/S*

port d'extension

Synonyme de "slot". Connecteur de forme allongée qui permet d'enficher une carte d'extension. Ce type de connecteur est généralement situé sur la carte mère.

⮕ *Voir carte d'extension, slot*

port jeu

Interface qui permet de connecter une manette de jeu à un ordinateur. Les premiers ordinateurs familiaux (C64, Amiga, etc.) étaient équipés en standard d'un port de jeu. Sur les PC, ce port peut être situé sur une carte son, sur une carte jeu ou sur un contrôleur d'E/S.

⮕ *Voir Amiga, C64, carte jeu, carte son, contrôleur d'E/S, joystick*

port parallèle

Standard de port conçu par Centronics, qui contient trente-six broches. Lancé dans les années soixante-dix pour permettre de connecter une imprimante à un ordinateur, ce standard de port a ensuite été modifié pour fonctionner en mode bidirectionnel et ainsi pouvoir faire fonctionner d'autres périphériques tels que des lecteurs de CD-ROM, des lecteurs de disquettes, des disques durs et aussi des cartes réseau.

⮕ *Voir bidirectionnel, imprimante, parallèle*

port série

Synonyme de port COM. Port d'entrée-sortie qui permet de connecter à l'ordinateur des périphériques tels qu'une souris ou un modem, et qui transfère les données les unes à la suite des autres (bit par bit, et non en parallèle). Les PC utilisent une puce contrôleur UART pour gérer les transferts effectués par l'intermédiaire des ports série. A l'heure actuelle, il existe deux catégories de puces UART. La première, qui englobe les puces 8250 et 16450, est aujourd'hui obsolète : elle ne permet d'obtenir qu'un débit de 38 400 bauds. La deuxième, qui n'est constituée que des puces 16550, est plus performante : elle dispose d'un petit tampon FIFO et permet d'obtenir un débit de 155 200 bauds. Le BIOS d'un ordinateur normal réserve en principe des ressources système pour deux à quatre ports série.

⮕ *Voir E/S, FIFO, tampon FIFO, UART*

OP

port

1. Endroit de l'ordinateur qui délivre des données.
2. Interface qui permet de relier des périphériques à l'ordinateur. Les ordinateurs proposent généralement des ports série, parallèle et jeu, qui permettent respectivement de connecter des périphériques tels qu'une souris, une imprimante et une manette de jeu.
3. Synonyme d'"adresse". Endroit par lequel transitent des données au sein d'un ordinateur.

➠ *Voir interface*

portabilité

Possibilité pour un logiciel conçu pour une plate-forme donnée d'être converti pour une autre plate-forme. Pour être utilisée sur un Mac, par exemple, une application pour PC doit être portée pour la plate-forme Mac.

➠ *Voir plate-forme*

portable

➠ *Voir ordinateur portable*

portage

Action de convertir un logiciel conçu pour une plate-forme pour une autre plate-forme. Pour effectuer cette opération, il est nécessaire d'adapter le code du logiciel à l'architecture de la nouvelle plate-forme. Pour utiliser Windows NT sur une station de travail DEC Alpha, par exemple, il faudrait porter son code, car les stations de travail DEC reposent sur l'architecture Alpha (et non sur une architecture compatible Intel).

➠ *Voir Intel, plate-forme*

porte logique

Circuit électronique, ou partie de circuit électronique, capable d'effectuer une opération relevant de l'algèbre booléenne telle que NOT ou AND. Les portes logiques jouent un rôle central en électronique numérique. Elles sont particulièrement faciles à mettre en œuvre à l'aide de circuits intégrés (CI).

➠ *Voir opérateur booléen*

porteuse

Signal qui permet aux modems de se signaler les uns aux autres. Pour ouvrir une connexion, les modems commencent toujours par émettre une porteuse, qui leur sert ensuite de base pour moduler les données transmises. Lorsque la porteuse atteint sa cible, le modem émet un signal CONNECT pour indiquer que la connexion est établie. Si la connexion, et donc la porteuse, est interrompue, le modem émet le signal NO-CARRIER, qui signale l'absence de porteuse.

➧ *Voir modem, modulation*

portrait

Orientation à la verticale d'un document ou d'une page sous un logiciel.

➧ *Voir paysage*

positionneur

Dispositif qui, à l'intérieur d'un disque dur, dirige les têtes de lecture-écriture sur les plateaux magnétiques.

➧ *Voir disque dur, tête de lecture-écriture*

POST

Sigle de *Power-On Self-Test* ("autotest de mise sous tension"). Test effectué automatiquement par le BIOS au démarrage de l'ordinateur pour vérifier que les différents composants (le disque dur, le lecteur de disquettes, la carte graphique, etc.) fonctionnent correctement. Lorsqu'il détecte une anomalie, l'ordinateur émet un bip.

➧ *Voir bip, carte graphique, disque dur, lecteur de disquettes, matériel*

poste à poste

Qualifie un réseau reliant plusieurs ordinateurs jouissant des mêmes droits. Chaque appareil peut à la fois jouer le rôle de client et de serveur. Cette configuration est utilisée essentiellement pour les réseaux sans serveur dédié.

➧ *Voir client, réseau, serveur*

OP

poster

Envoyer un courrier électronique.

PostScript

Langage de programmation créé par Adobe pour décrire les pages et les éléments graphiques qui composent les documents. Pour pouvoir utiliser le PostScript, il faut disposer d'un périphérique de sortie (une imprimante, par exemple) PostScript. Le PostScript en est actuellement à sa version 3.

➧ *Voir imprimante laser, photocomposeuse*

pouce

Unité de mesure utilisée dans les pays anglo-saxons. Un pouce équivaut à 2,54 cm. Conséquence de l'influence importante des fabricants américains dans l'élaboration des standards, le pouce est très utilisé en informatique (quel que soit le pays considéré). Ainsi, la taille des disquettes et celle des moniteurs sont-elles universellement exprimées en pouces.

➠ *Voir ppp*

power down

"Courant coupé". Extinction de l'ordinateur ou d'un périphérique par l'intermédiaire de son interrupteur d'alimentation principal.

power management

"Gestion d'énergie".

➠ *Voir gestion d'énergie*

Power On Self Test

"Autotest de mise sous tension".

➠ *Voir POST*

power supply

"Alimentation".

➠ *Voir alimentation*

power switch

"Interrupteur de mise sous tension".

➠ *Voir interrupteur de mise sous tension*

PowerBook

Famille de notebooks Apple équipés d'un CPU de type PowerPC. Le modèle le plus rapide est équipé d'un processeur cadencé à 240 MHz.

➠ *Voir Apple, notebook, PowerPC*

Avec ses PowerBook, Apple offre une gamme de notebooks très puissants.

PowerMac

Famille d'ordinateurs lancée par Apple en 1994 et qui a succédé à la famille Performa. A la place de la famille de CPU 680x0 fabriquée par Motorola, les PowerMac utilisent un nouveau type de CPU développé conjointement par Apple, Motorola et IBM : le PowerPC.

➟ *Voir Apple, PowerPC*

Power-On Diagnosis

"Diagnostic de mise sous tension". Synonyme de "POST".

➟ *Voir POST*

power-on password

"Mot de passe de mise sous tension". Mot de passe demandé par le BIOS lorsque l'accès à celui-ci est protégé. Pour accéder aux réglages de la carte mère, l'utilisateur doit impérativement entrer ce mot de passe. Si le mot de passe a été défini par l'administrateur système, c'est que seul celui-ci est habilité à modifier les paramètres de la carte mère.

➟ *Voir BIOS, mot de passe*

OP

PowerPC

Famille de CPU conçue conjointement par Apple, IBM et Motorola, qui repose sur l'architecture RISC. Le préfixe *Power* est le sigle de *Performance Optimisation With Enhanced Risc* ("optimisation des performances grâce à l'architecture RISC"). La famille de CPU PowerPC a succédé à la famille des 680x0 de Motorola ; elle est aujourd'hui utilisée sur tous les ordinateurs de la série PowerMac. En termes de performances, un PowerPC 604 cadencé à 200 MHz équivaut à un Pentium Pro. Actuellement, le PowerPC le plus rapide est cadencé à 350 MHz.

➠ *Voir Apple, CPU, IBM, Motorola, processeur*

Les ordinateurs Apple sont désormais équipés d'un CPU PowerPC.

PowerPoint

Logiciel de présentation assistée par ordinateur conçu par Microsoft. PowerPoint fait partie de la suite de programmes Office de Microsoft ; il permet de créer des présentations et des graphiques comptables et statistiques.

➠ *Voir logiciel de présentation, Microsoft*

power-saving

"Economie d'énergie". Synonyme de "gestion d'énergie".

➠ *Voir gestion d'énergie*

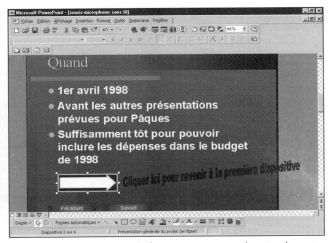

PowerPoint intègre quantité de fonctions permettant de créer des présentations professionnelles.

PowerVR

Puce graphique développée conjointement par Videologic et NEC. La puce PowerVR est une puce 3D hautement spécialisée utilisée sur les cartes accélératrices 3D de Videologic (comme la carte Apocalypse 3D). Contrairement à d'autres puces 3D (la S3 Virge, par exemple), la puce PowerVR ne remplace pas la carte graphique, mais fonctionne en parallèle avec la carte graphique existante. Pour transférer les données, la puce PowerVR utilise directement le bus PCI ainsi que l'interface graphique DirectDraw de Microsoft, et elle enregistre les données 3D calculées dans la mémoire graphique de la carte graphique existante. Deux autres caractéristiques permettent à la puce PowerVR de se démarquer de ses concurrentes. Son fonctionnement repose sur des mosaïques et des pixels, et non sur des polygones, et elle n'a pas besoin de tampon Z. Elle subdivise l'espace 3D à calculer en demi-éléments formés par des surfaces planes (appelés plans infinis). Pour représenter un triangle (polygone), elle doit recourir à trois surfaces planes limitrophes. De par ce mode de calcul très spécial, la puce PowerVR se révèle très rapide. Elle est capable d'atteindre un taux de remplissage de points de 66 millions de texels par seconde. Elle est particulièrement performante pour calculer les effets d'ombre, de lumière, de transparence et de mappage d'environnement (réflexion de l'environnement autour de la surface de l'objet).

➠ *Voir accélération 3D, carte graphique 3D, fonctions 3D*

ppm

Sigle de *page par minute*. Unité de mesure de la rapidité d'impression. Le ppm indique combien de pages une imprimante est capable d'imprimer en une minute.

➠ *Voir imprimante*

PPP

Abréviation de *Point to Point Protocol* ("protocole point à point"). Protocole de transfert série conçu pour les connexions point à point, qui permet notamment d'accéder à l'Internet. Le protocole PPP permet de se connecter à l'Internet par l'intermédiaire d'un modem, et il est beaucoup plus flexible, sûr et rapide que le protocole SLIP, qu'il remplace aujourd'hui.

➠ *Voir Internet, modem, protocole*

précompensation

Paramètre qui, sur les premiers disques durs, permettait de configurer la prémagnétisation des plateaux depuis le BIOS.

➠ *Voir multitâche, multitâche coopératif, priorité*

préemptif

➠ *Voir multitâche préemptif*

préformatage

Synonyme de "formatage de bas niveau".

➠ *Voir formatage de bas niveau*

préprocesseur

Programme (ou partie de programme) spécial(e) qui a pour rôle de précompiler un autre programme (ou une autre partie de programme). Lors de cette précompilation, le préprocesseur modifie certaines parties du code source qui lui sont signalées par des directives.

➠ *Voir C++, compilateur, langage de programmation*

preset

"Paramètre prédéfini". Paramètre d'un logiciel ou d'un périphérique qui a été prédéfini par le fabricant.

Presse-papiers

Zone de mémoire réservée qui permet de stocker temporairement des données sous Windows et sous OS/2. Le Presse-papiers permet, par exemple, de stocker des images ou du texte pour les réutiliser par la suite. C'est dans le Presse-papiers que sont stockées les données coupées ou copiées. Le Presse-papiers stocke les données présentes à un moment donné jusqu'à ce que l'utilisateur coupe ou copie d'autres données. Les dernières données coupées ou copiées écrasent en effet toujours les données stockées précédemment dans le Presse-papiers.

Le Presse-papiers permet aussi l'échange de données entre applications. Toutes les applications modernes pour Windows et OS/2 permettent de l'utiliser. Lorsqu'il est utilisé pour échanger des données entre deux applications, le Presse-papiers doit adapter la mise en forme des données. Aussi peut-il arriver que certains paramètres de mise en forme définis sous l'application source ne soient pas conservés sous l'application cible, lorsque les deux applications n'utilisent pas rigoureusement le même système de mise en forme.

prestataire de services

Synonyme de "fournisseur d'accès".

➡ *Voir fournisseur d'accès*

Prestel

1. Équivalent du Minitel français en Angleterre.
2. Abréviation de *Press Telephone button* ("appuyer sur la touche du téléphone").

➡ *Voir Minitel*

Pretty Good Privacy

"Intimité relativement sûre".

➡ *Voir PGP*

preview

"Aperçu".

➡ *Voir aperçu avant impression*

primary key

"Clé primaire".

➡ *Voir clé primaire*

OP

priorité

Qualité de ce qui vient en premier. Lorsque plusieurs tâches sont en attente d'exécution, c'est leur degré de priorité qui détermine l'ordre dans lequel elles doivent être exécutées. Sous un système multitâche, il est possible d'affecter un degré de priorité différent à chaque tâche en attente d'exécution. Le degré de priorité affecté détermine non seulement la quantité de temps qui doit être prise sur le temps de calcul total du processeur pour une tâche donnée, mais aussi la fréquence à laquelle ce temps doit être pris.

➡ *Voir multitâche, multithreading*

prise en charge

➡ *Voir cycle de prise en charge*

PRN

Abréviation de *printer* ("imprimante"). Autre nom du premier port parallèle (LPT1) d'un ordinateur sous DOS et OS/2.

➡ *Voir port parallèle*

procédure

Série d'instructions constituant une entité de programmation au sein d'un programme. Cette entité est désignée par un nom exclusif qui lui permet d'être invoquée par d'autres parties du programme. Les procédures servent à structurer clairement les programmes et à en faciliter la maintenance et la mise à jour.

➡ *Voir langage de programmation, programme*

process control computer

"Ordinateur contrôleur de processus".

➡ *Voir ordinateur contrôleur de processus*

processeur

Circuit intégré à haute intégration qui a pour rôle d'exécuter des fonctions logiques et des calculs arithmétiques commandés par des programmes.

➡ *Voir CPU, coprocesseur arithmétique, DSP*

processeur central

➡ *Voir CPU*

processeur de commandes

Synonyme de "interpréteur de commandes".

➠ *Voir interpréteur de commandes*

processeur graphique 3D

Processeur graphique permettant de représenter les objets en trois dimensions beaucoup plus rapidement que les puces accélératrices 2D qui équipaient auparavant les cartes graphiques. Ce processeur vient parfois s'ajouter à une puce accélératrice 2D, mais il peut également être le seul processeur de la carte graphique, auquel cas il prend en charge les fonctions graphiques à la fois 2D et 3D. Les premiers processeurs 3D reposaient généralement sur le chipset Glint de 3Dlabs. Ils coûtaient extrêmement cher et ne s'adressaient guère qu'aux professionnels de la CAO-DAO et à quelques scientifiques. Les processeurs 3D actuels visent essentiellement le marché des jeux en 3D, qui connaît une expansion fulgurante. C'est notamment le cas des chipsets Voodoo, de 3dfx, et PowerVR, de Videologic/NEC. Le marché actuel propose surtout des combinaisons de cartes 2D et 3D reposant notamment sur les chipset Virge, de S3, et MGA, de Matrox. La tendance semble toutefois être à la généralisation de cartes accélératrices 3D autonomes, capables de déterminer comment représenter les objets dès qu'un programme leur communique des données. Généralement, les cartes 3D ne sont compatibles qu'avec les programmes écrits spécialement pour leur processeur. Ainsi, un jeu écrit pour le processeur Voodoo ne fonctionnera-t-il pas avec une carte équipée d'un processeur PowerVR. Les processeurs graphiques 3D offrent des fonctions spécifiques et reposent sur différents standards (Direct3D, OpenGL, etc.). Pour utiliser les fonctions 3D, il est généralement nécessaire de disposer d'un pilote spécifique. Les cartes 3D sont, à l'heure actuelle, limitées à une résolution de 800×600 et à 65 000 couleurs (HighColor).

➠ *Voir accélération 3D, carte graphique 3D, PowerVR*

OP

processus

Suite d'opérations permettant de traiter des données. Chaque processus constitue une fin en soi. L'impression d'un document, l'impression d'un fichier, etc., sont des exemples de processus. Les systèmes informatiques multitâches sont capables de prendre en charge plusieurs processus simultanément. Les différents processus sont alors en mesure de communiquer entre eux, d'échanger des données, etc. Lorsque des processus fonctionnent en complémentarité l'un de l'autre, on dit qu'ils sont synchrones. Lorsqu'ils fonctionnent de manière totalement indépendante, en revanche, on dit qu'ils sont asynchrones.

➠ *Voir multitâche, multithreading, système d'exploitation*

Procomm

Programme de terminal très connu pour DOS et Windows.

➠ *Voir émulateur de terminal*

profil

➠ *Voir générateur de profils*

profondeur d'échantillonnage

Nombre maximal de données qui peut être stocké lors de la numérisation d'un signal analogique. La profondeur d'échantillonnage mesure l'intensité des signaux (volume, luminosité, etc.). La profondeur maximale d'échantillonnage est fonction des caractéristiques des périphériques utilisés (plage de mesures de la sonde, rapidité du système, quantité de mémoire disponible, etc.). Une profondeur d'échantillonnage graphique de 24 bits indique par exemple que les trois couleurs fondamentales rouge, vert et bleu (RVB) peuvent être associées et enregistrées en 8 bits (deux cent cinquante-six niveaux). Dans ce cas, on parle également de profondeur de couleur.

➠ *Voir numérisation, profondeur de couleur, scanner, sonde*

profondeur de couleur

Valeur numérique qui indique combien de couleurs différentes peuvent être affichées simultanément à l'écran. Cette valeur dépend de la taille de la mémoire graphique. On distingue d'une manière générale quatre valeurs de profondeur de couleur standard : 16, 256 (8 bits), 65 563 (16 bits, mode HighColor) et 16,7 millions (24 bits, mode TrueColor). Le mode TrueColor est généralement utilisé pour les tracés de rayons, les animations et les photos numérisées afin que soit obtenu un résultat aussi proche que possible de la réalité. Le mode TrueColor (ou "couleurs vraies") doit son nom au fait que l'œil humain est capable de percevoir environ 16,7 millions de nuances de couleurs RVB ($256 \times 256 \times 256$).

➠ *Voir mémoire graphique, scanner*

profondeur graphique

➠ *Voir profondeur de couleur*

program counter

"Compteur de programme".

➠ *Voir compteur de programme*

programmateur d'EPROM

Synonyme d'"insoleuse d'EPROM". Appareil utilisé pour programmer les modules de mémoire EPROM mais aussi EEPROM et PROM. Cet appareil utilise des rayons ultraviolets pour effacer le contenu de la mémoire, puis insoler les nouvelles données. L'effacement des données peut prendre plusieurs minutes, tandis que l'insolation des nouvelles données ne nécessite généralement que quelques secondes.

➡ *Voir EEPROM, EPROM, programmateur d'EPROM, ROM*

programmation modulaire

Technique de programmation consistant à formuler et à compiler les routines utilisées souvent sous forme de procédures ou de modules indépendants. Ces éléments de programmes peuvent ensuite être réutilisés autant de fois que nécessaire. L'approche modulaire exige légèrement plus de temps que l'approche classique, mais cet inconvénient est largement compensé par la flexibilité que les modules offrent.

➡ *Voir module*

programmation orientée objet

Type de programmation moderne très répandu à l'heure actuelle dont la structure d'organisation repose sur des objets. Ces objets se caractérisent par des propriétés et des méthodes. Les méthodes représentent en quelque sorte ce dont les objets sont capables. Ce principe, suivant lequel un objet contient à la fois les données et les procédures qui permettent de les traiter, est appelé "encapsulage". La programmation orientée objet se rapproche davantage du mode de pensée humain que les modes de programmation antérieurs. Elle présente en outre l'avantage de faciliter la maintenance du code. L'un des objectifs de la programmation orientée objet est de permettre la réutilisation du code des programmes existants et ainsi de réduire le coût de développement. L'un des langages de programmation orientée objet les plus connus et le C++.

➡ *Voir C++, langage de programmation*

programmation structurée

Programmation consistant à diviser les problèmes à résoudre en sous-problèmes autant de fois que nécessaire pour qu'ils puissent être résolus facilement sous forme de petits programmes. La programmation structurée fut inventée pour pallier les insuffisances de la programmation linéaire. Lorsqu'un programme est construit de manière linéaire, en effet, il devient rapidement impossible d'en avoir une vue d'ensemble. La moindre modification impose quantité d'opérations, et il est de surcroît très difficile de détecter et corriger les erreurs. La programmation structurée permet au contraire d'avoir une vue d'ensemble du programme, d'en vérifier chaque partie et de localiser et corriger plus facilement les erreurs. Elle n'utilise en outre pas de sauts, mais des modules qui sont souvent décomposés en couches. Elle constitue la base d'un grand nombre de langages de programmation tels que le C et le Pascal. Par ailleurs, elle fait partie intégrante des langages de programmation orientés objets, tels que le C++, et est appliquée de manière quasi systématique.

➡ *Voir C, C++, langage de programmation, Pascal*

OP

programme

Suite d'instructions exécutables par un ordinateur. Ces instructions peuvent être écrites en langage machine ou dans un langage de haut niveau.

➠ *Voir langage de programmation, langage machine*

programme complémentaire

add-in.

➠ *Voir add-in*

programme d'application

➠ *Voir application*

programme d'arrière-plan

Programme qui s'exécute en arrière-plan, c'est-à-dire de manière non visible pour l'utilisateur. Les systèmes d'exploitation multitâches établissent une échelle de priorités entre les différents programmes en cours d'exécution, afin de répartir le temps de calcul du processeur. Les programmes d'arrière-plan et les programmes qui s'exécutent déjà en arrière-plan ne bénéficient généralement que d'un faible degré de priorité et ne reçoivent donc du temps de calcul que lorsque le programme actif au premier plan se met en attente – parce qu'il attend que l'utilisateur entre des données pour continuer, par exemple (*voir multitâche préemptif*). Sous MS-DOS, il existe une autre catégorie de programmes d'arrière-plan : les TSR (*Terminate and Stay Resident*, ou "programme résident mémoire"), qui sont chargés dans la mémoire vive et y demeurent tant que l'ordinateur n'est pas réinitialisé. Les TSR peuvent par exemple servir à prendre en charge l'enregistrement automatique des données de l'ordinateur sur une bande de lecteur à bandes, ou encore à gérer la mémoire.

➠ *Voir multitâche, TSR*

programme de backup

Synonyme de "programme de sauvegarde". Programme conçu pour effectuer des copies de sécurité (backup) de données ou de fichiers existants. Les progammes de backup présentent un certain nombre de particularités qui leur permettent de se distinguer des fonctions d'enregistrement des programmes classiques. Ainsi permettent-ils de compresser les données et de les répartir sur plusieurs supports (plusieurs disquettes ou plusieur bandes, par exemple). La plupart des unités de backup (dérouleur de bandes, lecteur magnéto-optique, etc.) sont pris en charge automatiquement par le système d'exploitation.

Les programmes de backup professionnels permettent de programmer la fréquence des backup et de spécifier les données et dossiers qui doivent être inclus dans la sauvegarde. Avant d'acheter un logiciel de backup destiné à être utilisé sous un système d'exploitation

OP

fonctionnant en 32 bits, il est important de vérifier que ce programme fonctionne bien en 32 bits car les noms de fichiers longs (qui ne se conforment pas à la convention 8 + 3) risquent sinon d'être abrégés.

➠ *Voir 8 + 3, compression de données, copie de sauvegarde, support de stockage*

programme de compression en ligne

Programme de compression de disque dur qui compresse et décompresse automatiquement et de manière invisible les données stockées sur le disque dur de l'ordinateur pendant que l'utilisateur y accède. L'un des programmes de compression les plus connus est DoubleSpace, livré en standard avec le système d'exploitation MS-DOS à partir de la version 6.0. DoubleSpace utilise un algorithme de compression de données qui permet de réduire l'espace occupé par les données sur le disque dur. L'inconvénient est qu'il suffit d'une erreur dans la structure de données du disque pour que toutes les données soient perdues. La compression de disque accroît par ailleurs considérablement le temps d'accès aux données, car l'ordinateur doit, chaque fois, compresser et décompresser les données.

➠ *Voir disque dur*

programme de conversion

Programme qui a comme fonction de transformer des données stockées dans un format ou conçues pour une plate-forme précise afin de les faire passer dans un autre format ou de les rendre utilisables sur une autre plate-forme.

➠ *Voir conversion, plate-forme*

programme de copie

Programme conçu pour dupliquer des données, des fichiers ou l'ensemble du contenu d'un support de stockage. Les programmes de copie font, en règle générale, partie intégrante du système d'exploitation. Il existe aussi quantité de programmes de copie diffusés sous forme de sharewares appelés "utilitaires de copie". Ces programmes offrent généralement un large éventail de fonctions.

➠ *Voir copier, format de données, ressources, shareware, utilitaire*

OP

programme de correction

Synonyme de "patch".

➠ *Voir patch*

programme de sabotage

Programme conçu pour occasionner des dommages à un ordinateur. Ces dommages peuvent affecter les logiciels, mais aussi le matériel lui-même. Les motifs qui poussent certaines personnes à créer des programmes de sabotage sont très divers : simple sentiment de frustration, désir de détruire, envie de faire indirectement parler de soi (dans l'hypothèse où le programme de sabotage deviendrait très connu, aux dépens de ses victimes), etc. Les programmes de sabotage les plus connus sont les virus. Dans la pratique, beaucoup d'ordinateurs contiennent des programmes de sabotage. Ainsi les ordinateurs en réseau contiennent-ils souvent des vers, qui ne sont pas à proprement parler destructeurs, mais qui, par leur multiplicité, freinent considérablement le fonctionnement général du réseau. De la même manière, les BBS sont souvent utilisés par des individus malveillants pour diffuser des chevaux de Troie, qui semblent offrir une fonction très intéressante (ce qui est parfois effectivement le cas), mais qui, derrière cette apparence, dissimulent surtout des programmes destructeurs. Les textes mêmes peuvent être vecteurs de virus. Alors qu'ils ont d'abord été exploités par les pirates pour véhiculer des virus ANSI, ils servent aujourd'hui parfois à transmettre des macrovirus. Le problèmes de tous ces programmes de sabotage est que leurs fonctions destructrices n'entrent souvent en action qu'au bout d'un certain temps, après une date ou une opération donnée. Cela en rend la détection d'autant plus difficile.

➠ *Voir virus*

programme de sauvegarde

Synonyme de "programme de backup". Programme qui permet d'effectuer des sauvegardes d'un support de stockage. Ce type de programme permet d'effectuer des sauvegardes, soit complètes, soit partielles.

➠ *Voir backup, backup sélectif*

programme machine

Programme composé exclusivement de code en langage machine et qui peut être exécuté directement par le CPU de l'ordinateur. Pour arriver au langage machine, il faut convertir un code source en langage de haut niveau ou en assembleur à l'aide d'un compilateur ou d'un assembleur.

➠ *Voir assembleur, code source, compilateur, langage de programmation, langage machine, processeur*

programme objet

➠ *Voir programme machine*

programme principal

Ensemble d'instructions constituant la partie la plus importante d'une application. Lorsqu'une application est activée, c'est d'abord le programme principal qui s'exécute. Le programme principal a également comme fonction de coordonner les sous-programmes et leurs fonctions, individuellement et collectivement.

➠ *Voir application*

programme source

➠ *Voir code source*

programmeur

Personne qui écrit des programmes pour un ordinateur à l'aide d'un langage de programmation et d'outils prévus à cet effet.

➠ *Voir environnement de programmation, langage de programmation, programme*

prompt

"Invite".

➠ *Voir invite*

protected mode

"Mode protégé".

➠ *Voir mode protégé*

protection de mémoire

Fonction importante d'un programme de gestion de mémoire (celui du système d'exploitation, par exemple) qui a pour rôle d'empêcher qu'une plage de mémoire déjà utilisée soit écrasée accidentellement par d'autres données.

➠ *Voir gestionnaire de mémoire, système d'exploitation*

OP

protection en écriture

Opération consistant, sur une disquette, à activer le dispositif mécanique prévu pour empêcher que son contenu soit modifié ou supprimé, ou que d'autres données soient enregistrées. Sur une disquette de 3 pouces 1/2, ce mécanisme s'active en faisant basculer vers le bas le petit curseur situé dans l'angle supérieur droit du verso de la disquette, ce qui fait apparaître un jour à travers la disquette. Sur une disquette de 5 pouces 1/4, il fallait recouvrir la petite encoche au long du côté supérieur droit d'un morceau de papier adhésif.

➠ *Voir disquette*

protocole

Ensemble de conventions qui permet à deux ordinateurs d'échanger des données. Les protocoles ont pour rôle de garantir la sécurité et l'efficacité des transferts de données.

protocole de canal D

Protocole utilisé pour transmettre des signaux de contrôle par le biais du canal D sur une ligne RNIS.

➠ *Voir canal D, RNIS*

protocole de réseau

Langage type utilisé pour permettre aux ordinateurs d'un réseau de communiquer entre eux (d'échanger des données). Tous les ordinateurs d'un même réseau doivent utiliser le même protocole pour communiquer. Les protocoles IPX/SPX, NetBEUI et TCP/IP (utilisés sur l'Internet et en environnement intranet) sont trois exemples de protocoles très connus. Les protocoles de réseau interviennent au niveau de la troisième couche (de réseau) et de la quatrième couche (de transport) du modèle OSI. Ils ont pour rôle de régir les opérations de routage à travers le réseau, de recevoir les données (sous forme de paquets) et de les faire suivre aux couches de réseau supérieures, d'assurer la sécurisation des données et de regrouper les paquets de données pour permettre au destinataire de les exploiter.

➠ *Voir IPX/SPX, NetBEUI, réseau, TCP/IP*

protocole Internet

Protocole qui permet d'échanger des données sur l'Internet. Il existe en fait deux protocoles Internet : les protocoles TCP (*Transmission Control Protocol*, "protocole de transmission Internet") et IP (*Internet Protocol*, "protocole Internet"), qui constituent la famille de protocoles *TCP/IP*.

➠ *Voir Internet, TCP/IP*

prototypage virtuel

Opération consistant à assembler virtuellement les différents composants d'un produit fini à l'aide d'un outil tel qu'un programme de CAO. Les différentes pièces des automobiles et des avions sont souvent fabriquées indépendamment les unes des autres sur différents sites. Le prototypage virtuel permet de les réunir d'une manière abstraite.

provider

"Fournisseur d'accès".

➠ *Voir fournisseur d'accès*

proxy

Type de serveur spécial qui, sur l'Internet, sert à stocker temporairement des données. Les serveurs proxy reposent sur le même principe de fonctionnement que la mémoire cache. Dès qu'une page Web est téléchargée depuis l'Internet, elle est stockée sur le serveur proxy. Si, par la suite, un autre utilisateur (ou le même utilisateur) essaie d'y accéder de nouveau, c'est en fait la copie effectuée sur le serveur proxy et non la page originale qui sera chargée. Ce système permet de gagner un temps considérable. Les serveurs proxy sont très utilisés par les fournisseurs d'accès Internet.

➠ *Voir fournisseur d'accès, Internet, intranet*

PS/2

Abréviation de *Personal System 2* ("système personnel 2"). Modèle d'ordinateur lancé en 1987 par IBM pour succéder à l'AT. Cet ordinateur marqua l'apparition d'un nouveau bus : le bus Microchannel. Il utilisait le standard graphique VGA et fonctionnait sous le système d'exploitation OS/2. Il n'a pas connu le succès commercial qu'IBM escomptait, mais a laissé son nom à un certain nombre de composants dont il était alors équipé. Parmi ces composants figurent la souris PS/2, qui ne se connecte pas au port série, mais possède son propre bus – appelé "bus souris" – ainsi que les barrettes de mémoire SIMM PS/2, qui utilisent un nouveau système de brochage à soixante-douze contacts à la place des trente utilisés précédemment et qui offre donc un accès 32 bits à la mémoire.

➠ *Voir souris PS/2, IBM, PC, SIMM PS/2*

pseudonyme

Surnom qu'un utilisateur se donne pour se connecter à un BBS ou pour converser sur un forum de conversation d'un service en ligne.

➠ *Voir BBS, conversation*

OP

Psion

Assistant personnel (ou PDA, ou encore HPC) haut de gamme fabriqué par la société du même nom. Le Psion Serie 5 (le dernier modèle commercialisé) fonctionne avec un système d'exploitation 32 bits (appelé EPOC32) développé par Psion elle-même, ainsi qu'un processeur RISC de type ARM 7100 cadencé à 18,4 MHz. Il est équipé d'un clavier, d'un écran LCD offrant une résolution demi-VGA (640 × 240) capable de générer seize niveaux de gris, et d'un stylet pour entrer les données. Contrairement à son concurrent direct, l'Apple Newton Message Pad 2000, il n'intègre pas de système de reconnaissance d'écriture manuscrite. Le modèle équipé de 8 Mo permet d'enregistrer des messages vocaux d'une durée maximale de 30 minutes.

➠ *Voir ardoise électronique, PDA*

P-System

Kit de programmation qui contient un compilateur pour le Pascal, le Turbo Pascal et l'USCD-Pascal. Ces compilateurs créent tous leurs modules en code P (langage de programmation intermédiaire).

➠ *Voir compilateur, Pascal, Turbo Pascal*

public domain

"Domaine public".

➠ *Voir PD*

publication assistée par ordinateur

➠ *Voir PAO*

publication Internet

En anglais : *Internet Publishing*. Création de documents pour l'Internet et diffusion de ceux-ci (sur le World Wide Web, le plus souvent). Pour créer des documents pour l'Internet, il faut utiliser un langage de balisage appelé HTML. Outre du texte pur, ces documents peuvent contenir des éléments multimédias – des images, des séquences vidéo, des animations, etc.

➠ *Voir Internet*

publipostage

Synonyme d'"envoi en série". En anglais : *mailing*. Envoi en masse de courriers postaux (ou électroniques) reposant sur un document type contenant des champs personnalisés remplis automatiquement à partir d'une base de données de destinataires. Si une entreprise a besoin d'envoyer un même courrier à l'ensemble de ses clients, par exemple, elle pourra le faire très facilement sous un traitement de texte. Il lui suffira de créer un document et d'indiquer au traitement de texte où se trouve la base de données qui permettra de compléter le courrier à l'aide des informations personnelles se rapportant à chaque client (nom, prénom, adresse, interpellation, etc.). Ces personnalisations donnent au destinataire l'illusion de recevoir autre chose qu'une simple lettre type.

➠ *Voir base de données, traitement de texte*

puce

Semi-conducteur moulé dans un boîtier en plastique pourvu d'une multitude de petites pattes métalliques, à l'intérieur duquel a été gravé un circuit intégré (CI) extrêmement complexe. Lorsque les premières puces ont été créées, il n'était possible d'y incorporer que quelques éléments. Aujourd'hui, une même puce peut contenir plusieurs millions de transistors. Ainsi le P6 (successeur du Pentium) est-il composé de quelque 5,5 millions de transistors. Chaque composant d'une puce mesure environ 0,6 micron de large.

➡ *Voir IC, Pentium II, transistor*

puce accélératrice

Processeur qui, sur une carte graphique, a comme fonction d'accélérer la restitution des images 2D ou 3D. C'est généralement le processeur graphique de la carte graphique qui prend en charge l'accélération.

➡ *Voir accélération 3D, carte graphique, imagerie 3D*

pull

"Traction".

➡ *Voir PointCast*

pull-down menu

"Menu déroulant".

➡ *Voir menu déroulant*

Pulse Code Modulation

"Modulation de codes à impulsions".

➡ *Voir PCM*

punched card

"Carte perforée".

➡ *Voir carte perforée*

OP

push

"Propulsion".

➡ *Voir PointCast*

QEMM

Sigle, abréviation de *Quarterdeck Expanded Memory Manager* ("gestionnaire de mémoire paginée Quarterdeck"). Gestionnaire de mémoire paginée pour MS-DOS conçu par Quarterdeck. QEMM joue le même rôle que HYMEM.SYS et EMM386.EXE.

➠ *Voir EMM386.EXE, gestionnaire de mémoire, HIMEM.SYS*

QIC

Sigle, abréviation de *Quarter Inch Cartridge* ("cartouche d'un quart de pouce"). Standard de bandes magnétiques pour lecteurs de bandes. Les bandes QIC permettaient de stocker 40, 80 ou 250 Mo de données suivant le modèle. Le standard QIC est aujourd'hui obsolescent. Il a été supplanté par le standard Travan. Le standard Travan offre toutefois une compatibilité descendante avec le standard QIC, et il est donc toujours possible de lire des bandes QIC sur un lecteur Travan.

➠ *Voir lecteur de bandes, Travan*

QMS

Fabricant de périphériques d'impression haut de gamme. La gamme de produits de QMS s'étend des imprimantes laser (couleur) pouvant aller jusqu'au format A3 aux imprimantes à transfert thermique, en passant par les imprimantes à jet d'encre. Les systèmes d'impression QMS sont particulièrement adaptés à l'environnement de réseau. En effet, ils ont été conçus pour pouvoir être connectés à tous les types de réseaux courants et intègrent un système d'identification automatique des protocoles ainsi qu'un système d'identification du langage d'impression.

➠ *Voir imprimante à jet d'encre, imprimante laser, imprimante thermique*

quadrichromie

Procédé d'impression très utilisé actuellement pour imprimer des images en couleurs de qualité photo à l'aide d'un mélange de couleurs soustractif. Les trois couleurs fondamentales utilisées sont le cyan, le jaune et le magenta. La quatrième couleur utilisée est le noir, qui permet d'obtenir un contraste plus marqué pour les parties imprimées en noir. Les quatre couleurs sont superposées les unes à la suite des autres. Le tramage très fin et la résolution élevée dont les imprimantes actuelles sont capables permettent de générer 16,7 millions de couleurs, ce qui est le maximum que l'œil humain puisse percevoir.

Les images informatiques reposent en principe sur le format RVB – rouge, vert, bleu, les trois couleurs fondamentales suivant le système de mélange de couleurs additif. Ces couleurs doivent être converties conformément au système soustractif CMJN ("cyan, magenta, jaune, noir"). Cette opération porte le nom de séparation des couleurs. Tous les programmes graphiques modernes sont capables d'effectuer cette séparation automatiquement.

➠ *Voir CMJN, modèle de couleurs*

Quarter Inch Cartridge

"Cartouche d'un quart de pouce".

➠ *Voir QIC*

Quarterdeck Expanded Memory Manager

"Gestionnaire de mémoire paginée Quarterdeck".

➠ *Voir QEMM*

quartet

En anglais : *nibble*. Synonyme de "demi-octet". Moitié d'un octet, soit 4 bits. Les quartets sont par exemple très utiles pour représenter des nombres décimaux suivant le code EBDIC. Le premier quartet – le quartet de zone – représente le préfixe ; le second – le quartet de chiffres – représente la valeur elle-même.

➠ *Voir octet*

Quicken

Logiciel de gestion financière fabriqué par Intuit. Sous sa version actuelle (6.0), Quicken permet de tenir la compatibilité et les comptes bancaires d'un particulier, mais aussi d'une petite entreprise (réalisation du bilan, comptabilité en partie double, etc.). La nouveauté la plus importante par rapport à la version précédente (4.5) est la fonction Quicken Live. Grâce à elle, l'utilisateur peut accéder à l'Internet pour connaître le solde de son portefeuille de valeurs boursières en fonction des cours du jour. Quicken intègre aussi des modules permettant au particulier de calculer ses impôts et à une entreprise de gérer ses factures. Microsoft Money est un concurrent sérieux pour Quicken.

➠ *Voir Intuit, logiciel financier*

quicksort

"Tri rapide". Procédé de tri de données. Le procédé quicksort est à la fois itératif et récursif. Il consiste à appliquer aux opérations égales un résultat partiel jusqu'à ce que toutes les données à trier soient effectivement triées. Il est considéré comme le procédé le plus rapide qui puisse être appliqué aux données déjà stockées dans la mémoire vive de l'ordinateur pendant le tri. Il peut être utilisé avec tous les langages de programmation.

➠ *Voir langage de programmation, tri*

quiet mode

"Mode silencieux". Mode qui, sur une imprimante à aiguilles, permet de réduire le bruit occasionné par l'impression. L'inconvénient de ce mode est qu'il oblige l'imprimante à imprimer plus lentement.

➠ *Voir imprimante à aiguilles*

Quit

"Quitter" ou "sortir". Commande qui, dans un certain nombre d'applications en anglais et dans un certain nombre de langages de programmation, permet de mettre fin à la session de travail en cours ou à un processus.

quitter

➠ *Voir fermer*

quote

"Citation". Texte issu d'un courrier électronique rédigé par un utilisateur donné et repris par un autre utilisateur dans un autre courrier électronique.

➠ *Voir courrier électronique*

QWERTY

QR

Type de clavier dont les six premières touches sont Q, W, E, R, T et Y. C'est la disposition de touches standard dans les pays anglo-saxons. Elle s'oppose à celle des claviers français, dont les six premières touches sont A, Z, E, R, T et Y. Les claviers QWERTY et AZERTY présentent aussi des différences au niveau de l'emplacement des signes de ponctuation et de certains caractères spéciaux (\, ?, =, *,#, etc.).

➠ *Voir caractère spécial, clavier*

R

R/W

Abréviation de *Read/Write* ("lecture/écriture"). Qualifie un support de stockage de données, un périphérique de stockage ou un processus qui permet à la fois de lire et d'écrire des données. *R/W* s'oppose à *RO* (*Read Only*, "lecture seule").

➠ *Voir lecture seule*

RA

Sigle, abréviation de *Random Access* ("accès aléatoire").

➠ *Voir accès aléatoire*

raccourci clavier

En anglais : *keyboard shortcut*. Combinaison de touches qui active une commande ou une fonction dans un programme sans qu'il faille taper le nom de cette commande ou fonction, ni passer par la structure de menus ou d'icônes permettant normalement d'y accéder.

➠ *Voir clavier, touche de fonction*

raccourci

1. Abréviation de "raccourci clavier". Combinaison de touches qui permet d'activer rapidement une fonction sous un programme ou un système d'exploitation.
2. Lien matérialisé par une icône qui, sur une interface utilisateur graphique, permet d'activer un programme depuis un autre endroit que celui où il est vraiment stocké – depuis le Bureau de Windows 95, par exemple. Les raccourcis n'ont en fait commencé à être utilisés qu'avec l'apparition de Windows 95. Ils existent aussi sous OS/2.
   Les raccourcis peuvent être utilisés à la place des fichiers originaux. Le fait d'effacer un raccourci n'a aucune incidence sur le fichier auquel il se rapporte.
   Pour chaque raccourci défini, Windows crée un fichier .LNK. Ce fichier contient le chemin d'accès du fichier auquel le raccourci se rapporte, ainsi que quelques commandes ou options. Lorsque l'original est supprimé, les liens ne se mettent pas à jour sous Windows 95 (alors qu'ils se mettent automatiquement à jour sous OS/2).

➠ *Voir touche d'activation*

racine

➡ *Voir répertoire racine*

radiateur-ventilateur

Système de dissipation de chaleur qui se fixe sur le CPU et qui est constitué d'une part d'une plaque de métal conductrice de chaleur (dissipateur thermique passif), et d'autre part d'un ventilateur (dissipateur thermique actif). Avec l'apparition des processeurs de la génération 80486, il devint nécessaire de prévoir un dispositif pour dissiper la chaleur. Tous les composants électroniques sous tension sont affectés par une légère perte de puissance qui se matérialise par une libération de chaleur. Or, avec le lancement des 80486, il apparut que certains CPU soumis à un excès de chaleur pouvaient commettre des erreurs de calcul, voire devenir irrémédiablement défectueux. Aussi, un système de dissipation de chaleur actif fut-il mis au point : le radiateur-ventilateur. Ce système se plaque contre le processeur et dissipe efficacement la chaleur. Alors que les premiers dissipateurs de chaleur coûtaient plusieurs centaines de francs, il est aujourd'hui possible d'en trouver pour une cinquantaine de francs.

➡ *Voir ventilateur*

radiation

Emission d'ondes électromagnétiques. Tous les écrans munis d'un tube cathodique classique émettent des radiations, et notamment des rayons X. Ces radiations pouvant nuire à la santé de l'utilisateur, plusieurs normes ont été élaborées pour en limiter l'ampleur. Les plus connues sont les normes MPR et TCO, nées en Suède. La famille de normes MPR est la plus ancienne. Elaborée par le Conseil pour les techniques de mesure et les tests suédois (MPR), elle fut adoptée dans le monde entier. Puis, elle fut suivie de la norme TCO, définie par le syndicat suédois TCO. Ces deux normes sont aujourd'hui reconnues dans le monde entier, et il est important, avant d'acheter un moniteur neuf, de vérifier qu'il se conforme à au moins l'une d'elles.

➡ *Voir MPR, SSI, TCO*

radio

➡ *Voir souris radio*

Radio Data System

"Système de données radio".

➡ *Voir RDS*

radiotéléphonie

Téléphonie sans fil qui utilise les ondes radio pour assurer les liaisons entre les différents abonnés. La radiotéléphonie repose sur des techniques analogiques, mais elle tend à être remplacée par la téléphonie numérique (GSM).

➧ *Voir GSM, numérique*

rafale

➧ *Voir burst, mémoire burst, transmission burst*

rafraîchissement mémoire

Opération indispensable pour la mémoire dite "DRAM" (RAM dynamique), qui consiste à la vider régulièrement de son contenu pour la remplir à nouveau du même contenu. Les autres types de mémoires ne nécessitent pas de rafraîchissement.

rafraîchissement

1. Rechargement du contenu de la mémoire vive. Pour stocker des données, la mémoire vive de type DRAM doit être rafraîchie en continu.
2. Régénération de l'affichage de l'écran.

➧ *Voir cycle de rafraîchissement, fréquence de rafraîchissement, rafraîchissement mémoire*

RAID

Sigle, abréviation de *Redundant Array of Inexpensive Disks* ("batterie redondante de disques bon marché"). Famille de cinq standards élaborée en 1987 par l'université de Berkeley pour sécuriser le stockage sur disque dur. Alors que le *I* de *RAID* signifiait à l'origine *Inexpensive* ("bon marché"), il est généralement traduit par "indépendant" dans la mesure où la technologie RAID est loin d'être bon marché. Pour accroître la sécurité des données, la technologie RAID utilise un système de stockage à redondance consistant à stocker plusieurs fois les mêmes données sur plusieurs disques durs différents. Des cinq standards que compte la famille RAID, les standards 1 et 5 sont les plus utilisés. Ils présentent les caractéristiques suivantes :

- **RAID 1.** Aussi appelé "RAID en miroir" ou "RAID à duplexage", ce standard stocke toutes les données en parallèle sur deux disques durs.
- **RAID 5.** Ce standard repose sur cinq disques durs : chaque secteur de données qui doit être enregistré est complété par une somme de contrôles puis réparti sur les cinq disques durs. Si l'un des disques durs vient à défaillir, l'ordinateur peut tout reconstruire à partir des informations disponibles. De par le système de répartition des données qu'il utilise, le standard RAID 5 accroît aussi considérablement la rapidité des accès, et ainsi la disponibilité effective des données.

➧ *Voir disque dur*

QR

RAM

Sigle, abréviation de *Random Access Memory* ("mémoire à accès aléatoire"). Mémoire vive de l'ordinateur. Il existe différentes variantes de RAM : la DRAM, la SRAM, la VRAM, la WRAM, la MDRAM et la SRAM.

RAM CMOS

Mémoire vive alimentée par une batterie qui sert à stocker la configuration du programme Setup du BIOS (qui sert par exemple à déclarer et à configurer les disques durs IDE). Cette zone de mémoire stocke également la date et l'heure en cours. Elle est située sur la carte mère de l'ordinateur et permet de mémoriser toutes ces données même lorsque l'ordinateur est éteint ou débranché.

RAM d'étiquettes

Mémoire qui permet au processeur de distinguer rapidement les données de la mémoire cache de niveau 2 qui ont été modifiées de celles qui sont identiques aux données originales stockées sur le disque dur. La RAM d'étiquettes accroît légèrement les performances de l'ordinateur. Il est toutefois à souligner que sa taille ne correspond pas toujours à la mémoire vive stockable en mémoire cache. Pour des raisons de coût, la plupart des fabricants d'ordinateurs dotent leurs cartes mères de trop peu de RAM d'étiquettes, si bien que seuls 64 Mo de mémoire vive peuvent être accélérés grâce au système de gestion de mémoire cache. Sur les ordinateurs qui sont équipés de plus de 64 Mo, la mémoire située au-delà des 64 Mo est donc très lente et les performances de l'ordinateur baissent considérablement. Il est toutefois possible d'augmenter la quantité de RAM d'étiquettes ou de remplacer la mémoire cache de niveau 2 par des modules COAST spéciaux. Ces derniers intègrent de la RAM d'étiquettes et permettent par conséquent de s'affranchir de ces limites.

RAM fantôme

Partie de la RAM dans laquelle peut être stocké le contenu de la ROM de la carte mère ou d'un périphérique. La mémoire ROM qui équipe un PC est beaucoup plus lente que la mémoire RAM. Aussi le BIOS de la plupart des cartes mères permet-il de stocker le contenu de la ROM dans la RAM. Les périphériques tels que la carte graphique et la carte contrôleur SCSI possèdent leur propre ROM, qui permet de les faire fonctionner. L'accès à ces périphériques peut lui aussi être accéléré si l'on charge le contenu de cette ROM dans la RAM. Le gain de rapidité ainsi obtenu, notamment en matière de performances graphiques, n'est toutefois intéressant que sous les systèmes d'exploitation tels que MS-DOS. Les systèmes d'exploitation modernes n'utilisent plus les fonctions du BIOS, mais des fonctions optimisées qui leur sont propres.

➠ *Voir BIOS, RAM, ROM*

RAM multibanc

➠   *Voir MDRAM*

RAMbus

Bus caractérisé par une largeur de 8 bits et une fréquence pouvant atteindre 500 MHz. Ce type de bus est l'une des solutions proposées pour contourner le goulet d'étranglement que constitue le taux de transfert des modules de mémoire actuels.

➠   *Voir bus, fréquence, RAM*

RAMDAC

Sigle, abréviation de *Random Access Memory Digital Analog Converter* ("convertisseur numérique-analogique pour mémoire vive"). Composant utilisé sur les cartes graphiques modernes pour convertir en signaux RVB les données numériques stockées dans la mémoire vive de la carte graphique. C'est du RAMDAC que dépendent la fréquence de rafraîchissement et la qualité de l'image. Les cartes graphiques ergonomiques possèdent un RAMDAC rapide. Selon le modèle de carte, le RAMDAC peut se présenter sous forme de module distinct (RAMDAC cadencé à 220 MHz sur les cartes graphiques à mémoire VRAM) ou être intégré à la puce graphique (RAMDAC cadencé à 75 MHz ou 135 MHz). La fréquence de pixels ne dépend pas de la profondeur de couleur, mais de la résolution graphique et de la fréquence de rafraîchissement. Ainsi une résolution de 1 024 × 768 pixels à une fréquence de 75 Hz nécessite-t-elle un RAMDAC de 75 MHz. Il n'est nécessaire de disposer d'un RAMDAC cadencé à 220 MHz qu'à partir d'une résolution de 1 600 × 1200 pixels avec une fréquence de rafraîchissement de 75 Hz. A l'heure actuelle, une fréquence de 135 MHz peut être considérée comme un minimum absolu pour un RAMDAC. Il est toutefois préférable de disposer d'un RAMDAC cadencé à 175 MHz, même si les cartes graphiques les plus ergonomiques sont équipées d'un RAMDAC cadencé à 220 MHz. Pour acheter une carte graphique, il est important de prendre en considération le RAMDAC dont elle est équipée.

➠   *Voir carte graphique*

QR

random access

"Accès aléatoire".

➠   *Voir accès aléatoire*

Random Access Memory

"Mémoire à accès aléatoire".

➠   *Voir RAM*

Random Access Memory Digital Analog Converter

"Convertisseur numérique-analogique pour mémoire vive".

➠ *Voir RAMDAC*

rapport de contribution

Rapport mathématique que l'utilisateur d'un BBS ou d'un forum à contribution obligatoire doit respecter entre les informations qu'il télécharge et celles qu'il met à la disposition des autres utilisateurs. Un rapport de contribution de 1:3 indique que l'utilisateur est autorisé à effectuer trois téléchargements en provenance du BBS ou du forum pour un envoi à destination de ce BBS ou forum.

➠ *Voir BBS, forum*

RARE

Sigle, abréviation de "Réseaux associés pour la recherche européenne". Association d'organismes de recherche ayant pour objectif de dépasser les frontières nationales.

RAS

Sigle, abréviation de *Reliability, Availability, Security* ("fiabilité, disponibilité, sécurité"). Décrit les trois critères qui doivent être satisfaits pour une sécurisation maximale des données :

- Les données doivent être disponibles.
- Elles doivent être exactes.
- Elles doivent être accessibles aux seules personnes habilitées.

Raster Image Processor

➠ *Voir RIP*

rayonnement

Emission d'ondes électrostatiques et électromagnétiques. Les moniteurs sont les périphériques informatiques qui génèrent le rayonnement le plus intense. Pour réduire ce rayonnement, différentes normes ont été définies, parmi lesquelles les normes suédoises MPR-II et TCO 92/95. Avant d'acheter un moniteur neuf, il est important de vérifier qu'il est au moins conforme à l'une de ces deux normes.

➠ *Voir moniteur, MPR, radiation, TCO*

RCTC

Système de codage temporel conçu spécialement pour les montages vidéo. Il consiste à numéroter chacune des images d'une séquence vidéo lors de son enregistrement. Il est en fait aussi possible d'appliquer ce système de codage à de vieux enregistrements au format Hi8 (ou Video-8) pour renuméroter leurs images, mais cette opération nécessite de disposer d'un magnétoscope compatible avec le standard RCTC.

RD

1. Abréviation de *Read* ("lecture").
2. Sigle, abréviation de *Relational Database* ("base de données relationnelle").

➠ *Voir base de données, base de données relationnelle*

RDA

Sigle, abréviation de *Remote Database Access* ("accès distant à une base de données"). Accès à une base de données qui n'est pas stockée sur l'ordinateur depuis lequel l'accès est effectué. Ce type d'accès est très fréquent sur les réseaux qui utilisent l'architecture client-serveur. Microsoft, par exemple, a mis en place le standard RDO (*Remote Data Objects*, ou "objets de données distants") à cet effet. Il est aussi possible d'accéder à une base de données à distance par l'intermédiaire de l'Internet. Différentes techniques ont été conçues à cet effet.

➠ *Voir base de données*

RDBMS

Abréviation de *Relational Database Management System* ("système de gestion de bases de données relationnelles").

➠ *Voir SGBDR*

RDS

Sigle, abréviation de *Radio Data System* ("système de données radio"). Standard européen d'identification d'émetteurs radio FM. Le RDS permet de transmettre non seulement les signaux audio eux-mêmes, mais aussi des informations supplémentaires telles que du texte permettant de lire le nom de l'émetteur radio, ou le titre et le nom du chanteur correspondant à la plage musicale diffusée.

QR

Re:

Abréviation de *reply* ("réponse") ou de *regards to* ("objet"), utilisée essentiellement sur l'Internet pour introduire une réponse à un courrier électronique ou à un message diffusé sur un forum de discussion. Chaque courrier électronique ou message diffusé sur un forum de discussion comprend un champ indiquant de quoi il est question – le champ Objet. Pour répondre, il suffit de faire précéder le texte de ce champ de la mention *Re:* pour indiquer à quel message ou courrier électronique la réponse se réfère.

➠ *Voir courrier électronique*

read after write

Anglais de "lecture après écriture". Mode consistant à relire intégralement des données qui viennent d'être enregistrées afin d'en vérifier l'intégrité. Ce mode est disponible sous un certain nombre de systèmes.

read error

"Erreur de lecture".

➠ *Voir erreur de lecture*

read only

"Lecture seule".

read/write head

"Tête de lecture-écriture".

➠ *Voir tête de lecture-écriture*

readme

"Lisezmoi".

➠ *Voir lisezmoi*

Read-Only Memory

"Mémoire à lecture seule".

➠ *Voir ROM*

Real Audio

http://www.realaudio.com

Format audio qui permet de diffuser de la musique par l'intermédiaire de l'Internet. Real Audio permet même de réaliser de véritables émissions radio sur l'Internet. Pour pouvoir écouter du son Real Audio à l'aide d'un navigateur Web, il faut que le module externe Real Audio ait été installé sous ce navigateur. Ce module externe peut être téléchargé gratuitement à l'adresse mentionnée ci-avant.

➠ *Voir page Web, Web*

real mode

"Mode réel".

➠ *Voir mode réel*

real time

"Temps réel".

➠ *Voir traitement en temps réel*

real time clock

"Horloge en temps réel".

➠ *Voir horloge en temps réel*

réalité virtuelle

Simulation en trois dimensions d'objets réels et de paysages à l'aide d'un ordinateur. Dans le domaine des mondes virtuels réalisés sur ordinateur, le concept de réalité virtuelle est souvent associé à celui de cyber-espace. La réalité virtuelle n'en est actuellement qu'à ses débuts. Il est toutefois d'ores et déjà possible de créer des mondes virtuels en faisant porter à l'utilisateur une combinaison numérique, des gants numériques et un visiocasque.
La réalité virtuelle sert à l'heure actuelle principalement à réaliser des simulateurs de vol, mais elle est aussi utilisée dans les domaines de la médecine, de l'architecture et des jeux informatiques.

réassembleur

➠ *Voir assembleur, désassembleur*

recherche

Opération consistant à interroger une base de données, un service en ligne ou l'ensemble de l'Internet pour déterminer s'ils contiennent une valeur ou des informations sur un thème donné. Pour faciliter cette opération, les services en ligne, l'Internet et la plupart des bases de données intègrent des programmes ou fonctions de recherche appelés moteurs de recherche.

➠ *Voir base de données, moteur de recherche*

QR

recherche d'erreurs inversée

En anglais : *backtracking*. Méthode de recherche d'erreurs utilisée notamment en programmation, qui consiste à considérer une solution comme valable jusqu'à ce qu'une impasse apparaisse. Lorsqu'apparaît cette impasse, cette méthode impose de revenir en arrière jusqu'au dernier embranchement et d'appliquer la solution possible suivante.

➠ *Voir empirique*

rechercher

Fonction très importante qui, sous un certain nombre de programmes et de systèmes, permet de rechercher des données ou des objets. Sous un traitement de texte, par exemple, elle permet de rechercher des segments de texte ou des structures complexes. Sous un système de gestion de bases de données, elle permet de rechercher un enregistrement précis. Sous un système d'exploitation tel que Windows, elle permet de rechercher un fichier ou même un ordinateur.

voir moteur de recherche, SGBD, traitement de texte

rechercher-remplacer

Couple de fonctions très utile qui permet de remplacer le résultat d'une recherche par autre chose. Dans les traitements de texte, ce couple de fonctions permet de remplacer facilement toutes les occurrences d'un terme donné par un autre terme (ce qui peut être pratique lorsque l'utilisateur s'aperçoit qu'il a mal orthographié un terme dans un document).

➠ *Voir Rechercher*

reconnaissance de corps

Phase d'une opération de reconnaissance de caractères (ROC) qui consiste à identifier chaque caractère à partir de son corps, d'après les points d'intersection qu'il partage avec une série de repères parallèles.

➠ *Voir ROC*

reconnaissance de formes

Reconnaissance optique de caractères, de chiffres, de photos, d'images, d'écritures manuscrites ou de langues à l'aide d'un ordinateur. Pour les caractères alphanumériques et les symboles, la reconnaissance de formes s'effectue à l'aide d'une opération spéciale appelée *reconnaissance optique de caractères* (ROC). Le taux de fiabilité des logiciels de ROC se situe en règle générale entre 95 % et 98 %. La reconnaissance de formes plus complexes telles que celles d'une photo ou d'une langue est le domaine réservé des systèmes experts, qui sont des programmes conçus spécialement pour ce type d'opération et qui reposent souvent sur des programmes à base d'intelligence artificielle.

➠ *Voir alphanumérique, caractère spécial, intelligence artificielle, ROC, système expert*

reconnaissance optique de caractères

➠ *Voir ROC*

record

"Enregistrement".

➡ *Voir enregistrement*

record key

"Clé d'enregistrement".

➡ *Voir clé d'enregistrement*

record locking

"Verrouillage d'enregistrement".

➡ *Voir verrouillage d'enregistrement*

recouvrement

Technique de gestion de mémoire utilisée essentiellement par les DLL (*Dynamic Link Libraries*, ou "bibliothèques de liens dynamiques"). Au lieu de définir une nouvelle plage de mémoire pour chaque programme, cette technique fait s'appuyer les programmes déjà actifs sur la plage de mémoire d'un programme inactif.

➡ *Voir DLL, plan de recouvrement*

récupération

Remise en état de données altérées de telle sorte qu'elles redeviennent exploitables. Le travail de récupération peut s'appliquer à un fichier isolé ou à l'ensemble d'un support de stockage (une disquette ou un disque dur, par exemple). Certaines sociétés sont d'ailleurs spécialisées dans la récupération des données stockées sur les disques durs défectueux.

➡ *Voir disque dur, disquette, support de stockage*

récursion

QR

Appel d'une fonction par elle-même afin de calculer un résultat intermédiaire. Les fonctions à récursion s'exécutent en boucle, le résultat du premier passage (itération) dans la boucle servant de valeur de départ au passage suivant, et ainsi de suite jusqu'à obtention du résultat à calculer. La plupart des langages de programmation actuels permettent de créer des fonctions récursives. On évite toutefois, d'une manière générale, d'utiliser des fonction récursives : elles nécessitent beaucoup de mémoire, ce qui peut entraîner un dépassement de pile dans les cas extrêmes. Certains problèmes se prêtent toutefois parfaitement à l'utilisation de fonctions récursives, même s'il existe toujours un moyen de transformer un algorithme récursif en algorithme non récursif. L'un des exemples de programmes à récursion est celui qui, à partir de deux entiers, permet d'en déterminer le plus grand diviseur commun. "Récursif" se dit d'un programme qui comprend des parties récursives.

recyclage

Réutilisation des matières premières qui ont servi à fabriquer un ordinateur pour en fabriquer un autre. Les ordinateurs devenant de plus en plus rapidement obsolètes et étant donc envoyés de plus en plus tôt à la réforme, il devient important de pouvoir les recycler. La très forte intégration de leurs différents composants rend toutefois cette opération très complexe.

recycling

"Recyclage".

➠ *Voir recyclage*

Red Book

"Livre rouge".

➠ *Voir livre rouge*

redémarrage

En anglais : *reset*. Réinitialisation de l'ordinateur et, avec lui, du système d'exploitation.

➠ *Voir démarrage à chaud, démarrage à froid, initialisation*

redondance

1. Dans le domaine des transferts et du stockage de données, présence de données supplémentaires par rapport à celles qui doivent effectivement être transférées ou stockées.
2. Dans le domaine du contrôle de données, ajout délibéré de données à un bloc de données afin de mettre en place un système de détection et de correction d'erreurs (contrôle de parité ou CRC, par exemple).
3. Dans le domaine du matériel, présence sur un ordinateur de plusieurs exemplaires d'un même périphérique (alors qu'un seul suffirait pour permettre à l'ordinateur de fonctionner) afin d'accroître la stabilité de cet ordinateur et ainsi de le rendre plus sûr (comme dans le cas de la technique RAID).

➠ *Voir RAID*

réduction de couleurs

Opération consistant à réduire la profondeur de couleur d'une image. La profondeur de couleur est exprimée en bits par pixel et indique combien de bits sont utilisés pour stocker les informations nécessaires à la représentation de chaque pixel. Pour afficher une image en mode TrueColor, par exemple, il faut 16 bits par pixel. Il arrive souvent qu'il ne soit pas possible de restituer l'ensemble des couleurs nécessaires – parce que le format de fichier utilisé n'est pas compatible avec une profondeur de couleur donnée, par exemple. Dans ce cas, il faut réduire la profondeur de couleur. Les palettes graphiques sont capables d'effectuer cette opération. La difficulté consiste à optimiser la nouvelle image sans trop altérer la qualité de l'image originale en supprimant les couleurs excédentaires.

➟ *Voir palette graphique, profondeur de couleur, TrueColor*

réduction de données

➟ *Voir compression de données*

Redundant Array of Inexpensive Disks

"Batterie redondante de disques bon marché".

➟ *Voir RAID*

référence

1. Communication à un sous-programme de l'adresse de la valeur d'un paramètre, et non de la valeur elle-même, afin de permettre au sous-programme d'accéder à cette valeur non seulement en lecture, mais aussi en écriture.
2. Synonyme de "relation". Lien reliant deux tables au sein d'une base de données.
3. Sous un tableur, renvoi à une cellule. On opère généralement une distinction entre les références absolues et les références relatives. Lorsque la référence est absolue, la cellule est gérée sur la base d'une adresse fixe. Dans ce cas, si le contenu d'une cellule est copié ou déplacé (s'il s'agit d'une formule qui fait référence à d'autres cellules), la référence (à la cellule A1, par exemple) demeurera identique dans la nouvelle cellule (la formule fera donc toujours référence à la cellule A1). Si la référence est relative, en revanche, seule la position relative de la cellule sera prise en compte. Ainsi, si le contenu de la cellule A2, qui fait référence à la cellule A2, est copié dans la cellule B2, la référence relative A2-A1 sera transformée en B2-B1.

➟ *Voir Excel, tableur*

QR

région

En parlant du réseau FidoNet, zone délimitée géographiquement composée d'un certain nombre de nœuds.

➟ *Voir FidoNet, nœud*

registre

Cellule de mémoire spéciale située dans le CPU, qui permet à celui-ci de stocker des informations importantes pour son fonctionnement (des valeurs, des opérandes, etc.).

➟ *Voir CPU*

registre d'adresses de mémoire

Registre qui, au sein du CPU, contient en permanence l'adresse de l'accès mémoire suivant.

➠ *Voir CPU, registre*

registre polyvalent

Registre du CPU ou de la mémoire vive de l'ordinateur qui, contrairement aux registres standards, peut servir à différentes opérations. Il doit être reconfiguré pour chaque tâche.

➠ *Voir CPU, mémoire vive, registre*

registry

"Base de registres".

➠ *Voir base de registres*

réglage

Opération consistant à régler les différents composants matériels et logiciels d'un ordinateur les uns en fonction des autres, afin d'amélioration les performances de l'ordinateur.

règlement intérieur

Ensemble des règles que les utilisateurs d'un BBS, d'un forum de discussion ou d'un service en ligne doivent respecter dans l'intérêt de tous. Les entorses à ce règlement sont généralement sanctionner. La sanction la plus forte à laquelle un contrevenant s'expose est souvent une exclusion pure et simple du service dont il n'a pas respecté le règlement.

➠ *Voir BBS, forum, service en ligne*

régulation de flux

Opération visant, lors d'un transfert de données, à coordonner l'émetteur et le récepteur. Lorsque la mémoire tampon du récepteur est pleine, l'envoi de données s'interrompt automatiquement. Dès que le récepteur a fini de traiter les données stockées dans sa mémoire tampon, en revanche, l'émetteur se remet à envoyer des données. Cette régulation est indispensable pour éviter des pertes de données, surtout lorsque les deux périphériques ou les deux ordinateurs impliqués dans le transfert ne communiquent pas à la même vitesse.

➠ *Voir CTS, mémoire tampon, Xon/Xoff*

réinitialisation

En anglais : *reset*.
1.   Rechargement d'un programme (sous un débogueur, par exemple).

2. Redémarrage de l'ordinateur. Il existe deux types de démarrages :
   - **Démarrage à froid.** Pour faire démarrer l'ordinateur à froid, il faut appuyer sur le bouton Reset situé à côté ou en dessous de l'interrupteur de mise sous tension, sur le boîtier de l'ordinateur. L'ordinateur redémarre alors comme s'il avait été éteint et rallumé, mais cette technique présente l'avantage de préserver les composants de l'ordinateur des fluctuations thermiques qu'entraîneraient une extinction soudaine et un redémarrage.
   - **Démarrage à chaud.** Pour faire démarrer l'ordinateur à chaud, il faut appuyer simultanément sur les touches $\boxed{\text{Ctrl}}$, $\boxed{\text{Alt}}$ et $\boxed{\text{Maj}}$. Contrairement au démarrage à froid, le démarrage à chaud permet à l'ordinateur de ne pas avoir à exécuter de nouveau les routines d'initialisation du BIOS.

   Ces deux techniques effacent le contenu de la mémoire et réinitialisent le système d'exploitation (si un système d'exploitation figure effectivement sur le disque dur).

réinscriptible

Qualifie un support de stockage dont il est possible d'effacer les données pour en enregistrer de nouvelles.

➠ *Voir CD réinscriptible*

relation

1. Lien marquant une interdépendance entre des objets ou des données.
2. Lien unissant plusieurs tables au sein d'une base de données relationnelle. Pour modéliser une base de données relationnelle suivant la troisième forme normale, il faut souvent scinder les enregistrements en plusieurs tables reliées entre elles par des relations (parfois aussi appelées "références"). Il existe trois types de relations :
   - **Relation de un à un.** Chaque enregistrement de la table principale n'est relié qu'à un autre enregistrement situé dans une table annexe. Dans la pratique, ce type de relation est relativement rare dans la mesure où il n'est même pas obligatoire de scinder les enregistrements.
   - **Relation de un à plusieurs.** Chaque enregistrement de la table principale est relié à plusieurs enregistrements situés dans différentes tables annexes. Ce type de relation est la plus utilisée. Dans le cas d'une base de données de commandes, par exemple, elle peut servir à relier chaque facture au client qui doit la régler.
   - **Relation de plusieurs à plusieurs.** Non seulement les enregistrements de la table principale sont reliés à d'autres enregistrements situés dans d'autres tables, mais les enregistrements des autres tables sont eux aussi liés à plusieurs enregistrements de la table principale. La relation est donc à double sens. Ce système peut par exemple être appliqué à un système de facturation d'articles. Chaque article pourra être relié à plusieurs factures, mais chaque facture pourra elle aussi être reliée à plusieurs articles. Ce type de relation n'est souvent pas utilisable directe-

QR

ment sous les systèmes de gestion de bases de données, et il faut scinder la relation de plusieurs à plusieurs en deux relations de un à plusieurs en passant par une table intermédiaire.

3.   L'une des tables d'une base de données relationnelle. Une relation contient des enregistrements organisés suivant une même structure. Elle rassemble des données issues d'un même contexte sous forme de groupe structuré (une table).

➠   *Voir SGBDR*

Reliability, Availability, Security

"Fiabilité, disponibilité, sécurité".

➠   *Voir RAS*

relief

➠   *Voir rendu en relief*

REM

Abréviation de *remark* ("remarque"). Dans un certain nombre de langages de programmation, cette instruction indique au compilateur ou à l'interpréteur d'ignorer ce qui suit sur la même ligne. Cette instruction permet, par exemple, d'ajouter des commentaires au code des programmes. Ces commentaire ne seront pas pris en compte par le compilateur ou l'interpréteur.

➠   *Voir compilateur, interpréteur, langage de programmation*

remote

"A distance". Qualifie quelque chose qui peut être commandé à distance.

remote control

"Télécommande". Programme qui permet de commander un ordinateur à distance par l'intermédiaire d'un réseau ou d'un modem.

Remote Database Access

"Accès distant à une base de données".

➠   *Voir RDA*

Remote Imaging Protocol

"Protocole d'imagerie à distance".

➠   *Voir RIP*

Remote Network Access

"Accès réseau à distance".

➡ *Voir accès réseau à distance*

Remote Phrase Authentification

"Authentification de phrase à distance".

➡ *Voir RPA*

remplissage

➡ *Voir caractère de remplissage*

remplissage transparent

Technique utilisée pour les graphismes en 3D pour réaliser des objets complexes à l'aide de textures toutes simples. Pour créer une clôture grillagée, par exemple, il faut définir une couleur comme la couleur de remplissage transparent, puis choisir une couleur pour le grillage lui-même. Il suffit ensuite d'indiquer à l'ordinateur de remplir les trous du grillage de la couleur transparente pour donner l'impression que ces trous, et par conséquent le grillage lui-même, sont transparents.

➡ *Voir fonctions 3D*

rendering

"Rendu".

➡ *Voir rendu*

rendu

Opération graphique. Ajout, à des modèles filaires en 3D, de motifs de surface, ainsi que d'effets d'ombre et de lumière, afin de créer des représentations tridimensionnelles aussi réalistes que possible. Selon l'application, les calculs sur lesquels cette opération repose peuvent nécessiter de plusieurs heures à plusieurs jours.

QR

➡ *Voir image 3D*

rendu en relief

En anglais : *bump-mapping*. Forme de mappage spéciale. Pour effectuer un rendu en relief, l'ordinateur stocke des informations de couleur se rapportant à un premier bitmap (qui représente la face visible de l'objet représenté), mais il projette aussi un deuxième bitmap monochrome (noir et blanc ou constitué de niveaux de gris) sur l'objet 3D. Comme s'il s'agissait d'une carte géographique, l'ordinateur interprète les différences de couleur et de luminosité de l'objet représenté comme des données de hauteur (à titre d'exemple, le blanc correspond à une hauteur de 20 % plus élevée que le noir). Ainsi est-il possible de créer à partir d'une texture toute simple des objets complexes tels qu'un globe terrestre, une peau d'orange ou encore un mur de briques.

➠ *Voir bitmap, mappage de texture, texture*

répertoire

Subdivision du disque dur qui permet de classer les fichiers stockés en différents sous-groupes. Le système de classification en répertoires est apparu sous Unix. Chaque répertoire fait partie d'une structure de répertoires et peut lui-même être subdivisé en sous-répertoires. Ce système forme une structure en arbre, d'où le nom d'arborescence de répertoires. Un répertoire peut être comparé à un classeur à l'intérieur duquel les fichiers seraient regroupés de manière logique à l'aide d'intercalaires.

➠ *Voir sous-répertoire*

répertoire racine

Répertoire d'où part l'arborescence de répertoires (ou dossiers) d'un support de stockage. Les autres répertoires sont appelés "sous-répertoires".

➠ *Voir arborescence de répertoires*

répéteur

Appareil utilisé sur les segments de réseau particulièrement longs, afin d'éviter toute perte de signal entre le moment où les données sont envoyées par l'ordinateur émetteur et le moment où elles parviennent à l'ordinateur récepteur. Il n'est possible d'utiliser un répéteur entre deux segments de réseau que s'ils utilisent tous les deux le même protocole de réseau. Le répéteur n'intervient en effet qu'au niveau de la couche physique du modèle OSI.

➠ *Voir OSI, segment de réseau*

QR

reply

"Réponse".

➠ *Voir Re:*

réponse

Signal envoyé par l'ordinateur en réaction à une commande activée par l'utilisateur.

réponse automatique

Mode de fonctionnement d'un modem qui lui permet de se déclencher automatiquement dès qu'il détecte un appel entrant.

➠ *Voir modem*

report

"Etat".

➡ *Voir état*

représentation à virgule flottante

Système utilisé en mathématiques et par conséquent en informatique pour représenter les nombres fractionnaires. Un nombre décimal se décompose en trois éléments :
- la mantisse (m), qui représente le nombre décimal lui-même ;
- la base (b) et l'exposant (e), qui servent à indiquer l'ordre de grandeur du nombre.

Un nombre à virgule flottante se présente donc sous la forme suivante : $m \times b^e$.

Les opérations portant sur des nombres à virgule flottante nécessitent beaucoup plus de calculs de la part de l'ordinateur que les opérations portant sur des entiers, dans la mesure où elles doivent systématiquement être converties en opérations portant sur des entiers. Aussi les ordinateurs qui doivent faire beaucoup de calculs à virgule flottante sont-ils généralement équipés d'un coprocesseur arithmétique afin de prendre en charge directement ces calculs. Depuis la génération 80486, les processeurs Intel intègrent tous un coprocesseur.

➡ *Voir coprocesseur arithmétique*

reprographie

Ensemble des procédés qui permettent de réaliser des copies de documents et d'images.

request

"Requête".

➡ *Voir requête*

requête

1. Opération permettant d'extraire des données ou une chaîne de données d'une base de données. Pour créer une requête, l'utilisateur s'appuie généralement sur une fonction de recherche logique. Ainsi est-il possible d'utiliser des filtres de données servant à trier ou à effacer automatiquement des données, ou encore à effectuer des calculs à partir de différentes données. La plupart des systèmes de gestion de bases de données reposent sur un langage de requêtes commun appelé "SQL".

2. Signal envoyé régulièrement par le processeur aux périphériques et aux composants internes de l'ordinateur afin de savoir si l'un d'eux attend l'autorisation de transmettre des données. De nombreux périphériques sont également capables de s'activer d'eux-mêmes et envoient, à cet effet, au processeur un signal d'interruption appelé "requête d'interruption" par le biais d'une ligne d'interruption.

QR

3. Sur le réseau FidoNet, opération permettant d'aller chercher un programme sur un autre nœud (node) lorsqu'il n'est pas sur le nœud sur lequel il doit être utilisé.

➡ *Voir base de données, chaîne, filtre, SQL, tri*

Research Integracy Backbone

"Dorsale de recherche à intégrité".

réseau

Système reliant au moins deux ordinateurs par l'intermédiaire d'un câble électrique (câble de réseau) et de cartes d'extension spéciales (cartes réseau) insérées dans chaque ordinateur (une carte par ordinateur). Ce système offre aux utilisateurs l'avantage de pouvoir communiquer entre eux et de partager les ressources des différentes stations de travail ou du serveur central. La transmission des données s'effectue par l'intermédiaire d'un protocole spécial appelé "protocole de réseau". Suivant la taille du réseau, on distingue les LAN (*Local Area Netwok*, ou "réseau local"), les MAN (*Metropolitan Area Network*, ou "réseau métropolitain") et les WAN (*Wide Area Network*, ou "réseau international").

➡ *Voir administrateur réseau, adresse de réseau, câble de réseau, imprimante, LAN, MAN, nœud de réseau, système d'exploitation de réseau, topologie de réseau, WAN*

réseau à fibre optique

Réseau relié par des câbles en fibre optique et non en cuivre.

➡ *Voir FDDI, fibre optique, réseau*

réseau composite

➡ *Voir composite*

réseau de communication

QR

Réseau qui permet aux utilisateurs de communiquer entre eux, c'est-à-dire d'échanger non seulement des données pures, mais aussi des messages vocaux, des sons, des images et des séquences vidéo.

➡ *Voir réseau*

réseau dorsal

Synonyme de *dorsale*.

➡ *Voir dorsale*

réseau hétérogène

➠ *Voir hétérogène*

réseau local

Abréviation de *Local Area Network* ("réseau local"). Réseau informatique couvrant une petite superficie. Le but de ce réseau est de permettre aux utilisateurs des différents ordinateurs d'échanger des données et de partager des ressources matérielles et logicielles. Il permet d'alléger la charge de travail pesant sur chaque ordinateur et offre de nouvelles possibilités en matière de travail en commun, lesquelles permettent aux entreprises d'accroître leur productivité. Comme son nom l'indique, un réseau local couvre une petite superficie pouvant par exemple correspondre à une entreprise ou à une organisation de taille plus importante. Dans la pratique, il n'est pas rare qu'un réseau local compte mille stations de travail, voire davantage. Les réseaux locaux sont aussi souvent reliés à des réseaux plus importants.

Pour relier des ordinateurs sous la forme d'un réseau local, il faut que plusieurs conditions soient réunies. Il faut d'abord disposer d'un certain nombre d'éléments matériels pour effectuer la connexion physique. Pour créer un réseau, il faut au minimum deux ordinateurs. Chacun de ces ordinateurs doit être équipé d'une carte réseau. Une fois chaque ordinateur équipé d'une carte réseau, il faut un moyen de les relier entre eux. Dans la pratique, on peut utiliser du câble coaxial, de la paire torsadée ou du câble en fibre de verre.

Concernant les logiciels, il faut utiliser un système d'exploitation de réseau pour contrôler les éléments matériels et les rendre utilisables. Le marché propose différents systèmes d'exploitation de réseau tels que Netware, Windows NT, Baan, etc. Une fois le système d'exploitation sélectionné, il convient de choisir une topologie de réseau. La topologie de réseau choisie indique comment les ordinateurs doivent être disposés, comment ils doivent être reliés les uns aux autres, quel type de câble doit être employé, quels composants et accessoires matériels spécifiques doivent être utilisés et comment les différents ordinateurs doivent communiquer. Les différents fabricants du marché proposent quantité de solutions. A l'heure actuelle, les solutions les plus répandues sont les standards Ethernet et Token Ring, inventés respectivement par Xerox et IBM. Les gros réseaux utilisent généralement un serveur dédié, c'est-à-dire un ordinateur spécial dont le seul travail consiste à mettre ses ressources à la disposition des clients (les différentes stations de travail du réseau) et à administrer le réseau. Il existe par ailleurs des réseaux poste à poste, au sein desquels chaque ordinateur peut être aussi bien serveur que station de travail. La tendance actuelle en matière de LAN est à l'intranet, qui reprend la technologie de l'Internet en s'appliquant à des réseaux internes d'entreprises.

➠ *Voir câble de réseau, carte réseau, client-serveur, Ethernet, intranet, poste à poste, réseau, ressources, système d'exploitation de réseau, Token Ring, topologie de réseau*

QR

réseau neuronal

Réseau qui repose sur une structure qui se veut aussi proche que possible de celle du cerveau humain – et plus particulièrement de son réseau de neurones – et de l'intelligence humaine. Jusqu'à présent, les efforts effectués dans ce domaine n'ont été couronnés que d'un succès modéré. Le cerveau humain comptant environ 100 milliards de neurones reliés les uns aux autres, il faudrait au moins quelques centaines de processeurs pour créer un réseau neuronal vraiment performant. Les réseaux neuronaux sont utilisés pour les systèmes experts, pour la reconnaissance de formes et la régulation.

➡ *Voir intelligence artificielle*

Réseau numérique à intégration de services

➡ *Voir RNIS*

Réseaux associés pour la recherche européenne

➡ *Voir RARE*

Réseaux IP Européens

➡ *Voir RIPE*

reset

"Réinitialisation".

➡ *Voir réinitialisation*

résident

Qualifie un programme qui demeure dans la mémoire vive de l'ordinateur et reste fonctionnel même après avoir été désactivé. Les programmes résidents s'opposent aux programmes non résidents, qui disparaissent de la mémoire de l'ordinateur lorsqu'ils sont désactivés. Le pilote de souris est un exemple de programme résident.

➡ *Voir TSR*

résistance aux chocs

Capacité d'un disque dur à résister aux heurts mécaniques. Cette capacité s'exprime en multiples de l'accélération de la pesanteur ($9,81 \ kgm/s^2$). Une résistance aux chocs de 70-90 g peut sembler énorme pour un disque dur, mais elle ne correspond en fait qu'à une chute de 6 cm de haut sur un matelas en mousse.

➡ *Voir disque dur*

résistance terminale

Synonyme de "terminateur".

➡ *Voir terminateur*

résolution d'affichage

Synonyme de "résolution graphique".

➡ *Voir résolution graphique*

résolution de base

Nombre de pixels de base d'une image stockée sur un Photo-CD. Toutes les autres résolutions du format photo-CD sont des multiples de la résolution de base.

➡ *Voir photo-CD*

résolution graphique

Synonyme de "résolution d'affichage". Mesure du nombre de pixels affichés à l'écran. La résolution graphique est exprimée sous la forme $h \times l$, où h est le nombre de pixels affichés dans le sens de la largeur et l le nombre de pixels affichés dans le sens de la hauteur. La résolution maximale susceptible d'être atteinte sur un moniteur est fonction du degré de sophistication de la carte graphique et de la quantité de mémoire dont elle est équipée, de la profondeur de couleur utilisée, et enfin de la largeur de bande et de la fréquence horizontale maximale du moniteur. Les trois modes de résolution graphique les plus utilisés en informatique sont 640×480, 800×600 et 1024×768.

➡ *Voir fréquence horizontale, largeur de bande, mémoire graphique, moniteur, pixel, profondeur de couleur*

ressources

Ensemble des composants matériels et logiciels qui peuvent être utilisés durant le fonctionnement de l'ordinateur. Selon la tâche à accomplir et le stade d'avancement des processus en cours d'exécution, différentes ressources peuvent être utilisées. On distingue d'une manière générale d'une part les ressources réutilisables (le CPU, la mémoire vive, les programmes, etc.) et d'autre part les ressources épuisables (les signaux et les informations). C'est le système d'exploitation qui répartit les ressources entre les différents processus (programmes, calculs, etc.). Il surveille les ressources disponibles ainsi que les processus en cours d'exécution, et effectue la répartition suivant les règles de priorité établies entre les différents processus. Les ressources peuvent être gérées de différentes manières selon le système d'exploitation utilisé.

➡ *Voir CPU, gestion des ressources, mémoire vive, priorité, processus, programme, ressources*

QR

restauration

Opération consistant à rétablir sur le disque dur de l'ordinateur des données stockées sous forme de backup. Pour restaurer des données, il est impératif d'utiliser le programme ou la fonction qui ont servi à effectuer le backup.

➠ *Voir backup*

restore

"Restaurer".

➠ *Voir restauration*

RET

Sigle, abréviation de *Resolution Enhancement Technology* ("technologie pour améliorer la résolution"). Procédé inventé par Hewlett-Packard pour accroître la qualité d'impression des imprimantes laser et, notamment, pour éviter tout effet d'escalier (crénelage). Le procédé RET ajuste la taille de chaque point d'impression par rapport à un système de structures obliques pour éviter cet effet. D'autres fabricants d'imprimantes proposent eux aussi un procédé de ce type sous un autre nom.

➠ *Voir crénelage*

retouche d'images

Synonyme de "traitement d'images". Opération consistant à manipuler des images ou des fichiers graphiques (qui peuvent être stockés sous différents formats) à l'aide d'une palette graphique telle qu'Adobe Photoshop, Soap, Paint Shop Pro ou encore Corel Photopaint. Selon les fonctions dont ils disposent, ces logiciels permettent d'homogénéiser les couleurs des images, de corriger les nuances et le contraste, d'effectuer des montages et de créer différents effets spéciaux. Ils permettent même souvent de recourir à des algorithmes complexes appelés "filtres" (pour les photographies numérisées, par exemple) pour traiter automatiquement les images.

➠ *Voir Kai's photo, numérisation, palette graphique*

retour

➠ *Voir instruction de retour, retour chariot*

retour à la ligne

Opération consistant pour le faisceau d'électrons émis par le tube cathodique d'un moniteur à passer à la ligne suivante lorsqu'il a atteint la fin d'une ligne. Pour détecter le signal de synchronisation, le moniteur a besoin d'un instant d'absence totale de signaux (blanc) et de pixels supplémentaires dans le signal vidéo.

retour chariot

A l'origine, repositionnement à gauche (le long de la marge de gauche de la page) du chariot d'une machine à écrire. Dans le domaine de l'informatique, saut de paragraphe (effectué à l'aide de la touche intitulée Entrée, Return, Ret ou encore Enter).

➠ *Voir Entrée*

retrait de paragraphe

Paramètre de mise en forme de paragraphe qui définit l'écart séparant le début de la ligne de la marge gauche de la page. Lorsque le retrait de la première ligne est inférieur à celui des autres lignes, on parle de retrait de paragraphe négatif.

➠ *Voir mise en forme de paragraphe*

retrieval

"Interrogation" et "récupération".

➠ *Voir interrogation, récupération*

rétroprojecteur

Projecteur qui, connecté à la carte graphique à la place du moniteur, permet de visualiser l'image sur un mur ou un écran. Cet appareil constitue la solution idéale pour effectuer des présentations multimédias, mais son prix est très élevé.

➠ *Voir multimédia*

RGB

Sigle, abréviation de *Red, Green, Blue* ("rouge, vert, bleu").

➠ *Voir RVB*

Rich Text Format

"Format de texte riche".

➠ *Voir RTF*

ring

"Anneau".

➠ *Voir anneau*

RIP

1. Sigle, abréviation de *Remote Imaging Protocol* ("protocole d'imagerie distante"). Protocole de transmission d'images à distance conçu pour les BBS. Alors qu'il ne

permettait à l'origine de transmettre que des images au format ANSI, le protocole RIP permet à présent d'envoyer des images de grande qualité. Ces images peuvent d'ailleurs être très complexes. Aussi le protocole RIP est-il aujourd'hui utilisé essentiellement pour les images vectorielles, pour lesquelles il ne transmet que les commandes absolument indispensables pour représenter les images. Pour que ce système fonctionne, il faut que les ordinateurs émetteur et récepteur utilisent tous les deux le protocoles RIP. Bien que ce protocole facilite la réalisation d'une interface utilisateur graphique pour un BBS, dans la pratique, peu de programmes permettent vraiment de l'exploiter.

2. Sigle, abréviation de *Raster Image Processor* ("processeur d'images tramées"). Type de processeur qui équipe la plupart des imprimantes laser, sur lesquelles il a pour fonction de traiter les données à imprimer transmises par l'ordinateur. Ce processeur doit être très puissant, surtout lorsqu'il doit traiter des instructions en PostScript. Aussi utilise-t-on en général des processeurs de type RISC, qui sont souvent plus puissants que les Pentium.

➠ *Voir tramage*

RIPE

Sigle, abréviation de "réseaux IP européens". Ensemble de réseaux européens qui utilisent le protocole TCP/IP et sont administrés par l'EUnet.

RISC

Sigle, abréviation de *Reduced Instruction Set Computer* ("ordinateur à jeu d'instructions réduit"). Les processeurs de cette famille reposent sur un jeu d'instructions beaucoup moins complexe que les processeurs de type CISC (dont font partie tous les processeurs Intel jusqu'au Pentium Pro). Lorsque les premiers processeurs ont été développés, chaque nouvelle génération voyait son jeu d'instructions enrichi d'un certain nombre de nouvelles commandes. Or, des experts sont parvenus récemment à la conclusion que 80 % des instructions utilisées habituellement ne représentaient en fait que 20 % des instructions effectivement disponibles. Aussi est-il apparu opportun de concevoir des processeurs à jeu d'instructions réduit. Un certain nombre d'instructions complexes des processeurs CISC ont été remplacées sur les processeurs RISC par une série d'instructions simples. L'optimisation qi découle de cette réduction du nombre d'instructions accélère considérablement l'exécution d'un certain nombre de tâches. La technique RISC rendant plus difficiles les gains de puissance au fil des générations de processeurs, les fabricants tendent aujourd'hui à concevoir des processeurs relevant à la fois des techniques CISC et RISC – ce qui est un peu le cas du Pentium actuel.

QR

RJ

Famille de connecteurs miniatures dont l'utilisation aux Etats-Unis est liée à l'apparition du modèle RJ-11, qui possède 4 contacts et est utilisé sur les appareils téléphoniques. En Europe, c'est d'ailleurs un connecteur de ce type qui sert d'interface entre les appareils de télécommunication (tels que les fax, les répondeurs et les modems) et le fil permettant de connecter l'appareil à la prise gigogne murale. Sur les accès RNIS, cette prise gigogne murale commence d'ailleurs elle-même à être remplacée par un autre modèle de connecteur RJ, le RJ-45, qui possède 8 contacts. Le connecteur RJ-45 est aussi très utilisé sur les réseaux informatiques (10BaseT).

RJ

Type de connecteur utilisé notamment pour les cartes et les câbles de réseau.

RLL

Anglais de *Runtime Limited Length* ("longueur de course limitée"). Procédé d'enregistrement, aujourd'hui obsolète, utilisé pour les disques durs. Le procédé RLL a remplacé le procédé MFM. Il offrait une densité d'enregistrement supérieure de 50 % à celle de ce dernier et permettait d'utiliser 26 secteurs par piste (contre 17 pour le procédé MFM), ce qui offrait une capacité de stockage supérieure.

➡ *Voir disque dur, MFM*

RNA

Sigle, abréviation de *Remote Network Access* ("accès réseau à distance").

➡ *Voir Accès réseau à distance*

RND

Abréviation de *random* ("aléatoire"). Fonction qui, dans un certain nombre de langages de programmation, permet de générer des nombres choisis au hasard.

➡ *Voir langage de programmation*

QR

RNIS

Sigle, abréviation de "Réseau numérique à intégration de services". En anglais : ISDN (*Integrated Services Digital Network*). Standard de télécommunications numériques qui intègre l'ensemble des services téléphoniques jusqu'alors pris en charge par des réseaux distincts (transmission de données vocales et informatiques). La principale nouveauté de ce standard est que, alors que les télécommunications étaient jusqu'alors analogiques, elles sont aujourd'hui complètement numériques, ce qui offre un certain nombre de possibilités et d'avantages :

- La qualité des sons vocaux est sensiblement meilleure, puisque la largeur de bande du standard RNIS est de 7 kHz et non plus de 3,1 kHz.
- Les risques d'erreurs sont considérablement réduits, car le standard RNIS intègre des mécanismes de détection et de correction d'erreurs.
- Le taux de transfert de données est sensiblement plus élevé, ce qui réduit le coût des communications et offre de nouvelles possibilités.
- L'utilisateur a accès à de nouveaux services tels que le signal d'appel, le transfert d'appel, la téléconférence, etc.

Pour les transferts de données RNIS, on distingue d'une part les données elles-mêmes et d'autre part les signaux de contrôle. Les données sont acheminées par l'intermédiaire des canaux B, qui offrent chacun un taux de transfert de données de 64 Kbit/s. Chaque accès RNIS possède soit deux (accès de base), soit trente (accès primaire) canaux B. Les signaux de contrôle sont acheminés par l'intermédiaire d'un canal distinct appelé "canal D". Le taux de transfert de ce canal est fonction du nombre de canaux B. Pour un accès de base (deux canaux B), il est de 16 Kbit/s. Pour un accès primaire (trente canaux B), il est de 64 Kbit/s. Le canal D, qui est aussi appelé "canal de signalisation", sert notamment à établir les communications et à y mettre fin ainsi qu'à transmettre le signal de service et le numéro de téléphone de la personne qui appelle.

Pour se connecter à un accès RNIS, il faut passer par un adaptateur appelé "tête numérique de réseau", qui transforme les deux fils électriques du réseau téléphonique en quatre fils. C'est à ces quatre fils que sont connectés les appareils terminaux, qui peuvent être soit un standard téléphonique, soit une ou plusieurs cartes RNIS, soit encore une installation en bus.

Le standard RNIS impose d'utiliser des appareils téléphoniques (téléphones, modems, fax, répondeurs, etc.) spécifiques. Les appareils (téléphones, répondeurs, standards, etc.) analogiques utilisés jusqu'à présent ne peuvent continuer à être utilisés qu'à l'aide d'un adaptateur spécifique ou d'un standard téléphonique RNIS. Pour connecter un ordinateur à une ligne RNIS, il faut passer soit par une carte RNIS, soit par un boîtier RNIS externe.

➡ *Voir accès RNIS, boîtier RNIS, carte RNIS, fonctions RNIS, standards de transmission RNIS*

QR

RO

Sigle, abréviation de *Read-Only* ("lecture seule").

➡ *Voir lecture seule*

robot d'effacement

Synonyme de "cancelbot".

➡ *Voir cancelbot*

ROC

Sigle, abréviation de "reconnaissance optique de caractères". En anglais : *Optical Character Recognition*. Procédé de détection de caractères alphanumériques et de symboles par ordinateur appliqué aux documents qui viennent d'être numérisés pour les transformer en fichiers de texte.

➠ *Voir police ROC, scanner*

rognage

Opération consistant à supprimer des parties d'une image. Pour effectuer un rognage, l'utilisateur doit délimiter la partie de l'image qui doit être conservée, puis activer l'outil de rognage. La partie située à l'extérieur de la limite disparaît automatiquement.

rogue site

"Site suspect". Domaine de l'Internet à partir duquel sont envoyés des courriers électroniques intempestifs.

➠ *Voir domaine*

ROM

Sigle, abréviation de *Read-Only Memory* ("mémoire à lecture seule"). Mémoire dont le contenu ne peut être que lu (et non modifié). Le CD-ROM et l'EEPROM sont deux exemples de mémoire ROM. De la même manière, le BIOS de la ROM de l'ordinateur contient un grand nombre d'instructions conçues pour permettre à l'utilisateur de communiquer avec le clavier, le moniteur, le disque dur et les autres composants fondamentaux de l'ordinateur. Ces instructions sont immuables et elles restent disponibles même en cas de plantage de l'ordinateur.

➠ *Voir CD-ROM, EEPROM*

root directory

"Répertoire racine".

➠ *Voir répertoire racine*

QR

rotation

Déplacement circulaire d'un objet par rapport à un ou plusieurs de ses axes.

rouge, vert, bleu

➠ *Voir RVB*

routage

Opération consistant à définir le chemin que doivent emprunter les paquets de données transmis au sein d'un réseau. Cette opération est prise en charge par un appareil spécial appelé routeur. On distingue d'une part le routage passif, suivant lequel le chemin complet des paquets de données est contenu dans leur en-tête, et d'autre part le routage actif, suivant lequel c'est le routeur qui identifie le chemin le plus court à emprunter pour acheminer les paquets de données.

➠ *Voir en-tête, routeur*

routage passif

Routage suivant lequel la destination des paquets de données est indiquée dans leur en-tête. Pour pouvoir transférer des données via un réseau, il faut passer par un routeur, qui a pour rôle de les conduire à leur destination finale. Selon le type de routeur utilisé, on distingue deux types de routage. Dans le cas du routage passif, le nom de la destination finale est contenu dans l'en-tête du paquet de données, et le rôle du routeur se limite donc à faire suivre le paquet de données. Dans le cas du routage actif, en revanche, la destination finale des paquets de données doit être déterminée par le routeur lui-même.

➠ *Voir réseau, routeur*

route

Chemin qu'emprunte un paquet de données pour aller d'un point de départ à un point d'arrivée.

➠ *Voir paquet de données, routeur*

routeur

Périphérique qui intervient au niveau des trois premières couches inférieures du modèle OSI et qui détermine quel chemin les paquets de données doivent emprunter au sein d'un réseau. Avec la croissance exponentielle qu'a connue l'Internet en quelques mois, il est devenu impossible de coordonner les différents chemins manuellement, d'autant qu'il faut aussi tenir compte des pannes et autres incidents de ce type susceptibles d'affecter certains segments du réseau. L'utilisation d'un routeur permet de prendre en charge toutes ces opérations automatiquement et presque toujours de manière optimale. Les différents routeurs doivent à cet effet échanger en permanence des informations.

➠ *Voir OSI, paquet de données, routage*

routine

Sous-partie d'un programme généralement constituée de plusieurs fonctions et procédures servant toutes à réaliser une même tâche et qui constituent donc une entité à part entière. La décomposition des programmes en routines permet de mieux les contrôler.

routine d'invocation

Programme qui, sur un serveur central (sur un gros système, généralement), a comme rôle d'envoyer des invocations aux différentes stations de travail pour les autoriser à communiquer. Les différentes stations de travail ne peuvent donc communiquer entre elles que lorsque le serveur central a émis cette invocation. Les systèmes à routines d'invocation ralentissent considérablement les échanges d'informations.

➠ *Voir gros système, réseau, serveur, station de travail*

RPA

http://www.CompusServe.com/rpa/index.html

Sigle, abréviation de *Remote Phrase Authentification* ("authentification de phrase à distance"). Programme utilisé par CompuServe pour protéger les offres de services qui ne doivent être accessibles qu'à ses abonnés, dont il vérifie le nom d'utilisateur et le mot de passe. Il existe aussi un module externe conçu pour effectuer cette vérification depuis d'autres navigateurs. RPA a pour rôle non seulement de vérifier le nom d'utilisateur et le mot de passe des utilisateurs, mais aussi de sécuriser ces données au cours de leur transfert.

➠ *Voir CompuServe*

RS232

Synonyme de "série". Port qui, sur un ordinateur, sert essentiellement à connecter une souris ou un modem. Un PC comporte en principe deux ports de ce type. Le connecteur associé à chaque port peut comporter 9 (petit format) ou 25 (grand format) broches, et il doit se conformer à la norme V.24.

➠ *Voir port série*

RTC

1. Sigle, abréviation de *Real Time Clock* ("horloge en temps réel").
2. Sigle, abréviation de "réseau téléphonique commuté".

➠ *Voir horloge en temps réel*

RTF

Sigle, abréviation de *Rich Text Format* ("format de texte riche"). Format de fichier de texte très simple, compatible avec un grand nombre de programmes Microsoft, qui permet d'échanger du texte entre plusieurs programmes. Ainsi est-il possible d'importer sous le programme en cours d'utilisation du texte issu d'un autre programme, ou encore d'exporter du texte du programme en cours d'utilisation vers un autre programme. Ce format permet de conserver, non seulement le texte, mais aussi ses paramètres de mise en forme, d'une application à l'autre.

➡ *Voir traitement de texte*

ruban bleu

➡ *Voir campagne du ruban bleu*

ruban encreur

Synonyme de "bande carbonée" et de "ruban à encre". Bande de tissu recouverte d'encres utilisée pour les imprimantes à aiguilles et à marguerite ainsi que pour les machines à écrire. Cette bande, constituée d'un tissu recouvert d'encre qui, lorsqu'il est martelé par une aiguille ou une banche de la marguerite, permet de déposer l'encre à l'endroit correspondant au caractère à imprimer. Chaque fragment de bande ne peut être utilisé que pour un caractère, ce qui permet d'obtenir une qualité d'impression remarquable.

➡ *Voir imprimante à aiguilles, imprimante à marguerite*

Run Length Limited

Anglais de *longueur de course limitée.*

➡ *Voir RLL*

runtime

"Temps d'exécution" ou "phase d'exécution".

➡ *Voir temps d'exécution*

runtime error

"Erreur d'exécution".

➡ *Voir erreur d'exécution*

runtime version

"Système d'exécution".

➡ *Voir système d'exécution*

rustine

Synonyme de "patch".

➡ *Voir patch*

RVB

1. Sigle, abréviation de "rouge, vert, bleu". Système de représentation des couleurs qui consiste à additionner les trois couleurs fondamentales (rouge, vert et bleu) pour représenter les couleurs. Ce système permet d'obtenir n'importe quelle couleur en faisant varier les proportions de rouge, de vert et de bleu.

2. Qualifie un périphérique d'affichage (un moniteur, par exemple) qui utilise le système RVB pour représenter les couleurs.

➡ *Voir modèle de couleurs*

QR

S

➠ *Voir entraînement en S*

S/MIME

Abréviation de *Secured MIME* ("MIME sécurisé"). Extension du standard MIME qui permet d'envoyer des courriers électroniques cryptés. Le standard S/MIME gère les problèmes de cryptage de manière totalement transparente pour l'utilisateur. Il est intégré aux navigateurs Web Netscape Communicator et Microsoft Internet Explorer 4.0, et remplacera vraisemblablement bientôt le système de cryptage PGP.

➠ *Voir MIME, PGP*

S/PDIF

Interface audio spéciale, utilisée sur un certain nombre de cartes son, qui permet de coupler la carte son à un appareil audio numérique tel qu'un enregistreur DAT et ainsi d'effectuer des copies numériques presque sans perte de signal. Selon le modèle de la carte son, l'interface S/PDIF peut nécessiter un câble coaxial ou un câble optique.

➠ *Voir carte son*

S0

Bus qui, sur un accès RNIS de base, permet de brancher jusqu'à huit appareils téléphoniques sur huit prises RNIS choisies parmi un maximum de douze. Le bus S0 est composé de deux canaux de données (canaux B) offrant chacun un taux de transfert de 64 Kbit/s, et d'un canal de signalisation (ou de contrôle) offrant un taux de transfert de 16 Kbit/s.

➠ *Voir accès RNIS, RNIS*

S2M

Synonyme de "primaire à multiplexage". Version de l'accès RNIS de base conçue pour les organisations qui ont de gros besoins en matière de télécommunications. L'interface S2M intègre trente canaux de données (canaux B) offrant chacun un taux de transfert de

64 Kbit/s, et deux canaux de signalisation (canaux D) offrant aussi chacun un taux de transfert de 34 Kbit/s, soit un total de trente-deux canaux dont trente permettent effectivement de communiquer. Elle s'adresse tout particulièrement aux entreprises. Elle permet de coupler plusieurs canaux de données et ainsi d'obtenir des taux de transfert très élevés.

➠ *Voir RNIS, accès RNIS*

SAA

Sigle, abréviation de *System Application Architecture* ("architecture pour applications système"). Modèle de communication homme-machine conçu par IBM. Dans la pratique, ce modèle fait essentiellement référence à la façon dont les éléments graphiques (les intitulés des menus, ou encore les commandes qui composent ces menus) sont disposés.

➠ *Voir IBM, interface utilisateur graphique*

sabotage

➠ *Voir programme de sabotage*

saisie

Entrée de données à l'aide du clavier.

➠ *Voir clavier*

salle de conversation

En anglais : *chat-room*. Zone bien limitée d'un BBS qui permet aux utilisateurs de converser les uns avec les autres. Les salles de conversation permettent également souvent de faire part de ses états d'âme, c'est-à-dire ce que l'on pense de tel ou tel autre participant. Elles permettent également, en recourant à différentes combinaisons de touches, de simuler une étreinte ou une embrassade mais aussi des messes basses en ne permettant qu'au destinataire réel d'un message d'en lire le contenu. Les salles de conversation permettent aussi de créer sa propre salle et d'en réserver l'accès aux personnes invitées. Les personnes qui participent à une salle de conversation n'utilisent généralement pas leur véritable nom mais un surnom, ou *alias*.

➠ *Voir BBS, conversation en ligne, emoticon, jargon des sites de conversation et des pirates*

sampler

"Echantillonneur".

➠ *Voir échantillonneur*

sampling

"Echantillonnage".

➠ *Voir échantillonnage*

sampling rate

"Fréquence d'échantillonnage".

➠ *Voir fréquence d'échantillonnage*

sans parité

Qualifie un type de mémoire pour lequel aucun contrôle de parité n'est effectué. Le contrôle de parité permet de détecter les erreurs survenant au cours des transferts de données effectués par le biais d'une interface série ou dans la mémoire vive de l'ordinateur. Tous les blocs de données constitués de 7 à 8 bits de données reçoivent un bit supplémentaire appelé "bit de contrôle". Le contrôle de parité est devenu superflu avec la fiabilité des méthodes de transfert de données et des protocoles actuels.

➠ *Voir parité*

Santa Cruz Operation

➠ *Voir SCO*

saut

En anglais : *jump*. Passage d'une partie de programme à une autre. Ce passage est activé par une instruction explicite appelée instruction de saut. En assembleur, par exemple, les sauts permettent de créer des boucles. Un saut peut être conditionnel ou inconditionnel, c'est-à-dire associé à une condition ou non. Les boucles reposent généralement sur des instructions de saut conditionnelles, ce qui permet de sortir de la boucle lorsque la condition est vérifiée. Dans certains langages de programmation de haut niveau, les instructions de saut sont remplacées par des structures de boucle prédéfinies, associées à des conditions qui peuvent varier. L'instruction de saut GOTO utilisable dans certains langages de programmation est, dans la pratique, peu utilisée : elle rend le code source difficile à contrôler. Elle peut toutefois se révéler très précieuse lorsqu'elle est utilisée à bon escient.

➠ *Voir adresse de saut, condition de saut, instruction de saut*

saut de ligne

Caractère de contrôle qui marque la fin d'une ligne donnée et le début de la ligne suivante. Sous les traitements de texte modernes, le passage à la ligne suivante se fait automatiquement. Il est toutefois possible de forcer l'ordinateur à passer à la ligne suivante avant qu'il n'atteigne la fin d'une ligne, en insérant un saut de ligne manuellement à l'aide de la combinaison de touches Maj + Entrée.

saut de page

Marque qui, dans un document, indique à l'ordinateur qu'il doit passer à la page suivante. Les logiciels génèrent en principe automatiquement un saut de page chaque fois qu'ils arrivent à la fin de la page en cours, mais il est aussi possible de forcer l'ordinateur à passer à la page suivante avant en insérant un saut de page manuellement.

sauvegarde

1. Synonyme d'"enregistrement". Stockage du travail en cours sur le disque dur de l'ordinateur (ou sur tout autre support de stockage) afin qu'il soit conservé pour une utilisation ultérieure.
2. Synonyme de "backup". Stockage d'une série de fichiers sur un support adéquat, généralement externe (disque magnéto-optique, cartouche, CD-R, etc.), en vue d'une garantie de la récupération des données en cas d'incident grave (panne irrémédiable du disque dur, vol de l'ordinateur, incendie, etc.). Le support utilisé pour la sauvegarde doit de préférence être stocké ailleurs que dans l'ordinateur lui-même (dans une autre pièce, voire sur un autre site).
3. Synonyme d'"unité de sauvegarde". Lecteur utilisé pour effectuer des sauvegardes.

➠ *Voir backup, programme de sauvegarde*

SBC

Sigle, abréviation de *Single Board Computer* ("ordinateur à une seule carte"). Ordinateur dont tous les composants et périphériques sont rassemblés sur une même carte. C'est par exemple le cas des consoles de jeu.

Scalable Processor ARChitecture

"Architecture de processeur étalonnable".

➠ *Voir SPARC*

scan code

"Code de balayage".

ScanDisk

Utilitaire de détection d'erreurs pour disques durs et disquettes, fabriqué par Microsoft. Les différents incidents susceptibles de perturber le fonctionnement du système d'exploitation (erreurs de programme et plantages machine) entraînent souvent des erreurs dans l'organisation du système de fichiers du disque dur (ou de la disquette) de l'ordinateur.

L'utilitaire Scandisk, que Microsoft livre en standard avec MS-DOS et Windows, permet de détecter ces erreurs et souvent aussi de les corriger, même si les corrections entraînent généralement une perte de données. Ainsi est-il rare que ScanDisk parvienne à résoudre sans problème une erreur qui affecte régulièrement la FAT d'un disque dur. A partir de la version Service-Pack 2, Windows 95 lance automatiquement ScanDisk au redémarrage de l'ordinateur après un plantage, afin d'éviter que Windows ne redémarre avec des erreurs et qu'il ne les aggrave éventuellement.

➠ *Voir MS-DOS, Windows 95*

scanner

Ce périphérique d'entrée permet de numériser des images et des documents.

➠ *Voir multipasse, scanner à main, scanner à plat, scanner couleur, simple passe*

scanner à chargeur

Scanner de table muni d'un chargeur de papier capable d'entraîner automatiquement le support de papier à numériser et de le faire défiler devant les capteurs de numérisation. Ce type de scanner se distingue du scanner à main, qui impose de tenir le scanner dans la main et de le déplacer sur le document à numériser, et du scanner à plat, qui occupe davantage de place dans la mesure où il permet de placer le document à plat sur l'appareil. Du fait que le document en cours de numérisation se déplace, les scanners à chargeur produisent de moins bon résultats que les scanners à plat.

➠ *Voir scanner, scanner à main, scanner à plat*

Un scanner à chargeur.

scanner à codes à barres

Scanner conçu pour déchiffrer des codes à barres. Les caisses des supermarchés et des commerces en général tendent de plus en plus à être équipés d'appareils de ce type, qui peuvent être fixes, auquel cas la caissière doit faire glisser l'article devant l'appareil, ou à main, auquel cas c'est le scanner que la caissière fait glisser sur l'article.

➠ *Voir code à barres*

scanner à main

Scanner conçu pour être tenu dans la main et qu'il faut déplacer sur le document à numériser. Ce type de scanner constitue une variante miniature du scanner à plat. Il faut le déplacer à une vitesse constante sur le document pour obtenir un résultat satisfaisant. L'image numérisée peut en outre sembler déformée si le scanner n'est pas tenu bien droit. La résolution des scanners à main est généralement largement inférieure à celle d'un bon scanner à plat. Il existe des scanners à main à niveaux de gris et d'autres à numérisation couleur, ces derniers pouvant atteindre une profondeur de couleur de 16,7 millions de couleurs.

➠ *Voir scanner à plat*

scanner à plat

Synonyme de "scanner de table". Scanner posé horizontalement sur le plan de travail et sur lequel le document doit être posé à plat pour être numérisé. Ce type de scanner rappelle un photocopieur, tant par son apparence que par son fonctionnement. Comme dans le cas du photocopieur, le document à traiter doit être posé sur une vitre transparente. Les scanners à plat sont généralement plus chers que les scanners à main, mais ils offrent également une qualité de numérisation supérieure.

➠ *Voir scanner, scanner à main, scanner couleur*

scanner à tambour

Scanner qui utilise un tambour pour entraîner les documents à numériser. Chaque document est étalé sur un tambour qui tourne à grand vitesse pendant la numérisation. Ce type de scanner est utilisé par les professionnels du traitement de l'image. Il offre la résolution la plus élevée, qui peut dépasser 1 000 ppp.

scanner corporel intégral

Scanner capable de numériser en trois dimensions des objets de très grande taille, et même des êtres humains. Cet appareil a été lancé sur le marché en 1995 par la société Cyberware. Il est capable de numériser un être humain en 12 secondes.

➠ *Voir scanner*

S

scanner couleur

Scanner capable de restituer les couleurs des documents numérisés, à l'inverse des scanners à niveaux de gris. Les scanners couleur décomposent les informations relatives aux couleurs des documents traités afin de pouvoir retrouver les trois couleurs fondamentales rouge, vert et bleu. C'est par rapport à cette décomposition que l'on distingue d'une part les scanners à trois passes, ou scanners multipasses, et d'autre part les scanners simple passe. Les premiers sont longtemps restés un standard. Pour capter les couleurs du document à numériser, ils ont besoin de parcourir celui-ci trois fois, ce qui nécessite un temps considérable. Les scanners simple passe, en revanche, sont capables de capter l'ensemble des couleurs en un seul passage, ce qui écourte considérablement l'opération de numérisation. La plupart des scanners à plat actuels sont simple passe.

➡ *Voir scanner à plat, simple passe*

scanner de table

➡ *Voir scanner à plat*

scanner 3D

Scanner capable de restituer non seulement la longueur et la largeur (comme les scanners classiques) de l'objet numérisé mais aussi sa profondeur. Selon le modèle, le scanner 3D peut utiliser une sonde pointue ou un rayon laser (dispositif à cellule photo-électrique) pour calculer la profondeur. Il existe quantité de modèles de scanners. Les scanners corporels intégraux permettent même de numériser un être humain intégralement et ainsi de créer des acteurs virtuels (ou synthespians).

➡ *Voir scanner corporel intégral, synthespian*

scénario

Ensemble de données et/ou de paramètres qu'un tableur tel qu'Excel doit appliquer à une feuille de calcul. L'utilisation de scénarios permet d'analyser des données sous différents angles.

➡ *Voir tableur*

Scenery-Disk

Disquette de missions conçue par Microsoft pour compléter son simulateur de vol Flight Simulator. Cette disquette permet d'accéder à de nouvelles zones de vol.

schéma fonctionnel

➡ *Voir organigramme*

Scientific and Technical Information Network

"Réseau d'informations scientifiques et techniques".

➟ *Voir STN*

scintillement

➟ *Voir non-scintillement*

SCO

Sigle, abréviation de *Santa Cruz Operation* ("usine de Santa Cruz"). Entreprise qui a créé un système d'exploitation pour PC dérivé d'Unix portant son nom.

➟ *Voir Unix*

screen

"Ecran".

➟ *Voir écran*

screensaver

"Economiseur d'écran".

➟ *Voir économiseur d'écran*

screenshot

"Capture d'écran".

➟ *Voir capture d'écran*

script

1. Programme écrit dans un langage de scripts (en JavaScript ou en VBScript, par exemple).
2. Ensemble d'instructions qui connecte l'utilisateur à l'Internet en entrant automatiquement son nom d'utilisateur et son mot de passe à sa place. Pour que l'accès puisse être établi automatiquement, il faut que l'utilisateur ait, au préalable, indiqué manuellement ces deux informations au programme en charge de gérer le script.

scrollbar

"Barre de défilement".

➟ *Voir barre de défilement*

SCSI

Sigle, abréviation de *Small Computer System Interface* ("interface pour petits systèmes informatiques"). Standard de bus E/S pour PC et Macintosh. Il est à souligner que l'adjectif "petit" de la forme développée française de ce sigle peut induire en erreur. En effet, l'interface SCSI représente le summum de la rapidité en matière de disques durs pour ordinateurs personnels. L'interface SCSI fut normalisée par l'ANSI en 1986 en tant que bus E/S SCSI 1 (qui avait alors une largeur de 8 bits). Depuis, le standard SCSI a fait l'objet de toute une série d'améliorations. Chaque bus SCSI permet de connecter jusqu'à huit périphériques par canal. Dans la pratique, la carte contrôleur (ou "carte hôte") SCSI prenant la place d'un périphérique, il ne reste que sept emplacements libres pour d'autres périphériques. La carte contrôleur reçoit les commandes SCSI et les transmet aux périphériques qui y sont reliés. Les cartes contrôleurs classiques ne possèdent qu'un canal. Pour les serveurs, il existe toutefois des cartes contrôleurs spéciales, dotées de plusieurs canaux, qui permettent par conséquent de connecter plus de sept périphériques. Pour pouvoir être identifié au sein du bus, chaque périphérique doit être paramétré sur un ID (ou identificateur) unique compris entre 0 et 7 inclus. La carte contrôleur est généralement paramétrée sur l'ID 7. Par conséquent, celui-ci ne peut pas être affecté à un autre périphérique. Ces ID ne se rapportent qu'à un canal donné. Lorsque la carte contrôleur possède plusieurs canaux, il est donc possible que plusieurs périphériques possèdent le même ID s'ils ne sont pas connectés au même canal. Le standard SCSI se distingue des autres standards de bus en ce qu'il n'établit pas de répartition immuable des rôles. Contrairement à l'interface ATAPI, il permet à chaque périphérique d'être maître ou esclave. Il utilise une technique de maîtrise de bus (ou *bus mastering*) qui permet à chaque périphérique de lire et écrire des données dans la mémoire vive sans passer par le CPU. Le CPU n'a donc pas à attendre que les données aient été trouvées lorsqu'il n'en a pas un besoin immédiat. Cela le laisse libre de traiter d'autres opérations. Ainsi, lorsqu'il faut effacer un grand nombre de fichiers, il n'est pas nécessaire d'attendre que l'ordinateur ait terminé d'effacer pour continuer à travailler. C'est en effet le contrôleur SCSI qui s'occupe, en toute autonomie, de cette opération, et le CPU reste donc accessible. Le standard SCSI présente aussi l'avantage de considérer les données d'une manière très abstraite. Ainsi, pour un bus SCSI, un disque dur n'est rien de plus qu'un périphérique proposant un certain nombre de blocs de données. Aussi le standard SCSI n'impose-t-il pas de limite de capacité de stockage, contrairement au standard ATAPI.

Le standard SCSI 1 assure un taux de transfert de 5 Mo/s en mode synchrone et de 3,3 Mo/s en mode asynchrone.

Il a été suivi du standard SCSI 2, qui assure un taux de transfert de 10 Mo/s et repose sur un mode de transfert accéléré appelé *Fast-SCSI* ("SCSI rapide"). L'une des cartes contrôleurs SCSI les plus connues est le modèle 2940 d'Adaptec. Ce modèle de carte est le plus souvent largement suffisant sur les ordinateurs actuels équipés de deux disques durs maximum, dans la mesure où les disques durs offrant un taux de transfert de données supérieur à 10 Mo/s ne font qu'apparaître sur le marché.

Le standard SCSI 2 a lui-même été suivi du standard *Wide-SCSI* (ou SCSI large), qui offre pour la première fois une largeur de bus de 16 bits. Le nombre de ses broches est par la même occasion passé de 50 à 68. Le doublement de la largeur de bus a, fort logiquement, entraîné un doublement du taux de transfert de données, qui est de 20 Mo/s. Il a aussi permis de porter à 15 au lieu de 7 le nombre total de périphériques connectables à un même canal. Puisqu'il existe encore peu de périphériques capables d'assurer un taux de transfert supérieur à 10 Mo/s, on peut se demander en quoi un taux de transfert de 20 Mo/s peut être utile. Dans la pratique, ce taux de transfert est exploité par des systèmes d'exploitation spéciaux capables d'accéder à plusieurs disques simultanément. Pour enregistrer un fichier, par exemple, ces systèmes d'exploitation le répartissent sur plusieurs disques durs. D'où une réduction considérable de la durée de l'enregistrement. Ce système (utilisé notamment par la technologie RAID 5) permet d'obtenir un taux de transfert quasi égal au cumul des taux de transfert des disques durs utilisés, et ainsi d'atteindre la limite des 20 Mo/s.

La version la plus actuelle du standard SCSI est la version Ultra-SCSI, qui est deux fois plus rapide que le standard Fast-SCSI. Elle offre donc un taux de transfert de 20 Mo/s. En combinant les standards Ultra-SCSI et Wide-SCSI, les fabricants ont créé un nouveau standard, appelé Ultra-Wide SCSI, qui atteint un taux de transfert de 40 Mo/s, mais qui n'est guère utilisé que pour les serveurs. Ce doublement du taux de transfert impose l'utilisation de câbles très coûteux qui doivent en outre être très courts. Le standard Ultra-SCSI constitue déjà une partie du standard SCSI-3, dont les caractéristiques n'ont pas encore toutes été définies. Ce standard doit remplir un certain nombre de fonctions :

- normaliser les commandes SCSI que tous les périphériques susceptibles d'être connectés à ce type de bus devront comprendre ;
- réglementer les commandes spécifiques aux fabricants ;
- définir les caractéristiques du matériel.

Le standard SCSI 3 doit reposer sur de nouvelles techniques (la fibre optique, par exemple) permettant d'atteindre un taux de transfert plus élevé et d'utiliser des câbles plus longs. Ainsi doit-il offrir un taux de transfert atteignant 100 Mo/s et permettre d'utiliser des câbles pouvant mesurer jusqu'à 100 m de long.

➠ *Voir ATAPI, bus, cadençage, contrôleur SCSI, fibre optique, ID SCSI, largeur de bus, RAID*

SDK

Sigle, abréviation de *Software Development Kit* ("kit de développement de logiciels"). Ensemble d'outils et de bibliothèques conçu pour aider les programmeurs à se familiariser avec une plate-forme donnée et à créer des programmes pour cette plate-forme. Cet ensemble intègre aussi souvent de la documentation.

➠ *Voir langage de programmation, programmeur*

Une carte contrôleur SCSI au format PCMCIA pour notebooks.

SDRAM

Nouveau type de mémoire, généralement présenté sous forme de modules DIMM, qui permet d'accéder à la mémoire sans imposer de cycles d'attente. Les modules de mémoire SDRAM comprennent 16 canaux de données (organisation x 16). L'accès à la mémoire s'effectue en 64 bits par module. Chaque module offre 168 contacts. Une barrette SDRAM suffit à équiper un ordinateur de type Pentium, alors qu'il faut deux barrettes SIMM (32 bits). La mémoire SDRAM tend aujourd'hui à devenir le standard au détriment des modules SIMM. Toutefois, pour la fréquence de cadençage externe de 66 MHz qui semble toujours être la plus utilisée actuellement, les barrettes SIMM restent suffisantes.

➠ *Voir DIMM, SGRAM*

SE

Sigle, abréviation de "système d'exploitation".

➠ *Voir système d'exploitation*

Seagate

Fabricant de périphériques pour PC qui, après sa fusion avec Conner en 1996, est devenu le plus gros fabricant de PC et de stations de travail du monde. La société Seagate a à plusieurs reprises conçu des systèmes (des interfaces de disques durs, notamment) qui sont ensuite devenus des standards. Ses disques durs de la gamme Elite sont ceux qui offrent la plus grande capacité du monde (jusqu'à 23 Go). De la même manière, ses disques durs de la gamme Cheetah sont les plus rapides du monde (jusqu'à 10 000 tr/min).

➠ *Voir disque dur*

La page d'accueil du site Web de Seagate.

search

"Recherche".

➠ *Voir recherche*

search and replace

"Rechercher-remplacer".

➠ *Voir rechercher-remplacer*

search engine

"Moteur de recherche".

➠ *Voir moteur de recherche*

Secam

Acronyme, abréviation de "séquentiel couleur à mémoire". Standard de télévision utilisé en France. Inventé en 1959 et mis en service au milieu des années 60, ce standard transmet simultanément les signaux de luminance à l'aide de l'onde porteuse et le premier signal de chrominance à l'aide de l'onde sous-porteuse. Le second signal de chrominance n'est envoyé qu'ensuite, en séquence. Ce standard conserve en permanence le signal précédent en mémoire au moment de générer le signal suivant. Cela lui permet de disposer sur chaque ligne de l'image des deux signaux de chrominance. Il affiche 25 images complètes par seconde et 625 lignes par image.

➠ *Voir capture de mouvement*

secondaire

➠ *Voir clé secondaire*

secteur

Plus petite unité de stockage d'un support de stockage magnétique ou optique. Pendant le formatage d'un support de stockage magnétique, la couche magnétique est divisée en cercles concentriques qui, à leur tour, sont subdivisés en secteurs. La subdivision en secteurs s'apparente au découpage d'un gâteau.

➠ *Voir support de stockage*

secteur amorce

En anglais : *boot sector*. Secteur d'un disque dur ou d'une disquette, enregistré d'une manière bien spécifique au formatage du disque dur ou de la disquette. Le secteur amorce contient notamment le chargeur d'amorce, qui a comme fonction de charger des fichiers très importants pour le système d'exploitation.

➠ *Voir chargeur d'amorce, disque dur, disquette, formatage, secteur*

secteur défectueux

Secteur d'un support de stockage qui présente une erreur de niveau matériel. Ce type d'erreur peut être imputable à une démagnétisation de la surface du support de stockage ou encore à une anomalie survenue au cours du formatage. Le résultat est généralement qu'il n'est plus possible de lire les données de ce secteur, ni d'y écrire de nouvelles données.

➠ *Voir formatage, secteur, support de stockage*

sectorisation logicielle

Formatage consistant à organiser les secteurs d'un support de stockage à l'aide d'un logiciel. Cette forme de sectorisation s'oppose à la sectorisation matérielle.

➠ *Voir sectorisation matérielle*

sectorisation matérielle

Formatage qui, sur les premiers ordinateurs, consistait à pratiquer une série de trous dans le plateau d'un support de stockage afin de permettre à l'ordinateur de distinguer ensuite

S

les différents secteurs. La sectorisation matérielle a été remplacée par la sectorisation logicielle.

➠ *Voir sectorisation logicielle*

sécurité

Protection d'un fichier, d'un périphérique, de l'ensemble d'un ordinateur ou même d'un réseau contre les intrusions.

security

"Sécurité".

➠ *Voir sécurité*

segment adaptateur

Plage de mémoire correspondant aux 384 kilo-octets supérieurs de la mémoire conventionnelle. La mémoire conventionnelle est composée des 640 kilo-octets de la mémoire de base, qui sont réservés aux programmes, et des 384 kilo-octets du segment adaptateur. C'est sur les adresses du segment adaptateur que repose le fonctionnement de la ROM de la carte mère (et notamment du BIOS), de celle de la carte graphique (ROM vidéo) ainsi que d'autres cartes d'extension (de la carte contrôleur SCSI, par exemple). La plage de mémoire correspondant au segment adaptateur n'est pas toujours utilisée, ou tout au moins pas toujours dans sa totalité. Les parties laissées vides sont appelées "blocs de mémoire supérieure", ou *UMB* (*Upper Memory Blocks*). Ils peuvent être utilisés par les gestionnaires de mémoire avec des pilotes de périphériques ou des programmes résidents, ce qui permet de disposer de davantage de place pour les programmes d'application dans la zone de mémoire inférieure.

Le segment adaptateur prend en charge une autre fonction sur les ordinateurs qui fonctionnent sous MS-DOS : la RAM fantôme. Lorsque la RAM fantôme du BIOS est activée, le contenu de la ROM du BIOS, qui est plus lente que la RAM, est chargé dans la RAM (mémoire vive) de l'ordinateur. Lorsque le système d'exploitation a besoin de s'adresser aux fonctions du BIOS, il peut en lire le contenu dans la RAM, plus rapide, plutôt que dans la ROM, plus lente. Avec les ordinateurs actuels, toutefois, le gain de rapidité obtenu ne présente plus guère d'intérêt.

➠ *Voir adresse, BIOS, mémoire de base, mémoire vive, RAM, RAM fantôme, ROM*

segment de mémoire

➠ *Voir segmentation*

segment de réseau

Partie d'un réseau qui n'est pas interrompue par un composant de réseau tel qu'un répéteur, un routeur, un commutateur ou un pont.

➟ *Voir pont, répéteur, réseau, routeur*

segmentation

Méthode de gestion de mémoire consistant à subdiviser les adresses de mémoire physiques en deux parties. Chaque processus qui doit être exécuté par l'ordinateur se voit affecter une petite portion de mémoire appelée segment de mémoire. Le processus ne sait pas à l'avance à quel endroit de la mémoire vive le segment qui lui a été affecté se trouve. Pour le localiser, il doit utiliser son adresse, basée sur la position logique 0. Cette adresse de mémoire est appelée adresse logique. Pour générer l'adresse physique, le système d'exploitation combine l'adresse de base du segment de mémoire à l'adresse logique du processus. La limite supérieure du segment de mémoire est signalée par un indicateur de limite surveillé en permanence par le système d'exploitation. Si le système d'exploitation constate que le processus dépasse l'indicateur limite qui lui a été affecté, il met davantage de mémoire à sa disposition. Par ce procédé de gestion la mémoire se morcelle très rapidement, ce qui la rend beaucoup moins performante. Aussi les systèmes d'exploitation modernes utilisent-ils plutôt le procédé de gestion à pagination, beaucoup plus performant.

➟ *Voir gestion de la mémoire, pagination, système d'exploitation*

sélectif

➟ *Voir backup sélectif*

sélection

1. Elément ou ensemble d'éléments que l'utilisateur a mis en surbrillance à l'aide de la souris en vue d'une opération donnée.
2. Dans le domaine des bases de données, ensemble des données retenues par l'ordinateur au terme d'une requête.

sélectionner

Mettre en surbrillance un objet (du texte, un champ, une image, etc.) à l'aide de la souris ou de la combinaison de touches Maj + touche fléchée. Une fois qu'un objet a été sélectionné, il peut être utilisé avec les différentes fonctions de l'application ouverte (Copier, Coller, Couper, Imprimer, etc.).

➟ *Voir code machine*

S

sémantique

Signification d'un ensemble de mots dans un texte. Pour que l'ordinateur comprenne une commande, il est nécessaire de se conformer à une syntaxe et une sémantique très précises. Les ordinateurs actuels sont capables de comprendre des mots désignant des objets ou des couleurs, mais ils sont incapables d'analyser des termes abstraits tels que la liberté ou l'amour. Pour traiter des termes, l'ordinateur les classe en retenant comme critères des paramètres tels que la taille ou la couleur. Ce système ne permet pas de classer des termes tels que liberté. De la même manière, il n'est pas adapté au traitement des mots plurisémiques. Pour analyser la signification des mots plurisémiques, l'être humain s'appuie sur des informations supplémentaires généralement fournies par le contexte, ce que ne sait pas faire l'ordinateur, faute de règles clairement établies.

➠ *Voir syntaxe*

sémaphore

Système utilisé pour administrer un grand nombre de ressources de l'ordinateur. Sur une imprimante, par exemple, il est impossible de faire s'exécuter deux processus simultanément. L'imprimante doit commencer par le premier processus. L'ordinateur paramètre dans ce cas le sémaphore qui décrit l'état de l'imprimante sur "occupé". Il place ensuite les autres processus dans une file d'attente. Dès que l'imprimante redevient libre, son sémaphore se paramètre sur "libre". Si la file d'attente contient des processus, l'imprimante peut alors les traiter dans leur ordre d'arrivée.
On distingue d'une part les sémaphores de processus et d'autre part les sémaphores système. Les sémaphores de processus enclenchent eux-mêmes un processus, et ils y ont ensuite pleinement accès. Le sémaphore d'imprimante cité précédemment, en revanche, est un sémaphore système sur lequel les processus n'ont aucune influence. Les sémaphores système sont utilisés notamment pour les systèmes d'exploitation multitâches, ainsi que pour un certain nombre de systèmes d'exploitation de réseau.

➠ *Voir multitâche, processus, système d'exploitation*

semiconductor memory

"Mémoire à semi-conducteurs".

➠ *Voir mémoire à semi-conducteurs*

séparateur

Caractère spécial qui permet de séparer des structures en informatique. Pour séparer des sous-répertoires dans un chemin d'accès, par exemple, on utilise un antislah (\), sous la forme C :\compta\perso\dupont.doc. De la même manière, lorsque les enregistrements d'une base de données ne sont pas tous d'égale longueur, on utilise une tabulation, une virgule ou tout autre séparateur pour matérialiser une séparation entre les différents champs vides.

➠ *Voir base de données, enregistrement*

séquence d'échappement

Série d'octets servant à communiquer à une imprimante une instruction de contrôle donnée – pour lui indiquer de passer à la ligne suivante, par exemple. Le premier octet d'une séquence d'échappement est toujours le code Esc (Echap), d'où son nom.

➠ *Voir caractère de contrôle, imprimante, octet*

séquence de contrôle

Série de caractères de contrôle qui permet de transmettre des commandes à une imprimante.

➠ *Voir caractère de contrôle, imprimante*

Sequence Packed Exchange

"Echange de paquets séquencé".

➠ *Voir SPX*

séquenceur

Appareil qui permet de réunir plusieurs voix – des échantillons, par exemple – pour en faire une chanson. Pour effectuer cette opération, le séquenceur utilise plusieurs pistes sur lesquelles il enregistre les informations se rapportant aux différentes voix. Ces pistes peuvent ensuite être lues simultanément.

séquentiel

➠ *Voir accès séquentiel, fichier séquentiel*

Serial Input Output

"Entrée/sortie série".

➠ *Voir SIO*

Serial Line Internet Protocol

"Protocole Internet série ligne".

➠ *Voir SLIP*

S

série

Qualifie un processus qui traite les éléments les uns à la suite des autres et non simultanément (ou en parallèle). Dans le cas d'un transfert de données série, par exemple, les données sont transférées les unes à la suite des autres, et non parallèlement les unes aux autres.

➠ *Voir imprimante série, port parallèle, port série*

serif

"Empattement".

➠ *Voir empattement*

serveur

1. Ordinateur spécial qui, au sein d'un réseau, met ses services à la disposition des autres ordinateurs du réseau. Un serveur de réseau local, par exemple, est un ordinateur qui gère l'ensemble des données nécessaires au système d'exploitation du réseau. Un serveur de fichiers est un ordinateur qui met des programmes, des données et un espace de stockage à la disposition des autres ordinateurs. Un serveur d'impression met son imprimante à la disposition des autres ordinateurs, et un serveur d'applications met ses applications à la disposition des autres ordinateurs. Un ordinateur qui utilise les services d'un serveur est appelé client.

2. Programme installé sur un ordinateur serveur afin d'offrir de nouveaux services aux autres ordinateurs du réseau.

➠ *Voir client, client-serveur, réseau local*

serveur d'applications

Ordinateur configuré en réseau, mettant ses ressources ainsi que les applications qui y ont été installées à la disposition des autres ordinateurs du réseau. Le marché propose différents logiciels pour serveur, dont Microsoft SQL Server 6.0 sous Windows NT et le logiciel de bases de données IBM Database Server pour IBM Warp Server sous OS/2.

➠ *Voir application, réseau, SQL Server*

serveur d'impression

Ordinateur ayant à charge, au sein d'un réseau, d'administrer les travaux d'impression envoyés par les différents utilisateurs à l'imprimante du réseau.

➠ *Voir dédié, réseau, serveur*

serveur de bases de données

Serveur de réseau réservé au stockage de bases de données. Pour accéder au serveur et aux bases de données qui y sont stockées, les stations de travail doivent être équipées d'un logiciel client.

➠ *Voir architecture client-serveur, base de données, client de bases de données, serveur, serveur dédié*

serveur de courrier électronique

En anglais : *mail server*. Serveur qui, sur un réseau ou un service en ligne, a pour seule fonction de recevoir et de délivrer les messages électroniques que les différents utilisateurs s'envoient. Les serveurs de courrier électronique réservent pour chacun de leurs utilisateurs une petite partie de leur mémoire de stockage dans laquelle ils stockent leur courrier électronique (comme s'il s'agissait d'une boîte postale). Les serveurs de courrier électronique possèdent généralement leur propre adresse. A titre d'exemple, celle du serveur de courrier électronique de CompuServe est **mail.CompuServe.com**.

➠ *Voir CompuServe, courrier électronique, réseau, serveur, service en ligne*

serveur de fax

Synonyme de "fax à la demande".

serveur de fichiers

En anglais : *fileserver*. Serveur qui met les fichiers qu'il stocke – et non ses applications ni ses autres ressources – à la disposition des stations de travail du réseau auquel il appartient.

➠ *Voir client, client-serveur, ressources, serveur, station de travail*

serveur de LAN

Ordinateur d'un LAN (ou réseau local) qui a comme rôle de mettre des services à la disposition des autres ordinateurs, appelés "clients". Ces services peuvent être des fichiers, des applications ou encore des services de communication. On parle alors respectivement de "serveur de fichiers", de "serveur d'applications" ou de "serveur de communication". Chacun de ces serveurs ne doit pas impérativement correspondre à un serveur distinct. Sur les réseaux de petite taille, ces différents services sont généralement concentrés physiquement sur un même serveur.

➠ *Voir LAN, réseau, serveur, serveur de fichiers, serveur d'impression*

serveur dédié

➠ *Voir dédié*

serveur miroir

Serveur Internet conçu pour délester un autre serveur très fréquenté en mettant à la disposition des utilisateurs tout ou partie des ressources disponibles sur ce dernier.

➠ *Voir Internet*

serveur non dédié

➠ *Voir non dédié*

service de recherche

Synonyme de "moteur de recherche".

➠ *Voir moteur de recherche*

service en ligne

Prestataire de services à vocation commerciale qui diffuse des données et des informations auxquelles les utilisateurs peuvent accéder en payant. Parmi les services en ligne les plus connus figurent AOL, CompuServe, MSN et Wanadoo. A la différence des fournisseurs d'accès, les services en ligne non seulement permettent d'accéder à l'Internet, mais ils offrent aussi un contenu qui leur est propre. C'est, par exemple, le cas des services cités précédemment. Dans la lignée de l'accès à l'Internet qu'ils offrent, les services en ligne permettent d'envoyer et de recevoir du courrier électronique (à l'adresse dupont@CompuServe.com, par exemple), d'accéder à différents forums de discussion consacrés à tous les thèmes possibles ainsi qu'à des services commerciaux – boursiers, bancaires, économiques, etc.

➠ *Voir AOL, CompuServe, MSN*

Service indicator

"Indicateur de service".

➠ *Voir indicateur de service*

session

1. Séance de travail sur un ordinateur ou un réseau. Pour travailler sur un ordinateur, il faut en principe ouvrir une session, puis la fermer une fois le travail terminé.
2. Cycle d'enregistrement d'un CD-ROM. Les graveurs de CD actuels permettent de graver un CD en plusieurs sessions. Pour chaque session, le graveur crée un blanc de début de session, une zone de données et un blanc de fin de session, mais il ne fixe pas la piste tant que le disque n'a pas été fermé. Tant qu'il reste de la place sur le disque, il est donc possible de créer de nouvelles sessions.

➠ *Voir blanc de début de session, blanc de fin de session, couche de session, graveur de CD*

set-top-box

Décodeur numérique utilisé aux Etats-Unis pour relier le téléviseur familial à un réseau de télévision câblé numérique, afin d'accéder non seulement aux chaînes de télévision, mais aussi à des services multimédias. En Europe, les décodeurs numériques ne servent généralement qu'à décoder les signaux des chaînes de télévision numériques.

setup

1. "Install". Programme qui, sous Windows, permet d'activer l'installation de la plupart des logiciels sur l'ordinateur.
2. Partie du BIOS qui permet à l'utilisateur de configurer l'ordinateur. Pour accéder au Setup, il faut appuyer sur la touche [Maj] ou [F1] avant que l'ordinateur ait commencé à s'initialiser. Le Setup permet, par exemple, de régler la date et l'heure de l'horloge en temps réel de l'ordinateur, ainsi que les paramètres se rapportant aux différents périphériques système. Il convient d'être très prudent pour modifier ces paramètres : cette opération peut compromettre la stabilité de l'ordinateur et l'accessibilité des périphériques. Certains paramètres nécessitent des valeurs numériques. D'autres, en revanche, n'admettent que les états *Disabled* ("désactivé") et *Enabled* ("activé"). Une fois les valeurs du BIOS modifiées, il suffit d'activer l'option d'enregistrement dans le menu principal pour les stocker dans la mémoire. Lorsque l'ordinateur est hors tension, c'est la pile d'alimentation située sur la carte mère qui permet au BIOS de les garder en mémoire. Pour utiliser le BIOS, il ne faut pas oublier que c'est la configuration de clavier américaine (QWERTY) qui est utilisée.

➥ *Voir BIOS, installation*

setup-engine

"Moteur de configuration".

➥ *Voir moteur de configuration*

SFT

Sigle, abréviation de *System Fault Tolerance* ("tolérance aux pannes").

➥ *Voir tolérance aux erreurs*

SFX

Abréviation de *self-extracting* ("auto-extractible"). Qualifie un programme compressé qui intègre l'utilitaire de compression à utiliser pour accéder à son contenu. Il suffit par conséquent d'activer le programme pour qu'il se décompresse automatiquement.

➥ *Voir programme de compression*

S

SGBD

Sigle, abréviation de "système de gestion de bases de données". Logiciel qui permet de créer, d'administrer, de structurer et de mettre à jour des bases de données. Access, dBase, FoxPro et Paradox sont quatre exemples de SGBD très connus. Les SGBD offrent de multiples fonctions. Ils permettent de stocker des données, de les relier, de les modifier, de les trier et de les filtrer à l'aide de différents critères, puis d'imprimer le résultat. Le type de SGBD le plus répandu est le type relationnel, qui stocke les enregistrements sous forme de relations et permet de relier différents champs les uns aux autres.

➡ *Voir Access, base de données, dBase, enregistrement, filtre, FoxPro, requête, SGBDR*

SGBDR

Sigle, abréviation de "système de gestion de bases de données relationnelles". Système de gestion de bases de données qui permet de créer, de mettre à jour et de traiter des bases de données relationnelles. Sous Windows, Access et Paradox font partie des SGBDR les plus utilisés.

➡ *Voir base de données relationnelle*

SGRAM

Abréviation de *Synchron Graphic RAM* ("RAM graphique synchrone"). Type de mémoire semblable à de la mémoire SDRAM. Elle dispose cependant de 32 canaux de données (organisation ×32) et est compatible avec un certain nombre de commandes d'écriture spéciales (modes Block-Write et Mask-Write).

➡ *Voir SDRAM*

shadow RAM

"RAM fantôme".

➡ *Voir RAM fantôme*

shareware

"Partagiciel". Type de logiciel qui peut être essayé gratuitement pendant une durée limitée, et copié et redistribué librement. Au terme de la période d'essai, l'utilisateur peut décider, soit de conserver le logiciel, auquel cas il doit s'inscrire auprès du détenteur des droits du logiciel et lui verser une somme d'argent généralement modique, soit de ne pas le conserver, auquel cas il doit le désinstaller. Afin d'inciter les utilisateurs à s'inscrire et à régler les droits prévus, les concepteurs de logiciels shareware ajoutent souvent des fonctions ou des bonus tels qu'un manuel d'utilisation à la version qu'ils envoient à l'utilisateur qui a acquitté la somme prévue. Il arrive aussi qu'ils désactivent délibérément certaines fonctions très importantes sur la version qu'ils diffusent gratuitement, ou encore qu'ils y intègrent une routine qui rend le logiciel inutilisable au terme d'un certain nombre de jours. Les sharewares sont généralement distribués par le biais de BBS, de sites Internet ou encore de CD-ROM vendus par des éditeurs.

➠ *Voir PD*

shell

1. Synonyme de "interpréteur de commandes".
2. "Environnement de commandes". Interface la plus graphique d'un système d'exploitation ou d'un progamme. Le shell le plus connu est sans aucun doute celui de MS-DOS. Pendant de nombreuses années, ce shell orienté texte très simple a été un standard dans le monde du PC. Windows a ensuite été doté d'une interface utilisateur graphique parfois appelée shell graphique.

➠ *Voir interpréteur de commandes, interface utilisateur, interface utilisateur graphique*

Shockwave

1. Logiciel de composition multimédia qui permet de placer directement sur l'Internet des pages Web créées à l'aide de Director et de Freehand. Ces pages Web étant compressées, l'utilisateur final n'a pas trop à attendre pour les visualiser à l'aide de son navigateur. Avec Shockwave, il est même possible d'intégrer des animations à une page Web. Les images créées à l'aide de Director et de Freehand étant de type vectoriel, il est possible de les agrandir ou de les rétrécir sans aucune perte de qualité. La technique Shockwave étant compatible avec Netscape Navigator depuis la version 2.0, ainsi qu'avec Microsoft Internet Explorer, elle peut aujourd'hui être utilisée universellement.
2. Module externe conçu pour rendre les navigateurs Web capables de représenter des images, des sons et des animations créés sous Shockwave, et qui peut être téléchargé gratuitement depuis la page d'accueil du site Web de Macromedia.

➠ *Voir Macromedia*

Short Message Service

"Service pour messages courts".

➠ *Voir SMS*

shortcut

"Raccourci".

➠ *Voir raccourci*

S

Shugart

Type de bus utilisé en standard pour faire fonctionner les lecteurs de disquettes depuis l'apparition des premiers PC.

➠ *Voir bus, lecteur de disquettes*

SI

Sigle, abréviation de *Service indicator* ("indicateur de service").

➠ *Voir Indicateur de service*

signal composite

Signal vidéo standard utilisé pour contrôler les téléviseurs couleur ainsi que les moniteurs utilisés sur les premiers ordinateurs (le C64, par exemple). Ce signal permet de transmettre au moniteur toutes les informations dont il a besoin pour créer l'image (informations sur la couleur et la luminosité). La qualité d'image qu'il permet d'obtenir n'est toutefois pas suffisante pour la plupart des applications ordinateurs. Aussi les moniteurs actuels utilisent-ils à la place le signal RVB.

signal d'appel

Fonction disponible en standard sur les réseaux téléphoniques RNIS et en option sur les réseaux téléphoniques analogiques tels que celui de France Télécom, qui permet à l'abonné déjà en communication d'être informé par un signal sonore qu'un autre correspondant essaie de le joindre. L'abonné peut alors mettre son premier correspondant en attente pour prendre le second. Ce système permet également des conversations à trois (conférences) mais cette possibilité n'est souvent offerte qu'en option.

➠ *Voir analogique, fonctions RNIS, mise en attente, RNIS*

signal parasite

➠ *Voir parasite*

signal vidéo composite

➠ *Voir composite*

signalisation

➠ *Voir canal D*

signature

Ensemble d'informations, généralement constitué d'un petit graphisme décoratif en texte ASCII et d'un petit texte (contenant, par exemple, les coordonnées de l'expéditeur ainsi qu'une maxime, un poème, une réflexion philosophique, etc.), que l'on trouve au bas du courrier électronique. Ces informations ne permettant nullement d'authentifier l'expéditeur du message et ne faisant qu'accroître la largeur de bande nécessaire, elles ne sont pas toujours appréciées. La plupart des programmes de courrier électronique intègrent néanmoins une fonction qui permet d'ajouter automatiquement une signature au courrier électronique.

➠ *Voir courrier électronique*

signe

Caractère qui précède une valeur numérique et indique si celle-ci est positive ou négative. La plupart des représentations numériques utilisées en informatique permettent d'utiliser des signes.

signet

En anglais : *bookmark.*
1. Sous un navigateur Web, fonction qui permet d'archiver facilement des URL (adresses Internet). Une fois qu'un signet a été défini pour une page Web, il suffit d'activer ce signet pour accéder à cette page, ce qui est beaucoup plus rapide que de taper son URL complète.
2. Dans un document, marque qui signale un endroit cible (une ligne ou une plage de lignes). Une fois qu'un signet a été inséré dans un document, il est possible d'accéder directement à l'endroit cible en sélectionnant le signet.
3. Synonyme de "label". En programmation, marque qui signale un endroit cible d'un programme. Une fois qu'un signet a été ajouté à un programme, il est possible d'y accéder directement en l'associant à une instruction de saut.

➠ *Voir instruction de saut, label, programme*

silencieux

En anglais : *quiet.* Qualifie un mode qui, sur une imprimante à aiguilles, permet de réduire le bruit occasionné par l'impression. L'inconvénient de ce mode est qu'il oblige l'imprimante à imprimer plus lentement.

➠ *Voir imprimante à aiguilles*

Silicon Graphics

Société qui fabrique des stations de travail haut de gamme servant essentiellement à créer et à traiter des graphismes. Ainsi les séquences informatiques créées par ILM (*Industrial*

Light and Magic) de George Lucas pour les effets spéciaux de *la Guerre des étoiles* ou de *Jurassic Park* ont-elles été réalisées sur des stations de travail Silicon Graphics. Ces stations de travail sont aussi utilisées dans le domaine de la PAO.

Silicon Valley

Vallée légendaire des Etats-Unis où s'établirent durant les années soixante un grand nombre de fabricants de composants électroniques qui allaient ensuite jouer un rôle crucial dans le développement de l'informatique personnelle. C'est parce que la matière première principale de ces fabricants est le silicium (*silicon*) que cette vallée a été nommée ainsi.

Silicon Graphics sur l'Internet.

SIM

Sigle, abréviation de *Subscriber Identifcation Module* ("module d'identification de l'abonné"). Carte à puce utilisée par certains ordinateurs portables et sur laquelle sont stockées des informations permettant d'identifier l'utilisateur (son numéro de téléphone, son code secret, par exemple). Tant que la carte n'a pas été insérée dans le téléphone, il est impossible de téléphoner. Les cartes SIM servent aussi à stocker des informations annexes telles que le répertoire téléphonique de l'utilisateur.

SIMM

Sigle, abréviation de *Single Inline Memory Module* ("module de mémoire à rangée de broches unique"). Type de module de mémoire regroupant plusieurs puces de mémoire sur une même barrette et occupant par conséquent moins de place sur la carte mère. Les premières barrettes de mémoire SIMM offraient trente broches (ou contacts) et s'utilisaient par groupes de quatre. Les nouvelles proposent soixante-douze broches et s'utilisent par groupes de deux (montage en paire). Des adaptateurs permettent d'utiliser des barrettes à trente broches sur une carte mère équipée de connecteurs à soixante-douze broches.

➠ *Voir adaptateur SIMM, carte mère, PS/2, SIMM*

Une barrette de mémoire à trente broches – qui fait aujourd'hui figure d'antiquité.

SIMM PS/2

Type de barrette de mémoire qui se caractérise par 72 broches et permet ainsi d'accéder à la mémoire en 32 bits. Pour accéder à la mémoire, les CPU Pentium et compatibles fonctionnent en 64 bits, et il faut donc deux barrettes de mémoire PS/2 pour remplir un banc.

➠ *Voir PS/2, SIMM*

Simple Mail Transfer Protocol

"Protocole de transfert de courrier simple".

➠ *Voir SMTP*

simple passe

Type de scanner capable de numériser un document en ne le parcourant qu'une fois. Les scanners simple passe s'opposent aux scanners multipasses (ou trois passes), qui doivent parcourir plusieurs fois le document pour le numériser.

simple session

Type de lecteur de CD-ROM aujourd'hui obsolète qui ne permet de lire qu'une session d'enregistrement. Les lecteurs de CD-ROM modernes sont capables de lire plusieurs sessions d'enregistrement (ils sont qualifiés de "multisession").

➠ *Voir lecteur de CD-ROM, multisession*

S

simplex

Mode de transfert qui ne permet de faire circuler des données que dans un sens.

➠ *Voir duplex*

simulateur

Périphérique qui, associé à l'ordinateur et à un logiciel, a vocation à rendre une simulation aussi crédible que possible.

➠ *Voir simulation*

simulation

1. Imitation aussi fidèle que possible d'un phénomène naturel ou technique à l'aide d'un modèle. On utilise des simulations dans différents domaines – la prévision du trafic routier, la météorologie, la neurologie, etc.
2. Jeu informatique qui donne l'impression à l'utilisateur d'être impliqué physiquement dans l'activité représentée à l'écran (un sport ou un combat, le plus souvent). Certaines simulations portent l'accent sur le réalisme ; d'autres, au contraire, privilégient l'action.

Single Board Computer

"Ordinateur à carte unique".

➠ *Voir SBC*

Single Inline Memory Module

"Module de mémoire à rangée de broches unique".

➠ *Voir SIMM*

Single Inline Package

"Boîtier à rangée de broches unique".

➠ *Voir SIP*

SIO

Sigle, abréviation de *Serial Input Output* ("entrée/sortie série"). Contrôleur qui prend en charge les transferts de données effectués à l'aide d'un port série.

➠ *Voir port parallèle, port série*

SIP

Sigle, abréviation de *Single Inline Package* ("boîtier à rangée de broches unique"). Type de module de mémoire qui, comme une barrette SIMM, regroupe plusieurs puces de mémoire, mais qui est doté de contacts à pointes et non à pistes. Le format SIP n'a jamais pu s'imposer.

➭ *Voir DRAM, SIMM*

site

Serveur ou hôte accessible par l'intermédiaire de l'Internet. Il existe des sites WWW et des sites FTP.

➭ *Voir FTP, hôte, Internet, site Web, WWW*

site Web

Ensemble des pages HTML accessibles à une même adresse Internet. Ces pages ne doivent pas nécessairement être stockées sur le même ordinateur.

➭ *Voir WWW*

slash

Caractère spécial (/) très utilisé dans les pays anglophones et, par conséquent, dans les langages informatiques reposant sur la langue anglaise. Sous MS-DOS, il permet par exemple d'ajouter des options à une commande. Il peut être obtenu à l'aide de la combinaison de touches [Alt Gr]+[8].

slave

"Esclave".

➭ *Voir esclave*

sleep mode

"Mode sommeil".

➭ *Voir sommeil*

slimline

"Ligne mince". Qualifie un boîtier d'ordinateur du type *desktop*, mais si plat que les cartes d'extension doivent être insérées à l'horizontale, parallèlement à la carte mère, dans une carte d'extension intermédiaire appelée "carte élévatrice". D'ailleurs, les boîtiers slimline mêmes nécessitent une carte mère spéciale.

➭ *Voir desktop*

SLIP

Sigle, abréviation de *Serial Inline Internet Protocol* ("protocole Internet série en ligne").

Protocole très simple qui permet de transmettre des données par modem via un canal d'échange tel que l'Internet. C'est ce protocole qui permet de se connecter au serveur d'un fournisseur d'accès, et c'est sur lui que vient se greffer le protocole TCP/IP.

➠ *Voir Internet, PPP, TCP/IP*

slot

"Connecteur de bus". Connecteur soudé à la carte mère qui permet d'insérer des cartes d'extension. La carte mère propose généralement différents types de slots – de type ISA, PCI et AGP, par exemple.

➠ *Voir AGP, carte mère, ISA, PCI*

SLSI

Sigle, abréviation de *Super Large Scale Integration* ("intégration à super grande échelle"). Type de processeur qui intègre plus de cent mille transistors. Le type SLSI est le type immédiatement supérieur au type LSI.

Small Computer System Interface

"Interface pour petits systèmes informatiques".

➠ *Voir SCSI*

Small Scale Integration

"Intégration à petite échelle".

➠ *Voir SSI*

SmartSuite

Suite de programmes fabriquée par Lotus et qui concurrence directement la suite de programmes Office de Microsoft. Elle est composée du traitement de texte WordPro, du programme de présentation Freelance, du système de gestion de bases de données Approach, du tableur 1-2-3 et du gestionnaire de rendez-vous et d'adresses Organizer.
Selon Lotus, SmartSuite représente 20 % du marché. SmartSuite 97, lancé au printemps 1997, a conservé sa maniabilité, son éventail de fonctions très complet et son interface très intuitive, mais il a en outre été doté de fonctions permettant de travailler sur l'Internet et en équipe.

➠ *Voir 1-2-3, Lotus, Notes, Office, Organizer*

smiley

➠ *Voir emoticon*

SMS

Sigle, abréviation de *Short Message Service* ("service de messages courts"). Standard de transmission de messages électroniques pour téléphones qui permet de transmettre jusqu'à 160 lignes de texte. Les messages envoyés au destinataire sont en principe conservés pendant trois jours par l'opérateur téléphonique. Pendant ces trois jours, le destinataire peut consulter sa messagerie à tout moment et lire le message sur l'écran de son téléphone portable. Il peut même envoyer un accusé de réception à l'expéditeur.

SMTP

Sigle, abréviation de *Simple Mail Transfer Protocol* ("protocole de transfert de courrier simple"). Protocole qui permet d'échanger des courriers électroniques avec un serveur Internet et de les distribuer aux destinataires où qu'ils soient. Pour le téléchargement des courriers électroniques sur l'ordinateur local, c'est presque toujours le protocole POP3 qui est utilisé. Pour ce protocole, il faut indiquer le nom du serveur POP3. Pour AOL, ce nom est **mail.aol.com** ; pour CompuServe, c'est **mail.CompuServe** ; pour MSN, c'est **mail.msn.com**.

➡ *Voir POP3*

socket

"Prise". Support pour circuit intégré et plus particulièrement pour CPU. Ce type de support permet de fixer le CPU et de le relier électriquement au circuit imprimé de la carte mère sans le souder. Les supports ZIF (*Zero Insertion Force*, "force d'insertion nulle") utilisés actuellement permettent d'insérer et d'ôter le CPU sans avoir à forcer.

➡ *Voir CPU, ZIF*

software

"Logiciel".

Software Development Kit

"Kit de développement de logiciels".

➡ *Voir SDK*

sommateur

Synonyme de "additionneur".

➡ *Voir additionneur*

sommateur complet

Synonyme d'*ajouteur complet*.

➡ *Voir ajouteur complet*

somme de contrôle

Contrôle effectué par l'ordinateur pour vérifier l'intégrité des données au cours d'une transmission (par l'intermédiaire d'un modem, par exemple) ou d'un transfert (entre la mémoire vive et le processeur) de données. Le type de somme de contrôle la plus utilisée est le procédé CRC. Toutefois, pour contrôler les données, il est aussi possible de recourir à un bit de parité représentant la somme de tous les bits du paquet de données auquel il se rapporte, et de l'ajouter à ce paquet suivant des règles bien définies. Enfin, il aussi possible d'effectuer la somme de tous les octets contenus dans le bloc de données, et c'est alors la somme obtenue qui fait office de somme de contrôle.

➟   *Voir CRC*

sommeil

Mode de fonctionnement à consommation d'énergie réduite, dans lequel un ordinateur équipé d'un système d'économie d'énergie bascule automatiquement au terme d'une période d'inactivité prédéfinie. Seule la mémoire vive de l'ordinateur demeure alors alimentée en courant électrique, ce qui permet à celui-ci de rester accessible. Dès qu'une touche est enfoncée ou que la souris est déplacée, l'ordinateur bascule de nouveau en mode de fonctionnement normal.

sommet

Point d'intersection de deux lignes. Dans le domaine des graphismes 3D, le sommet est l'élément de base des polygones (triangles) à partir desquels les objets 3D sont créés. Chaque polygone possède trois sommets.

➟   *Voir imagerie 3D, polygone*

sonde

Synonyme de capteur.

➟   *Voir capteur*

Sony

http://www.sony.com

Fabricant de produits électroniques présent dans le monde entier et qui fait partie des plus gros fabricants de matériel informatique pour PC. Parmi ses produits les plus connus figure le tube cathodique Trinitron, qui passe pour l'un des meilleurs. Dans le domaine de l'électronique de loisir, la société Sony s'est démarquée des autres fabricants avec un certain nombre d'inventions telles que le Mini Disc.

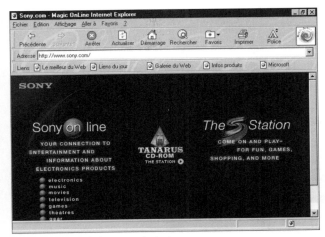

La page d'accueil du site Web de Sony.

sortie papier

Impression sur une feuille de papier du contenu de l'écran ou d'un fichier. Sous MS-DOS et OS/2, il suffit d'appuyer sur la touche Impr Ecran pour imprimer directement le contenu de l'écran. Sous Windows (et notamment Windows 95), le fait d'appuyer sur cette touche permet de placer le contenu de l'écran dans le Presse-papiers. Il est ensuite possible de charger ce contenu sous une application graphique.

➠ *Voir disque dur, Presse-papiers*

Sound Retrieval System

"Système de restitution du son".

➠ *Voir SRS*

SoundBlaster

Modèle de carte son, fabriqué par Creative Labs, qui constitue depuis longtemps déjà un standard en matière de restitution de son. Aujourd'hui encore, la plupart des cartes son commercialisées sont compatibles SoundBlaster. Pour générer les sons, la carte son SoundBlaster utilise le processeur de sons OPL3 de Yamaha, qui travaille à l'aide de formules mathématiques suivant le principe de la synthèse FM. Les derniers modèles de cartes son 32 bits et 64 bits SoundBlaster utilisent le procédé à table d'ondes, qui repose sur des sons d'instruments réels numérisés et compressés, stockés dans une puce de ROM. Ces sons sont très réalistes. Plus la mémoire de la table d'ondes est importante – elle est généralement de 2 ou 4 Mo –, meilleure est la qualité du son. Le suffixe AWE ajouté à certaines références de cartes son SoundBaster indique qu'il est possible d'équiper la carte de mémoire vive supplémentaire pour y charger de nouveaux sons. Cette possibilité est particulièrement intéressante pour les musiciens qui souhaitent aussi pouvoir utiliser le standard General-MIDI ou GeneralSynth-MIDI. Pour les utilisateurs qui ne se servent de leur carte son que pour des jeux ou pour travailler sous Windows, l'achat d'une carte AWE ne se justifie pas : elle ne peut rien leur apporter de plus.

➠ *Voir carte son, General-MIDI, GeneralSynth-MIDI, synthèse FM, table d'ondes*

La carte son Soundblaster AWE32 offre la possibilité d'ajouter deux barrettes de mémoire SIMM pour accroître sa mémoire.

source de données

En réseau ou au cours d'une transmission de données, désigne l'ordinateur qui envoie les données. De la même manière que l'ordinateur émetteur est parfois appelé ordinateur source, l'ordinateur récepteur est parfois appelé "ordinateur cible".

➠ *Voir cible*

source

1. Qualifie un code qui doit ensuite être converti en programme exécutable par un compilateur ou un interpréteur.
2. Dans le domaine des communications, désigne un ordinateur qui émet des données. L'ordinateur auquel les données sont destinées, en revanche, est appelé ordinateur cible.

souris

Périphérique d'entrée qui, lorsqu'il est déplacé sur une surface plane (un bureau ou un tapis de souris), déplace aussi sur l'écran de l'ordinateur un pointeur pour sélectionner des objets graphiques ou pour déplacer le point d'insertion (ou curseur). La souris elle-même est un petit boîtier en plastique qui repose physiquement sur une petite boule en gomme dont les mouvements sont analysés par plusieurs capteurs mécaniques ou optiques, puis convertis en signaux. Ces signaux sont transmis à l'ordinateur par l'intermédiaire d'un fil électrique (le fil de la souris), d'une interface infrarouge ou encore par radio. Selon sa marque et le type d'ordinateur pour lequel elle a été conçue, la souris peut comprendre de un (souris pour Mac) à trois boutons (souris pour PC). Ces boutons servent à sélectionner des éléments et à activer des programmes ou des processus sous une interface utilisateur graphique.

➠ *Voir bouton de souris, cliquer, double-clic, glisser-déplacer*

Une souris à trois boutons de marque Logitech.

souris à infrarouge

Souris sans fil qui émet des rayons infrarouges pour permettre à l'ordinateur d'analyser sa position. Cette souris est associée à un capteur branché comme une souris classique sur le port série de l'ordinateur. Les signaux infrarouges qu'elle émet sont interceptés par le capteur, qui les convertit pour l'ordinateur de telle sorte qu'ils se présentent comme ceux qu'émet une souris classique.

➠ *Voir souris*

souris bus

Synonyme de "souris PS/2". Souris qui, contrairement à une souris série, dispose de son propre bus sur la carte mère et n'est donc pas connectée à un port série (COM1 ou COM2). Elle présente l'avantage d'être reconnue par l'ordinateur alors qu'il a déjà démarré (il est donc possible de la brancher alors que l'ordinateur fonctionne) et de laisser

S

un port série libre pour un autre périphérique. Elle présente, en revanche, l'inconvénient de nécessiter une interruption (l'IRQ 12, généralement).

➡ *Voir carte mère, interruption, port série*

souris PS/2

Synonyme de "souris bus".

➡ *Voir souris bus*

souris radio

Souris qui n'est pas reliée à l'ordinateur par l'intermédiaire d'un fil mais par l'intermédiaire d'un émetteur radio intégré à la souris. Un capteur d'ondes radio relié à l'ordinateur intercepte les ondes radio produites par les mouvements de la souris et les convertit en signaux tels que ceux qui sont émis par une souris classique. Ce type de souris offre à l'utilisateur une plus grande liberté de mouvement.

spam

Sigle, abréviation de *Send Phenomenal Amounts of Mail* ("envoi de quantités phénoménales de courriers élctroniques").

➡ *Voir courrier électronique intempestif*

SPARC

Abréviation de *Scalable Processor Architecture* ("architecture de processeur étalonnable").
1. Modèle de CPU RISC fabriqué par Sun Microsystems.
2. Désigne une station de travail qui repose sur un processeur RISC.

➡ *Voir Sun Microsystems*

special move

"Mouvement spécial". Coup particulièrement spectaculaire dans un jeu d'action. Ce type de coup est généralement très complexe et donc particulièrement difficile à réaliser.

Speedstor

Programme très utilisé sur les vieux modèles de disques durs à interface ST-506 pour les formater à bas niveau. Speedstor intégrait un utilitaire de diagnostic pour disque dur.

➡ *Voir disque dur, formatage de bas niveau*

spooler

Abréviation de *Simultaneous Peripheral Operations OnLine* ("mise en file d'attente d'opérations périphériques simultanées"). Synonyme de "gestionnaire de file d'attente". Système qui permet à plusieurs programmes d'accéder simultanément à une imprimante. Ce système met en place une file d'attente pour chaque imprimante et y place chaque tâche d'impression. Une fois les différentes tâches organisées en file d'attente, le spooler envoie la première tâche d'impression à l'imprimante. Cette opération s'effectue d'ailleurs parallèlement à l'exécution d'autres programmes, puisque le spooler exploite en fait chacune des pauses marquées par ces programmes pour exécuter les tâches d'impression.

sprite

"Image-objet".

➡ *Voir image-objet*

SPX

Sigle, abréviation de *Sequenced Packet eXchange* ("échange de paquets séquencé"). Protocole de transfert de données utilisé en complément du protocole IPX/SPX par le système d'exploitation Novell Netware. Ce protocole permet de transférer les données sous forme de paquets en toute sécurité.

SQL

Sigle, abréviation de *Structured Query Language* ("langage de requêtes structuré"). Langage de requêtes pour bases de données relationnelles développé par IBM. Le SQL a été repris pour un grand nombre d'applications reposant sur l'architecture client-serveur.

➡ *Voir base de données relationnelle*

SQL Server

Système de gestion de bases de données relationnelles, fabriqué par Sybase, qui, comme son nom l'indique, utilise le langage de requêtes SQL.

➡ *Voir base de données relationnelle, SQL*

squeezing

"Compression". Technique de compression de données consistant à affecter un code de trois bits, au lieu des huit utilisés habituellement, aux caractères qui reviennent souvent afin de réduire l'espace occupé par le texte. Cette technique impose toutefois d'appliquer un code de plus de huit bits aux caractères particulièrement rares. Dans l'ensemble, toutefois, cette technique de compression offre un gain de taille intéressant.

➡ *Voir compression*

SRAM

Abréviation de *static RAM* ("RAM statique"). Type de mémoire qui, contrairement à la mémoire DRAM, n'a pas besoin d'être rafraîchie. La mémoire SRAM est nettement plus rapide que la mémoire DRAM, mais elle coûte aussi beaucoup plus cher. Elle permet d'atteindre un temps d'accès de 5 à 15 ns.

➠ *Voir cycle de rafraîchissement, DRAM*

SRS

Sigle, abréviation de *Sound Retrieval System* ("système de restitution de son"). Procédé sonore conçu pour générer des sons artificiels (audio 3D). Ce système coûte beaucoup moins cher que les systèmes audio 3D et que les systèmes *surround* tels que l'AC-3, le Dolby Pro Logic et le THX. La puce SRS peut être intercalée à n'importe quel endroit du circuit électrique qui relie l'amplificateur aux enceintes pour traiter les signaux existants. Le système SRS est donc utilisable avec n'importe quelle installation audio existante et il permet de conserver les deux enceintes normales.

SSI

1. Sigle, abréviation de *Small Scale Integration* ("intégration à petite échelle"). Type de circuit intégré intégrant un maximal de 10 transistors. Le type SSI est immédiatement inférieur au type MSI.
2. Sigle, abréviation de *Statens Stralskydds Institut* ("institut national pour la protection contre les rayonnements", en suédois). Norme antirayonnement suédoise qui définit un seuil de rayonnement que les moniteurs ne doivent pas dépasser. Cette norme précéda les normes MPR.
3. Fabricant de jeux informatiques qui a lancé un certain nombre de jeux de rôles très connus.

➠ *Voir CI, MPR*

stack

"Pile".

➠ *Voir pile*

stack pointer

"Pointeur de pile".

➠ *Voir pointeur de pile*

stand-alone

"Autonome". Qualifie un ordinateur qui n'est pas relié à un réseau ou un module externe qui peut fonctionner seul.

➡ *Voir module externe, réseau*

standard

Qualifie un logiciel très général conçu pour satisfaire un maximum de clients. Les logiciels standards s'opposent aux logiciels personnalisés, qui sont conçus pour répondre aux besoins particuliers d'un client ou d'une société. Les traitements de texte et les tableurs tels que Word et Excel font partie des logiciels standards.

➡ *Voir tableur, traitement de texte*

standard graphique

Ensemble de principes de fabrication et de normes techniques acceptés de tous les fabricants de cartes graphiques. Les standards graphiques rendent possible le fonctionnement des cartes de différents fabricants avec un même moniteur et inversement. Le standard graphique actuel est le standard SVGA (*Super VGA*), qui a supplanté les standards VGA, CGA, EGA et Hercules.

➡ *Voir carte graphique, CGA, EGA, Hercules, SVGA, VGA*

standard téléphonique

Appareil qui permet de relier plusieurs terminaux téléphoniques pour créer un réseau téléphonique interne. Les standards téléphoniques s'adressent essentiellement aux entreprises et, plus généralement, aux organisations qui ont besoin d'un grand nombre de postes téléphoniques en interne. Ils offrent la possibilité de communiquer gratuitement au sein du réseau, ce qui est déjà très intéressant pour les organisations de grande taille. Pour pouvoir utiliser la technologie RNIS, il faut disposer soit de terminaux téléphoniques spéciaux, soit d'un standard capable de traiter les signaux analogiques pour les fax, les modems et les téléphones normaux. Lorsque des fax ou des modems doivent être utilisés avec un standard, il faut prêter attention aux points suivants :

- Tous les standards n'offrent pas un taux de transfert supérieur à 28,8 Kbit (modems V.34).
- Pour sortir du réseau téléphonique interne, il faut généralement composer un chiffre donné (le 0, le plus souvent) pour obtenir la tonalité d'appel.
- Pour les programmes de télécommunication, il faut veiller à enregistrer la commande AT X3 dans les chaînes d'initialisation, car elle désactive la détection de tonalité.

➡ *Voir fax, modem*

S

Avec la multiplication des accès RNIS, les standards RNIS téléphoniques tels que celui-ci tendent à se généraliser dans les entreprises.

standards de transmission RNIS

Protocoles de communication utilisés par les cartes RNIS. Ces protocoles sont au nombre de quatre :

- **X.75.** Protocole international normalisé qui permet de transmettre des données en utilisant le taux de transfert maximal de 64 Kbit/s par canal.
- **V.110.** Protocole, d'abord utilisé aux Etats-Unis, qui admet deux taux de transmission : 19,2 Kbit/s pour les transferts synchrones et jusqu'à 56 Kbit/s pour les transferts asynchrones. C'est ce protocole qu'utilise CompuServe.
- **V.120.** Protocole identique au protocole V.110, mais qui intègre en plus des algorithmes de compression et de correction d'erreurs. Ce protocole est lui aussi utilisé par CompuServe.
- **HDLC.** Sigle, abréviation de *High-Level Data Link Control* ("contrôle de liens de données de haut niveau") ; protocole orienté bit qui intègre des algorithmes de correction d'erreurs et de transmission par paquets. Les données sont transmises sous forme de paquets distincts.

➡ *Voir HDLC, V.110, X.75*

standards 3D

Standards qui régissent la restitution des graphismes en trois dimensions. Pour représenter des structures géométriques en 3D, les applications s'appuient généralement sur les bibliothèques graphiques 3D disponibles, appelées noyaux 3D. Les programmeurs d'applications qui disposent d'une API bien définie pour un noyau donné peuvent généralement travailler beaucoup plus rapidement dans la mesure où ils n'ont pas à adapter leur application à un modèle de carte graphique spécifique. Le premier noyau créé, appelé GKS (*Graphic Kernel System*, ou "système de noyau graphique"), fut développé en 1985-1986 et fit l'objet de normes ISO et DIN. Conçu initialement pour les graphismes en 2D, ce noyau fut rapidement suivi du noyau GKS-3D, capable de représenter les objets en 3D. C'est à partir de ce noyau que fut développée la bibliothèque PHIGS (*Programmers Hierachical Interactive Graphic System*, ou "système graphique hiérarchique interactif pour programmeurs"), elle aussi normalisée, qui, sous sa forme actuelle, intègre des fonctions d'interface utilisateur offrant une interaction graphique. La version suivante de ce noyau, appelée PHIGS-PLUS offre un procédé d'ombrage optimisé et une banque de données étendue aux b-splines.

Outre les noyau PHIGS et PHIGS-PLUS, il existe un noyau appelé GL (*Graphics Library*, ou "bibliothèque graphique"), conçu par la société Silicon Graphics. Ce standard s'est également imposé sous le nom *OpenGL* sur d'autres plates-formes. Le noyau OpenGL est utilisé essentiellement sur les ordinateurs haut de gamme, pour l'imagerie (tracé de rayons), les applications de simulation, et les activités touchant à la réalité virtuelle. Le VRML (*Virtual Reality Modeling Language*, ou "langage de modélisation de réalité virtuelle"), par exemple, repose sur le format de fichier OpenInventor, kit de développement conçu pour le noyau OpenGL. Le marché propose d'autres noyaux, tel le noyau HOOPS (*Hierarchical Object Oriented Picture System*), d'Autodesk, et sa version plus évoluée HEIDI, qui est utilisée comme noyau graphique sous 3D Studio MAX. Les sociétés SPEA et Intel possèdent elles aussi leurs propres noyaux, appelés respectivement SP3D et 3DR.

➠ *Voir noyau 3D, OpenGL, tracé de rayons*

stand-by

"Veille". Mode de fonctionnement dans lequel les appareils modernes tels que les moniteurs, les ordinateurs portables et les imprimantes laser basculent automatiquement au terme d'un certain temps d'inactivité afin de réduire leur consommation d'énergie. Lorsqu'un appareil a basculé en mode stand-by, il est possible de le réactiver à tout moment en appuyant sur une touche ou en déplaçant la souris.

Statens Stralskydds Institut

"Institut national pour la protection contre les rayonnements", en suédois.

➠ *Voir SSI*

static memory

"Mémoire statique".

➟ *Voir SRAM*

station d'accueil

Boîtier externe qui permet d'utiliser un ordinateur portable comme un ordinateur de bureau. Pour ce faire, il suffit de le glisser à l'intérieur de la station d'accueil. Les connecteurs externes de l'ordinateur portable s'insèrent alors dans ceux de la station d'accueil, et le contact est ainsi établi entre l'ordinateur portable et les périphériques, et le moniteur de la station d'accueil. Une station d'accueil est en principe composée au minimum du boîtier externe lui-même, d'un moniteur et d'une souris. C'est également elle qui alimente l'ordinateur portable en courant électrique.

➟ *Voir ordinateur portable*

station de traitement de données

A l'origine, terminal qui permettait de traiter les données délivrées par un ordinateur central. Aujourd'hui, synonyme d'"ordinateur". Outre l'ordinateur lui-même, il faut posséder un logiciel pour traiter les données. Cette combinaison d'un ordinateur et d'un logiciel est appelée "système de traitement de données".

➟ *Voir ordinateur, système de traitement de données*

station de travail

1. Ordinateur très puissant qui repose généralement sur un processeur RISC. Silicon Graphics, Sun et DEC font partie des fabricants de stations de travail les plus connus. Les stations de travail servent généralement à effectuer des calculs graphiques particulièrement complexes pour lesquels des PC normaux ne seraient pas assez puissants. Les stations de travail utilisent généralement le système d'exploitation Unix.
2. Ordinateur relié à un réseau.

station locale

Station de travail individuelle d'un réseau.

➟ *Voir réseau, station de travail*

stealth

"Furtif".

➟ *Voir furtif*

STN

Abréviation de *Scientific and Technical Information Network* ("réseau d'échange d'informations scientifiques et techniques"). Réseau international qui a vocation à faciliter les échanges de données à caractères scientifique et technique.

stockage disque en miroir

En anglais : *mirroring*. Mode de stockage consistant à enregistrer les données sur deux disques durs utilisés en parallèle et gérés par un même contrôleur. On dit alors que les données sont stockées en miroir. Ce mode de stockage, qui est l'une des cinq variantes de la technique RAID, est utilisé pour garantir un degré de sécurisation maximal sur les serveurs et les ordinateurs dont la fonction est de stocker des données particulièrement importantes. La technique RAID à duplex utilise le même procédé, mais les disques durs sont gérés par deux contrôleurs distincts.

➠ *Voir contrôleur, disque dur, duplexage, RAID, serveur*

La page d'accueil du site Web de Miro.

stratégie de backup

Stratégie consistant à déterminer quelles données doivent être incorporées à un backup et à quelle fréquence les backup doivent être effectués. On distingue d'une manière générale deux types de backup : les backup complets, qui consistent à sauvegarder l'ensemble des données, et les backup différentiels, qui consistent à ne sauvegarder que les fichiers modifiés depuis le dernier backup. Les backup sont généralement effectués suivant le principe de la succession de générations, lequel veut que, à un jour donné de la semaine (chaque vendredi, par exemple, si le backup est effectué hebdomadairement, ou chaque jour s'il est effectué quotidiennement), un nouveau backup soit effectué et conservé jusqu'à la troisième génération de backup (jusqu'à la troisième semaine dans le premier cas, et jusqu'au troisième jour dans le second).

➠ *Voir backup, copie de sécurité, programme de backup*

streamer

Synonyme de "lecteur de bandes" et de "dérouleur de bandes".

➠ *Voir lecteur de bandes*

structogramme

Représentation graphique d'un algorithme. Les structogrammes sont particulièrement utiles pour représenter des programmes structurés. Ils représentent les algorithmes sous forme de suites d'événements, d'alternatives et de répétitions. Contrairement aux organigrammes, ils ne permettent pas de représenter des sauts.

structure de commandes

Synonyme de "syntaxe". Structure interne d'un programme ou d'une chaîne de commandes dans un langage de programmation ou au sein d'un système d'exploitation donnés.

➠ *Voir langage de programmation, système d'exploitation*

structure de contrôle

Structure qui conditionne l'exécution d'un programme. Les principaux composants de la structure de contrôle d'un programme sont les appels de fonctions, les boucles et les sauts.

➠ *Voir boucle, condition, fonction, programme, saut*

structure de répertoires

Système utilisé pour classer les répertoires d'un support de stockage. Les répertoires sont en principe classés en arbre.

➠ *Voir arborescence de répertoires, répertoire*

structure de réseau

Synonyme de "topologie de réseau". Architecture spatio-fonctionnelle d'un réseau. Il existe différentes structures de réseau, qui conditionnent toutes à leur manière la gestion du réseau et des nœuds qui le composent.

➠ *Voir topologie de réseau*

structure en arbre

➦ *Voir arborescence*

structurée

➦ *Voir programmation structurée*

Structured Query Language

"Langage de requêtes structuré".

➦ *Voir SQL*

style

Ensemble de paramètres de mise en forme stockés de manière durable sous un même nom dans un document de traitement de texte. On distingue d'une part les styles de paragraphe et d'autre part les styles de caractères. Les styles de paragraphe contiennent des paramètres de mise en forme qui s'appliquent à l'ensemble d'un paragraphe. Les styles de caractères, en revanche, s'appliquent à des caractères ou à des chaînes de caractères isolés. Les styles permettent d'enregistrer toute une série de paramètres sous un même nom et de les appliquer à du texte en activant ce nom, mais aussi de modifier globalement un document de texte en modifiant un ou plusieurs styles.

➦ *Voir mise en forme de paragraphe, traitement de texte*

stylo optique

Scanner en forme de stylo, qui sert aujourd'hui essentiellement à lire des codes à barres. Lorsque le stylo est déplacé sur le code à barres, la lumière émise par la source lumineuse intégrée au stylo est réfléchie par les espaces vides du code à barres. Elle est renvoyée vers des capteurs intégrés au stylo et convertie en signaux par un circuit électronique. Ces signaux sont ensuite transmis à l'ordinateur, qui les convertit à son tour en informations.

➦ *Voir code à barres, scanner*

subdirectory

"Sous-répertoire".

➦ *Voir sous-répertoire*

subdomain

"Sous-domaine".

➦ *Voir sous-domaine*

subnet

"Sous-Internet". Réseau privé qui fonctionne comme l'Internet. Les *citywebs* sont des exemples de subnets.

➠ *Voir cityweb, Internet, intranet*

Subscriber Identification Module

"Module d'identification d'abonné".

➠ *Voir SIM*

subwoofer

"Caisson de basses".

➠ *Voir caisson de basses*

suffixe

Partie finale d'une structure de données. Le suffixe des paquets de données contient souvent un bit de contrôle CRC ou une autre forme de structure.

➠ *Voir CRC*

suite de logiciels

Ensemble de logiciels conçus par un même fabricant et vendus ensemble. Ils doivent donc, en principe, pouvoir échanger facilement des données. Office, de Microsoft, et Smartsuite, de Lotus, sont deux exemples de suites de logiciels très connues.

suite de programmes

En anglais : *suite*, *package* ou *bundle*. Lot de programmes vendus dans un même emballage alors qu'ils sont par ailleurs disponibles séparément. Certains fabricants de logiciels regroupent parfois leurs applications les plus importantes sous forme de suites, qui sont souvent meilleur marché que l'ensemble des différents programmes achetés séparément. Ainsi, la société Microsoft propose-t-elle par exemple la suite de programmes Microsoft Office, qui contient, suivant la version, les programmes Excel, Winword, Access, Outlook et PowerPoint. Les sociétés Lotus, StarDivision et Corel commercialisent elles aussi des suites de programmes de ce type (Lotus Smartsuite 97, StarOffice et Corel Office).

➠ *Voir Access, Corel, Excel, Office, SmartSuite, Word*

suiveur

Programme qui permet de suivre l'évolution de chacun des différents modules d'un programme pour surveiller leur relation. Il s'agit d'une forme de débogueur.

➠ *Voir débogueur*

Sun Microsystems

http://www.sun.com

Société américaine fondée en 1982 qui fut d'abord spécialisée dans la fabrication de stations de travail graphiques et de stations pour réseaux. C'est pour ces stations de travail qu'elle conçut le processeur RISC SPARC. Depuis peu, Sun s'intéresse aussi au développement de son langage de programmation Java, qui suscite d'autant plus d'intérêt au sein de la communauté des utilisateurs de l'Internet que l'utilisation en est gratuite.

➡ *Voir Java, SPARC*

La page d'accueil du site Web de Sun – beaucoup d'informations sur Java.

Super Large Scale Integration

"Intégration à super grande échelle".

➡ *Voir SLSI*

supérieure

➡ *Voir mémoire supérieure*

super-ordinateur

Gros système qui se caractérise par une capacité de calcul particulièrement importante. Le Cray, fabriqué par la société canadienne du même nom, fait partie des super-ordinateurs les plus connus.

➡ *Voir gros système*

superviseur

Synonyme d'"administrateur système".

➠ *Voir administrateur système*

support de CPU

Adaptateur en plastique perforé, soudé sur la carte mère, qui permet d'insérer le CPU sur la carte mère. Les supports de CPU ZIF (*Zero Insertion Force*, "force d'insertion nulle") permettent d'insérer le CPU sur la carte mère et de la retirer sans forcer.

Le support de processeur ZIF permet d'insérer et d'extraire très facilement le CPU.

support de stockage

Support magnétique, optique ou magnéto-optique utilisé pour stocker des données de manière permanente. Les disquettes, les disques durs, les disques magnéto-optiques et les CD-R sont des exemples de supports de stockage.

➠ *Voir CD-ROM, dérouleur de bandes, disque dur, disquette, lecteur magnéto-optique, mémoire de masse*

suppression des espaces

Opération consistant à supprimer les espaces d'un texte ou d'une table à transmettre à distance, afin d'en réduire la taille et, par conséquent, d'accélérer la transmission. Les espaces occupent en effet souvent une place considérable dans les documents, et ils accroissent donc considérablement le temps de transmission lorsqu'ils sont conservés.

suppression des zéros de tête

Fonction automatique disponible sous un grand nombre d'applications, qui permet de masquer automatiquement les zéros que l'ordinateur place devant les chiffres réels des valeurs numériques pour leur faire occuper la longueur de champ requise.

surfer

Parcourir le Web en cliquant sur des liens hypertexte pour passer automatiquement d'un site à un autre.

➠ *Voir navigateur Web, WWW*

surround

"Entourer". Système de sonorisation inventé pour améliorer la qualité sonore des films dans les salles de cinéma et créer un effet spatial. Les haut-parleurs stéréo permettent certes de donner l'impression que le son vient de droite et de gauche, mais pas de l'avant ou de l'arrière. Le premier système de sonorisation pour cinéma à six canaux fut créé en 1941. Outre les deux canaux stéréo classiques, il possédait quatre canaux réservés aux effets sonores d'arrière-plan et aux basses. Pour ces canaux, il faut disposer de haut-parleurs et les placer correctement dans l'espace pour leur faire générer l'effet sonore recherché. Les systèmes de sonorisation à six canaux sont composés des deux haut-parleurs stéréo, d'un haut-parleur central (placé entre les deux haut-parleurs stéréo), de deux haut-parleurs arrière chargés de restituer le son d'arrière-plan, et d'un caisson de basses. Chaque haut-parleur ne prenant en charge qu'un spectre de fréquences très précis, il peut se consacrer pleinement à la restitution de ces fréquences et ainsi fonctionner à un volume plus élevé. En recourant à un processeur de signaux spécial (DSP), il est aussi possible de retraiter le son artificiellement pour créer un effet spatial à l'aide de seulement deux enceintes stéréo. Un certain nombre de nouveaux logiciels permettent de créer un son spatial avec la plupart des applications multimédias et un matériel approprié. Ces systèmes sont loin du système surround, mais ils coûtent aussi beaucoup moins cher.

S-UTP

Sigle, abréviation de *Shielded-Unshielded Twisted Pair* ("paire torsadée blindée-non blindée").

➠ *Voir paire torsadée*

SVGA

Abréviation de *Super-VGA*. Version améliorée du standard vidéo VGA, le standard SVGA offre davantage de couleurs et permet d'atteindre une résolution de 1 280 × 1 024 pixels.

➠ *Voir carte graphique, VGA*

swap file

"Fichier d'échange de données".

➠ *Voir fichier d'échange de données*

swapping

"Echange". Technique qui, pour permettre à l'ordinateur de toujours disposer d'un maximum de mémoire vive libre, consiste à placer sur le disque dur les données de la mémoire vive qui n'ont pas été utilisées depuis un certain temps.

➠ *Voir fichier d'échange de données*

switch

"Commutateur".

➠ *Voir commutateur*

switching

"Commutation".

➠ *Voir commutation*

SX

Version économique des processeurs de type 80386 et 80486 d'Intel. Dans le cas du 80386, le 80386 SX possédait, comme le 80386 DX, 32 canaux de données en interne, mais il ne fonctionnait en externe qu'à l'aide de 16 canaux. La largeur de son bus d'adresses était de surcroît limitée à 24 bits. Dans le cas du 80486, le coprocesseur du 80486 DX était désactivé. Les 80486 DX dont seul le coprocesseur était défectueux pouvaient ainsi toujours être vendus comme des 80486 SX. Il suffisait d'installer un coprocesseur sur la carte mère de l'ordinateur pour disposer d'un 80486 DX à part entière. Cette distinction entre les processeurs SX et DX permettait aux fabricants de proposer des ordinateurs, et plus précisément des cartes mères, à meilleur marché (au détriment de leurs performances).

SyJet

Lecteur à support amovible conçu par Syquest pour concurrencer directement le lecteur JAZ de Iomega. Avec une capacité de 1,5 Go, il surclasse même le lecteur JAZ, qui n'offre qu'une capacité de 1 Go.

➠ *Voir JAZ, Syquest*

Symantec

Fabricant dont les logiciels font partie des plus importants du monde dans le domaine des logiciels de diagnostic et des utilitaires. La plupart des produits de Symantec portent le nom du célèbre programmeur Peter Norton. (C'est par exemple le cas des programmes Norton Utilities et Norton Antivirus.) Après avoir absorbé Central Point (fabricant de PC-Tools), son ancien concurrent, ainsi que Delrina (fabricant de WinFax), Symantec est devenu l'un des plus gros fabricants de logiciels du monde.

➠ *Voir Delrina*

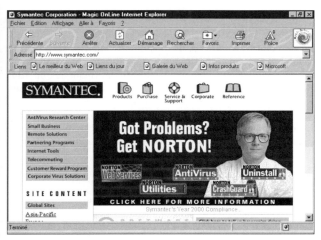

Symantec sur l'Internet.

synchrone

Qualifie un transfert de données au cours duquel l'émetteur et le récepteur sont cadencés à la même fréquence. C'est généralement un composant matériel supplémentaire qui veille à ce que cette fréquence soit identique de part et d'autre, ce qui permet de se passer des bits de contrôle utilisés pour les transferts asynchrones. Il reste donc davantage de place pour les données elles-mêmes, ce qui accroît le taux de transfert. Le mode de transfert par paquets est un exemple de transfert synchrone.

➠ *Voir cadençage, transfert, SCSI*

syntaxe

Ensemble des règles qui définissent comment les caractères, les mots et les formules doivent être organisés dans un langage de programmation. Lorsque ces règles ne sont pas respectées, une erreur de syntaxe survient et provoque généralement une interruption du travail de l'interpréteur ou du compilateur.

➡ *Voir compilateur, erreur de syntaxe, langage de programmation*

synthèse FM

Abréviation de "synthèse à modulation de fréquence". Procédé utilisé pour fabriquer des sons artificiellement. Ce procédé est utilisé par une puce (puce à synthétiseur) située sur la carte son.

➡ *Voir carte son*

synthespian

De Thespis, poète grec à qui l'on doit l'invention de la tragédie. Acteur virtuel. Le terme *synthespian* fut utilisé pour la première fois à la fin des années 80 par Kleiser-Walezak Construction Company, qui réalisa un grand nombre des effets informatiques du film *Tron*. L'industrie cinématographique mise aujourd'hui sur le développement d'humains virtuels autonomes, pour remplacer peu à peu les êtres humains. A l'aide des scanners humains, elle est déjà parvenue à immortaliser numériquement des acteurs tels qu'Arnold Schwarzenegger, Marlon Brando et Denzel Washington. Les seules techniques disponibles à l'heure actuelle pour réaliser des acteurs virtuels reposent sur la capture de mouvement.

Syquest

Le plus important fabricant de lecteurs à support amovible du monde, qui vise avant tout le monde de la PAO au sein duquel ses lecteurs sont utilisés pour les échanges de données graphiques et considérés comme des quasi-standards. Les premiers lecteurs Syquest, qui étaient généralement utilisés sur des Macinstosh, reposaient sur l'interface SCSI et n'offraient qu'une capacité de 44 Mo. Les derniers modèles atteignent une capacité de 200 Mo et existent en versions SCSI et IDE. Face à la concurrence de Iomega, Syquest a perdu des parts de marché substantielles, mais espère inverser la tendance avec la sortie de son lecteur de 1,3 Go, qui doit concurrencer le JAZ de Iomega.

sysop

Abréviation de *system operator* ("opérateur système"). Personne en charge de veiller au bon fonctionnement d'un BBS ou d'un réseau. Pour les réseaux, on parle toutefois d'administrateur système.

➡ *Voir administrateur système*

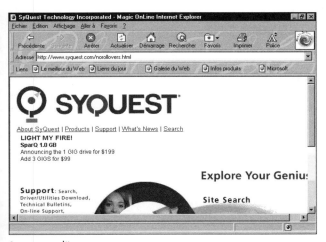

Syquest sur l'Internet.

System 7.5

Système d'exploitation utilisé en standard sur les Macintosh actuels. System 7.5 offre toutes les fonctions que l'on peut trouver sur un PC moderne (et notamment un système de gestion de mémoire virtuelle). Depuis peu, System 7.5 intègre un utilitaire appelé Easy Open qui permet d'échanger facilement des données entre des Macintosh et d'autres plates-formes (DOS, OS/2, Windows, etc.).

System 8

Système d'exploitation utilisé en standard sur les PowerMac. Il peut aussi être installé sur les Macintosh équipés au minimum d'un processeur 68040. System 8 a été doté d'une interface utilisateur remodelée. Il est enfin capable de fonctionner en mode multicanal (ou *multithread*), mais pas encore en mode multitâche préemptif. Compatible avec le système d'autoconfiguration Firewire, il intègre une fonction qui permet de naviguer très confortablement au sein de l'arborescence de répertoires. Il suffit de cliquer, d'attendre, de cliquer de nouveau et de laisser le bouton de la souris enfoncé pour ouvrir et refermer automatiquement un répertoire. Le successeur de System 8 (System 8.01), connu sous le nom de code *Bride of Buster*, est déjà en cours d'élaboration. Les années 1998 et 1999 doivent marquer l'apparition des versions Allegro et Sonata. Rhapsody, qui est présenté par Apple comme le système d'exploitation du siècle prochain, est lui aussi déjà à l'étude.

➠ *Voir Apple, Macintosh, MacOS*

System Application Architecture

"Architecture pour applications système".

➨ *Voir SAA*

System Fault Tolerance

"Tolérance aux pannes système". Ensemble des fonctions du système d'exploitation NetWare qui ont pour rôle de sécuriser les données. Ces fonctions sont subdivisées en trois parties (I à III).

➨ *Voir NetWare*

system operator

"Opérateur système".

➨ *Voir sysop*

SYSTEM.INI

Fichier de configuration utilisé par Windows 3.1 pour configurer les périphériques et les logiciels lorsqu'il se charge. C'est un fichier au format texte, découpé en plusieurs parties repérables à leur titre entre crochets (sous la forme [boot]) qui contient tous les paramètres système. Parmi ces paramètres figurent les pilotes à utiliser pour les périphériques, l'organisation de l'interface utilisateur, les paramètres de gestion de mémoire, etc. Nombre de ces paramètres ne font d'ailleurs l'objet d'aucune documentation officielle de la part de Microsoft, mais ils sont peu à peu décodés dans les différents livres et magazines d'informatique. La moindre modification apportée à ces paramètres peut être lourde de conséquences, et elle peut même compromettre la stabilité de l'ordinateur. Aussi est-il indispensable de bien connaître la syntaxe à utiliser pour modifier le contenu du fichier SYSTEM.INI. Il est d'ailleurs très intéressant pour l'utilisateur de maîtriser cette syntaxe dans la mesure où cela lui permettra ensuite de configurer Windows en fonction de ses propres besoins. Sous Windows 95, le fichier SYSTEM.INI existe toujours, mais il a en fait été remplacé par la base de registres. Ce fichier de configuration et la base de registres se mettent à jour mutuellement dès que l'un d'eux est modifié, ce qui permet de continuer à utiliser des applications 16 bits sous Windows 95.

➨ *Voir base de registres*

système

Ensemble des composants qui, associés les uns aux autres, permettent de réaliser des opérations qu'ils ne pourraient pas effectuer seuls. Chaque composant peut lui-même être un système constitué d'autres composants. En informatique, le terme système désigne généralement l'ensemble constitué par un ordinateur et les logiciels qui y sont installés, mais le système d'exploitation, les périphériques et les logiciels sont eux aussi des systèmes.

système à commande vocale

Système capable de reconnaître des commandes vocales et de les convertir en commandes ou données intelligibles pour l'ordinateur. Malgré les progrès effectués au cours de nombreuses années de recherche, les systèmes à commande vocale ne comprennent toujours que partiellement les commandes prononcées par l'utilisateur, qui doit s'entraîner pour pouvoir travailler efficacement. IBM avait fourni gratuitement avec son système d'exploitation OS/2 Warp 4 un système à commande vocale, appelé *VoiceType*, qui fit grand bruit.

➠ *Voir VoiceType*

système anticopie

Système de protection prévu par le fabricant d'un logiciel pour empêcher l'utilisateur d'effectuer des copies illégales de son logiciel et de préserver ainsi ses droits en matière de propriété intellectuelle. Il existe différents systèmes anticopie qui peuvent reposer soit sur un dispositif matériel (un dongle, le plus souvent), soit sur des techniques de programmation. Quel que soit le système, son rôle est en général de contrôler le code d'autorisation du logiciel, son numéro de série, le nombre des versions déjà installées, ainsi que le contenu des fichiers ou des différentes parties du programme. Dans la pratique, ces mesures ne sont souvent que partiellement efficaces. Lorsqu'elles ne peuvent pas être enfreintes par un utilisateur type, elles le sont généralement tôt ou tard par un pirate.

➠ *Voir cracker, dongle, hacker, pirate*

système binaire

➠ *Voir binaire*

système d'entrée/sorties

➠ *Voir IOS*

système d'exécution

Version minimale d'un programme livrée par un fabricant de logiciels avec un autre logiciel complet. Cette version minimale est généralement nécessaire pour rendre certaines fonctions du programme complet vraiment opérationnelles, ou encore pour permettre à l'utilisateur de visualiser des résultats qui ont été produits par un programme non installé sur son ordinateur. Ainsi, nombre d'applications Microsoft sont-elles livrées avec un système d'exécution Visual Basic, qui leur permet d'exécuter du code Visual Basic sur des ordinateurs sur lesquels Visual Basic n'a pas été installé en tant que tel. De la même manière, les premières versions d'Excel étaient livrées avec une version d'exécution de Windows, car Windows n'était alors que très peu répandu.

➠ *Voir Excel, programme, Visual Basic, Windows*

S

système d'exploitation

Logiciel qui fait office d'interface entre l'utilisateur et le langage machine de l'ordinateur. C'est le système d'exploitation qui permet à l'utilisateur de travailler sur l'ordinateur. Il définit et gère tous les périphériques et lecteurs ainsi que les structures de commandes et de dossiers, et les programmes. Il prend en charge la répartition des ressources (gestion des ressources), la gestion des processus, les composants internes et les périphériques externes, et gère les communications établies entre eux (gestion des entrées-sorties). C'est également lui qui met en place le système de fichiers et l'interface utilisateur. Il doit en outre intégrer un système de sécurisation, des routines de gestion des tâches et des sessions capables d'établir des journaux. On opère généralement une distinction entre les systèmes d'exploitation mono-utilisateur, multiutilisateur, monotâche et multitâche.

➡ *Voir gestion de processus, gestion des ressources, gestion des tâches et des sessions, interface utilisateur, logiciel, multiutilisateur, partition, système de fichiers*

système d'exploitation de PC

Logiciel qui fait office d'interface entre l'utilisateur et le langage machine d'un PC et qui permet à l'utilisateur de communiquer avec les différents composants de l'ordinateur : CPU, carte graphique, disque dur, etc. Le système d'exploitation permet aux différents programmes de s'exécuter et, en gérant la mémoire, en chargeant les pilotes et en activant les interfaces logicielles appropriées, de fonctionner sans problème. Lorsque plusieurs ordinateurs sont reliés en réseau, le système d'exploitation de PC s'occupe en outre de la sécurisation des données qu'ils échangent. MS-DOS, Windows 3.x, Windows 95, Windows NT et Linux font partie des systèmes d'exploitation de PC les plus utilisés.

➡ *Voir Linux, MS-DOS, système d'exploitation, Windows 95, Windows NT*

système d'exploitation de réseau

Système d'exploitation qui permet la communication entre chacune des stations de travail d'un réseau et leurs applications. C'est lui qui prend en charge la gestion du réseau. NetWare et IntranetWare, de Novell, sont deux exemples de systèmes d'exploitation de réseau très connus. Le système d'exploitation de réseau est généralement installé sur le serveur. C'est depuis ce serveur (et éventuellement depuis n'importe quelle autre station de travail) que l'administrateur réseau contrôle et surveille l'ensemble du réseau. Le système d'exploitation de réseau permet aux utilisateurs d'accéder aux ressources, aux programmes et aux données du réseau.

➡ *Voir IntranetWare, LAN Manager, LAN Server, NetWare, réseau, Vines, Windows NT*

système de bases de données

Combinaison d'une base de données et du système de gestion de bases de données (SGBD) dans lequel elle a été créée. Comme la base de données elle-même, le système de base de données peut être partagé entre plusieurs fichiers ou plusieurs ordinateurs sur un même réseau.

➧ *Voir base de données, réseau, SGBD*

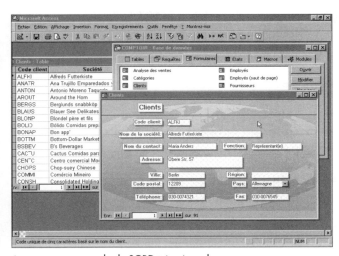

Access est un exemple de SGBD très répandu.

système de développement

Ensemble des logiciels et équipements nécessaires au développement de programmes. Les logiciels de développement sont généralement composés d'un compilateur, d'un débogueur, d'un éditeur et d'autres programmes.

➧ *Voir compilateur, débogueur, éditeur, programme*

système de développement de logiciels

Synonyme d'environnement de développement. Environnement logiciel optimisé pour la programmation d'autres logiciels. Un système de développement de logiciels rassemble sous une même interface utilisateur graphique, conçue pour être confortable à utiliser, tous les outils dont le programmeur a besoin : un éditeur, un compilateur (ou, selon le cas, un interpréteur), un lieur, des bibliothèques de fonctions et un débogueur. Les premiers systèmes de développement de logiciels furent des produits tels que Turbo C et Turbo Pascal, de Borland. Le concept fut ensuite repris par d'autres fabricants.

système de fichiers

Structure logique qui, dans un système d'exploitation donné, détermine comment les fichiers doivent être gérés et enregistrés, établit une hiérarchie de répertoires, et spécifie des conventions de nomination de fichiers qui permettent ensuite aux programmes d'accéder aux différents fichiers. Le système de fichiers d'un support de données est défini lorsque celui-ci est formaté. Les systèmes FAT, NTFS et HPFS sont trois exemples de systèmes de fichiers.

➡ *Voir FAT, FAT32, fichier, formatage, HPFS, NTFS, système d'exploitation*

système de gestion de bases de données

➡ *Voir SGBD*

système de gestion de bases de données relationnelles

➡ *Voir SGBDR*

système de gestion de fichiers

➡ *Voir FAT, FAT32, HPFS, NTFS, système de fichiers*

système de numération

Système utilisé pour représenter des nombres à l'aide de chiffres. Le système de numération le plus connu est le système décimal, qui utilise les chiffres 0 à 9. Tous les ordinateurs utilisent le système binaire, qui repose sur les chiffres 0 et 1. Le système hexadécimal, qui utilise les chiffres 0 à 9 et les lettres A à F, sert lui aussi en informatique.

système de sécurité

Partie du système d'exploitation qui a pour rôle de protéger les données stockées, non seulement contre les pirates, mais aussi contre les mauvaises manipulations effectuées par des utilisateurs malintentionnés ou inexpérimentés et contre les erreurs provoquées par des dysfonctionnements du matériel ou des logiciels, voire un plantage de l'ordinateur.

système de traitement de données

Ensemble des éléments matériels (l'ordinateur et ses périphériques) et des logiciels nécessaires au traitement des données. Il peut également s'agir d'un réseau, bien que, dans l'absolu, un réseau soit lui-même constitué d'une série de systèmes de traitement de données.

➡ *Voir réseau, station de traitement de données*

système décimal

Synonyme de "base 10". Système de numération qui repose sur les chiffres 0 à 9. C'est ce système de numération qui est utilisé dans la vie de tous les jours. En interne, l'ordinateur n'utilise pas le système décimal mais les systèmes binaire (base 2) et hexadécimal (base 16).

➠ *Voir binaire, hexadécimal*

système expert

Programme capable, en utilisant de l'intelligence artificielle et en consultant une base de données extrêmement complexe, de prendre des décisions. Un certain nombre de systèmes experts sont actuellement en cours d'expérimentation dans le domaine de la médecine. Reposant sur un algorithme capable de tirer des conclusions à partir de l'hypothèse de base et sur une base de données extensible, ils doivent servir à effectuer des diagnostics. Depuis 1984, un système expert appelé Cyc (abréviation de "Cyclopedia") est en cours de développement à Austin, aux Etats-Unis. La taille de sa base de données dépasse 1 Go.

➠ *Voir base de données, intelligence artificielle*

système octal

Synonyme de "base huit". Système de numération qui repose sur les chiffres 0 à 7, par opposition au système décimal, qui repose sur les chiffres 0 à 9. Les ordinateurs utilisent le système binaire qui repose sur des combinaisons de 0 et de 1. Cependant, le système octal peut être utilisé pour simplifier des valeurs numériques et des adresses de mémoire, bien que ce soit généralement le système hexadécimal (base 16) qui soit utilisé à cet effet.

➠ *Voir hexadécimal*

système ouvert

➠ *Voir ouvert*

S

T1/T/3

Standards de transfert de données utilisés aux Etats-Unis. Ces deux standards, qui s'utilisent sur des lignes dédiées, offrent respectivement un taux de transfert de 1,54 et 44,77 Mbit/s.

➠ *Voir ligne dédiée*

Tab

Abréviation de "tabulation". Touche située à gauche de la lettre A d'un clavier de PC et qui sert à insérer une tabulation, c'est-à-dire à décaler le curseur d'une distance prédéfinie. Sous les traitements de texte, les tabulations permettent d'aligner des éléments de texte et ainsi de réaliser des subdivisions ou des énumérations faciles à identifier visuellement. Elles permettent de réaliser très facilement des colonnes justifiées à droite, à gauche ou au centre.

table

Mode de présentation sous forme de lignes et de colonnes des enregistrements d'une base de données. Chaque ligne correspond à un enregistrement, et chaque colonne correspond donc à un champ. Dans la pratique, le mode de visualisation sert essentiellement à définir la structure de la base de données. Pour consulter les données, on utilise des formulaires (consultation à l'écran), des états (consultation sur papier), ou encore des requêtes (consultation associée à des critères de sélection).

➠ *Voir état, formulaire, SGBD*

table d'allocation de fichiers

En anglais : *File Allocation Table* (FAT). Système de fichiers utilisé par MS-DOS et Windows. Cette table constitue une sorte de table des matières pour le support de stockage auquel elle se rapporte. A chaque fois que le système d'exploitation doit lire ou enregistrer un fichier, il consulte la FAT pour savoir à quel endroit effectuer la lecture ou l'enregistrement.

➠ *Voir FAT, FAT32, support de stockage, système d'exploitation, système de fichiers*

table d'ondes

Procédé de restitution des sons qui ne repose pas sur la synthèse FM, mais sur des sons d'instruments réels, enregistrés sous forme d'échantillons dans des modules de mémoire et lus par la puce sonore. Les cartes modernes utilisent presque toutes la technique de la table d'ondes. Sur les modèles qui ne l'utilisent pas, il est généralement possible d'ajouter une table d'ondes sous forme de module. La technique de la table d'ondes est utilisée par la plupart des jeux informatiques, car elle permet d'obtenir une qualité de son plus proche de la réalité que la synthèse FM utilisée auparavant.

➠ *Voir carte son, synthèse FM*

table de montage

Appareil qui permet de traiter des enregistrements vidéo. Les tables de montage permettent, par exemple, d'incruster des titres. Les tables de montage modernes possèdent une interface de connexion pour PC.

➠ *Voir montage linéaire, montage non linéaire*

table de relocalisation

Synonyme d'"en-tête".

➠ *Voir en-tête*

table de vérité

Table qui contient toutes les combinaisons possibles de variables d'entrée et de sortie binaires pour une fonction logique donnée.

table des pistes défectueuses

En anglais : *Bad Track Table*, ou BTT. Liste recensant les pistes défectueuses des plateaux d'un disque dur. Dès lors qu'elles son répertoriées dans cette liste, ces pistes ne sont plus utilisées pour stocker des données. La table des pistes défectueuses est gérée en interne par le disque dur.

➠ *Voir disque dur*

table liée

Table d'une base de données dont l'un des champs est lié à l'un des champs d'une autre table. Les tables liées permettent de créer des requêtes multitables.

➠ *Voir SGBD, requête table*

tableau

Présentation de données sous forme de lignes et de colonnes. Tous les traitements de texte intègrent des fonctions censées faciliter la création de tableaux. Les tableurs permettent de réaliser des tableaux intégrant des formules mathématiques reliant différentes cellules.

tableau pivot

Tableau qui permet de répartir des données en plusieurs groupes de façon à en donner une vue d'ensemble. Il est ensuite possible de positionner les différents tableaux pivots interdépendants de diverses manières pour les analyser sous tous les angles possibles. Les tableurs permettent de créer des tableaux pivots.

➡ *Voir tableur*

tablette à numériser

➡ *Voir tablette graphique*

tablette graphique

Synonyme de "tablette à numériser". Périphérique d'entrée qui permet de dessiner et de construire sur ordinateur. Une tablette graphique est constituée d'une part d'un stylet et d'une tablette plate, pour dessiner le modèle, et d'autre part d'une loupe associée à un croisillon, qui permet d'entrer des données de construction. Sous la tablette se trouvent des capteurs qui analysent les mouvements du stylet. Les tablettes à numériser haut de gamme offrent une résolution de plus de 1 000 ppp. Les derniers modèles intègrent en outre plusieurs stylets interchangeables simulant différents pinceaux, différents crayons de papier et différentes mines. Les tablettes à numériser permettent donc de réaliser également des dessins graphiques, et notamment de l'aquarelle. Il existe des tablettes à numériser aux formats DIN A5 à DIN A3.

➡ *Voir capteur, CAO, numérique, PPP*

tableur

Programme conçu pour traiter des tableaux en deux dimensions contenant des données et des formules mathématiques reliant ces données. Les cases de ces tableaux sont appelées cellules. Lorsqu'une cellule contient une formule reliant des données et que, par la suite, certaines de ces données sont modifiées, le résultat de la formule se met à jour automatiquement. Les tableurs les plus connus sont Excel et Lotus 1-2-3.

tâche

Opération effectuée sur un ordinateur : exécution d'un programme, impression d'un document, etc. Le concept de tâche est particulièrement important dans le domaine des systè-

T

mes d'exploitation multitâches (systèmes d'exploitation capables d'exécuter plusieurs tâches simultanément). Sous OS/2 et Windows, ces tâches sont considérées comme des unités d'exécution (*threads*).

➠ *Voir Barre des tâches, gestion des tâches et des sessions, multitâche, multithread, processus*

tâche principale

Tâche (programme ou fonction de programme) qui profite du degré de priorité le plus élevé. C'est toujours la tâche principale qui s'exécute au premier plan.

➠ *Voir multitâche, priorité, programme*

tactile

➠ *Voir écran tactile*

tag

"Etiquette" ou "balise".

➠ *Voir balise, étiquette*

Tagged Image File Format

"Format de fichier d'image référencée".

➠ *Voir TIFF*

tagging

"Marquage".

➠ *Voir marquage*

tag-RAM

"RAM d'étiquettes".

➠ *Voir RAM d'étiquettes*

taille de police

Dimension d'une police, exprimée en points. L'utilisation du point comme unité de mesure remonte à l'époque où les caractères étaient fondus dans du plomb. Un point équivaut à 0,376 mm.

Le texte est souvent imprimé dans une police de taille 10. Mais la plupart des logiciels permettent de faire varier très facilement cette taille par pas de 1. Les programmes professionnels tels que les applications de CAO permettent même de la faire varier par pas de 0,5.

➠ *Voir corps, fonte, PAO, police*

tambour

Pièce cylindrique d'une imprimante laser ou à LED, qui a comme fonction de transférer l'image à imprimer sur le support d'impression. Grâce à un effet photoélectrique, une image de charge se forme sur le tambour qui fixe ensuite les particules d'encre et les transfère sur le support d'impression. L'encre est ensuite fixée sur le support d'impression par chauffage.

➠ *Voir imprimante à LED, imprimante laser*

tambour d'impression

➠ *Voir tambour*

tampon arrière

➠ *Voir mémoire tampon arrière*

tampon de données

En anglais : *data buffer*. Zone de mémoire utilisée pour stocker provisoirement des informations entre les opérations de lecture et d'écriture.

➠ *Voir tampon*

tampon Z

Mémoire tampon qui, sur les cartes graphiques 3D, est utilisée par le processeur graphique pour stocker les données se rapportant à la position d'un objet par rapport à l'axe Z. Les données se rapportant à la profondeur de couleur de chaque pixel sont généralement exprimées en 16 bits. La puce graphique compare les dernières données qui lui sont communiquées à celles qu'elle a déjà mémorisées et peut ainsi calculer la position du pixel par rapport à l'axe Z. Cela permet de déterminer si un pixel donné d'un objet doit être visible de l'utilisateur ou s'il doit être dissimulé derrière un autre objet. Sur les cartes graphiques bas de gamme, une partie de la mémoire graphique est généralement réservée au calcul de la position de la coordonnée Z. Les cartes graphiques plus évoluées, en revanche, possèdent généralement une puce de mémoire distincte réservée à cette opération, et cette puce possède alors son propre bus (tampon local). Si c'était possible, le processeur graphique devrait parfois travailler en 24 bits, voire en 32 bits, pour représenter fidèlement la position de certains objets complexes par rapport à l'axe Z. Toutefois, les interfaces de pro-

T

grammation telles que l'API DirectX de Microsoft ne permettent de travailler qu'en 16 bits.

➡ *Voir DirectX, fonctions 3D*

TAN

Abréviation de *Transaction Number* ("numéro de transaction"). Numéro affecté à une transaction bancaire sur un service bancaire en ligne afin de protéger le titulaire du compte. Toutes les transactions bancaires en ligne se voient attribuer un numéro TAN par le serveur, ce qui permet d'en garder une trace et de s'y référer facilement.

tape

"Bande".

➡ *Voir bande*

tape drive

"Lecteur de bandes".

➡ *Voir lecteur de bandes*

tapis de souris

Support antidérapant conçu pour faire glisser une souris. Les tapis conçus pour des souris à détection de mouvement optique comprennent une structure quadrillée sur leur couche supérieure.

➡ *Voir souris*

Une souris posée sur un tapis de souris.

target

"Cible".

⇒ *Voir cible*

taux d'innovation

Rapidité avec laquelle une entreprise, une branche ou un pays est en mesure de lancer des innovations techniques sur le marché. Le taux d'innovation est particulièrement élevé dans le domaine de l'informatique. Ainsi considère-t-on d'une manière générale qu'il suffit de deux ans pour qu'un PC de milieu de gamme soit considéré comme obsolète.

taux de transfert de données

1. Quantité de données transférée au cours d'une seconde par un dispositif tel qu'un périphérique de mémoire de masse (lecteur de disquettes, disque dur, lecteur de CD-ROM, etc.), un bus (PCI, ISA, IDE, SCSI, etc.) ou encore un module de mémoire vive (RAM). Cette quantité est de l'ordre du mégaoctet, voire du gigaoctet.

2. Synonyme de "taux de transmission de données". Dans le domaine des transmissions à distance, le taux de transfert de données mesure la quantité de données transférée dans une seconde par le biais d'un canal de transmission quelconque. Cette quantité de données est exprimée en bit par seconde. Le taux de transfert de données maximal possible est fonction du protocole de transmission utilisé et de la largeur de bande disponible. Pour les modems analogiques classiques, il peut varier de 14 400 à 56 000 bps. Pour les cartes RNIS, il est généralement de 64 000 bps. Le taux de transfert de données d'un modem se calcule en multipliant la vitesse de modulation par canal (indiquée en bauds) par le nombre des canaux de transmission disponibles. On distingue d'une part le taux de transfert de données net, qui ne mesure que les données effectives, et d'autre part le taux de transfert de données brut, qui mesure les informations se rapportant aux adresses de départ et d'arrivée et au contrôle des données (bits de départ, d'arrêt et de contrôle). De surcroît, dans l'absolu, le taux de transfert de données d'un modem n'est pas identique à son taux de transmission de données, dans la mesure où, pour mesurer le taux de transmission de données, il faut également prendre en compte le procédé de compression utilisé.

⇒ *Voir baud, bus, compression de données, interface, largeur de bande, mémoire de masse, modem, protocole de transfert, RNIS*

taux de transmission

⇒ *Voir taux de transfert*

TCO

Famille de normes antirayonnement qui constitue une extension de la famille de normes MPR. Les normes TCO sont nommées d'après leur année de création, sous la forme TCO

T

89, TCO 91, TCO 92, TCO 95. Elles définissent un seuil de rayonnement électromagnétique que les moniteurs ne doivent pas dépasser dans un rayon de 30 cm du moniteur. La norme TCO 92 prévoit en outre des fonctions d'économie d'énergie. La norme TCO 95 s'applique à l'ensemble de l'ordinateur, et non uniquement au moniteur et prévoit des valeurs limites encore plus sévères en matière de consommation d'énergie et de protection de l'environnement.

TCP

Sigle, abréviation de *Transmission Control Protocol* ("protocole de contrôle de transmission"). Protocole de transmission de données qui repose sur la quatrième couche du modèle OSI. Il fonctionne en duplex intégral. Ce protocole est orienté connexion et il nécessite un accusé de réception pour chaque paquet de données envoyé. Il constitue la première moitié du couple de protocoles TCP/IP.

➠ *Voir TCP/IP*

TCP/IP

Abréviation de *Transmission Control Protocol/Internet Protocol* ("protocole de contrôle de transmission/protocole Internet"). Couple de protocoles sur lequel reposent notamment le trafic des données sur l'Internet. Le protocole TCP a pour rôle de gérer les données sous forme de paquets (quatrième couche du modèle OSI), tandis que le protocole IP a pour rôle de transporter ces paquets (troisième couche du modèle OSI). Le couple de protocoles TCP/IP intègre en fait un troisième protocole, appelé UDP. Il ressemble au protocole TCP, mais ne nécessite pas d'accusé de réception pour les paquets envoyés. C'est aussi sur le couple de protocoles TCP/IP que reposent la plupart des services Internet de haut niveau, et notamment les services FTP, Telnet et SMTP. Ces services occupent la septième couche du modèle OSI.

➠ *Voir FTP, OSI, SMTP, Telnet*

TechnoMaker

Programme qui permet de réarranger des sons et des effets sonores existants pour composer rapidement et facilement des morceaux de musique techno.

➠ *Voir carte son*

télécharger

En anglais : *download*. Rapatrier des données depuis un BBS, un service en ligne ou un site Web sur le disque dur d'un ordinateur local.

➠ *Voir BBS, Internet, service en ligne*

télécommunications

Echange de messages vocaux, d'informations, de données, etc. à distance. Les moyens de télécommunication modernes, tels que le téléphone, le Minitel, l'Internet, les BBS et le vidéotexte, permettent aujourd'hui à tout un chacun d'accéder à un volume considérable d'informations. Ils contribuent aussi à rapprocher les êtres humains dispersés sur la planète dans la mesure où ils permettent de communiquer librement avec des personnes situées à l'autre bout du monde.

télécopieur

Synonyme de "fax".

➧ *Voir fax*

téléfax

Synonyme de "fax".

➧ *Voir fax*

téléphonie Internet

Service qui permet d'utiliser l'Internet pour communiquer verbalement avec un autre utilisateur. Les données vocales numérisées sont transmises par le biais de l'Internet, et non par l'intermédiaire d'une ligne téléphonique. Le principal avantage de la téléphonie Internet est son faible coût. Elle permet en effet de téléphoner à l'autre bout du monde pour le prix d'une communication locale. Pour utiliser ce service, il faut disposer d'un logiciel et d'un équipement spécial (une carte son, un micro et des haut-parleurs ou un casque).

➧ *Voir Internet*

téléscripteur

Synonyme de "télex". Appareil de télécommunications qui permet, en passant par un réseau de télécommunications spécifique, de transmettre des informations sous forme de texte. L'appareil ressemble à une machine à écrire. Les informations sont saisies au clavier par l'émetteur et imprimées à distance sur le téléscripteur de destination. Le téléscripteur est aujourd'hui un outil de communication obsolète.

➧ *Voir télécommunications*

télétex

Successeur numérique du télex. Le télétex n'est toutefois plus guère utilisé actuellement avec la généralisation des transferts Euro-File, du fax, de l'Internet et des BBS.

➧ *Voir téléscripteur, télex*

T

télétexte

Système de transmission d'informations textuelles qui exploite les lignes du tube cathodique d'un téléviseur qui ne sont pas utilisées pour les signaux télévisés. Ce système sert essentiellement à diffuser des informations sur les programmes télévisés, mais il peut servir à transmettre quantité d'autres informations. Le télétexte est très peu utilisé en France, alors qu'il est très répandu en Allemagne et en Angleterre.

télex

Abréviation de *Teleprinter Exchange* ("échanges par télé-imprimeur"). Système de transmission d'informations à distance par téléscripteur. Ce système a été inventé dans les années 1920. Pour qu'il soit possible d'envoyer des informations par télex à l'étranger, il faut que le pays de destination soit équipé d'un réseau de télex.

➡ *Voir téléscripteur*

Telnet

Service qui permet à un utilisateur habilité de se connecter à l'hôte de son choix sur l'Internet pour y travailler quasiment dans les mêmes conditions que sur son propre ordinateur. Telnet n'offre qu'une interface utilisateur orientée texte, mais il constitue souvent la seule solution possible, ce qui explique qu'il soit toujours très utilisé.

➡ *Voir hôte, Internet*

température de couleur

Température, exprimée en kelvins (0° K = –273° C), qui reflète le rapport existant entre une couleur et la température d'un corps lumineux. Les corps faiblement chauffés (à une température d'environ 1 500° K) émettent de la lumière donnant dans le rouge ; les corps fortement chauffés (aux environs de 10 000° K), en revanche, émettent de la lumière donnant dans le bleu. Les propriétés des couleurs des corps lumineux sont évaluées et classées suivant leur température de couleur. La lumière du soleil a une température de couleur d'environ 6 000° K, celle d'une feuille blanche, une température de couleur de 6 500° K, et celle d'un ciel bleu une température de couleur de 10 000° K. La température de couleur 6 500° K, qui correspond à du blanc parfait, est utilisée comme critère pour évaluer la couleur d'un moniteur. Plus un moniteur se rapproche de cette valeur, meilleur il est.

➡ *Voir moniteur*

template

"Modèle de document".

➡ *Voir modèle de document*

temps d'exécution

Période pendant laquelle un programme est actif, ou s'exécute. C'est durant cette période qu'il effectue les tâches qui lui incombent, c'est-à-dire qu'il obéit aux instructions qui lui sont communiquées par l'utilisateur ou encore par les périphériques ou les différents composants de l'ordinateur.

➠   *Voir périphérique, programme*

temps de calcul

1.   Temps dont un ordinateur a besoin pour traiter un programme. Ce temps est fonction de la vitesse de calcul du CPU.
2.   Temps dont le CPU a besoin pour exécuter une commande. Ce temps est mesuré en battements ; il est fonction de la fréquence de cadençage du CPU et de la complexité de la commande.

➠   *Voir CPU, vitesse de calcul*

temps de connexion

Temps pendant lequel l'utilisateur est resté connecté à distance à un service en ligne, à l'Internet ou à un autre ordinateur par l'intermédiaire de son modem. Ce temps est mesuré à partir du moment où l'utilisateur accède effectivement au service en ligne ou à l'Internet, ou encore où la connexion avec le modem distant a été établie (dans le cas d'un accès réseau à distance), et jusqu'au moment où la connexion est interrompue.

➠   *Voir accès réseau à distance, BBS, Internet, modem, service en ligne*

temps de mise en communication

Temps qu'il faut à un opérateur téléphonique pour mettre en relation deux abonnés. Ce temps n'est pas constant. Il dépend du nombre de commutateurs disponibles et du nombre d'abonnés déjà en communication.

temps de réponse

Synonyme de "délai d'exécution". Délai séparant le moment où l'utilisateur active une commande et celui où l'ordinateur l'exécute.

➠   *Voir réponse*

temps réel

➠   *Voir horloge en temps réel, jeu en temps réel, traitement en temps réel*

tension

Différence de potentiel entre deux pôles. La tension est l'une des unités électriques de base. Elle se mesure en volts (V). C'est la différence de potentiel entre les deux pôles qui crée un courant électrique, le pôle négatif présentant un surplus d'électrons, et le pôle positif, un manque d'électrons.

terme

Expression mathématique qui contient différentes fonctions (des additions, par exemple) reliées d'une manière logique ou mathématique.

terminaison

Synonyme de "terminateur".

➠ *Voir terminateur*

terminal

A l'origine, système d'entrée/sortie qui permettait d'échanger des données avec un gros système. Les premiers terminaux ne disposaient que d'un clavier, éventuellement d'un moniteur. Avec le temps, ils ont été complétés. Les premiers PC complets étaient d'ailleurs souvent utilisés comme des terminaux, alors qu'ils permettaient de travailler de manière parfaitement autonome. Ils émulaient à cet effet les fonctions d'un terminal à l'aide d'un logiciel qui reposait sur le protocole ANSI, TTY (télétype) ou VT100. Aujourd'hui, le terme terminal est toujours utilisé pour désigner un ordinateur qui sert à envoyer et recevoir des données à destination et en provenance d'un serveur local ou distant. Les programmes d'émulation de terminal offrent toutefois des fonctions beaucoup plus nombreuses que les premiers terminaux.

➠ *Voir émulateur de terminal, gros système, TTY*

terminal de données

➠ *Voir DCE*

terminal Internet

Synonyme de "décodeur Internet, NC" (*Network Computer*, "ordinateur de réseau"), de NPC (*Network-PC*, "PC de réseau"). Ordinateur simplifié qui ne contient que le strict minimum pour accéder à l'Internet à ou un intranet d'entreprise (un processeur, de la mémoire et de quoi se connecter à une ligne téléphonique, mais pas de périphériques de mémoire de masse tels qu'un disque dur ou un lecteur de disquettes). Avec ce type d'ordinateur, tous les travaux doivent être effectués à même le réseau, à l'aide de logiciels toujours actualisés qui doivent être téléchargés chaque fois dans la mémoire du terminal. Les résultats de ces travaux doivent aussi demeurer sur le réseau. Il n'existe en fait pas encore de standards pour cette classe d'ordinateurs, d'autant que le concept est relativement nouveau. Différents fabricants ont toutefois déjà lancé sur le marché des terminaux fondés sur ce principe. Ces modèles sont généralement dépourvus de moniteurs, et ils se branchent sur un écran de télévision. Quant au bien-fondé de ce type d'appareil, l'opinion publique est pour l'heure partagée. D'aucuns y voient une sorte de révolution dans la mesure où l'Internet devient ainsi accessible à tous, et notamment aux utilisateurs qui ne connaissent pas l'informatique, tandis que d'autres n'y voient qu'un retour à l'époque où la plupart des ordinateurs n'étaient que des terminaux entièrement sous la dépendance d'un gros système. La vérité se situe vraisemblablement quelque part entre ces deux opinions, mais il est d'ores et déjà acquis que le terminal Internet aura un rôle important à jouer dans le paysage des intranets d'entreprise.

➠ *Voir Internet, intranet*

terminate-and-stay resident

"Résident mémoire".

➠ *Voir TSR*

terminateur

Synonyme de "bouchon de terminaison", de "résistance terminale" et de "terminaison". Bouchon ou adaptateur appliqué à l'une des extrémités d'un bus SCSI afin de le soumettre à une résistance électrique et d'empêcher tout phénomène de réverbération de signaux. Les fréquences qui traversent un SCSI étant très élevées, il est indispensable d'obturer chacune des extrémités du bus. La réverbération qui risquerait sinon de se produire pourrait perturber les transferts de données. En matière de terminateurs, on distingue les modèles actifs des modèles passifs. Il est généralement préférable d'opter pour un modèle actif. Lorsque seuls des périphériques externes (ou, au contraire seuls des périphériques internes) sont connectés à un bus SCSI, il est indispensable que la carte contrôleur SCSI prenne en charge la terminaison manquante. Lorsque le bus supporte à la fois des périphériques externes et internes, en revanche, seuls les périphériques situés à chaque extrémité du bus (et non la carte elle-même) doivent être terminés.

➠ *Voir SCSI*

test de performances

Test conçu pour évaluer les performances d'un ordinateur. Le marché propose différents programmes conçus pour effectuer des tests de peformances. Ces programmes sont particulièrement nombreux dans le domaine des sharewares. Ils sont généralement appelés *benchmarks*.

➠ *Voir benchmark, performance*

689

tête d'impression

Composant d'une imprimante matricielle (à aiguilles ou à jet d'encre) ou à marguerite ayant à charge de transférer l'encre sur le papier.

➡ *Voir imprimante à jet d'encre, imprimante à marguerite, imprimante matricielle*

La tête d'impression d'une imprimante à jet d'encre.

tête de lecture magnétorésistive

Tête de lecture de disque dur qui utilise à la fois des principes magnétiques et un effet de résistance. Ce type de tête est utilisé en standard sur les nouveaux modèles de disques durs. Les disques durs traditionnels utilisaient des têtes de lecture inductives. Le fonctionnement de ces têtes reposait sur une petite bobine traversée par un courant généré par les informations stockées sur les plateaux magnétiques et par les variations de champs magnétiques qui en résultaient. Les têtes de lecture magnétorésistives, en revanche, reposent sur un autre effet physique : les variations de résistance d'un corps conducteur d'électricité lorsqu'il est soumis à l'influence d'un champ magnétique extérieur. Les têtes de lecture magnétorésistives sont composées d'une petite cellule conductrice d'électricité (un capteur magnétorésistif traversé par un courant) dont les variations de résistance sont évaluées par la carte logique du disque dur. Sur les disques durs qui utilisent cette technique, les têtes d'écriture fonctionnent toujours à l'aide d'une bobine et elles utilisent toujours le principe de l'induction. Pour des raisons techniques, les têtes de lecture et les têtes d'écriture sont même légèrement décalées les unes par rapport aux autres. Elles survolent les plateaux magnétiques à une hauteur d'environ 50 nm.

➡ *Voir disque dur, inductif, ve, tête de lecture-écriture*

tête de lecture-écriture

Petite pièce en matériau conducteur qui, dans un disque dur ou un lecteur de disquettes, flotte à une hauteur très réduite au-dessus d'un plateau. Elle permet de lire et d'enregistrer des données sur ce plateau sous forme d'informations champs magnétiques. Chaque plateau est en principe associé à deux têtes de lecture-écriture. Lors d'une opération d'écriture, la tête de lecture-écriture sert à faire circuler un courant électrique qui génère un champ magnétique. Ce champ magnétique magnétise une partie minuscule de la surface du plateau. Lors d'une opération de lecture, la tête de lecture-écriture est simplement positionnée sur la partie de la surface du plateau où se trouvent les données à lire et, pendant que le plateau tourne, elle est traversée par des courants électriques plus ou moins forts selon le degré de magnétisation du plateau. Ce sont ces courants électriques qui, une fois convertis, permettent d'accéder de nouveau aux données.

➠ *Voir disque dur, lecteur de disquettes*

tête magnétique

➠ *Voir inductif, ve, tête de lecture-écriture, tête de lecture magnétorésistive*

tête numérique de réseau

➠ *Voir TNR*

TeX

Formateur de texte développé par Donald Knuth, qui est distribué gratuitement. Contrairement aux traitements de texte WYSIWYG, TeX permet à l'utilisateur de ne pas se soucier de la mise en forme du texte : c'est le programme qui s'en charge automatiquement. TeX est un logiciel relativement technique. Il est l'élément principal de la suite de programmes de macro LaTeX, dont les outils simplifient considérablement la syntaxe particulièrement complexe de TeX.

➠ *Voir formateur de texte*

Texas Instruments

http://www.ti.com

Fabricant américain de semi-conducteurs qui fabrique aussi des produits électroniques tels que des calculatrices, des ordinateurs de poche et des ordinateurs portables.

texel

Abréviation de *texture element* ("élément de texture"). Point d'image d'une texture par opposition aux points d'image créés par la carte graphique (pixels). Si l'on distingue ces

T

deux types de points d'image, c'est parce que les cartes graphiques stockent les textures sous forme de structures carrées de points d'image.

➠ *Voir carte graphique 3D, fonctions 3D, mappage de textures, mémoire cache de textures, texture*

texte

➠ *Voir formateur de texte, mise en forme de texte, mode texte*

texte à la volée

Texte saisi sans aucun paramètre de mise en forme, avec simplement des retours de paragraphe et des marques de fin de ligne.

➠ *Voir mise en forme de paragraphe*

texture

Image bitmap projetée sur un objet 3D. L'image peut recouvrir l'objet complètement, comme un tapis, ou être répétée un certain nombre de fois comme un carrelage. Il existe différentes techniques de mappage permettant de réaliser divers effets suivant l'objet auquel la texture est appliquée.

➠ *Voir bitmap, mappage de textures, mémoire cache de textures, texel*

TFT

Abréviation de *Thin Film Transistor* ("transistor à film mince"). Synonyme de "matrice active". Type d'écran LCD de très grande qualité qui repose sur la technique des transistors à film mince. Les transistors des écrans LCD TFT contrôlent des pistes conductrices horizontales et verticales, fluides et transparentes, qui quadrillent l'écran et permettent de représenter les différents points constitutifs d'une image. Les champs électriques créés polarisent les cristaux liquides et génèrent ainsi les couleurs nécessaires. Les écrans TFT sont actuellement les meilleurs qu'il soit possible de trouver sur des ordinateurs portables. Ils sont de meilleure qualité que les écrans DSTN (double balayage), mais coûtent aussi beaucoup plus cher.

➠ *Voir laptop, LCD, matrice passive, notebook*

thermique

➠ *Voir imprimante thermique*

Thicknet

Type de câble coaxial pour réseaux locaux Ethernet qui se caractérise par un gros diamètre.

➠ *Voir coaxial, Ethernet*

Thin Film Transistor

"Transistor à film fin".

➠ *Voir TFT*

Thinnet

Type de câble coaxial pour réseaux locaux Ethernet qui se caractérise par un petit diamètre.

➠ *Voir coaxial, Ethernet*

thread

"Unité d'exécution". L'une des divisions d'une tâche à exécuter. Les systèmes d'exploitation qui utilisent le multithreading divisent les tâches en unités d'exécution. Chaque unité d'exécution possède son propre état. Elle possède son propre compteur de programme, son propre contenu de registre et sa propre pile de mémoire.

thread

"Unité d'exécution".

➠ *Voir multithreading*

TIFF

Sigle, abréviation de *Tagged Image File Format* ("format de fichier d'image référencée"). Format de fichier graphique pour Macintosh et PC. Ce standard fut créé par Aldus, Hewlett-Packard et Microsoft pour servir de format de sortie pour les scanners. Il en est actuellement à la version 5.0. Il permet de travailler avec une profondeur de couleur de 24 bits et repose sur un algorithme de compression de données sans perte fort intéressant. MS-DOS et Windows n'admettent qu'un maximum de trois lettres pour l'extension, il peut enregistrer les fichiers d'extension .TIF ou .TIFF. Il est utilisable sous la plupart des logiciels graphiques.

tilde

Nom du caractère spécial ~. Dans les expressions mathématiques, ce caractère signifie environ ou proportionnel. Sur l'Internet, on l'utilise pour distinguer les pages d'accueil de

différentes personnes après une URL, sous la forme **http://www:quarkser~ver.com/
~sampleuser**.

time sharing

"Partage de temps".

➠ *Voir partage de temps*

time slice

"Fenêtre temporelle".

➠ *Voir fenêtre temporelle*

timeout

"Dépassement de temps".

TNR

Sigle, abréviation de "tête numérique de réseau". Interface qui permet de raccorder un
foyer au réseau RNIS. Cette interface est équipée d'un bus S0 qui permet de connecter
jusqu'à 8 appareils terminaux. Elle joue par ailleurs un rôle d'alimentation électrique pour
ces terminaux et de résistance terminale pour le bus.

➠ *Voir RNIS*

token

"Jeton".

➠ *Voir jeton*

Token Ring

"Anneau à jeton". Standard de réseau lancé par IBM en 1985. Il utilise une technique complètement différente de celle du standard Ethernet pour éviter les collisions. Comme le
standard ARCnet, le standard Token Ring utilise un jeton. Il a été normalisé par l'IEEE
sous le nom IEEE 802.5. Toutefois, la technique d'IBM offre un taux de transfert de 4 ou
16 Mbit/s au lieu du taux de transfert de 2 ou 4 Mbit/s prévu par cette norme. IBM utilise
en outre de la paire torsadée pour le câblage, ce que ne prévoit pas la norme. Le standard
Token Ring prend en charge les opérations correspondant aux deux premières couches du
modèle OSI. Les nœuds de réseau sont organisés en anneau et disposés en étoile par rapport à un serveur central appelé MAU (*Multistation Access Unit*, ou "unité d'accès multistation"). Sur les réseaux Token Ring de dimension importante, le MAU est relié à chacune
des stations de travail, mais aussi à un anneau de sécurité supplémentaire.

➠ *Voir MAU, OSI, paire torsadée*

T

C'est la TNR qui permet de se connecter physiquement au réseau téléphonique numérique.

tolérance aux erreurs

Capacité pour un ordinateur, un périphérique ou un logiciel, à intercepter les erreurs et à y remédier de lui-même.

tonalité d'appel

➠ *Voir CNG*

toner

Poudre composée de petites particules d'encre, utilisée dans les photocopieurs et les imprimantes.

tool

"Outil".

➠ *Voir outil*

Toolbook

Logiciel de composition multimédia fabriqué par Asymetrix. Toolbook permet de créer des applications multimédias pour Windows aussi simplement que possible. Il offre à cet effet un large éventail d'objets visuels et de fonctions pour relier des objets. Dans l'absolu, Toolbook est un système de programmation, mais il permet aussi aux personnes qui ne savent pas programmer d'obtenir des résultats satisfaisants. La démarche consiste à disposer des objets tels que des images, des boutons et du texte sur différentes pages, puis à les relier. Les pages terminées se présentent sous forme de livre et peuvent être lues à l'aide d'un système d'exécution complètement autonome livré avec Toolbook. Les compositions multimédias réalisées à l'aide de Toolbook peuvent être diffusées gratuitement. Le langage orienté objet OpenScript de Toolbook permet de créer des applications complexes sans recourir aux fonctions particulièrement complexes que Windows utilise en interne. Toolbook est essentiellement utilisé pour réaliser des applications hypertexte, des programmes pédagogiques et des bases de données visuelles. Les versions Multimedia et Multimedia CBT de Toolbook, qui coûtent relativement cher, offrent un grand nombre de fonctions supplémentaires. Elles permettent, par exemple, d'inclure des animations et des séquences vidéo. La version Mutimedia CBT (CBT est l'abréviation de *Computer Based Training*, ou "formation assistée par ordinateur") permet de réaliser des projets pédagogiques et intègre un grand nombre de modèles de mise en page prédéfinis. Le principal concurrent de Toolbook est à l'heure actuelle Director, de Macromedia. C'est généralement l'un de ces deux outils qui est utilisé pour créer les CD-ROM disponibles actuellement sur le marché.

toolbox

"Boîte à outils".

➠ *Voir boîte à outils*

Toolkit Without An Important Name

"Kit d'outils sans nom pompeux".

➠ *Voir TWAIN*

topologie de réseau

Organisation physique des différents nœuds d'un réseau. Un réseau local (LAN) peut être organisé suivant trois topologies :

- **La topologie en bus.** Tous les nœuds sont reliés les uns aux autres par l'intermédiaire d'un câble commun. Les extrémités du câble sont fermées par un bouchon qui fait office de résistance terminale.
- **La topologie en étoile.** Les nœuds de réseau sont disposés en étoile autour d'un appareil central (un hub). Les hubs passifs se limitent à établir une liaison entre les différents nœuds. Les hubs actifs, au contraire, amplifient et filtrent les signaux entrants.

- **La topologie en anneau.** Les nœuds sont reliés par l'intermédiaire d'un câble commun. Avec le procédé Token Ring (ou "anneau à jeton"), lorsque les informations circulent au sein du réseau, un élément spécial appelé "jeton" se déplace de nœud en nœud, à la manière d'un témoin dans une course de relais. Le nœud qui détient le jeton a le droit d'envoyer et de recevoir des données et d'effectuer un certain nombre d'autres opérations. Le centre de la structure en étoile est occupé par un dispositif de contrôle central (tout comme le centre d'un réseau en étoile) appelé "MAU" (*Multistation Access Unit*, ou "unité d'accès multistation").

Outre ces trois topologies principales, il existe des topologies hybrides telles que la topologie en arbre.

➠ *Voir arbre, réseau, Token Ring*

topologie en arbre

Topologie de réseau qui relie plusieurs topologies en étoile pour former un arbre reposant sur une structure commune. Cette forme de topologie constitue une extension de la topologie en bus.

➠ *Voir étoile, réseau, topologie de réseau, topologie en bus,*

topologie en bus

Topologie de réseau selon laquelle tous les ordinateurs du réseau (nœuds de réseau) sont reliés les uns aux autres par l'intermédiaire d'un câble commun, qui comprend à ses extrémités un bouchon de terminaison (ou "résistance terminale").

➠ *Voir nœud de réseau, réseau, résistance terminale, topologie de réseau*

TOS

Sigle, abréviation de *The Operating System* ("le système d'exploitation"). Système d'exploitation utilisé sur les ordinateurs Atari. TOS disposait dès sa première version d'une interface utilisateur graphique appelée GEM.

➠ *Voir Atari*

Toshiba

http ://www.toshiba.com

Groupe industriel japonais, particulièrement connu dans le domaine de l'informatique pour ses lecteurs de CD-ROM et ses ordinateurs portables. Toshiba est d'ailleurs le premier fabricant d'ordinateurs portables depuis plusieurs années.

T

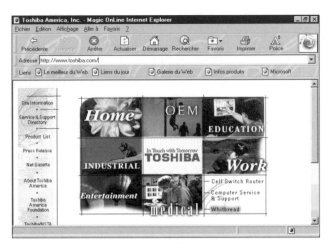

La page d'accueil du site Web de Toshiba.

touche d'activation

Synonyme de "raccourci clavier". Touche ou combinaison de touches qui déclenchent une action dans un programme ou lance un programme en arrière-plan. La plupart des programmes permettent à l'utilisateur de définir ses propres touches ou combinaison de touches d'activation.

➠ *Voir raccourci clavier, touche de fonction*

touche de fonction

Touche portant la lettre F suivie d'un numéro, située en haut du clavier et qui a comme rôle d'activer une fonction préprogrammée. Les touches de fonction sont au nombre de douze sur un clavier de PC. Les fonctions qu'elles activent varient suivant le logiciel sous lequel elles sont utilisées. Les touches de fonction sont souvent associées à des combinaisons de touches, auquel cas il faut appuyer simultanément sur la touche (Alt), (Alt Gr) ou (Maj) pour les activer.

➠ *Voir Alt, Alt Gr, clavier, Ctrl, Maj*

touchscreen

"Ecran tactile".

➠ *Voir écran tactile*

tour

Type de boîtier d'unité centrale vertical. Il occupe moins de place sur le bureau et peut même être posé au sol. Trois tailles différentes sont disponibles : les boîtiers mini-tour, moyenne tour et grande tour. Les boîtiers mini-tour prennent moins de place, mais l'espace qu'ils offrent pour monter des périphériques peut rapidement se montrer insuffisant. Aussi la tendance est-elle actuellement à l'utilisation de boîtiers de plus en plus hauts, équipés d'une alimentation de plus en plus puissante.

Un boîtier grande tour dont toutes les baies de montage sont occupées par des périphériques.

TPE

Sigle, abréviation de "terminal de paiement électronique". Equipement utilisé dans les magasins, les stations-service et les hôtels pour vérifier et traiter les cartes bancaires utilisées comme moyen de paiement. C'est sur ces terminaux que reposent les opérations de paiement à distance. Un TPE est en principe constitué d'un écran, d'un clavier et d'une fente qui permet d'insérer la carte.

T

tpi

Sigle, abréviation de *tracks per inch* ("pistes par pouce"). Unité de mesure qui exprime le nombre de qu'un secteur de support de stockage contient. Plus ce nombre est élevé, plus le support de stockage peut contenir de données.

tracé de rayons

Procédé qui, pour représenter les effets de lumière aussi fidèlement que possible sur les images informatiques, calcule la trajectoire de chaque rayon de lumière et détermine la couleur de chacun des points dont il est constitué. Ce procédé permet de simuler de manière très réaliste des effets de lumière et d'ombre. Il est en revanche très gourmand en ressources système : même sur un ordinateur très rapide, il lui faut parfois plusieurs secondes pour représenter une image.

➡ *Voir imagerie 3D*

traceur

Périphérique de sortie s'apparentant à une imprimante. Les traceurs sont utilisés essentiellement en CAO pour imprimer des dessins de construction de grande taille (formats A4 à A0). On distingue d'une manière générale deux types de traceurs : les traceurs à plumes et les traceurs à tambour (ou à cylindre). Les traceurs à tambour sont les successeurs des modèles à plumes. Sur les traceurs à plumes, le transfert des données sur le papier s'effectue par l'intermédiaire d'une ou de plusieurs plumes (de différentes couleurs dans le cas d'un traceur couleur) dont la course est perpendiculaire (par rapport à un plan en deux dimensions) au support d'impression. Sur les traceurs à plumes, qui fonctionnent généralement à plat, le papier est fixé sur le traceur. Sur les traceurs à tambour, en revanche, il est entraîné autour du tambour. Outre ces deux types de traceurs classiques, il existe des traceurs à lames, qui utilisent des lames à la place des plumes, et des traceurs électrostatiques et à jet d'encre (comme le modèle DesignJet de Hewlett-Packard), qui fonctionnent respectivement comme des imprimantes laser et à jet d'encre.

➡ *Voir imprimante à jet d'encre, imprimante laser*

traceur à cylindre

Synonyme de "traceur à tambour".

➡ *Voir traceur à tambour*

traceur à plat

Traceur sur lequel le support d'impression est posé à plat. La plume du traceur se déplace en conséquence sur le support d'impression. Avec un traceur à plat, l'encre n'a pas besoin d'être pressée par un tambour puisqu'elle demeure fixée au support d'impression disposé à l'horizontale.

➡ *Voir traceur*

traceur à plumes

Traceur qui utilise des plumes, qu'il soumet à des mouvements en deux dimensions sur le support d'impression, pour imprimer des dessins. Il existe des traceurs à plumes à plat, à cylindres et à tambour.

traceur à tambour

Synonyme de "traceur à cylindre". Traceur à plumes qui utilise un tambour pour entraîner le papier. Les traceurs à tambour s'opposent aux traceurs à plat, sur lesquels le papier est fixé à plat.

track

"Piste".

➡ *Voir piste*

track-at-once

"Piste à piste".

➡ *Voir piste par piste*

trackball

Périphérique d'entrée qui se présente comme une souris posée à l'envers. La partie supérieure du trackball est constituée d'une boule qui permet de déplacer le pointeur de la souris à l'écran. La partie inférieure du trackball offre deux boutons qui permettent de sélectionner des objets ou des commandes et de faire apparaître des menus contextuels de la même manière qu'avec une souris. Le trackball ne permet pas de travailler aussi confortablement qu'avec une souris, surtout pour les travaux informatiques longs. Aussi n'est-il guère utilisé que sur les ordinateurs portables, où il peut être intégré facilement au clavier. Il existe aussi des trackballs externes.

➡ *Voir souris*

tracks per inch

"Pistes par pouce".

➡ *Voir tpi*

tracteur

Système électromécanique qui, sur une imprimante qui utilise du papier sans fin, permet de faire avancer le papier tout au long du circuit d'impression. Il existe des systèmes à traction (tracteurs) et des systèmes à propulsion, mais les premiers sont de loin les plus répandus.

➡ *Voir imprimante, papier sans fin*

trailer

"Suffixe".

➠ *Voir suffixe*

traitement d'images

Synonyme de "retouche d'images".

➠ *Voir retouche d'images*

traitement de texte

Logiciel conçu pour créer et mettre en forme des textes. Les traitements de texte offrent un grand nombre de fonctions (d'édition, de mise en forme, de mise en page, d'affichage, de vérification, de navigation, etc.) conçues pour faciliter la tâche à l'utilisateur. L'entrée des données s'effectue en principe à l'aide d'un clavier et d'une souris, mais, depuis peu, il est aussi possible d'utiliser des systèmes à reconnaissance vocale. On peut ainsi envoyer directement des messages vocaux à une imprimante ou, en passant par un modem ou une carte RNIS, à un fax ou un serveur de courrier électronique. La plupart des traitements de texte tels que Word ou WordPerfect existent pour toutes les plates-formes courantes.

➠ *Voir Word, WordPerfect*

traitement en pile

1. Technique qui, à l'époque des ordinateurs à cartes perforées, consistait pour l'ordinateur à lire les cartes perforées, que l'opérateur avait au préalable classées et empilées dans le bac d'alimentation du lecteur, dans l'ordre suivant lequel les programmes devaient être exécutés.
2. Traitement séquentiel de commandes. C'est sur ce mode de traitement que reposent les fichiers batch.

traitement en temps réel

A l'origine, opération terminée au moment prévu par un calendrier établi au préalable. Aujourd'hui, traitement de données n'entraînant quasiment aucun décalage entre le moment où les données sont intégrées à un processus et le moment où elles sortent de ce processus. Le principe du traitement en temps réel est très utilisé dans le domaine de la vidéo, notamment pour comprimer les données. Il joue un rôle particulièrement important dans l'industrie, car il garantit aux robots des temps de réaction très courts.

traitement vidéo

Ensemble des opérations consistant à manipuler et transformer des enregistrements vidéo à l'aide d'un ordinateur. Le type de traitement vidéo le plus simple est le montage analogique, qui nécessite tout simplement de connecter deux appareils vidéo (un camescope et un magnétoscope, par exemple) aux ports série de l'ordinateur. Pour travailler, il suffit de disposer d'un logiciel de montage vidéo.

Pour créer des effets vidéo ou incruster des titres, en revanche, il faut disposer d'une carte d'acquisition vidéo. Les cartes d'acquisition vidéo possèdent une ou deux entrées et permettent le plus souvent de numériser les séquences vidéo, qui peuvent ensuite être enregistrées sous forme de fichiers MJPEG sur le disque dur de l'ordinateur. Une séquence vidéo de haute qualité de 10 minutes nécessite environ 2 Go d'espace disque. Pour effectuer du traitement vidéo, il faut donc disposer d'un ordinateur rapide équipé d'un gros disque dur et de beaucoup de mémoire.

Beaucoup de cartes d'acquisition vidéo permettent de numériser les pistes vidéo et audio de manière synchrone. Pour les applications professionnelles, il est nécessaire de disposer d'un logiciel d'effets spéciaux performant.

➠ *Voir montage linéaire, montage non linéaire*

tramage

Opération consistant à convertir une image point par point de telle sorte qu'elle se présente sous un format lisible pour un ordinateur. La qualité du tramage est généralement exprimée en lpp ("lignes par pouce").

➠ *Voir lpp*

trame

1. Dans le domaine des applications graphiques, organisation en pixels d'une image ou d'une photo. Pour reproduire une image ou une photo sur ordinateur, il faut disposer d'un appareil capable de créer ce tramage – un scanner, dans la pratique. Plus la résolution du scanner est élevée, meilleure est la qualité obtenue. La résolution est généralement exprimée en ppp.
2. Dans le domaine des transferts de données par paquets, ensemble d'informations de contrôle ajouté à un paquet de données. La trame peut, par exemple, contenir le nom du protocole utilisé ou encore une somme de contrôle.

➠ *Voir tramage*

transaction

Cycle complet d'un traitement de données. Ce cycle s'étend de l'entrée des données et des commandes à la génération du résultat, en passant par la mise en relation des différentes commandes permettant de parvenir à ce résultat. A titre d'exemple, le fait de rechercher des données dans une base de données, de les réorganiser et d'enregistrer les modifications correspond à une transaction. Lorsque, pour une raison quelconque (un plantage de l'ordinateur, par exemple), une transaction n'a pas pu être menée à son terme, il est impé-

T

ratif de la reprendre complètement ou de l'annuler. La cohérence des données risque sinon d'être compromise. Pour un virement bancaire, par exemple, la transaction n'est considérée comme terminée que lorsque l'argent a été crédité sur le compte du bénéficiaire du transfert et débité du compte de l'émetteur du crédit.

➠ *Voir base de données*

transfer protocol

"Protocole de transfert".

➠ *Voir protocole de transfert*

transfer rate

"Taux de transfert".

transfert asynchrone

Transfert de données au cours duquel les signaux entre l'émetteur et le récepteur ne sont pas synchrones (cadencés à la même fréquence). Pour garantir un transfert sans erreurs, il faut ajouter un bit de début et un bit de fin au début et à la fin de chaque octet transféré. S'oppose à "transfert synchrone".

➠ *Voir bit, octet, synchrone*

transfert d'appel

Fonction disponible en standard sur les réseaux téléphoniques RNIS et en option sur les réseaux téléphoniques analogiques tels que celui de France Télécom, qui permet à l'abonné de faire renvoyer automatiquement les appels adressés à son numéro de téléphone vers un autre poste téléphonique fixe ou mobile. Le numéro de téléphone reste le même, mais les appels sont redirigés.

➠ *Voir fonctions RNIS, RNIS*

transfert de données

Echange de données entre deux dispositifs par l'intermédiaire d'un canal tel qu'un câble électrique. On distingue d'une part les transferts hors ligne, qui s'effectuent entre les périphériques de l'ordinateur (entre le lecteur de disquettes et le disque dur, par exemple ou entre différents ordinateurs d'un même réseau), et d'autre part les transferts en ligne (ou transmissions), qui s'effectuent par l'intermédiaire d'une ligne téléphonique, de fibres optiques, d'ondes radio ou de faisceaux satellitaires.

➠ *Voir fibre optique, support de stockage*

transfert thermique

➠ *Voir imprimante thermique*

transformation d'adresses

Conversion d'une adresse logique en adresse physique utilisable pour gérer la mémoire. Plusieurs techniques permettent de subdiviser la mémoire en bancs de mémoire : la segmentation, la pagination et la mémoire virtuelle.

➠ *Voir adresse logique, adresse virtuelle, banc de mémoire, gestionnaire de mémoire, mémoire virtuelle, pagination, segmentation*

transistor

Semi-conducteur qui constitue l'élément fondamental de tous les circuits électroniques. Le transistor peut jouer un rôle de commutateur ou d'amplificateur. Il a remplacé les lampes à électrons, qui étaient beaucoup plus volumineuses. Les transistors sont très robustes et rapides et ils ne nécessitent qu'une tension et une intensité électriques réduites. Ils tendent à se miniaturiser de plus en plus. Ainsi les circuits intégrés actuels contiennent-ils plusieurs millions de transistors, et ce nombre ne fait qu'augmenter avec chaque nouvelle génération de processeurs.

transistor MOS

Synonyme de "MOSFET".

➠ *Voir MOSFET*

Transistor-Transistor Logic

"Logique tout transistor".

➠ *Voir TTL*

transmission burst

Synonyme de "transmission en rafales". Mode de transmission qui, au lieu de demander l'adresse de destination par l'intermédiaire du bus pour chaque paquet de données à transmettre, ne la demande qu'une fois et communique le nombre des paquets de données à transmettre. L'unité émettrice envoie ensuite les paquets de données par l'intermédiaire du bus et lit elle-même l'adresse de destination dans la mémoire. Le mode de transmission burst est très utilisé sur les ordinateurs actuels – pour les canaux DMA, par exemple, ou encore pour la mémoire cache pipelined-burst.

➠ *Voir adresse, burst, bus, DMA, paquet de données, pipelined-burst,*

T

Transmission Control Protocol

"Protocole de contrôle de transmission".

➠ *Voir TCP*

Transmission Control Protocol/Internet Protocol

"Protocole de contrôle de transmission/protocole Internet".

➠ *Voir TCP/IP*

transmission de données

Envoi de données à distance entre deux ordinateurs par l'intermédiaire d'une ligne télé-phonique, d'un réseau en fibre optique, d'ondes lumineuses, d'ondes radio ou d'une liaison par satellite. Ce terme est également souvent utilisé dans le domaine des services en ligne, des BBS et de l'Internet. Pour transmettre des données, il faut disposer d'un émulateur de terminal pour établir la connexion et envoyer ou recevoir les données à l'aide du protocole choisi pour l'opération.

➠ *Voir BBS, émulateur de terminal, fournisseur d'accès, protocole de transfert, service en ligne*

transmission du numéro de téléphone

Fonction qui, sur un accès RNIS, consiste à communiquer automatiquement au téléphone de la personne appelée le numéro de téléphone de celle qui l'appelle. Cette fonction peut être annulée grâce au masquage du numéro de téléphone.

➠ *Voir fonctions RNIS, RNIS*

transmission en bande large

Transmission au cours de laquelle les données de plusieurs canaux sont regroupées pour être transmises par l'intermédiaire d'un seul et même canal qui utilise la totalité de la lar-geur de bande disponible sur le support de transmission. La transmission est analogique. Le regroupement et la séparation des canaux sont effectués par un dispositif appelé "mul-tiplexeur", qui multiplexe les fréquences.

➠ *Voir analogique, largeur de bande, multiplexage fréquentiel, multiplexeur*

transmission en rafales

Synonyme de *transmission burst*.

➠ *Voir transmission burst*

transmission RNIS

➠ *Voir standards de transmission RNIS*

transmission vocale numérique

Mode de transmission utilisé notamment sur les lignes RNIS, qui permet d'optimiser la qualité de transmission des messages vocaux. Les signaux analogiques correspondant à la voix humaine sont convertis en signaux numériques à l'aide du procédé PCM.

➠ *Voir analogique, numérique, PCM, RNIS*

transparent

1. Qualifie un élément graphique à travers lequel il est possible de voir l'arrière-plan de l'image. Sous les programmes graphiques, la transparence est une propriété qui peut être paramétrée pour la plupart des objets. Sous Windows 95, les icônes deviennent transparentes lorsqu'elles sont déplacées. Pour les rendre transparentes, Windows 95 utilise une technique qui consiste à superposer des pixels.
2. Sous une application ou un système d'exploitation, qualifie une fonction parfaitement compréhensible par l'utilisateur sans qu'il ait à en connaître les mécanismes internes. A titre d'exemple, les fonctions d'importation et d'exportation d'un grand nombre d'applications graphiques et de traitements de texte permettent de transférer facilement des images et du texte d'une application à une autre, comme s'ils avaient été créés sous l'application vers laquelle ils sont transférés. Pour l'utilisateur, ces deux fonctions sont transparentes.
3. Qualifie un transfert qui ne s'intéresse pas à la nature des données transmises. Les données sont tout simplement transférées sous forme binaire. Le destinataire du transfert reçoit donc les données telles qu'elles ont été émises.
4. Feuille de plastique transparent sur laquelle on imprime un document destiné à une présentation sur rétroprojecteur.

➠ *Voir image GIF transparente*

transport

➠ *Voir couche de transport*

transportable

➠ *Voir ordinateur transportable*

T

Travan

Type de lecteur de bandes qui a succédé au standard QIC. Le standard Travan est resté parfaitement compatible avec le standard QIC. La largeur des bandes à aussi été conservée, de sorte qu'un lecteur Travan pourra lire des bandes QIC. Les bandes Travan permettent ainsi de stocker beaucoup plus de données que les bandes QIC – jusqu'à plus de 1 Go. Les lecteurs de bandes Travan types permettent de stocker de 420 à 800 Mo de données. Comme les lecteurs de bandes QIC, les lecteurs de bandes Travan peuvent, suivant le modèle, être connectés en interne au bus du lecteur de disquettes, ce qui les rend très lents, ou à une carte d'interface spécifique, ce qui leur permet de fonctionner plus rapidement. Le logiciel de sauvegarde utilisé doit toutefois être compatible avec la carte utilisée, et cette carte nécessite de surcroît une IRQ et un canal DMA. Iomega et Seagate font partie des principaux fabricants de lecteurs de bandes Travan.

tree
"Arbre".

➠ *Voir arborescence*

tri
Opération consistant, sous un système de gestion de base de données, à classer les enregistrements d'une table par ordre alphabétique ou numérique (croissant ou décroissant). Cette opération s'effectue à l'aide d'une clé.

➠ *Voir algorithme de tri, SGBD*

trial-and-error
"Essayer et rencontrer des erreurs".

➠ *Voir empirique*

triche

➠ *Voir mode triche*

trickle server

"Serveur à charge lente". Serveur qui, sur l'Internet, permet de télécharger des programmes placés dans le domaine public.

➠ *Voir domaine public, Internet, serveur*

trieuse-compteuse de Hollerith
Machine conçue par Herrmann Hollerith pour trier et compter des données stockées sur des cartes perforées. Cette machine fut utilisée en 1890 pour effectuer le onzième recensement américain.

➠ *Voir carte perforée, lecteur de cartes perforées*

trilinéaire

➠ *Voir mappage MIP trilinéaire*

triplet de couleurs

Fente ou perforation du masque d'un écran couleur. Les faisceaux d'électrons de couleur rouge, vert et bleu générés par les canons à électrons d'un tube cathodique se rejoignent au niveau de triplets de couleurs prévus pour eux, où ils entrent en contact avec la couche de phosphore de l'écran et génèrent donc de la lumière. Les faisceaux d'un même triplet peuvent être organisés différemment selon le type du masque. Sur un masque à triplets en delta, par exemple, ils sont réorganisés sous forme de triangles. Outre la forme des triplets ainsi réorganisés, il est important, pour évaluer la qualité d'un écran, de prendre en compte l'écart entre les triplets, appelé pas de masque. Sur les moniteurs de bonne qualité, ce pas de masque se situe entre 0,28 et 0,25 mm. Sur les tubes cathodiques CromaClear de NEC, les triplets ne se présentent ni sous forme de trous ni sous forme de fentes, mais sous forme d'ellipses.

➠ *Voir pas de masque, tube cathodique*

trois passes

Synonyme de "multipasse". Qualifie un scanner qui a besoin de balayer trois fois un document pour le numériser.

➠ *Voir scanner, scanner couleur, simple passe*

troncation de caractères

Coupure accidentelle des caractères d'un document numérisé. Ce problème provient souvent du fait que le scanner utilisé pour effectuer la numérisation est mal réglé ou que le document original n'est pas net. Les caractères semblent alors coupés en leur milieu dans le fichier graphique généré par la numérisation, ce qui complique d'autant la reconnaissance optique de caractères (ROC) s'il y a lieu. Les caractères 0, O et Q sont particulièrement exposés à ce phénomène.

➠ *Voir police ROC, scanner*

troubleshooting

"Dépannage".

➠ *Voir dépannage*

TrueColor

"Couleurs vraies" ou "couleurs réelles". Profondeur de couleur de l'affichage 24 bits, soit 16,7 millions de couleurs. Ce nombre correspond au nombre de couleurs que l'œil humain

T

est capable de percevoir, et les images affichées en mode TrueColor semblent donc particulièrement réalistes. Les scanners modernes numérisent presque toujours les images en mode TrueColor. Toutefois, les images TrueColor devenant rapidement très volumineuses, il faut disposer d'un matériel très puissant pour pouvoir les représenter et les traiter. Dans la pratique, l'utilisation du mode TrueColor coûte donc très cher. Une carte graphique équipée de 2 Mo de mémoire peut afficher les images TrueColor avec une résolution de 800 × 600 pixels. Pour afficher des images TrueColor avec une résolution de 1 024 × 768 pixels, il faut disposer d'une carte équipée de 4 Mo de mémoire. Du fait des contraintes techniques et économiques qu'impose le mode TrueColor, il est souvent préférable de se limiter à un affichage en mode HighColor. Celui-ci correspond à une profondeur de couleur de 16 bits, soit 65 536 couleurs. Il est pleinement suffisant pour la plupart des applications et permet de traiter facilement les images. Pour imprimer des images en mode TrueColor, il faut disposer d'une imprimante à sublimation thermique. Les imprimantes de ce type sont en effet les seules à pouvoir réaliser des mélanges de couleurs parfaitement homogènes. Il existe certes des imprimantes couleur à jet d'encre compatibles avec le mode TrueColor, mais la technique de tramage qu'elles utilisent ne leur permet pas d'obtenir des mélanges de couleurs de qualité satisfaisante.

➠ *Voir bit, profondeur de couleur*

TrueType

Standard de polices vectorielles créé par Apple et Microsoft. Contrairement aux polices bitmap, qui représentent les caractères point par point, les polices TrueType stockent les contours des caractères sous forme de vecteurs. Ce système permet d'accroître ou de réduire leur taille sans altérer leur apparence. Dans le cas des polices bitmap, en revanche, les modifications de taille entraînent souvent des effets d'escalier. Sous Windows, l'activation et la désactivation des polices TrueType s'effectuent depuis le Panneau de configuration. Il existe sur le marché quantité de CD-ROM de polices TrueType. Les polices TrueType ne sont pas celles qui offrent les meilleurs résultats dans le domaine de l'imprimerie, où elles sont remplacées par d'autres techniques. Le programme de gestion de polices Adobe Type Manager, par exemple, utilise des polices PostScript d'affichage et d'impression étalonnables.

➠ *Voir Adobe Type Manager*

TSR

Sigle, abréviation de *Terminate-and-Stay Resident* ("qui reste dans la mémoire après avoir été désactivé" ou "résident mémoire"). Type de programme qui continue à occuper une petite partie de la mémoire de l'ordinateur même après avoir été désactivé. Le pilote de la souris est un bon exemple de programme TSR. Si l'on désactive le pilote de la souris à l'aide d'une commande spéciale, il continue à monopoliser une portion infime de la mémoire. La petite partie de programme qui reste en mémoire est appelée partie résidente mémoire. La routine qui à servi a activer le pilote de la souris récupère certes le contrôle des opérations, mais le pilote continue à détourner une ou plusieurs interruptions pour rester opérationnel. Ce mode de fonctionnement peut avoir des répercussions importantes sur le système d'exploitation, car la plupart des fonctions du système d'exploitation sont commandées par des interruptions. Si les interruptions dont il a besoin ont en fait été détournées par un programme TSR, il doit les remplacer à l'aide de ses propres fonctions. Pour libérer des interruptions, il est possible de décharger complètement le TSR qui les utilise, mais il faut ensuite vérifier qu'aucun autre TSR lui aussi chargé ne les utilise à son tour. Pour libérer toutes les interruptions occupées par des TSR, il faut décharger les TSR dans l'ordre inverse de celui dans lequel ils ont été chargés. La plupart des programmes résidents qui n'ont pas été déchargés de manière explicite sont accessibles à tout moment. Pour les activer, il faut utiliser un raccourci clavier spécial, et ils réapparaissent alors automatiquement à l'écran.

TTL

Sigle, abréviation de *Transistor-Transitor Logic* ("logique tout transistor"). Technique standard utilisée pour construire des circuits électroniques numériques. La commutation des différents blocs de fonction s'effectue à l'aide de portes NAND et NOR commandées par des transistors bipolaires. Les modules TTL fonctionnent avec une tension de 5 V.

➡ *Voir moniteur TTL*

TTY

Abréviation de *teletype* ("télescripteur").

➡ *Voir téléscripteur*

tube cathodique

Tube en verre à vide qui comprend à l'une de ses extrémités une cathode à incandescence projetant des électrons (canon à électrons). Le déplacement de ces électrons est accéléré et ceux-ci sont regroupés à l'aide d'un champ électrique, puis déviés à l'aide de bobines de déviation de façon qu'ils atteignent une partie précise de la couche électroluminescente de l'écran, laquelle se trouve à l'autre extrémité du tube en verre, derrière un masque. Sur tous les moniteurs et les téléviseurs modernes, il est possible de projeter périodiquement les électrons sur l'ensemble de la couche électroluminescente, ce qui génère des images d'intensité variable.

➡ *Voir bobine de déviation, écran, masque, moniteur*

T

Tulip

Fabricant d'ordinateurs apparu en 1979. La société Tulip a fait son entrée en bourse en 1984 et a alors étendu son activité à l'Europe. Elle équipe ses ordinateurs de ses propres modèles de cartes mères et offre aux quelques 5 000 distributeurs avec lesquels elle travaille une gamme complète de produits informatiques.

tuning

"Réglage".

➡ *Voir réglage*

Turbo

Bouton qui, sur les vieux modèles de boîtiers d'ordinateurs, permet de réduire ou d'augmenter la vitesse du CPU. Ce bouton a été ajouté aux boîtiers d'ordinateurs à partir des processeurs de type 80486, afin de permettre à l'utilisateur de continuer à se servir de vieux programmes conçus pour des processeurs moins puissants. Les boîtiers d'ordinateurs modernes ne proposent plus de bouton de ce type.

Turbo C

Dialecte de programmation développé par Borland à partir du langage C. Le Turbo C a pour particularité d'intégrer un environnement de programmation qui réunit sous une même interface utilisateur presque tous les outils dont le programmeur a besoin, ce qui en facilite grandement l'accès. Cet environnement de programmation a d'abord été commercialisé par Borland sous le nom de Turbo C, mais il a ensuite été rebaptisé C++.

➡ *Voir Borland, C*

Turbo Pascal

Dialecte de programmation développé par Borland à partir du Pascal. Comme le Turbo C, le Turbo Pascal intègre son propre environnement de développement. Depuis sa version 6.0, il intègre même des méthodes relevant de la programmation orientée objet. La dernière version créée pour MS-DOS est la version 7.0. Sous Windows, le Turbo Pascal a été rebaptisé Delphi.

➡ *Voir Borland, Delphi, Pascal*

TWAIN

Sigle, abréviation de *Toolkit Without An Important Name* ("kit d'outils sans nom pompeux"). Standard de pilote conçu pour faire communiquer des scanners et des programmes pour scanners. En théorie, n'importe quel scanner compatible TWAIN peut être piloté à l'aide d'un programme lui aussi compatible TWAIN. Dans la pratique, ce n'est pas toujours le cas.

type de donnée

Nature d'une donnée stockée dans une variable. Le type de donnée permet aux fonctions et aux procédures des programmes de savoir comment manipuler les données. Les mots, par exemple, relèvent du type de donnée "chaîne de caractères" (ou *string*).

➠ *Voir fonction, procédure, variable*

typographie

Manière dont un texte ou un graphisme est présenté d'un point de vue esthétique. Parmi les critères de présentation figurent le choix des polices, le placement des différents éléments, etc. Il existe deux types de typographies : la microtypographie et la macrotypographie.

➠ *Voir macrotypographie, microtypographie*

T

US Robotics

http://www.usrobotics.com

Fabricant américain de modems, parmi les premiers du marché. En 1996, US Robotics a lancé le standard X2 (V.56), qui permet de télécharger des données à un taux de transfert de 56 Kbit/s depuis un service en ligne ou le serveur d'un fournisseur d'accès. Le fabricant de modems Rockwell a lui aussi élaboré un standard de ce type appelé K56plus (V.56). Il ne reste plus qu'à espérer que ces deux fabricants parviennent à harmoniser leurs standards.

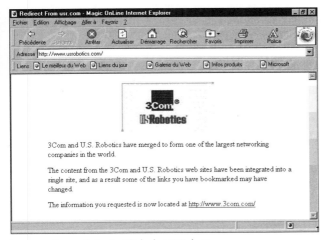

La page d'accueil du site Web de US Robotics.

UART

Sigle, abréviation de *Universal Asynchronous Receiver/Transmitter* ("récepteur-transmetteur universel asynchrone"). Puce contrôleur utilisée sur les cartes mères de PC pour contrôler les ports série asynchrones. Il existe différents modèles de puces UART. Les cartes mères de PC sont généralement équipées de puces NS 8250, 16450 ou 16550. La puce 16550 possède une mémoire tampon FIFO qui a surtout pour rôle de garantir la sécurité des données lors de transferts à grande vitesse.

➡ *Voir port série*

UDP

Sigle, abréviation de *User Datagram Protocol* ("protocole de datagrammes utilisateurs"). Protocole de transfert qui peut être utilisé à la place du couple de protocoles TCP/IP pour accéder à l'Internet. Contrairement au couple de protocoles TCP/IP, le protocole UDP n'attend pas d'accusé de réception pour les données envoyées, et il est orienté connexion.

➡ *Voir TCP/IP, Internet*

UI

Sigle, abréviation de *User Interface* ("interface utilisateur").

➡ *Voir interface utilisateur*

ULSI

Sigle, abréviation de *Utra Large Scale Integration* ("intégration à ultra-grande échelle"). Type de circuit intégrant un très grand nombre de transistors. Suivant la densité d'intégration, on distingue quatre types de circuits intégrés :

- Les circuits intégrés LSI (*Large Scale Integration*, "intégration à grande échelle"), qui intègrent de 1 000 à 10 000 transistors.
- Les circuits intégrés VLSI (*Very Large Scale Integration*, "intégration à très grande échelle"), qui intègrent de 10 000 à 1 000 000 de transistors.
- Les circuits intégrés ULSI (*Ultra Large Scale Integration*, "intégration à ultra-grande échelle"), qui intègrent de 1 000 000 à 100 000 000 de transistors.
- Les circuits intégrés GLSI (*Giant Large Scale Integration*, "intégration à échelle géante"), qui intègrent plus de 100 000 000 de transistors.

Ultra Large Scale Integration

"Intégration à ultra-grande échelle".

➡ *Voir ULSI*

UMA

Sigle, abréviation de *Upper Memory Area* ("zone de mémoire supérieure"). Zone de mémoire spéciale occupée partiellement, sous MS-DOS, par des adresses correspondant au BIOS et à certains composants matériels. Sa taille est de 384 Ko et elle est située juste au-dessus des 640 Ko de la mémoire conventionnelle. En utilisant un gestionnaire de mémoire, il est possible d'attribuer les parties libres de la mémoire UMA aux pilotes UMA et aux programmes TSR.

➠ *Voir MS-DOS, gestionnaire de mémoire, TSR*

UMB

Sigle, abréviation de *Upper Memory Block* ("bloc de mémoire supérieure"). Partie libre de la mémoire UMA. Ce bloc peut servir à stocker des programmes TSR.

➠ *Voir gestionnaire de mémoire, TSR*

UNDELETE

Commande MS-DOS permettant, dans certaines conditions, de restaurer un fichier supprimé. Elle s'appuie sur le fait que, à l'intérieur d'un certain délai, les données ne sont pas *physiquement* effacées du disque dur. Le plus souvent, le système d'exploitation commence par désigner comme libres les clusters qu'ils occupaient dans la FAT, sans en effacer le contenu. Tant que ces clusters ne sont pas réutilisés pour enregistrer d'autres données, il est donc possible de restaurer les fichiers supprimés. Cette opération n'est toutefois possible que tant que l'ordinateur n'a pas été éteint.

➠ *Voir FAT, MS-DOS*

underlined

"Souligné".

undo

"Annuler".

Unicode

Jeu de caractères actuellement utilisable sous Windows NT seulement. Contrairement aux codes ASCII et ANSI, le code Unicode fonctionne en 16 bits et permet de représenter 65 536 caractères (2^{16}). Il contient tous les jeux de caractères occidentaux ainsi qu'un certain nombre de caractères asiatiques importants. Il n'y donc pas à jamais de page de codes ou de police. A l'heure actuelle, malheureusement, le code Unicode n'est pratiquement pas utilisé par les applications.

➠ *Voir ANSI, ASCII*

unidirectionnel

➠ *Voir duplex simple*

Uniform Ressource Locator

"Adresse de ressources uniformisée".

➠ *Voir U*

uninstaller

"Désinstalleur".

➠ *Voir désinstalleur*

Uninterruptible Pwer Supply

"Onduleur".

➠ *Voir onduleur*

unité

Chacun des périphériques d'un ordinateur. Le lecteur de disquettes, le disque dur et le clavier sont des exemples d'unités.

➠ *Voir disque dur, lecteur de disquettes, matériel*

unité à virgule flottante

➠ *Voir coprocesseur arithmétique*

unité centrale

1. Ensemble constitué par le boîtier de l'ordinateur et les composants (carte mère, alimentation, CPU, câbles et périphériques internes) qu'il contient.
2. Dans certaines documentations techniques, CPU de l'ordinateur. Le terme "CPU" (*Central Processing Unit*) signifiant littéralement unité centrale de traitement, il est parfois remplacé par unité centrale.

unité de contrôle

Partie du CPU qui contrôle et surveille les flux de données à l'intérieur du CPU. L'unité de contrôle a aussi pour rôle de mettre en place les commandes machine qui doivent être traitées.

➠ *Voir CPU, processeur*

unité de fixation

Partie d'une imprimante laser ayant à charge d'appliquer l'image qui n'existe encore que sous forme de toner à la feuille de papier et de faire en sorte que les particules de toner encore mobiles soient fixées à demeure sur la feuille de papier. C'est généralement un rouleau (ou "tambour") fortement chauffé qui "incruste" les particules de toner et les presse sur la feuille de papier.

➡ *Voir imprimante laser, toner*

unité logique

➡ *Voir ALU*

unité logique arithmétique

Synonyme d'*ALU*. Partie du CPU en charge d'exécuter les fonctions mathématiques reposant sur des entiers, ainsi que les fonctions logiques.

➡ *Voir ALU*

UNIVAC

Acronyme de *Universal Automatic Computer* ("ordinateur automatique universel"). Ordinateur conçu par P. Eckert et W. Mauchley, le premier à être produit en série. Commercialisé en 1951, il coûtait un million de dollars.

Universal Asynchronous Receiver/Transmitter

"Récepteur-transmetteur universel asynchrone".

➡ *Voir UART*

➡ *Voir UNIVAC*

Universal Serial Bus

"Bus série universel".

➡ *Voir USB*

Unix

Système d'exploitation créé en 1969 par les laboratoires Bell, racheté par Novell à AT&T en 1993.
Unix est un système d'exploitation multiutilisateur et multitâche très puissant, étroitement lié au langage de programmation C. Unix intègre à la fois un noyau, un système de fichiers et une interface utilisateur. Il existe de nombreuses variantes d'Unix pour gros systèmes,

pour stations de travail et pour PC. Un certain nombre d'interfaces utilisateur graphiques telles que Solaris et X Window ont également été mis au point pour Unix. Il existe par ailleurs une version shareware d'Unix, *Linux*.

➠ *Voir AT&T, Bell*

Unix to Unix Copy Protocol

"Protocole de copie d'Unix à Unix".

➠ *Voir UUCP*

update

"Mise à jour".

➠ *Voir mise à jour*

upload

Chargement de données d'un ordinateur client vers un serveur.

➠ *Voir BBS, FTP*

Upper Memory Area

"Zone de mémoire supérieure".

➠ *Voir UMB*

Upper Memory Block

"Bloc de mémoire supérieure".

➠ *Voir UMB*

URL

Sigle, abréviation de *Uniform Resource Locator* ("adresse uniforme de ressources"). Adresse normalisée d'un document hypertexte sur le World Wide Web ou sur un ordinateur. Pour pouvoir accéder à une page d'accueil, un navigateur doit impérativement connaître son URL. Lorsqu'un document HTML doit lui-même permettre d'accéder à d'autres documents, il doit comporter des liens renvoyant à l'URL de ces autres documents.

Une URL se décompose sous la forme suivante `protocole://serveur/répertoire/document`.

➠ *Voir Internet, Web, WWW*

US-ASCII

Sigle, abréviation de *USA Standard Code for Information Interchange* ("code standard pour les échanges d'informations aux Etats-Unis"). Ancienne version du code ASCII.

➠ *Voir ASCII*

USB

Sigle, abréviation de *Universal Serial Bus* ("bus série universel"). Bus conçu en 1995 par Intel pour remplacer tous les ports utilisés jusqu'à présent en informatique. Il doit ainsi servir à relier le clavier, la souris et tous les autres périphériques qui sont habituellement connectés à un port série ou parallèle.

Les premiers périphériques conçus pour être reliés à ce bus sont apparus en 1997. Il existe également, depuis un certain temps, des cartes mères équipées d'un port USB. Sur les cartes mères qui ne reposent pas sur un chipset de type THX ou TVX, il faut recourir à une carte d'extension spéciale.

Le bus USB permet de relier jusqu'à 127 périphériques, lesquels restent parfaitement indépendants les uns des autres. Il offre un taux de transfert pouvant atteindre 1 Mo/s, ce qui est largement suffisant pour les scanners et les imprimantes les plus rapides.

Il est parfaitement possible de déconnecter et reconnecter des périphériques USB alors que l'ordinateur est allumé. Par ailleurs, Windows 95 détecte automatiquement les périphériques USB installe les pilotes correspondants.

Plus de 50 fabricants produisent déjà des périphériques pour le bus USB.

Apple possède en fait un bus du même type depuis les années 1980 : le bus Applet Desktop. Ce bus est toutefois moins performant que le bus USB.

Enfin, il existe un autre bus du même type, normalisé IEEE-1394, qui offre un taux de transfert sensiblement plus élevé et permet par exemple de connecter des enregistreurs DVD. Le standard IEEE-1394 est également connu sous le nom de *FireWire*.

Enfin, l'apparition du bus USB n'interdit pas l'utilisation conjointe de périphériques classiques, les cartes mères USB disposant toujours de ports série et parallèle.

➠ *Voir Plug and Play*

Usenet

Forum Internet permettant d'échanger des informations, composé de plus de 10 000 groupes de nouvelles. Pour accéder à Usenet et se connecter à l'un de ces groupes de nouvelles, il faut posséder un lecteur de nouvelles. Tous les fournisseurs d'accès permettent d'accéder à tout ou partie des groupes de nouvelles Usenet. Certains navigateurs Web intègrent un lecteur de nouvelles qui permet de participer aux groupes.

➠ *Voir Internet, groupe de nouvelles*

user
"Utilisateur".

User Datagram Protocol
"Protocole de datagrammes utilisateurs".

user interface
"Interface utilisateur".

user name
"Nom d'utilisateur".

➠ *Voir nom d'utilisateur*

user-friendly
"Convivial".

➠ *Voir convivial*

user-ID
"Identificateur d'utilisateur".

➠ *Voir ID*

utilitaire
Programme facilitant l'utilisation de telle ou telle fonction de l'ordinateur. On trouve des utilitaires pour renommer des fichiers, visualiser de manière plus intuitive le contenu d'un disque, tester les performances, etc. Les suites d'utilitaires les plus connues sont PC-TOOLS et Norton Utilities. Beaucoup d'utilitaires sont diffusés en shareware.

➠ *Voir Norton Utilities*

utilitaire de diagnostic
Programme conçu pour analyser le matériel de l'ordinateur et aider à détecter les erreurs. Les utilitaires de diagnostic permettent de visualiser l'affectation des interruptions, des canaux DMA et des adresses de ports.

➠ *Voir adresse, DMA, interruption, matériel, port*

UTP
Sigle, abréviation d'*Unshielded Twisted Pair* ("paire torsadée non blindée").

➠ *Voir paire torsadée*

UUCP

Sigle, abréviation de *Unix to Unix Copy Protocol* ("protocole de copie d'Unix à Unix"). Protocole initialement conçu pour échanger des données entre plusieurs ordinateurs fonctionnant sous Unix. Aujourd'hui, il existe des protocoles UUCP pour la quasi-totalité des systèmes d'exploitation. C'est par l'intermédiaire du protocole UUCP que s'effectuent les échanges de courriers électroniques. Pour travailler directement sur le WWW, on utilise aujourd'hui les protocoles SLIP ou PPP.

➠ *Voir protocole, Unix*

UUEncode/UUDecode

Standards de codage et de décodage des courriers électroniques.

➠ *Voir courrier électronique*

UV

V

V.110

Protocole aujourd'hui obsolète créé par le CCITT pour le canal B des accès RNIS. Le protocole V.110 se caractérise par un taux de transfert de 9 600 à 19 200 bit/s, et parfois même de 38 400 bit/s. Il n'exploite donc pas la totalité du débit offert par la technique RNIS. Il peut toutefois suffire lorsque le terminal de télécommunication utilisé est particulièrement lent. Le protocole V.110 ajoute des bits de remplissage au flux de données, ce qui ralentit les transferts.

➠ *Voir standards de transmission RNIS*

V.120

Protocole utilisé en standard aux Etats-Unis pour les télécommunications RNIS.

➠ *Voir RNIS, V.110*

V.17

Protocole de transfert utilisé pour les transmissions de données par fax (ou par fax-modem). Le protocole V.17 fonctionne en semi-duplex et se caractérise par un taux de transfert de 14 400 bit/s.

V.21

Protocole aujourd'hui obsolète qui a longtemps été utilisé pour les transmissions de données par modem. Le protocole V.21 fonctionnait en duplex intégral et se caractérisait par un taux de transfert de 300 bit/s.

V.24

Protocole de transfert de données conçu par l'ITV-T pour régir les échanges de données entre les ordinateurs et le modem. Ce protocole est souvent confondu avec la norme RS232C, avec laquelle il partage un grand nombre de caractéristiques.

V.24bis

Protocole de compression de données utilisé pour les transferts de données. D'un point de vue purement fonctionnel, il est comparable au protocole MNP-5. Bien qu'ils ne soient pas compatibles entre eux, ces deux protocoles de compression sont également reconnus par les modems modernes.

Le protocole V.24bis ne doit pas être confondu avec le protocole V.24.

V.29

Protocole de transfert de données qui se caractérise par un taux de transfert de données de 9 600 bit/s et qui est utilisé pour les transferts par fax (ou par fax-modem).

V.32

Protocole de transfert de données qui se caractérise par un taux de transfert de données de 9 600 bit/s et qui est utilisé pour les transferts par fax (ou par fax-modem). Il est aujourd'hui considéré comme obsolète.

V.32bis

Protocole créé par l'ITV-T pour les transferts analogiques. Il fonctionne en duplex intégral et se caractérise par un taux de transfert de 14 400 bit/s. Ce protocole est toujours très utilisé actuellement.

V.32ter

Protocole qui a constitué une étape intermédiaire avant l'apparition du protocole V.34. Il fonctionne en duplex intégral et se caractérise par un taux de transfert de 19 200 bit/s.

V.34

Protocole qui fonctionne en duplex intégral et se caractérise par un taux de transfert de 28 800 bit/s. Le protocole V.34 est aujourd'hui très répandu et il sert à transférer des données analogiques par modem.

V.34plus

Protocole conçu en 1996 comme extension du protocole V.34. Il se caractérise par un taux de transfert de 33 600 bit/s.

Les performances de ce protocole ne sont guère intéressantes, en raison notamment de l'achat nécessaire d'un modem compatible. De surcroît, les serveurs des fournisseurs d'accès l'acceptent rarement.

Dans la pratique, il est plus intéressant pour la technologie V.56 ou ADSL.

V.42

Protocole de contrôle d'erreurs utilisé pour les transferts de données. D'un point de vue purement fonctionnel, il est comparable au protocole MNP-4. Bien qu'ils ne soient pas compatibles entre eux, les modems modernes permettent d'utiliser chacun de ces deux protocoles de correction d'erreurs.

Le protocole V.42 ne doit pas être confondu avec le protocole V.42bis.

V.42bis

Standard de compression utilisé pour les transferts de données. Il est incompatible avec le standard MNP-5 mais offre des performances comparables. Les modems modernes permettent généralement d'utiliser chacun de ces deux standards.

Le protocole V.42bis ne doit pas être confondu avec le protocole V.42.

V.56

Nouveau standard de transferts analogiques. Ce standard recouvre en fait plusieurs techniques qui se caractérisent toutes par un taux de transfert de 56 Kbit/s. A l'heure actuelle, elles sont au nombre de deux : la technique X2, de US Robotics, et la technique K56plus, de Rockwell. La première présente l'avantage de permettre la mise à niveau des modèles de modems US Robotics antérieurs pour ceux qui sont équipés d'une mémoire flash.

Ces deux techniques sont très ressemblantes. Elles ne fonctionnent que dans une direction, et les transferts sont donc unidirectionnels. Ils ne peuvent être réellement effectués à 56 Kbit/s que si l'ordinateur hôte, à savoir le serveur du fournisseur d'accès, est équipé d'un système conçu pour distribuer à travers le réseau téléphonique numérique. Seuls les quelques kilomètres de ligne téléphonique qui relient le central de commutation numérique à l'utilisateur utilisent un mode de transmission analogique. Si l'utilisateur est relié à un central de commutation analogique, il n'est pas possible d'atteindre le taux de transfert maximal. Dans l'autre sens, à savoir lorsque l'utilisateur envoie des données à l'hôte, les données ne peuvent être transmises qu'à un taux de transfert considérablement moins élevé, à l'aide du protocole V.34 ou V.34plus.

Il n'est pas encore possible de déterminer si c'est la technique X2 ou K56plus qui s'imposera. Rockwell peut partir du principe que tous les fabricants de modems se conformeront à sa technique pour leurs nouveaux modèles de modems, mais le système X.2 de US Robotics présente l'avantage d'être moins onéreux dans la mesure où il permet de mettre à jour le modem à l'aide d'un simple logiciel. Il est par ailleurs acquis pour US Robotics que de nombreux fournisseurs d'accès adopteront son système puisque cette marque de modems est depuis longtemps considérée comme un standard.

Les modems V.56 conçus aux Etats-Unis ne peuvent pas fonctionner en Europe (et vice versa) compte tenu des différences qui existent entre les réseaux numériques américain et européen.

Motorola travaille actuellement à l'élaboration d'une nouvelle technique, appelée ADSL, qui devrait offrir un taux de transfert considérablement plus élevé et pourrait devenir un concurrent sérieux pour le standard V.56.

UV

V.fast

Autre nom du standard V.34.

➡ *Voir V.34*

vacillement

Variation de la trajectoire horizontale du faisceau d'électrons d'un moniteur.

➡ *Voir convergence, moniteur*

valeur repère

➡ *Voir flag*

VAN

Sigle, abréviation de *Value Added Network* ("réseau à valeur ajoutée"). Réseau qui offre en fait plus de fonctions que celles pour lesquelles il a été créé l'origine. Aujourd'hui, la plupart des particuliers possèdent, non seulement un téléphone, mais aussi un fax. Le réseau téléphonique peut donc à cet égard être considéré comme un VAN.

variable

Entité qui, dans les langages de programmation de haut niveau, sert à stocker une valeur numérique ou une chaîne de caractères. Elle peut aussi être utilisée dans des opérations mathématiques ou logiques.

Avant de pouvoir être utilisée, une variable doit impérativement être déclarée, ce qui signifie qu'il faut indiquer au programme son nom, le type de données auxquelles elle correspond et la plage de valeurs qu'elle est susceptible de représenter. Il est ensuite possible de lui attribuer une valeur, qui doit correspondre au type défini et être comprise dans la plage de valeurs spécifiée.

On distingue d'une part les variables globales, qui sont valables dans l'ensemble d'un programme donné, et d'autre part les variables locales, dont le champ d'application se limite à un module ou une routine.

variable de mémoire

Variable qui permet à un programme de se réserver temporairement une certaine partie de la mémoire vive de l'ordinateur pour y stocker ses propres données.

➡ *Voir variable*

variable locale

Variable qui, dans un programme, n'est accessible qu'au sein de la procédure dans laquelle elle a été déclarée. Elle n'est visible et n'existe qu'à l'intérieur de cette procédure.

UV

Les autres variables du même nom (variables globales ou variables issues d'une autre procédure qui appelle la sous-procédure contenant la variable locale) sont écrasées par les variables locales.

➠ *Voir procédure, programme, variable*

variante de police

Version d'une police principale qui ne se distingue de celle-ci que par un attribut de caractère tel que le gras, l'italique, le souligné, etc. S'il est parfaitement possible que toutes les variantes d'une police donnée soient générées à partir d'un même fichier, dans la pratique, il est préférable de disposer de fichiers distincts pour chaque attribut de caractère (ce qui est le cas pour la plupart des polices). Outre les attributs de caractère cités précédemment, certains logiciels permettent d'utiliser des attributs tels que les modes étroit, large ou contour (à condition de disposer des variantes de polices correspondantes).

➠ *Voir police, taille de police*

VAX

Abréviation de *Virtual Address Extension* ("extension d'adresses virtuelles"). Ordinateur très puissant, fabriqué par DEC, qui fonctionne sous le système d'exploitation multiutilisateur et multitâche VMS. Aujourd'hui, les stations de travail VAX ne sont pas plus volumineuses que les PC normaux et elles sont appelées *MicroVAX*.

➠ *Voir DEC*

VB

Sigle, abréviation de *Visual Basic*.

➠ *Voir Visual Basic*

VBA

Sigle, abréviation de *Visual Basic pour Applications*. Langage de programmation reposant sur le BASIC, maintenant intégré aux logiciels de la suite Office (Excel, Word, Access, etc.) et destiné à les rendre programmables et hautement optimisables. VBA remplace à ce titre les différents langages de macros que ces applications permettaient jusqu'à présent d'utiliser. Il constitue un langage de programmation commun qui s'utilise de la même manière dans toutes les applications. Son environnement de programmation est quasi identique à celui de Visual Basic.

➠ *Voir BASIC, Visual Basic*

VBScript

Langage de script, créé à partir de VBA et de Visual Basic. Les programmes créés en VBScript ne peuvent pas être exécutés directement. Ils doivent être traités par un interpréteur qui fait partie du navigateur Internet Explorer. VBScript permet de réaliser des programmes exécutables depuis une page Web, et ainsi de rendre les pages Web plus vivantes. Il permet d'ailleurs de contrôler l'apparence de l'ensemble d'une page Web. Les langages de scripts offrent d'une manière générale les mêmes possibilités que les langages de programmation classiques. VBScript permet en outre de doter une page Web d'une interface utilisateur et d'y intégrer des contrôles ActiveX. A la différence d'autres langages de programmation tels que Java, VBScript repose sur du code source en clair et non sur du code en octets compilé tel que celui des applets. La masse des informations à gérer est donc beaucoup moins importante. VBScript se caractérise par une vitesse d'exécution relativement faible, et il présente l'inconvénient de permettre à tout un chacun de voir, de reprendre à son compte et de modifier le code des scripts qu'il sert à créer.

➠ *Voir Internet, Visual Basic, page Web*

vectoriel, elle

➠ *Voir image vectorielle*

ventilateur

Système de brassage d'air constitué d'un moteur muni de pales qui, dans un ordinateur, a comme rôle d'assurer un circuit d'air permanent. Ce circuit d'air doit permettre de dissiper la chaleur libérée par les composants de l'ordinateur, et ainsi de les refroidir. Cette dissipation de chaleur est primordiale dans la mesure où une chaleur excessive risquerait d'endommager les composants. Un PC classique est en principe équipé de deux ventilateurs. Le premier est situé dans l'alimentation. Il sert à refroidir les composants de l'alimentation elle-même, et à générer un circuit d'air à l'intérieur du boîtier de l'ordinateur. Le second est situé à même le processeur, car le processeur libère une chaleur considérable lorsqu'il fonctionne. Les ventilateurs sont responsables d'une grande partie du bruit généré par les ordinateurs, même si les ventilateurs actuels tendent à être de plus en plus silencieux. Nombre d'autres périphériques (les imprimantes, par exemple) sont eux aussi équipés d'un ventilateur.

➠ *Voir alimentation, imprimante, PC, processeur*

Ventura Publisher

Programme de PAO fabriqué par Corel. Ventura Publisher n'est certes pas aussi répandu que des programmes comme PageMaker ou Quark Xpress, mais il offre des fonctions d'intégration de bases de données plus évoluées que bien d'autres programmes du même type. Il en est actuellement à sa version 7.0.

➠ *Voir Corel*

La plupart des PC contiennent un ventilateur non seulement dans leur alimentation, mais aussi sur leur processeur.

ver

Virus informatique spécial qui affecte principalement les réseaux de grande taille. Les vers sont généralement véhiculés par un code source qui n'est compilé qu'une fois qu'il a atteint sa cible.

➡ *Voir virus informatique*

vérificateur d'orthographe

Fonction qui, sous un logiciel, permet de vérifier que le texte saisi a été orthographié correctement. Sous certains logiciels, cette vérification peut être effectuée en temps réel, au fur et à mesure que le texte est saisi. Pour vérifier l'orthographe, le logiciel doit disposer d'un dictionnaire. Toutefois, aucun dictionnaire ne pouvant être complet, l'utilisateur doit pouvoir y ajouter des mots (des termes techniques ou des noms propres, par exemple). Lorsque le vérificateur d'orthographe croit avoir détecté une erreur, il met en surbrillance le terme erroné et propose des exemples de corrections. L'utilisateur peut alors, soit accepter l'une des corrections proposées, soit valider le terme que l'ordinateur considère comme erroné afin de l'ajouter au dictionnaire.

➡ *Voir traitement de texte*

vérité

➡ *Voir table de vérité*

UV

Veronica

Service de recherche du protocole Gopher, qui permet de rechercher des fichiers sur un serveur Gopher.

➡ *Voir Gopher*

verrou matériel

➡ *Voir dongle*

verrouillage d'enregistrement

Opération consistant, lorsqu'un utilisateur est en train de manipuler un enregistrement d'une base de données en réseau, à empêcher les autres utilisateurs de manipuler ce même enregistrement simultanément. Ce verrouillage a comme objet de préserver l'intégrité des données de l'enregistrement. Le plus souvent, les données restent accessibles en lecture (et non en écriture) pour les autres utilisateurs.

➡ *Voir base de données, enregistrement, réseau*

Verrouillage des majuscules

En anglais : *caps-lock*. Touche du clavier qui représente souvent un cadenas et qui, lorsqu'elle activée, fait apparaître les caractères tapés en majuscules. Cette touche joue le même rôle que si la touche [Maj] était enfoncée en permanence. Lorsqu'elle est activée, le deuxième des LED situées à droite du clavier est allumée.

➡ *Voir clavier, LED, Maj*

verrouillage en écriture

Désactivation temporaire de l'accès en écriture à un fichier ou à un enregistrement de base de données pendant que ceux-ci sont en cours d'utilisation. Ce système a pour objectif d'empêcher que deux utilisateurs modifient simultanément un fichier ou un enregistrement. Si tel était le cas, en effet, les modifications effectuées par le premier seraient remplacées immédiatement par celles du second.

verrouillage interdépendant

Verrouillage en écriture qui interdit aux utilisateurs d'un réseau de sauvegarder les modifications qu'ils ont apportées à un enregistrement s'il est déjà utilisé par une autre personne. Ce verrouillage se matérialise généralement par un message d'erreur qui informe l'utilisateur que ses modifications ne pourront pas être sauvegardées. Pour enregistrer ses modifications, celui-ci doit alors attendre que l'autre utilisateur cesse de travailler sur l'enregistrement pour que le verrou en écriture soit supprimé.

➡ *Voir fichier, réseau*

version alpha

➠ *Voir alpha*

version bêta

➠ *Voir bêta*

version limitée

1. Logiciel d'essai fourni gratuitement et qui ne demeure opérationnel que pendant une durée donnée. Au terme de la période d'essai, il devient impossible de le lancer.
2. Logiciel d'essai fourni gratuitement mais dont certaines fonctions ont été rendues volontairement inopérationnelles afin d'obliger l'utilisateur à acquitter les droits demandés par l'éditeur s'il souhaite effectivement utiliser le logiciel.

➠ *Voir logiciel*

Very Large Scale Integration

"Intégration à très grande échelle".

➠ *Voir VLSI*

VESA

Abréviation de *Video Electronics Standards Association* ("Association de normalisation des systèmes électroniques vidéo"). Association internationale spécialisée dans l'élaboration de standards vidéo.

VESA Local Bus

"Bus local VESA".

➠ *Voir VLB*

VFAT

Sigle, abréviation de *Virtual File Allocation Table* ("table d'allocation des fichiers virtuelle"). Version améliorée du système de fichiers FAT qui fut lancée avec Windows 95 pour permettre d'utiliser des noms de fichier longs. Pour gérer les noms longs, le système de fichiers VFAT utilise plusieurs entrées d'index pour chaque nom.

VGA

Sigle, abréviation de *Video Graphics Array* ("système graphique vidéo"). Standard de carte graphique qui fut lancé avec l'IBM PC/AT. Le standard VGA se caractérise par une résolution maximale de 640×480 pixels. Il permet d'afficher simultanément jusqu'à

16 couleurs choisies au sein d'une palette de 262 144 couleurs. Les standards graphiques modernes reposent tous sur le VGA, et les cartes graphiques modernes sont toutes compatibles avec ce standard.

Video 1

Système de compression qui permet de réduire l'espace occupé par les données vidéo et audio. Il se caractérise par une profondeur de couleur maximale de 16 bits et n'est donc pas compatible avec le mode TrueColor.

Video Electronics Standards Association

"Association de normalisation pour les systèmes électroniques vidéo".

➡ *Voir VESA*

Video for Windows

Programme conçu par Microsoft qui permet de créer et lire des séquences vidéo. La version complète de ce programme permet de traiter et compresser des séquences vidéo. Microsoft en diffuse gratuitement une version limitée qui n'offre qu'une fonction de lecture. *Video for Windows* avait été créé pour Windows 3.x, et il a été remplacé par le module de lecture *ActiveMovie* sous Windows 95. Microsoft n'a pas encore créé de version complète de ce programme pour Windows 95.

➡ *Voir AVI, Indeo*

Video Graphics Array

"Système graphique vidéo".

➡ *Voir VGA*

Video-CD

Format de CD-ROM créé en 1993 qui se conforme au mode XA-Form2 et permet de stocker des données vidéo et audio.

vidéoconférence

Conférence à distance reposant sur des moyens de télécommunication permettant de transmettre à la fois des images et du son. Les informations sont généralement transmises par l'intermédiaire d'un accès RNIS. Outre un PC, chaque participant doit posséder l'équipement suivant :
- un micro et un casque ;
- une caméra ;
- une carte RNIS ;

- une carte à codec pour restituer les images et le son ;
- un logiciel spécial.

Le standard H.320 permet de transmettre correctement des images et du son. Il ne permet toutefois pas de partager des documents ou des applications entre les différents participants. Pour partager des documents ou des applications, on peut aujourd'hui utiliser le standard T.120.

vidéodisque

Support de stockage prédécesseur du CD-ROM actuel. Sur le vidéodisque, les signaux analogiques et numériques sont stockés sous forme de trous minuscules en forme de spirale sur une galette de 30 cm de diamètre. Ils sont ensuite lus à l'aide d'un rayon laser. Comme son nom l'indique, le vidéodisque sert essentiellement à stocker des séquences vidéo et audio.

➠ *Voir analogique, CD-ROM, numérique*

Video-RAM

"RAM vidéo".

➠ *Voir VRAM*

vif, ve

➠ *Voir mémoire vive*

virgule flottante

➠ *Voir représentation à virgule flottante*

Virtual Address Extension

"Extension d'adresse virtuelle".

➠ *Voir VAX*

Virtual File Allocation Table

"Table d'allocation des fichiers virtuelle".

➠ *Voir VFAT*

virtual reality

"Réalité virtuelle".

➠ *Voir réalité virtuelle*

Virtual Reality Modelling Language

"Langage de modélisation de réalité virtuelle".

➡ *Voir réalité virtuelle, VRML*

virus à écrasement

Virus qui modifie le code d'un programme pour y introduire son propre code. Afin de forcer l'ordinateur à exécuter leur code chaque fois que un programme donné est lancé, les virus à écrasement doivent modifier instructions de saut et tables. Ils sont donc, en règle générale, faciles à détecter, les programmes infectés ne fonctionnant plus correctement. Les virus à écrasement sont relativement rares.

➡ *Voir virus informatique*

virus ANSI

Virus qui n'a généralement pas véritablement d'effet destructeur mais qui rend l'ordinateur incontrôlable. Les virus ANSI ne sont pas de véritables virus. Comme les chevaux de Troie, ils sont véhiculés sous forme de texte par les BBS. Lorsque le pilote de code ANSI est chargé, et que la présence d'un virus ANSI est révélée par la commande TYPE, par exemple, le moniteur, le clavier et le haut-parleur semblent devenir fous. Les séquences de contrôle contenues dans le virus activent en effet des commandes insensées et mettent l'ordinateur sens dessus dessous.

➡ *Voir ANSI, BBS, caractère de contrôle, cheval de Troie*

virus d'exécutable

Virus qui s'attaque aux fichiers qui contiennent du code exécutable, ou exploitable, (et correspondent donc à un programme). Dès que le fichier infecté est ouvert ou déplacé sur un autre ordinateur, le virus devient actif et se propage vers d'autres fichiers de programmes. Les virus d'exécutables englobent depuis peu une nouvelle catégorie de virus : les virus de macros, qui s'attaquent au code des macros des documents de différentes applications (au code des macros des documents Word, par exemple).

virus de secteur amorce

Virus particulièrement sournois qui affecte les programmes de chargement situés dans l'enregistrement amorce maître des disques durs ou des disquettes. Ces programmes devant absolument être chargés, leur propagation est garantie (ce qui est l'objectif recherché par le concepteur du virus). Outre les virus classiques, qui contaminent les programmes exploitables, il existe des virus hybrides, qui affectent aussi bien le secteur amorce que les fichiers standards.

➡ *Voir secteur amorce, virus, virus hybride*

UV

virus hybride

Virus qui affecte à la fois les fichiers classiques et le secteur amorce maître des supports de stockage, ce qui lui offre des possibilités de propagation maximale.

➡ *Voir virus informatique*

virus informatique

Petit programme qui cherche à fusionner son code avec celui d'autres programmes, à se propager et parfois également à détruire sciemment des données. Les virus peuvent fonctionner à l'aide de différentes méthodes :

- Les virus qui fonctionnent par écrasement sont les plus simples. Ils écrasent, et ainsi détruisent, les programmes qu'ils infectent. Ces virus ne peuvent malheureusement pas être éradiqués. Il est seulement possible de supprimer les fichiers infectés.
- Certains virus de l'informatique fonctionnent comme leurs homologues biologiques. Ils infectent tous les endroits d'un ordinateur qui contiennent du code exécutable. La table des partitions, le secteur amorce (on parle de *virus de secteur amorce*) et les fichiers exécutables sont autant d'exemples de code exécutable. Les virus de ce type infectent le code exécutable sans le détruire en ajoutant simplement leur propre code au leur. Une fois cet ajout effectué, le virus peut rester dans la mémoire vive (virus résident) ou infecter tous les fichiers accessibles. Les virus résidents fonctionnent comme des programmes TSR. Ils peuvent contaminer à leur tour tous les programmes exploités après la contamination des premiers programmes. L'objectif de ces virus est de contaminer autant de programmes que possible sans se faire détecter. Nombre d'entre eux contiennent des routines qui s'activent au terme d'un certain délai ou à une heure donnée. Ces routines peuvent être sans danger mais elles peuvent également être destructrices. Les antivirus étant aujourd'hui très répandus, les virus modernes essaient parfois même de les tromper en reconvertissant momentanément le code infecté d'un programme infecté au moment où l'antivirus entre en action.
- Les chevaux de Troie donnent l'impression de remplir une fonction donnée mais ils ont généralement pour rôle de permettre à d'autres virus de se développer. L'une des astuces les plus utilisées pour permettre à un virus de se propager consiste à l'associer à un programme freeware ou shareware, puis à incrémenter le numéro de version de ce programme. Il est ainsi très probable que de nombreux utilisateurs téléchargeront la pseudo-nouvelle version et par conséquent le virus.
- Les virus de macros (ou macrovirus) sont des virus particuliers. Ils n'infectent pas les programmes mais les documents qui contiennent des macros (les modèles Word, par exemple). Toutes les suites de logiciels Office permettent à l'utilisateur de créer des macros pour adapter son environnement de travail à ses besoins. Les macros enclenchent un certain nombre de processus lorsqu'elles sont activées. Elles démarrent d'ailleurs souvent automatiquement à l'ouverture ou à la fermeture du document auquel elles se rapportent. Les virus de macros enregistrent leur code dans la routine de démarrage automatique des macros et sont donc eux aussi exécutés automatique-

UV

ment. Ils infectent ensuite tous les autres documents que l'utilisateur ouvre. Les antivirus modernes sont généralement capables de détecter et d'éradiquer ces virus.

La plupart des virus n'ont pas fait l'objet d'une programmation poussée et ils se trahissent d'eux-mêmes. La plupart des virus de secteur amorce rendent un certain nombre de secteurs du disque dur défectueux. Etant trop volumineux pour le secteur amorce, ils marquent d'autres secteurs comme étant défectueux afin de garantir que ces derniers ne seront pas utilisés pour stocker d'autres informations. Les virus qui résident dans la mémoire de l'ordinateur s'accaparent une petite partie de la mémoire, ce qui est facile à détecter en utilisant le programme CHKDSK de MS-DOS. Les disques durs modernes ne présentent en principe jamais de secteurs défectueux. Si le programme CHKDSK signale des secteurs défectueux, il y a donc tout lieu d'être méfiant, surtout s'il apparaît que l'ordinateur travaille avec moins de 640 Ko de mémoire basse. Pour remédier aux situations de ce type, il est conseillé de toujours disposer d'une disquette protégée en écriture contenant un antivirus, de faire redémarrer l'ordinateur depuis cette disquette et de lancer ensuite l'antivirus. Le virus n'a ainsi aucune possibilité de s'activer. Enfin, il est à signaler qu'il n'existe pas de virus capables de contaminer la RAM CMOS de l'ordinateur.

➡ *Voir antivirus, cheval de Troie, McAfee, résident, secteur amorce, TSR, virus de secteur amorce, virus hybride, virus itinérant, virus Stealth*

virus itinérant

Virus qui, à l'instar des autres types de virus, se propage principalement sur les réseaux importants mais qui s'attaque à des systèmes bien particuliers tels que des systèmes comptables ou financiers et qui cherche à manipuler certaines données (pour effectuer des virements frauduleux, par exemple). Les virus itinérants ne se servent généralement des ordinateurs ou segments de réseau qui ne sont pas à caractère comptable ni financier que comme des stations intermédiaires.

➡ *Voir réseau, virus informatique*

visiocasque

Synonyme de "casque virtuel" et de "casque 3D". Périphérique d'entrée-sortie ressemblant à des lunettes, qui est composé d'une part de deux petits écrans à cristaux liquides placés devant les yeux de l'utilisateur pour lui permettre de visualiser les images en trois dimensions, et d'autre part d'un casque pour lui permettre d'entendre le son émis. Il intègre par ailleurs de nombreux capteurs qui enregistrent les mouvements de la tête, qui sont convertis en temps réel en données graphiques par l'ordinateur. Les visiocasques sont utilisés à la fois pour les jeux et pour les applications de réalité virtuelle.

➡ *Voir réalité virtuelle*

visiophonie

Technique consistant à transmettre simultanément le son de la voix et l'image en temps réel du correspondant par l'intermédiaire d'une ligne téléphonique. Cette opération nécessitant un taux de transfert très élevé et une largeur de bande qui n'est aujourd'hui disponible que sur les lignes RNIS, la visiophonie n'est pas encore parvenue à s'imposer. Jusqu'à peu, l'image ne s'actualisait qu'à une fréquence de quelques secondes. Grâce au débit des lignes RNIS et aux nouvelles techniques de transmission de données, il est désormais possible de pratiquer véritablement la vidéoconférence, qui permet à plusieurs interlocuteurs de participer à une conversation en se voyant les uns les autres. Pour pouvoir utiliser la visiophonie sur un ordinateur classique, il faut disposer d'une carte RNIS, d'un convertisseur a/b, d'une caméra pour enregistrer les images (numérique, de préférence, telle que le modèle QuickCAm d'Apple) et d'un logiciel spécifique pour coordonner les images, le son et les échanges de données au cours de la conversation téléphonique.

➠ *Voir convertisseur a/b, largeur de bande, RNIS, vidéoconférence*

Visual Basic

Langage de programmation orienté objet créé par Microsoft qui repose sur le BASIC. Visual Basic a été lancé sur le marché en 1991 et il a d'abord servi essentiellement à programmer sous Windows 3.x. Il en est actuellement à sa version 5.0.
Visual Basic permet de réaliser très facilement des programmes orientés dialogue à l'aide d'un générateur de masques et de bibliothèques prédéfinies. Les éléments de programme créés sont ensuite assemblés pour créer un programme fonctionnel.
Aujourd'hui, Visual Basic est aussi utilisé en tant que langage de macros sous les applications de la suite de programmes Office de Microsoft. VBA (Visual Basic pour Applications) a fait son apparition sous Office avec le lancement de la version 97 d'Office.

Visual Basic Script

➠ *Voir VBScript*

vitesse d'impression

Vitesse à laquelle une imprimante ou un traceur sont capables d'imprimer. Selon le périphérique considéré, la vitesse d'impression peut être exprimée en pages par minute (imprimantes à jet d'encre et laser) ou en caractères par seconde (imprimantes à marguerite et à aiguilles).

➠ *Voir cps, imprimante, imprimante à aiguilles, imprimante à jet d'encre, imprimante à marguerite, imprimante laser, traceur*

vitesse de calcul

Rapidité à laquelle un ordinateur effectue ses calculs. La vitesse de calcul est fonction du CPU utilisé, de sa fréquence, du programme à exécuter et de bien d'autres facteurs. Les logiciels de test de performances (*benchmarks*) sont capables de mesurer la vitesse de calcul en prenant en compte les différents facteurs pertinents.

➠ *Voir benchmarck*

vitesse de déplacement du pointeur

Vitesse à laquelle le pointeur de la souris se déplace au fur et à mesure que celle-ci est déplacée par l'utilisateur. Cette vitesse peut en principe être paramétrée à l'aide du pilote de la souris. Lorsque le pointeur est paramétré sur une vitesse modérée, il se déplace très lentement ; il est donc possible de le guider avec une grande précision en déplaçant la souris normalement. En revanche, lorsqu'il est paramétré sur une vitesse élevée, le moindre déplacement de la souris induit un écart important du pointeur à l'écran.

➠ *Voir pointeur, souris*

vitesse de modulation

Nombre de variations de signal que chacun des canaux de transmission d'un modem est capable de générer au cours d'une unité de temps donnée (la seconde, dans la pratique). Ce nombre est exprimé en bauds (Bd). Les données stockées sur un ordinateur sont numériques. Or, pour être transmises à un autre ordinateur par l'intermédiaire d'un modem, elles doivent emprunter un canal analogique. La vitesse de modulation indique le nombre de variations de signal que ce canal analogique est capable de transférer en une seconde. Le réseau téléphonique offre, conformément aux standards internationaux en vigueur, une vitesse de modulation maximale de 3 400 bauds, ce qui correspond à un taux de transfert de 3 400 bps sur les vieux modèles de modems qui ne disposent que d'un canal. Pour offrir le taux de transfert de 56 000 bps dont ils sont aujourd'hui capables, les modems doivent donc utiliser plusieurs canaux de transfert.

➠ *Voir baud, bps, modem*

vitesse de rotation

La vitesse de rotation s'exprime en tour par seconde (tr/s). En informatique, elle s'applique essentiellement aux lecteurs de CD-ROM et aux disques durs.

➠ *Voir CD-ROM, disque dur*

vitesse de transfert

Synonyme de "taux de transfert".

➠ *Voir taux de transfert*

VLB

Abréviation de *VESA Local Bus* ("bus local VESA"). Bus conçu pour succéder au bus ISA, mais qui a lui-même été remplacé par le bus PCI. Le bus VLB avait été conçu par la VESA (*Video Electronics Standard Association*, ou Association de normalisation pour les systèmes électroniques vidéo) pour accélérer les communications entre le CPU et les périphériques. Il se caractérisait par une largeur de 32 bits et une fréquence de cadençage de 40 MHz, ce qui devait être particulièrement intéressant pour les cartes graphiques.

Il a été rapidement remplacé par le bus PCI, qui est plus performant. Les cartes mères VLB pour processeurs 80486 comprenaient en principe trois connecteurs de bus VLB, lesquels ne représentaient en fait qu'une version rallongée du bus ISA. Elles permettaient ainsi à l'utilisateur d'insérer une carte graphique, un contrôleur de disques durs VLB et une autre carte.

➠ *Voir VESA*

VLSI

Sigle, abréviation de *Very Large Scale Integration* ("intégration à très grande échelle"). Type de circuit intégré qui intègre un très grand nombre de transistors. Suivant la densité d'intégration, on distingue quatre types de circuits intégrés :
- les circuits intégrés LSI (*Large Scale Integration* ou intégration à grande échelle), qui intègrent de 1 000 à 10 000 transistors ;
- les circuits intégrés VLSI (*Very Large Scale Integration*, ou intégration à très grande échelle), qui intègrent de 10 000 à 1 000 000 de transistors ;
- les circuits intégrés ULSI (*Ultra Large Scale Integration*, ou intégration à ultra-grande échelle), qui intègrent de 1 000 000 à 100 000 000 de transistors ;
- les circuits intégrés GLSI (*Giant Large Scale Integration*, ou intégration à échelle géante), qui intègrent plus de 100 000 000 de transistors ;

Vobis

http://www.vobis.de

Chaîne de magasins d'informatique née en Allemagne et qui a ensuite étendu son activité aux pays voisins, dont la France. La société Vobis dispose de ses propres unités d'assemblage, et c'est d'ailleurs elle qui assemble la plus grande partie des ordinateurs de la marque Highscreen. Les produits de Vobis sont relativement bon marché.

Vobis sur l'Internet.

vocal

1. Mode de fonctionnement disponible sur certains modems qui permet de les utiliser comme des répondeurs téléphoniques.
2. Qualifie un courrier électronique qui contient un message parlé.

➠ *Voir modem, système à commande vocale, VoiceType*

VoiceType

Logiciel à reconnaissance vocale fabriqué par IBM qui fait partie du système d'exploitation OS/2 Warp 4. VoiceType permet, dans une certaine limite, de commander des programmes à l'aide de commandes vocales et même de dicter du texte sous un traitement de texte. Avant de pouvoir utiliser ces fonctions, l'utilisateur doit habituer le logiciel à sa prononciation. Il doit pour cela prononcer 256 phrases prédéfinies dans un micro.

➠ *Voir IBM, OS/2 Warp 4, reconnaissance vocale*

voilage

➠ *Voir fonctions 3D*

volume

➠ *Voir nom de volume*

volume label

Anglais de *nom de volume*.

➠ *Voir nom de volume*

von-Neumann

Qualifie un ordinateur qui se conforme à la définition qu'a donnée John von Neumann de l'ordinateur en 1964. Les ordinateurs modernes se conforment en principe tous à cette définition, qui énumère les caractéristiques suivantes :
- Subdivision de l'ordinateur entre une unité de contrôle, une unité de calcul, une mémoire interne et des unités périphériques.
- Subdivision de la mémoire interne en unités d'informations (cellules de mémoire).
- Adressage continu des cellules de mémoire.
- Utilisation du système binaire.
- Commandes et données stockées dans la même mémoire.
- Traitement séquentiel des commandes.
- Interruption des traitements séquentiels par l'intermédiaire de sauts conditionnels ou inconditionnels.

VRAM

Abréviation de *Video-RAM* ("RAM vidéo"). Synonyme de "RAM à deux ports". Type de mémoire créée par Texas Instrument qui peut communiquer directement son contenu au RAMDAC par l'intermédiaire d'un second port série. Avec ce système, une partie du contenu de la mémoire est déchargée de manière cyclique dans des registres à décalage, ce qui nécessite un cycle de cadençage. Les données stockées dans ces registres à décalage sont affichées bit par bit. Le CPU peut accéder autant de fois que nécessaire aux registres à décalage jusqu'à ce que ceux-ci doivent être actualisés. Cette technique permet d'accroître la largeur de bande par rapport à celle qu'offrent les modules de mémoire classiques. Il existe une version améliorée de la VRAM appelée WRAM.

➠ *Voir WRAM*

VRML

Sigle, abréviation de *Virtual Reality Modeling Language* (anglais de *langage de modélisation de réalité virtuelle*). Langage relativement nouveau créé pour décrire des espaces tridimensionnels contenant des objets. Sur le WWW, ce langage permet de créer des mondes virtuels. Pour visualiser des mondes virtuels dans un navigateur Web, il faut y ajouter un module externe. Le VRML a été inventé par Silicon Graphics. Les sociétés IBM, Microsoft et World travaillent actuellement à l'élaboration d'une extension de ce langage.

W3

Autre nom du World Wide Web.

➡ *Voir World Wide Web*

W3C ou World Wide Web Consortium

Organisation pilotant le développement technique du Web. Elle est notamment chargée de définir des standards (comme le protocole HTTP), et d'établir les recommandations d'extension du HTML. Elle s'occupe également des questions de sécurisation des échanges en ligne. Le W3C, composé des grands acteurs technologiques du réseau, est actuellement dirigé par Tim Berners-Lee, inventeur du Web. En France, il est représenté par l'INRIA (Institut national de recherche en informatique et automatique).

WAIS

Sigle, abréviation de *Wide Area Information System* ("système d'information étendu"). Système de recherche Internet qui repose exclusivement sur du texte.

WAN

Sigle, abréviation de *Wide Area Network* ("réseau longue distance"). Type de réseau reliant des ordinateurs dispersés dans une vaste zone géographique. Les WAN sont généralement des super-réseaux connectant des réseaux locaux ou métropolitains à l'aide du réseau téléphonique, de routeurs et de passerelles.

➡ *Voir réseau*

Wav

Abréviation de *wave* ("onde"). Format de fichier audio utilisé en standard sous Windows. Tous les enregistreurs, les échantillonneurs et les lecteurs audio pour Windows sont capables de traiter le format Wav. Celui-ci n'intègre pas d'algorithme de compression, ce qui explique que les enregistrements audio de bonne qualité prennent rapidement beaucoup de place.

wavetable

"Table d'ondes".

➠ *Voir table d'ondes*

Web

➠ *Voir compteur Web, navigateur, site Web, WWW*

Web-spoofing

"Détournement d'adresse Web".

➠ *Voir détournement d'adresse Web*

What You See Is What You Get

"Ce que tu vois, c'est ce que tu obtiendras".

➠ *Voir WYSIWYG*

Whetstone

Programme de test de performances conçu pour les coprocesseurs. Pour effectuer ses tests, Whetstone s'appuie sur un certain nombre d'opérations mathématiques effectuées souvent.

while

"Tant que". Instruction qui permet de créer des boucles dans les langages de programmation de haut niveau. L'instruction while répète une partie de programme donnée aussi longtemps que la condition à laquelle elle est associée est remplie. Cette condition peut être testée au début ou à la fin du code de programme de la boucle. Lorsque la condition est située à la fin, la boucle s'exécute toujours au moins une fois.

White Pages

"Pages blanches". Annuaire américain. Le nom Pages blanches est une marque déposée de France Télécom, qui ne peut donc pas être utilisée pour désigner d'autres annuaires du même type.

➠ *Voir Yellow Pages*

WHOIS

Annuaire téléphonique consultable sur l'Internet. Cet annuaire contient des adresses de courrier électronique, des adresses postales et des numéros de téléphone d'abonnés à l'Internet.

➠ *Voir Internet*

Wide Area Information System

"Système d'information étendu".

➠ *Voir WAIS*

Wide Area Network

"Réseau international".

➠ *Voir WAN*

Wide-SCSI

"SCSI large".

➠ *Voir SCSI*

wildcard

"Caractère de substitution".

➠ *Voir caractère de substitution*

WIN.INI

Fichier de configuration chargé par Windows avec le fichier SYSTEM.INI à chaque démarrage. WINI.INI contient essentiellement des informations se rapportant aux logiciels installés, la configuration du matériel étant prise en charge par le fichier SYSTEM.INI. Ces deux fichiers ne sont en fait indispensables que sous Windows 3.x. Sous Windows 95, ils font double emploi avec la base de registres pour les applications 32 bits, mais ils ont été conservés pour permettre aux applications 16 bits de fonctionner sous Windows 95. Le fichier WINI.INI est chargé à chaque nouveau démarrage de Windows. Il est aussi consulté systématiquement par les programmes pour Windows que l'utilisateur charge. Les différentes options des fichiers WIN.INI et SYSTEM.INI n'ont pour ainsi dire fait l'objet d'aucune documentation de la part de Microsoft. Elles ont été décodées et dévoilées peu à peu par la presse et les livres spécialisés.

➠ *Voir SYSTEM.INI*

WinCIM

Logiciel d'accès réseau à distance qui doit être utilisé pour accéder à CompuServe.

window

"Fenêtre".

➠ *Voir fenêtre*

Windows

Famille de systèmes d'exploitation créée par Microsoft. Alors que Windows 3.1 et sa variante pour réseau *Windows for Worgroups* ne constituaient qu'une extension du système d'exploitation MS-DOS, Windows 95 et Windows NT sont des systèmes d'exploitation à part entière. Les systèmes d'exploitation Windows ont pour particularité de reposer sur une interface utilisateur graphique, contrairement à MS-DOS, qui reposait sur une interface utilisateur textuelle. Ils permettent aussi généralement d'échanger beaucoup plus facilement des données entre plusieurs applications que les autres systèmes d'exploitation. Les standards d'échange de données DDE et OLE ont fait leur apparition sous Windows.

Windows CE

Système d'exploitation conçu par Microsoft pour certains modèles d'assistants. L'interface utilisateur de Windows CE ressemble fortement à celle de Windows 95. Les premiers assistants personnels équipés de Windows CE ont fait leur apparition en 1996 aux Etats-Unis. En France, ils sont arrivés au début de l'année 1997. Ils ne possèdent ni lecteur de disquettes, ni disque dur, et sont équipés de 2 à 4 Mo de mémoire vive. Ils ne possèdent pas tous un clavier ; l'entrée des données s'effectue alors à même l'écran tactile à l'aide d'un stylet. Windows CE est livré avec toute une série d'applications : Excel, Word, MS-Mail et Internet Explorer. Les assistants personnels possèdent généralement un port série ou infrarouge qui permet de les connecter à un véritable PC de bureau. Ils posent encore un certain nombre de problèmes en matière de gestion de mémoire, et les transferts avec les ordinateurs de bureau ne s'effectuent pas toujours correctement.

Windows for Workgroups

"Windows pour groupes de travail". Version de Windows 3.1 conçue pour les réseaux. Windows for Workgroups permet de créer des réseaux poste à poste de petite taille qui peuvent être reliés à des domaines Windows NT. Il est compatible avec un grand nombre de protocoles, dont les protocoles NetBUI, IPX et TCP/IP.

➠ *Voir Windows*

Windows Messaging

Logiciel de courrier électronique client de Windows NT 4.0. A quelques détails près, Windows Messaging est identique au logiciel Exchange de Windows 95 (qui a d'ailleurs été rebaptisé *Outlook* lorsque Office 97 a été lancé). Ces deux logiciels sont les successeurs de MS Mail.

➠ *Voir courrier électronique, Exchange, Windows 95*

Windows NT

Système d'exploitation 32 bits professionnel lancé dès 1993. Windows NT est resté très longtemps peu connu du public, mais cette situation a évolué très rapidement avec le lancement de Windows 95. Il en est actuellement à sa version 4.0. Jusqu'à ce qu'il soit doté de la même interface utilisateur que Windows 95, Windows NT a peu évolué après la version 3.51.

Windows NT est un système d'exploitation de réseau qui repose sur un système de sécurisation bien étudié, et il est relativement exigeant en matière de configuration matérielle. Les logiciels conçus spécialement pour lui sont en mesure de tirer pleinement parti des performances des ordinateurs modernes. Windows NT permet aussi de continuer à utiliser des vieux programmes conçus pour Windows 3.x, mais des problèmes peuvent apparaître. Il ne permet pas, en revanche, d'accéder directement au matériel, ce qui explique qu'un certain nombre de jeux ne fonctionnent pas sous ce système d'exploitation.

Il existe aussi des versions de Windows NT pour les PowerPC, ainsi que pour d'autres processeurs. D'une manière générale, il existe deux versions de Windows NT : Windows NT Server et Windows NT Workstation. La version Workstation a été amputée d'un certain nombre de fonctionnalités par rapport à la version Server, qui est beaucoup plus chère. Elle permet de créer des réseaux de petite taille et de configurer des stations de travail pour les réseaux de grande taille. Comme son nom l'indique, Windows NT Server est un logiciel serveur conçu pour les serveurs de gros réseaux. Au sein d'un domaine NT, il faut généralement disposer d'au moins un serveur pour contrôler les droits des utilisateurs. Windows NT Workstation ne permet en revanche que de créer des réseaux poste à poste reposant sur des groupes de travail.

Contrairement à Windows 95, Windows NT n'est pas conforme à la spécification Plug and Play. L'installation du matériel peut être délicate, d'autant que tous les périphériques ne possèdent pas un pilote pour Windows. Aussi Windows 95 est-il d'une manière générale mieux adapté aux ordinateurs familiaux.

➠ *Voir Windows 95*

Windows 95

Successeur officiel de Windows 3.x. Windows 95 est un système d'exploitation 32 bits fabriqué par Microsoft qui présente un grand nombre d'améliorations par rapport à son prédécesseur. Ses deux améliorations les plus notables sont le fonctionnement multitâche et l'utilisation des noms de fichier longs. Il est parfaitement compatible avec Windows 3.x. Le fait qu'il soit utilisé dans le monde entier s'explique partiellement par la grande campagne publicitaire que Microsoft lui a consacrée. Il a été lancé officiellement au mois d'août 1995.

Sa toute nouvelle interface utilisateur a connu un grand succès auprès des utilisateurs, au point qu'elle a ensuite été reprise pour Windows NT. Windows 95 présente l'avantage de se conformer à la spécification Plug and Play, ce qui le rend particulièrement intéressant pour les ordinateurs familiaux. En revanche, ses fonctions de réseau ne sont pas aussi puissantes que celles de Windows NT. En 1996, Microsoft a lancé Windows 95B, qui n'est disponible qu'en version OEM. Cette nouvelle version intègre un certain nombre de nouveautés et elle repose notamment sur le nouveau système de fichiers FAT 32.

Windows 95 a aussi marqué l'apparition du navigateur Internet Explorer, qui est très connu aujourd'hui.

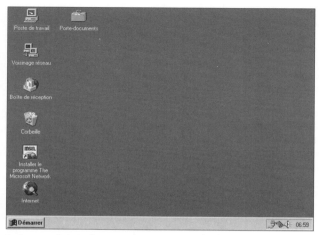

Le Bureau de Windows 95 dans toute sa splendeur.

WinTel

Surnom parfois donné à une configuration informatique à partir du moment où elle est équipée du système d'exploitation Windows et d'un processeur Intel.

wire frame

"Fil de fer" ou "filaire".

➠ *Voir filaire*

Wirth, Nikolaus

Développeur qui a inventé le Pascal et le MODULA2.

➠ *Voir MODULA2, Pascal*

Wizard

"Assistant".

➠ *Voir assistant*

word

"Mot de données".

➠ *Voir mot de données*

Word

Traitement de texte fabriqué par Microsoft. C'est actuellement le plus vendu du marché. La première version de Word sortit en 1983 et elle eut un grand succès. Elle fonctionnait alors sous DOS. Avec la sortie de Word 2.0 (ou Winword 2.0) pour Windows, la version pour DOS est devenue moins utilisée. La dernière version de Word sortie pour DOS a été la version 6.0. La version 2.0 de Word pour Windows a été suivie de la version 6.0, puis de la version 7.0 pour Windows 95. Aujourd'hui, Word est rarement vendu seul. Il est au contraire vendu avec la suite de programmes Office de Microsoft. La dernière version sortie est la version 8.0, vendue avec Office 97. Word est un traitement de texte très simple à utiliser. La version 8.0 a été dotée d'un grand nombre de fonctions Internet qui permettent même à l'utilisateur de créer ses propres pages Web.

➠ *Voir Microsoft, traitement de texte*

WordPerfect

Traitement de texte conçu par la société du même nom. Avant le succès fulgurant de Word, WordPerfect était le traitement de texte le plus utilisé du monde. Il intègre davantage de fonctions que Word, notamment des fonctions de PAO très complètes et faciles à utiliser.
En 1990, la société WordPerfect fut rachetée par Novell, qui commercialisa peu après sa suite de programmes PerfectOffice. Cette suite ne connut qu'un succès timide. En 1996, Novell revendit tous ses droits sur PerfectOffice à Corel. Six mois plus tard, Corel lança la suite de programmes WordPerfect-Suite.

➠ *Voir Corel, Novell*

WordPerfect-Suite

Suite de programmes commercialisée par Corel depuis le milieu de l'année 1996. Le principal logiciel de cette suite de programmes est le traitement de texte WordPerfect, dont Corel racheta les droits à Novell au début de l'année 1996. Cette suite intègre aussi le tableur Quattro Pro et le logiciel de présentation Presentations. La version Professional de WordPerfect-Suite inclut en outre le système de gestion de bases de données Paradox.

➠ *Voir Corel, Perfect Office*

worgroup computing

"Informatique basée sur des groupes de travail".

Workbench

Nom de l'interface utilisateur de l'Amiga. Dans la pratique, ce nom est aussi souvent utilisé pour désigner le système d'exploitation AmigaOS de cet ordinateur.

workgroup

"Groupe de travail".

➠ *Voir groupe de travail*

Works

Logiciel intégré fabriqué par Microsoft. Works regroupe sous une même interface un traitement de texte, un tableur, un système de gestion de bases de données et une fonction d'accès réseau à distance.

➠ *Voir intégré*

workstation

"Station de travail".

➠ *Voir station de travail*

World Wide Information Network On Standards

"Réseau mondial d'information sur les normes".

➠ *Voir ISONET*

World Wide Web

"Toile mondiale".

➠ *Voir WWW*

WorldsAway

Jeu d'aventure en ligne proposé par le service CompuServe. Ce jeu permet à un nombre illimité de joueurs de se déplacer dans la ville de Phantasus, de se divertir et de manipuler des objets.

➠ *Voir CompuServe*

WORM

Sigle, abréviation de *Write Once, Read Many* ("écriture unique, lecture multiple"). Format de support optique aujourd'hui obsolète sur lequel il n'est possible d'enregistrer qu'une fois, mais dont les données peuvent être lues un nombre infini de fois. Ce format est l'ancêtre du CD-R. Les disques WORM ne peuvent être enregistrés et lus qu'à l'aide d'un lecteur spécial. Ils offrent une capacité de stockage d'environ 200 Mo.

WRAM

Sigle, abréviation de *Windows Random Access Memory* ("mémoire à accès aléatoire Windows"). Technique de stockage spéciale conçue pour la mémoire graphique et les cartes graphiques. Cette mémoire est une version améliorée de la VRAM. Elle contient des informations permettant de transformer les images.

➠ *Voir VRAM*

Write

Traitement de texte simplifié livré en standard sous Windows 3.x. Il a été remplacé par WordPad sous Windows 95. Contrairement à Write, WordPad permet dans une certaine mesure d'ouvrir des fichiers Word.

➠ *Voir Windows*

Write Once Read Multiple

"Ecriture unique, lecture multiple".

➠ *Voir WORM*

write protection

"Protection en écriture".

➠ *Voir protection en écriture*

WWW

Sigle, abréviation de *World Wide Web* ("toile mondiale"). Système d'information multimédia mondial qui repose sur l'Internet. Le principe du WWW fut élaboré en 1990 par Tim Berners-Lee au CERN (Centre européen de recherche nucléaire, aujourd'hui Centre européen pour la physique des particules). Le principe fondamental du Web est l'*hypertexte*, qui permet de passer d'une page, d'un mot, d'une image à l'autre. Pour pénétrer sur le WWW, il faut toujours passer par une page d'accueil, qui contient des liens permettant d'accéder à d'autres pages situées sur d'autres serveurs. Ce système permet de parcourir une masse considérable d'informations en quelques clics de souris.
Le WWW est très apprécié des utilisateurs. Il est très simple à utiliser et permet d'afficher directement des images et des séquences vidéo, ce qui n'était pas le cas des services Internet utilisés auparavant.

➠ *Voir HTML, lien, URL*

WYSIWYG

Sigle, abréviation de *What You See Is What You Get* ("ce que tu vois, c'est ce que tu obtiendras"). Mode de fonctionnement des programmes modernes qui garantit à l'utilisateur que ce qu'il voit à l'écran se présentera rigoureusement de la même manière à l'impression. Sur les PC, le mode WYSIWYG n'est apparu qu'avec Windows. Sur les Macintosh, en revanche, le mode WYSIWYG est depuis très longtemps le standard.

X

X.21

Protocole de transfert qui définit une interface au niveau de la couche physique. Il est utilisé pour les réseaux X.25.

➠ *Voir protocole de transfert, X.25*

X.25

Protocole de transfert qui permet de transférer les données sous forme de paquets. Les paquets de données sont transférés indépendamment les uns des autres à des nœuds de réseau intermédiaires, qui les stockent temporairement avant de les faire suivre à leur destinataire.

➠ *Voir protocole de transfert*

X.75

Protocole de transfert qui régit les transferts de données effectués par l'intermédiaire du canal B d'un accès RNIS. Comme le protocole HDLC, le protocole X.75 appartient à la famille de protocoles SDLC, et il utilise la totalité du taux de transfert disponible sur un canal B, qui est de 64 Kbit/s.

➠ *Voir B, HDLC, protocole de transfert, RNIS*

X2

Standard de modem élaboré par US Robotics.

➠ *Voir modem*

XENIX

Système d'exploitation pour PC conçu par Microsoft. XENIX est une émanation d'Unix, avec lequel il est parfaitement compatible.

➠ *Voir Microsoft, Unix*

Xerox

Société américaine dont le centre de recherche, le PARC (*Palo Alto Research Center,* Centre de recherche Palo Alto), s'est illustré par un grand nombre d'inventions telles que le système de réseau Ethernet. Le premier ordinateur à être doté d'une interface utilisateur graphique, d'une souris, d'une imprimante laser et d'une interface Ethernet fut le Xerox 8010.

➡ *Voir Ethernet, PARC*

XGA

Abréviation d'*Extended Graphics Adapter* ("adaptateur graphique étendu"). Standard graphique lancé par IBM en 1991 qui se caractérise par une résolution de 1 024 × 768 pixels en 256 couleurs.

Xmodem

Protocole de transfert qui subdivise les données à transmettre en blocs d'une taille de 128 octets. Relativement lent, ce protocole ne transmet ni le nom, ni la taille des fichiers.

➡ *Voir protocole de transfert*

Xmodem 1K

Protocole de transfert qui repose sur le protocole Xmodem, mais subdivise les données à transmettre en blocs d'une taille de 1 Ko.

➡ *Voir protocole de transfert, Xmodem*

XMS

Sigle d'*Extended Memory Specification* ("spécification de mémoire étendue"). Standard conçu conjointement par Microsoft, Intel, Lotus et AST pour gérer la mémoire vive située au-delà du premier mégaoctet. Il est possible d'utiliser de la mémoire étendue avec les tous les processeurs depuis le 80286 (inclus).

➡ *Voir EMS*

XOn/XOff

Système de contrôle de flux de niveau logiciel utilisé pour réguler les transferts de données effectués par l'intermédiaire d'un port série. Le récepteur des données envoie le caractère de contrôle XOn ou XOff à l'émetteur selon qu'il est prêt ou non à recevoir des données.

➡ *Voir régulation de flux*

XOR

Opérateur booléen d'antivalence. L'opérateur XOR génère la valeur 0 lorsque les deux opérandes ont pour valeur 0 ou 1.

➠ *Voir booléen*

XT

Abréviation d'*Extended Technology* ("technologie étendue"). Version améliorée de l'IBM PC. L'IBM XT utilisait certes toujours un processeur 8088, mais il avait fait l'objet d'un certain nombre d'améliorations. Ainsi disposait-il de davantage de mémoire et d'un plus grand nombre de connecteurs de bus. Il était équipé de nouveaux modèles de disquettes et offrait en option la possibilité d'insérer un disque dur d'une capacité de 10 Mo. En 1983, un IBM PC/XT coûtait plus de 5 000 dollars.

Y

Abréviation d'*Ymodem*.

➠ *Voir Ymodem*

Yahoo

http://www.yahoo.com

Moteur de recherche Internet le plus utilisé du monde. Yahoo ne permet d'effectuer des recherches que sur le World Wide Web.

➠ *Voir Internet, moteur de recherche, World Wide Web*

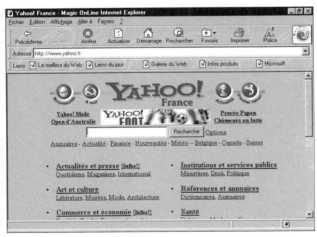

Yahoo attend simplement que l'utilisateur tape un mot pour partir à sa recherche sur le Web.

YCC

Système de couleurs créé par Kodak pour le Photo-CD. Le système YCC subdivise les 24 bits de couleur en 8 bits pour la luminosité (luminance) et 16 bits pour les informations relatives à la couleur (chrominance).

➡ *Voir Photo-CD*

Yellow Pages

"Pages jaunes". Annuaire américain des professionnels. Le nom Pages jaunes est une marque déposée de France Télécom qui ne peut pas être utilisée pour désigner d'autres annuaires du même type.

Ymodem

Protocole de transfert qui permet de transférer plusieurs fichiers avec leur nom. Le protocole Ymodem est une version améliorée du protocole Xmodem et il fonctionne avec des blocs d'une taille de 1 Ko.

➡ *Voir protocole de transfert, Xmodem, Zmodem*

YUV

Système de signalisation utilisé par les téléviseurs, qui distingue d'une part la luminance (Y), d'autre part la chrominance (U et V). Selon ce système, la luminance reçoit une largeur de bande plus importante que la chrominance. Ce déséquilibre tient à la façon dont l'œil humain perçoit les couleurs. Pour que les images lui semblent de bonne qualité, en effet, il est préférable de privilégier les informations se rapportant à la luminosité plutôt que les informations se rapportant aux couleurs.

Z

Abréviation de *Zmodem*.

➡ *Voir Zmodem*

Z3

Nom du premier calculateur programmable, conçu et perfectionné de 1934 à 1941 par Konrad Zuse.

➡ *Voir Zuse*

Z80

Processeur 8 bits, aujourd'hui obsolète, conçu par Zilog. Ce processeur a été commercialisé en 1976 et il était compatible avec le 8080 d'Intel.

Zener

voir diode Zener

zéro

➡ *Voir page zéro*

zéro de tête

➡ *Voir suppression des zéros de tête*

Zero Insertion Force

"Force d'insertion nulle".

➡ *Voir ZIF*

ZIF

Sigle, abréviation de *Zero Insertion Force* ("force d'insertion nulle"). Type de support de CPU qui permet d'insérer très facilement le CPU sur la carte mère et de l'ôter tout aussi facilement en n'ayant qu'à lever ou à abaisser un levier. Ce système permet de ne pas avoir à forcer et ainsi de ne pas tordre les broches du CPU.

Le support de CPU ZIF (celui-ci est prévu pour un Pentium) permet d'insérer et d'ôter très facilement le CPU.

ZIP

Type de lecteur à support amovible, fabriqué par Iomega, qui utilise un support de stockage ressemblant à une disquette classique, mais offrant une capacité de près de 100 Mo. Le lecteur ZIP a été lancé sur le marché en 1995. Une disquette ZIP coûte à l'heure actuelle environ 80 F, ce qui fait de cette technique de stockage l'une des moins chères du marché. Avec un lecteur ZIP, il est très facile d'échanger des fichiers volumineux et d'effectuer des sauvegardes. En 1996, la société Iomega détenait avec son lecteur ZIP 80 % des parts du marché des lecteurs à support amovible.

➠ *Voir Iomega*

Zmodem

Protocole de transfert qui constitue une version améliorée des protocoles Xmodem et Ymodem. Contrairement à ses prédécesseurs, le protocole Zmodem n'utilise pas des blocs de transfert de taille constante. Il adapte cette taille de manière dynamique en fonction de la vitesse à laquelle le transfert s'effectue. Il intègre de surcroît un système de détection d'erreurs très efficace. Il transfère le nom des fichiers et peut, en cas d'interruption du transfert, reprendre le transfert à l'endroit où il a été interrompu pour transmettre le reste des données.

➠ *Voir protocole de transfert, Xmodem, Ymodem*

zone d'activation

Synonyme de "bouton".

➠ *Voir bouton*

zone d'atterrissage

Synonyme de "zone de parcage des têtes". Partie des plateaux d'un disque dur réservée à l'atterrissage des têtes de lecture-écriture. Les disques durs modernes font atterrir automatiquement les têtes de lecture-écriture sur les plateaux du disques dur. C'est précisément l'endroit où les têtes de lecture-écriture atterrissent, qui est situé le long du bord extérieur des plateaux, que l'on appelle "zone d'atterrissage".

zone de liste

Contrôle qui, sur une interface utilisateur graphique, présente à l'utilisateur les différentes options parmi lesquelles il peut choisir, sous la forme d'une liste. Pour sélectionner une option, l'utilisateur n'a qu'à positionner dessus le pointeur de la souris et à cliquer. Les zones de liste font partie des éléments de contrôle standard des interfaces utilisateur graphiques actuelles.

➠ *Voir interface utilisateur graphique, souris*

Une zone de liste conçue pour sélectionner des noms.

zone de mémoire

Partie de mémoire qui, de par les possibilités d'application qu'elle offre, se distingue du reste de la mémoire. Ainsi, la zone de mémoire supérieure s'oppose-t-elle à la zone de mémoire inférieure (ou mémoire basse). Les mémoires EMS, XMS, HMA et UMB sont d'autres exemples de zones de mémoire. Les supports de stockage contiennent eux aussi différentes zones de mémoire (telle la FAT d'un disque dur).

➠ *Voir EMS, FAT, HMA, mémoire supérieure, UMB, XMS*

YZ

zoom

Fonction qui, sous la plupart des palettes graphiques et des logiciels de CAO, permet d'agrandir ou de réduire une partie de l'écran pour simuler un rapprochement ou un éloignement de l'œil de l'observateur. Il existe aussi des utilitaires conçus spécifiquement pour doter d'une fonction de zoom les programmes qui n'en sont pas pourvus. Nombre de cartes graphiques sont vendues avec un utilitaire de ce type.

Zuse, Konrad

Ingénieur et informaticien allemand (1910-1996) qui fut l'un des pionniers de l'informatique. Konrad Zuse inventa en 1934 le premier calculateur programmable, le Z1, qui ne se révéla toutefois pas fiable, car il présentait des imperfections mécaniques. Il travailla ensuite jusqu'en 1943 à l'élaboration du premier calculateur électromécanique, le Z3, qui utilisait 2 000 relais et était très performant. Ce calculateur utilisait déjà le système binaire et la représentation à virgule flottante.

ZyXEL

http://www.zyxel.com

Fabricant de modems haut de gamme. Les modems ZyXEL ont longtemps été considérés comme les plus performants, mais aujourd'hui, d'autres fabricants comme US Robotics proposent des modèles présentant les mêmes caractéristiques.

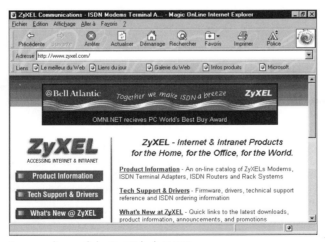

La page d'accueil du site Web de ZyXEL.

YZ

Lexique anglais-français

Anglais	Français
absolute address	adresse absolue
absolute addressing	adressage absolu
AC (Alternating Current)	courant alternatif
acceptance test	test d'admission
access bit	bit d'accès
access time	temps d'accès
access	accès
accounting	comptabilité, comptabilisation
accumulator	accumulateur
accuracy	précision
acknowledge	accusé de réception
acoustic coupler	coupleur acoustique
acoustic input	entrée acoustique
actual value	valeur réelle
adder	ajouteur, sommateur
add-on kit	kit complémentaire
address bus	bus d'adresses
address space	espace d'adressage
address translation	conversion d'adresse

address	adresse, adresser
addressable point	point adressable
addressing mode	mode d'adressage
addressing system	système d'adressage
adventure game	jeu d'aventure
Aiken code	code Aiken
algorithm	algorithme
allocate	allouer, attribuer
Alternating Current (AC)	courant alternatif
analog computer	ordinateur analogique
analog-digital converter	convertisseur analogique-numérique
AND-gate	porte AND
answer tone	tonalité de réponse
anti-aliasing	anticrénelage
apparent storage	mémoire apparente
application package	suite d'applications
application system	système d'application
arcade game	jeu d'arcade
Arithmetic Logic Unit (ALU)	unité arithmétique et logique
array processor	processeur matriciel
array variable	variable de matrice
array	batterie de disques, matrice de programmation
artificial intelligence	intelligence artificielle
assemble	assembler
assembler	assembleur
assembly language	langage assembleur
assign	affecter

assignment	affectation
associative storage	mémoire associative
attribute	attribut
audio output	sortie audio
audit program	programme d'audit
audit	auditer
author langage	langage de composition multimédia
automatic calling	appel automatique
automation	automatisation
auxiliary routine	routine auxiliaire
auxiliary storage	mémoire auxiliaire
back	arrière, retour
backcoupling	rétrocouplage
background processing	traitement en arrière-plan
background program	programme d'arrière-plan
background	arrière-plan
backing storage	mémoire complémentaire
backspace	correction arrière
backup copy	copie de sauvegarde
backup file	fichier de sauvegarde
backup system	système de sauvegarde
backup	sauvegarde
bank	banque, banc
bank-switching	commutation de bancs
bar diagramme	diagramme à bâtons, histogramme
barcode	code à barres
base address	adresse de base
base register	registre de base

Basic Disk Operating System (BDOS)	système d'exploitation disque de base
Basic Input/Output System (BIOS)	système d'entrée-sortie de base
batch file	fichier de traitement par lots
batch processing	traitement par lots
BCD arithmetics	arithmétique BCD
benchmark test	test de performances
binary code	code binaire
binary data	données binaires
binary digit	chiffre binaire
binary number	nombre binaire
binary search	recherche binaire
binary system	base deux, système binaire
binary tree	arbre binaire
bit density	densité de bits
bit frequency	fréquence de bits
bit mask	masque de bits
bit pattern	profil de bits
bit rate	débit en bits
bit serial	série binaire
bit vector	vecteur en bits
bit	bit
bits per inch (bpi)	bits par pouce
bits per second	bits par seconde
blank	blanc, espace
bloc movement	mouvement de bloc
block device	périphérique orienté bloc
block diagram	schéma fonctionnel
block length	longueur de bloc

block statement	instruction de bloc
block	bloc
board	carte
boot	démarrer, s'initialiser
bootstrap loader	chargeur amorce
branch	branche, embranchement
breakpoint	point d'arrêt
brittle	faille
B-tree	arbre B
bubble memory	mémoire à bulles
bubble sort	tri par permutation
buffer storage	mémoire tampon
buffer	tampon
bug	bogue, erreur de programmation
bulk data	données en masse
burn-in	déverminage
bus driver	pilote de bus
bus system	système de bus
bus	bus
business graphics	graphique économique
byte	octet
cache memory	mémoire cache
calculator chip	processeur de calculs
calculator	calculatrice
calibration	calibrage
call	appel
cancel	annuler
capacity	capacité

card reader	lecteur de cartes
card	carte
carriage return	retour chariot
carrier frequency	fréquence de porteuse
carrier	porteuse
carry	porter, transmettre
cartridge	bande, cartouche
cartridgetape drive	lecteur de bandes
cassette recorder	enregistreur à cassettes
cassette	cassette
cathode ray tube	tube cathodique
cell	cellule
Central Processing Unit (CPU)	CPU, processeur
Centronics port	port Centronics
certification	certification
chain	chaîne
channel capacity	capacité de canal
channel	canal
character counter	compteur de caractères
character density	densité de caractères
character generator	générateur de caractères
character parity	parité de caractères
character printer	imprimante compatible avec le mode caractères
character reader	lecteur de caractères
character recognition	reconnaissance de caractères
character screen	écran compatible avec le mode caractères
character set	jeu de caractères

character string	chaîne de caractères
character	caractère, signe
characters per inch (cpi)	caractères par pouce
characters per second (cps)	caractères par seconde
check bit	bit de contrôle
check character	caractère de contrôle
check out	vérifier
check point	point de contrôle
check	contrôler, tester
checking routine	routine de contrôle
circuit parameter	paramètre de circuit
circuit testing	test de circuit, test de continuité
clear text	texte en clair
clear	clair, effacer
clipping	découpage, détourage
clock cycle	cycle d'horloge
clock frequency	fréquence d'horloge
clock generator	générateur d'horloge
clock pulse	battement d'horloge
clock	horloge
code converter	convertisseur de code
code generation	génération de code
code transparent	indépendant du code
code	code, coder
coded	codé, crypté
cold boot	démarrage à froid
collating order	ordre de classement
collating sequence	séquence de classement

collision	collision
color graphics	graphisme couleur
color monitor	moniteur couleur
color printer	imprimante couleur
command menu	menu de commandes
command	commande
comment	commentaire
compact	compact, compacter
compaction	compression
compatibility	compatibilité
compatible	compatible
compile time	temps de compilation
compile	compiler
compiled language	langage compilé
compiler	compilateur
complement	complément
component	composant
compress	compresser, comprimer
computer code	code informatique
computer family	famille d'ordinateurs
computer generation	génération d'ordinateurs
computer graphics	graphisme informatique
computer network	réseau informatique
computer science	informatique
computer simulation	simulation sur ordinateur
computer	ordinateur
Computer-Aided Design (CAD)	conception assistée par ordinateur (CAO)
Computer-Aided Learning (CAL)	enseignement assisté par ordinateur (EAO)

concatenated	concaténé
concurrency	exécution simultanée
concurrent access	accès simultané
conditional jump	saut conditionnel
conductor	conducteur
configuration	configuration
connector	connecteur
console operator	opérateur de console
console	console
constant	constante
continuation adress	adresse de prolongation
continuation line	ligne de prolongation
control bit pattern	profil de bit de contrôle
control bus	bus de contrôle
control character	caractère de contrôle
control cycle	cycle de contrôle
control field	champ de contrôle
control instruction	instruction de contrôle
control memory	mémoire de contrôle
control registry	registre de contrôle
control station	station de contrôle
control unit	unité de contrôle
control value	valeur de contrôle
control variable	variable de contrôle
control	contrôle, contrôler
controller	contrôleur
conversational language	langage de dialogue
conversational mode	mode de dialogue

convert	convertir
converter	convertisseur
coprocessor	coprocesseur
core dump	vidage mémoire
core memory	mémoire à ferrite
core	noyau
counter	compteur
CPU (Central Processor Unit)	CPU, processeur
CPU architecture	architecture de CPU
crash	plantage
CRC (Cyclic Redundancy Check)	CRC (contrôle de redondance cyclique)
cross assembler	assembleur croisé
cross compiler	compilateur croisé
cross hairs	croisillon, pointeur en croix
cross talk	diaphonie
cursor	curseur
customize	personnaliser
cybernetics	cybernétique
cycle time	temps de cycle
cycle	cycle
Cyclic Redundancy Check (CRC)	contrôle de redondance cyclique (CRC)
cylinder	cylindre
daisy chain	chaîne bouclée
daisy wheel printer	imprimante à marguerite
data acquisition	acquisition de données
data administration	administration de données
data bloc	bloc de données
data buffer	tampon de données

data bus	bus de données
data capture	capture de données
data carrier	support de données
data cartridge	cartouche de données
data chain	chaîne de données
data channel	canal de données
data communication	transfert de données
data compaction	compactage de données
data compression	compression de données
data control word	mot de contrôle de données
data description	description de données
data directory	répertoire de données
data element	élément de données
data exchange	échange de données
data field	champ de données
data file	fichier de données
data format	format de données
data input	entrée de données
data library	bibliothèque de données
data link	lien de données
data management	gestion de données
data medium	support de stockage
data module drive	lecteur de modules de données
data module	module de données
data network	réseau d'échange de données
data output	sortie de données
data path	chemin de données
data processing	traitement de données

data protection	protection de données
data recording	enregistrement de données
data security	sécurité des données
data sink	collecteur de données
data source	source de données
data station	station de données
data structure	structure de données
data transmission	transmission de données
data type	type de donnée
data unit	unité de données
data word	mot de données
data	données
database key	clé de base de données
database system	système de base de données
database	base de données
deactivate	désactiver
deadlock	arrêt fatal, plantage
debug programm	débogueur
debugging aids	outils d'aide au débogage
decimal point	point décimal (virgule décimale)
decimal system	base 10, système décimal
decimal-to-binary conversion	conversion décimale-binaire
decision table	table de décision
declaration	déclaration
decoder	décodeur
decrement	décrémenter
dedicated	dédié
defaut value	valeur par défaut

density	densité
destructive read	lecture destructrice
detach	libérer
development system	système de développement
development time	temps, phase de développement
deviation	déviation
device driver	pilote de périphérique
diagnostic routine	routine de diagnostic
dial pulse	impulsion de numérotation
dialect	dialecte
dialog	dialogue
differential analyser	analyseur différentiel
digit	chiffre
digital cassette	cassette numérique
digital computer	ordinateur numérique
digital loop test	boucle de test numérique
digital	numérique, digital
digitalization	numérisation
digitize	numériser
digitizer	convertisseur A/N, numériseur
direct access memory	mémoire à accès direct
direct access method	méthode à accès direct
direct addressing	adressage direct
Direct Current (DC)	courant continu
direct drive	entraînement direct
Direct Memory Access (DMA)	accès mémoire direct
directory	répertoire
disabled	désactivé

disk directory	répertoire d'un disque
disk drive	disque dur, lecteur de disquettes
disk storage	stockage sur disque
disk	disque
diskette	disquette
display device	périphérique d'affichage
display driver	pilote d'affichage
display	affichage, écran
DMA channel	canal DMA
DMA controller	contrôleur DMA
document	document
documentation	documentation
dot matrix printer	imprimante à matrice de points
double density	double densité
double-sided	double face
drive	lecteur
driver	pilote
dump	vidage
duplex opération	fonctionnement en duplex
duplex	duplex
dynamic memory	mémoire dynamique
dynamic RAM	RAM dynamique
echo	écho
edit	éditer, modifier
editor	éditeur
electric schematic diagram	plan de circuit
electroluminescence	électroluminescence
electromechanics	électromécanique

electron beam	faisceau d'électrons
electronic device	appareil électronique
electronic mail	courrier électronique
electronic musics	musique électronique
emergency power-supply	alimentation de secours
emulation	émulation
emulator	émulateur
enabled	activé
encryption	cryptage
End-Of-File (EOF)	fin de fichier
end-of-file mark	marque de fin de fichier
End-of-TeXt (ETX)	fin de texte
environment	environnement
equality sign	signe égale
erasable storage	mémoire effaçable
error burst	accumulation d'erreurs
error control	contrôle d'erreurs
error detecting code	code de détection d'erreurs
error detection	détection d'erreurs
error list	liste d'erreurs
error rate	taux d'erreurs
error recovery	correction d'erreurs
error	erreur
escape sequence	séquence d'échappement
escape symbole	symbole d'échappement
evaluation module	module d'évaluation
executable	exécutable
execution cycle	cycle d'exécution

exit	sortie
expert system	système expert
exponent	exposant
Extended Binary Code	code binaire étendu
extension register	registre d'extension
extension	extension
external sort	tri externe
external storage	mémoire externe
fail	échouer
failsafe system	système à sécurité éprouvée
fanfold paper	papier sans fin
fast access memory	mémoire à accès rapide
fault	défaut, erreur, dysfonctionnement
fault-tolerance	tolérance aux erreurs
fax	fax
fetch cycle	cycle de prise en charge
fiber optics	fibre optique
file management	gestion de fichiers
file name	nom de fichier
file protection	protection de fichier
file server	serveur de fichiers
file transfer	transfert de fichiers
file	fichier
filter program	programme de filtrage
filter	filtre
firmware	micro-programme
fixed disk	disque fixe
fixed-point number	nombre à virgule fixe

flag	flag, valeur repère
flatbed plotter	traceur à plat
flicker	scintiller
floppy disk	disquette
flow control	contrôle de flux
flowchart	organigramme
form feed	avance page
format	format, formater
frame buffer	tampon de trames
frequency	fréquence
friction feed	entraînement papier à friction
full adder	additionneur complet
full duplex	duplex intégral
function character	caractère de fonction
function key	touche de fonction
function	fonction
fuse	fusible
gap	écart
garbage collection	nettoyage mémoire
gate	porte
gateway	passerelle
general register	registre général
generate	générer
generation	génération
generator	générateur
global variable	variable globale
graphic display	affichage graphique
graphics board	carte graphique

graphics instruction	instruction graphique
graphics package	suite d'applications graphiques
graphics printer	imprimante graphique
graphics screen	écran graphique
graphics software	logiciel graphique
graphics symbol	symbole graphique
graphics tablet	tablette graphique
graphics	graphisme
gray code	code Gray
grid	grille, matrice
ground	masse, terre
guru	gourou
hacker	hacker, pirate
half-adder	demi-additionneur
half-duplex	semi-duplex
Hamming-code	code de Hamming
hand-held scanner	scanner à main
hard copy	sortie papier
hard disk	disque dur
hard wired	câblé physiquement
hardware address	adresse du matériel
hardware check	contrôle du matériel
hardware	matériel
hashing	hachage
head	tête
head-to-tape contact	contact tête-bande magnétique
Hertz	hertz
hexadécimal	hexadécimal

high-level language	langage de haut niveau
highlight	mettre en surbrillance
home computer	ordinateur domestique
horizontal scrollbar	barre de défilement horizontale
host	hôte
human engineering	ergonomie
hybrid computer	ordinateur hybride
I/O (Input/Output)	E/S (entrée/sortie)
I/O area	zone d'E/S
I/O channel	canal d'E/S
I/O unit	unité d'E/S
IC (Integrated Circuit)	CI (circuit intégré)
icon	icône
identity	identité
IEC-bus	bus IEC
illegal character	caractère interdit
illegal instruction	instruction interdite
image processing	traitement d'images
image sensor	capteur d'images
immediate access	accès immédiat
immediate addressing	adressage immédiat
impact printer	imprimante à impact
implement	mettre en œuvre, implémenter
implementation	mise en œuvre, implémentation
increment size	taille d'incrément
increment	incrément, incrémenter
index hole	trou d'index
index register	registre d'index

index value	valeur d'index
index variable	variable d'index
index	index
indexed file	fichier indexé
indexing	indexation
indirect addressing	adressage indirect
inference engine	moteur d'inférence
information	information
inhibit pulse	impulsion d'inhibition
initialize	initialiser
initializing	initialisation
inkjet printer	imprimante à jet d'encre
input area	zone d'entrée
input channel	canal d'entrée
input data	données d'entrée
input device	périphérique d'entrée
input instruction	instruction d'entrée
input port	port d'entrée
input program	programme d'entrée
input unit	unité d'entrée
input	entrée, entrer
input/output bus	bus d'entrée/sortie
input/output port	port d'entrée/sortie
input/output	entrée/sortie
insertion sort	tri par insertion
install	installer
instruction code	code d'instruction
instruction cycle	cycle d'instruction

instruction format	format d'instruction
instruction length	longueur d'instruction
instruction list	liste d'instructions
instruction mix	mélange d'instructions
instruction register	registre d'instructions
instruction set	jeu d'instructions
instruction time	temps d'instruction
instruction word	mot d'instruction
instruction	instruction, commande
integer arithmetic	arithmétique sur les entiers
integer variable	variable entière
integer	entier
integration	intégration
intelligent	intelligent
interactive mode	mode interactif
interface type	type d'interface
internal sort	tri interne
interpolation	interpolation
interpreter	interpréteur
interrupt request	requête d'interruption
interrupt	interruption, interrompre
inverter	inverseur
macro assembler	assembleur de macros
macro instruction	instruction de macro
macro library	bibliothèque de macros
macro	macro
magnetic bubble memory	mémoire à bulles magnétiques
magnetic card	carte magnétique

magnetic core storage	mémoire à ferrite
magnetic core	noyau magnétique
magnetic disk	disque magnétique
magnetic head	tête magnétique
magnetic tape device	lecteur de bandes magnétiques
magnetic tape	bande magnétique
magnetic track	piste magnétique
mailbox	boîte aux lettres électronique, BBS
main menu	menu principal
main program	programme principal
main storage	mémoire principale
main task	tâche principale
mainframe	gros système
maintain	maintenir, entretenir
maintenance	maintenance
malfunction	dysfonctionnement
mantissa	mantisse
manual control	contrôle manuel
manual input	entrée manuelle
manual	documentation, manuel d'utilisation
mask	masque
mass storage	mémoire de masse
master	maître
masterdisk	disque maître
matching	adaptation, concordance
matrix character	caractère matriciel
matrix printer	imprimante matricielle
matrix printing	impression matricielle

matrix	matrice
Mbyte (MB)	mégaoctet (Mo)
mean value	valeur moyenne
memory address	adresse de mémoire
memory bus	bus de mémoire
memory capacity	capacité de mémoire
memory cycle time	durée de cycle de mémoire
memory cycle	cycle de mémoire
memory dump	vidage mémoire
memory management	gestion de la mémoire
memory protection	protection mémoire
memory register	registre de mémoire
memory resident	résident en mémoire
memory word	mot de mémoire
memory	mémoire
menu	menu
merge	fusion
message	message
metalanguage	métalangage
metaphor	métaphore
micro instruction	micro-instruction
microchip	micropuce
microcode	microcode
microcomputer	micro-ordinateur
microdisk	microdisque
microprocessor	microprocesseur
microprogram	microprogramme
minicartridge	mini-cartouche

minicomputer	mini-ordinateur
mnemonic	mnémonique
mode	mode
model	modèle
modem (modulator/demodulator)	modem (modulateur-démodulateur)
modular	modulaire
modulation	modulation
module	module
monitor	moniteur
monochrom display	affichage monochrome
motherboard	carte mère
mouse	souris
multiplex channel	canal de multiplexage
multiplex mode	mode multiplexage
multiplexing	multiplexage
multitasking	multitâche
multiuser system	système multiutilisateur
mutlilayer board	carte multicouche
NAND-gate	porte NAND
negation	négation
negtive logic	logique négative
network layer	couche de réseau
network	réseau
new start	redémarrage
nibble	demi-octet
node	nœud
non-impact printer	imprimante sans impact
NOR-gate	porte NOR

null operation	opération nulle
null statement	commande vide
number system	système numérique
numeric keypad	pavé numérique
numeric	numérique
object code	code objet
object program	programme objet
object	objet
OCR font	police ROC
octal system	système octal
offline operation	opération hors ligne
offset	décalage
online	en ligne
opcode	code d'opération
operand	opérande
operation code	code d'opération
operation	opération
operator	opérateur
optical disk	disque optique
optical reader	lecteur optique
OR-gate	porte OR
output area	zone de sortie
output channel	canal de sortie
output data	données de sortie
output device	périphérique de sortie
output format	format de sortie
output port	port de sortie
output statement	instruction de sortie

output unit	unité de sortie
output	sortie
overflow	débordement
overlay	incrustation, recouvrement
overwrite	écraser
pack	compresser
package	suite de programmes
page	page
paper feed	avance papier
parallel port	port parallèle
parameter	paramètre
parity bit	bit de parité
parity check	contrôle de parité
parity	parité
parser	analyseur
password	mot de passe
patch	correctif logiciel, rustine
path name	nom de chemin
peripheral device	périphérique
peripheral mix	mélange de périphériques
peripheral server	serveur de périphériques
peripheral unit	unité périphérique
peripheral	périphérique
personal computer	ordinateur personnel
physical	physique
pie chart	camembert
pipeline	pipeline
pixel processor	processeur graphique

pixel	pixel, point d'image
plasma screen	écran à plasma
plotter	traceur
plug-in boad	carte enfichable
point of sale	point de vente
pointer	pointeur
polish notation	notation polonaise
polling	fax à la demande
port	port, interface
portability	portabilité
positioning	positionnement
positive logic	logique positive
precision	précision
preprocessor	préprocesseur
print command	commande d'impression
print head	tête d'impression
print mask	masque d'impression
print server	serveur d'impression
print	imprimer
printed circuit	circuit imprimé
printer	imprimante
priority	priorité
procedure	procédure
process control	contrôle de processus
process	processus
processor	processeur
production rule	règle de production
program abort	abandon de programme

program cartridge	cartouche à programmes
program control	contrôle de programme
program counter	compteur de programme
program editor	éditeur de programmes
program listing	listing de programme
program module	module de programme
program run	exécution de programme
program statement	instruction de programme
program	programme
programmer	programmeur
programming language	langage de programmation
prompt	invite
protocol	protocole
pseudo random number	nombre pseudo-aléatoire
pseudo-instruction	pseudo-instruction
punched card	carte perforée
punched tape	bande perforée
quartz crystal	cristal à quartz
query language	langage de requêtes
query	requête
queue	file d'attente
quicksort	quicksort
radix	nombre de base
RAM disk	disque de RAM
random access	accès aléatoire
raster graphics	image tramée
raster screen	écran matriciel
raytracing	traçage de rayons

read error	erreur de lecture
read instruction	instruction de lecture
read only memory	mémoire à lecture seule
read	lire
read/write head	tête de lecture-écriture
reader	lecteur
real-time language	langage en temps réel
real-time operation	opération en temps réel
real-time processing	traitement en temps réel
recall	rappel
record	enregistrement
recording head	tête d'enregistrement
recursion	récursion
redundancy	redondance
refresh rate	taux de rafraîchissement
refresh	rafraîchissement, rafraîchir
register	registre
relative addressing	adressage relatif
release	version
reliability	fiabilité
remark	remarque
remote	distant
removeable disk	disque amovible
reorganize	réorganiser
replace	remplacer
report	état
reserved word	mot réservé
reset	réinitialiser

resident	résident
resolution	résolution
response time	temps de réponse
retrieval	récupération
return address	adresse de retour
return instruction	instruction de retour
root	racine
rotate	faire pivoter
round off	arrondir
routing	routage
run time	temps d'exécution
scaling	mise à l'échelle
scan rate	fréquence de balayage
scan	balayer, numériser
scanner	scanner
scheduling	planification
scope	portée
screen editor	éditeur d'écran
screen mask	masque d'écran
screen	écran
scroll	faire défiler
search and replace	rechercher-remplacer
search	rechercher
sector	secteur
segment	segment
selection sort	tri sélectif
selection	sélection
selector channel	canal sélecteur

semantics	sémantique
semiconductor	semi-conducteur
sensor screen	écran tactile
separator	séparateur
sequential access	accès séquentiel
sequential file	fichier séquentiel
serial port	port série
serial transmission	transmission série
server	serveur
service	service
session	session
sheet feeder	chargeur feuille à feuille
shell	shell, interprète de commandes
shift instruction	instruction de décalage
shift	décaler
shuttle sort	tri à navette
simulation	simulation
single density	simple densité
single precision	simple précision
single step mode	mode pas à pas
single-user system	sytème mono-utilisateur
soft-sectored	sectorisé logiciel
software house	société de services
software package	suite de logiciels
software	logiciel
sort program	programme de tri
sort	tri, trier
sorting method	méthode de tri

sound synthesis	synthèse sonore
source code	code source
source document	document source
source language	langage source
source program	programme source
source	source
space	espace
spaghetti code	code spaghetti
special character	caractère spécial
speech processing	traitement vocal
split screen	écran partagé
spooler	spouleur
spread sheet	tableur
sprite	image-objet
stack pointer	pointeur de pile
stack	pile
start address	adresse de départ
start bit	bit de départ
statement	instruction
static RAM	RAM statique
status register	registre d'état
stepping rate	vitesse de modulation
stop bit	bit d'arrêt
storage density	densité d'enregistrement
streamer	lecteur de bandes
string	chaîne
subdirectory	sous-répertoire
surface model	modèle de surface

swapping	permutation
switch	commutateur
syntax error	erreur de syntaxe
syntax	syntaxe
system clock	horloge système
system documentation	documentation système
system program	programme système
table	table, tableau
talker	locuteur
tape error	erreur bande
tape reader	lecteur de bandes
tape	bande
target language	langage cible
target	cible
task	tâche
teletype	téléscripteur
television set	poste de télévision
temporary storage	mémoire temporaire
terminal	terminal
test data	données de test
thermal printer	imprimante thermique
thrashing	surcharge
throughput	débit
time sharing	partage de temps
time slice	fenêtre temporelle
time	temps
timer	horloge
token	jeton

tool	outil
trace	analyser, auditer
tracer	analyseur, outil d'audit
track density	densité de piste
track width	largeur de piste
track	piste
trackball	trackball, boule roulante
tracking symbol	symbole de poursuite
tractor	tracteur
transfer rate	taux de transfert
transparent	transparent
troubleshooting	dépannage
unbundling	dégroupage
underflow	dépassement négatif
unformatted	non formaté
unjustified text	texte non justifié
unpack	décompresser
update	mettre à jour
upward-compatibility	compatibilité ascendante
user interface	interface utilisateur
user program	programme utilisateur
utility	utilitaire
V.24-interface	interface V.24
variable data	données variables
variable	variable
vector graphics	graphisme vectoriel
vector screen	écran vectoriel
vector	vecteur

version number	numéro de version
version	version
vertical scrollbar	barre de défilement verticale
video connector	connecteur vidéo
volatile storage	mémoire volatile
wafer	galette de silicium
warm boot	démarrage à chaud
windowing	fenêtrage
wire printer	imprimante à aiguilles
word length	longueur de mot
word processor	traitement de texte
word	mot
working storage	mémoire de travail
write instruction	instruction d'écriture
write protection	protection en écriture
write	écrire, enregistrer
zero page	page zéro
zero suppression	suppression des zéros
zero	zéro

Explication des sigles

3WC	3-Way Calling
AAD	Analog Alignment Diskette
ABC	Atanasoff-Berry Computer
ABE	Agent Building Environment
ABIOS	Advanced Basic Input/Output System
AC	Alternating Current
ACF	Advanced Communications Function
ACK	Acknowledgement
ACL	Access Control List
ACPI	Advanced Configuration and Power Interface
ACS	Automatic Class Selection
ADC	Analog Digital Converter
ADCCP	Advanced Data Communications Control Procedures
ADP	Automated Data Processing
ADPCM	Adoptive Differential Pulse Code Modulation
ADSC	Adobe Document Structuring Conventions
ADSI	Active Directory Services Interface
ADSL	Asymmetric Digital Subscriber Line
AF	Auxillary-Carry Flag
AFC	Automatic Frequency Control
AFP	AppleTalk File Protocol

AGC	Automatic Gain Control
AGIS	Apex Global Information Services
AGP	Accellerated Graphics Port
AI	Artificial Intelligence
AIN	Advanced Intelligent Network
AIX	Advanced Interactive Executive
AKM	Apogee Kick Motor
ALI	Acer Laboratories, Inc.
ALIVE	Artificial Life Interactive Video Environment
AMD	Advanced Micro Devices
AMI	Alternative Mark Inversion
AMI	American Megatrends, Inc.
AMS	Access Method Services
ANA	Automatic Number Announcement
ANI	Automatic Number Identification
ANSI	American National Standards Institute
AOL	America On-Line
APA	All Points Addressable
APC	American Power Conversion
API	Application Program Interface
APM	Advanced Power Management
APPC	Advanced Program-to-Program Communications
ARC	Attached Resources Computing
ARLL	Advanced Run Length Limited
ARP	Address Resolution Protocol
ARPA	Advanced Research Projects Agency
ARPANET	Advanced Research Projects Agency Network
ARQ	Automatic Repeat Request

AS	Autonomous System
ASAP	Any Service/Any Port
ASCII	American Standard Code for Information Interchange
ASG	Advanced Systems Group
ASIC	Application Specific Integrated Circuit
ASME	American Society of Mechanical Engineers
ASP	Association of Shareware Professionals
ASPI	Advanced SCSI Programming Interface
ASR	Automatic Send/Recieve
AST	Asynchronous System Trap
AT	Advanced Technology
AT	Attention
ATA	AT Attachment
ATAPI	AT Attachment Packet Interface
AT&T	American Telephone & Telegraph
ATM	Adobe Type Manager
ATM	Asynchronous Transfer Mode
AUI	Attachment Unit Interface
AVI	Audio/Video Interleaved
AVN	Ameritech Virtual Network
AWB	Aglets Workbench
AXP	Almost Exactly Prism
B8ZS	Binary 8-Zero Substitution
BALUN	Balanced/Unbalanced
BANCS	Bell Application Network Control System
BANM	Bell Atlantic Nynex Mobil
BARRNET	Bay Area Research Network
BASIC	Beginners All-Purpose Symbolic Instruction Code

BBS	Bulletin Board System
BCC	Blind Carbon Copy
BCD	Binary Coded Decimal
B-CDMA	Broadband Code Division Multiple Access
BDC	Backup Domain Controller
BECN	Backward Explicit Congestion Notation
BellCoRe	Bell Communications Research
BEZS	Bandwidth Efficent Zero Suppression
BFT	Binary File Transfer
BGA	Ball Grid Array
BGP	Border Gateway Patrol
BIL	Band Interleaved by Line
BIOS	Basic Input/Output System
BIP	Band Interleaved by Pixel
bitBLT	BitBlock Transfer
BITNET	Because It's Time Network
BIU	Bus Interface Unit
BL	Blue Lightning (Chip)
BMP	Bitmap
BNC	British National Connector
BOOTP	Boot Protocol
BPB	BIOS Parameter Block
BPF	Berkeley Packet Filter
BPS	Bits Per Second
BRB	Be Right Back
BRI	Basic Rate Interface
BSC	Bi-Synchronous Communication
BSD	Berkeley Software Distribution

BSP	Bell Systems Practice
BSQ	Band Sequential
BT	British Telecom
BTB	Branch Target Buffer
BTS	Base Transciever Station
C	Country
CACP	Central Arbitration Control Point
CAD	Computer Aided Design
CAM	Common Access Method
CAM	Computer Aided Machining
CAN	Campus Area Network
CAP	Communications Alternative Provider
CAS	Column-Address Select
CASE	Computer Aided Software Engineering
CATANET	Concatanated Network
CATV	Cable Television
CAV	Constant Angular Velocity
CB	Citizens Band
CB	Component Broker
CBT	Computer Based Training
CC	Carbon Copy
CCB	Command Control Block
CCITT	Comite Consultatif International Telephonique et Telegraphique (International Telephone and Telegraph Consultative Commitee)
CCS	Common Channel Signaling
CCS	Common Command Set
CCTV	Closed Circuit Television
CD	Carrier Detect

CD	Compact Disc
CDC	Control Data Corporation
CD-DA	Compact Disc – Digital Audio
CDDI	Copper Distributed Data Interface
CDFS	CD-ROM File System
CDI	Compact Disc Interactive
CDIA	Certified Document Imaging Architect
CDMA	Code Division Multiple Access
CDPD	Cellular Digital Packet Data
CD-R	Compact Disc – Recordable
CD-ROM	Compact Disc – Read Only Memory
CD-RW	Compact Disc – Re-Writable
CE	Consumer Electronics
CERFNET	California Educational Research Network
CERT	Computer Emergency Response Team
CF	Carry Flag
CFP	Computers, Freedom and Privacy
CGA	Color Graphics Adapter
CGI	Common Gateway Interface
CGM	Computer Graphics MetaFile
CHAP	Challenge-Handshake Authentication Protocol
CHS	Cylinders/Heads/Sectors
CICS	Customer Information Control System
CIDR	Classless Inter-Domain Routing
CIM	Common Information Model
CIO	Chief Information Officer
CIS	CompuServe Information Services
CISC	Complex Instruction Set Computing

CLE	Customer Located Equipment
CLEC	Competetive Local Exchange Carrier
CLV	Constant Linear Velocity
CMI	Cable Microcell Integrator
CMI/HIC	Cable Microcell Integrator/Headend Interface Converter
CMIP	Common Management Information Protocol
CMOS	Complimentary Metal Oxide Semiconductor
CMP	Communications Plenum Cable
CMR	Communications Riser Cable
CMS	Code Management System
CMYK	Cyan, Magenta, Yellow, Black
CN	Common Name
CNA	Certified Network Administrator
CNC	Computer Numeric Control
CNE	Certified Network Engineer
CNS	Certified Novell Salesperson
CO	Central Office
COA	Certificate Of Authenticity
COAST	Cache On A Stick
Cobol	Common Business Oriented Language
CODEC	Coder/Decoder
CODEC	Compression/Decompression
COMDEX	Communications Development Exposition
COPS	Concept Oriented Programming System
CORBA	Common Object Request Broker Architecture
COS	Class Of Service
COSMOS	Computer System for Mainframe Operations
CoSysOp	Co-Systems Operator

COW	Character-Oriented Windows Interface
CPE	Customer Premises Equipment
CP/M	Control Program/Microcomputer
CPS	Characters Per Second
CPU	Central Processing Unit
CR	Carriage Return
CRC	Cyclical Redundancy Checking
CRN	Computer Reseller News
CRT	Cathode Ray Tube
C-SCANS	Client-Systems Computer Access Networks
CSD	Corrective Service Diskettes
CSID	Calling Station Identification
CSLIP	Compressed Serial Line Internet Protocol
CSMA	Carrier Sense Multiple Access
CSMA/CD	Carrier Sense Multiple Access – Collision Detection
CSNET	Computer Science Network
CSP	CompuCom Speed Protocol
CSS	Cascading Style Sheets
CSU	Channel Service Unit
CTI	Computer-Telephony Integration
CTS	Clear To Send Signal
CTTC	Copper To The Curb
CTTH	Copper To The Home
CTTY	Console Teletype
CUI	Centre Universitaire d'Informatique
CUT	Control Unit Terminal
CVF	Compressed Volume File
CW	Continuous Wave

CWT	Call Waiting
CYBORG	Cybernetic Organism
D2T2	Dye Diffusion Thermal Transfer
DAC	Digital Analog Converter
DAMA	Demand Assigned Multiple Access
DARPA	Defense Advanced Research Projects Agency
DASD	Direct Access Storage Device
DAT	Digital Audio Tape
DATU	Direct Access Testing Unit
DAVID	Digital Audio/Video Interactive Decoder
dB	Decibels
dBm	Decibels per Milliwatt
DBMS	DataBase Management System
DBR	DOS Boot Record
DBS	Demand Broadcast System
DBS	Direct Broadcast Satellite
DC	Direct Current
DCB	Data Control Block
DCC	Direct Cable Connection
DCE	Data Communications Equipment
DCE	Distributed Computing Environment
DCS	Digital Communication Services
DD	Data Definition
DD	Definition Description (HTML)
DD	Double Density
DDCMP	Digital Data Communications Message Protocol
DDD	Digital Diagnostic Diskette
DDD	Direct Distance Dial

DDE	Dynamic Data Exchange
DDial	Diversi-Dial
DDN	Defense Department Network
DDT	Don't Do That
DDT	Dynamic Debugging Tool
DEC	Digital Equipment Corp.
DECNET	Digital Equipment Corporation Network
DES	Defense Encryption Standard
DFDSS	Data Facility Dataset Services
DFHSM	Data Facility Hierarchical Storage Manager
DFSMS	Data Facility Storage Management Subsystem
DG-UX	Data General Unix
DHCP	Dynamic Host Configuration Protocol
DI	Destination Index
DIIG	Digital Information Infrastructure Guide
DIMM	Dual In-Line Memory Module
DIN	Deutsche Industrie Norm
DIP	Dual In-Line Package
DIS	Dynamic Impedance Stabilization
DISOSS	Distributed Office Support System
DL	Definition List
DLC	Digital Loop Carrier
DLCI	Data Link Connection Identifier
DLL	Dynamic Link Library
DLSw	Data Link Switching
DLT	Digital Linear Tape
DLVA	Detector Logarithmic Video Amplifier
DMA	Direct Memory Access

DMF	Distribution Media Floppy
DMI	Desktop Management Interface
DMM	Digital Multi-Meter
DMS	Digital Multiplex Switch
DMS	Digital Multiplex System
DMT	Discrete Multi-Tone
DMTF	Desktop Management Task Force
DN	Domain Name
DNA	DEC Network Architecture
DNIS	Dialed Number Identification Service
DNR	Digital Number Recorder
DNS	Domain Name System
DOS	Disk Operating System
DOW	Direct Over-Write
DPI	Dot Pitch Integer
DPMS	Display Power Management Signaling
DPMS	DOS Protected Mode Services
DPT	Distributed Processing Technology
DQDB	Distributed Queue Dial Bus
DRAM	Dynamic Random Access Memory
DSA	Distributed Systems Architecture
DSI	Digital Speech Interpolation
DSL	Digital Subscriber Line
DSLAM	Digital Subscriber Line Access Multiplexer
DSP	Digital Signal Processor
DSR	Date Set Ready
DT	Definition Term
DTA	Disk Transfer Area

DTE	Data Terminal Equipment
DTMF	Dual Tone Modulated Frequency
DTP	Desktop Publishing
DTR	Data Terminal Ready
DTV	Desktop Video
DUN	Dial-Up Networking
DV	Digital Video
DVB	Digital Video Broadcasting
DVC	Digital Video Conference
DVD	Digital Video Disc
DVI	Digital Video Interactive
DYLAN	Dynamic Language
EBCDIC	Extended Binary Code – Decimal Interchange Code
EBR	Extended-Partition Boot Record
ECC	Error Correction Code
ECD	Electronic Cash Disbursements
ECM	Error Correction Mode
ECMA	European Computer Manufacturers Association
ECP	Extended Capabilities Port
ED	Extra-High Density
EDI	Electronic Data Interchange
EDO	Extended Data-Out
EDP	Electronic Data Processing
EEPROM	Electronic Erasable Programmable Read-Only Memory
EEST	Enhanced Ethernet Serial Transciever
EFF	Electronic Frontier Foundation
EGA	Enhanced Graphics Adapter
EGP	Exterior Gateway Protocol

EIA	Electronic Industries Association
EIDE	Enhanced Integrated Drive Electronics
EIRP	Effective Isotropic Radiated Power
EISA	Enhanced/Extended Industry Standard Architecture
ELF	Extremely Low Frequency
EMA	Electronic Messaging Association
EMA	Enterprise Management Architecture
EMF	Electro Motive Force
EMF	Enhanced Metafile Format
EMM	Extended Memory Manager
EMR	Electromagnetic Radiation
EMS	Expanded Memory Specification
ENIAC	Electronic Numerical Integrator And Calculator
EOF	End Of File
EOT	End Of Transfer
EPIC	Electronic Privacy Information Center
EPP	Enhanced Parallel Port
EPROM	Erasable Programmable Read-Only Memory
EPS	Encapsulated Post-Script
ERU	Emergency Recovery Utility
ESA	Enterprise Systems Architecture
ESC	Engineering Service Circuit
ESD	Electronic Software Distribution
ESD	Electro-Static Discharge
ESDI	Enhanced Small Device Interface
ESN	Electronic Serial Number
ESO	Entry Server Offering
ESP	Enhanced Serial Port

ESP	Enhanced Service Provider
ESRI	Environmental Systems Research Institute
ETO	Electronic Trading Opportunity
EULA	End-User Licensing Agreement
FAQ	Frequently Asked Question
FAT	File Allocation Table
FAX	Facsimile
FCB	File Control Block
FCC	Federal Communications Commission
FCS	First Customer Release
FDC	Floppy Disk Controller
FDDI	Fiber Distributed Data Interface
FDMA	Frequency Division Multiple Access
FEC	Foreign Exchange Carrier
FEC	Forward Error Correction
FECN	Forward Explicit Congestion Notification
FEP	Front End Processor
FIFO	First In/First Out
FITS	Flexible Image Transport System
FM	Frequenz Modulation
FOIM	Field Office Information Management
Fortran	Formula Translator
FPS	Floating Point System
FPS	Frames Per Second
FPT	Forced Perfect Termination
FPU	Floating Point Unit
FQDN	Fully Qualified Domain Name
FRAD	Frame Relay Access Device

FSK	Frequency Shift Keying
FSN	Full Service Network
FTAM	File Transfer Access Management
FTC	Federal Trade Commission
FTP	File Transfer Protocol
FTPD	File Transfer Protocol Daemon
FTS	Federal Telecommunications System
FTTC	Fiber To The Curb
FTTH	Fiber To The Home
FVIPS	First Virtual Internet Payment System
FYI	For Your Information
G	Giga
Gb	Gigabit
Gbps	Gigabits per second
GB	Gigabyte
GDG	Generation Data Group
GDS	Generation Dataset
GEIS	General Electric Information Systems
GGP	Gateway-to-Gateway Protocol
GIF	Graphical Interchange Format
GIG	Gigabyte
GIS	Geographic Information System
GOES	Geosynchronous Orbital Earth Satellite
GOSIP	Government Open Systems Interconnection Profile
GPF	General Protection Fault
GPS	Global Positioning System
GSO	Geostationary Orbit
GTPNet	Global Trade Point Network

GUI	Graphical User Interface
HAM	Home Amature Mechanic
HBA	Host Bus Adapter
HCL	Hardware Compatability List
HCSS	High-Capacity Storage System
HD	Hard Drive
HD	High Density
HDA	Head Disk Assembly
HDLC	High-Level Data Link Control
HDSL	High-bit-rate Digital Subscriber Line
HDT	Host Digital Terminal
HDTV	High-Definition Television
HEPNET	High Energy Physics Network
HFC	Hybrid Fiber-Coaxial
HGC	Hercules Graphics Card
HIC	Headend Interface Converter
HLF	High-Level Formatting
HLLAPI	High-Level-Language Application Program Interface
HMA	High Memory Area
HMMP	HyperMedia Management Protocol
HMMS	HyperMedia Management Schema
HMP	Host Monitoring Protocol
HP	Hewlett-Packard
HPC	Hand-held Personal Computer
HPFS	High Performance File System
HPT	High-Pressure Tin
HR	Horizontal Rule
HRD	High Resolution Diagnostic Diskette

HRSC	High Resolution Stereo Camera
HST	High-Speed Technology
HTML	Hypertext Markup Language
HTTP	Hypertext Transfer Protocol
HW	HRSC/WAOSS
Hz	Hertz
IA	Intel Architecture
IAB	Internet Activities Board
IAD	Integrated Access Device
IBM	International Business Machines
IBS	IntelSat Business Service
IC	Integrated Circuit
ICE	Intrusion Countermeasure Electronics
ICMP	Internet Control Message Protocol
ICR	Intelligent Character Recognition
ICRIS	Integrated Customer Record Information System
IDE	Integrated Drive Electronics
IDSL	ISDN Digital Subscriber Line
IEEE	Institute Of Electronic and Electrical Engineers
IEN	Integrated Enterprise Network
IESG	Internet Engineering Steering Group
IETF	Internet Engineering Task Force
IFM	Intelligent Flow Management
IGMP	Internet Group Multicast Protocol
IGP	Internet Gateway Protocol
IIOP	Internet Inter-ORB Protocol
IIS	Internet Information Services
IMAP	Internet Messaging Access Protocol

IMC	Initial Microcode Load
IMP	Interface Message Processor
IN	Intelligent Network
INTELSAT	International Telecommunications Satellite Organization
InterNIC	Internet Network Information Center
INWG	International Network Working Group
I/O	Input/Output
IOS	Inter-Network Operating System
IP	Internet Protocol
IPC	Internet Proxy Cache
IPL	Initial Program Load
IPMI	Internet Provider Multicast Initiative
IPN	Internet Protocol Number
IPNG	Internet Protocol – Next Generation
IPX	Internetwork Packet Exchange
IRC	Internet Relay Chat
IRF	Inherited Rights Filter
IRL	In Real Life
IRQ	Interrupt – Request Line
IRTF	Internet Research Task Force
IRTOS	I2O Real-Time Operating System
ISA	Industry Standard Architecture
ISA	Interactive Services Association
ISDN	Integrated Services Digital Network
ISIS	Internally Switched Interface System
ISIS	Investigative Support Information System
ISM	Internet Service Manager
ISMF	Interactive Storage Management Facility

ISO	International Standards Organization
ISP	Internet Service Provider
ISPA	Inverted Socket Process Architecture
ISPF/PDF	Interactive System Productivity Facility/Program Development Facility
IT	Information Technology
ITS	Internet Telephony Server
ITT	International Telephone & Telegraph
ITTA	Information Technology Training Association
ITU	International Telecommunications Union
ITV	Interactive Television
IWM	Integrated Woz Machine
IXC	InterExchange Carrier
JCL	Job Control Language
JDBC	Java DataBase Connectivity
JDK	Java Developers Kit
JEDEC	Joint Electron Devices Engineering Council
JES	Job Entry Subsystem
JIT	Just In Time
JMAPI	Java Management Application Interface
JNDI	Java Naming Directory Interface
JNET	Japanese Network
JOVIAL	Jule's Own Version of the International Algorithmic Language
JPEG	Joint Photographic Experts Group
JTS	Java Transaction Services
K	Kilobyte
kb	Kilobit
kbps	Kilobits per second

kB	Kilobyte
kHz	Kilohertz
KIF	Knowledge Interchange Format
KnU	Knowledge Utility
LAN	Local Area Network
LAP-B	Link Access Procedure – Balanced
LAPM	Link Access Procedure – Modems
LAT	Local Area Transport
LATA	Local Access and Transport Area
LAV	Load Average
LBA	Logical Block Addressing
LCC	Leadless Chip Carrier
LCD	Liquid Crystal Display
LDAP	Lightweight Directory Access Protocol
LD-CELP	Low-Delay Code Excited Linear Prediction
LEC	Local Exchange Carriers
LED	Light Emitting Diode
LEN	Line Equipment Number
LF	Line Feed
LHB	Line History Block
LI	List Item
LibOp	Libraries Operator
LIF	Low Insertion Force
LIFO	Last In/First Out
LILO	Linux Loader
LIM	Lotus-Intel-Microsoft
LIS	Lithium Ion Storage
Lisp	List Processing

LLF	Low-Level Formatting
LMDS	Local Multipoint Distribution Service
LNA	Low Noise Amplifier
LNB	Low Noise Block Deconverter
LoD	Legion of Doom
LOD	Level Of Detail
LPC	Local Procedure Call
LPT	Local Printer Terminal
LT	Line Termination
LU	Logical Unit
LUN	Logical Unit Number
LZW	Lempel-Ziv-Walsh (Compression)
M	Megabyte
MAC	Macintosh
MAC	Media Access Control
MAN	Metropolitan Area Network
MAP	Manufacturing Automation Protocol
MAPI	Messaging Application Programming Interface
MATV	Master Antenna Television
MAU	Medium Attachment Unit
MAU	Multi-Station Access Unit
Mb	Megabit
Mbyte	Megabyte
MBS	Master Boot Sector
MC	Mini-Cartridge
MCA	MicroChannel Architecture
MCGA	MultiColor Graphics Array
MCI	Media Control Interface

MCI	Microwave Communications Inc.
MDA	Monochrome Display Adapter
MDC	McAfee Development Center
MDI	Multiple Document Interface
MDRAM	Multibank Dynamic Random Access Memory
MEG	Megabyte
MF	Modulated Frequency
MFM	Modified Frequency Modulation
MFTP	Multi-Cast File Transfer Protocol
MGA	Monochrome Graphics Adapter
MHS	Message Handling Service
MHz	Megahertz
MI	Mode Indicate
MIC	Microsoft Internet Chat
MIC	Mode Indicate – Common
MICA	Modem ISDN Channel Aggregation
MICROTEL	Microsoft/Intel
MIDI	Musical Instrument Digital Interface
MIDR	Mosaicked Image Data Record
MIG	Metal-In-Gap
MILES	Merisel's Information and Logistical Efficency System
MILNET	Military Network
MIME	Multipurpose Internet Mail Extension
MIN	Mobile Identification Number
MIPL	Multimission Image Processing Laboratory
MIPS	Millions of Instructions Per Second
MIPS	Multimission Image Processing Subsystem
MMDS	Multipoint Multichannel Distribution Service

MMX	Multimedia Extension
MNP	Microcom Networking Protocol
MO	Magneto-Optical
MOCA	Merisel Open Computing Alliance
MoD	Masters of Deception
MODEM	Modulator/Demodulator
MOL	Microsoft Open License
MOM	Microsoft Office Manager
MOS	Metal Oxide Semiconductor
MPC	Multimedia Personal Computer
MPD	Mini Port Driver
MPEG	Motion Picture Experts Group
MPOA	Multi-Protocol Over ATM
MPS	Multi-Processor Specification
MR	Magneto-Resistive
MS	Microsoft System(s)
MSD	Microsoft Diagnostic
MS-DOS	Microsoft Disk Operating System
MSN	Microsoft Network
MSO	Multiple System Operators
MSTP	Multimission Software Transmission Project
MTA	Major Trading Area
MTA	Mail Transfer Agent
MTA	Message Transfer Agent
MTBF	Mean Time Before Failure
MTTR	Mean Time To Repair
MUA	Mail User Agent
MUD	Multi-User Dungeon

MULTICS	Multiplexed Information and Computing Service
MVP	Modular Voice Processor
MVS	Multiple Virtual Storage
MVS/ESA	Multiple Virtual Storage/Enterprise Systems Architecture
MVS/SP	Multiple Virtual Storage/System Product
MVS/TSO	Multiple Virtual Storage/Time Sharing Option
MVS/XA	Multiple Virtual Storage/Extended Architecture
MWI	Message Waiting Indicator
MWN	Message Waiting Notification
NACK	Negative Acknowledgement
NAP	Network Access Point
NAU	Network Addressable Unit
NBB	Number of Bytes of Binary
NC	Network Computer
NCA	Network Computing Architecture
NCC	Network Control Center
NCF	Netware Command File
NCIC	National Crime Information Computer
NCM	Node Controller Module
NCP	Network Core Protocol
NCP	Network Control Program
NCPS	Netware Cross-Platform Services
NCSA	National Center for Supercomputing Applications
NCSA	National Computer Security Association
NCSC	National Computer Security Center
NDIAG	Norton Diagnostics
NDIS	Network Driver Interface Specification
NDMP	Network Data Management Protocol

NDS	Novell Directory Service
NEARNET	New England Academic and Research Network
NEAT	Novell Easy Administration Tool
NetBEUI	NetBIOS Extended User Interface
NetBIOS	Network Basic Input/Output System
NEWS	Novell Electronic Webcasting Service
NFS	Network File System
NIC	Network Information Center
NIC	Network Interface Card
Ni-CD	Nickel-Cadmium
NII	National Information Infrastructure
NiMH	Nickel Metal Hydride
NIMS	Near Infrared Mapping Spectrometer
NIS	Network Information Service
NLB	Number of Lines of Binary
NLM	NetWare Loadable Module
NLP	Natural Language Processing
NLS	Online System
NMI	Non-Maskable Interrupt
NNI	Network-to-Network Interface
NNTP	Network News Transport Protocol
NOC	Network Operations Center
NOF	Not On File
NORAD	North American Defense Command
NOS	Network Operating System
NPA	Numbering Plan Area
NPN	Notes Public Network
NPR	Network Process Engineering

NRN	Novell Remote Network
NSA	National Security Agency
NSFNET	National Science Foundation Network
NSI	Network Solutions Inc.
NSM	Network/Systems Management
NT	New Technology
NTFS	NT File System
NTP	Network Time Protocol
NTSC	National Television Standards Commitee
NTT	Numbered Test Trunk
NUI	Network User Identification
NUMA	Non-Uniform Memory Access
NVRAM	Non-Volatile Random Access Memory
NWG	Network Working Group
NYNEX	New York – New England Exchange
NYSERNET	New York State Education Research Network
O	Organization
OA&M	Operations Administration & Maintainance
OAG	Open Applications Group
OCR	Optical Character Recognition
OCE	Open Collaboration Environment
OCIS	Organized Crime Information Systems
ODBC	Open Database Connectivity
ODI	Open Data-Link Interface
ODN	OutDial Notification
ODSI	Open Directory Service Interface
OEM	Original Equipment Manufacturer
OFDM	Orthogonal Frequency Division Multiplexing

OL	Ordered List
OLAP	Online Analytical Processing
OLE	Object Linking and Embedding
OMR	Optical Mark Recognition
ONE	Open Network Environment
ONMS	Open Network Management System
ONU	Optical Networking Unit
OPC	Organic Photoconducting Cartridge
OPT	Open Protocol Technology
ORMS	Operating Resource Management System
OS	Operating System
OS/2	Operating System 2
OSF	Open Software Foundation
OSI	Open Standards Interconnection
OSI	Open Systems Interconnection
OSPF	Open Shortest Path First
OSR	OEM System Release
OT	Open Transport
OU	Organizational Unit
OURS	Open User-Recommended Solutions
PABX	Private Automatic Branch Exchange
PAD	Packet Assembler/Disassembler
PAL	Phase Alternation Standard
PAL	Phase Alternation Line
PAL	Programmable Array Logic
PAM	Peachtree Accounting – Macintosh
PAP	Password Authentication Protocol
PARC	Palo Alto Research Center – (Xerox PARC)

PAW	Peachtree Accounting for Windows
PAX	Private Automatic Exchange
PBIS	Peachtree Business Internet Suite
PBMS	Pacific Bell Mobile Services
PBS	Portable Base Station
PBX	Private Branch Exchange
PC	Personal Computer
PCA	Peachtree Complete Accounting
PCA	Performance and Coverage Analyzer
PCDOS	Personal Computer Disk Operating System
PCI	Personal Computer Interconnect
PCM	Pulse Code Modulation
PCMCIA	Personal Computer Memory Card International Association
PCS	Personal Communication System
PCS	Proxy Cache Server
PD	Phase-Change – Dual
PDA	Personal Digital Assistant
PDC	Primary Domain Controller
PDN	Public Data Network
PDP	Program Data Processor
PDQ	Peachtree Data Query
PDS	Partitioned Dataset
PDS	Planetary Data System
PDS	Premise Distribution System
PEM	Product Error Message
PF	Program Function
PFA	Peachtree First Accounting
PGA	Pin-Grid Array

PGA	Professional Graphics Adapter
PGP	Pretty Good Privacy
PIC	Preferred InterExchange Carrier
PIC	Primary InterExchange Carrier
PIC	Programmable Interrupt Controller
PIF	Program Information File
PIG	Product Information Guide
PIM	Personal Information Manager
PIN	Personal Identification Number
PING	Packet Internet Groper
PIO	Programmed Input/Output
PIXEL	Picture Element
PLCC	Plastic Leaded-Chip Carrier
PLE	Public Local Exchange
PLL	Phase Locked Loop
PLP	Packet Level Procedure
PMS	Pantone Matching System
PnP	Plug&Play
POA	Power Open Association
POH	Power On Hours
POP	Point Of Presence
POP	Post Office Protocol
POS	Programmable Option Select
POST	Power On – Self Test
POTS	Plain Old Telephone Service
PPD	Post-Script Printer Description
PPI	Programmable Peripheral Interface
PPN	Project-Programmer Number

PPP	Point-to-Point Protocol
PPS	Pulses Per Second
PQFP	Plastic Quad Flat Pack
PRI	Primary Rate Interface
PRIMOS	Prime Operating System
PRML	Partial Response – Maximum Likelihood
PROFS	Professional Office System
PROM	Programmable Read-Only Memory
PS	Physical Sequential
PS	Programmed Symbols
PS/2	Personal System/2
PSC	Peachtree Support Center
PSDN	Packet Switched Data Network
PSTN	Public Switched Telephone Network
PU	Physical Unit
PUN	Physical Unit Number
PUP	PARC Universal Packet
PVC	Permanent Virtual Circuit
PWS	Peer Web Services
QAM	Quadrature Amplitude Modulation
QBE	Query By Example
QBP	QuickBooks Pro
QDN	Query Direct Number
QEMM	Quarterdeck Extended Memory Manager
QIC	Quarter Inch Cartridge
QIC	Quarter Inch Committee
QIO	Queue Input/Output
QoS	Quality of Service

QPSK	Quadrative Phase Shift Keying
QTW	Quick-Time for Windows
RAD	Rapid Application Development
RAD	Remote Antenna Driver
RADAR	Radio Detection And Ranging
RAD/RASP	Remote Antenna Driver/Remote Antenna Signal Processor
RAID	Redundant Array of Inexpensive Drives
RAM	Random Access Memory
RAM	Remote Access Modem
RARP	Reverse Address Resolution Protocol
RAS	Remote Access Server
RASP	Remote Antenna Signal Processor
RBOC	Regional Bell Operating Companies
RCF	Remote Call Forwarding
RDF	Radio Direction Finding
RDM	Report Display Manager
RDN	Relative Distinguished Name
RDP	Reliable Datagram Protocol
RECS	Reseller Electronic Communication System
REMOB	Remote Observation
REXEC	Remote Executable
REXX	Restructured Extended Executor
RF	Radio Frequency
RFC	Request For Comments
RFI	Radio Frequency Interface
RFNM	Request For Next Message
RFS	Remote File Service
RFS	Remote File System

RGB	Red-Green-Blue
RIP	Routing Information Protocol
RISC	Reduced Instruction Set Computing
RJE	Remote Job Entry
RLE	Run Length Encoding
RLL	Run Length Limited
RLOGIN	Remote Login
RMA	Return Merchandise Authorization
RMS	Record Management Services
RO	Receive Only
ROM	Read Only Memory
RPC	Remote Procedure Call
RPG	Role Playing Game
RPM	Revolutions Per Minute
RSA	Rivest, Shamir and Adleman (Encryption)
RSEXEC	Resource Sharing Executive
RSH	Remote Shell
RSH	Restricted Shell
RSVP	Resource Reservation Protocol
RTC	Real-Time Clock
RTCP	Real-Time Transport Control Protocol
RTF	Rich Text Format
RTFM	Read The F***ing Manual
RTL	Run-Time Library
RTP	Real-Time Transport Protocol
RTS	Request To Send
RTSP	Real-Time Streaming Protocol
RTTY	Radio TeleType

RU	Request Unit
RU	Response Unit
RVD	Remote Virtual Disk
SAA	Systems Application Architecture
SAFE	Security And Freedom through Encryption
SAP	Service Advertising Protocol
SARC	Symantec Antivirus Research Center
SASI	Shugart Associates System Interface
SATAN	Security Administrator Tool for Analyzing Networks
SATNET	Satellite Network
SCC	Switching Control Center
SCCS	Switching Control Center System
SCE	Service Creation Environment
SCLM	Software Configuration and Library Manager
SCO	Santa Cruz Operation
SCP	Service Control Point
SCPC	Single-Channel Per Carrier
SCSI	Small Computer System Interface
SDL	Shielded Data Link
SDLC	Synchronous Data Link Control
SDSC	San Diego Supercomputer Center
SDSF	System (Spool) Display and Search Facility
SEAL	Secure Electronic Authorization Laboratory
SECAM	Sequential And Memory
SEM	System Error Message
SET	Secure Electronic Transactions
SFA	Sales Force Automation
SFT	System Fault Tolerance

SGI	Silicon Graphics Inc.
SGML	Standardized General Markup Language
S-HDSL	Single-Line – High-bit-rate Digital Subscriber Line
SI	Source Index
SIF	Standard Input Format
SIG	Special Interest Group
SIM	Subscriber Identity Module
SIMM	Single In-Line Memory Module
SIP	Single In-Line Package
SIPP	Single In-Line Pin Package
SKIP	Simple Key management for Internet Protocol
SLED	Single Large Expensive Disk
SLIP	Serial Line Internet Protocol
SLMR	Silly Little Mail Reader
SMB	Server Message Block
SMCC	Sun Microsystems Computer Company
SMI	System Management Interrupt
SMM	System Management Mode
SMP	Symmetrical Multi-Processing
SMPTE	Society of Motion Picture and Television Engineers
SMS	Service Management Systems
SMS	Storage Management Subsystem
SMS	Short Message Service
SMTP	Simple Mail Transfer Protocol
SNA	Systems Network Architecture
SNADS	Systems Network Architecture Distribution Services
SNMP	Simple Network Management Protocol
SOHO	Small Office/Home Office

SO-J	Small Outline J-lead
SONET	Synchronous Optical Network
SP	Stack Pointer
SPARC	Scalable Processor Architecture
SPID	Service Profile Identification
SPP	Standard Parallel Port
SPS	Standby Power Supply
SPX	Sequenced Packet Exchange
SQL	Structured Query Language
SRAM	Static Random Access Memory
SS6	Signaling System 6
SS7	Signaling System 7
SSA	Serial Storage Architecture
SSB	Single Side Band
SSD	Solid State Disk
SSFD	Solid State Floppy Disk
SSPA	Solid State Power Amplifier
STA	Spanning Tree Algorithm
STD	Standard
STP	Shielded Twisted Pair
STP	Signal Transfer Protocol
SUBLIB	Subroutine Library
SUE	Stupid User Error
SUN	Stanford University Networks
SVC	Switched Virtual Circuit
SVGA	Super Video Graphics Array
SWIM	Super Woz Integrated Machine
SysOp	Systems Operator

T	Terabyte
TA	Terminal Adaptor
TAE	Transportable Applications Environment
TAP	Technological Assistance Program
TAPI	Telephony Applications Program Interface
TAR	Tape Archive
Tb	Terabit
Tbps	Terabits per second
TB	Terabyte
TBD	To Be Determined
TCAM	Telecommunications Access Method
TCG	Teleport Communications Group
TCL	TAE Command Language
TCM	Trellis Coded Modulation
TCP	Tape Carrier Packaging
TCP	Transmission Control Protocol
TCP/IP	Transmission Control Protocol/Internet Protocol
TCQAM	Trellis Coded Quadrature Amplitude Modulation
TD	Table Data
TDM	Time-Division Multiplexing
TDMA	Time Division Multiple Access
TDR	Time Domain Reflectometry
TelOp	Teleconference Operator
TEMPEST	Transient Electromagnetic Emanations Standard
TFT	Thin Film Transistor
TFTP	Trivial File Transfer Protocol
TG	Technical Guide
TGID	Trunk Group Identification Number

TH	Table Header
THD	Total Harmonic Distortion
THENET	Texas Higher Education Network
TIA	The Internet Adapter
TIC	Token-Ring Interface Coupler
TIFF	Tagged Image File Format
TIGA	Texas Instruments Graphics Architecture
TIP	Terminal IMP
TLA	Three Letter Acronym
TLB	Translation Lookaside Buffer
TLD	Top Level Domain
TMN	Time Management Networking
TOP	Technical & Office Protocol
TP	Twisted Pair
TP-4	Transport Protocol 4
TPA	Third Party Application
TPD	Third Party Developer
TPI	Tracks Per Inch
TPPD	Twisted Pair – Physical-Media Dependent
TR	Table Row
TRPC	Transaction Remote Procedure Call
TRS	Tandy Radio Shack
TSAPI	Telephony Services Applications Program Interface
TSO	Time Sharing Option
TSO/E	Time Sharing Option/Extensions
TSPS	Traffic Service Position System
TSR	Terminate – Stay Resident
TSU	Time Sharing User

TTF	TrueType Font
TTL	Time To Live
TTL	Transistor-to-Transistor Logic
TTS	Transaction Tracking System
TTT	Trunk-to-Trunk Transfer
TTY	Teletype
TV	Television
TVRO	Television – Receive Only
TWAIN	Technology Without An Interesting Name
TWTA	Traveling Wave Tube Amplifier
UAE	Unrecoverable Application Error
UART	Universal Asynchronous Receiver-Transmitter
UCM	Universal Cable Module
UDF	Universal Disk Format
UDP	User Datagram Protocol
UIC	User Identification Code
UL	Underwriters Laboratories
UL	Unordered List
UMA	Upper Memory Area
UMB	Upper Memory Block
UNC	Universal Naming Convention
UNI	User-To-Network Interface
UNIVAC	Universal Automatic Computer
UNMA	Unified Network Management Architecture
UPC	Universal Product Code
UPS	Uninterruptable Power Supply
URL	Uniform Resource Locator
USB	Universal Serial Bus

USENET	User Network
USL	Unix System Laboratory
USR	U.S. Robotics
UTP	Unshielded Twisted Pair
UUCP	Unix-to-Unix Copy Program
VAC	Volts – A/C Current
VAN	Value-Added Network
VAP	Value-Added Process
VAR	Value-Added Reseller
VAX	Virtual Address Extension
VB	Visual Basic
VBI	Vertical Blanking Interface
VC	Virtual Circuit
VCR	Video Cassette Recorder
VCRI	Virtual Control Program Interface
VDC	Volts – Direct Current
VDSL	Very-high-bit-rate Digital Subscriber Line
VDT	Video Dial Tone
VDU	Video Display Unit
VERONICA	Very Easy Rodent-Oriented Networkwide Index to Computerized Archives
VESA	Video Electronics Standard Association
VFAT	Virtual File Allocation Table
VFC	Vector Function Chainer
VFC	Video Feature Connector
VFW	Video For Windows
VGA	Video Graphics Array
VICAR	Video Image Communication And Retrieval

VIDS	VICAR Interactive Display Subsystem
VINES	Virtual Networking Software
VL	VESA Local
VLA	Volume Licensing Agreement
VLAN	Virtual Local Area Network
VLB	VESA Local Bus
VLF	Very Low Frequency
VLM	Virtual Loadable Module
VLSI	Very Large Scale Integration
VM	Virtual Machine
VMB	Voice Mail Box
VMC	VESA Media Channel
VMM	Virtual Memory Manager
VMS	Virtual Memory System
VPN	Virtual Private Network
VQ	Vector Quantication
VR	Virtual Reality
VRAM	Video Random Access Memory
VRDI	Virtual Raster Display Interface
VRML	Virtual Reality Modeling Language
VSAM	Virtual Storage Access Method
VSAT	Very Small Aperture Terminal
VSWR	Voltage Standing Wave Radio
VTAM	Virtual Telecommunications Access Method
VxD	Virtual Device Driver
W3C	World Wide Web Consortium
W4WG	Windows for Workgroups
WAIS	Wide Area Information Search

WAITS	Wide Area Information Transfer Systems
WAN	Wide Area Network
WAOSS	Wide Angle Optoelectronic Stereo Scanner
WATS	Website Activity Tracking Statistics
WATS	Wide Area Telephone Service
WCS	Wireless Communication Service(s)
WDM	Wave Division Multiplexing
WELL	Whole Earth Lectronic Link
WFW	Windows for Workgroups
WinHEC	Windows Hardware Engineering Conference
WINS	Windows Internet Name Service
WINSOCK	Windows Socket
WINTEL	Windows/Intel
WMF	Windows MetaFile
WORM	Write Once – Read Many
WTOR	Write To Operator with Reply
WWAN	Wireless Wide Area Network
WWW	World Wide Web
WYSIWYG	What You See Is What You Get
XGA	Extended Graphics Array
XMM	Extended Memory Manager
XMS	Extended Memory Specification
XNS	Xerox Network Services
XT	Extended
YAHOO	Yet Another Hierarchical Officious Oracle
YMS	Young Micro Systems
YP	Yellow Pages
ZAI	Zero Administrative Initiative

Explication des sigles

ZD	Ziff-Davis
ZF	Zero Flag
ZIF	Zero Insertion Force
ZIP	Zig-Zag In-Line Package

Achevé d'imprimer
sur les presses de l'imprimerie IBP
à Fleury Essonne - 01 69 43 16 16
Dépôt légal : mars 1998
N° d'impression : 6764